Die Stellung des Kindes in auf Einvernehmen zielenden gerichtlichen und außergerichtlichen Verfahren in Kindschaftssachen

Studien zum deutschen und internationalen Familien- und Erbrecht

Herausgegeben von Martin Lipp, Christoph Benicke, Marina Wellenhofer und Bettina Heiderhoff

Band 16

PETER LANG
Frankfurt am Main · Berlin · Bern · Bruxelles · New York · Oxford · Wien

Natalie Ivanits

Die Stellung des Kindes in auf Einvernehmen zielenden gerichtlichen und außergerichtlichen Verfahren in Kindschaftssachen

PETER LANG
Internationaler Verlag der Wissenschaften

Bibliografische Information der Deutschen Nationalbibliothek
Die Deutsche Nationalbibliothek verzeichnet diese Publikation in der Deutschen Nationalbibliografie; detaillierte bibliografische Daten sind im Internet über http://dnb.d-nb.de abrufbar.

Zugl.: Frankfurt (Main), Univ., Diss., 2012

D 30
ISSN 1864-497X
ISBN 978-3-631-62386-2

www.peterlang.de

Natalie Ivanits

Die Stellung des Kindes in auf Einvernehmen zielenden gerichtlichen und außergerichtlichen Verfahren in Kindschaftssachen

PETER LANG
Internationaler Verlag der Wissenschaften

Bibliografische Information der Deutschen Nationalbibliothek
Die Deutsche Nationalbibliothek verzeichnet diese Publikation in der Deutschen Nationalbibliografie; detaillierte bibliografische Daten sind im Internet über http://dnb.d-nb.de abrufbar.

Zugl.: Frankfurt (Main), Univ., Diss., 2012

D 30
ISSN 1864-497X
ISBN 978-3-631-62386-2

www.peterlang.de

Für

Katalin, Peter und David

Danksagung und Vorwort

Kindschaftsverfahren, Einvernehmen, Mediation. Aber wo bleibt das Kind?

Ich danke Herrn Professor *Ludwig Salgo* für die Aufwerfung dieser Fragestellung. Sie wurde zum Leitgedanken meiner Arbeit, die er über die gesamte Entstehungszeit hinweg mit wichtigen Hinweisen und stets wohlwollender Kritik begleitet und gefördert hat. Die Gespräche mit ihm waren mir immer Hilfe und Ansporn zugleich und die Auseinandersetzung mit dieser Thematik gab mir auch für meinen beruflichen Weg Klarheit. Für seine Unterstützung möchte ich Herrn Professor Ludwig Salgo meinen besonderen Dank aussprechen.

Frau Professor *Marina Wellenhofer* danke ich sehr für die Erstellung des Zweitgutachtens mit den darin enthaltenen wertvollen Anmerkungen und Ratschlägen, sowie für die Aufnahme meiner Arbeit in diese Schriftenreihe.

Gyöngyi Paetzke und *Viola Siegemund* danke ich vielmals für das Korrekturlesen, was nicht nur eine Hilfe, sondern auch Inspiration war.

Sibila Tasheva und *Anja Müller* danke ich herzlich für die zahlreichen Gespräche und die erfrischenden Spaziergänge. Ich kann mich an keinen Gedanken erinnern, den sie nicht bereit gewesen wären, mit mir zu hinterfragen.

Mehr als Dank gilt schließlich *meinen Eltern*. Sie haben mich in all meinen Interessen und Vorhaben, insbesondere auch meiner akademischen Ausbildung, immer und uneingeschränkt unterstützt und mich jederzeit in meinen Träumen bestärkt.

Diese Arbeit lag im Wintersemester 2011/2012 dem Fachbereich Rechtswissenschaft der Johann Wolfgang Goethe-Universität Frankfurt am Main als Dissertation vor. Schrifttum und Rechtsprechung sind bis zum Oktober 2011 – teilweise auch darüber hinaus – berücksichtigt.

München, im Juli 2012 *Natalie Ivanits*

Inhaltsübersicht

Inhaltsverzeichnis

Abkürzungsverzeichnis

§	Paragraph
§§	Paragraphen
a.a.O.	am angegebenen Ort
a.F.	alte Fassung
Abs.	Absatz
AG	Amtsgericht
Alt.	Alternative
Anh.	Anhang
Anm.	Anmerkung
Art.	Artikel
Aufl.	Auflage
ausf.	Ausführlich
Az.	Aktenzeichen
Bd.	Band
bearb. v.	bearbeitet von
Beschl.	Beschluss
BGB	Bürgerliches Gesetzbuch
BGBl.	Bundesgesetzblatt
BGH	Bundesgerichtshof
BGHR	BGH-Rechtsprechung in Zivilsachen/Strafsachen
BGHZ	Entscheidungen des Bundesgerichtshofs in Zivilsachen (Amtliche Sammlung)
BKiSchG	Gesetz zur Stärkung des aktiven Schutzes von Kindern und Jugendlichen (Bundeskinderschutzgesetz), BT-Drucksache 17/6256
BMFSFJ	Bundesministerium für Familie, Senioren, Frauen und Jugend
BMJ	Bundesministerium der Justiz
BORA	Berufsordnung der Rechtsanwälte
BR	Bundesrat
BRAO	Bundesrechtsanwaltsordnung
BRD	Bundesrepublik Deutschland
bspw.	beispielsweise
BT	Bundestag
BVerfG	Bundesverfassungsgericht
BVerfGE	Entscheidungen des Bundesverfassungsgerichts (Amtliche Sammlung)
bzw.	beziehungsweise

ca.	circa
d.h.	das heißt
ders.	derselbe
dies.	dieselbe
Diss.	Dissertation
DFGT	Deutscher Familiengerichtstag
DJI	Deutsches Jugendinstitut
Dok.	Dokument
DRiG	Deutsches Richtergesetz
dt.	deutsch
ebda	ebenda
EGMR	Europäischer Gerichtshof für Menschenrechte
EheRG	Gesetz zur Reform des Eherechts
Einl.	Einleitung
EMRK	Europäische Menschenrechtskonvention
engl.	Englisch
entspr.	Entsprechend
u.a.	und andere
EÜAK	Europäisches Übereinkommen über die Ausübung von Kinderrechten
EuG	Europäisches Gericht erster Instanz
f.	folgende (Einzahl)
FamFG	Gesetz über das Verfahren in Familiensachen und in den Angelegenheiten der freiwilligen Gerichtsbarkeit
FamFR	Familienrecht und Familienverfahrensrecht
FamPra.ch	Die Praxis des Familienrechts
FamRZ	Zeitschrift für das gesamte Familienrecht
ff.	folgende (Mehrzahl)
FGG	Gesetz über die Angelegenheiten der freiwilligen Gerichtsbarkeit
Forts.	Fortsetzung
FPR	Familie Partnerschaft und Recht
FS	Festschrift
FuR	Familie und Recht
Fußn.	Fußnote
gem.	gemäß
GG	Grundgesetz
ggf.	gegebenenfalls
grds.	grundsätzlich
GVBl	Gesetz- und Verordnungsblatt
h.L.	herrschende Lehre
Hrsg.	Herausgeber

hrsg. v.	herausgegeben von
Hs.	Halbsatz
i.e.S.	im engeren Sinn
i.S.d.	im Sinne des
i.S.v.	im Sinne von
i.V.m.	in Verbindung mit
insb.	Insbesondere
JAmt	Das Jugendamt
Kap.	Kapitel
KG	Kammergericht
Kind-Prax	Kindschaftsrechtliche Praxis, Zeitschrift für die praktische Anwendung und Umsetzung des Kindschaftsrechts
KindRG	Kindschaftsrechtsreformgesetz
KJHG	Kinder- und Jugendhilfegesetz (SGB VIII)
KIRK	Kinderrechtskommission (hier: des Deutschen Familiengerichtstages)
KKG	Gesetz zur Kooperation und Information im Kinderschutz, Artikel 1 BKiSchG
lat.	lateinisch
LG	Landgericht
lit.	littera
m.w.N.	mit weiteren Nachweisen
MediationsG	Mediationsgesetz
MünchKommBGB	Münchener Kommentar zum Bürgerlichen Gesetzbuch
MünchKommFamFG	Münchener Kommentar zum Gesetz über das Verfahren in Familiensachen und in den Angelegenheiten der freiwilligen Gerichtsbarkeit
MünchKommZPO	Münchener Kommentar zur Zivilprozessordnung
n.F.	neue Fassung
NGO	Non-governmental Organization
NJW	Neue Juristische Wochenschrift
Nr.	Nummer
RegE	Regierungsentwurf
RG	Reichsgericht
Rn.	Randnummer/Randnummern
RPflG	Rechtspflegergesetz
RVG	Rechtsanwaltsvergütungsgesetz
S.	Satz
s.	siehe
s.o.	siehe oben
s.u.	siehe unten
SGB	Sozialgesetzbuch

sog.	sogenannte
SorgeG	Sorgerechtsgesetz vom 18.07.1979 (BGBl. I S. 1061)
StGB	Strafgesetzbuch
StPO	Strafprozessordnung
str.	streitig
u.	und
u.a.	und andere
UN	United Nations (Vereinte Nationen)
UNICEF	Kinderhilfswerk der Vereinten Nationen (engl.: United Nations International Children's Emergency Fund)
UN-KRK	Übereinkommen der Vereinten Nationen über die Rechte des Kindes vom 20. November 1989 (UN-Kinderrechtskonvention)
Urt.	Urteil
USA	Vereinigte Staaten von Amerika
v.	vom, von, vor
Var.	Variante
vgl.	vergleiche
Vorb.	Vorbemerkung
VwGO	Verwaltungsgerichtsordnung
z.B.	zum Beispiel
ZKJ	Zeitschrift für Kindschaftsrecht und Jugendhilfe
ZKM	Zeitschrift für Konfliktmanagement
ZPO	Zivilprozessordnung

Einleitung

Sind infolge einer Trennung oder Scheidung Regelungen über die elterliche Sorge und den Umgang hinsichtlich gemeinsamer Kinder[1] zu treffen, will das moderne Familienrecht die Eltern mit verschiedenen Instrumenten veranlassen, eine Einigung zu erzielen, anstatt das Gericht entscheiden zu lassen. Ziel ist es, dass die Eltern die Folgen ihrer Trennung möglichst selbst regeln. Ein Vermittlungsverfahren soll dabei angeblich besser als ein herkömmliches Gerichtsverfahren die Kommunikation zwischen den Eltern verbessern, die Erarbeitung nachhaltiger Regelungen bestärken und das Kindeswohl besser sichern. Zum einen soll daher das Gericht auf ein Einvernehmen hinwirken, zum anderen sollen außergerichtliche Beratungen und Vermittlungen, insbesondere auch die Mediation, die Eltern bei der Erarbeitung einer einvernehmlichen Regelung unterstützen (z.B. § 36 Abs. 1 Satz 2, 156, 163 Abs. 2, 165 FamFG; § 17 Abs. 2 SGB VIII).

Es stellt sich die Frage der Beteiligung des Kindes an der Vermittlung. Für Verfahren, die das Kind unmittelbar betreffen, also insbesondere auch Verfahren wegen der elterlichen Sorge und des Umgangsrechts, wurden in den letzten Jahrzehnten immer mehr eigene Anhörungs-, Beteiligungs- und Beratungsrechte des Kindes im Gesetz verankert. Seit dem Jahr 1989 verpflichtet Art. 12 UN-Kinderrechtskonvention die Mitgliedstaaten, sicherzustellen, dass dem Kind in allen es betreffenden Angelegenheiten die Gelegenheit gegeben wird, seine Meinung zu äußern, und dass diese Meinung angemessen berücksichtigt wird. In Deutschland wurde die richterliche Pflicht zur persönlichen Anhörung des Kindes in Kindschaftsverfahren bereits im Jahr 1980 in § 50b FGG (heute § 159 FamFG) normiert. Neben der persönlichen Anhörung dienen auch die Mitwirkung des Jugendamtes (§ 162 FamFG) und die eigenständige Interessenvertretung des Kindes durch einen Verfahrensbeistand (§ 158 FamFG) der Sicherstellung der angemessenen Berücksichtigung der Kindesinteressen im Gerichtsverfahren. Außergerichtlich hat die öffentliche Jugendhilfe das Kind bei es betreffenden Entscheidungen zu beteiligen (§ 8 Abs. 1 SGB VIII). Dem Kind stehen ferner eigene Beratungsrechte gegenüber der Jugendhilfe zu (z.B. §§ 8 Abs. 2 und 3, 18 Abs. 3 SGB VIII).

Diese gesetzlich vorgegebenen Instrumente und Standards zur Beteiligung des Kindes drohen aber im Bestreben um einvernehmliche Konfliktlösungen untergraben zu werden. Die Praxis zeigt, dass der Fokus oft ausschließlich auf

1 Aus Gründen der besseren Lesbarkeit wird im Folgenden der Begriff Kind für alle Kinder und Jugendliche unter 18 Jahren verwendet und für sämtliche Berufsbezeichnungen die männliche Form.

die elterliche Einigung gelegt wird. Sind die Eltern zu einer Einigung bereit, wird das Kind meist nicht persönlich beteiligt – weder im Gerichtsverfahren noch in einer außergerichtlichen Vermittlung.

Diese Tendenz der Förderung von Einvernehmen zu Lasten der Beteiligung des Kindes wird zum einen durch unklare gesetzliche Regelungen hinsichtlich der Stellung des Kindes bei elterlichem Einvernehmen, zum anderen durch allgemeine Vorbehalte gegenüber der Beteiligung von Kindern in Kindschaftsverfahren verstärkt.

Einige Normen zeigen zwar, dass der Gesetzgeber die Meinung des Kindes auch bei elterlichem Einvernehmen berücksichtigt wissen will. § 1626 Abs. 2 S. 2 BGB verpflichtet die Eltern innerfamiliär, Fragen der elterlichen Sorge mit dem Kind zu besprechen und Einvernehmen mit ihm anzustreben. Für die gerichtliche Billigung einer Umgangsvereinbarung ist nach dem Wortlaut des § 156 Abs. 2 S. 1 FamFG ein Einvernehmen der ‚Beteiligten' erforderlich und aus § 7 Abs 2 Nr. 1 FamFG folgt, dass im Umgangsverfahren auch das Kind Beteiligter ist. Die Jugendhilfe ist gemäß § 17 Abs. 2 SGB VIII verpflichtet, bei der Unterstützung der Eltern im Rahmen der Entwicklung eines einvernehmlichen Konzepts für die Wahrnehmung der elterlichen Sorge nach einer Trennung oder Scheidung das Kind auf angemessene Weise zu beteiligen. Aber Formulierungen wie ‚angemessene Beteiligung des betroffenen Kindes' (§ 17 Abs. 2 SGB VIII), ‚entsprechend seinem Entwicklungsstand' (§ 8 Abs. 1 SGB VIII, § 1626 Abs. 2 S. 2 BGB) bzw. ‚entsprechend seinem Alter und seiner Reife' (Art. 12 Abs. 1 UN-Kinderrechtskonvention) lassen zwar richtigerweise viel Spielraum für die Praxis, dieser wird aber – bestärkt durch die Vorbehalte gegenüber der Kindesbeteiligung – oft dahingehend ausgelegt, dass die Beteiligung des Kindes im Einzelfall unterlassen wird.

Oft genannte Vorbehalte gegenüber der Kindesanhörung, aufgrund derer sogar Richter vor einer richterlichen Entscheidung häufig von der Kindesanhörung absehen, sind, dass das Kind als zu jung, zu unreif und zu beeinflussbar eingeschätzt wird. Es wird davon ausgegangen, dass es nicht fähig sei, sich eine eigene Meinung zu bilden, und dass es für das Kind zu belastend sei, sich zu Fragen des Umgangs oder der elterlichen Sorge zu äußern. Bei einer Einigung der Eltern über die elterliche Sorge und den Umgang gilt bereits die Tatsache der elterlichen Einigung als dem Kindeswohl dienend. Es wird angenommen, dass die Eltern ohnehin am besten wüssten, was im Interesse ihres Kindes sei, eine persönliche Beteiligung des Kindes daher unterbleiben könne.

Rechtfertigt aber eine Einigung der Eltern das Absehen von der Kindesanhörung? Kann ohne die Beteiligung des Kindes die Wahrung seiner Interessen sichergestellt werden?

Im Gerichtsverfahren steht dem Kind grundsätzlich ein Anhörungsrecht zu. Das Gericht muss die individuellen Bedürfnisse des Kindes bei der Entscheidung angemessen berücksichtigen und unter der Berücksichtigung der Interessen auch der anderen Beteiligten die Entscheidung treffen, die dem Wohl des Kindes am besten entspricht (§ 1697a BGB). Wird eine Vermittlung – ob gerichtlich oder außergerichtlich – durchgeführt und unterbleibt dort die persönliche Beteiligung des Kindes, finden seine tatsächlichen Interessen und Bedürfnisse keinen Eingang in die Entscheidungsfindung. Es wird nur berücksichtigt, was die Eltern und die am Verfahren beteiligten Akteure denken, was im Interesse des Kindes ist. Die Sicht des Kindes kann aber eine völlig andere sein. Für das Kind ist es dann eine Frage des Zufalls, ob seine persönlichen Interessen, Bedürfnisse und Rechte berücksichtigt werden oder nicht, je nachdem ob die Eltern sich für eine Vermittlung bereit erklären oder nicht. Es stellt sich auch die Frage, wie das Gericht eine außergerichtlich vereinbarte Umgangsregelung gemäß § 156 Abs. 2 FamFG einer Kindeswohlprüfung unterziehen kann, wenn es das Kind nie gehört hat bzw. die Meinung des Kindes nicht einmal kennt.

Im Mittelpunkt dieser Untersuchung steht die Frage, ob die Anhörungs- und Beteiligungsrechte des Kindes nur dann gelten, wenn der Richter oder das Jugendamt entscheidet oder auch dann, wenn die Eltern im Verfahren eine Einigung erzielen. Anders formuliert: Ist die Unterlassung der Kindesbeteiligung bei elterlichem Einvernehmen gerechtfertigt und sinnvoll?

In Teil 1 werden zunächst einige Begriffsbestimmungen und allgemeine Abgrenzungen vorgenommen.

In Teil 2 werden die Rechtsgrundlagen von der völkerrechtlichen bis hin zur nationalen Ebene zur Anhörung und Einbeziehung des Kindes bei seine Person berührenden Verfahren untersucht.

Da die gegen die persönliche Beteiligung des Kindes vorgebrachten Argumente größtenteils mit vermeintlich mangelnden Fähigkeiten des Kindes begründet werden, erfolgt in Teil 3 eine Auseinandersetzung mit humanwissenschaftlichen Erkenntnissen aus der Trennungs- und Scheidungsforschung sowie der Entwicklungspsychologie. Die Fähigkeiten, Möglichkeiten und Bedürfnisse des Kindes bei und nach der Trennung oder Scheidung der Eltern werden untersucht und Differenzierungen nach Alter, Reife und familiärer Konstellation vorgenommen. Dabei wird insbesondere auf Sinn und Zweck der Beteiligung des Kindes sowie auf die verschiedenen Methoden der Beteiligung eingegangen. Um bei der Frage der Beteiligung des Kindes auch die Meinung von Kindern zu berücksichtigen, wird vor allem auf solche Studien Bezug genommen, welche auch die Befragungen von Kindern beinhalten.

In Teil 4 wird der Fokus auf Vermittlungsverfahren gelegt. Es werden die Möglichkeiten und Grenzen auf Einvernehmen zielender Verfahren untersucht, insbesondere die Frage, inwieweit und unter welchen Voraussetzungen ein Vermittlungsverfahren und ein elterliches Einvernehmen dem Kindeswohl dienen bzw. besser dienen als eine gerichtliche Entscheidung.

Teil 5 und Teil 6 beschäftigen sich mit der Einbeziehung des Kindes in den verschiedenen auf ein Einvernehmen hinwirkenden Verfahren. In Teil 5 geht es um gerichtliche und in Teil 6 um außergerichtliche Verfahren. Es werden die Rechtsgrundlagen dargestellt und im Lichte der in den vorangegangenen Teilen entwickelten Ergebnisse überprüft. Besonderes Augenmerk wird auf die gerichtliche Billigung einer Umgangsvereinbarung nach § 156 Abs. 2 FamFG, auf die Mediation sowie die in verschiedenen Gerichtsbezirken entwickelten Modelle interdisziplinärer Zusammenarbeit, wie z.B. das Cochemer Modell, gelegt. Auch das neue Mediationsgesetz wird anhand der entwickelten Kriterien durchleuchtet.

Zum Vergleich werden in Teil 7 Beispiele ausländischer Herangehensweisen und Modelle zur Beteiligung des Kindes in auf Einvernehmen zielenden Verfahren kurz dargestellt.

In Teil 8 werden schließlich die Ergebnisse zusammengetragen und Anforderungen an die Beteiligung des Kindes in auf Einvernehmen zielenden Verfahren aufgestellt.

In Teil 9 findet sich die Zusammenfassung der Untersuchung.

Teil 1: Begriffsbestimmungen

Einige zentrale Begriffe dieser Untersuchung werden im Folgenden kurz vorab erläutert, also Kindschaftssachen, Einvernehmen, Kindeswille und Kindeswohl sowie indirekte und direkte Einbeziehung.

A. Der Begriff Kindschaftssachen

Das materielle Kindschaftsrecht findet sich in den familienrechtlichen Vorschriften im Vierten Buch des Bürgerlichen Gesetzbuches (BGB). Die verfahrensrechtlichen Regelungen waren zunächst im Gesetz über die Angelegenheiten der freiwilligen Gerichtsbarkeit (FGG) vom 17. Mai 1898 geregelt, das durch eine Vielzahl von Verweisen in die Zivilprozessordnung (ZPO) ergänzt wurde. Das FGG bildete ein eher lückenhaftes Rahmengesetz unsystematischer Sonderregelungen mit einer unübersichtlichen Regelungstechnik.[1] Es wurde schließlich durch das am 01. September 2009 in Kraft getretene Gesetz über das Verfahren in Familiensachen und in den Angelegenheiten der freiwilligen Gerichtsbarkeit (FamFG) ersetzt, das sämtliche Verfahren der freiwilligen Gerichtsbarkeit systematisch und einheitlich regelt.

Im Zuge der FGG-Reform wurden die Begriffe Kindschaftssachen und Familiensachen neu definiert:

Bis zur Reform fielen unter den Begriff *Familiensachen* die Verfahren über die elterliche Sorge, die Regelung des Umgangs mit einem Kind, sowie die Herausgabe eines Kindes (§ 621 Abs. 1 Nr. 1 bis 3 ZPO a.F.). Als *Kindschaftssachen* wurden überwiegend die Abstammungssachen bezeichnet (§ 640 Abs. 2 ZPO a.F.).

In § 111 FamFG wird der Begriff *Familiensachen* neu definiert. Er bildet den allgemeinen Oberbegriff, unter welchen die Ehesachen, die Kindschaftssachen (§ 151 FamFG) und die Abstammungssachen (§§ 169-185 FamFG), aber auch die bislang den Zivilgerichten zugewiesenen Gewaltschutzsachen fallen.

Auch der Begriff *Kindschaftssachen* hat eine gänzlich neue Bedeutung erlangt: Nach § 151 FamFG fallen unter diesen Begriff insbesondere die Verfahren, die die elterliche Sorge (Nr. 1) und das Umgangsrecht (Nr. 2), die Kindesherausgabe (Nr. 3) und die Vormundschaft (Nr. 4) betreffen. Durch die neue Definition von Kindschaftssachen soll hervorgehoben werden, dass für die überwiegende Zahl der davon umfassten Einzelverfahren das Kind im Zentrum des Verfahrens steht.[2]

---

1 BT-Drucksache 16/6308, S. 1.

2 BT-Drucksache 16/6308, S. 233.

Diese Untersuchung konzentriert sich auf Kindschaftsverfahren gemäß § 151 Nr. 1 und Nr. 2 FamFG, also Verfahren wegen der elterlichen Sorge insbesondere nach der Trennung oder Scheidung der Eltern (§ 151 Nr. 1 FamFG, §§ 1671, 1672 BGB) und Verfahren zur Regelung des Umgangsrechts (§ 151 Nr. 2 FamFG, § 1684 Abs. 3 und 4 BGB).[3] Aber auch Verfahren wegen der Gefährdung des Kindeswohls (§§ 1666 Abs. 1, 2, 1666a BGB) werden von Bedeutung sein, da §§ 1666, 1666a BGB die Grenzen des Elternrechts bestimmen und der Verlauf und Ausgang eines solchen Verfahrens eine Entscheidung über die elterliche Sorge und den Umgang erheblich beeinflusst.

B. Der Begriff Einvernehmen

Der Begriff Einvernehmen wird im Duden als „Einigkeit, Übereinstimmung, die auf gegenseitigem Verstehen, auf Verständigungsbereitschaft beruht" definiert.[4] Auch in der juristischen Sprache bedeutet Einvernehmen nichts anderes als Einigung[5] bzw. Konsens[6].

Herkömmlicherweise endet ein Gerichtsverfahren mit einer gerichtlichen Entscheidung. In der Regel steht es den Beteiligten aber frei, sich während des rechtshängigen Verfahrens über den Verfahrensgegenstand zu einigen, also einen Vergleich zu schließen (vgl. z.B. § 278 ZPO). Im Zivilverfahren nennt sich eine solche Einigung gütliche Streitbeilegung bzw. (Prozess-)Vergleich (vgl. § 278 ZPO), im Kindschaftsverfahren Einvernehmen (vgl. § 156 FamFG). Protokolliert das Gericht den Vergleich, hat dieser dieselben Wirkungen wie eine gerichtliche Entscheidung.

C. Kindeswille und Kindeswohl

Bei Entscheidungen in Kindschaftssachen stellt sich die Grundsatzfrage des Verhältnisses von Kindeswille und Kindeswohl[7], also der Berücksichtigung des

---

3 Keidel/*Engelhardt*, § 151 FamFG Rn. 5, 6 und 8.

4 Duden, Eintrag „Einvernehmen".

5 MünchKommBGB/*Finger*, § 1684 BGB Rn. 11; MünchKommFamFG/Schumann, § 156 FamFG Rn. 11.

6 Staudinger/*Coester*, § 1671 BGB Rn. 274.

7 Hierzu ausführlich *Coester*, Das Kindeswohl als Rechtsbegriff (1983); *Zitelmann*, Kindeswohl und Kindeswille (2001); Handbuch-Verfahrensbeistandschaft/*Zitelmann*, Rn. 471 ff.; Handbuch-Verfahrensbeistandschaft/*Salgo*, Rn. 68 ff.; Baumeister/*Fehmel*, § 1671 BGB Rn. 20 ff. (Kindeswohl), 68 ff. (Kindeswille).

subjektiven, vom Kind geäußerten Willens und der objektiven Beurteilung des wohlverstandenen Kindesinteresses durch eine dritte Person.

Der Begriff Kindeswohl wurde bereits am 01.01.1900 in § 1666 BGB als Richtschnur für staatliche Intervention bei Kindeswohlgefährdung verankert. Auch §§ 1671, 1672, 1684 Abs. 4 BGB normieren die Maßgeblichkeit des Kindeswohls bei Entscheidungen über die elterliche Sorge oder den Umgang. Im Zuge der Kindschaftsrechtsreform im Jahr 1998 wurde § 1697a BGB neu eingefügt, der das Gericht verpflichtet, unter Berücksichtigung der tatsächlichen Gegebenheiten und Möglichkeiten sowie der berechtigten Interessen der Beteiligten die Entscheidung zu treffen, die dem Wohl des Kindes am besten entspricht. Die Norm verdeutlicht das Grundprinzip des Kindeswohls bei gerichtlichen Entscheidungen.[8] So stellt auch das FamFG für Kindschaftsverfahren insbesondere in §§ 156 Abs. 1 S. 1 und Abs. 2 S. 2, 157 FamFG auf den Kindeswohlbegriff ab. Schließlich sind auch die Eltern gemäß § 1627 S. 1 BGB verpflichtet, die elterliche Sorge zum Wohle des Kindes auszuüben.

Funktion des Kindeswohlbegriffs ist die Festsetzung der Schwelle der Eingriffslegitimation des Staates in das elterliche Erziehungsrecht bei Gefährdung des Kindeswohls (Art. 6 Abs. 2 S. 2 GG, § 1666 BGB, § 157 FamFG), als auch die Setzung eines Maßstabs für Entscheidungen bei staatlicher Intervention (vgl. Art. 3 UN-KRK sowie § 1697a BGB). Das Kindeswohl ist ein unbestimmter Rechtsbegriff, bei dem die Schwierigkeiten in der Praxis weniger im rechtlichen Bereich, als im kinderpsychologischen und -psychiatrischen Bereich liegen, sowie in der jeweiligen gesellschaftlichen Auffassung und in der Berücksichtigung aller Aspekte des Einzelfalls.[9] Als Kriterien für das Kindeswohl gelten in der Regel die emotionalen Bindungen des Kindes[10], die Fähigkeit jedes Elternteils zur Förderung des Kindes, die Kontinuität und Stabilität der Betreuung, der Schutz der körperlichen, seelischen und geistigen Integrität sowie die Wünsche des Kindes als Ausdruck seiner Bindungen an seine Eltern.[11] Goldstein, Freud und Solnit schlugen statt dem Begriff „Wohle des Kindes" die Formel „die am wenigsten schädliche Alternative zum Schutz von Wachstum und Entwicklung des Kindes" vor.[12] Damit soll den die Entscheidungen treffenden Personen verdeutlicht werden, dass es ihre Aufgabe ist, soviel wie möglich in einer unbefriedigenden Situation zu retten.[13]

---

8 Näheres s. Staudinger/*Coester*, § 1697a Rn. 1.

9 Baumeister/*Fehmel*, § 1671 BGB Rn. 20 ff. m.w.N.

10 *Lempp u.a.*, S. 20.

11 Handbuch-Verfahrensbeistandschaft/*Zitelmann*, Rn. 495.

12 *Goldstein/Freud/Solnit*, S. 49.

13 *Goldstein/Freud/Solnit*, S. 56.

Wird eine Entscheidung aber ausschließlich am Kindeswohl ausgerichtet, zeugt dies von einer eher paternalistischen Herangehensweise.[14] Das Kindeswohl wird lediglich aus der Sicht des Entscheidenden ohne Berücksichtigung der Meinung des Kindes eingeschätzt und beurteilt. Die Erwachsenen treffen eine Entscheidung, von der sie denken, dass sie im Sinne des Kindeswohls ist. Dies entspricht aber nicht zwingend auch dem, was das Kind selbst denkt, was für es am besten ist.[15] Das Kind wird letztlich zum „bloßen Adressaten von Förderungsmaßnahmen"[16] und damit nur zum Objekt gemacht. Es besteht die Gefahr, dass von pauschalen Einschätzungen über das vermeintliche Wohl aller Kinder ausgegangen wird und das konkrete Kind und seine Stimme ausgeblendet werden.[17] Es darf aber nicht das Kind im Allgemeinen, sondern immer nur das individuelle Kind in seiner spezifischen Situation entscheidend sein; also nicht das Kind, wie es sein soll, sondern wie es ist, nicht wie es sein sollte, sondern wie es sein kann.[18] Die individuelle Situation, Fähigkeiten und Möglichkeiten des Kindes müssen entscheidend sind.

Die Berücksichtigung des Kindeswillens in das Kind betreffenden Angelegenheiten ist zum einen völkerrechtlich in Art. 12 UN-KRK, aber auch bundesrechtlich insbesondere in § 159 FamFG sowie § 1626 Abs. 2 BGB vorgeschrieben. Durch die Beachtung des Kindeswillens in Sorgerechts- und Umgangsverfahren soll der Selbstbestimmung des Kindes, somit auch seiner individuellen Verbundenheit mit einem Elternteil Rechnung getragen werden.[19] Wichtig ist, dass unter dem Kindeswillen nicht die Entscheidung des Kindes zwischen den in Streit stehenden elterlichen Optionen zu verstehen ist. Das Kind soll sich nicht zwischen den Eltern entscheiden müssen. Um nicht Gefahr zu laufen, das Kind zu einer Entscheidung zwischen den Eltern zu drängen und damit ggf. seine Loyalitätskonflikte zu bestärken, sollte weniger auf den Willen des Kindes als auf seine Perspektive fokussiert werden. Seine Meinung, seine Wünsche, seine Ängste und Einstellungen hinsichtlich der Familie, seiner Person, seiner Situation und seiner Zukunft sollten in Erfahrung gebracht werden, um sie bei der Entscheidungsfindung angemessen berücksichtigen und eine den individuellen Bedürfnissen des Kindes gerecht werdende Entscheidung treffen zu können.[20] Die

---

14 *Salgo*, FPR 2010, 456 (457); *Archard/Skivenes*, International Journal of Children's Rights 2009, 1 (2).

15 *Archard/Skivenes*, International Journal of Children's Rights 2009, 1 (2).

16 *Güthoff*, in: Güthoff/Sünker, S. 201 (206).

17 Handbuch-Verfahrensbeistandschaft/*Salgo*, Rn. 72.

18 *Newerly* in der Einleitung zu *Korczak*, Wie man ein Kind lieben soll (1989), S. XXIII.

19 Vgl. *Coester* (1983), S. 257 ff.

20 Vgl. Handbuch-Verfahrensbeistandschaft/*Salgo*, Rn. 72.

Perspektive des Kindes ist dann als ein Teil des Gesamtbildes zu werten, das mit zahlreichen weiteren Gesichtspunkten eine fundierte Entscheidung ermöglicht.[21]

Eine Entscheidung, die sich ausschließlich am Kindeswillen orientiert, kann dem Kindeswohl widersprechen. Wird der Äußerung des Kindes zu viel Bedeutung beigemessen, kann dies dazu führen, dass das Kind sich in der Position sieht, sich zwischen den Eltern entscheiden zu müssen, was die meisten Kinder jedoch gerade nicht wollen.[22] Oft kann das Kind auch – je nach Alter und Reife – nicht alle Konsequenzen seiner momentanen Wünsche einschätzen. Stellt man ausschließlich auf den Kindeswillen ab, könnte dies eine Entscheidung verlangen, die das Kind, aber nicht auch die Erwachsenen für das Kind als das Beste erachten[23], z.B. wenn es sich eine Lösung wünscht, die unrealistisch oder objektiv als kindeswohlwidrig erscheint. Ist der Wunsch des Kindes offensichtlich selbstgefährdend, darf er unter keinen Umständen durchgesetzt werden.[24]

Der Kindesschutz dient der Wahrung der Grundrechte des Kindes und seiner Entwicklung zu einer selbständigen, eigenverantwortlichen Persönlichkeit.[25] Kindesrecht, Kindeswohl und Kindeswille sind daher ineinander verflochten und untrennbar miteinander verbunden.[26] Eine den Belangen des individuellen Kindes gerecht werdende Entscheidung kann nur getroffen werden, wenn das Kind die Möglichkeit erhalten hat, seine persönlichen Beziehungen zu den übrigen Familienmitgliedern erkennbar werden zu lassen.[27] Die subjektive Sicht des Kindes kann bei der Konkretisierung des Kindeswohls nicht unberücksichtigt bleiben, um sicherzustellen, dass die Entscheidung die Bedürfnisse und Interessen des individuellen Kindes berücksichtigt. Die Äußerungen des Kindes müssen aber immer im Zusammenhang mit seinem Alter und seiner Reife verstanden werden sowie auch in den Kontext mit der Situation der Familie und der Situation des Kindes in der Familie gesetzt werden, um sicherzustellen, dass die Entscheidung auch dem Kindeswohl entspricht.

D. Indirekte und direkte Einbeziehung

Den Begriffen Kindeswohl und Kindeswille entsprechend gibt es zwei Möglichkeiten der Einbeziehung der Kinder, und zwar indirekt und direkt.

21 Handbuch-Verfahrensbeistandschaft/*Salgo*, Rn. 71, 72.
22 Handbuch-Verfahrensbeistandschaft/*Salgo*, Rn. 72.
23 *Archard/Skivenes*, International Journal of Children's Rights 2009, 1 (2).
24 Handbuch-Verfahrensbeistandschaft/*Salgo*, Rn. 50.
25 Vgl. *Salgo*, Kind-Prax 1999, 179 (179 f.).
26 Handbuch-Verfahrensbeistandschaft/*Salgo*, Rn. 53.
27 BVerfG FamRZ 1981, 124 (126).

Die indirekte (engl. „child-focused") Einbeziehung bedeutet, dass das Kind nicht persönlich angehört wird, die Eltern aber ermuntert werden, die Bedürfnisse des Kindes zu berücksichtigen.[28] Das (vermeintliche) Kindeswohl bzw. das Interesse des Kindes wird aus Sicht der entscheidungsbefugte(n) Person(en) (z.B. Richter oder Eltern) (ein-)geschätzt und mit bedacht. Es liegt an den Eltern, die Interessen und Bedürfnisse des Kindes zu erkennen und in ihre Überlegungen einzubeziehen bzw. sie dem Mediator oder Richter zu übermitteln. Die indirekte Einbeziehung des Kindes ist auch als Vorbereitung der Eltern auf die direkte Einbeziehung des Kindes sinnvoll. Sie kann helfen, die Eltern für die Bedürfnisse ihrer Kinder zu sensibilisieren sowie sie auch dazu ermutigen, zuhause mehr mit dem Kind zu sprechen.[29]

Bei der direkten, also der persönlichen Einbeziehung des Kindes (engl. „child-inclusive"), wird dem Kind Gelegenheit gegeben, seine Meinung zu äußern, damit diese bei der Entscheidungsfindung berücksichtigt werden kann. Fraglich ist, wer mit dem Kind spricht und wann. Folgende Optionen bestehen:

- der Richter oder Mediator hört das Kind in einem Einzelgespräch an,
- das Kind wird von einer dritten Person (z.B. Therapeut, Verfahrensbeistand oder Vertrauensperson) angehört, die dann die Interessen des Kindes ins Verfahren einbringt.

Hört der Richter oder Mediator das Kind selbst an, hat dies den Vorteil, dass er sich ein eigenes Bild vom Kind machen kann. Dies setzt jedoch voraus, dass er das Kind kindgerecht befragen und seine Antworten „richtig" interpretieren kann. Es obliegt dann ihm, das Kindeswohl zu beachten und sicherzustellen, dass die Interessen des Kindes bei den von den Eltern getroffenen Regelungen gewahrt werden.[30]

Hinsichtlich der Anhörung durch den Richter ist gesetzlich geregelt, dass er das Kind persönlich anzuhören hat (vgl. § 159 FamFG), und dass er dem Kindeswohl per Gesetz verpflichtet ist (§ 1697a BGB). Hingegen wird gegen das persönliche Gespräch des Mediators mit dem Kind eingewandt, dass er hierdurch seine neutrale, allparteiliche Position gegenüber der ganzen Familie aufgebe und stattdessen für das Kindeswohl verstärkt verantwortlich werde.[31] Wenn aber die Anhörung des Kindes und die Berücksichtigung des Kindeswohls die Neutralität des Richters nicht beeinträchtigt, ist nicht nachvollziehbar, warum die neutrale, allparteiliche Position des Mediators hierbei gefährdet sein soll.[32]

---

28 *McIntosh*, Family Court Review 2008, 105 (105).

29 Vgl. *Parkinson*, S. 199.

30 *Parkinson/Cashmore*, S. 46.

31 Vgl. *Parkinson/Cashmore*, S. 46.

32 Zur Allparteilichkeit des Mediators bei Familienmediationen s. Teil 6.A.III.2.

Das Kind kann auch über einen Dritten in den Verhandlungen repräsentiert werden. Das Kind wird dann nicht (nur) persönlich vom Richter oder Mediator angehört, sondern z.B. ein Sozialarbeiter, Therapeut, Rechtsanwalt oder eine Vertrauensperson spricht mit dem Kind und vermittelt dann dessen Meinung dem Gericht bzw. dem Mediator und den Eltern. Die Einbeziehung des Kindes über einen Kindesvertreter hat den Vorteil, dass die Meinung des Kindes von einem Experten analysiert und im Familienkontext interpretiert und schließlich den Eltern, dem Mediator oder dem Gericht in „verdaulicher" Form präsentiert wird.[33] Zudem kann es für das Kind entlastend sein, dass ein Kindesvertreter und nicht es selbst etwas deutlich formuliert. Andererseits besteht die Gefahr, dass die Äußerungen des Kindes durch die Augen des Vertreters gefiltert, mit seinen Empfehlungen, Qualifizierungen und Eindrücken gespickt und dadurch verfälscht werden. In einem Gerichtsverfahren ist zu beachten, dass auch wenn ein Verfahrensbeistand zur Wahrnehmung der Interessen des Kindes bestellt ist, der Richter das Kind persönlich anzuhören hat, wobei der Verfahrensbeistand bei der Anhörung anwesend sein soll (§ 159 Abs. 4 S. 3 FamFG).

---

33 *Parkinson/Cashmore*, S. 61.

Teil 2: Rechtsgrundlagen für die Beteiligung des Kindes

A. Entwicklung von Kinderrechten

Über Jahrtausende hinweg galten Kinder als noch nicht vollwertige Menschen.[1] Sie wurden als den Erwachsenen in jeder Hinsicht unterlegen angesehen und waren vielmehr Eigentum der Erwachsenen – in der Regel der Eltern –, und nicht Lebewesen mit selbständigen Rechten.[2]

Seit den Revolutionen in Amerika im Jahr 1776 und in Frankreich im Jahr 1789 wurde den Menschenrechten immer mehr Aufmerksamkeit zuteil und im Zuge dessen auch der spezifischen Situation der Kinder.[3] Im 19. Jahrhundert wurden die ersten Arbeitsschutz- und Misshandlungsverbotsgesetze zum Schutz von Kindern erlassen.[4] Ab dem Jahr 1899 wurden zunächst in den USA, dann auch in Deutschland die ersten Jugendstrafgerichte etabliert.[5] Das erste deutsche Jugendgerichtsgesetz (JGG) wurde am 16. Februar 1923 erlassen, die heute gültige Fassung ist vom 04. August 1953.[6] Das JGG enthält diejenigen formell- und materiellrechtlichen Vorschriften, die eine unterschiedliche strafrechtliche Erfassung von Verhalten von Jugendlichen im Gegensatz zu dem von Erwachsenen festlegen.[7]

Im Jahr 1902 erklärte die schwedische Pädagogin und Frauenrechtlerin Ellen Key das 20. Jahrhundert zum Jahrhundert des Kindes. Sie trat für eine „Pädagogik vom Kinde her" ein, also eine Erziehung unter Achtung der Würde und Individualität des Kindes.[8]

---

1 *Maywald*, in: Sozialpädagogisches Institut im SOS-Kinderdorf, S. 48.

2 *Goldstein/Freud/Solnit*, S. 14; Unicef, Geschichte der Kinderrechte, S. 1.

3 So wurden z.B. in Grossbritannien der Factories Act 1802 für die Baumwoll- und Wollindustrie, sowie der Factories Act 1833 für die Textilindustrie erlassen. Der Factories Act 1802 beinhaltet Regelungen wie die Begrenzung der Arbeitszeiten von 9- bis 13-jährigen Kindern auf maximal acht Stunden, von 14- bis 18-Jährigen auf maximal zwölf Stunden. Kinder unter neun Jahren dürfen nicht arbeiten, müssen sich aber in einer Grundschule einschreiben, die ihnen durch die Fabrikinhaber zur Verfügung gestellt werden muss.

4 *Maywald*, in: Sozialpädagogisches Institut im SOS-Kinderdorf, S. 48 (50).

5 Zur Entwicklung von Jugend- und Familiengerichten in den USA s. *Salgo* (1996), S. 61 ff.

6 BGBl. I 751.

7 Näheres m.w.N. *Eisenberg*, Einleitung JGG, Rn. 5.

8 *Key*, Das Jahrhundert des Kindes (1908); zu Ellen Key s. auch *Veerman*, S. 75 ff.

Zur selben Zeit begann auch der Arzt und Pädagoge Henryk Goldszmit, genannt Janusz Korczak, sich dafür einzusetzen, Kinder nicht mehr nur als Noch-nicht-Erwachsene, sondern als ebenso wertvolle Menschen wie Erwachsene zu sehen.[9] Anstatt des traditionellen Erzieher-Zögling-Verhältnisses plädierte er für eine Erziehung im dialogischen Verhältnis.[10] Ein Erzieher oder Lehrer sollte Kinder vor allem ernst nehmen.[11] In seinen Schriften „Wie man ein Kind lieben soll“[12] und „Das Recht des Kindes auf Achtung“[13] forderte er explizite Rechte für das Kind, wie das Recht des Kindes auf den heutigen Tag und das Recht des Kindes, so zu sein, wie es ist.[14] Er prägte ein auf Gleichwertigkeit und Respekt basierendes Bild vom Kind. Dabei sollte das Kind aber als Kind respektiert sein und ihm sollten nicht die Sorgen von Erwachsenen aufgebürdet werden.[15] Die von Korczak bereits zu Beginn des 20. Jahrhunderts geforderten Rechte für Kinder sind im Grunde nichts anderes als die Forderung der Geltung der Menschen- bzw. Grundrechte auch für Kinder.[16]

Aber selbst Art. 1 GG galt nicht seit Inkrafttreten des Grundgesetzes im Jahr 1949 wie selbstverständlich auch für Kinder. Das Bundesverfassungsgericht hat schließlich mit Entscheidung vom 29.07.1968[17] klargestellt, dass auch das Kind Träger von Grundrechten und somit ein Wesen mit eigener Menschenwürde und dem Recht auf Entfaltung seiner Persönlichkeit i.S. der Art. 1 Abs. 1 und Art. 2 Abs. 1 GG ist. Manchmal ist es heute noch notwendig zu betonen, dass das Grundgesetz keine Altersgrenze für die Verleihung von Grundrechten nennt oder kennt.[18]

Im Rahmen der Entwicklungen zur Anerkennung von eigenen Selbstbestimmungsrechten des Kindes ist auch das in den 60er- und 70er-Jahren des vergangenen Jahrhunderts in den USA entstandene Children's Liberation Movement (‚kiddy libbers‘) zu erwähnen.[19] Seine Vertreter forderten mehr Freiheits- und Selbstbestimmungsrechte für Kinder, teils sogar die völlige rechtliche Gleichbehandlung von Kindern und Erwachsenen.[20] Die Forderung der Gleich-

9 *Korczak*, Fröhliche Pädagogik (2009), S. 46.
10 Tschöpe-Scheffler/Kaminski/*Tschöpe-Scheffler*, S. 53.
11 Tschöpe-Scheffler/Kaminski/*Jungmann*, S. 131.
12 *Korczak*, Wie man ein Kind lieben soll (1989).
13 *Korczak*, Das Recht des Kindes auf Achtung (2009).
14 *Korczak* (1989), S. 40.
15 *Veerman*, S. 397.
16 Tschöpe-Scheffler/Kaminski/*Eichholz*, S. 117.
17 BVerfGE 24,119 = NJW 1968, 2233 = FamRZ 1968, 578.
18 *Peschel-Gutzeit*, FPR 2008, 471 (472).
19 Hierzu ausführlich *Veerman*, S. 133 ff.
20 *Steindorff-Classen*, in: Elsen/Weber, S. 14.

behandlung geht aber insofern zu weit, als dass sie nicht berücksichtigt, dass ein Kind noch in der Entwicklung ist und seine Fähigkeiten begrenzt sind. Eine unbeschränkte Gewährung von Rechten verwehrt dem Kind das Recht, ein Kind zu sein.[21]

Kinder wurden also seit Beginn des letzten Jahrhunderst zunehmend als eigene Persönlichkeiten wahrgenommen, mit eigenen Bedürfnissen und Interessen, und um diese zu schützen, wurden ihnen eigene Rechte zuerkannt. Sie sollen den Erwachsenen als gleichwertig angesehen werden, schließlich sind sie genauso Menschen wie Erwachsene.[22] Dabei ist aber zu berücksichtigen, dass sie ihnen nicht gleich sind. Zwischen Kindern und Erwachsenen bestehen alters-, erfahrungs- und wissensbedingte spezifische Unterschiede. Daher benötigen Kinder besondere Förderung und Unterstützung, damit einhergehend auch besondere, kindgerechte Beteiligungsformen.[23] Ihr Anderssein, ihre Individualität und ihr Kindsein müssen geschützt werden.[24] In Konsequenz müssen Kinderrechte zum einen verdeutlichen, dass die Menschen- und Grundrechte auch für Kinder gelten, zum anderen müssen sie der besonderen Situation der Kinder Rechnung tragen und ihnen die Rechte, Möglichkeiten und Unterstützung gewähren, derer sie aufgrund ihrer speziellen Stellung und Schutzbedürftigkeit bedürfen. Hieraus folgt insbesondere auch die Verpflichtung der Erwachsenen, den Kindern die Ausübung ihrer Rechte zu ermöglichen, sowie sich dies im Übrigen auch aus dem Wortlaut der UN-Kinderrechtskonvention und des § 159 FamFG ergibt.

B. Rechtsgrundlagen für die Beteiligung des Kindes

Rechtsgrundlagen für die Anhörung von Kindern sowie Anforderungen an ihre Beteiligung an auf Einvernehmen der Eltern hinwirkenden gerichtlichen und außergerichtlichen Verfahren in Kindschaftssachen finden sich in völkerrechtlichen sowie nationalen Gesetzen. Es werden zuerst die Anforderungen der völkerrechtlichen Normen, insbesondere der UN-Kinderrechtskonvention, herausgearbeitet, dann die der nationalen Normen, um auf diese Weise auch die Übereinstimmung der nationalen Normen mit den Maßgaben der Konvention überprüfen zu können.

---

21 So *Veerman*, S. 397.

22 *Maywald*, in: Sozialpädagogisches Institut im SOS-Kinderdorf e.V., S. 48 (64).

23 *Maywald*, in: Sozialpädagogisches Institut im SOS-Kinderdorf e.V., S. 48.

24 Vgl. Tschöpe-Scheffler/Kaminski/*Tschöpe-Scheffler*, S. 65.

I. UN-Kinderrechtskonvention (UN-KRK)

Das Anhörungsrecht des Kindes in den seine Person betreffenden Angelegenheiten ist auf völkerrechtlicher Ebene in Art. 12 UN-KRK verankert. Aus dieser Norm können auch Anforderungen an die Einbeziehung des Kindes bei Einvernehmen der Eltern hergeleitet werden.

1. Allgemeines zur UN-Kinderrechtskonvention

Die Menschenrechte sind in zahlreichen völkerrechtlichen Verträgen, Deklarationen und Resolutionen der UN-Generalversammlung und ihrer Sonderorganisationen manifestiert.[25] Die völkerrechtlichen Verträge können zunächst unterteilt werden in universelle, also weltweite, und regionale Verträge. Die Allgemeine Erklärung der Menschenrechte (AEMR) vom 10. Dezember 1948 zählt zu den universellen und die Europäische Menschenrechtskonvention (EMRK) zu den regionalen Verträgen. Diese Verträge werden durch Verträge ergänzt, die spezifische Bereiche regeln, wie z.B. das Übereinkommen zur Beseitigung jeder Form von Diskriminierung der Frau vom 18. Dezember 1979, die UN-Anti-Folter-Konvention vom 10. Dezember 1984, das Übereinkommen über die Rechte von Menschen mit Behinderung vom 13. Dezember 2006 und schließlich auch die hier relevante UN-Kinderrechtskonvention vom 20. November 1989.

Erste Schritte zur Manifestierung von Kinderrechten auf völkerrechtlicher Ebene sind insbesondere der britischen Lehrerin Eglantyne Jebb zu verdanken. Sie verfasste im Jahr 1923 die erste Erklärung der Rechte des Kindes, die sie im Magazin „The World's Children" des von ihr gegründeten Save the Children Fund veröffentlichte und auch dem Völkerbund in Genf zukommen ließ.[26] Basierend auf dieser Erklärung verabschiedete die Generalversammlung des bis kurz nach dem Zweiten Weltkrieg bestehenden Völkerbundes die Erklärung der Kindesrechte (*Genfer Erklärung*) am 24. September 1924, der den Schutz der Kinder in der Zwischenkriegszeit sichern sollte. Diese Erklärung war die erste völkerrechtliche Resolution, die ausschließlich Kinderschutzbestimmungen enthielt und sie gilt heute weithin als bedeutendster Vorläufer der mehr als ein halbes Jahrhundert später verabschiedeten UN-Kinderrechtskonvention.[27] Sie hatte jedoch keine rechtliche Verbindlichkeit und verlor mit Auflösung des Völkerbundes im Jahr 1946 ihre Grundlage.[28]

---

25 Vitzthum/*Hailbronner*, S. 230.

26 Zusammenfassend zu Eglantyne Jebb s. auch *Veerman*, S. 87 ff.

27 *Steindorff-Classen*, in: Elsen/Weber, S. 14.

28 *Unicef*, Geschichte der Kinderrechte, S. 1.

Am 20. November 1959 verabschiedete die Generalversammlung der Vereinten Nationen (UN) die Erklärung der Rechte des Kindes. Aber auch diese Erklärung stellte keinen Vertrag, sondern eher wohlmeinende Appelle[29] an Eltern, Wohltätigkeitsorganisationen und die UNO-Mitgliedstaaten dar, so dass die Staaten sie nicht explizit anerkennen mussten und sie für die einzelnen Staaten nicht verbindlich war.[30]

20 Jahre später begannen die Bemühungen, diese Erklärung um weitere Regelungen zu ergänzen und in einen völkerrechtlichen Vertrag umzuwandeln. Nach knapp zehn Jahren der Verhandlungen einer Arbeitsgruppe der Kommission der Menschenrechte der Vereinten Nationen mit dem Kinderhilfswerk der Vereinten Nationen (UNICEF) sowie mit verschiedenen nichtstaatlichen Organisationen wurde im Jahr 1989 der Entwurf der Kinderrechtskonvention der UN-Generalversammlung vorgelegt. Diese nahm die Konvention ohne jede Veränderung an und verabschiedete sie einstimmig am 20. November 1989.

Mit der UN-Kinderrechtskonvention (UN-KRK) wurden erstmals in der Geschichte des Völkerrechts die Rechte des Kindes umfassend in einem internationalen Vertragswerk mit weltweitem Geltungsanspruch verankert.[31] Die Konvention trat am 02. September 1990 in Kraft. Seither haben 193 Staaten die Konvention ratifiziert und somit als verbindlich anerkannt, also alle Staaten außer den USA und Somalia.[32] Keine andere Menschenrechtskonvention wurde von so vielen Staaten und in so kurzer Zeit ratifiziert, so dass die UN-KRK zur erfolgreichsten internationalen Vereinbarung aller Zeiten avanciert ist.[33]

Grundprinzip der UN-KRK ist die Achtung der Würde und der Integrität der Kinder.[34] Dem Kind sollen zur Stärkung seiner Position eigene Rechte gewährt werden, damit ihm seitens der Erwachsenen mit Anerkennung und Respekt begegnet wird, da dies die Voraussetzung dafür ist, dass es seine Rechte verwirklichen und ausüben kann.[35] Die Kinder sollen also als aktive Subjekte ihrer Rechte gesehen werden.[36]

Im Jahr 1990 fand in New York der erste Weltkindergipfel statt, bei dem ein Programm verabschiedet wurde, das vor allem die Lage der Kinder in den Entwicklungsländern verbessern sollte. Der zweite Weltkindergipfel fand im Jahr

29 *Steindorff-Classen*, in: Elsen/Weber, S. 14.

30 BT-Drucksache 12/42, S. 30.

31 BT-Drucksache 12/42, S. 32.

32 http://treaties.un.org/Pages/ViewDetails.aspx?src=TREATY&mtdsg_no=IV-11&chapter=4&lang=en (zuletzt abgerufen am 15.07.2012).

33 BT-Drucksache 14/5438, S. 19.

34 *Flekkøy/Kaufman*, S. 62.

35 *Flekkøy/Kaufman*, S. 62.

36 *Unicef*, Implementation Handbook, S. 149.

2002 ebenfalls in New York statt, wo erstmals in der Geschichte der Vereinten Nationen auch Kinder in der Vollversammlung zu Wort kamen. Zentrale Botschaft der Kinder war, dass sie nicht nur die oft zitierte Zukunft sind, sondern dass sie schon jetzt da sind und ihre Rechte einfordern.[37]

Die UN-KRK formuliert zum einen die Rechte der Kinder, zum anderen einen weitgespannten, völkerrechtlich verbindlichen Katalog von Anforderungen an die Vertragsstaaten, die Gewährung und Bekanntmachung (Art. 42 UN-KRK) dieser Rechte sicherzustellen. Die Konvention bezieht sich sowohl auf die private Sphäre der Familie, als auch auf die öffentliche Sphäre des staatlichen Tätigwerdens.[38] Als Rechte des Kindes formuliert die UN-KRK insbesondere das Recht des Kindes auf Leben (Art. 6 UN-KRK), auf eine eigene Identität (Art. 13 UN-KRK), auf Bildung (Art. 28 UN-KRK), auf Schutz vor Diskriminierung, Gewalt und Missbrauch (Art. 2, 19, 34 UN-KRK), sowie das Anhörungs- bzw. Partizipationsrecht des Kindes (Art. 12 UN-KRK).

Nach Art. 44 Abs. 1 UN-KRK verpflichten sich die Vertragsstaaten, dem zuständigen UN-Vertragsorgan, also dem Ausschuss für die Rechte des Kindes (Committee on the Rights of the Child, Art. 43 UN-KRK), Berichte über die Maßnahmen vorzulegen, die sie zur Verwirklichung der in dem Übereinkommen anerkannten Rechte getroffen haben sowie über die dabei erzielten Fortschritte. Im Gegenzug kann der Ausschuss den Vertragsstaaten Vorschläge und allgemeine Empfehlungen zur Auslegung der Konvention unterbreiten (Art. 45d UN-KRK).

Dieser Ausschuss verabschiedete im Jahre 2009 einen General Comment No. 12 zu Art. 12 UN-KRK. Um die Anforderungen der UN-KRK möglichst im Sinne des Ausschusses für die Rechte des Kindes darzustellen, wird im Folgenden bei Auslegung des Art. 12 UN-KRK vorwiegend auf diese General Comments Bezug genommen.

2. Die Bundesrepublik Deutschland und die Kinderrechtskonvention

Die Bundesrepublik Deutschland unterzeichnete die Kinderrechtskonvention am 26. Januar 1990.[39] Der Bundestag und der Bundesrat stimmten der Konvention mit dem Gesetz vom 17. Februar 1992[40] zu. Die Ratifikationsurkunde wurde von Deutschland am 06. März 1992 beim Generalsekretär der Vereinten Nationen hinterlegt[41] und das Übereinkommen trat am 05. April 1992 für Deutschland in

37 *Maywald*, in: Sozialpädagogisches Institut im SOS-Kinderdorf e.V., S. 48 (52).
38 *Besson/Martignoni*, in: Forsythe, S. 300.
39 BGBl. II 1992, S. 121.
40 BGBl. II 1992, S. 121.
41 BGBl. II 1992, S. 990.

Kraft.[42] Die Konvention hat in Deutschland den Rang eines einfachen Gesetzes erlangt.[43] In der Begründung zum innerstaatlichen Gesetzentwurf zur Kinderrechtskonvention erklärte Deutschland, dass das Übereinkommen Standards setze, die in der Bundesrepublik bereits verwirklicht seien, so dass kein Anlass bestehe, grundlegende Änderungen oder Reformen des innerstaatlichen Rechts zu vollziehen.[44] Gleichzeitig erklärte Deutschland, dass das Übereinkommen innerstaatlich keine unmittelbare Anwendung finde, so dass es keine Grundlage für die rechtliche Geltendmachung unmittelbar auf einzelne Übereinkommensartikel gestützter, individueller Rechtsansprüche biete. Die völkerrechtlichen Staatenverpflichtungen erfülle die Bundesrepublik durch nähere Bestimmung ihres mit dem Übereinkommen übereinstimmenden innerstaatlichen Rechts.[45] Die Frage der Übereinstimmung der innerstaatlichen Gesetze über die Partizipationsrechte des Kindes mit den Vorgaben der Konvention wird maßgeblicher Gegenstand dieser Untersuchung sein.

Zunächst erklärte die Bundesrepublik den Vorbehalt, dass unbegleiteten minderjährigen Flüchtlingen nicht die gleichen Rechte zustünden wie deutschen Kindern. Nach Zustimmung des Bundesrates hat die Bundesregierung am 3. Mai 2010 beschlossen, diese Vorbehaltserklärung zurückzunehmen und am 15. Juli 2010 wurde die rechtsverbindliche Rücknahmeerklärung bei der UN in New York hinterlegt.

3. Die Individualbeschwerde

Verletzungen der UN-KRK konnten zunächst nicht im Rahmen einer Individualbeschwerde auf UN-Ebene geltend gemacht werden.[46] Nur wenn das innerstaatliche Recht im Einklang mit dem Übereinkommen ein solches Recht vor sah, konnten Rechtsansprüche (innerstaatlich) erhoben werden.[47] Eine Kontrolle auf UN-Ebene hinsichtlich der Umsetzung der in der UN-KRK formulierten Rechte fand nur über die in Art. 44 UN-KRK vorgesehenen Staatenberichte statt.

In Anlehnung an andere universelle Menschenrechtskonventionen wie das Anti-Rassismusabkommen von 1965, den Internationalen Pakt für bürgerliche und politische Rechte (Zivilpakt) und das Übereinkommen zur Beseitigung jeder Form von Diskriminierung der Frau von 1979, die ein Individualbeschwerdever-

42 Bekanntmachung vom 10. Juli 1992 – BGBl. 1992 II S. 990.
43 *Heilmann*, S. 46.
44 BGBl. II 1992, S. 990.
45 BGBl. II 1992, S. 990.
46 *Besson/Martignoni*, in: Forsythe, S. 300.
47 BT-Drucksache 12/42, S. 32.

fahren vorsehen, wurde auch für die UN-KRK ein Zusatzprotokoll zur Einrichtung eines Individualbeschwerdeverfahrens gefordert. Begründet wurde dies mit Recht damit, dass es der Stärkung der Rechtsposition der Kinder diene, die Subjektstellung des Kindes untermauere[48] und mehr Bewusstsein und Aufmerksamkeit für die Durchsetzung von Kinderrechten schaffe.[49] Das in Art. 12 UN-KRK verankerte Recht auf Anhörung würde eingelöst, zumal Kinder wie Erwachsene dann die Möglichkeit hätten, sich gegen eine Verletzung ihrer Rechte zu wehren.[50]

Voraussetzung eines Individualbeschwerdeverfahrens ist die Ausschöpfung des nationalen Rechtsweges. Nimmt der Vertragsausschuss die Beschwerde an, fordert er den betroffenen Staat auf, Stellung zu nehmen. Reagiert dieser nicht, mahnt der Ausschuss. Nimmt der Staat Stellung, kann sich der Betroffene nochmals äußern. Schließlich trifft der Ausschuss eine Entscheidung und teilt diese dem Staat mit, ggf. mit der Aufforderung, diese und weitere Menschenrechtsverletzungen zu beseitigen.[51] Es besteht aber dem Staat gegenüber keine Möglichkeit von Revisionen oder Sanktionen.

Am 19. Dezember 2011 hat die UN-Generalversammlung ein Zusatzprotokoll zur Kinderrechtskonvention verabschiedet, das ein Beschwerderecht für Kinder einführt. Es liegt nun an den Mitgliedstaaten, das Zusatzprotokoll zu ratifizieren. Wenn es mindestens zehn Staaten ratifiziert haben, tritt es in Kraft.

4. Berücksichtigung des Kindeswillens (Art. 12 UN-KRK)

Das Recht des Kindes auf Berücksichtigung seiner Meinung (Art. 12 UN-KRK) ist neben dem Recht auf Leben und Entwicklung (Art. 6 UN-KRK), dem Prinzip des Kindeswohls (Art. 3 UN-KRK) und dem Recht auf Nichtdiskriminierung (Art. 1 Abs. 2 UN-KRK) eines der vier Grundprinzipien der Konvention.[52]

Art. 12 UN-KRK lautet:

> (1) Die Vertragsstaaten sichern dem Kind, das fähig ist, sich eine eigene Meinung zu bilden, das Recht zu, diese Meinung in allen das Kind berührenden Angelegenheiten frei zu äußern, und berücksichtigen die Meinung des Kindes angemessen und entsprechend seinem Alter und seiner Reife.

---

48 *Cremer*, S. 5.

49 *Krappmann*, S. 4.

50 BT-Drucksache 16/9096, S. 2.

51 *Krappmann*, S. 3.

52 *Committee on the Rights of the Child (UN)*, CRC/C/GC/12, Abs. 2.

(2) Zu diesem Zweck wird dem Kind insbesondere Gelegenheit gegeben, in allen das Kind berührenden Gerichts- oder Verwaltungsverfahren entweder unmittelbar oder durch einen Vertreter oder eine geeignete Stelle im Einklang mit den innerstaatlichen Verfahrensvorschriften gehört zu werden.

a. „Alle das Kind berührenden Angelegenheiten" (Art. 12 Abs. 1 UN-KRK)

„Alle das Kind berührenden Angelegenheiten" (Art. 12 Abs. 1 UN-KRK) ist weit gefasst zu verstehen.[53] Beim Zustandekommen der Norm wurde nach dutzenden Vorschlägen explizit davon abgesehen, einzelne Angelegenheiten aufzulisten, um eine Beschränkung des Geltungsbereichs zu vermeiden.[54]

Art. 12 Abs. 1 UN-KRK ist nicht auf gerichtliche oder behördliche Verfahren beschränkt. Während sich Art. 12 Abs. 2 UN-KRK explizit auf die Berücksichtigung des Kindeswillens im Gerichts- und Verwaltungsverfahren bezieht, spricht Art. 12 Abs. 1 UN-KRK nur von „Angelegenheiten" und ist somit weiter gefasst. In Art. 12 Abs. 1 UN-KRK sind keine Beschränkungen, bestimmte Situationen oder Kontexte genannt, daher ist die Meinung des Kindes in allen es berührenden rechtlichen wie persönlichen, gesellschaftlichen und familiären Angelegenheiten zu berücksichtigen, also auch in sozialen Prozessen innerhalb der Gemeinde und der Gesellschaft.

Für diese Untersuchung ist entscheidend, dass das Kind, laut dem Ausschuss für die Rechte des Kindes, auch innerhalb der Familie in alle es berührenden Angelegenheiten einzubeziehen ist.[55] Begründet wird dies damit, dass eine Familie, in der das Kind vom frühesten Alter an seine Meinung frei äußern kann und in der es ernst genommen wird, das beste Modell dafür biete, dass das Kind lernt, sein Recht gehört zu werden auch später in außerfamiliären Kontexten auszuüben.[56] Eine die Meinung des Kindes respektierende Erziehung ermöglicht nicht nur die Förderung der persönlichen Entwicklung des Kindes, sie kann auch die familiären Beziehungen verbessern sowie jeglicher Form der Gewalt in der Familie vorbeugen.[57] Diese Einbeziehungspflicht muss sowohl für die intakte Familie als auch für die sich trennende oder bereits getrennt lebende Familie gelten, wenn Entscheidungen getroffen werden, die das Kind berühren. Die Angelegenheit berührt das Kind jedenfalls dann, wenn sie seine Person betrifft, und dies ist jedenfalls dann der Fall, wenn seine Rechte betroffen sind, wie z.B. sein Umgangsrecht oder Selbstbestimmungsrecht. Auch Art. 9 Abs. 2 UN-KRK ver-

---

53 *Committee on the Rights of the Child (UN)*, CRC/C/GC/12, Abs. 26.
54 *Committee on the Rights of the Child (UN)*, CRC/C/GC/12, Abs. 27.
55 *Committee on the Rights of the Child (UN)*, CRC/C/GC/12, Abs. 27.
56 *Committee on the Rights of the Child (UN)*, CRC/C/GC/12, Abs. 90.
57 *Committee on the Rights of the Child (UN)*, CRC/C/GC/12, Abs. 90.

ankert das Recht aller Beteiligten, somit auch das Recht des Kindes[58], seine Meinung im Verfahren äußern zu können, wenn infolge der elterlichen Trennung über den Aufenthalt des Kindes entschieden wird.

Die UN-Kinderrechtskonvention richtet sich an die Vertragsstaaten und nicht unmittelbar an die Eltern. Dies bedeutet, dass die Vertragsstaaten sicherstellen müssen, dass die Meinung des Kindes innerhalb der Familie angemessen berücksichtigt wird. Die Eltern müssen darüber informiert werden, welche Rechte Art. 12 UN-KRK dem Kind gewährt, aber auch über die Möglichkeiten und Vorteile, die durch die Berücksichtigung der Meinung des Kindes sowohl für das Kind selbst, als auch für die gesamte Familie erzielt werden können.[59]

i. „Fähigkeit, sich eine eigene Meinung zu bilden" (Art. 12 Abs. 1 UN-KRK)

Nach Art. 12 Abs. 1 UN-KRK verpflichten sich die Vertragsstaaten, sicherzustellen, dass das Kind gehört wird, wenn es fähig ist, sich eine eigene Meinung zu bilden. Die Fähigkeit, sich eine eigene Meinung zu bilden, ist nicht begrenzend, sondern weit auszulegen.[60] Der Ausschuss für die Rechte des Kindes betont seine Befürchtung, dass Kinder viel zu oft nicht gehört werden, obwohl sie von der Angelegenheit offensichtlich betroffen und auch durchaus fähig sind, ihre Meinung zu äußern.[61]

Es darf nicht von vornherein unterstellt werden, das Kind sei nicht fähig, sich eine eigene Meinung zu bilden und diese kundzutun. Im Gegenteil: Es soll grundsätzlich davon ausgegangen werden, dass ein Kind zur Bildung einer eigenen Meinung fähig ist.[62] Es ist nicht Aufgabe des Kindes, vorab zu beweisen, dass es fähig und reif ist, sich eine eigene Meinung zu bilden und diese zu äußern.[63] Art. 12 Abs. 1 UN-KRK gewährt dem Kind schließlich das Recht, seine Meinung zu äußern, nicht das Recht, Erwachsene von seinen Fähigkeiten zu überzeugen.[64]

Es ist nicht notwendig, dass das Kind alle Aspekte der seine Person betreffenden Angelegenheit versteht. Es muss nur ein ausreichendes, grundsätzliches Verständnis für die Sache haben. Man stelle sich vor, wie ein Erwachsener reagieren würde, müsste er in jeder ihn betreffenden Gelegenheit vor einer Äuße-

58 *Flekkøy/Kaufman*, S. 126.
59 *Committee on the Rights of the Child (UN)*, CRC/C/GC/12, Abs. 92, 96.
60 *Committee on the Rights of the Child (UN)*, CRC/C/GC/12, Abs. 20.
61 *Committee on the Rights of the Child (UN)*, CRC/C/GC/12, Abs. 27.
62 *Committee on the Rights of the Child (UN)*, CRC/C/GC/12, Abs.20.
63 *Committee on the Rights of the Child (UN)*, CRC/C/GC/12, Abs. 20.
64 *Archard/Skivenes*, International Journal of Children's Rights 2009, 1 (20).

rung zunächst beweisen, dass er reif genug ist, die „richtige" Meinung zu haben oder die „richtige" Entscheidung zu treffen.[65]

Bleibt die Meinung des Kindes unbeachtet, weil sie als unreif eingestuft wird, missachtet dies auch die Tatsache, dass es für Kinder wichtig ist, zu lernen und Erfahrungen zu sammeln. Sie müssen auch „unreife" Entscheidungen treffen dürfen, bevor von ihnen erwartet werden kann, dass sie die volle Verantwortung für weitreichende Entscheidungen tragen.[66] Kinder sollen daher bereits im jüngsten Alter ihre Rechte entsprechend ihrer Fähigkeiten und Kompetenzen ausüben dürfen und können.[67] Wichtig ist, dass es bei der Beteiligung des Kindes nicht darum gehen sollte, dem Kind eine Entscheidung abzuverlangen, die von den Erwachsenen zu treffen ist, sondern vielmehr darum, die Perspektive des Kindes zu erfahren und diese bei der von den Erwachsenen zu treffenden Entscheidung angemessen zu berücksichtigen.[68]

Das Kind muss aktiviert und motiviert werden, sich zu äußern, und es muss ernst genommen werden. Hierzu gehört, dass es überhaupt in den Zustand versetzt wird, sich eine eigene Meinung bilden zu können, d.h. ihm müssen die notwendigen Informationen über seine bestehenden Möglichkeiten und die jeweils daraus folgenden Konsequenzen dargelegt werden, da nur auf einer genügenden Informationsbasis eine freie Entscheidung bzw. Meinungsbildung möglich ist.[69]

Die Berücksichtigung des Kindeswillens muss auch dann sichergestellt werden, wenn das Kind aufgrund von Krankheit oder mangelnder Sprachkenntnisse Schwierigkeiten hat, seine Meinung zu äußern. Es müssen dann gegebenenfalls entsprechende Vorkehrungen getroffen werden.[70]

ii. Alter und Reife des Kindes

Art. 12 UN-KRK bestimmt keine Altersgrenze für das Recht des Kindes, seinen Willen zu äußern. Der Ausschuss für die Rechte des Kindes appelliert ausdrücklich an die Vertragsstaaten, weder gesetzlich noch in der Praxis eine Altersgrenze einzuführen, da dies das Anhörungsrecht des Kindes einschränkt.[71] Der Grundsatz, dass das Kind Inhaber eigener Rechte ist, muss bereits ab seinen frühesten Kindestagen an gelten, da Kinder bereits ab dem jüngsten Alter einen ei-

65 *Flekkøy*, in: Verhellen, S. 59.
66 *Flekkøy*, in: Verhellen, S. 59.
67 *Flekkøy*, in: Verhellen, S. 59.
68 Siehe hierzu auch Teil 1.C. und Teil 3.B.
69 *Salgo*, Kind-Prax 1999, 179 (181).
70 *Committee on the Rights of the Child (UN)*, CRC/C/GC/12, Abs. 21.
71 *Committee on the Rights of the Child (UN)*, CRC/C/GC/12, Abs. 21; *Salgo*, Kind-Prax 1999, 179 (180).

genen Willen haben können, also schon lange bevor sie fähig sind, sich verbal zu artikulieren.[72]

Die Festlegung einer Altersgrenze lehnt der Ausschuss für die Rechte des Kindes auch mit der Begründung ab, dass die Fähigkeiten und das Verständnis von Kindern nicht an einem biologischen Alter festzumachen sind. Entscheidend sind vielmehr auch die Informationen, die Erfahrungen, das Umfeld und die sozialen und kulturellen Erwartungen an das Kind.[73] Neben dem Alter des Kindes muss auch seine individuelle Reife berücksichtigt werden. Reife im Sinne des Art. 12 UN-KRK bezieht sich auf die Fähigkeit des Kindes, seine Meinung zu einer Angelegenheit auf verständige und unabhängige Weise zu äußern und eine bestimmte Angelegenheit zu verstehen und zu beurteilen.[74] Es muss immer eine einzelfallgerechte Einschätzung der Fähigkeiten des Kindes getroffen werden.

Entscheidend ist somit, dem Kind in einer seinem Alter und seiner Reife gerecht werdenden Art und Weise die Möglichkeit zu geben, sich zu äußern. Alter und Reife dürfen also nicht für die Frage entscheidend sein, *ob* das Kind angehört wird, müssen aber für die Frage entscheidend sein, *wie* es angehört wird. Um es auch bereits sehr jungen Kindern zu ermöglichen, ihre Ansichten, Bedürfnisse und Interessen kundzutun, können nonverbale Kommunikationsformen und Methoden herangezogen werden, wie z.B. Beobachtung der Körpersprache und der Mimik, sowie Spiele, Zeichnen und Malen.[75]

iii. Recht des Kindes auf *freie* Äußerung der Meinung

Art. 12 UN-KRK gewährt dem Kind das Recht, seine Meinung frei zu äußern. „Frei" bedeutet, dass das Kind nicht unter Druck gesetzt werden darf, damit es sich äußert oder damit es etwas Bestimmtes äußert.[76] Die Norm begründet keine Pflicht, sich äußern zu müssen, sondern das Recht, sich äußern zu dürfen, somit auch das Recht, dies gerade nicht tun.[77]

Voraussetzung für eine freie Meinungsäußerung bzw. die Entscheidung, sich überhaupt zu äußern, ist, dass dem Kind alle zur Ausübung seiner Rechte erforderlichen Informationen in angemessener Weise erklärt werden.[78] Das Kind muss über Zeit, Ort und Ablauf der Anhörung informiert werden, sowie darüber, wer anwesend sein wird. Das Kind muss auch alle erforderlichen Informationen über die Angelegenheit, die Optionen und die möglichen Folgen erhalten sowie

72 *Committee on the Rights of the Child (UN)*, CRC/C/GC/12, Abs. 21.
73 *Committee on the Rights of the Child (UN)*, CRC/C/GC/12, Abs. 29.
74 *Committee on the Rights of the Child (UN)*, CRC/C/GC/12, Abs. 30.
75 *Committee on the Rights of the Child (UN)*, CRC/C/GC/12, Abs. 21.
76 *Committee on the Rights of the Child (UN)*, CRC/C/GC/12, Abs. 22.
77 *Committee on the Rights of the Child (UN)*, CRC/C/GC/12, Abs. 16.
78 *Committee on the Rights of the Child (UN)*, CRC/C/GC/12, Abs. 25.

darüber, ob das Gespräch vertraulich ist. Die Informierung des Kindes muss grundsätzlich durch die Person geschehen, die die Anhörung durchführt, ggf. durch die Eltern bzw. den Verfahrensbeistand.[79] Das Kind wird sich auch nur dann frei äußern können, wenn es sich ernst genommen fühlt und keine Angst vor möglichen Folgen seiner Äußerungen hat. Die Vertragsstaaten müssen daher sicherstellen, dass in der Anhörung eine Atmosphäre geschaffen wird, in der sich das Kind respektiert und sicher fühlt.[80]

iv. Berücksichtigung des Kindeswillens in angemessener Weise

Die Meinung des Kindes muss bei der Entscheidung in einer angemessenen, seinem Alter und seiner Reife entsprechenden Weise gewissenhaft berücksichtigt werden. Art. 12 UN-KRK räumt dem Kind nicht das Recht zur Selbstbestimmung ein, sondern es statuiert das Recht des Kindes, in Entscheidungsprozesse einbezogen zu werden.[81] Der Status des Kindes als Individuum mit Menschenrechten, mit eigenen Sichtweisen und Gefühlen soll hervorgehoben werden.

Es genügt daher nicht, dem Kind lediglich die Gelegenheit zu geben, sich zu äußern. Zunächst muss eine sorgfältige Einschätzung der Fähigkeiten und der Reife des Kindes vorgenommen werden. Diese ist nicht allein am Alter des Kindes festzumachen, sondern vielmehr auch an seinen Kompetenzen und Erfahrungen, sowie den sozialen und kulturellen Erwartungen an das Kind.[82] Bei der Abwägung soll auch das Maß der Betroffenheit des Kindes durch die Angelegenheit berücksichtigt werden. Je einschneidender die Auswirkungen des Ergebnisses auf das Kind sind, desto genauer muss die Einschätzung der Reife des Kindes erfolgen.[83]

b. Im Gerichtsverfahren (Art. 12 Abs. 2 UN-KRK)

Art. 12 Abs. 2 UN-KRK konkretisiert den Absatz 1 dahingehend, dass das Recht des Kindes, gehört zu werden, in allen das Kind berührenden Gerichts- oder Verwaltungsverfahren sichergestellt sein muss.[84] Diese Bestimmung gilt ohne Beschränkung für alle das Kind berührenden Gerichtsverfahren, jedenfalls für Verfahren wegen der Trennung oder Scheidung der Eltern, Umgangs- und Sorgerechtsstreitigkeiten, Verfahren wegen psychischer oder physischer Gewalt

---

79 *Committee on the Rights of the Child (UN)*, CRC/C/GC/12, Abs. 25.
80 *Committee on the Rights of the Child (UN)*, CRC/C/GC/12, Abs. 23.
81 *Salgo*, Kind-Prax 1999, 179 (179).
82 *Committee on the Rights of the Child (UN)*, CRC/C/GC/12, Abs. 29; auch *Archard/Skivenes*, International Journal of Children's Rights 2009, 1 (14).
83 *Committee on the Rights of the Child (UN)*, CRC/C/GC/12, Abs. 30.
84 *Committee on the Rights of the Child (UN)*, CRC/C/GC/12, Abs. 32.

gegenüber dem Kind, Verfahren wegen sexueller Misshandlung oder anderer Straftaten zum Nachteil des Kindes, sowie für verwaltungsrechtliche Verfahren z.B. wegen der Erziehung, der Gesundheit, der Wohnverhältnisse oder zum Schutz des Kindes.[85] Die Norm gilt auch dann, wenn im Rahmen des Gerichts- oder Verwaltungsverfahrens alternative Konfliktlösungsverfahren wie Mediation oder Schlichtung durchgeführt werden.[86] Das Recht des Kindes, gehört zu werden, gilt auch unabhängig davon, ob das Kind das Verfahren initiiert hat oder jemand anderes.[87]

Der Ausschuss für die Rechte des Kindes stellt klar, dass das Kind bei einer Trennung oder Scheidung unstreitig durch die gerichtliche Entscheidung oder die in einer Mediation erzielten Regelungen betroffen ist.[88] Der Ausschuss erklärt weiter, dass per Gesetz sichergestellt sein muss, dass dem Kind bei Trennung oder Scheidung seiner Eltern das Recht gewährt wird, von der zur Entscheidung befugten Person bzw. in einem Mediationsverfahren gehört zu werden.[89]

Der Ausschuss für die Rechte des Kindes betont allerdings, dass sogar in Verfahren, in denen das Kind wegen Misshandlung oder Vernachlässigung in seinem Zuhause von seiner Familie getrennt werden soll, das betroffene Kind bei Weitem nicht immer gehört wird, obwohl es vom Verfahren durchaus persönlich betroffen ist. Die Meinung des Kindes muss aber ergründet und berücksichtigt werden, um eine am Kindeswohl orientierte Entscheidung treffen zu können.[90] Der Ausschuss drängt daher die Vertragsstaaten, durch Gesetze, Regelungen und Richtlinien die Bedingungen dafür zu schaffen, dass die Meinung der Kinder regelmäßig eingeholt, erforscht und berücksichtigt wird, insbesondere bei Entscheidungen über die Unterbringung von Kindern außerhalb der Familie, der Entwicklung von Hilfeplänen und der Regelung der Besuche der Eltern und der Familie.[91] Das Kind soll auch in den Fällen angehört werden, in denen es Opfer von Gewalthandlungen anderer Familienmitglieder geworden ist. Die Staaten sollen aktiv auf die Kinder zugehen und ihre Meinungen berücksichtigen. Daher sollen auch Organisationen und Initiativen zum Schutz der Kinder vor Gewalt unterstützt und gefördert werden.[92]

---

85 *Committee on the Rights of the Child (UN)*, CRC/C/GC/12, Abs. 32, 67.
86 *Committee on the Rights of the Child (UN)*, CRC/C/GC/12, Abs. 32.
87 *Committee on the Rights of the Child (UN)*, CRC/C/GC/12, Abs. 33.
88 *Committee on the Rights of the Child (UN)*, CRC/C/GC/12, Abs. 51.
89 *Committee on the Rights of the Child (UN)*, CRC/C/GC/12, Abs. 52.
90 *Committee on the Rights of the Child (UN)*, CRC/C/GC/12, Abs. 53.
91 *Committee on the Rights of the Child (UN)*, CRC/C/GC/12, Abs. 54.
92 *United Nations General Assembly*, Report: Violence against children, S. 26.

i. Unmittelbare Anhörung oder durch einen Kindesvertreter (Art. 12 Abs. 2 UN-KRK)

Gemäß Art. 12 Abs. 2 UN-KRK ist dem Kind die Gelegenheit zu geben, in allen es berührenden Gerichts- oder Verwaltungsverfahren entweder unmittelbar oder durch einen Vertreter oder eine geeignete Stelle im Einklang mit den innerstaatlichen Verfahrensvorschriften gehört zu werden.

Kindesvertreter können z.B. die Eltern, eine Vertrauensperson des Kindes, ein Rechtsanwalt, ein Sozialarbeiter oder ein Therapeut sein.[93] Der Interessenvertreter muss sowohl hinsichtlich des Verfahrens, als auch der Arbeit mit Kindern ausreichend ausgebildet und erfahren sein[94] und ausschließlich die Interessen des Kindes vertreten (können) und nicht die anderer Personen (z.B. der Eltern) oder einer Institution (z.B. Jugendamt).[95] In Umgangs- und Sorgerechtsstreitigkeiten kann es daher zweifelhaft sein, ob ein Elternteil die Interessen des Kindes vertreten sollte.

Die UN-Kinderrechtskonvention selbst enthält keine Leitlinien dafür, wann das Kind persönlich, oder wann es über einen Vertreter gehört werden soll. Ferner lässt sie offen, ob das Kind auch dann persönlich angehört werden soll, wenn ihm ein Vertreter bestellt wurde (so sieht es § 159 Abs. 4 S. 3 FamFG vor) oder ob nur der Vertreter vor Gericht angehört wird (so z.B. in Australien). Es kann nicht davon ausgegangen werden, dass die Rechte des Kindes aus Art. 12 UN-KRK nur dann gewahrt sind, wenn ein eigenständiger Interessenvertreter bestellt wird, oder dass seine Rechte jedenfalls dann verletzt sind, wenn kein Interessenvertreter bestellt wird.[96] Der Ausschuss für die Rechte des Kindes empfiehlt aber, dass das Kind möglichst unmittelbar, also persönlich, angehört werden soll.[97] Daneben kann eine Interessenvertretung sinnvoll und erforderlich sein. Die Anhörung muss nicht zwingend durch den Richter selbst, sondern kann auch durch einen entsprechend ausgebildeten, erfahrenen Experten erfolgen, sofern der Richter Kenntnis von der persönlichen Meinung des Kindes erhält. Entscheidend ist, ob dem Kind überhaupt auf angemessene Weise Gelegenheit zur Äußerung gegeben wird, und ob seine Äußerungen bei der Entscheidungsfindung angemessen berücksichtigt werden.

Die Entscheidung darüber, ob das Kind persönlich oder durch einen Vertreter oder eine geeignete Stelle angehört wird, sollte laut dem Ausschuss für die

---

93 *Committee on the Rights of the Child (UN)*, CRC/C/GC/12, Abs. 36.
94 *Committee on the Rights of the Child (UN)*, CRC/C/GC/12, Abs. 36.
95 *Committee on the Rights of the Child (UN)*, CRC/C/GC/12, Abs. 37.
96 *Parkinson/Cashmore*, S. 53.
97 *Committee on the Rights of the Child (UN)*, CRC/C/GC/12, Abs. 35.

Rechte des Kindes dem Kind oder gegebenenfalls einer entsprechend autorisierten Person überlassen werden.[98]

ii. Im Einklang mit den innerstaatlichen Verfahrensvorschriften

Die Vertretung des Kindes muss im Einklang mit den innerstaatlichen Verfahrensvorschriften erfolgen. Auch diese Klausel darf nicht einschränkend ausgelegt werden.[99] Im Gegenteil: Die Vertragsstaaten sind angehalten, die erforderlichen Voraussetzungen dafür zu schaffen, dass die innerstaatlichen Verfahrensvorschriften die Grundregeln eines fairen Verfahrens für das Kind sicherstellen[100], so auch die Möglichkeit der Bestellung eines Vertreters. Dem Kind müssen auch Rechtsmittel zur Verfügung stehen, um eine gerichtliche Entscheidung anfechten zu können, wenn gegen seine Verfahrensrechte verstoßen wurde.[101]

c. Anforderungen an die das Kind anhörende Person und an die Durchführung der Anhörung

Der Ausschuss für die Rechte des Kindes fordert die Vertragsstaaten explizit auf, die Konditionen dafür zu schaffen, dass das Kind in einer Umgebung gehört wird, in der es sich respektiert und sicher fühlt.[102] Das Kind soll seine Meinung frei äußern können, also ohne Druck, Manipulation oder Beeinflussung. Das Verfahren muss für Kinder zugänglich und insgesamt kindgerecht gestaltet sein. Es müssen kinderfreundliche Informationen und angemessene Unterstützung (Interessenvertretung) bereitgestellt werden und die Fachkräfte müssen speziell für die Arbeit mit Kindern ausgebildet sein.[103] Die Person, die das Kind anhört, kann laut dem Ausschuss der zur Entscheidung Befugte (z.B. Richter), ein Spezialist (z.B. Psychologe oder Therapeut) oder auch eine sonst an dem Verfahren beteiligte Person (z.B. Lehrer oder Sozialarbeiter) sein.[104]

Besonderes Augenmerk ist auch auf die Gestaltung der Anhörungsräume zu legen, die Kleidung des Richters und der Rechtsanwälte, sowie darauf, dass separate Warteräume eingerichtet werden.[105] Das Kind sollte vorzugsweise nicht im Gerichtssaal angehört werden.[106]

---

98 *Committee on the Rights of the Child (UN)*, CRC/C/GC/12, Abs. 35, 36.
99 *Committee on the Rights of the Child (UN)*, CRC/C/GC/12, Abs. 38.
100 *Committee on the Rights of the Child (UN)*, CRC/C/GC/12, Abs. 38.
101 *Committee on the Rights of the Child (UN)*, CRC/C/GC/12, Abs. 39.
102 *Committee on the Rights of the Child (UN)*, CRC/C/GC/12, Abs. 23.
103 *Committee on the Rights of the Child (UN)*, CRC/C/GC/12, Abs. 34.
104 *Committee on the Rights of the Child (UN)*, CRC/C/GC/12, Abs. 42.
105 *Committee on the Rights of the Child (UN)*, CRC/C/GC/12, Abs. 34.
106 *Committee on the Rights of the Child (UN)*, CRC/C/GC/12, Abs. 43.

Der Ausschuss warnt aber auch vor den Gefahren einer verantwortungslosen, rücksichtslosen Kindesanhörung, insbesondere bei sehr jungen oder misshandelten Kindern.[107] Das Kind soll auch nicht öfter als notwendig befragt werden, insbesondere wenn Ereignisse untersucht werden, die für das Kind schmerzlich sind; die Anhörung kann dann für das Kind traumatische Folgen haben.[108] Hieraus darf aber nicht geschlossen werden, am besten eine Kindesanhörung zu unterlassen. Die Vertragsstaaten müssen vielmehr sicherstellen, dass das Kind durch die Anhörung keinen Gefahren ausgesetzt wird, dass traumatischen Folgen vorgebeugt und dem Kind ausreichende Hilfe und Unterstützung geboten wird.

Der Ausschuss entwickelte ein Fünf-Stufen-Modell zur Sicherstellung der Anhörungsrechte des Kindes in seine Person berührenden formellen, aber auch informellen Verfahren.[109] Das Modell soll nicht strikt eingehalten, sondern vielmehr den Erfordernissen des Einzelfalls angepasst werden:

Auf erster Stufe[110] steht die Vorbereitung des Kindes. Es muss über sein Recht informiert werden, in allen es berührenden Verfahren, insbesondere in allen gerichtlichen und verwaltungsrechtlichen Entscheidungsfindungsprozessen, sich äußern zu dürfen. Vor dem Gespräch muss die das Kind anhörende Person das Kind darüber informieren, wann und wo das Gespräch stattfindet, wer anwesend sein wird, wobei auch eventuelle Einwände des Kindes zu beachten sind. Für das Gespräch muss das Kind wissen, dass es entscheiden kann, ob es sich überhaupt äußern will, und ob es seine Meinung selbst oder über bzw. in Anwesenheit eines Interessenvertreters äußern möchte. Ihm muss auch die Bedeutung seiner Meinung für das Ergebnis erklärt werden.

Die zweite Stufe ist die Anhörung. Das Kind soll sich ermutigt fühlen, seine Meinung zu äußern. Die Anhörung sollte eher wie ein Gespräch gestaltet sein, anstatt einer einseitigen Befragung. Dem Kind muss das Gefühl vermittelt werden, dass man ihm zuhören will, und dass seine Äußerungen gewissenhaft berücksichtigt werden.[111]

Auf der dritten Stufe erfolgt die erforderliche, einzelfallspezifische Einschätzung der Fähigkeiten des Kindes, sich eine eigene, verständige Meinung zu bilden. Ergibt die Einschätzung ein Ergebnis, laut dessen das Kind fähig ist, sich eine eigene verständige und unabhängige Meinung zu bilden, soll der Entscheider die Äußerungen des Kindes bei seinen Abwägungen als signifikanten Faktor

107 *Committee on the Rights of the Child (UN)*, CRC/C/GC/12, Abs. 21.
108 *Committee on the Rights of the Child (UN)*, CRC/C/GC/12, Abs. 24.
109 *Committee on the Rights of the Child (UN)*, CRC/C/GC/12, Abs. 40.
110 *Committee on the Rights of the Child (UN)*, CRC/C/GC/12, Abs. 41.
111 *Committee on the Rights of the Child (UN)*, CRC/C/GC/12, Abs. 42.

berücksichtigen.[112] Dem Kind darf aber nie die Verantwortung für die Entscheidung aufgebürdet werden.

Auf der vierten Stufe steht die Bekanntgabe des Verfahrensergebnisses an das Kind durch die Person, die die Entscheidung getroffen hat. Hierbei muss auch erklärt werden, inwiefern die Äußerungen des Kindes berücksichtigt wurden (Feedback).[113] Dieses Feedback soll gewährleisten, dass das Kind nicht nur formal gehört wird, sondern dass seine Äußerungen auch berücksichtigt und ernst genommen werden.[114] Es soll dem Kind auch ermöglichen, der Regelung zuzustimmen, ihr zu widersprechen oder im Falle eines Gerichtsverfahrens u.U. Rechtsmittel einzulegen.

Auf fünfter Stufe schließlich muss dem Kind die Möglichkeit gegeben werden, sich an eine unparteiische dritte Person wenden zu können und Hilfen zu erhalten bzw. sich zu beschweren, wenn sein Recht, gehört zu werden, verletzt oder seine Meinung nicht angemessen berücksichtigt wurde.[115] Das Kind muss über die Beschwerdemöglichkeiten sowie die möglichen Ansprechpartner rechtzeitig und angemessen informiert werden.[116] Das Beschwerdeverfahren muss sicherstellen, dass das Kind keinen Gefahren ausgesetzt wird, wenn es dieses in Anspruch nehmen will.[117]

d. Die Kindeswille-Kindeswohl-Debatte nach der UN-KRK

Nach Art. 3 Abs. 1 UN-KRK ist bei allen das Kind betreffenden Maßnahmen das Wohl des Kindes vorrangig zu berücksichtigen, unabhängig davon, ob die Maßnahmen von öffentlichen oder privaten Einrichtungen der sozialen Fürsorge, Gerichten, Verwaltungsbehörden oder Gesetzgebungsorganen getroffen werden.

Zur Wille-Wohl-Debatte stellt der Ausschuss für die Rechte des Kindes klar, dass Art. 3 und Art. 12 UN-KRK nicht in Konkurrenz stehen, sondern sich gegenseitig ergänzen.[118] Art. 3 UN-KRK begründet das Ziel, also die am Kindeswohl orientierte Entscheidung, während Art. 12 UN-KRK die Methode zur Erreichung dieses Zieles vorgibt, also das Erfordernis der persönlichen Beteiligung des Kindes.[119] Umgekehrt unterstützt Art. 3 UN-KRK die Funktion des Art. 12

112 *Committee on the Rights of the Child (UN)*, CRC/C/GC/12, Abs. 44.
113 *Committee on the Rights of the Child (UN)*, CRC/C/GC/12, Abs. 45.
114 *Committee on the Rights of the Child (UN)*, CRC/C/GC/12, Abs. 45.
115 *Committee on the Rights of the Child (UN)*, CRC/C/GC/12, Abs. 46.
116 *Committee on the Rights of the Child (UN)*, CRC/C/GC/12, Abs. 46.
117 *Committee on the Rights of the Child (UN)*, CRC/C/GC/12, Abs. 47.
118 *Committee on the Rights of the Child (UN)*, CRC/C/GC/12, Abs. 74.
119 *Committee on the Rights of the Child (UN)*, CRC/C/GC/12, Abs. 74.

UN-KRK, in dem die Position des Kindes bei sein Leben betreffenden Entscheidungen gestärkt wird.[120] Die Anhörung des Kindes soll ein bedeutender und obligatorischer Faktor bei der Beurteilung des Kindeswohls sein, wenn auch nicht der einzige.[121] Der Ausschuss betont mit Recht, dass das Ziel des Art. 3 UN-KRK, also die kindeswohlgerechte Entscheidung, nicht erreicht werden kann, wenn Art. 12 UN-KRK, also die Meinung des Kindes, unberücksichtigt bleibt.

5. Respektierung des Elternrechts (Art. 5 UN-KRK)

Gemäß Art. 5 UN-KRK haben die Eltern oder gegebenenfalls die Mitglieder der weiteren Familie, der Vormund oder andere für das Kind gesetzlich verantwortliche Personen die Aufgabe, das Recht und die Pflicht, das Kind bei der Ausübung seiner Rechte in einer seiner Entwicklung entsprechenden Weise angemessen zu leiten und zu führen. Die Vertragsstaaten haben dieses Recht der Eltern zu achten.

Umgekehrt hat das Kind ein Recht darauf, geleitet und geführt zu werden, damit es auf diese Weise sein Minus an Wissen, Erfahrung und Verständnis gegenüber den Erwachsenen kompensieren kann.[122] Je mehr Erfahrungen das Kind sammelt und je mehr es versteht, desto mehr haben die Eltern bzw. die sorgeberechtigten Personen das Leiten und Führen des Kindes in das Erteilen von Vorschlägen und Mahnungen umzuwandeln, bis hin zu einer Kommunikation auf Augenhöhe.[123] Diese Umwandlung geschieht nicht plötzlich, sondern in einem kontinuierlichen Prozess, indem das Kind immerfort ermutigt wird, seine eigenen Meinungen zu äußern.

6. Bekanntmachung der Konvention (Art. 42 UN-KRK)

Gemäß Art. 42 UN-KRK sind die Vertragsstaaten verpflichtet, die Grundsätze und Bestimmungen des Übereinkommens durch geeignete und wirksame Maßnahmen bei Erwachsenen und bei Kindern allgemein bekannt zu machen. Der Ausschuss für die Rechte des Kindes schlägt vor, die Kinderrechte in den schulischen Lehrplan aufzunehmen[124] oder auch mittels der Medien die Existenz (vgl. Art. 17 UN-KRK) und die Beachtung der Kinderrechte in das öffentliche Bewusstsein zu bringen. Dabei sollen auch Kinder in die Entwicklung von Pro-

---

120 *Committee on the Rights of the Child (UN)*, CRC/C/GC/12, Abs. 74.
121 *Committee on the Rights of the Child (UN)*, CRC/C/GC/12, Abs. 70, 71.
122 *Committee on the Rights of the Child (UN)*, CRC/C/GC/12, Abs. 84.
123 *Committee on the Rights of the Child (UN)*, CRC/C/GC/12, Abs. 84.
124 *Committee on the Rights of the Child (UN)*, CRC/C/GC/12, Abs. 82.

grammen einbezogen werden, damit ihre Stimme in den Medien vertreten ist und das Informationsmaterial kindgerecht gestaltet werden kann.

7. Anforderungen des Art. 12 UN-KRK an die Einbeziehung des Kindes bei Einvernehmen

Die Konvention enthält keine expliziten Vorschriften zur Einbeziehung der Kinder bei elterlichem Einvernehmen. Art. 12 Abs. 2 UN-KRK stellt aber klar, dass Kinder in sie betreffenden Gerichtsverfahren immer anzuhören sind. Die Norm beschränkt sich nicht auf gerichtliche Entscheidungen, vielmehr erklärt der Ausschuss für die Rechte des Kindes, dass sie auch dann gilt, wenn im Rahmen des Gerichts- oder Verwaltungsverfahrens alternative Konfliktlösungsverfahren wie Mediation oder Schlichtung durchgeführt werden.[125] Somit steht dem Kind auch in auf Einvernehmen zielenden Verfahren ein Anhörungsrecht zu.

Wird kein Gerichtsverfahren eingeleitet, sondern nur ein außergerichtlicher Konfliktlösungsweg beschritten, gilt nichts anderes, da Art. 12 Abs. 1 UN-KRK Geltung erlangt. Dieser gilt für alle das Kind betreffenden Angelegenheiten. Da die Norm sich nicht auf gerichtliche Verfahren beschränkt, gilt sie auch für außergerichtliche Konfliktlösungswege. Die Meinung des Kindes ist daher auch in außergerichtlichen und innerfamiliären Entscheidungsprozessen zu berücksichtigen.

Die Vertragsstaaten haben sicherzustellen, dass die Meinung des Kindes in allen es betreffenden Angelegenheiten gehört und angemessen berücksichtigt wird, sowohl vor einer gerichtlichen Entscheidung als auch bei elterlichem Einvernehmen, sowohl im Rahmen eines gerichtlichen als auch eines außergerichtlichen Verfahrens.

II. Europäisches Übereinkommen über die Ausübung von Kinderrechten (EÜAK) und EU-Grundrechtecharta

Auch auf europäischer Ebene finden sich Anforderungen an die Anhörung und Beteiligung des Kindes bei es betreffenden Entscheidungen. Die maßgeblichen Regelungen sind Art. 3 und 6 Europäisches Übereinkommen über die Ausübung von Kinderrechten (EÜAK) und Art. 24 EU-Grundrechtecharta.

125 *Committee on the Rights of the Child (UN)*, CRC/C/GC/12, Abs. 32.

1. Europäisches Übereinkommen über die Ausübung von Kinderrechten vom 25. Januar 1996 (EÜAK)

a. Allgemeines zum Übereinkommen über die Ausübung von Kinderrechten

Art. 4 UN-Kinderrechtskonvention sieht vor, dass die Mitgliedstaaten alle geeigneten Gesetzgebungs- und sonstigen Maßnahmen zur Verwirklichung der in der Konvention anerkannten Rechte treffen. Der Europarat hat daher am 25. Januar 1996 zur Vereinfachung der Verwirklichung und Wahrnehmung der in der UN-KRK niedergelegen Kinderrechte das Europäische Übereinkommen über die Ausübung von Kinderrechten (EÜAK) verabschiedet.[126]

Das EÜAK soll nicht mit der UN-Kinderrechtskonvention konkurrieren, die beiden Übereinkommen sollen sich vielmehr gegenseitig ergänzen bzw. konkretisieren.[127] Das EÜAK soll den Mitgliedstaaten des Europarates helfen, die erforderlichen Maßnahmen zu treffen[128], um den Kindern die Ausübung ihrer materiellen Rechte zu erleichtern und ihre prozessualen Rechte zu stärken. Die Rechte sollen entweder durch das Kind selbst oder durch eine dritte Person ausgeübt werden können (Art. 1 Abs. 2 des EÜAK).[129] Neben den Rechten des Kindes enthält das Übereinkommen auch Regelungen hinsichtlich der Rolle und der Pflichten der professionell am Verfahren Beteiligten zur Sicherstellung der Kinderrechte.

Das Übereinkommen trat am 01. Juli 2000 in Kraft und wurde von 17 Mitgliedstaaten unterzeichnet und ratifiziert; weitere 11 Mitgliedstaaten unterzeichneten das Übereinkommen, haben es aber bislang nicht ratifiziert.[130] Der Europarat hat Erläuterungen[131] zum EÜAK veröffentlicht, auf die im Folgenden bei Auslegung der für diese Untersuchung relevanten Normen Bezug genommen wird. Die Bundesrepublik Deutschland hat das Übereinkommen am 25. Oktober 2000 unterschrieben, am 10. April 2002 ratifiziert und es ist für Deutschland am 01. August 2002 in Kraft getreten. In der Begründung zum Gesetzentwurf hat Deutschland erklärt, dass das innerstaatliche Recht der Bundesrepublik Deutschland bereits die Anforderungen des Europäischen Übereinkommens erfülle, oh-

---

126 Abgedruckt in BT-Drucksache 15/5438.

127 *Council of Europe*, ECECR/ER, Abs. 4.

128 *Council of Europe*, ECECR/ER, Abs. 4.

129 *Council of Europe*, ECECR/ER, Abs. 7.

130 http://conventions.coe.int, Buttons “Full list, “No. 160 European Convention on the Exercise of Children’s Rights”, “Chart of signatures and ratifications” (zuletzt abgerufen am 15.07.2012).

131 *Council of Europe*, European Convention on the Exercise of Children’s Rights (ECECR/ER), Übersetzung in BT-Drucksache 14/5438, S. 28-34.

ne dass es dazu gesetzgeberischer Anpassungen bedürfe.[132] Für Deutschland soll das Übereinkommen auf die meisten Verfahren vor dem Familiengericht Anwendung finden, soweit die Sorge für die Person des Kindes betroffen ist[133], somit also auch auf die für diese Untersuchung relevanten Verfahren, also Verfahren wegen des Sorge- und Umgangsrechts (insb. § 1671 bzw. § 1684 BGB) und wegen Gefährdung des Kindeswohls (§§ 1666, 1666a BGB).[134] Das Übereinkommen gilt vornehmlich für Gerichtsverfahren, aber auch für Verfahren vor einer Verwaltungsbehörde mit entsprechenden justiziellen Befugnissen (vgl. Art. 2a des EÜAK).

b. Das Recht des Kindes, Auskunft zu erhalten und seine Meinung zu äußern (Art. 3 EÜAK)

Nach Art. 3 EÜAK sind einem Kind, das nach innerstaatlichem Recht als hinreichend verständig angesehen wird, in es berührenden Verfahren vor einer Justizbehörde folgende Rechte zu gewähren bzw. das Kind ist berechtigt, diese Rechte zu verlangen:

a. alle sachdienlichen Auskünfte zu erhalten;
b. angehört zu werden und seine Meinung zu äußern;
c. über die möglichen Folgen einer Berücksichtigung seiner Meinung und die möglichen Folgen einer Entscheidung unterrichtet zu werden.

Ziel der Vorschrift ist, dass das Kind in einem es berührenden familienrechtlichen Verfahren nicht nur ein Verhandlungsgegenstand ist, sondern dass es sich auch aktiv beteiligen kann.[135] Selbst wenn dem Kind keine Beteiligtenstellung zuerkannt wird, sollen ihm eigene Rechte zustehen, die es ausüben kann.[136]

Fraglich ist, wann ein Kind als „hinreichend verständig“ anzusehen ist, diese Rechte auszuüben. Nach dem Gesetzeswortlaut sind hierfür die innerstaatlichen Vorschriften relevant[137], so dass diese Entscheidung den jeweiligen Staaten überlassen ist. Gemäß den Ausführungen des Europarates steht es „ihnen selbstverständlich frei, das Alter der Kinder zu einem dieser Kriterien zu machen“[138]. Ist kein Alter festgelegt, soll die Justiz- oder Verwaltungsbehörde anhand der konkreten Gegebenheiten des Einzelfalles den erforderlichen Grad des Ver-

132 BT-Drucksache 14/5438, S. 1.
133 BT-Drucksache 14/5438, S. 1.
134 BT-Drucksache 14/5438, S. 18.
135 *Council of Europe*, ECECR/ER, Abs. 33 = BT-Drucksache 14/5438, S. 30.
136 *Council of Europe*, ECECR/ER, Abs. 33 = BT-Drucksache 14/5438, S. 30.
137 *Council of Europe*, ECECR/ER, Abs. 36 = BT-Drucksache 14/5438, S. 30.
138 *Council of Europe*, ECECR/ER, Abs. 36 = BT-Drucksache 14/5438, S. 30.

ständnisses des Kindes bestimmen, um dann zu entscheiden, ob das Kind fähig ist, sich eine eigene Meinung zu bilden und diese zu äußern.[139] Dies würde aber bedeuten, dass, sofern eine Altersgrenze festgelegt ist, die Reife des Kindes nicht zwingend bestimmt werden müsste. Dem ist mit dem Ausschuss der UN für die Rechte des Kindes zu widersprechen.[140] In dem General Comment zum Art. 12 UN-KRK, der allerdings zehn Jahre nach dem Erläuternden Bericht des Europarates zum EÜAK veröffentlicht wurde, erklärt der Ausschuss ausdrücklich, dass weder gesetzlich noch in der Praxis eine Altersgrenze einzuführen sei, da dies das Anhörungsrecht des Kindes einschränke.[141] Entscheidend ist neben dem Alter immer auch die Reife des Kindes, die jedoch nicht an einem biologischen Alter festzumachen ist. Für die Reife sind vielmehr die Erfahrungen, der Kontext und die sonstigen Kompetenzen des Kindes entscheidend, was immer im Einzelfall zu beurteilen ist.[142]

Im Weiteren weist der Europarat richtigerweise darauf hin, dass es besonders wichtig ist, dem Kind alle erforderlichen Informationen und Auskünfte zu erteilen, bevor Entscheidungen getroffen werden, die das Kind in hohem Grade berühren, wie z.B. im Hinblick auf seine Wohnverhältnisse.[143] Selbst wenn das Kind keine Auskünfte verlangt, kann es erforderlich sein, ihm einige Auskünfte zu erteilen, z.B. über seine Optionen und die möglichen Folgen seiner Meinung, falls ihr gefolgt würde, oder einer gerichtlichen Entscheidung.[144]

Art. 3 EÜAK gewährt dem Kind aber weder das Recht, einer geplanten Entscheidung zu zustimmen, noch ihr zu widersprechen.[145] Begründet wird dies damit, dass es in einigen Fällen nicht im Interesse des Kindes sei, ein solches Recht inne zu haben[146], wobei diese Fälle nicht näher definiert werden. Die Staaten können dem Kind aber solche Rechte zusprechen (vgl. Art. 1 Abs. 6 EÜAK), z.B. bei einer Adoption ein Zustimmungs- oder Vetorecht gegen eine vorgesehene Entscheidung.[147]

---

139 *Council of Europe*, ECECR/ER, Abs. 36 = BT-Drucksache 14/5438, S. 30.

140 Ebenso auch kritisch *Freeman*, International Journal of Children's Rights 18 (2010), 665 (666).

141 *Committee on the Rights of the Child (UN)*, CRC/C/GC/12, Abs. 21.

142 *Committee on the Rights of the Child (UN)*, CRC/C/GC/12, Abs. 21.

143 *Council of Europe*, ECECR/ER, Abs. 33.

144 Vgl. *Council of Europe*, ECECR/ER, Abs. 31 = BT-Drucksache 14/5438, S. 30.

145 *Council of Europe*, ECECR/ER, Abs. 35.

146 *Council of Europe*, ECECR/ER, Abs. 35.

147 *Council of Europe*, ECECR/ER, Abs. 35.

c. Pflichten der Staaten nach Art. 6 b) EÜAK

Komplementär zu den Rechten des Kindes nach Art. 3 EÜAK bestimmt Art. 6 EÜAK die Pflichten der Staaten zur Gewährung dieser Rechte. Die Justizbehörde muss sicherstellen, dass es dem Kind ermöglicht wird, seine Rechte nach Art. 3 EÜAK auszuüben, sofern dies dem Wohl des Kindes nicht offensichtlich widerspricht.

Im Rahmen dessen hat die Justizbehörde dafür zu sorgen, dass ein hinreichend verständiges Kind alle sachdienlichen Auskünfte erhält, um seine Rechte nach Art. 3 EÜAK sinnvoll ausüben zu können (Art. 6 b) Spiegelstrich 1 EÜAK). Hat das Kind einen Interessenvertreter, hat dieser das Kind über alles zu informieren (Art. 10 EÜAK). Hat das Kind keinen Interessenvertreter und hat die Justizbehörde Grund zu der Annahme, dass die Träger elterlicher Verantwortung dem Kind keine Auskünfte erteilt haben, hat die Justizbehörde in Erfahrung zu bringen, ob das Kind die erforderlichen Auskünfte erhalten hat, und ggf. selbst dem Kind diese Auskünfte zu erteilen.[148]

Die Pflicht zur Anhörung des Kindes ist in Art. 6 b) Spiegelstriche 2 und 3 EÜAK geregelt. Bevor die Justizbehörde in einem das Kind berührenden Verfahren eine Entscheidung trifft, muss sie dem nach innerstaatlichem Recht als hinreichend verständig angesehenen Kind erlauben, seine Meinung zu äußern (Art. 6 b) Spiegelstrich 3 EÜAK). In „geeigneten Fällen" hat die Justizbehörde das Kind persönlich anzuhören, „erforderlichenfalls unter vier Augen" (Art 6 b) Spiegelstrich 2 EÜAK). Die Entscheidung darüber, ob die persönliche Anhörung im Interesse des Kindes ist, soll der Justizbehörde obliegen, wobei sie nach der Ansicht des Europarats das Kind vorzugsweise persönlich anhören soll, um die Meinung des Kindes möglichst selbst feststellen zu können.[149] Die Anhörung ist nicht zwingend vertraulich, auch dann nicht, wenn sie unter vier Augen erfolgt, so dass die anderen Verfahrensbeteiligten ggf. Zugang zu den Inhalten der Anhörung erhalten können, sofern dies nach innerstaatlichem Recht vorgesehen ist.[150] Die Art und Weise der Anhörung muss in einer dem Alter und der Reife des Kindes angemessenen Weise erfolgen, also entsprechend seiner Fähigkeit, die Geschehnisse zu verstehen.[151]

Dass die Eltern dem Gericht bereits zutreffend und vollständig die Meinung des Kindes übermittelt haben, soll jedenfalls kein ausreichender Grund für den Verzicht auf die Anhörung des Kindes sein.[152] Begründet wird dies zu Recht

148 *Council of Europe*, ECECR/ER, Abs. 44.
149 *Council of Europe*, ECECR/ER, Abs. 45.
150 *Council of Europe*, ECECR/ER, Abs. 46.
151 *Council of Europe*, ECECR/ER, Abs. 47.
152 BT-Drucksache 14/5438, S. 21.

damit, dass die Gesellschaft den Kindern bestimmte Rechte gegeben hat und sie daher auch berechtigt sein sollten, diese Rechte auszuüben.[153] Das Anhörungsrecht soll aber gewahrt sein können, wenn die Anhörung durch eine andere Person oder Institution als die Justizbehörde erfolgt[154], beispielsweise durch einen Sozialarbeiter oder eine entsprechende Institution, die dann die Meinung des Kindes dem Gericht übermitteln, sofern dieses Prozedere nicht offensichtlich dem Wohl des Kindes widerspricht.[155]

Art. 6 c) EÜAK stellt klar, dass die vom Kind geäußerte Meinung gebührend zu berücksichtigen ist.

d. Das Recht, die Bestellung eines besonderen Vertreters für das Kind zu beantragen (Art. 4 und 9 EÜAK)

Nach Art. 4 Abs. 1 des EÜAK hat das Kind das Recht, in einem seine Person berührenden Verfahren vor einer Justizbehörde persönlich oder mit Hilfe anderer Personen oder Stellen einen besonderen Vertreter zu beantragen. Nach Art. 4 Abs. 2 EÜAK steht es den Staaten frei, das in Abs. 1 vorgesehene Recht auf Kinder zu beschränken, die nach innerstaatlichem Recht als hinreichend verständig angesehen werden. Das Kind soll also grundsätzlich selbst entscheiden können, ob es einen Interessenvertreter möchte oder nicht.

Nichtsdestotrotz ist das Gericht nach Art. 9 EÜAK berechtigt, für das Kind einen Interessenvertreter zu bestellen, wenn zwischen den Eltern und dem Kind ein Interessenkonflikt besteht, infolgedessen die Eltern von der Vertretung des Kindes ausgeschlossen sind.

e. Förderung und Errichtung innerstaatlicher Stellen (Art. 12 EÜAK)

Die Staaten sind verpflichtet, Stellen zu unterstützen, die sich mit Fragen der Kinderrechte befassen, über die Ausübung der Kinderrechte informieren, Kinder anhören und ihnen sachdienliche Auskünfte geben (Art. 12 Abs. 2 c und d EÜAK).

Die Staaten sollen nach Art. 12 Abs. 1 EÜAK auch ein System zur Förderung der Ausübung von Kinderrechten errichten.[156] Diese Stellen können den Einsatz von Schlichtungs- oder anderen Streitbeilegungsverfahren fördern.[157]

153 *Council of Europe*, ECECR/ER, Abs. 8.
154 *Council of Europe*, ECECR/ER, Abs. 8.
155 *Council of Europe*, ECECR/ER, Abs. 45.
156 *Council of Europe*, ECECR/ER, Abs. 59.
157 *Council of Europe*, ECECR/ER, Abs. 61.

Die zuständigen Stellen können staatlich oder privat[158] sein und untereinander auf nationaler oder auch internationaler Ebene zusammenarbeiten.[159]

f. Anforderungen an die Einbeziehung des Kindes bei Einvernehmen

Das EÜAK gilt nur für Verfahren vor den Justizbehörden, also nicht für außergerichtliche Vermittlungen. Um aber Streitigkeiten vorzubeugen oder sie beizulegen oder um Kinder berührende Verfahren vor einer Justizbehörde zu vermeiden, sollen die Vertragsstaaten des EÜAK nach Art. 13 EÜAK in von ihnen zu bestimmenden geeigneten Fällen Vermittlungsmöglichkeiten oder andere Verfahren zur Beilegung von Streitigkeiten schaffen und fördern, um eine Einigung der Beteiligten zu erzielen. Die Familie soll im Konfliktfall zunächst versuchen, ein Einvernehmen zu erzielen, bevor die Sache vor eine Justizbehörde gebracht wird.[160] Hierbei soll die Kinder- und Jugendhilfe die Eltern bei der Wahrnehmung ihrer Erziehungsverantwortung zum Wohle des Kindes unterstützen.[161] Soweit förderlich, soll das Kind an der Beratung beteiligt und seine Wünsche und Interessen in einer seinem Alter und seiner Reife entsprechenden Weise angemessen berücksichtigt werden.[162]

Eine Einigung sollte sich nicht gegen das Kindeswohl richten[163], da ansonsten nach Art. 2 a EÜAK die Justizbehörde tätig werden und eine Entscheidung treffen kann.[164]

Hinsichtlich der Beteiligung des Kindes bei Einvernehmen im Gerichtsverfahren enthält die EÜAK keine Regelungen.

2. EU-Grundrechtecharta

Auch die EU-Grundrechtecharta enthält Regelungen über Beteiligungsrechte des Kindes. Sie wurde zur Eröffnung der Regierungskonferenz von Nizza am 7. Dezember 2000 proklamiert. Sie kodifiziert die auf Ebene der EU geltenden Grund- und Menschenrechte und orientiert sich dabei an der Europäischen Menschenrechtskonvention. Aufgrund des Scheiterns des Europäischen Verfassungsvertrages erlangte die Charta erst am 01. Dezember 2009 gemeinsam mit dem Inkrafttreten des Vertrags von Lissabon Rechtskraft. Sie ist nicht Teil des

---

158 *Council of Europe*, ECECR/ER, Abs. 61.
159 *Council of Europe*, ECECR/ER, Abs. 60.
160 *Council of Europe*, ECECR/ER, Abs. 8.
161 BT-Drucksache 14/5438, S. 27.
162 BT-Drucksache 14/5438, S. 27
163 BT-Drucksache 14/5438, S. 33.
164 *Council of Europe*, ECECR/ER, Abs. 66.

Vertrags, jedoch fast alle Staaten, einschließlich Deutschland, haben sie für bindend erklärt. Die Charta gilt nach Art. 51 Abs. 1 EU-Grundrechtecharta für die Organe und Einrichtungen der Union unter Einhaltung des Subsidiaritätsprinzips und für die Mitgliedstaaten ausschließlich bei der Durchführung des Rechts der Union.

Die Rechte des Kindes werden in Art. 24 EU-Grundrechtecharta geregelt. Nach Absatz 1 Satz 1 haben Kinder Anspruch auf den Schutz und die Fürsorge, die für ihr Wohlergehen notwendig sind. Für diese Untersuchung relevant sind vorrangig Art. 24 Abs. 1 S. 2 und S. 3 EU-Grundrechtecharta: „Sie [die Kinder] können ihre Meinung frei äußern. Ihre Meinung wird in den Angelegenheiten, die sie betreffen, in einer ihrem Alter und ihrem Reifegrad entsprechenden Weise berücksichtigt." Hier ist, wie auch in Art. 12 Abs. 1 UN-KRK, nur allgemein von Angelegenheiten die Rede, also nicht ausschließlich von gerichtlichen Verfahren. In Art. 24 Abs. 2 EU-Grundrechtecharta findet sich das Kindeswohlprinzip, wonach bei allen Kinder betreffenden Maßnahmen öffentlicher oder privater Einrichtungen das Wohl des Kindes eine vorrangige Erwägung sein muss.

III. Grundgesetz (Art. 103 Abs. 1 GG)

Anforderungen an die Einbeziehung des Kindes bei Einvernehmen der Eltern über die elterliche Sorge und den Umgang ergeben sich auch aus Art. 103 Abs. 1 GG.

1. Anspruch des Kindes auf rechtliches Gehör im Gerichtsverfahren (Art. 103 Abs. 1 GG)

Im Kindschaftsverfahren hat das Kind einen Anspruch auf rechtliches Gehör nach Art. 103 Abs. 1 GG, dies gilt unabhängig davon, ob das Gericht entscheidet oder die Eltern sich einigen.

a. Schutzbereich

Nach Art. 103 Abs. 1 GG hat jedermann vor Gericht Anspruch auf rechtliches Gehör. Dies ist das prozessuale Urrecht des Menschen.[165] Der Anspruch auf rechtliches Gehör ist eine Ausprägung des Rechtsstaatsprinzips und dient der Achtung der Würde des Menschen in einem ihn betreffenden Verfahren.[166] Niemand darf zum bloßen Objekt des gerichtlichen Verfahrens gemacht werden

165 vMünch/Kunig/*Kunig*, Art. 103 GG Rn. 3.

166 *Pieroth/Schlink*, Rn. 1176.

(sog. Objektformel).[167] Der Anspruch auf rechtliches Gehör umfasst das Recht auf Information, das Recht auf Äußerung sowie das Recht auf Berücksichtigung der Äußerung bei der Entscheidungsfindung.[168]

Grundrechtsberechtigt ist jedermann, also jede natürliche Person, somit auch jedes Kind. Parteifähigkeit ist nicht erforderlich.[169] Voraussetzung ist, dass derjenige an einem gerichtlichen Verfahren als Partei oder in ähnlicher Stellung beteiligt oder von dem Verfahren unmittelbar rechtlich betroffen ist.[170] Der Anspruch auf rechtliches Gehör besteht in jedem Verfahren vor staatlichen Gerichten, auch in der freiwilligen Gerichtsbarkeit. Im Verwaltungsverfahren gilt der Anspruch zwar weder direkt noch analog[171], allerdings wird ein grundsätzliches Anhörungsrecht aus dem Rechtsstaatsprinzip, dem allgemeinen Persönlichkeitsrecht und der Menschenwürde abgeleitet.[172]

Das Kind ist grundrechtsmündig, da es hinsichtlich des in Streit stehenden Grundsrechts reif und einsichtsfähig ist. Das BVerfG hat klargestellt, dass dem Kind als Träger des Persönlichkeitsrechts und der Menschenwürde (Art. 2 Abs. 1 i.V.m. Art. 1 Abs. 1 GG) in Sorgerechtsverfahren die Möglichkeit eingeräumt werden muss, dem Gericht seine persönlichen Beziehungen zu den übrigen Familienmitgliedern erkennbar zu machen, da es durch sorgerechtliche Regelungen betroffen ist, schließlich haben diese unmittelbar entscheidenden Einfluss auf das weitere Leben des Kindes.[173] In Ausübung seines Rechts auf Selbstbestimmung soll das Kind seine Meinung und sein persönliches Empfinden über sein zukünftiges Verbleiben bei einem Elternteil äußern können.[174] Dies gilt auch in Umgangsverfahren, da Umgangsregelungen erst recht die Lebensgestaltung des Kindes unmittelbar betreffen. Das Kind ist also grundsätzlich anzuhören.

Rechtliches Gehör nach Art. 103 Abs. 1 GG ist vor gerichtlichen Entscheidungen zu gewähren, die das Verfahren abschließen und die von Gesetzes wegen ein verbindliches Urteil darstellen.[175] Nichts anderes kann gelten, wenn die Eltern im Verfahren ein Einvernehmen schließen. Zum einen ist auch nach einer elterlichen Einigung meist noch eine gerichtliche Entscheidung erforderlich:

---

167 *Epping*, Rn. 876.

168 *Epping*, Rn. 883.

169 vMünch/Kunig/*Kunig*, Art. 103 GG Rn. 7.

170 Jarass/Pieroth/*Pieroth*, Art. 103 GG Rn. 6.

171 Jarass/Pieroth/*Pieroth*, Art. 103 GG Rn. 5; vMünch/Kunig/*Kunig*, Art. 103 GG Rn. 4, 5.

172 *Pieroth/Schlink*, Rn. 1181.

173 BVerfGE 55, 171 (182) = BVerfG, NJW 1981, 217 = FamRZ 1981, 126.

174 Vgl. BVerfG FamRZ 2008, 1737 (1738).

175 Schmidt-Bleibtreu/Klein/*Schmahl*, Art. 103 GG Rn. 7.

Wurde die Übertragung der Alleinsorge vereinbart, muss das Gericht über einen entsprechenden Antrag entscheiden, und eine Umgangsvereinbarung ist gerichtlich zu billigen (vgl. § 1671 BGB, § 156 Abs. 2 FamFG). Das Gericht benötigt für diese Entscheidungen die Kenntnis über die Meinung des Kindes, da es ansonsten nicht überprüfen kann, ob die Einigung dem Kindeswohl nicht widerspricht. Zum anderen ändert die elterliche Einigung nichts an der materiellen Betroffenheit des Kindes durch das vor Gericht stattfindende Verfahren.

Der Schutzbereich des Art. 103 Abs. 1 GG ist also auch dann eröffnet, wenn die Eltern sich im Verfahren über die elterliche Sorge oder den Umgang einigen. Das Kind hat also auch in auf ein Einvernehmen hinwirkenden Verfahren einen Anspruch auf rechtliches Gehör.

b. Eingriff

Die Nichtanhörung des Kindes stellt einen klassischen Grundrechtseingriff dar, da durch einen Rechtsakt, also die gerichtliche Entscheidung bzw. Billigung der elterlichen Vereinbarung, ein finales und vollstreckbares Ge- oder Verbot ausgesprochen wird, das das Kind unmittelbar betrifft, das Kind dazu aber nicht gehört wurde.

c. Rechtfertigung

Art. 103 Abs. 1 GG enthält keinen Gesetzesvorbehalt, eine Beschränkung könnte aber durch kollidierendes Verfassungsrecht gerechtfertigt sein. Für den Fall einer elterlichen Einigung im Gerichtsverfahren kommt eine Rechtfertigung eines Eingriffs in das Anhörungsrecht des Kindes durch das Elternrecht aus Art. 6 Abs. 1 S. 1 GG in Betracht. Im Wege der praktischen Konkordanz muss dann ein gerechter Ausgleich zwischen dem betroffenen Grundrecht des Kindes und dem kollidierenden Elterngrundrecht herstellt werden, also eine Abwägung unter Berücksichtigung des Verhältnismäßigkeitsgebots.[176]

Nach Art. 6 Abs. 2 S. 1 GG haben die Eltern das natürliche Recht und die ihnen zuvörderst obliegende Pflicht zur Pflege und Erziehung ihrer Kinder. Dies umfasst die freie Entscheidung über die Pflege und die Erziehung, die umfassende Verantwortung für die Lebens- und Entwicklungsbedingungen des Kindes und den über das familiäre Zusammenleben hinausgehenden Umgang zwischen Eltern und Kind.[177]

Das Elternrecht ist nicht nur ein Grund- und Freiheitsrecht der Eltern und eine Richtlinie für die Rechtsordnung, sondern es normiert auch eine Pflicht der

176 BVerfGE 93, 1.

177 Vgl. Jarass/Pieroth/*Pieroth*, Art. 6 GG Rn. 37.

Eltern, die sog. Elternverantwortung.[178] Das Elternrecht steht den Eltern nicht eigennützig, sondern im Interesse ihres Kindes zu.[179] „Nur dadurch, dass der wachsenden Fähigkeit eines Kindes zu eigener Willensbildung und selbständigem Handeln Rechnung getragen wird, kann das auch mit dem Elternrecht aus Art. 6 Abs. 2 GG verfolgte Ziel, dass ein Kind sich durch Erziehung zu einer eigenverantwortlichen und gemeinschaftsfähigen Persönlichkeit entwickeln kann, erreicht werden“[180].

Dies bedeutet, dass die Ausübung und Durchsetzung des Elternrechts eine Schranke im Persönlichkeitsrecht des Kindes findet.[181] Art. 6 Abs. 2 S. 1 GG ist daher nicht ohne Weiteres als Eingriffsermächtigung der Eltern gegenüber den Grundrechten des Kindes zu sehen. Zunächst sind die Eltern gegenüber ihrem Kind nicht Träger öffentlicher Gewalt.[182] Außerdem berechtigt das Elternrecht die Eltern nicht, die Mitwirkungsrechte des Kindes zu beschneiden und das Kind nicht zu einem selbstbestimmungsfähigen und verantwortungsbewussten Menschen zu erziehen.[183] Ferner kommt bei Interessenkollisionen zwischen dem Kind und seinen Eltern grundsätzlich den Interessen des Kindes der Vorrang zu.[184] Somit kann in einem das Kind betreffenden Gerichtsverfahren, in dem auch für das Kind verbindliche und sein Leben unmittelbar beeinflussende Regelungen getroffen werden, das Elternrecht keine Beschränkung des Anspruchs des Kindes auf rechtliches Gehör rechtfertigen.

Das Elternrecht findet auch eine Schranke in der Wächteramtsfunktion des Staates nach Art. 6 Abs. 2 S. 2 GG. Das Kind ist unter den besonderen Schutz des Staates gestellt und sein Wohl bildet die Richtschnur für diesen Schutzauftrag.[185] Jede gerichtliche Entscheidung muss auf das Kindeswohl ausgerichtet sein (§ 1697a BGB) und das Kind in seiner Individualität als Grundrechtsträger berücksichtigen.[186] Dieser Grundrechtsschutz des Kindes muss die (Aus-) Gestaltung des Verfahrensrechts auf allen Ebenen erfassen und durchdringen.[187] Der Staat hat daher in verfahrensrechtlicher Hinsicht Regelungen und Verfahrensmodalitäten zu schaffen, die garantieren, dass die grundrechtliche Stellung

178 BVerfGE 10, 59, 67, 76 ff.; 103, 89, 107; *Wellenhofer*, S. 13 Rn. 7.

179 Staudinger/*Peschel-Gutzeit*, § 1626 BGB Rn. 18.

180 Vgl. BVerfG FamRZ 2008, 1737 (1738).

181 Maunz/Dürig/*Badura*, Art. 6 GG Rn. 114, Staudinger/*Peschel-Gutzeit*, § 1626 BGB Rn. 8; Jarass/Pieroth/*Jarass*, Art. 2 GG Rn. 74 m.w.N.

182 *Pieroth/Schlink*, Rn. 141.

183 Vgl. Staudinger/*Peschel-Gutzeit*, § 1626 BGB Rn. 116.

184 *Pieroth/Schlink*, Rn. 713.

185 BVerfGE 24, 119 (144 f.).

186 BVerfG FamRZ 1981, 124 (126).

187 *Salgo* (1996), S. 406.

des betroffenen Kindes nicht entwertet wird.[188] Hierzu gehören eben die Anhörung sowie die Interessenvertretung des Kindes.

Der Wahrung des Elternrechts kann das Gerichtsverfahren nur dann dienen, wenn durch das Verfahren die Grundrechte des Kindes nicht verletzt werden bzw. seine Entfaltung zur eigenverantwortlichen Persönlichkeit nicht gefährdet wird.[189] Der Wahrung des Kindeswohls kann das Gerichtsverfahren grundsätzlich nur dienen, wenn auch dem Kind die Gelegenheit gegeben wird, seine Meinung zu äußern. Gerade die Verpflichtung des Gerichts zur Wahrung des Kindeswohls kann daher die Anhörung des Kindes erfordern. Es muss unter Berücksichtigung des Alters und des Entwicklungsstands des Kindes sowie der häufig durch die Auseinandersetzung zwischen den Eltern besonders angespannten seelischen Verfassung das Verfahren so gestalten, dass es möglichst zuverlässig die Grundlage einer am Kindeswohl orientierten Entscheidung erkennen kann.[190]

Entscheidend für den Anspruch auf rechtliches Gehör ist, dass ein Gerichtsverfahren eingeleitet wurde, das das Kind unmittelbar betrifft. Irrelevant muss sein, ob das Gericht streitig entscheidet oder die Eltern sich einigen, zumal auch in letzterem Fall meist eine Entscheidung des Gerichts erforderlich ist (vgl. § 156 Abs. 2 S. 2 FamFG, § 1671 BGB). Hinzu kommt, dass Zweck der Anhörung nicht vornehmlich die richterliche Kontrolle der verfassungsgemäßen Ausübung des Elternrechts oder die Unterstellung einer möglichen Kindeswohlgefährdung durch die vereinbarte Regelung ist, sondern die Sicherstellung des Anspruchs des Kindes aus Art. 103 Abs. 1 GG auf rechtliches Gehör in einem es unmittelbar betreffenden Gerichtsverfahren.

Auch bei einem elterlichen Einvernehmen muss daher dem Anhörungsrecht des Kindes und seinem allgemeinen Persönlichkeitsrecht Rechnung getragen werden. Diese können nicht durch das Elternrecht eingeschränkt werden.

2. Anspruch des Kindes auf rechtliches Gehör in außergerichtlichen Beratungs- oder Vermittlungsverfahren

Fraglich ist, ob auch bei außergerichtlichen Beratungs- und Vermittlungsverfahren wie z.B. beim Jugendamt oder in einer außergerichtlichen Mediation sich Anforderungen aus dem Grundgesetz zur Einbeziehung des Kindes ergeben. Bei

188 *Salgo* (1996), S. 408; BVerfG FamRZ 1981, 124 (126); *Heilmann* (1998), S. 59 m.w.N.
189 *Heilmann* (1998), S. 61.
190 BVerfG FamRZ 1981, 124 (126).

außergerichtlich bzw. gerichtsunabhängig getroffenen Verfahren ist Art. 103 Abs. 1 GG mangels Gerichtsverfahren nicht anwendbar.

In Verwaltungsverfahren, also auch Verfahren beim Jugendamt, ergibt sich aber außerhalb des Art. 103 Abs. 1 GG ein grundsätzliches Anhörungsrecht aus dem Rechtsstaatsprinzip (Recht auf ein faires Verfahren), dem allgemeinen Persönlichkeitsrecht und der Menschenwürde.[191] Daher ist dem Einzelnen vor einer Entscheidung, die seine Rechte betrifft, wie im gerichtlichen Verfahren die Möglichkeit zu geben, zu Wort zu kommen und Einfluss auf das Verfahren und dessen Ergebnis nehmen zu können.[192] Auch hier ändert die Einigung der Eltern nichts an der rechtlichen Betroffenheit des Kindes durch das beim Jugendamt stattfindende Verfahren.

Außergerichtliche, freie Mediatoren sind indes keine Träger der Staatsgewalt, somit nicht grundrechtsverpflichtet. Im Hinblick auf das Erarbeiten nachhaltiger Regelungen, die ggf. auch gemäß § 156 Abs. 2 FamFG vom Gericht gebilligt werden sollen, tun sie dennoch gut daran, das Kind einzubeziehen.[193]

IV. Verfahrensrecht in Familiensachen (§ 159 FamFG)

1. Normzweck und Entstehungsgeschichte

§ 159 FamFG (früher § 50b FGG) ist verfahrensrechtlicher Ausdruck des verfassungsrechtlichen Gebots, den Willen des Kindes in Kindschaftssachen zu berücksichtigen, sofern dies dem Kindeswohl nicht widerspricht.[194] § 159 FamFG dient somit der Gewährung rechtlichen Gehörs und der Stärkung der Stellung des Kindes im Verfahren.[195] Das Anhörungsrecht steht dem Kind unabhängig von der Beteiligtenstellung, allein aufgrund der materiellen Betroffenheit durch das Verfahren zu. Gleichzeitig soll die Anhörung dem Gericht ermöglichen, sich einen persönlichen Eindruck vom Kind zu verschaffen, um das Kindeswohl richtig einschätzen zu können und seine Entscheidung daran zu orientieren (§ 1697a BGB). Die Anhörung dient somit auch dem Zweck der Amtsermittlung[196] und ist eine Konkretisierung der in §§ 26, 33 FamFG festgelegten Pflicht des Gerichts zur Sachaufklärung.

---

191 *Pieroth/Schlink*, Rn. 1181.

192 Schmidt-Bleibtreu/Klein/*Schmahl*, Art. 103 GG Rn. 3.

193 S. insbesondere Teil 3.D.II., Teil 5.C.III.2.a. und Teil 6.A.V.1.

194 BVerfG, FamRZ 1981, 124 (126); BT-Drucksache 16/6308, S. 416.

195 MünchKommFamFG/*Schumann*, § 159 FamFG Rn. 1; *Musielak/Borth*, § 159 FamFG Rn. 2.

196 *Musielak/Borth*, § 159 FamFG Rn. 2.

Die Pflicht zur Kindesanhörung wurde in § 50b FGG bereits im Jahr 1980, also neun Jahre vor Verabschiedung der UN-Kinderrechtskonvention, mit dem Gesetz zur Neuregelung des Rechts der elterlichen Sorge[197] eingeführt. Damit war die alte Bundesrepublik auf dem Gebiet der Gewährung von Kinderrechten im internationalen Maßstab führend.[198] Bis dahin eröffnete zwar § 1695 Abs. 2 BGB a.F. dem Richter die Möglichkeit, „mit dem Kind Fühlung" aufzunehmen, die Richter machten hiervon jedoch kaum Gebrauch.[199] Nach § 50b Abs. 1 FGG war das Kind altersunabhängig in personen- und vermögensbezogenen Verfahren persönlich anzuhören, wenn die Neigungen, Bindungen oder der Wille des Kindes für die Entscheidung von Bedeutung waren oder wenn es zur Feststellung des Sachverhalts angezeigt erschien, dass sich das Gericht von dem Kind einen unmittelbaren Eindruck verschafft. Hatte das Kind das 14. Lebensjahr vollendet und war es nicht geschäftsunfähig, war es nach § 50b Abs. 2 FGG in einem personensorgerechtlichen Verfahren stets zu hören. Von der Anhörung durfte nach § 50b Abs. 3 S. 1 FGG nur aus schwerwiegenden Gründen abgesehen werden. Mit § 50b FGG sollte dem Gedanken der zunehmenden Selbstverantwortlichkeit des Kindes im Rahmen des verfassungsrechtlich geschützten Elternrechts größere Geltung verschafft und bei der Regelung der elterlichen Sorge die Bindungen und der Wille des Kindes stärker berücksichtigt werden.[200] Dies beruhte auf der Erkenntnis, dass eine den Belangen des Kindes gerecht werdende Entscheidung nur getroffen werden kann, wenn das Kind im gerichtlichen Verfahren die Möglichkeit erhalten hat, seine persönlichen Beziehungen zu den übrigen Familienmitgliedern erkennbar werden zu lassen.[201] Mit der FGG-Reform im Jahr 2009 wurde der § 50b FGG durch § 159 FamFG weitgehend inhaltsgleich ersetzt und die Pflicht zur Anhörung des Kindes stärker hervorgehoben.[202] § 159 FamFG gilt für alle Kindschaftssachen nach § 151 FamFG mit Ausnahme der § 151 Nr. 6 und 7 FamFG, für diese gilt § 167 Abs. 1 S. 1 i.V.m. § 319 FamFG.[203]

197 Gesetz zur Neuregelung des Rechts der elterlichen Sorge vom 18.07.1979 (BGBl. I S. 1061), in Kraft ab 01.01.1980.

198 Handbuch-Verfahrensbeistandschaft/*Salgo*, Rn. 59.

199 *Salgo*, ZKJ 2009, 49.

200 BT-Drucksache 8/2788, S. 1 f.

201 BVerfG FamRZ 1981, 124 (126).

202 BT-Drucksache 16/6308, S. 240.

203 MünchKommFamFG/*Schumann*, § 159 FamFG Rn. 1.

2. Voraussetzungen des § 159 FamFG

Ist das Kind 14 Jahre alt, ist es nach § 159 Abs. 1 S. 1 FamFG sowohl in den die Personensorge als auch die Vermögenssorge betreffenden Verfahren anzuhören. Im Vermögenssorgeverfahren kann nach § 159 Abs. 1 S. 2 FamFG von der persönlichen Anhörung abgesehen werden, wenn diese im Fall nicht angezeigt ist. Eine schriftliche Anhörung kann dennoch geboten sein.[204]

Ist das Kind noch keine 14 Jahre alt, ist es nach § 159 Abs. 2 FamFG persönlich anzuhören, wenn die Neigungen, Bindungen oder der Wille des Kindes für die Entscheidung von Bedeutung sind oder wenn eine persönliche Anhörung aus sonstigen Gründen angezeigt ist. Dies ist bei der elterlichen Sorge und dem Umgang des Kindes mit einem Elternteil regelmäßig der Fall.[205] Ob das Kind einen beachtlichen Willen hat, kann der Richter erst nach einem persönlichen Gespräch mit dem Kind feststellen.[206] Kindern muss als Träger des Persönlichkeitsrechts und der Menschenwürde (Art. 2 Abs. 1 i.V.m. Art. 1 Abs. 1 GG) daher die Möglichkeit eingeräumt werden, in Sorgerechtsverfahren dem Gericht ihre persönlichen Beziehungen zu den übrigen Familienmitgliedern erkennbar zu machen[207] und ein vom Kind kundgetaner Wille kann Ausdruck von Bindungen zu einem Elternteil sein, die es geboten erscheinen lassen können, ihm nachzukommen.[208] Die Bindungen des Kindes und seine persönlichen Präferenzen sind wichtige Aspekte, die berücksichtigt werden müssen, um kindeswohlgerechte Regelungen zu finden und eine positive Wohnsituation innerhalb der Familie und des sozialen Umfelds zu ermöglichen.[209]

Ebenso sind für Umgangsregelungen die Bindungen, Bedürfnisse und der Wille des Kindes von entscheidender Bedeutung. Kinder können zwar auch in intakten Familien nicht vollständig ihre Freizeit und ihr Leben selbst bestimmen. Umgangsregelungen schränken aber die freie Zeiteinteilung des Kindes weit mehr ein, da Wochenenden, Ferienzeiten und auch Wochentage mit Besuchszeiten vorherbestimmt werden. Die Bindungen des Kindes und seine Perspektive sind aber nur durch ein persönliches Gespräch bzw. eine Anhörung des Kindes in Erfahrung zu bringen.

Auch der konkret zu fassende Auftrag an den Sachverständigen, der zur Frage der Bindungen des Kindes oder zu erheblichen Störungen eines Kindes in

---

204 *Stößer*, FamRZ 2009, 656 (659).

205 S. z.B. *Schweppe/Bussian*, ZKJ 2012, 13 (14).

206 *Musielak/Borth*, § 159 FamFG Rn. 3.

207 BVerfGE 55, 171 (182) = BVerfG, NJW 1981, 217 = FamRZ 1981, 126.

208 Vgl. Keidel/*Engelhardt*, § 159 FamFG Rn. 8.

209 Vgl. *Kaltenborn*, British Journal of Social Work (2001) 31, 81 (82).

Bezug auf einen Elternteil Stellung nehmen soll, kann in der Regel erst nach Anhörung des Kindes formuliert werden.[210]

Nach § 159 Abs. 3 S. 1 FamFG (früher § 50b Abs. 3 FGG) darf nur aus schwerwiegenden Gründen von der persönlichen Anhörung abgesehen werden. Je bedeutsamer der Eingriff in die Kinderrechte ist, umso stärker ist die Pflicht zur Anhörung und umso schwerwiegender muss der Grund für das Absehen von der Anhörung sein.[211] Ein schwerwiegender Grund liegt vor, wenn die Gefahr besteht, dass das Kind durch die Anhörung aus seinem seelischen Gleichgewicht gebracht wird oder eine gesundheitliche Beeinträchtigung zu befürchten ist.[212] Es muss die Gefahr einer erheblichen (psychischen) Störung des Kindes durch die Anhörung bestehen, die in der Regel durch ärztliches Attest zu belegen sind.[213] Es ist dann im Einzelfall zu prüfen, ob die Einholung eines Sachverständigengutachtens notwendig ist, das die zur Entscheidung erforderlichen Informationen über die Bindungen, Neigungen und Wünsche des Kindes klären kann.

Der Vorschlag des Bundesrates zur FGG-Reform sah vor, dass von einer Kindesanhörung aufgrund der Belastungen des Kindes abgesehen werden kann, wenn ein Verfahrensbeistand die Interessen des Kindes im Verfahren wahrnimmt.[214] Dies lehnte der Bundestag richtigerweise mit der Begründung ab, dass die Kindesanhörung eine besondere Art der Sachaufklärung darstelle und die Berücksichtigung des Kindeswillens das verfassungsrechtliche Gebot manifestiere.[215] Es gehört vielmehr explizit zu den Aufgaben des Verfahrensbeistandes, auf eine kindgemäße Form der Anhörung hinzuwirken, das Kind auf die Anhörung vorzubereiten und es zu der Anhörung zu begleiten (§ 158 Abs. 4 S. 3 FamFG). Die Bestellung des Verfahrensbeistandes ändert also nichts an der Anhörungspflicht.

Es darf von der Kindesanhörung auch mit der Begründung nicht abgesehen werden, dass der Kindeswille noch ungefestigt und das Kind in der Entwicklung noch nicht so weit sei, zu einer vernünftigen Eigenbeurteilung zu gelangen.[216] In der Regel wird davon ausgegangen, dass Kinder bereits ab dem Alter von drei Jahren persönlich anzuhören sind.[217] Ist das Kind jünger, kann jedenfalls eine Beobachtung des Kindes Aufschluss über seine Neigungen und Bindungen zu den jeweiligen Elternteilen geben.

---

210 *Musielak/Borth*, § 159 FamFG Rn. 3.
211 *Musielak/Borth*, § 159 FamFG Rn. 4.
212 OLG Schleswig, FamRZ 2008, 1363; Baumeister/*Fehmel*, § 50b FGG Rn. 48 m.w.N.
213 *Musielak/Borth*, § 159 FamFG Rn. 4.
214 BR-Drucksache 309/2/07, S. 56 = BT-Drucksache 16/6308, S. 378.
215 BT-Drucksache 16/6308, S. 416.
216 Baumeister/*Fehmel*, § 50b FGG Rn. 48.
217 Baumeister/*Fehmel*, § 50b FGG Rn. 19.

Auch der Verzicht der Eltern auf eine Einbeziehung des Kindes stellt keinen Grund für das Absehen von der Kindesanhörung dar. Das Kind hat ein eigenes Recht auf Anhörung, das nicht der Disposition der Eltern unterliegt. Ebenso wenig ist eine elterliche Einigung ein schwerwiegender Grund i.S.d. § 159 Abs. 3 S. 1 FamFG, denn es lässt sich in der Regel erst nach der Anhörung des Kindes beurteilen, ob der Elternvorschlag mit dem Kindeswillen bzw. dem Kindeswohl übereinstimmt.[218]

Unterbleibt die Anhörung wegen Gefahr im Verzug, wenn z.B. eine sofortige Entscheidung im Rahmen des einstweiligen Rechtsschutzes erforderlich ist, ist sie unverzüglich nachzuholen (§ 159 Abs. 3 S. 2 FamFG). Dies kann der Fall sein, wenn ein Elternteil beabsichtigt, das Kind ins Ausland zu verbringen, oder eine akute Gefährdung des Kindes besteht, die nur durch ein sofortiges Eingreifen beseitigt werden kann. Dies ist beispielsweise der Fall, wenn ein Elternteil eine dringende ärztliche Behandlung verweigert, so dass der teilweise Entzug der elterlichen Sorge zu erfolgen hat.[219] Unterbleibt die Anhörung ohne schwerwiegenden Grund, stellt dies einen wesentlichen Verfahrensmangel dar, der zur Aufhebung der Entscheidung führt.[220]

3. Inhalt und Gestaltung der Kindesanhörung (§ 159 Abs. 4 S. 1 FamFG)

Bezüglich des Inhalts und der Gestaltung der Anhörung gibt § 159 Abs. 4 S. 1 FamFG vor, dass das Kind in einer geeigneten, seinem Alter entsprechenden Weise über Gegenstand, Ablauf und möglichen Ausgang des Verfahrens informiert werden soll, soweit hierdurch keine Nachteile für seine Entwicklung, Erziehung oder Gesundheit zu befürchten sind. Dem Kind soll Gelegenheit zur Äußerung gegeben werden (§ 159 Abs. 4 S. 2 FamFG). Wurde ein Verfahrensbeistand nach § 158 FamFG bestellt, soll dieser bei der Anhörung anwesend sein (§ 159 Abs. 4 S. 3 FamFG). Alles Weitere ist in das Ermessen des Gerichts gestellt (§ 159 Abs. 4 S. 4 FamFG), wie z.B. ob Geschwister getrennt oder zusammen angehört werden sollen, wo die Anhörung erfolgen soll, wer bei der Anhörung noch anwesend sein soll.[221] Inhaltlich sollte es in der Anhörung darum

218 Baumeister/*Fehmel*, § 50b FGG Rn. 48.

219 *Musielak/Borth*, § 159 FamFG Rn. 5; vgl. indes § 1629 Abs. 1 S. 4 BGB, wonach bei Gefahr im Verzug jeder Elternteil dazu berechtigt ist, alle Rechtshandlungen vorzunehmen, die zum Wohl des Kindes notwendig sind. Der andere Elternteil ist dann unverzüglich zu unterrichten.

220 *Musielak/Borth*, § 159 FamFG Rn. 7.

221 *Stößer*, FamRZ 2009, 656 (660); ausführlich zu den Anforderungen an Form und Ablauf der Kindesanhörung s. unten Teil 3.F.

gehen, die Neigungen, Bindungen und den Willen des Kindes in Erfahrung zu bringen (vgl. § 159 Abs. 2 FamFG). Das Kind soll aber zu keiner Entscheidung gedrängt werden. Über den wesentlichen Inhalt der Anhörung hat das Gericht nach § 28 Abs. 4 FamFG einen Vermerk zu fertigen. Dieser kann nur unterbleiben, wenn der wesentliche Inhalt der Anhörung in der abschließenden Entscheidung vollständig, im Zusammenhang und frei von eigenen Wertungen wiedergegeben wird.[222]

V. Kinder- und Jugendhilfe (§§ 8, 8a, 17, 18 SGB VIII)

Das im Jahr 1990 in Kraft getretene Kinder- und Jugendhilfegesetz (SGB VIII) gewährt dem Kind diverse Beteiligungs- und Beratungsrechte, die durch das am 01.01.2012 in Kraft getretene Bundeskinderschutzgesetz (BKiSchG)[223] bestärkt wurden. Gemäß § 8 Abs. 1 SGB VIII sind Kinder entsprechend ihrem Entwicklungsstand an allen sie betreffenden Entscheidungen der öffentlichen Jugendhilfe zu beteiligen. Sie sind in geeigneter Weise auf ihre Rechte im Verwaltungsverfahren sowie im Verfahren vor dem Familiengericht und dem Verwaltungsgericht hinzuweisen. Seit dem Bundeskinderschutzgesetz haben Kinder nach § 8 Abs. 3 SGB VIII einen expliziten Anspruch auf Beratung ohne Kenntnis des Personensorgeberechtigten, wenn die Beratung aufgrund einer Not- und Konfliktlage erforderlich ist und solange durch die Mitteilung an den Personensorgeberechtigten der Beratungszweck vereitelt würde.[224] Problematisch ist die Beschränkung des Beratungsanspruchs auf Krisen- und Konfliktsituationen. Kinder sollten vielmehr vorbehaltlos und somit frühestmöglich beraten werden können, damit es gar nicht erst zu einer Not- und Konfliktlage kommt.[225]

Auch bei der Informationsgewinnung soll das Kind einbezogen werden: Werden dem Jugendamt gewichtige Anhaltspunkte für die Gefährdung des Wohls eines Kindes bekannt, hat es gemäß § 8a Abs. 1 S. 2 SGB VIII die Erziehungsberechtigten sowie das Kind in die Gefährdungseinschätzung einzubeziehen und, sofern dies nach fachlicher Einschätzung erforderlich ist, sich dabei einen unmittelbaren Eindruck von dem Kind und von seiner persönlichen Umgebung zu verschaffen.[226]

---

222 OLG Saarbrücken, FamRZ 2006, 557.

223 Drucksache 17/6256.

224 Gilt in dieser Fassung seit Inkrafttreten des Bundeskinderschutzgesetzes am 01.01.2012, BGBl. I S. 2975.

225 *Salgo*, Stellungnahme zum Bundeskinderschutzgesetz, S. 9.

226 BT-Drucksache 17/6256, S. 9; s. auch zur Problematik von Hausbesuchen *Salgo*, Stellungnahme zum Bundeskinderschutzgesetz, S. 10 f.

§ 17 Abs. 2 SGB VIII regelt, dass die Jugendhilfe die Eltern im Fall der Trennung oder Scheidung bei der Entwicklung eines einvernehmlichen Konzepts für die Wahrnehmung der elterlichen Sorge zu unterstützen hat, und dass das Kind hieran angemessen zu beteiligen ist. Ferner hat das Kind nach § 18 Abs. 3 S. 1 SGB VIII einen eigenen Anspruch auf Beratung und Unterstützung bei der Ausübung des Umgangsrechts. Wird ein Hilfeplan aufgestellt, bestimmt § 36 Abs. 2 S. 2 SGB VIII, dass neben dem Personensorgeberechtigten auch das Kind an der Aufstellung des Hilfeplans beteiligt werden soll.

Auch der die Inobhutnahme von Kindern regelnde § 42 SGB VIII verpflichtet das Jugendamt zur Beteiligung und Beratung des Kindes. Das Jugendamt ist unter den Voraussetzungen des § 42 Abs. 1 S. 1 SGB VIII zur Inobhutnahme eines Kindes berechtigt und verpflichtet, insbesondere wenn ein Kind um Obhut bittet (§ 42 Abs. 1 S. 1 Nr. 1 SGB VIII). Das Jugendamt hat während der Inobhutnahme die Situation, die zur Inobhutnahme geführt hat, zusammen mit dem Kind zu klären und Möglichkeiten der Hilfe und Unterstützung aufzuzeigen (§ 42 Abs. 2 S. 1 SGB VIII).

Problematisch ist jedoch, dass diese Rechte des Kindes praktisch leerlaufen, wenn das Kind beim Jugendamt nicht vorgestellt wird oder die Eltern auf Angebote des Jugendamtes nicht eingehen, da die Kinder in der Regel nichts von diesen Rechten wissen.[227] Zu fordern ist daher die umfassende Informierung auch der Kinder über diese Rechte, indem beispielsweise bereits der Hinweis oder die Anordnung eines Richters auf Teilnahme an einer Beratung (§ 156 Abs. 1 S. 2 bis 4 FamFG) auch die Vorstellung des Kindes bei der Beratung einschließt.

VI. Elterliche Pflicht zur Einbeziehung des Kindes (§ 1626 Abs. 2 BGB)

Art. 12 UN-Kinderrechtskonvention, Art. 3, 6 b) Europäisches Übereinkommen über die Ausübung von Kinderrechten, Art. 103 Abs. 1 GG, § 159 FamFG sowie insb. §§ 8 SGB VIII legen fest, dass das Kind an seine Person betreffenden Entscheidungen des Familiengerichts bzw. der Jugendhilfe zu beteiligen ist. Gemäß § 1626 Abs. 2 BGB trifft auch die Eltern eine entsprechende Beteiligungspflicht gegenüber ihrem Kind. § 1626 Abs. 2 BGB wurde im Jahr 1980 im Zuge der großen Sorgerechtsreform ins BGB eingefügt. Nach Satz 1 dieser Vorschrift haben die Eltern bei der Pflege und Erziehung die wachsende Fähigkeit und das wachsende Bedürfnis des Kindes zu selbständigem verantwortungsbewusstem Handeln zu berücksichtigen. Satz 2 ergänzt und erweitert Satz 1 mit dem Ge-

227 Vgl. Staudinger/*Coester*, § 1671 BGB Rn. 16.

bot[228], dass die Eltern mit dem Kind Fragen der elterlichen Sorge besprechen und mit ihm Einvernehmen anstreben müssen, soweit es nach dem Entwicklungsstand des Kindes angezeigt ist.

§ 1626 Abs. 2 BGB hat einen verfassungsrechtlichen Hintergrund. Aus verfassungsrechtlicher Sicht ist das Verhältnis von Eltern und Kind ein besonderes. Klassische Funktion der Grundrechte ist es, dem Bürger als Abwehrrechte gegen den Staat zu dienen.[229] Sie gelten unmittelbar nur zwischen dem Bürger und dem Staat, also nicht zwischen Privatpersonen. Da die Eltern gegenüber dem Kind nicht Träger öffentlicher Gewalt sind, gelten die Grundrechte nicht unmittelbar zwischen Eltern und Kind. Ferner stellt die Verfassung die Würde des Menschen in den Mittelpunkt ihres Wertesystems, daher können in zwischenmenschlichen Beziehungen grundsätzlich niemandem Rechte an der Person eines anderen eingeräumt werden, die nicht zugleich pflichtgebunden sind und die Menschenwürde des anderen respektieren.[230] Das Elternrecht aus Art. 6 Abs. 2 S. 1 GG ist daher zwar ein subjektives Recht der Eltern, das ihnen aber nicht eigennützig zusteht, sondern im Interesse des Kindes.[231] Die Eltern dürfen ihre Elternrechte nur in Respekt der Menschenwürde des Kindes ausüben; sie sollen es in der Art ausüben, dass es der Entfaltung des Kindes zu einer selbstverantwortlichen Persönlichkeit dient. Das Grundgesetz gewährt den Eltern schließlich nicht das Elternrecht, weil sie ein besonderes Interesse an der Beherrschung des Kindes haben sollen, sondern weil das Kind die Erziehung und Fürsorge der Eltern braucht.[232] Art. 6 Abs. 2 S. 1 GG statuiert somit nicht nur das Grundrecht der Eltern auf Pflege und Erziehung ihres Kindes, sondern auch die Pflicht der Eltern hierzu. Diese Pflichtenbindung unterscheidet das Elternrecht von allen anderen Grundrechten.[233]

Um dem Rechnung zu tragen, hat der Gesetzgeber für die Innehabung und Ausübung der elterlichen Sorge in §§ 1626 ff. BGB Regelungen getroffen.[234] In § 1627 S. 1 BGB ist ausdrücklich klargestellt, dass die Eltern die elterliche Sorge in eigener Verantwortung und in gegenseitigem Einvernehmen zum Wohl des Kindes auszuüben haben. § 1626 Abs. 2 BGB wiederum gibt – wie auch das Recht des Kindes auf gewaltfreie Erziehung nach § 1631 Abs. 2 BGB – ein ver-

---

228 MünchKommBGB/*Huber*, § 1626 BGB Rn. 66.
229 BVerfGE 1, 97.
230 BVerfGE 24, 119 (114).
231 Staudinger/*Peschel-Gutzeit*, § 1626 BGB Rn. 18.
232 Staudinger/*Peschel-Gutzeit*, § 1626 BGB Rn. 18.
233 Jarass/Pieroth/*Pieroth*, Art. 6 GG Rn. 36.
234 *Pieroth/Schlink*, Rn. 141.

fassungsgemäßes Leitbild für die elterliche Erziehung vor und ist als Grundnorm des elterlichen Sorgeverhaltens ein echtes Rechtsgebot.[235]

1. Berücksichtigung der Fähigkeiten des Kindes (§ 1626 Abs. 2 S. 1 BGB)

Gemäß § 1626 Abs. 2 S. 1 BGB haben die Eltern bei der Pflege und Erziehung die wachsende Fähigkeit und das wachsende Bedürfnis des Kindes zu selbständigem verantwortungsbewusstem Handeln zu berücksichtigen. Diese Norm bringt zum Ausdruck, dass das Eltern-Kind-Verhältnis nicht statisch ist, sondern von der Entwicklung des Kindes zur selbständigen Persönlichkeit geprägt wird.[236] Die Berücksichtigung des Kindeswillens bedeutet aber nicht, dass die Eltern stets den Kindeswillen zu erfüllen haben, sondern dass sie das Kind an der Suche nach geeigneten Lösungen beteiligen. Die Eltern sollen die eigene Verantwortung gegen die des Kindes abwägen.[237] Hierbei kommt es auch darauf an, ob und inwieweit das Kind selbst handeln kann und will, sowie wie weit seine Fähigkeiten und Bedürfnisse zu selbstverantwortlichem Handeln reichen.[238]

2. Einvernehmen mit dem Kind anstreben (§ 1626 Abs. 2 S. 2 BGB)

Nach § 1626 Abs. 2 S. 2 BGB sollen die Eltern Fragen der elterlichen Sorge persönlich mit dem Kind besprechen und soweit es nach dem Entwicklungsstand des Kindes angezeigt ist, mit ihm Einvernehmen anstreben. Einvernehmen bedeutet hier keinen Vertrag, so dass keine rechtliche Bindung erzeugt wird, aber es soll ein faktischer Vertrauenstatbestand geschaffen werden.[239] Für die Reifung eines jungen Menschen zu einer selbständigen, eigenverantwortlichen Persönlichkeit ist es von großer Bedeutung, dass ihm verdeutlicht wird, warum die Eltern welche Entscheidungen anstreben.[240] Die Eltern sollen das Kind daher alters- und reifegemäß mit seinen Angelegenheiten vertraut machen und es an den Entscheidungen hierüber beteiligen.[241] Kann trotz Bemühens kein Einvernehmen mit dem Kind erzielt werden, müssen die Eltern unter Umständen gegen den Willen des Kindes entscheiden, wenn dies im Interesse des Kindes ange-

235 BT-Drucksache 8/2788, S. 45.
236 BT-Drucksache 8/2788, S. 44.
237 Staudinger/*Peschel-Gutzeit*, § 1626 BGB Rn. 119.
238 MünchKommBGB/*Huber*, § 1626 BGB Rn. 65.
239 MünchKommBGB/*Huber*, § 1626 BGB Rn. 66; Staudinger/*Peschel-Gutzeit*, § 1626 BGB Rn. 123.
240 BT-Drucksache 8/2788, S. 44.
241 MünchKommBGB/*Huber*, § 1626 BGB Rn. 66.

zeigt ist.[242] In Not- und Eilfällen können Einvernehmensbemühungen unterbleiben, wobei dem Kind die getroffenen Entscheidungen zumindest nachträglich erklärt werden müssen.[243]

Gegen das Leitbild des § 1626 Abs. 2 BGB wurde eingewandt, es sei nicht verfassungsgemäß, dass der Staat trotz des vorrangigen Elternrechts nach Art. 6 Abs. 2 S. 1 GG den Eltern ein Erziehungsverfahren als der Persönlichkeitsentwicklung des Kindes am besten entsprechend vorschreibe. Nur das Ob der elterlichen Erziehungsberechtigung sei staatlich zu regeln, nicht das Wie ihrer Ausübung. Mit § 1626 Abs. 2 BGB soll aber nicht die Erziehung gelenkt, sondern die im Grundgesetz enthaltenen verbindlichen Grundwerte, also insbesondere das in Art. 1 und 2 GG entworfene Menschenbild für das gesamte Gemeinwesen zur Ausführung und Ausfüllung der Rechte und Pflichten von Eltern und Kindern herangezogen werden.[244] Demnach sollen die Eltern in der Erziehung die Menschenwürde, das Persönlichkeitsrecht und das Selbstbestimmungsrecht des Kindes beachten. Das Kind soll schrittweise auf jene Selbständigkeit und jenes Verantwortungsbewusstsein vorbereitet werden, die es bei Volljährigkeitseintritt erreicht haben soll.[245] Das Elternrecht aus Art. 6 Abs. 2 S. 1 GG gewährt also kein Recht auf Beschneidung des Selbstbestimmungsrechts des Kindes. Die Eltern haben nicht das Recht, ihr Kind nicht zu einem selbstbestimmungsfähigen Menschen zu erziehen und die Mitwirkungsrechte des Kindes an Erziehungsprozessen zu unterbinden.[246] Ein über Jahrzehnte hinweg auf Gehorsam und Unterwerfung unter den elterlichen Willen ausgerichteter Erziehungsstil wird hiermit gesetzlich untersagt und durch eine stetig wachsende partnerschaftliche Erziehung abgelöst.[247] Eine solche Erziehungspflicht als Eingriff in das Elternrecht zu sehen, kann sich nur durch ein Missverständnis jenes Rechts als Herrschaftsrecht gegenüber dem Kind begründen, das jede Erörterung mit dem Kind überflüssig werden lässt.[248]

Die Subjektstellung des Kindes bzw. die Achtung seiner Rechte bedeutet aber nicht, dass die Erwachsenen die Verantwortung für die von ihnen zu treffenden Entscheidungen den Kindern übertragen sollen, oder dass jeder Wunsch des Kindes Befehl wäre.[249] Es geht vielmehr darum, im Rahmen eines Aushandlungsprozesses in einem zwischenmenschlich fairen Austausch herauszufiltern,

242 BT-Drucksache 8/2788, S. 45; MünchKommBGB/*Huber*, § 1626 BGB Rn. 66.
243 Staudinger/*Peschel-Gutzeit*, § 1626 BGB Rn. 121.
244 Staudinger/*Peschel-Gutzeit*, § 1626 BGB Rn. 114.
245 MünchKommBGB/*Huber*, § 1626 BGB Rn. 61.
246 Staudinger/*Peschel-Gutzeit*, § 1626 BGB Rn. 115.
247 MünchKommBGB/*Huber*, § 1626 BGB Rn. 61.
248 Staudinger/*Peschel-Gutzeit*, § 1626 BGB Rn. 115.
249 *Maywald*, in: Sozialpädagogisches Institut im SOS-Kinderdorf e.V., S. 48 (64).

welche Interessen Geltung verdienen und welchen Anteil an Verantwortung jeder zu tragen hat.[250] Soweit also nach § 1626 Abs. 2 S. 1 BGB die Fähigkeit und das Bedürfnis des Kindes zu selbständigem, verantwortungsbewusstem Handeln zu berücksichtigen ist und soweit nach § 1626 Abs. 2 S. 2 BGB den Argumenten des Kindes Rechnung zu tragen ist, tritt die elterliche Sorge zugunsten einer Anleitung des Kindes zur Eigenverantwortlichkeit zurück.[251] Die Letztverantwortung der Entscheidung muss aber bei den Eltern verbleiben[252] bzw., wenn diese sich trotz Unterstützung nicht einigen können, bei den Gerichten. Aber weder die Eltern noch das Gericht sollen „über den Kopf des Kindes hinweg" entscheiden.[253]

Die Pflichten der Eltern nach § 1626 Abs. 2 BGB enden nicht mit einer Scheidung oder Trennung. Die Eltern haben auch nach einer Trennung oder Scheidung Fragen der elterlichen Sorge mit dem Kind zu besprechen, insbesondere grundlegende Fragen wie zum Aufenthalt und zum Umgang des Kindes mit dem getrennt lebenden Elternteil.

3. Rechtsfolge und Durchsetzbarkeit

§ 1626 Abs. 2 BGB enthält – wie im Übrigen auch Art. 12 UN-KRK – weder eine Rechtsfolge noch eine Sanktion für die Nichtbeachtung. Dem Kind stehen nach dieser Vorschrift keine Möglichkeiten zu, die Einhaltung des hier vorgesehenen Leitbildes gegen die Eltern gerichtlich durchzusetzen. Ein staatliches Eingreifen verbietet sich aufgrund des Vorrangs des Elternrechts nach Art. 6 Abs. 2 S. 1 GG. Verstoßen die Eltern aber auf schwerwiegende und dauerhafte Weise gegen das Leitbild des § 1626 Abs. 2 BGB und gefährden hierdurch das Wohl des Kindes, kann ein Eingreifen des Familiengerichts nach §§ 1666, 1666a BGB gerechtfertigt sein.[254]

Ist aber ein Verfahren wegen des Sorge- bzw. Umgangsrechts bei Gericht anhängig oder ist das Jugendamt mit der Sache befasst, stehen dem Kind Anhörungs-, Beteiligungs- und Beratungsrechte zu (vgl. § 159 FamFG, §§ 8, 17 Abs. 2, 18 Abs. 3 SGB VIII). Dies gilt auch dann, wenn die Eltern sich einigen. Das Elternrecht rechtfertigt keine Einschränkung des Anhörungsrechts des Kindes. Der Staat hat sicherzustellen, dass das Kind in diesen Verfahren die Gelegenheit bekommt, die ihm zustehenden Rechte wahrzunehmen. Darüber hinaus sollten

250 *Maywald*, in: Sozialpädagogisches Institut im SOS-Kinderdorf e.V., S. 48 (64).
251 MünchKommBGB/*Huber*, § 1626 BGB Rn. 61.
252 Staudinger/*Peschel-Gutzeit*, § 1626 BGB Rn. 120.
253 MünchKommBGB/*Huber*, § 1626 BGB Rn. 65.
254 BT-Drucksache 8/2788, S. 45; MünchKommBGB/*Huber*, § 1626 BGB Rn. 62; Staudinger/*Peschel-Gutzeit*, § 1626 BGB Rn. 125.

die Eltern sowohl vom Gericht als auch von der Jugendhilfe auf § 1626 Abs. 2 BGB hingewiesen und aufgefordert werden, das Kind bei es betreffenden innerfamiliären Entscheidungen auf eine dem Alter und der Reife des Kindes gerecht werdende Weise zu beteiligen.

C. Fazit

Sowohl die UN-Kinderrechtskonvention (Art. 12 UN-KRK) als auch das Europäische Übereinkommen über die Ausübung von Kinderrechten (Art. 3 und 6 b) EÜAK) verankern das Recht des Kindes, in allen seine Person berührenden Verfahren gehört zu werden, als eines der höchsten Prinzipien. Beide Übereinkommen haben zum Ziel, die Rechte der Kinder zu stärken – sowohl materiell als auch prozessual. In beiden Übereinkommen wird nicht nur auf das Gerichtsverfahren Bezug genommen, sondern festgestellt, dass die Rechte des Kindes auch außerhalb des Gerichtsgebäudes gelten und beachtet werden müssen.

Auf bundesrechtlicher Ebene ergibt sich aus dem Gesetz nichts anderes. Gemäß Art. 103 Abs. 1 GG hat das Kind in einem es betreffenden Gerichtsverfahren einen Anspruch auf rechtliches Gehör. Der Anspruch des Kindes auf rechtliches Gehör ist in § 159 FamFG für das Kindschaftsverfahren einfachgesetzlich ausgestaltet. Die Norm enthält zwar eine Altersgrenze von 14 Jahren, wonach ältere Kinder zwingend, jüngere Kinder dann anzuhören sind, wenn ihre Neigungen, Bindungen und ihr Wille für die Entscheidung von Bedeutung sind. Bei Verfahren wegen Sorge- und Umgangsrechts ist dies aber regelmäßig der Fall, so dass hier eine Kindesanhörung auch der unter 14-jährigen Kinder zu erfolgen hat. Entscheidend für diese Untersuchung ist, dass dem Kind dieses Anhörungsrecht auch dann zusteht, wenn die Eltern sich über den Verfahrensgegenstand einigen: Zunächst ist meist ohnehin noch eine gerichtliche Entscheidung erforderlich (vgl. insb. § 156 Abs. 2 S. 2 FamFG). Ferner ändert die elterliche Einigung nichts an der Betroffenheit des Kindes durch das Verfahren.

Das SGB VIII gewährt dem Kind außergerichtlich eigene Partizipations- und Beratungsrechte, insbesondere sieht es die Beteiligung des Kindes an der Entwicklung eines einvernehmlichen Konzepts für die Wahrnehmung der elterlichen Sorge nach der Trennung oder Scheidung vor, sowie auch einen eigenen Beratungsanspruch des Kindes bei der Ausübung des Umgangsrechts (§ 17 Abs. 2 SGB VIII und § 18 Abs. 3 SGB VIII).

Schließlich sind auch die Eltern verpflichtet, zum einen bei der Pflege und Erziehung die wachsende Fähigkeit und das wachsende Bedürfnis des Kindes zu selbständigem verantwortungsbewusstem Handeln zu berücksichtigen, zum anderen Fragen der elterlichen Sorge mit dem Kind zu besprechen und mit ihm

Einvernehmen anzustreben, soweit es nach dem Entwicklungsstand des Kindes angezeigt ist (§ 1626 Abs. 2 S. 1 und 2 BGB). Dies stellt keinen Eingriff in das Elternrecht dar, sondern „lediglich" die Verpflichtung der Eltern, die Persönlichkeits- und Selbstbestimmungsrechte des Kindes zu achten und das Kind zu einer eigenverantwortlichen Persönlichkeit zu erziehen. Diese Norm gilt nicht nur in intakter Familie, sondern auch nach einer Trennung oder Scheidung, so dass insbesondere Fragen zum künftigen Aufenthalt des Kindes und zu seinem Umgang mit dem getrennt lebenden Elternteil mit dem Kind zu besprechen sind.

Eine Einigung der Eltern rechtfertigt das Absehen von der Kindesanhörung nicht. Hinsichtlich des Alters des Kindes stellt der UN-Ausschuss für die Rechte des Kindes klar, dass Kinder bereits ab jüngstem Alter anzuhören sind. Dies erfordert, dass die am Verfahren beteiligten Experten hinreichend ausgebildet und erfahren sind, sich im Gespräch mit dem Kind auf sein Alter und seine Reife einstellen und seine Äußerungen angemessen berücksichtigen und in den richtigen Kontext stellen.

Teil 3: Humanwissenschaftliche Erkenntnisse zur Kindesbeteiligung

A. Allgemeines

Rechtliche Regelungen verlangen sowohl auf völkerrechtlicher als auch auf bundesrechtlicher Ebene, dass dem Kind in einem Verfahren, das seine Person betrifft, die Gelegenheit gegeben wird, seine Meinung zu äußern, und dass diese Meinung bei der Entscheidungsfindung angemessen berücksichtigt wird. Dies gilt nicht nur für gerichtliche, sondern auch für außergerichtliche Verfahren und nicht nur bei einer streitigen richterlichen Entscheidung, sondern auch in einem auf ein elterliches Einvernehmen hinwirkenden Verfahren.

Aber nicht nur das Recht fordert die persönliche Einbeziehung des Kindes, sondern auch außerrechtliche, humanwissenschaftliche Erkenntnisse zeigen, dass die Berücksichtigung der Perspektive des Kindes durchaus sinnvoll und hilfreich sein kann, um eine für alle Beteiligten befriedigende und nachhaltige Regelung zu erarbeiten. Eine Auseinandersetzung mit humanwissenschaftlichen Erkenntnissen aus der Scheidungs- und Scheidungsfolgenforschung sowie der Entwicklungspsychologie drängt sich auch deswegen auf, weil das Absehen von der Anhörung und Beteiligung des Kindes oft auf in der Person des Kindes begründete Aspekte gestützt wird, wie z.B. dem Kind sei die Anhörung nicht zuzumuten, es sei zu jung, zu unreif, zu manipulierbar und könne sich keine eigene Meinung bilden. Im Folgenden werden daher die Bedeutung der Elterntrennung für das Kind und die Möglichkeiten zur Partizipation des betroffenen Kindes untersucht. Mangels deutscher Studien wird dabei meist auf Erkenntnisse ausländischer Untersuchungen Bezug genommen, insbesondere auf die amerikanische Studie über die Scheidungsfolgen bei Kindern von Wallerstein et. al. sowie auf die australischen Studien zur Einbeziehung des Kindes bei Sorgerechts- und Umgangsstreitigkeiten von Parkinson und Cashmore sowie von McIntosh.

Der Begriff Anhörung wird im Folgenden nicht ausschließlich im Sinne der richterlichen Anhörung verwendet, sondern allgemein im Sinne eines persönlichen Gesprächs eines Experten mit dem Kind.

I. Die Situation des Kindes bei der Trennung

Als Hintergrund für die Frage, warum und wie Kinder in die Erarbeitung von Regelungen für die Nachtrennungsfamilie miteinbezogen werden sollen, werden im Folgenden einige Aspekte zur Situation des Kindes bei einer Trennung der

Eltern aufgezeigt. Es geht dabei aber keineswegs um eine Bewertung der Frage, ob eine Trennung bei Vorhandensein von Kindern besser oder schlechter ist als ein von den Eltern als konfliktreich empfundenes Aufrechterhalten der Familie. Es soll vielmehr für den Fall, dass die Eltern sich zur Trennung entscheiden, auf wissenschaftlich erwiesene Folgen einer elterlichen Trennung für das Kind hingewiesen werden, damit diese sowohl bei der Frage der Beteiligung des Kindes im Verfahren, als auch bei den zu treffenden Regelungen berücksichtigt werden.

Erwachsene und Kinder erleben eine Trennung bzw. Scheidung vollkommen unterschiedlich. Erwachsene sehen die Scheidung oft als ein – wenn auch schmerzliches – Heilmittel gegen eine unglückliche Beziehung. Sie hoffen, damit ein unglückliches Kapitel zu beenden und den Weg in ein besseres Leben frei machen zu können.[1] Man hofft, es sei besser für das Kind, wenn sich die Eltern trennen, als wenn sie unglücklich zusammenleben und immerfort streiten. Die Eltern machen sich um ihre Kinder zwar meist schon Sorgen, sie gehen aber davon aus, dass sie ihren Entschluss verstehen und unterstützen und sich rasch und gut an die neuen familiären Gegebenheiten anpassen werden.[2] So verknüpften auch die Gesetzgeber verschiedener Länder mit der Einführung des Zerrüttungsprinzips bei der Scheidung die Hoffnung, dass die Trennung auch den Kindern zugutekomme.[3]

Vor allem jüngere Kinder sehen aber oft keinen Sinn darin, dass eine Trennung ein Mittel darstellen soll, Eheprobleme zu lösen.[4] Sie können sich unter Umständen auch keinen Reim aus Verhaltensmustern machen, insbesondere wenn sie an bestimmte Verhaltensweisen gewöhnt sind und diese als normal empfinden, schließlich haben sie in der Regel keinen Vergleich. Auch wenn sie gesehen haben, dass die Mutter weint oder ein Elternteil herumschreit, oder dass der eine den anderen schlägt, können kleinere Kinder meist nicht den Zusammenhang zwischen diesem Verhalten und der Trennung erkennen. Sie können höhnische Bemerkungen nicht verstehen und die damit erzielte Demütigung aufwiegen.[5] Auch das Argument, man trenne sich, da der andere „zu viel trinke" erklärt den Kindern nichts. Ihnen ist nicht klar, was derjenige trinkt (ob Milch, Mineralwasser oder Orangensaft?[6]) und warum das schlimm ist.

Auch wenn die Eltern die Ehe als unglücklich empfunden haben, bedeutet dies nicht zwingend, dass auch die Kinder das Familienleben als unglücklich empfanden, da Eltern oft ihre Konflikte jedenfalls bis zur Entscheidung zur

1 *Wallerstein/Lewis/Blakeslee*, S. 115.
2 *Wallerstein/Lewis/Blakeslee*, S. 115.
3 *Wallerstein/Lewis/Blakeslee*, S. 26.
4 *Wallerstein/Lewis/Blakeslee*, S. 117.
5 *Wallerstein/Lewis/Blakeslee*, S. 114.
6 *Wallerstein/Lewis/Blakeslee*, S. 114.

Scheidung nicht vor den Kindern austragen. Vielmehr leiden die Kinder oft unter der Angst, dass, wenn einer der Eltern den anderen verlassen kann, auch beide Eltern sie verlassen könnten.[7]

Haben die Kinder hingegen die Streitigkeiten der Eltern mitbekommen, miterlebt und wurden sie unter Umständen auch mit hineingezogen, empfinden sie die Trennung oft als erleichternd und die Atmosphäre zuhause danach als erheblich verbessert. Sie wollen nicht, dass die Eltern zusammenbleiben, wenn diese nur streiten oder sich aus dem Weg gehen.[8] Sie wollen, dass die Streitereien enden, dass der Stress endet, dass endlich Ruhe einkehrt. Auch wenn sie den abwesenden Elternteil vermissen, wünschen sie oft keine Wiedervereinigung der Eltern.[9]

So unterschiedlich Menschen und Familien sind, so unterschiedlich wird auch eine Trennung erlebt, und da auch die Kinder die Trennung und deren Folgen anders erleben als ihre Eltern, müssen ihre persönlichen Belange bei den sie betreffenden Regelungen angemessen berücksichtigt werden.

II. Die Situation des Kindes nach der Trennung

Trennen sich die Eltern, stellt sich auch die Frage, was mit den Kindern passiert. Viele rechnen damit, dass nach der Trennung und dem Auszug eines Elternteils – mit oder ohne Kinder – das Leben rasch wieder seinen normalen Gang nehmen wird.

Oft enden die Konflikte aber nicht mit der Scheidung, sondern sie halten an oder eskalieren. Insbesondere hochgradig konfliktbelastete Ehen lassen häufig eine hochgradig konfliktbelastete Nachscheidungsfamilie zurück.[10] Auch das Leben der Kinder geht nach einer Scheidung nicht so weiter wie bisher. Zunächst ändert sich die Familien- und Wohnkonstellation: Abgesehen von einem möglichen Wohnungswechsel kann sich die Familie verkleinern, indem jemand auszieht, oder vergrößern, indem andere Erwachsene oder Kinder einziehen.[11] Weitere Veränderungen ergeben sich hinsichtlich des Alltags, der emotionalen Sicherheit sowie der Zeit, die das Kind mit dem jeweiligen Elternteil verbringt. Die Belastungen der Alleinerziehenden können dazu führen, dass die Zeit und Energie, die sie für die Erziehung der Kinder aufbringen können, reduziert

7 *Wallerstein/Lewis/Blakeslee*, S. 120.
8 *Thöne-Jäpel*, in: Menne/Schilling/Weber, S. 139.
9 *Kostka*, S. 175.
10 *Wallerstein/Lewis/Blakeslee*, S. 116.
11 *Wallerstein/Lewis/Blakeslee*, S. 35.

wird.[12] Auch die finanziellen Verhältnisse ändern sich in der Nachtrennungsfamilie und sind oft mit Einbußen verbunden.[13] Schließlich können sich die Rollenverteilungen innerhalb der Familie ändern. Zieht ein Elternteil aus und bleibt das Kind bei dem anderen, passiert es leicht, dass das Kind nicht mehr nur die Rolle des Kindes hat. Oft fühlen sich Kinder verpflichtet, einen oder beide unglücklichen Elternteile zu retten und für sie zu sorgen. Sie sehen sich dann plötzlich in eine Situation gebracht, die von ihnen viel mehr Selbständigkeit erfordert, als dies ihrem Alter entspricht.[14] Sie werden zur Pflegeperson, zum Gefährten, zum Mentor oder zu der Person, die sich gegen die Depression des Elternteils stellt[15] und andere Geschwister (mit-)erzieht. Dies kann sich dadurch entwickeln, dass sich dieser Elternteil immer mehr auf das Kind verlässt und es dadurch bindet oder das Kind selbst diese Rolle übernimmt.[16] In der akuten Krise nach der Trennung kann dies durch die emotionalen Belastungen dieses Elternteils verstärkt werden, da ihm plötzlich der andere Elternteil fehlt, mit dem früher Erziehungsfragen ausgetauscht werden konnten.[17] Dies kann zur Folge haben, dass der Elternteil dem Kind u.U. nicht die Unterstützung und Erziehung geben kann, die das Kind entsprechend seinem Alter und seiner Reife benötigt.[18] Das Kind kann sich dann oft schwerer vom Zuhause lösen, Freunde finden und Beziehungen eingehen, sondern ist durch Liebe, Mitleid, Schuldgefühle und Opferbereitschaft an das Zuhause gebunden.[19]

III. Psychische Folgen der Trennung bei Kindern

Als typische emotionale Reaktionen von Kindern auf die Scheidungssituation gelten die Angst vor dem Verlassenwerden, Wut, Trauer, Schuldgefühle, Störung des Selbstwertgefühls, Loyalitätskonflikte und ein allgemeines Misstrauen in die Verlässlichkeit menschlicher Beziehungen.[20] Diese Gründe können beim Kind dazu führen, sich von dem nun getrennt lebenden Elternteil zumindest für eine gewisse Zeit lang distanzieren zu wollen und den Umgang abzulehnen.

12 *Hofer/Wild/Schwarz/Noack*, S. 327.
13 *Hofer/Wild/Schwarz/Noack*, S. 329.
14 *Thöne-Jäpel*, in: Menne/Schilling/Weber, S. 142.
15 *Wallerstein/Lewis/Blakeslee*, S. 44.
16 *Wallerstein/Lewis/Blakeslee*, S. 45.
17 *Hofer/Wild/Schwarz/Noack*, S. 327 f.
18 *Hofer/Wild/Schwarz/Noack*, S. 328.
19 *Wallerstein/Lewis/Blakeslee*, S. 44.
20 *Bauers*, in: Menne/Schillig/Weber, S. 39 (40).

Zwischen Scheidungskindern, Kindern in Zweitehen und Kindern aus intakten, also nicht geschiedenen Familien gibt es oft Unterschiede hinsichtlich Lernschwierigkeiten, Anzahl der Schulabbrüche, frühem Sexualverhalten, physischem Gesundheitszustand, der Wut auf die Eltern, der eigenen Scheidungshäufigkeit und einer Fülle weiterer, wichtiger sozialer Messgrößen.[21] Die Kinder müssen teils damit kämpfen, dass sie nach der Scheidung für die Eltern etwas sind, was das Leben und den Alltag nur noch schwieriger macht, dass sie ein täglich immer wieder zu lösendes Problem oder eine tägliche, schmerzliche Erinnerung an die zerbrochene Partnerschaft bzw. Ehe darstellen.

Mögliche langfristige Auswirkungen einer elterlichen Trennung auf die Kinder zeigen Wallerstein, Lewis und Blakeslee in ihrer Langzeitstudie[22] auf, in der sie Scheidungskinder mit Kindern aus zwar intakten, aber konflikthaften Familien vergleichen. Alle an der Untersuchung teilnehmenden Kinder wuchsen im selben Stadtteil auf und gingen in dieselben Schulen und gehörten zur selben sozialen Schicht. Die Scheidungskinder haben zu verstehen gegeben, dass sie ihre Kindheit mit der Scheidung der Eltern als beendet sahen. Im Erwachsenenalter berichteten sie oft von Beziehungsängsten. Häufig zweifelten sie am Bestand zwischenmenschlicher Beziehungen; eigene Beziehungen gaben sie oft bei Auftauchen der ersten Konflikte auf oder sie begaben sich in eine starke Abhängigkeit. Auch Kinder aus intakt gebliebenen Familien signalisierten im Erwachsenenalter teils Ängste bei einer Partnerschaft, sie ließen aber im Gegensatz zu den Scheidungskindern neben ihren Ängsten und Zweifeln auch ein Gefühl der Sicherheit erkennen, denn sie hatten immerhin gesehen, dass eine Ehe oder Partnerschaft auch funktionieren kann.[23]

Teilweise wird angenommen, dass die elterliche Trennung auf Jungen stärkere Auswirkungen habe als auf Mädchen, da diese weniger belastet wirken.[24] Eine mögliche, stärkere Belastung der Jungen wird teils auf den Widerspruch zurückgeführt, dem sie ausgesetzt sein können, wenn sie nach der Scheidung bei der Mutter leben: Einerseits werden sie als Repräsentant des „ungeliebten, ja gehassten Partner[s]“[25] gesehen, andererseits werden sie von der Mutter in der Rolle eines Partnerersatzes gebraucht. Eine als geringer eingeschätzte Belastung von Mädchen kann aber auch daher rühren, das Mädchen oft weniger sozial auffällig sind und als weniger störend erlebt werden. Oft zeigen sie unabhängig von der Schwere ihrer Belastungssymptome weniger auffällige Störungen wie de-

---

21 *Wallerstein/Lewis/Blakeslee*, S. 50.

22 *Wallerstein/Lewis/Blakeslee*, Scheidungsfolgen – Die Kinder tragen die Last. Eine Langzeitstudie über 25 Jahre (2002).

23 *Wallerstein/Lewis/Blakeslee*, S. 66.

24 *Bauers*, in: Menne/Schillig/Weber, S. 39 (40 f.) m.w.N.

25 *Bauers*, in: Menne/Schillig/Weber, S. 39 (41).

pressive Antriebslosigkeit und Bedrücktheit oder angstgetönte Überanpassung, die daher selten wahrgenommen werden.[26]

Sicherlich sind die genannten Folgen nicht der Regelfall. Die bei Scheidungskindern oft nachweisbaren, nachteiligen Entwicklungsbereiche müssen nicht immer gravierend sein, insbesondere ist eine beträchtliche Heterogenität bei den Scheidungskindern zu beachten.[27] Können die Kinder die Trennung gut verarbeiten, werden sogar positive Effekte beschrieben wie größere Selbständigkeit der Kinder, aber auch ein größeres soziales Umfeld bzw. Netzwerk.[28]

Für die psychischen Folgen beim Kind ist entscheidend, dass signifikante Zusammenhänge zwischen elterlichem Konflikt, der Handhabung des Konflikts durch die Eltern und der Reaktionen des Kindes bestehen.[29] Es prägt das Kind nachhaltig, wie die Eltern mit ihren Konflikten umgehen, wie und ob sie ihre Gefühle artikulieren und ob sie miteinander und mit der Trennung klarkommen. Das Kind nimmt die Muster der elterlichen Handlungsweisen in sein Erwachsenenleben mit und verwendet es als Vorlage für die eigene Familie.[30] Führen beispielsweise heftige Auseinandersetzungen der Eltern zur Trennung, kann sich dies verhaltensprägend auf das Kind auswirken, in dem es in eigenen Beziehungen bei heftigen Streitigkeiten schnell eine Trennung befürchtet oder sie selbst vollzieht.[31] Fehlt dem Kind eine gute Vorlage, kann sich das negativ auf die Suche nach Liebe, Intimität und persönlicher Bindung des Kindes auswirken, in dem es falsche Partner wählt, rasch aufgibt, wenn Probleme auftauchen oder sich überhaupt nicht auf eine Partnerbeziehung einlässt.[32] Eine gute Vorlage bedeutet indes nicht zwingend eine intakte Familie ohne Scheidung, sondern eine Familie, in der eine kooperative, sinnvolle Bewältigung von Konflikten durch die Eltern realisiert wird.[33]

---

26 *Bauers*, in: Menne/Schillig/Weber, S. 39 (49).
27 *Walper*, in: Deutscher Familiengerichtstag, 14.-17. September 2005, S. 101.
28 *Vogel*, Kind-Prax 2003, 124.
29 *Fthenakis*, Familiendynamik 1995, 127 (134).
30 *Kriegel*, S. 32; *Wallerstein/Lewis/Blakeslee*, S. 31 f.
31 *Kriegel*, S. 32.
32 *Wallerstein/Lewis/Blakeslee*, S. 31 f.
33 *Kriegel*, S. 32.

IV. Das Kind erhält selten Erklärungen über das Trennungsgeschehen

Bereits in der Zeit vor der Scheidung werden Kinder oft nicht über die Vorgänge zwischen den Eltern aufgeklärt.[34] Erschreckend ist, dass ein Großteil der Kinder nicht einmal über die Trennung als solche von den Eltern informiert wird.[35]

Beispielsweise haben in Janet Walkers Studie zwei Drittel der Eltern nichts mit ihren Kindern besprochen und sie über nichts informiert.[36] Nicht einmal über das Verfahren erhalten die Kinder immer Informationen von ihren Eltern. Über eine bevorstehende Anhörung informieren die Eltern – laut eigener Angaben – ihre Kinder zwar im Durchschnitt drei Wochen vorher, einige allerdings erst am Tag der Anhörung selbst.[37] Ein Viertel der von Karle befragten Eltern sprach auch nach der Anhörung nicht mit ihrem Kind und wussten nicht, was es über die Anhörung vor Gericht dachte.[38] Teils wurde dies damit begründet, dass sie die Kinder nicht mit den Problemen der Trennung belasten wollten. Meist gehen die Eltern davon aus, das Kind sei dafür zu jung.

In der Studie von Wallerstein klagten Kinder ausdrücklich darüber, dass niemand ihnen das Geschehen erklärte, und dass die Gründe der Scheidung wie hinter einem Schleier verborgen waren.[39] Wenn irgendwelche Gründe genannt wurden, klangen sie platt und eher wie eine Ausrede, um nicht erzählen zu müssen, was wirklich geschehen war, wie etwa „Wir waren zu verschieden" oder „Wir hatten nichts gemeinsam."[40] Auch in Parkinsons und Cashmores Studie hatten die meisten Kinder nur vage Erinnerungen daran, ob und was ihnen über ihre Zukunft gesagt wurde. Einigen wurde lediglich mitgeteilt, wie die Regelungen sein würden.[41]

Es ist aber diese Sprachlosigkeit der Erwachsenen ihnen gegenüber, die den Kindern Schwierigkeiten bereitet. Sie schürt ihre Angst, verlassen zu werden, anders als andere Familien zu sein, Angst vor der ungewohnten Zukunft und der Neugestaltung der familialen Beziehungen.[42] Die Kinder bekommen oft die Spannungssituation zuhause mit, sie merken, dass etwas nicht stimmt, sie wissen

34 S. *Kostka*, S. 162 ff., 486 ff.; *Parkinson*, S. 199.

35 *Bernhardt*, FPR 2005, 95; *Furstenberg/Cherlin*, S. 44; *Kriegel*, S. 25; Handbuch-Verfahrensbeistandschaft/*Kostka*, Rn. 912.

36 *Walker*, in: Höfling, S. 80.

37 *Karle u.a.*, S. 94.

38 *Karle u.a.*, S. 97.

39 *Wallerstein/Lewis/Blakeslee*, S. 65.

40 *Wallerstein/Lewis/Blakeslee*, S. 65.

41 *Parkinson/Cashmore*, S. 73.

42 *Thöne-Jäpel*, in: Menne/Schilling/Weber, S. 139.

aber nicht, was vor sich geht und warum. Sie wissen nicht, was die Eltern denken, ob und welche Hilfen sie in Anspruch nehmen (wollen). Sie wissen nicht, weshalb die Spannungen vorherrschen, ob sie lösbar sind und oft geben sie sich selbst die Schuld. Die Kinder werden auch oft nicht über ihre eigenen Beratungsrechte und Hilfemöglichkeiten informiert, insbesondere wenn die Eltern keine Angebote des Jugendamtes annehmen bzw. die Kinder dort nicht vorstellen.[43]

Diese Unsicherheit bedeutet eine viel größere und unter Umständen hoffnungslos erscheinende Belastung für die Kinder. Sie müssen dann aus ihren eigenen Beobachtungen, schweigend eingenommenen Abendessen, halblauten Auseinandersetzungen hinter geschlossenen Türen und ausweichenden Antworten selbst herausfinden was vor sich geht. Nach der Trennung kommen sie sich im schlimmsten Fall wie unbelebte Objekte vor, die einfach wortlos auf zwei Adressen verteilt wurden und das Gefühl, selbst überhaupt nichts bestimmen zu können, kann eine Mischung aus Zorn und Hilflosigkeit entstehen lassen, die sich langfristig auf die Initiative der Kinder in ihrem späteren Leben auswirkt.[44] Kinder wollen in die Vorgänge und Entscheidungen einbezogen werden, auch wenn sie meist nicht alleine und nicht selbst Entscheidungen treffen wollen.[45]

Die Schweigsamkeit der Eltern ist meist – verständlicherweise – in ihrer eigenen Involvierung in den Trennungsprozess begründet, und es fällt ihnen schwer, mit ihren Kindern über die Trennung zu sprechen. Sie müssen die eigenen verletzten Gefühle und enttäuschten Hoffnungen verarbeiten, ihre Ängste bewältigen, sich neu orientieren und Gewohntes, Vertrautes loslassen.[46] Sie sind daher oft nicht in der Lage, sich angemessen um ihre Kinder zu kümmern, ihnen die Vorkommnisse, das Verfahren und die Situation zu erklären. Daher müssen gegebenenfalls die am Verfahren professionell Beteiligten sicherstellen, dass das Kind hinreichend informiert ist und eine Ansprechperson hat, der es vertraut.

Das Alter des Kindes kann nicht als Argument gegen eine Informierung des Kindes angebracht werden. Bereits im Vorschulalter sind Kinder durchaus fähig, eine ihrem Alter entsprechend formulierte Erklärung zu verstehen.[47] Eine Erklärung kann das Kind davor bewahren, alles von sich aus in Erfahrung bringen zu müssen und vor Problemen zu stehen, die sein Verständnis übersteigen. Ein Gespräch, in dem die Eltern (oder ein Elternteil) dem Kind erklären, dass sie sich trennen, was die Gründe der Scheidung sind, und dass das Kind ein Geschenk

---

43 Vgl. Staudinger/*Coester*, § 1671 Rn. 16.

44 *Wallerstein/Lewis/Blakeslee*, S. 78, 79.

45 *Walker*, in: Höfling, S. 81.

46 *Thöne-Jäpel*, in: Menne/Schilling/Weber, S. 143.

47 *Furstenberg/Cherlin*, S. 44.

dieser Ehe ist, kann dem Kind enorm helfen.[48] Es kann für das Kind sehr erleichternd sein zu wissen, dass zu Beginn der Ehe Hoffnungen bestanden, und dass es ein Wunschkind war. Es darf nicht den Eindruck gewinnen, dass es ein Überbleibsel einer Ehe ist, die niemand wollte.[49] „Dieses Wissen ist es, das sie in den Jahren des Heranwachsens mit sich führen werden, in denen sie immer wieder über jede Nuance aller ihrer [der Eltern] Botschaften nachdenken. Scheidungskinder nehmen in jedem Entwicklungsstadium eine neue Bewertung der elterlichen Scheidung vor und wiederholen sie in Gedanken, wenn sie schon erwachsen sind, selbst Kinder haben und sich mit ihren eigenen Krisen abplagen."[50] Die Kinder müssen über die Pläne der Eltern Bescheid wissen und die Gelegenheit bekommen, ihrerseits etwas vorzuschlagen und, wenn sie wollen, manche Dinge selbst zu entscheiden.[51]

Die persönliche Beteiligung des Kindes bei der Entscheidungsfindung kann der Informationslosigkeit der Kinder entgegenwirken. Im Gespräch mit am Verfahren beteiligten Experten kann dem Kind die Gelegenheit gegeben werden, Hilfe, Unterstützung sowie die für es erforderlichen Informationen zu erhalten.

B. Funktion des Kindes im Verfahren

Es stellt sich die Frage, welche Funktion das Kind im Entscheidungsprozess bzw. Einvernehmensverfahren haben soll. Soll es sich der Entscheidung der Erwachsenen (Richter oder Eltern) stumm fügen oder soll es selbst zu Wort kommen? Lässt man das Kind zu Wort kommen, soll dann seine Meinung nur eine Stimme im Verfahren sein oder soll das Kind tatsächlich Einflussmöglichkeit auf das Ergebnis oder gar eine gewisse Verantwortung für das Ergebnis haben?

Mit den englischen Begriffen *enlightenment* und *empowerment*, sowie mit der Abgrenzung zwischen *voice* und *choice*, können einige Grenzen gezogen und Antworten gefunden werden. Enlightenment und empowerment sollen die Zwecke der Einbeziehung des Kindes beschreiben und voice und choice den Umfang der Berücksichtigung der Meinung des Kindes.

48 *Wallerstein/Lewis/Blakeslee*, S. 77; s. auch *Parkinson*, S. 200.
49 *Wallerstein/Lewis/Blakeslee*, S. 78.
50 *Wallerstein/Lewis/Blakeslee*, S. 77.
51 *Wallerstein/Lewis/Blakeslee*, S. 78.

I. Zweck der Einbeziehung – Enlightenment und Empowerment

Zweck der Einbeziehung des Kindes ist keineswegs die Herausforderung oder Infragestellung der elterlichen Erziehungskompetenz oder der elterlichen Kenntnis der Person und der Wünsche des Kindes. Es geht vielmehr darum, Dinge zu erfahren, die im Kind vorgehen und die es unter Umständen den Eltern schwer offenbaren kann sowie ihm Hilfe und Unterstützung zu bieten. Dem Kind soll vermittelt werden, dass es als Person wahrgenommen und ernst genommen wird. Ihm soll aber keine Entscheidung im Sinne von ja oder nein abverlangt, sondern vielmehr ein möglichst dialogisch angelegtes Verfahren gestaltet werden.[52]

„Enlightenment" kann übersetzt werden mit Aufklärung oder Erleuchtung. Gemeint sind die Informationen, welche die am Verfahren beteiligten Erwachsenen (insb. Richter, Mediator und Eltern) durch ein Gespräch mit dem Kind über die Familiensituation erhalten können.[53] Dabei geht es nicht darum, Beweise für oder wider bestimmter Behauptungen der Eltern zu erlangen, sondern dass einerseits die Erwachsenen Kenntnis von der Situation und Meinung des Kindes erhalten, aber auch das Kind Erklärungen und Verständnis für seine Situation bekommt. Es kann durchaus hilfreich sein zu wissen, wie das Kind die veränderte Situation erlebt, welche Vorschläge es evtl. hat[54], was es ihm bedeutet, bei dem einen Elternteil zu wohnen, mit dem anderen Umgang zu haben, und was es bedeuten würde, mehr oder weniger Umgang zu haben. Das Kind kann wichtige Informationen geben, immerhin kann es als Experte in eigener Sache Einsichten in seine Lebenswirklichkeit geben.[55] Kinder verstehen weit mehr, als die Erwachsenen glauben.[56] Wenn die Eltern oder der Richter die tatsächlichen Ansichten des Kindes kennen, wenn sie wissen, wie es dem Kind geht, was es denkt, warum es was sagt oder nicht sagt, und wie es etwas meint, erhöht dies die Chancen, dass die sich im Streit befindlichen Parteien auf die Perspektive des Kindes einlassen können.[57] Es können dann kindbezogene Entscheidungen getroffen[58] und Lösungen gefunden werden, die das Leben der Familie einfacher machen.[59]

52 *Güthoff*, in: Güthoff/Sünker, S. 201 (204).
53 *Parkinson/Cashmore*, S. 107.
54 *Maywald*, FPR 2010, 460 (460).
55 *BMFSFJ*, Perspektiven für ein kindergerechtes Deutschland, S. 67.
56 *Parkinson*, S. 213.
57 Handbuch-Verfahrensbeistandschaft/*Salgo*, Rn. 72.
58 *Parkinson/Cashmore*, S. 107.
59 *Parkinson*, S. 213.

„Empowerment“ bedeutet wörtlich übersetzt Ermächtigung, sprich Autonomie, Selbstbestimmung, Mitwirkungsmöglichkeit oder Stärkung. Durch die persönliche Einbeziehung soll die Position des Kindes gestärkt werden, indem es aktiv teilnimmt und seine Belange berücksichtigt werden. Wird das Kind nicht persönlich gehört, wird es leicht zum Objekt und Spielball des Verfahrens. Wird das Kind nur indirekt über die Eltern einbezogen, bleiben seine eigenen Interessen und Bedürfnisse außer Acht. Kinder sind entwicklungsmäßig und sozial ohnehin benachteiligt[60], und Scheidungskinder haben noch weniger das Gefühl, Einfluss auf ihr eigenes Leben zu haben[61], zumal durch die Umgangsregelungen oft ihre Freizeit und Ferien langfristig vorherbestimmt werden.

Wird das Kind indes in es betreffende Entscheidungen einbezogen, hilft ihm dies, wieder Kontrolle über sein Leben zu erlangen, sich zu rehabilitieren. Es kann ihm auch helfen, organisatorische Fähigkeiten zu entwickeln[62] und sein Verantwortungsbewusstsein und sein Selbstwertgefühl zu stärken.[63] Das Kind soll sich nicht als Opfer einer Entwicklung sehen, auf die es keinen Einfluss nehmen kann.[64] Durch die persönliche Beteiligung des Kindes kann sichergestellt werden, dass seine Bedürfnisse und Interessen Beachtung finden und seine Stellung im Entscheidungsprozess gestärkt wird. Letztlich muss gelten: „The child is a person and not an object of concern.“[65]

II. Umfang der Einbeziehung – voice or choice

Sowohl in intakten als auch in getrennt lebenden Familien ergeben sich immerfort Konflikte, die einer Lösung bedürfen. Lässt man das Kind bei der Erarbeitung der Lösungen zu Wort kommen, ist fraglich, inwieweit ihm nur eine Stimme im Verfahren („voice“) oder tatsächliche Einflussmöglichkeit auf das Ergebnis („choice“)[66] gegeben werden soll. Letzteres geht auch mit einer gewissen Entscheidungsverantwortung einher.

Hinsichtlich der Frage, in welchem Umfang das Kind einbezogen und welches Gewicht seinen Äußerungen beigemessen werden soll, ist zunächst das Verhältnis von Eltern und Kind näher zu betrachten. Einerseits ist die Familie als ein demokratisches System zu sehen, das sich durch gegenseitigen Respekt

60 *Parkinson/Cashmore*, S. 108.
61 *Wallerstein/Lewis/Blakeslee*, S. 37.
62 *Committee on the Rights of the Child (UN)*, CRC/C/GC/12, Abs. 125.
63 *Maywald*, FPR 2010, 460 (460).
64 *Maywald*, FPR 2010, 460 (460).
65 *Butler-Sloss*, S. 245.
66 *Parkinson/Cashmore*, S. 76, 89, 100.

und Austausch, durch Wahrung der Integrität und Autonomie jedes Familienmitglieds, sowie durch eine gewisse Gleichberechtigung auszeichnet.[67] Jedes Familienmitglied hat denselben Wert als Mensch, jedem Familienmitglied steht das Grundrecht auf Achtung seiner Menschenwürde zu.

Zwischen den Eltern und dem Kind besteht dennoch ein asymmetrisches Verhältnis.[68] Die Asymmetrie rührt daher, dass die Eltern die Sorge für die Kinder tragen (vgl. § 1626 Abs. 1 BGB) und die Kinder auf die Fürsorge, Pflege und Erziehung ihrer Eltern angewiesen sind. Die tatsächliche Autonomie und Handlungsfreiheit des Kindes sind daher zunächst beschränkt, dies ändert sich aber mit den sich entwickelnden Phasen und Fähigkeiten des Kindes.[69] Eine Asymmetrie ergibt sich auch daraus, dass es Themen gibt, die nur die Eltern betreffen und auch nur zwischen ihnen zu diskutieren sind, wie z.B. finanzielle Fragen oder die partnerschaftlichen Probleme. Andere Themen wiederum betreffen auch die Kinder aufs empfindlichste, wie die Tatsache der Trennung, die Wohnsituation und der Umgang mit dem anderen Elternteil. Infolgedessen müssen sich auch Konsequenzen für eine Beteiligung des Kindes bei der Erörterung dieser Themen ergeben. Die Eltern treffen die Entscheidung für die Trennung und müssen daher auch die Verantwortung für die folgenden Entscheidungen tragen. Das Kind soll dabei aber nicht wie eine Stoffpuppe behandelt werden, die regungslos da sitzen bleibt, wo man sie gerade hinsetzt.[70] Es soll vielmehr ein Mitspracherecht bekommen, wenn eine Regelung sein Leben betrifft, und es sollte nicht aus diesen Planungen ausgeschlossen werden.[71]

Ziel einer funktionierenden demokratischen Familie muss sein, ein gesundes Gleichgewicht zwischen den sich immerfort ändernden Bedürfnissen der jeweiligen Familienmitglieder zu finden.[72] Dies kann nur erreicht werden, wenn bei der Erörterung der alle Familienmitglieder betreffenden Probleme alle Familienmitglieder angemessen beteiligt werden.

Die Berücksichtigung des Kindeswillens darf aber nicht bedeuten, dass dem Kind eine Entscheidung direkt oder de facto aufgebürdet wird, die von den Erwachsenen zu treffen ist, die jedoch die Entscheidung nicht treffen können oder wollen.[73] Diese Gefahr besteht vor allem dann, wenn sonstige Bemühungen um das Finden der „richtigen“ Lösung bereits gescheitert sind, die Eltern gegensätzliche Lösungen fordern, der Mediator keine Einigung herbeiführen kann, der

67 *Flekkøy/Kaufman*, S. 61.
68 *Maywald*, FPR 2010, 460 (462).
69 *Flekkøy/Kaufman*, S. 61.
70 *Wallerstein/Lewis/Blakeslee*, S. 316 f.
71 *Wallerstein/Lewis/Blakeslee*, S. 317.
72 *Flekkøy/Kaufman*, S. 61.
73 *Lempp u.a.*, S. 20; *Parkinson/Cashmore*, S. 102.

Verfahrensbeistand oder Sachverständige nicht weiß, was er vorschlagen soll und der Richter ebenfalls hin und her gerissen ist, dies dem Kind deutlich macht und es in der Hoffnung befragt, nun endlich eine klare Antwort zu bekommen.[74] Das Kind ist damit in der Regel gänzlich überfordert und aufgrund seiner Loyalitätskonflikte meist nicht in der Lage dazu. Wird das Kind zum Entscheider, wird die Rollenverteilung einer gesunden Erziehung verdreht. Dem Kind wird ein Maß an Macht und Autorität verliehen, mit dem es nicht umgehen kann[75] und über das es auch ansonsten nicht verfügt.

Die Anhörung bzw. Einbeziehung des Kindes soll die Entscheidungsfindung bereichern, nicht die Aufgabe der Erwachsenen ersetzen.[76] Die Erwachsenen dürfen daher die Entscheidung nicht ausschließlich an den vom Kind geäußerten Wünschen und Bedürfnissen festmachen.[77] Vielmehr muss die Meinung des Kindes angehört und respektiert werden. Seine Äußerungen müssen dann gegenüber den Interessen der anderen Beteiligten abgewogen und im Kontext mit seinem Alter, seinem Geschlecht, seiner Lebensgeschichte, seiner Entwicklung verstanden werden.[78] Können die Eltern keine Entscheidung bzw. Einigung treffen, hat das Gericht zu entscheiden, nicht das Kind.

„Das Kind ist ein ebenso wertvoller Mensch wie wir."[79] Die Kinder müssen den Erwachsenen als gleichwertig bzw. ebenbürtig angesehen werden, auch wenn sie ihnen nicht gleich sind.[80] Das Kind soll ein Teil des Entscheidungsprozesses („voice"), aber nicht der Entscheider des gesamten Konfliktes werden („choice"). Konzentriert man sich auf die „Perspektive des Kindes" anstatt auf seinen „Willen", verschont man das Kind vor Loyalitätskonflikten[81] und hält es von der Entscheidungsverantwortung frei. Die Einbeziehung der Kinder ist somit als ein Mittel zu sehen, das den die Entscheidung treffenden Erwachsenen die Bedürfnisse und Gefühle der Kinder vor Augen führen kann.

C. Die Meinung der Kinder über ihre Beteiligung

Ob das Einbeziehen der Kinder tatsächlich im Sinne der Kinder ist, lässt sich am ehesten beurteilen, wenn man betroffene Kinder hierzu befragt. Insbesondere die

74 *Parkinson/Cashmore*, S. 17.
75 *Parkinson/Cashmore*, S. 16.
76 *Parkinson/Cashmore*, S. 16.
77 *Parkinson/Cashmore*, S. 17
78 Handbuch-Verfahrensbeistand/*Salgo*, Rn. 101.
79 *Korczak*, Fröhliche Pädagogik (2009), S. 46.
80 *Maywald*, FPR 2010, 460 (462).
81 Handbuch-Verfahrensbeistandschaft/*Salgo*, Rn. 72.

australische Studie von Parkinson und Cashmore, die auch eine umfassende Befragung von Kindern zum Inhalt hatte, gibt aufschlussreiche Antworten: Etwas mehr als die Hälfte der von Parkinson und Cashmore befragten Kinder erklärte, dass sie nur wenig oder gar kein Mitspracherecht hatten, sie aber gern mehr Einfluss auf den Entscheidungsprozess gehabt hätten.[82] Etwa ein Drittel der befragten Kinder (32%) wünschte sich, an den Entscheidungen beteiligt zu werden, auch wenn sie nicht selbst entscheiden wollten.[83]

Als Grund für die Einbeziehung gaben sie an, dass es schließlich um ihr Leben ginge.[84] Sie wollten mit Respekt behandelt und nicht ignoriert werden und empfanden die Einbeziehung in die Entscheidungen als einen Ausdruck von Respekt der Eltern ihnen gegenüber.[85] Einige berichteten, sich besser zu fühlen, wenn sie wussten, was um sie herum vorging und wenn sie sahen, dass sie etwas Kontrolle über die Vorgänge hatten und nicht gänzlich den Entscheidungen und Handlungen ihrer Eltern ausgeliefert waren, insbesondere bei Entscheidungen mit erheblichen Auswirkungen wie einem Wohnortswechsel.[86] Viele Kinder waren der Meinung, dass die Berücksichtigung ihrer Meinung zu besseren und durchführbareren Ergebnissen führen würde, mit denen auch sie besser leben könnten.[87] Einige Kinder bezweifelten, dass die Eltern wüssten, was die Kinder wollten, und dass die Eltern allein die „richtige" Entscheidung treffen könnten.

Einige Kinder sagten, dass sie sogar selbst entscheiden wollten. Kinder sollten sagen können, was am besten und einfachsten für sie sei, insbesondere wenn ein Umzug einen Schulwechsel erfordern würde.[88]

Vier in streitige Verfahren verwickelte Kinder, von denen drei Kinder schweren familiären Gewalthandlungen ausgesetzt waren, hatten zwar Angst vor der Reaktion ihrer Eltern, wollten aber trotzdem ihre Meinung im Verfahren äußern können.[89] Auch wenn sie besorgt waren, dass sie mit ihrer Entscheidung ihre Eltern traurig machen könnten, oder dass sie zu sehr in die Konflikte involviert würden, sollten ihrer Meinung nach Kinder ein Mitspracherecht haben.[90]

Je streitbelasteter die elterliche Beziehung war, desto weniger fühlten sich die Kinder in die Entscheidungen einbezogen. Interessanterweise waren es aber

---

82 *Parkinson/Cashmore*, S. 73.

83 *Parkinson/Cashmore*, S. 66.

84 *Parkinson/Cashmore*, S. 68; *Freeman*, International Journal of Children's Rights 18 (2010), 665 (667).

85 *Parkinson/Cashmore*, S. 67.

86 *Parkinson/Cashmore*, S. 67.

87 *Parkinson/Cashmore*, S. 68; s. auch *Parkinson*, S. 210 f.

88 *Parkinson/Cashmore*, S. 68.

89 *Parkinson/Cashmore*, S. 70.

90 *Parkinson/Cashmore*, S. 69.

oft gerade Kinder aus Familien mit höherem Konfliktniveau, die ausdrücklich ein Mitspracherecht und mehr Einfluss auf die Entscheidung forderten („not just a voice but a choice“).[91] Diese Kinder wollten teils auch die Möglichkeit haben, den Umgang mit dem getrennt lebenden Elternteil zu unterbrechen.

Die meisten Kinder meinten, dass Kinder ab sieben Jahren einbezogen werden sollten. Es gab hierbei keine signifikanten Unterschiede zwischen Mädchen und Jungen, streitigen und weniger streitigen Fällen. Dennoch tendierten Kinder aus streitigen Verfahren eher dazu, ein jüngeres Alter zu nennen.

Auch in der Studie von Brannen, Hepinstall und Bhopal[92] mit 11- bis 13-jährigen Kindern meinten 70% der Kinder, dass Kinder einen gewissen Einfluss auf die Regelungen bei der Scheidung haben sollten. Die Hälfte wollte, dass die Eltern die Entscheidung gemeinsam mit den Kindern treffen, und 28% der Kinder meinten sogar, dass die Kinder alleine entscheiden sollten.

Bei vielen Kindern machte sich aber auch Unsicherheit und Abneigung gegenüber der Einbeziehung breit. In Parkinsons und Cashmores Studie gaben einige Kinder explizite Gründe an, warum sie nicht gehört und befragt werden wollten:[93] Vier Kinder (9%) sagten, dass sie es nicht als fair empfänden, Kinder zu den Sorge- und Umgangsregelungen zu befragen. 70% der Kinder deuteten an, dass die Anhörung sie in eine schwierige Position bringen würde. Mehrere Kinder erklärten ausdrücklich ihren Widerwillen und ihre Unfähigkeit, sich zwischen ihren Eltern zu entscheiden.[94] Einige Kinder klagten über die Unannehmlichkeiten des Prozesses an sich, über ihr Unbehagen, sich überhaupt zu äußern, über das Gefühl bzw. die Angst, nicht verstanden und nicht ernst genommen zu werden und über die Qual der Unsicherheit, was von dem, was sie sagten, vertraulich sei bzw. wer was erfahre.[95] Viele wollten nicht, dass ihre Eltern von ihrer Äußerung erfuhren und hätten am liebsten direkt mit dem Richter[96] vertraulich gesprochen.[97]

Diese von einigen Kindern gegen eine Einbeziehung vorgebrachten Gründe zeigen, dass Kinder enormen Loyalitätskonflikten ausgesetzt sind, wenn sie sich

91 *Parkinson/Cashmore*, S. 76.

92 *Brannen/Heptinstall/Bhopal*, Children's views and experiences of family life. Research in Brief, September, no. 10 from study funded by Dept. of Health, August 1996-1999, zitiert nach *Kostka*, 2004, S. 492.

93 *Parkinson/Cashmore*, S. 68.

94 *Parkinson/Cashmore*, S. 68.

95 *Parkinson/Cashmore*, S. 149.

96 In Australien, wo diese Studie durchgeführt wurde, wird das Kind nicht selbst richterlich angehört, wenn ein Interessenvertreter für das Kind bestellt wurde. Es erfolgt nur die Anhörung des Interessenvertreters, bei der das Kind nicht anwesend ist.

97 *Parkinson/Cashmore*, S. 68.

entscheiden sollen oder sie den Eindruck haben, sich entscheiden zu müssen. Ferner verunsichert es sie, wenn sie nicht wissen, wer von ihren Äußerungen erfährt und ob diese richtig interpretiert werden. Dies sind allerdings genau die Ängste, die die das Kind anhörende Person dem Kind nehmen sollte. Es ist Aufgabe der das Kind befragenden Person, dem Kind den Zweck der Anhörung zu erklären, sowie dafür zu sorgen, dass das Kind sich bei der Anhörung so wohl wie möglich fühlt und nicht durch Loyalitätskonflikte daran gehindert wird, sich zu äußern. Hierzu gehört aber auch, dass das Kind nicht zu einer Äußerung gezwungen werden darf. Will es sich nicht äußern, muss dies akzeptiert werden. Aber anstatt bei den ersten Anzeichen der Verweigerung einer Äußerung auf die Anhörung zu verzichten, sollte das Kind möglichst in seinen Ängsten „abgeholt" und ihm Informationen und Unterstützung gegeben werden. Das Kind muss verstehen, dass es keine Entscheidungen treffen soll, sondern vielmehr die Gelegenheit bekommt, seine Interessen, Ängste, Bedürfnisse und Wünsche zu äußern und in den Entscheidungsprozess einzubringen, und dass es Antworten auf seine Fragen oder Informationen über mögliche Hilfen erhalten kann. Möchte sich das Kind trotz umfassender Aufklärung nicht äußern, kann es sinnvoll sein, in Erfahrung zu bringen, warum es sich weigert, da diese Gründe wertvolle Informationen über die Situation und das Befinden des Kindes geben können – allerdings ist auch hier das Kind keine Antwort oder Erklärung schuldig.

Die meisten Kinder schätzen es, wenn man ihnen zuhört und ihre Meinungen ernst nimmt.[98] In der Regel geht es ihnen weniger darum, tatsächlich Kontrolle und Einfluss auf die Entscheidungen oder den Prozess zu haben („choice"), viel entscheidender ist für sie, respektiert zu werden und eine Stimme im Entscheidungsprozess zu erhalten („voice"). Bei der Anhörung des Kindes ist daher akribisch darauf zu achten, dass das Kind von einer Entscheidungsverantwortung frei gehalten wird und sich auch nicht in der Position fühlt, Entscheidungen treffen zu müssen.

D. Argumente für die Einbeziehung von Kindern

Es sprechen neben den bereits oben in Teil 2 dargestellten rechtlichen durchaus viele außerjuristische Gründe für die Einbeziehung von Kindern bei sie betreffenden Entscheidungen.

98 *Parkinson/Cashmore*, S. 154.

I. Erweiterter Blickwinkel, mehr Ideen, weiterer Horizont

Die Kenntnis der Perspektive des Kindes kann den Inhalt der Verhandlungen um wesentliche Aspekte bereichern. Kinder können neue Sichtweisen und Informationen einbringen und auch Ideen für mögliche, von den Erwachsenen nicht bedachte Lösungen haben. Vielleicht bestehen hinsichtlich der Wohnregelungen nicht viele Möglichkeiten oder Alternativen, aufgrund der Arbeits- und Wohnsituation der Eltern. Aber Umgangsregelungen können in der Regel sehr unterschiedlich gestaltet werden.

Zu wissen, was die Interessen des Kindes sind, wie es den Umgang erlebt, wie viel Zeit es – wie jedes andere Kind auch – mit Freunden und für Hobbys, und wie viel Zeit es mit dem getrennt lebenden Elternteil verbringen will, müssen doch entscheidende Kriterien bei Bestimmung der Umgangsregelungen sein. Bereits von nicht mehr ganz kleinen Kindern kann viel in Erfahrung gebracht werden. Als Experte in eigener Sache kann das Kind wichtige Einsichten in seine Lebenswirklichkeit liefern[99], die für die Eltern wichtig und für eine Lösung relevant sein können. Erklärt das Kind beispielsweise, wie sehr die Streitereien der Eltern bei der Übergabe es belasten, oder dass ein Elternteil zu wenig mit ihm spielt oder den anderen Elternteil schlecht macht[100] und wird dies den Eltern berichtet, kann dies dazu beitragen, dass sie den Fokus stärker auch auf diese Bedürfnisse des Kindes richten. Es erhöht die Chance, dass die Eltern andere Regelungsmöglichkeiten in Betracht ziehen, sich bemühen, sich entsprechend anders zu verhalten, und gewillter sind, ihre Positionen etwas aufzuweichen und dem Kind zuliebe Kompromisse einzugehen.[101] Sie haben dann weniger den Eindruck, das „Gesicht vor dem anderen Elternteil zu verlieren“[102] oder dem anderen Elternteil gegenüber nachzugeben. Die Kenntnis der tatsächlichen Meinung des Kindes erspart den Eltern auch, sich über die vermeintliche Meinung des Kindes zu streiten.

In streitigen wie in unstreitigen Verfahren kann die Anhörung des Kindes die Auseinandersetzungen entlasten.[103] Sind die Bedürfnisse des Kindes bekannt, kann besser gesehen werden, auf welche Weise die Regelungen flexibel gestaltet sein müssen, damit sie sich immer wieder an die sich verändernde Lebenslage des Kindes, seine Erfahrungen und Interessen anpassen können. Da Kinder im Allgemeinen einen sehr ausgeprägten Sinn dafür haben, was in ihrer Familie fair und gerecht ist, verschenkt man eine Chance, wenn man den Vor-

---

99 BMFSFJ, Perspektiven für ein kindergerechtes Deutschland, S. 67.

100 *Bergmann*, ZKJ 2010, 56 (58).

101 *Lempp u.a.*, S. 90; *Parkinson/Cashmore*, S. 45.

102 *Parkinson/Cashmore*, S. 19 f.

103 *Lempp u.a.*, S. 105.

stellungen des Kindes, die oft von den Fairness-Vorstellungen der Eltern abweichen, keinen Platz gibt.[104]

II. Nachhaltigere Lösungen

Mit insbesondere in einer Mediation vereinbarten Regelungen wird die Hoffnung verbunden, dass diese nachhaltiger seien als durch das Gericht entschiedene Regelungen. Es gilt die Prämisse, dass, wenn sich die Beteiligten einigen, sie eher gewillt sind, die getroffenen Regelungen einzuhalten. Aber eine Regelung ist nicht automatisch nachhaltig, nur weil sie vereinbart wurde. Werden aber gewisse Faktoren beachtet, kann eine vereinbarte Regelung durchaus nachhaltig sein. Entscheidend ist, ob die Regelung vom wahren Willen der Beteiligten getragen wird. Es kommt dabei auf die Zufriedenheit *aller* Beteiligten an, also sowohl der Eltern als auch des Kindes. Dies setzt voraus, dass sich jeder in der getroffenen Regelung hinreichend repräsentiert sieht, und dass die Interessen aller Beteiligten hinreichend berücksichtigt wurden, so dass jeder das Ergebnis als fair empfindet. Ferner muss die Regelung die notwendige Flexibilität besitzen, um sich den sich ändernden Verhältnissen und Erfahrungen der Familienmitglieder sowie dem Alter des Kindes anpassen zu können.

Auch die Frage, ob das Kind mit einer Regelung einverstanden ist oder nicht, kann die Nachhaltigkeit der Regelung erheblich beeinflussen. Entspricht z.B. eine Aufenthaltsregelung nicht den Bindungen und Präferenzen des Kindes, wird dies wahrscheinlich zu einem der drei Folgen führen: Das Kind passt sich an, es leidet unter der Situation oder es unternimmt Versuche, die Wohnsituation zu ändern.[105] Fügt sich das Kind den getroffenen Regelungen widerwillig, erscheinen diese zwar zunächst nachhaltig. Die Studie von Wallerstein, Lewis und Blakeslee aber zeigte, dass gegen den Willen des Kindes erzwungene, starre Umgangsregelungen oft darin münden, dass das Kind im Erwachsenenalter den Kontakt zu diesem Elternteil abbricht.[106] Ist das Kind mit den Umgangsregelungen nicht einverstanden, kann es die Durchführung des Umgangs auch schlichtweg torpedieren und verweigern. Vor allem älteren Kindern kann meist auch durch gerichtlichen Beschluss keine Wohnsituation oder Umgangsregelung aufgezwungen werden, da sie letztlich immer auch selbst die Initiative ergreifen und „mit ihren Füßen entscheiden“[107], also umziehen oder sich weigern können, zu einem Elternteil zu gehen. Berücksichtigen hingegen die Umgangsregelungen

104 *Diez/Krabbe/Thomsen*, S. 55 Rn. 126.

105 *Kaltenborn*, British Journal of Social Work (2001) 31, 81 (81, 104).

106 *Wallerstein/Lewis/Blakeslee*, S. 201; *Wallerstein/Lewis*, FamRZ 2001, 65 (69).

107 *Parkinson/Cashmore*, S. 20, 98.

die tatsächlichen Bedürfnisse und Wünsche des Kindes, steigert dies bedeutend die Chance, dass der Zweck des Umgangs, also die langfristige Aufrechterhaltung des Kontaktes zwischen dem Kind und dem getrennt lebenden Elternteil, erzielt und auch die Durchführung des Umgangs enorm erleichtert wird. Weist also ein Kind einen Vorschlag zurück, kann es lohnend sein zu klären, welchen Grund es hierfür hat.

McIntosh u.a. verglichen in ihrer Studie außergerichtliche Mediationen mit direkter (child-inclusive Mediation) und indirekter (child-focused Mediation) Einbeziehung des Kindes. Es wurden drei und zwölf Monate[108] sowie vier Jahre[109] nach Abschluss der Mediation Befragungen der Beteiligten durchgeführt. In dieser Studie fiel auf, dass in den child-focused Verfahren in der Regel wesentlich mehr Übernachtungsbesuche vereinbart wurden als im child-inclusive Verfahren. Diese Regelungen hielten aber oft nicht einmal ein Jahr lang und teils folgten gerichtliche Streitigkeiten.[110] Hingegen wurden in den child-inclusive Verfahren meist Umgangskontakte mit weniger Übernachtungen vereinbart, die Beteiligten waren aber meist zufriedener mit den getroffenen Regelungen und berichteten von engeren Beziehungen zu ihren Kindern als in der Vergleichsgruppe.[111] Eine mögliche Erklärung hierfür ist, dass die Eltern in den child-focused Verfahren eher um „gleichberechtigte" Umgangs- und Sorgeregelungen streiten, als sich mit den tatsächlichen Bedürfnissen und Interessen des Kindes auseinanderzusetzen. Wenn ihnen aber die tatsächliche Meinung des Kindes übermittelt wird, können sie sich auf die tatsächlichen Bedürfnisse des Kindes konzentrieren. Erfährt beispielsweise der getrennt lebende Elternteil, dass das Kind durchaus gerne Zeit mit ihm verbringen will, aber nur zwei statt vier Übernachtungen im Monat, um noch genügend Zeit für Freunde und Hobbys zu haben, kann sich dieser Elternteil ggf. eher auf eine Reduzierung der Übernachtungsbesuche einlassen, als wenn die Reduzierung vom anderen Elternteil gefordert wird. Es finden dann zwar weniger Umgangsbesuche statt, dafür aber mit der Zustimmung sowohl des Kindes als auch des umgangsberechtigten Elternteils. Mit dem Wissen, dass beide diese Besuche wollen, können sie auch intensiver und bewusster genutzt werden. Entscheidend schließlich ist die Qualität, nicht die Quantität der Besuche.[112]

Von entscheidender Bedeutung für die Nachhaltigkeit der Regelungen ist auch ihre Flexibilität. Die Regelungen müssen sich an die sich verändernden

---

108 *McIntosh/Long,* Child Beyond Dispute (2006); *McIntosh/Wells/Smyth/Long*, Family Court Review 2008, 105.

109 *McIntosh/Long/Wells*, Child Beyond Dispute (2009).

110 *McIntosh/Wells/Smyth/Long*, Family Court Review 2008, 105 (118).

111 *McIntosh/Wells/Smyth/Long*, Family Court Review 2008, 105 (118).

112 Vgl. *Furstenberg/Cherlin*, S. 120.

Bedingungen anpassen können, die sich bereits aufgrund des zunehmenden Alters des Kindes sowie der sich ändernden Interessen und Lebensverhältnisse aller Beteiligten ergeben. Parkinsons und Cashmores Studie zeigte, dass kleinere Kinder meist zufrieden mit den Regelungen waren, während ältere sie eher ändern wollten.[113] Dies war in der Regel auf die Inflexibilität der Regelungen und die starren Erwartungen einiger Eltern zurückzuführen, was gerade bei älteren Kindern zu Konflikten führte. Werden die Kinder indes einbezogen und erhalten sie Gelegenheit, ihre Meinung über die Regelungen und ihre Wünsche über ihre Zeiteinteilung zu äußern[114], können diese Kriterien bei Erarbeitung der Umgangsregelungen berücksichtigt werden. Ferner kann auch erarbeitet werden, wie die Regelungen mit der Zeit den Veränderungen im Leben der Familie angepasst werden können, zumal Kinder im Jugendalter naturgemäß beginnen, sich nach außen zu orientieren[115] und daher oft andere, reduzierte Umgangsregelungen situations- und altersangemessener sind.

Meist werden Umgangsregelungen getroffen, nach denen das Kind zwischen den beiden Eltern hin und her reist, insbesondere wenn der getrennt lebende Elternteil in einer anderen Stadt wohnt.[116] Umgangsregelungen beinhalten selten, dass das Elternteil zum Kind kommt und das Wochenende am Wohnort des Kindes verbringt. In der Regel reist das Kind. Dies kann indes einen immensen Stress für das Kind bedeuten, ebenso wie regelmäßiges Reisen auch für Erwachsene oft mit Stress verbunden ist. Wenn aber Erwachsene berufsbedingt oder wegen einer Fernbeziehung viel reisen, haben sie sich in der Regel selbst hierzu entschieden, die Kinder meist nicht. Die Eltern sollten dem Kind aber nicht mehr zumuten, als sie selbst auf sich nehmen würden. Je mehr in Sachen Aufenthaltswechsel vom Kind erwartet wird, desto eher muss es in die Planungen einbezogen werden, damit ein Rhythmus gefunden werden kann, mit dem auch das Kind einverstanden ist und bei dem es auch seine Freunde, Hobbys, Schul- und Freizeitaktivitäten einigermaßen beibehalten kann. Ist das Kind indes frustriert und fühlt es sich in starren Regelungen gefangen, wird sich dies in der Regel nicht positiv auf sein Verhältnis zum umgangsberechtigten Elternteil auswirken.

Ein Einvernehmen ist nicht per se nachhaltiger ist als eine gerichtliche Entscheidung. Hingegen scheint viel dafür zu sprechen, dass nachhaltigere Regelungen jedenfalls dann erzielt werden können, wenn das Kind in die Entscheidungsfindung einbezogen wird.

---

113 *Parkinson/Cashmore*, S. 65.

114 *Parkinson/Cashmore*, S. 19.

115 *Walper*, in: Deutscher Familiengerichtstag, 14.-17. September 2005, S. 116.

116 Zum Wechselmodell s. auch *Fichtner/Salzgeber*, FPR 2006, 278 ff.

III. Bedeutung der Beteiligung für das Kind

Wird das Kind bei seine Person betreffenden Entscheidungen persönlich einbezogen, kann dies positive Auswirkungen auf die Entwicklung des Kindes haben. Es ist möglicherweise das erste Mal seit Beginn des Trennungskonflikts, dass das Kind nach seinen Wünschen und Bedürfnissen gefragt wird, ohne dass ihm Antworten und bevorzugte Ergebnisse vorgegeben werden[117].

Es kann für das Kind entlastend sein, die Gelegenheit zu bekommen, sein Wünsche mitzuteilen, Gehör zu finden und zu erfahren, dass es selbst keine Entscheidungen treffen muss.[118] Ein einfühlsames und altersangemessenes Gespräch eines Experten kann das Selbstwertgefühl des Kindes stärken und ihm Selbstvertrauen geben. Das Kind kann als eigenständige Persönlichkeit mit seinen existentiellen Grundbedürfnissen wahrgenommen werden und sich auch als solche ernst genommen fühlen.[119] Es kann als ein Rechtssubjekt anerkannt werden, anstatt bloß eine Verhandlungsmasse zwischen den sich streitenden oder auch einigenden Eltern darzustellen.[120]

Es können auch auf Fehlvorstellungen und Befürchtungen des Kindes aufgedeckt und geklärt werden. Oft verbinden Kinder – im Übrigen aber auch Erwachsene – mit dem Gerichtsverfahren das in Spielfilmen gezeigte Szenario des anglo-amerikanischen Strafverfahrens und gehen davon aus, der Richter trage eine Perücke, schlage mit dem Hammer und es gäbe Geschworene[121]. Sie denken, sie müssten im Zeugenstand stehen und ein Kreuzverhör aushalten, und dass es gegebenenfalls um ihre eigene Schuld und Bestrafung wegen dem Streit, dem Versagen oder dem misshandelndem Verhalten der Erwachsenen gehe.[122]

Die Einbeziehung des Kindes bei es selbst betreffenden Entscheidungen kann auch einen sozialisierenden Einfluss auf das Kind haben und seine Sicht auf die Zukunft beeinflussen.[123] Das Kind lernt, eine Lösung für ein Problem auf demokratische Weise zu entwickeln. Indem es geachtet und respektiert wird, lernt es auch, andere Menschen zu achten. Das persönliche Gespräch mit dem Kind ermöglicht auch, ihm Unterstützung zu bieten, es über seine Beratungsansprüche zu informieren, ihm seine Situation und das Geschehene zu erklären, und ihm zu helfen, die elterliche Trennung und deren Konsequenzen zu verste-

---

117 *Carl/Eschweiler*, NJW 2005, 1681 (1681).

118 *Schweppe/Bussian* ZKJ 2012, 13 (14).

119 Baumeister/*Fehmel*, § 50b FGG Rn. 16; *Carl/Eschweiler*, NJW 2005, 1681 (1681).

120 Vgl. *Salgo*, FPR 2010, 456 (457).

121 *Zitelmann*, S. 184 f.

122 *Zitelmann*, S. 185.

123 *Flekkøy/Kaufman*, S. 138.

hen.[124] Lernt das Kind den Richter oder Mediator kennen, kann dies auch zu einer Entlastung beitragen, wenn es sich bei ihm in „guten Händen" sieht.[125]

Beschäftigen sich hingegen weder die Eltern noch die professionell am Verfahren Beteiligten mit dem Kind, bekommt es weder Trost noch Unterstützung; es erhält keine Erklärungen über die Gründe der Scheidung, seine Rolle in der Familie oder seine zukünftige Lebenssituation.[126] Es unterbleibt das Miteinandersprechen über all das, was das Kind beunruhigt. Es wird letztlich mit seinen Ängsten allein gelassen. Die persönliche Einbeziehung des Kindes durch einen Experten kann indes genau dem entgegenwirken.

Damit das Kind die Einbeziehung bestmöglich nutzen und davon profitieren kann, ist es wichtig, dass ihm eine alters- und reifegemäß verständliche und klare Struktur gegeben wird, an der es sich orientieren kann. Hinsichtlich der Erziehung haben sich folgende Korrelationen gezeigt: Stellen Eltern verbindliche Regeln auf und haben sie angemessene Erwartungen an das Kind, sind sie dabei aber auch empfänglich für die Fragen, Kommentare und Empfehlungen des Kindes, hat dies positive Auswirkungen sowohl auf sein Selbstbewusstsein, als auch auf seine sozialen Fähigkeiten.[127] Ist die Erziehung hingegen streng, repressiv und autoritär, sind die Kinder eher zurückgezogen und misstrauisch. Definieren die Eltern kaum Grenzen, kann sich das Kind auf nichts verlassen und es weiß nicht, wo es steht, so dass es letztlich weniger Selbstbewusstsein entwickelt.[128] Für das Kind ist wichtig, dass man ihm die Situation sowie die an es gestellten Anforderungen erklärt. Es muss wissen, was um es herum passiert, womit es rechnen muss, was auf es zukommt, worauf es sich verlassen kann.

Ebenso verhält es sich auch mit der Einbeziehung des Kindes bei den hier relevanten Entscheidungen. Um das Kind nicht zu überfordern oder im Ungewissen über seine Position zu lassen, ist es wichtig, dem Kind in dem Gespräch eine Struktur vorzugeben, damit es weiß, in welchem Rahmen und zu was es sich äußern kann und welche Grenzen sein Einfluss hat. Vor dem Gespräch müssen daher zunächst die Möglichkeiten und Fähigkeiten der Eltern herausgearbeitet werden. Diese bilden dann den Rahmen für das Gespräch mit dem Kind. Dies muss dem Kind alters- und situationsgerecht kommuniziert werden, so dass es dann innerhalb dieses Rahmens seinen Beitrag leisten und seine Ansichten, Wünsche und Interessen äußern kann. Kennt das Kind nicht die Grenzen seines Einflusses auf die Entscheidung, könnte es sich zu große Hoffnungen machen, die dann enttäuscht werden. Es könnte aber auch zu viel Angst und Skepsis vor

124 Vgl. *Salgo*, Kind-Prax, 1999, 179 (181 f.).
125 Handbuch-Verfahrensbeistandschaft/*Heilmann*, Rn. 321.
126 *Bauers*, in: Menne/Schillig/Weber, S. 39 (56).
127 *Flekkøy/Kaufman*, S. 63 m.w.N.
128 *Flekkøy/Kaufman*, S. 63.

der Anhörung haben, wenn es befürchtet, z.B. Entscheidungen für oder gegen einen Elternteil treffen zu müssen. Daher muss ihm erklärt werden, dass die Entscheidung den Erwachsenen obliegt, es aber die Gelegenheit bekommt, seine Sicht zu erzählen und seine Wünsche zu äußern, damit die Erwachsenen diese bei ihren Entscheidungen mitberücksichtigen können. Kennt das Kind aber seine Grenzen, versteht es die Anforderungen, die an es gestellt werden und merkt es, dass es diesen gerecht werden kann, wird ihm hierdurch vermittelt, dass es seinen eigenen Beitrag bei Veränderungen leisten kann und darf, und dass es sein eigenes Leben (wenn auch binnen bestimmter Grenzen) mitbestimmen kann.

IV. Bedeutung der Kindesbeteiligung für die Eltern und die innerfamiliären Beziehungen

Auch die Eltern können viel von der persönlichen Einbeziehung ihres Kindes in den Entscheidungsfindungsprozess profitieren.

McIntosh u.a. verglichen in ihrer Studie die Wirkungen der Mediation ohne persönliche Beteiligung des Kindes (child-focused) mit der Mediation mit direkter Beteiligung des Kindes (child-inclusive[129]). Zwar vermochten beide Verfahren den elterlichen Konflikt und die Belastungen des Kindes durch den elterlichen Konflikt zu vermindern. Wie aber die Nachprüfungen ein und vier Jahre nach der Mediation zeigten, konnte die child-inclusive Gruppe bessere Ergebnisse erzielen.

Das Ergebnis der child-inclusive Gruppe gegenüber der child-focused Gruppe ein Jahr später:[130]

- Geringere Bitterkeit der Väter gegenüber ihrer Ex-Partnerin;
- Stärkere Verbesserung der elterlichen Beziehung aus Sicht der Väter;
- Bessere Erfahrungen der Kinder in Bezug auf die emotionale Erreichbarkeit ihrer Väter und eine nähere Bindung zu ihnen;
- Größere Zufriedenheit der Kinder mit den Sorge- und Umgangsregelungen. Sie waren weniger geneigt, diese ändern zu wollen;
- Größere Zufriedenheit der Väter mit den Sorge- und Umgangsregelungen, obwohl tendenziell weniger Übernachtungsbesuche vereinbart wurden als bei den child-focused Mediationen;

129 In dieser Studie hat nicht der Mediator selbst, sondern ein child consultant mit dem Kind gesprochen und dies bereits nach der ersten Sitzung der Eltern. Er hat dann seine Äußerungen den Eltern und dem Mediator vermittelt und dabei die Eltern auch individuell darin unterstützt, sich für die Bedürfnisse des Kindes zu sensibilisieren.

130 *McIntosh/Long* (2006), S. 7 f.

- Höhere Stabilität der Sorge- und Umgangsregelungen;
- Wahrung und Verbesserung der Mutter-Kind-Beziehung, sowohl aus Sicht der Mütter als auch der Kinder.

Vier Jahre nach der Mediation:[131]

- Weniger rechtliche Streitigkeiten über die elterliche Sorge und die Wohnsituation;
- Weniger Rückfälle in die Mediation;
- Mehr Übernachtungsbesuche beim Vater;
- Höhere Stabilität der Sorge- und Umgangsregelungen;
- Größere Zufriedenheit mit der Wohnsituation (Väter und Kinder);
- Stärkere Verminderung der Bitterkeit der elterlichen Beziehung, sowohl für Mütter als auch für Väter;
- Größeres Vertrauen des Vaters in seine elterlichen Fähigkeiten;
- Bessere Handhabung der elterlichen Streitigkeiten nach der Mediation;
- Weniger Einfluss des neuen Partners des Vaters auf die elterlichen Streitigkeiten;
- Mehr Berichte von Eltern, dass sie etwas über ihr Kind gelernt haben;
- Weniger Konflikte zwischen den Eltern, als die Kinder dies wahrnahmen;
- Die Kinder fühlten sich weniger im elterlichen Konflikt gefangen;
- Die Kinder waren weniger belastet durch den elterlichen Konflikt;
- Die Kinder fühlten sich ihrem Vater näher;
- Weniger Probleme im Verhalten der Kinder.

Das child-inclusive Verfahren hatte auf die Eltern oft die Wirkung eines ‚Weckrufs'.[132] Nach Übermittlung der in einem Einzelgespräch mit dem Kind gewonnenen Informationen an die Eltern waren diese oft gewillt, ihre Verhaltensweisen gegenüber dem Ex-Partner zu ändern und somit die Belastungen des Kindes zu verringern. Selbst wenn das Kind nicht die Sichtweise des jeweiligen Elternteils unterstützte, konnte dieser die Kindesmeinung besser annehmen und akzeptieren, wenn er sie über einen unabhängigen Experten anstatt über den Ex-Partner übermittelt bekam.[133]

Wird das Kind nicht persönlich beteiligt, können Projektionen und Annahmen hinsichtlich des Kindes ungeprüft beibehalten werden und die vereinbarten Regelungen sind eher solche, von denen die Eltern denken, dass sie gut für das Kind sind. Kennen die Eltern hingegen die Meinung des Kindes, streiten sie we-

131 *McIntosh/Long* (2009), S. 9 f.
132 *McIntosh/Wells/Smyth/Long*, Family Court Review 2008, 105 (118).
133 *McIntosh/Wells/Smyth/Long*, Family Court Review 2008, 105 (118).

niger darum, wer das Kind besser kennt und besser weiß, was das Kind will, sondern können sich mit der tatsächlichen Perspektive des Kindes auseinandersetzen.

Die Kinder aus den child-inclusive Verfahren berichteten im Gegensatz zu denen aus der Vergleichsgruppe, dass sie zu Beginn der Mediation ein emotional distanzierteres Verhältnis zu ihrem getrennt lebenden Elternteil hatten, sich aber ein Jahr nach der Trennung ein viel warmherzigeres Verhältnis entwickelt hatte.[134] Sie berichteten auch, dass sich ein Jahr später das Verhältnis zu dem Elternteil, bei dem sie lebten, verbessert habe und dieser nun verständnisvoller, interessierter sei und ihnen besser helfen könne.[135]

Allerdings waren die Grenzen auch des child-inclusive Verfahrens bei hochkonflikthaften Familien und bei Eltern mit schweren mentalen Problemen erreicht.[136] In diesen Fällen schienen langfristige therapeutische Interventionen erforderlich.

Auch in der Studie von Lossen und Vergho bewerteten die Eltern, deren Kind an der Beratung beteiligt war, die Beratung besonders häufig als erfolgreich.[137]

E. Vorbehalte gegenüber der Einbeziehung von Kindern

Bei Richtern, Mediatoren und Eltern finden sich meist dieselben Einwände und Vorbehalte gegen die Einbeziehung von Kindern in Kindschaftsverfahren.[138] Das Kind wird als zu jung, zu unreif und als unfähig, sich eine eigene Meinung zu bilden angesehen. Es wird davon ausgegangen, dass die Anhörung einen zu hohen Druck auf das Kind ausübe und die Last der Verantwortung zu groß sei. Außerdem werden Bedenken darüber geäußert, das Kind sei leicht manipulierbar und unter Druck zu setzen oder es fühle sich oft einem Elternteil verpflichtet und äußere daher meist keine eigene Meinung. Schließlich wird eine Anhörung des Kindes oft als überflüssig betrachtet, wenn die Eltern sich einigen, da davon ausgegangen wird, dass eine elterliche Einigung ohnehin im Interesse des Kindes sei, da die Eltern am besten wüssten, was im Sinne ihres Kindes ist.

134 *McIntosh/Wells/Smyth/Long*, Family Court Review 2008, 105 (115).

135 *McIntosh/Wells/Smyth/Long*, Family Court Review 2008, 105 (115).

136 *McIntosh/Long* (2006), S. 9.

137 *Lossen/Vergho*, FamRZ 1995, 1218 (1219).

138 Baumeister/*Fehmel*, § 50b FGG Rn. 19 m.w.N.; dies zeigten auch die Studien von *Parkinson/Cashmore*, von *Lempp u.a.* und *Karle u.a.*

All diese Vorbehalte gegenüber der Einbeziehung des Kindes stützen sich auf scheinbar mangelnde Kompetenzen und Fähigkeiten eines Kindes, sich verständig, reif und gewinnbringend äußern zu können. Fraglich ist, ob dahinter nicht vielmehr Unsicherheit und mangelnde Kompetenzen der am Verfahren beteiligten Experten stehen, mit Kindern in einer ihrem Alter und ihrer Reife angemessenen Weise kommunizieren zu können.

I. Das Kind ist zu jung

Für einen Großteil der Richter sowie Mediatoren, aber auch für viele Eltern ist das Alter und die Reife des Kindes häufig ein Argument, von der Anhörung und der Einbeziehung des Kindes abzusehen. Im Folgenden soll anhand von Studien gezeigt werden, welche statistische Relevanz diese Vorbehalte gegen die Kindesanhörung haben, sodann werden die einzelnen Argumente einer kritischen Prüfung unterzogen. Hauptsächlich wird hierbei auf die deutschen Studien von Lempp (1987), Proksch (1998) und Karle (2010), aber auch auf die australische Studie von Parkinson und Cashmore Bezug genommen.

Im Gesetz, in der Literatur und der Praxis finden sich oft Altersgrenzen. § 159 FamFG verpflichtet das Gericht zur Anhörung eines mindestens 14 Jahre alten Kindes (Absatz 1), jüngere sind dann anzuhören, wenn ihre Neigungen, Bindungen und ihr Wille für die Entscheidung von Bedeutung sind (Absatz 2). In der deutschen Rechtsprechung wird in der Regel eine Anhörung von Kindern ab dem Alter von vier Jahren als möglich und erforderlich angesehen.[139] In der Studie von Karle u.a. gab ungefähr ein Drittel aller Richter an, die Kinder ab einem Alter von drei Jahren anzuhören, das durchschnittliche Alter lag bei 4,1 Jahren und ab dem siebten Lebensjahr sollen alle Kinder angehört werden.[140] Aber de facto existiert keine Mindestaltersgrenze, so dass sie in der Praxis unterschiedlich festgelegt wird.[141]

In der Studie von Parkinson und Cashmore differierten die Meinungen der Eltern hinsichtlich des Mindestalters des Kindes für eine Einbeziehung ab drei Jahren bis hin zum frühen Teenageralter.[142] Anwälte setzen in der Studie die Altersgrenze meist bei zehn Jahren an, wobei bei 14-jährigen Kindern ein richterli-

139 BGH FamRZ 1984, 1084; OLG Hamm, FamRZ 2009, 996; vgl. Staudinger/*Coester*, § 1666 Rn. 275 m.w.N.

140 Vgl. *Karle/Gathmann/Klosinski*, ZKJ 2010, 432 (433).

141 *Karle u.a.*, S. 11.

142 *Parkinson/Cashmore*, S. 81.

cher Beschluss (gegen ihren Willen) als eine Zeitverschwendung angesehen wurde.[143]

Studien zeigen, dass dennoch sehr häufig von einer Kindesanhörung mit dem Argument abgesehen wird, dass das Kind zu jung sei. In der Studie von Lempp war das vermeintlich zu junge Alter des Kindes der von den befragten Richtern am häufigsten genannte Grund, um von einer Kindesanhörung abzusehen.[144] Auch in der von Karle durchgeführten Studie war dieses Argument der häufigste Grund, von einer Anhörung des Kindes abzusehen: 80,3% der befragten Richter begründeten ihren Verzicht auf die Anhörung hiermit, da sie die Anhörung als nicht durchführbar ansahen.[145] Auffällig ist, dass diese Begründung vor allem von Richtern genannt wurde, die keine Fortbildung in Sachen Kindesanhörung besucht hatte (83,8% gegenüber 77,1%), sowie von Richtern mit weniger als fünf Jahren Berufserfahrung (86,3% gegenüber 73,9%).[146]

Nun einige Angaben zu den Fähigkeiten von Kindern: Bereits Neugeborene haben eine Präferenz für Vertrautes gegenüber Unvertrautem.[147] Binnen des ersten Lebensjahres entwickeln sie immer präzisere emotionale Ausdrucksverhaltensweisen, die sich insbesondere im letzten Drittel des ersten Lebensjahres auch als spezifische Reaktionen beobachten lassen wie Freude, Ärger, Traurigkeit oder auch Furcht.[148] Die Kinder beginnen Personen und Objekte zu erkennen, sich an sie zu erinnern und nonverbal zu kommunizieren. Emotionale Signale der Bezugsperson wie Freude, Gefahr oder Ängstlichkeit werden adäquat erfasst und beeinflussen die Verhaltensreaktion des Kindes.[149] Im Alter von etwa zwei bis drei Jahren können Kinder die Selbstwertrelevanz von Handlungen und deren Ergebnissen erkennen.[150] Sie können zunehmend differenziert ihren eigenen Willen bilden.[151] Bereits sehr junge Kinder haben also einen eigenen Willen und können diesen auch äußern[152], selbst wenn noch nonverbal. Im Alter von drei bis vier Jahren haben Kinder alle notwendigen sozialen und psychischen Kompetenzen erworben, um einen eigenen autonomen Willen zu haben, den sie bei hinreichender Sprachentwicklung auch – selbst wenn nur eingeschränkt –

143 *Parkinson/Cashmore*, S. 94.
144 *Lempp*, S. 12.
145 *Karle u.a.*, S. 64.
146 *Karle u.a.*, S. 64 f.
147 Handbuch-Verfahrensbeistandschaft/*Ziegenhain*, Rn. 532.
148 Handbuch-Verfahrensbeistandschaft/*Ziegenhain*, Rn. 534.
149 Handbuch-Verfahrensbeistandschaft/*Ziegenhain*, Rn. 535.
150 Handbuch-Verfahrensbeistandschaft/*Ziegenhain*, Rn. 537.
151 *Balloff*, in: Müller-Magdeburg, FS Rudolph, S. 147 (150).
152 *Maywald*, FPR 2010, 460 (461).

formulieren können.[153] Sie können die Problematik der elterlichen Trennung als solche bereits sehr stark erleben und setzen sich damit auseinander, aber meist können sie sie kaum allein bewältigen, so dass ihnen altersgemäße Erklärungen, Hilfen und Strukturen zur Verfügung gestellt werden müssen.[154]

Zwischen fünf und sieben Jahren beginnen Kinder, Trauer für den abwesenden Elternteil, Verlust und Verlassenwordensein, Loyalitätskonflikte, komplexe Gefühlsqualitäten wie Stolz, Scham oder Schuldgefühle für die elterliche Trennung zu empfinden.[155] Die Kinder sind bereits in der Lage, ihren eigenen Willen zu bekunden und ihn entsprechend zum Ausdruck bringen.[156] Sie können subjektive innere Gefühlslagen bei anderen Personen erkennen und auch anerkennen, dass diese von den eigenen Gefühlen abweichen.[157] Sie können jedoch noch nicht widersprüchliche elterliche Behauptungen verstehen und wechseln daher die Präferenzen, indem sie zunächst den Standpunkt eines Elternteils übernehmen und anschließend den Standpunkt des anderen Elternteils.[158]

Ab sieben Jahren entwickeln Kinder die Fähigkeit zum selbstreflexiven Denken und dem Bewusstsein von unterschiedlichen Standpunkten der Eltern, so dass erstmals akute Loyalitätskonflikte auftreten können, sowie starke Gefühle von Verlust, Ablehnung, Hilflosigkeit und auch psychosomatische Beschwerden.[159] Im Alter von neun bis zwölf Jahren erkennen Kinder immer mehr die Ursachen und Folgen der Trennung und neigen dazu, Partei zu ergreifen im elterlichen Konflikt. Sie beginnen, die Eltern als „guten Elternteil" und „schlechten Elternteil" zu kategorisieren.[160] Oft gehen Kinder zur Lösung eines Loyalitätskonflikts ein Bündnis mit einem Elternteil ein, indem sie sich für diesen entscheiden und den anderen Elternteil abweisen. Im Jugendalter entspricht das kognitive Verständnis zunehmend dem von Erwachsenen. Sie können theoretische Sachverhalte nach formal-logischen Regeln entwickeln und miteinander unvereinbare Standpunkte oder Befindlichkeiten erfassen und gegeneinander abwägen.[161]

Kinder haben ab jüngstem Alter bereits einen Willen und können diesen zwar zunächst nur nonverbal, später aber auch artikuliert äußern, so dass wert-

153 *Balloff*, in: Müller-Magdeburg, FS Rudolph, S. 147 (150).
154 *Lempp u.a.*, S. 103.
155 *Parkinson*, S. 169.
156 *Karle u.a.*, S. 69.
157 *Bernhardt*, Seminarunterlagen, Teil: „Sozialkognitives Verständnis", S. 5.
158 *Bernhardt*, Seminarunterlagen, Teil: „Sozialkognitives Verständnis", S. 6.
159 *Parkinson*, S. 170.
160 *Parkinson*, S. 170.
161 Handbuch-Verfahrensbeistandschaft/*Ziegenhain*, Rn. 546.

volle Informationen über das Verhältnis des Kindes zu seiner Bindungsperson erlangt werden können.

Eine Mindestaltersgrenze für die Einbeziehung von Kindern zu setzen ist problematisch, weil die Fähigkeiten eines Kindes nicht allein am Alter festzumachen sind, sondern vielmehr auch seine individuelle Reife, seine Erfahrungen und persönlichen Kompetenzen entscheidend sind.[162] Erkenntnisse der Entwicklungspsychologie zeigen, dass diese Entwicklungen dynamisch und interaktiv sind.[163] Sie beruhen grundlegend auf den Erfahrungen und Beziehungen des Kindes zu den ihm wichtigen Personen, sowie seinen Empfindungen, Wahrnehmungen und Reaktionen auf diese Erfahrungen und Beziehungen. Das biologische Alter kann zwar eine grobe Richtlinie geben, aber die Reife des Kindes ist immer individuell zu bestimmen. Hierbei muss auch die Familiendynamik beobachtet werden, die Erfahrungen des Kindes in dieser Familie und seine individuelle Fähigkeit, mit all dem umzugehen.[164]

Bereits junge Kinder sollten also nach ihrer Meinung erfragt werden. Auch wenn nicht zwingend nach ihrem Willen zu entscheiden ist, müssen ihre Interessen und Bedürfnisse bei der Entscheidungsfindung berücksichtigt werden. Je älter das Kind ist, desto wichtiger werden seine Einbeziehung[165] und die Berücksichtigung seines Willens. Jedenfalls bei Kindern ab dem Alter von zehn Jahren ist nicht mehr davon auszugehen, dass ein Widerstand des Kindes gegen den Umgang mit erzieherischen Maßnahmen überwunden werden kann; von einer Titulierung des Umgangsrechts sollte daher abgesehen werden.[166] Ist das Kind 13 Jahre alt, ist eine Durchsetzung des Umgangsrechts gegen seinen Willen als mit seinem Persönlichkeitsrecht nicht vereinbar anzusehen.[167]

Der UN-Ausschuss für die Rechte des Kindes erklärte ausdrücklich zu Art. 12 UN-KRK, dass der Grundsatz, dass das Kind Inhaber eigener Rechte ist, bereits ab seinen frühesten Kindestagen an gelten muss.[168] Art. 12 UN-KRK enthält daher gerade keine Mindestaltersgrenze. Das Recht des Kindes, seine Meinung zu äußern, an einem biologischen Alter festzumachen, ist daher konventionswidrig. Wenn das Kind sich (noch) nicht verbal artikulieren kann, benötigt es eben Hilfe, seine Meinung zu äußern und die Vorgänge zu verstehen.

Das Alter des Kindes darf also nicht entscheidend sein für die Frage, *ob* es angehört bzw. einbezogen wird, es muss aber dafür entscheidend sein, *wie* es

---

162 Vgl. *Committee on the Rights of the Child (UN)*, CRC/C/GC/12, Abs. 29 f.

163 *Parkinson/Cashmore*, S. 4.

164 *Parkinson/Cashmore*, S. 113.

165 *Bernhardt*, FPR 2005, 95 (97).

166 *Wellenhofer*, S. 294 Rn. 9 m.w.N.

167 *Wellenhofer*, S. 294 Rn. 9.

168 *Committee on the Rights of the Child (UN)*, CRC/C/GC/12, Abs. 21.

einbezogen wird. Das Kind muss in seinen unaufhörlichen Wandlungsprozessen erfasst werden. Es muss auf das einzelne Kind in dem Moment und unter den gegenwärtigen Bedingungen eingegangen werden.[169] Die das Kind anhörende Person muss sich dem Alter und den Fähigkeiten des Kindes anpassen und ggf. auch nonverbale Kommunikationsformen wie Spiel, Körpersprache, Gesichtsausdrücke und Zeichnen oder Malen heranziehen, um auch einem sehr jungen Kind die Möglichkeit zu geben, seine Ansichten, Bedürfnisse und Interessen kundzutun.[170] Daher muss entsprechenden Fortbildungen für alle mit Kindern arbeitenden Professionen ein hoher Stellenwert eingeräumt werden, damit auch jungen Kindern die Gelegenheit gegeben werden kann, ihre Perspektive in den Entscheidungsfindungsprozess einzubringen.

II. Das Kind ist zu unreif und irrational

Eng verknüpft mit der Problematik des Alters des Kindes ist auch dessen Reife. Hält man das Kind für zu jung für eine Anhörung bzw. Einbeziehung, hängt dies schließlich damit zusammen, dass das Kind als noch nicht reif genug angesehen wird, um sinnvoll einbezogen werden zu können.

Argumentiert wird damit, dass Kinder meist nicht fähig seien, die Situation vernünftig einzuschätzen und oft auch irreale Vorstellungen und Wünsche hätten, wie zum Beispiel die Eltern wieder zusammenzubringen. Außerdem wird vorgebracht, dass Kinder oft ihre Meinung ändern, Lügen erzählen, die Eltern gegeneinander ausspielen wollen oder einen Elternteil deshalb favorisieren, weil sie sich dort Vorteile und ein Leben mit mehr Freiheiten erhoffen als beim anderen Elternteil. Daher wird vertreten, dass die Äußerung des Kindes nur dann beachtet werden soll, wenn ein verständiger, rationaler Wille des Kindes erkennbar sei. Wie oben zum Kriterium des Alters dargestellt, war es in der von Karle durchgeführten Studie der von Richtern genannte Hauptgrund von einer Anhörung des Kindes abzusehen, dass sie das Kind für zu jung und daher eine Anhörung für undurchführbar[171] hielten und sich daher auch keine neuen Erkenntnisse für das Verfahren versprachen.

Fraglich ist aber, was es bedeuten soll, einen „rationalen" und „verständigen" Willen zu haben und warum es so entscheidend sein soll, dass das Kind rational und verständig reagiert, denkt und antwortet.

Es sei nochmals ausdrücklich auf den Grund der Einbeziehung des Kindes hingewiesen: Dieser ist gerade nicht, dass das Kind über seine Platzierung und

169 *Newerly*, in der Einleitung zu: *Korczak*, Wie man ein Kind lieben soll, S. XXIII.
170 *Committee on the Rights of the Child (UN)*, CRC/C/GC/12, Abs. 21.
171 *Karle u.a.*, S. 64.

den Umgang entscheidet. Der Grund ist vielmehr der, dass die Meinung und die Ansichten des Kindes ein Kriterium bei der Beurteilung des Kindeswohls bilden, dass seine Bedürfnisse, Interessen und Ängste bei den Regelungen berücksichtigt und seine Rechte gewahrt werden. Es geht um die Achtung der Persönlichkeit des Kindes, um die Integrität der psychisch-emotionalen Beziehungswelt des Kindes und um die Integrität einer bewussten Eigenentscheidung des selbstbestimmungsfähigen Kindes.[172] Es geht auch darum, dass die Eltern erfahren, was im Kind vorgeht.

Ein junges Kind erlebt die Welt mehr ganzheitlich-emotional und zunächst nur wenig rational-kognitiv. Es kann die Folgen seines Handelns nicht auf die Zukunft projizieren, also auch nicht einkalkulieren, welche Folgen seine Willensbekundung für sein Leben nach sich ziehen können.[173] Kinder verstehen aber in der Regel weit mehr, als man ihnen zutraut. Sie beobachten und ziehen ihre Schlüsse. Kinder sind bereits ab jüngstem Alter fähig zu verstehen, was die Trennung der Eltern bedeutet und womit sie einhergeht. Kindern bleibt es nicht verborgen, wenn Eltern etwas als Triumph gegenüber dem anderen Elternteil ausspielen. Sie spüren sehr deutlich, wenn es primär nicht um sie, sondern um einen Kampf geht, den die Eltern um die Sympathien der Kinder austragen.[174] Kinder sind durchaus fähig, die Stimmung zwischen ihren Eltern einzuschätzen und so beispielsweise ihre Missbilligung auch darüber zu äußern, wie sich die Eltern bei Geburtstagen oder anderen Anlässen begegnen.[175]

Die Zuverlässigkeit und Rationalität des Kindes wird oft angezweifelt, wenn das Kind seine Meinung ändert oder realitätsferne, „unlogisch“ erscheinende Vorstellungen oder Wünsche hat.

Ändern Kinder ihre Meinung, wird ihnen vorgeworfen, sie seien wankelmütig und nicht verlässlich, daher auch ihre Meinung nicht zu beachten.[176] Das Problem ist, dass, während Kinder sich die Möglichkeit gerne offen lassen, die Wohnsituation zu ändern oder rückgängig zu machen, die meisten Eltern die getroffenen Regelungen eher als endgültig ansehen. Aber Kinder entwickeln sich mit der Zeit weiter und ihre Interessen ändern sich. Hinzu kommt, dass auch die Trennung zu gravierenden Änderungen führt und sich die Meinung des Kindes auch infolgedessen ändern kann. Die Regelungen müssen daher flexibel sein und sich den Änderungen im Leben eines Kindes anpassen können. Eine Meinungsänderung ist somit nicht zwingend ein Zeichen unreifer Wankelmütigkeit. Ändert das Kind seine Meinung, ist es daher sinnvoll zu klären, woran das

172 *Coester* (1983), S. 261.

173 *Klußmann/Stötzel*, S. 50 f.

174 *Thöne-Jäpel*, in: Menne/Schilling/Weber (1997), S. 143.

175 *Wallerstein/Lewis/Blakeslee*, S. 65.

176 So einige der befragten Personen in der Studie von *Parkinson/Cashmore*, S. 85.

liegt, da hierdurch wichtige Erkenntnisse über die Situation des Kindes und der Familie gewonnen werden können. Die Meinungsänderung kann ein Zeichen dafür sein, dass sich das Kind mit der Situation der elterlichen Trennung arrangiert hat oder es gerade nicht kann, oder dass eine bereits getroffene Regelung nicht (mehr) den Bedürfnissen des Kindes entspricht. Daher ist es sinnvoll, wenn nicht sogar notwendig, die Regelungen nach einiger Zeit daraufhin zu überprüfen, ob sie den Bedürfnissen und Interessen des Kindes sowie der Eltern weiterhin gerecht werden.

Es kann auch sein, dass sich das Kind in Phantasie- und Wunschwelten flüchtet, in eine Zeit, wo die Elternbeziehung noch heil war oder zumindest dem Kind so schien.[177] Aber auch diese Phantasien des Kindes können wichtige Informationen über die emotionalen Bedürfnisse des Kindes geben. Sie können manches Verhalten verständlich machen und Auskunft über die Persönlichkeit des Kindes geben. Erwachsene müssen daher versuchen, Zugang zu der emotionalen Welt des Kindes zu gewinnen, bevor eine realistische Willensbildung unter Einbezug von Trauer und emotionaler Verarbeitung gelingen kann.[178] Äußert ein insbesondere kleines Kind beispielsweise, dass es nach der Trennung bei beiden Elternteilen leben will, so erlebt es dies nicht als Widerspruch, sondern drückt nur aus, was es empfindet.[179] Es ist dann wenig sinnvoll, das Kind darüber aufzuklären, dass dies nicht möglich ist, vielmehr sollte eine solche Aussage so stehen gelassen und als Hinweis gedeutet werden, dass ein Kind, welches sich so äußert, sich nach beiden Seiten gebunden fühlt und keinen Elternteil verlieren möchte.

Es findet sich auch der Einwand, dass ein Kind die Situation zwar klar erfassen, beschreiben und bewerten könne, sich aber in seinen Äußerungen nur auf die aktuelle Situation beziehe, da es sich nicht dazu äußern könne, wie es sich fühlen würde, wenn die Situation zwischen den Eltern anders wäre.[180] Aber in der Anhörung geht es doch gerade darum, die Neigungen, Bindungen und den Willen des Kindes zu ergründen und zu erfahren, wie es sich fühlt, welche Bedürfnisse, Interessen und Ängste es im Moment hat. Selbstverständlich beziehen sich diese auf die aktuelle Situation, was im Übrigen bei Erwachsenen nicht anders ist. Auch Erwachsene können nur Hypothesen und Ideen darüber aufstellen, wie die Situation, ihre Wünsche und ihre Bedürfnisse wären, wenn die Situation eine andere wäre.

---

177 Handbuch-Verfahrensbeistandschaft/*Fegert*, Rn. 558

178 Handbuch-Verfahrensbeistandschaft/*Fegert*, Rn. 561.

179 *Klußmann/Stötzel*, S. 90.

180 So *Müller-Magdeburg* im Vortrag am 9.06.2008 in Cochem.

An der Reife des Kindes wird auch dann schnell gezweifelt, wenn es etwas äußert, was einem Dritten als eine falsche Entscheidung oder sogar dem Kindeswohl widersprechend erscheint. Beispielsweise könnte sich das Kind an den Elternteil klammern, der es vernachlässigt oder gar misshandelt hat. Die Meinung des Kindes wird dann oft als nicht verständig und somit als nicht relevant betrachtet. Aber auch eine solche Äußerung des Kindes kann durchaus von seinem wahren Willen getragen sein. Vielleicht erhofft es sich auf diese Weise Zuwendung und ein gutes Ende mit diesem Elternteil, auch wenn dies objektiv gesehen unrealistisch ist.[181] Ein solcher Wunsch des Kindes darf aber nicht als alleiniges Kriterium für die Bejahung der Unreife herangezogen werden, um dann die Meinung des Kindes außer Acht zu lassen.[182] Auch wenn die Meinung oder Entscheidung des Kindes einem Experten irrational erscheint, kann es sein, dass es für das Kind aus seiner Sicht die beste Lösung ist. Eine diesem Wunsch des Kindes entgegenstehende Entscheidung führt auch in diesen Fällen zum Bruch seines Willens und die Trennung von diesem Elternteil kann für das Kind ein schmerzliches und traumatisches Erlebnis sein.[183] Ebenso wie man die Äußerung eines Erwachsenen nicht mit der Begründung unberücksichtigt lassen würde, dass sie infolge einer Abhängigkeit zu einer anderen Person oder aufgrund einer unrealistischen Hoffnung gebildet wurde, darf dies auch bei der Äußerung eines Kindes nicht geschehen. Im Gegenteil, gerade weil der Wille dieses Kindes wahrscheinlich bereits oft übergangen und gebrochen wurde, muss seine Meinung im Verfahren verständnisvolle Resonanz finden.[184] Und gerade wenn gegen den Willen des Kindes zu entscheiden ist, müssen dem Kind Erklärungen, Hilfen und Unterstützung geboten werden, damit es die Entscheidung verstehen und verkraften kann. In der Regel wird vielmehr die Bestellung eines Verfahrensbeistandes angezeigt sein, als die Nichtberücksichtigung der Meinung des Kindes.

Die Anforderungen an ein Kind sollten nicht höher gestellt werden als an einen Erwachsenen. Es erscheint zweifelhaft, von einem Kind mehr zu verlangen als von einem Erwachsenen, damit es Gelegenheit erhält, sich äußern zu dürfen. Ebenso wie Erwachsene haben auch Kinder meist Gründe für ihre Verhaltensweisen, auch wenn diese einem Erwachsenen zunächst unlogisch, unvernünftig oder unreif erscheinen. Wenn dem Kind die erforderliche Reife mit der Begründung abgesprochen wird, es sei labil und wankelmütig, reagiere nur emotional auf gegebene Umstände oder könne die relevanten Fragen nicht weitreichend

181 Handbuch-Verfahrensbeistandschaft/*Zitelmann*, Rn. 478.

182 *Archard/Skivenes*, International Journal of Children's Rights 2009, 1 (10).

183 *Goldstein/Freud/Solnit*, S. 24.

184 Handbuch-Verfahrensbeistandschaft/*Zitelmann*, Rn. 478; *Parkinson/Cashmore*, S. 122.

einschätzen, stellt sich die Frage, ob man einem Erwachsenen bei ähnlichem Verhalten auch sämtliche Reife absprechen und seine Äußerungen gänzlich unberücksichtigt lassen würde.[185] Auch Erwachsene ändern gerne mal ihre Meinung, insbesondere vor, während und nach einer Trennung. Ihre Meinung unberücksichtigt zu lassen, nur weil sie sich oft ändere, würde doch auf regen Widerspruch stoßen.

Die vom Kind geäußerten Vorstellungen, Meinungen, Wünsche und Einstellungen beinhalten ureigene, subjektive Interessen des Kindes. Diese dürfen nicht einfach als Äußerungen umgedeutet werden, die nur dann zu beachten sind, wenn sie im wohlverstandenen Interesse stehen oder wenn es sich um einen sog. vernünftigen Willen handelt.[186] Außerdem ist auch nicht jede fehlerhafte Beurteilung zugleich unvernünftig.[187] Es muss ein Zugang zur Welt des Kindes gefunden werden. Diese Welt muss verstanden und in den Kontext der Familie und der Äußerungen, Wünsche und Fähigkeiten der anderen Familienmitglieder gestellt werden. Entscheidend ist, das Verständnis und das Bewusstsein der Eltern für die Bedürfnisse des Kindes zu wecken, sowie auch umgekehrt sicherzustellen, dass das Kind die Vorgänge und die Situation der Familie versteht. Dies erfordert, dass die das Kind anhörende Person sich an die Fähigkeiten des Kindes anpasst und die Anhörung in einer dem Alter und der Reife des Kindes angemessenen Weise durchführt. Hierzu gehört auch, nicht nur auf die Äußerungen des Kindes, sondern auch auf sein gesamtes Verhalten zu achten, also auf seine Mimik, wie es von wem erzählt, von was es gern und flüssig berichtet und von was stockend.[188] Wie auch der Ausschuss für die Rechte des Kindes erklärt, ist es nicht Aufgabe des Kindes, vor der Anhörung zu beweisen, ob es reif und alt genug ist, sich eine eigene Meinung zu bilden und diese zu äußern.[189] Das Kind hat das Recht, seine Meinung in seine Person betreffenden Angelegenheiten zu äußern, und es ist die Pflicht der am Verfahren professionell Beteiligten, dies dem Kind in einer seinem Alter und seiner Reife angemessenen Weise zu ermöglichen.

---

185 *Archard/Skivenes*, International Journal of Children's Rights 2009, 1 (10 f.).

186 *Balloff*, in: Müller-Magdeburg, FS Rudolph, S. 147 (151).

187 *Goldstein/Freud/Solnit*, S. 54.

188 *Klußmann/Stötzel*, S. 90.

189 *Committee on the Rights of the Child (UN)*, CRC/C/GC/12, Abs. 20.

III. Das Kind ist zu manipulierbar und in Loyalitätskonflikte verstrickt

Neben Alter und Reife des Kindes ist seine vermeintliche Manipulier- und Beeinflussbarkeit ein gern genanntes Argument für die Disqualifikation der Meinung des Kindes. Die eigenen Wünsche des Kindes sollen hiernach nur dann Bedeutung gewinnen, wenn sie frei und unbeeinflusst sind.[190]

Dass Kinder leicht zu beeinflussen und zu manipulieren sind, wird oft als grundlegende Lebenserfahrung dargestellt. Mit Geschenken oder dem Zulassen von mehr Freiheiten, aber auch mit Drohungen sollen Elternteile das Kind für sich gewinnen und dahingehend beeinflussen können, dass es nicht mehr seinen eigenen Willen äußert, sondern vielmehr das sagt, was dieser Elternteil erwartet. Auch aufgrund von Loyalitätskonflikten sowie Schuld- und Mitleidsgefühlen soll das Kind oft daran gehindert sein, seine wahre, ehrliche Meinung zu äußern. Stattdessen versuche es, fair zu beiden Eltern zu sein und das zu sagen, was seiner Meinung nach die Eltern oder zumindest ein Elternteil hören wollen. 56,4% der von Karle befragten Richter gaben als Nachteil einer Kindesanhörung an, dass Kinder sich aufgrund von Loyalitätskonflikten nicht offen äußern würden.[191] Scheint die Meinung des Kindes nicht eigenständig, reif und unbeeinflusst zu sein, soll sie unberücksichtigt bleiben.[192]

Diese Problematik stellt sich insbesondere bei der Verweigerung von Umgangskontakten: Widersetzt sich der das Kind betreuende Elternteil dem Umgang des Kindes mit dem anderen Elternteil und lehnt auch das Kind den Umgang ab, wird oft unterstellt[193], der betreuende Elternteil habe das Kind beeinflusst und manipuliert, es gegen den anderen Elternteil aufgebracht und das Kindes wiederhole nur mehr oder weniger versteckte Hinweise des einen Elternteils.[194] Die vom Kind geäußerte Meinung wird dann als nicht zu beachtende abqualifiziert[195] und stattdessen „zu seinem Wohl“ der Umgang beschlossen und ggf. auch gerichtlich durchgesetzt.

Ein Beispiel:[196] Ein elfjähriges Mädchen sagt, ihr Vater habe keine Ahnung von den Bedürfnissen und Interessen einer Elfjährigen, sie fühle sich bei ihm nicht wohl und möchte daher nicht bei ihm übernachten. Es kann sein, dass dies

---

190 MünchKommBGB/*Finger*, § 1671 BGB Rn. 49.

191 *Karle u.a.*, S. 63.

192 Vgl. nur MünchKommBGB/*Finger*, § 1671 BGB Rn. 49; *Parkinson/Cashmore*, S. 120.

193 So z.B. MünchKommBGB/*Finger*, § 1684 BGB Rn. 70.

194 Z.B. MünchKommBGB/*Finger*, § 1684 BGB Rn. 43.

195 Vgl. nur MünchKommBGB/*Finger*, § 1684 BGB Rn. 45.

196 Ausgangsfall nach *Parkinson/Cashmore*, S. 121.

auch die Meinung ihrer Mutter ist. Es kann auch sein, dass die Mutter der Tochter eingeredet hat, dass es beim Vater ganz ungemütlich ist. Es ist aber auch möglich, dass dies einfach die Meinung der Tochter ist, welche sie sich selbst gebildet hat infolge ihrer Erfahrungen mit ihrem Vater, aufgrund seines früheren Verhaltens oder ihrer Besuche bei ihm.

Nehmen wir an, der Vater ist nachweislich bestens informiert über die Interessen einer Elfjährigen, er geht auf seine Tochter zu und möchte tatsächlich seine väterliche Verantwortung tragen. Die Mutter hat ihrer Tochter aber böswillig eingeredet, der Vater habe keine Ahnung über die Bedürfnisse einer Elfjährigen, um sie gegen den Vater aufzubringen. Die Tochter hat die Meinung der Mutter übernommen und fühlt sich beim Vater tatsächlich unwohl. Fraglich ist, was dies für einen Unterschied macht. Selbst wenn diese unwahre und übertriebene Meinung des Kindes das Ergebnis böser Absichten der Mutter gegenüber dem Vater war, kann das Kind in dem Moment doch selbst von dieser Meinung überzeugt sein. Eine Regelung, die der von der Tochter geäußerten, von ihrem Willen getragenen Meinung zuwiderläuft, geht doch damit einher, dass ihr Wille gebrochen und nicht respektiert wird. Hier könnte es sinnvoller sein, bei der Mutter anzusetzen und mit ihr die Beeinflussung zu thematisieren.

Nehmen wir eine weitere Variante an: Die Tochter sagt, sie wolle den Vater nicht besuchen, weil es der Mutter einen Gefallen tun will. Insgeheim wünscht es sich aber den Kontakt zum Vater sehr. Dieser Fall muss doch von der vorigen Variante unterschieden werden. Das Mädchen sagt etwas, um die Mutter nicht zu verletzen, der es sich verbunden fühlt, sie wünscht sich aber etwas anderes. Es muss doch Aufgabe der das Kind anhörenden Person sein, diesen Unterschied zu erkennen. In beiden Varianten war der Teil der Geschichte unwahr, dass der Vater keine Ahnung von den Bedürfnissen eines Kindes hat. In der letzten Variante wünscht sich das Kind aber den Kontakt, in der vorherigen nicht. In der letzten Variante wäre eine Regelung, nach der Kontakt stattfindet, im Sinne des Kindes, in der vorherigen Variante nicht, zumindest nicht in dem Moment. Entscheidend muss daher sein, herauszufinden, weshalb das Kind sich dem Umgang widersetzt.

In diesem Kontext haben sich Begriffe entwickelt wie das Parental Alienation Syndrom (PAS), Entfremdung, Gehirnwäsche und Programmierung[197] des Kindes, die das Phänomen beschreiben sollen, dass das Kind derartig von einem Elternteil beeinflusst und gegen den anderen Elternteil aufgebracht wurde, dass es den anderen Elternteil von sich stößt, sich von ihm abwendet, von ihm entfremdet ist. Problematisch ist, dass auch Missbrauchsvorwürfe und Umgangsvereitelungen schnell als PAS definiert werden. Das Kind wird letztlich als Op-

197 Näheres hierzu s. z.B. Handbuch-Verfahrensbeistandschaft/*Fegert*, Rn. 583.

fer eines Programmierungsprozesses gesehen, so dass seine Äußerungen kaum berücksichtigt werden.[198]

Aber bereits die tatsächliche Nachweisbarkeit eines PAS sowie seine Subsumtion unter den klinisch-psychiatrischen Syndrombegriff[199] sind fraglich. Höchst problematisch ist die Konsequenz, die aus einem PAS gezogen wird. Wird die Umgangsverweigerung des Kindes lediglich als Ergebnis eines Umgangsvereitelungsversuchs des betreuenden Elternteils gesehen und wird der Äußerung des Kindes keine Bedeutung beigemessen, werden unter Umständen durchaus berechtigten Einwänden sowie der subjektiven Befindlichkeit des Kindes keine Beachtung geschenkt. Daneben besteht die Gefahr, dass tatsächlich bestehende kindeswohlgefährdende Umstände übersehen werden, da die Gründe für den entgegenstehenden Willen des Kindes gar nicht erst untersucht werden. Hinzu kommt, dass selbst wenn eine willentliche, böswillige Beeinflussung vorliegt, es durchaus sein kann, dass das Kind selbst den Umgang nicht will. Ein Kind kann für eine Umgangsverweigerung durchaus berechtigte Gründe haben.

Jedes Kind ist unweigerlich von den Meinungen seiner Eltern, seiner Situation und seiner Umgebung beeinflusst. Aber auch jeder Elternteil ist durch den anderen Elternteil und das Kind sowie die Lebenssituation beeinflusst. Selbstverständlich bekommt das Kind mit, was die Eltern wollen und über gewisse Dinge denken. Sie müssen dem Kind oft nicht explizit sagen, was es äußern soll. Es weiß in der Regel schon von allein, was welcher Elternteil erwartet oder sich wünscht. Die Trennungssituation ist meist auch für die Eltern schwer zu ertragen und das Kind merkt das. Die Eltern müssen selbst die Trennung verarbeiten, die eigenen Verletzungen und Ängste bewältigen, sich neu orientieren und Gewohntes und Vertrautes loslassen.[200] Dabei kann eine ihrer Ängste sein, die Liebe des Kindes zu verlieren. Dies kann beim Kind dazu führen, dass es aus emotionaler Verbundenheit, Mitleid, Schuld- oder Verantwortungsgefühlen eine Meinung äußert, mit der es einem oder gar beiden Elternteilen einen Gefallen tut.[201] Dies bedeutet aber nicht zwingend, dass diese Sichtweise nicht auch die wahre und authentische Meinung des Kindes sein kann.[202] Ein von einer Elternseite vorgegebener Wunsch kann durchaus auch den Bedürfnissen des Kindes entsprechen, so dass ein sich mit dem Wunsch eines Elternteils deckender Kinderwunsch nicht zwangsläufig „eingeimpft" und deshalb außer Acht gelassen werden sollte.[203]

198 Handbuch-Verfahrensbeistandschaft/*Fegert*, Rn. 603.
199 Handbuch-Verfahrensbeistandschaft/*Fegert*, Rn. 598 ff. m.w.N.
200 *Thöne-Jäpel*, in: Menne/Schilling/Weber (1997), S. 143.
201 *Parkinson/Cashmore*, S. 115.
202 *Parkinson/Cashmore*, S. 121.
203 Vgl. *Klußmann/Stötzel*, S. 59.

Ein ‚freier Wille' entpuppt sich bei näherem Hinsehen – beim Kind wie beim Erwachsenen – als mehrschichtige Konstruktion des Individuums auf der Basis seiner bisher gemachten Erfahrungen und ist daher generell vom Kontext abhängig.[204] Allerdings setzt jede Willensäußerung immer auch eine aktive Leistung des Subjekts voraus und ist somit nicht allein aus kontextuellen Einflüssen erklärbar.[205] Die unweigerliche Tatsache, dass die Meinungen des Kindes von seinen Bindungen und Gefühlen gegenüber seinen Eltern und ihrer Trennung beeinflusst sind, kann daher nicht begründen, die Meinung des Kindes vorschnell als beeinflusst und somit als nicht zu beachtend zu beurteilen.

Stellt sich das Kind eindeutig auf die Seite eines Elternteils und verweigert es gar den Umgang mit dem anderen Elternteil, kann dies Ausdruck seines Versuchs, sich mit dem elterlichen Konflikt zu arrangieren und auch Selbstschutz sein. Gerade zur Lösung von Loyalitätskonflikten schließen Kinder oft Bündnisse mit einem Elternteil, was mit dem Ausschluss oder der Ablehnung des anderen Elternteils einhergeht. Das Kind drückt damit seine Verbundenheit mit dem Elternteil aus, bei dem es wohnt, mit dem es lebt, von dem es Sicherheit, Essen und Liebe bekommt. Der dem Umgang entgegenstehende Wille des Kindes ist dann nicht eine Laune, sondern Beweiszeichen für tiefsitzende Ängste.[206] Durch die Umgangsverweigerung versucht das Kind seine Beziehung zur Bindungsperson zu schützen.

Die Ablehnung des getrennt lebenden Elternteils kann auch darin begründet sein, dass es das Kind schlichtweg überfordert, nach der elterlichen Trennung den Kontakt mit beiden Eltern aufrechtzuerhalten, insbesondere wenn noch viele Konflikte zwischen den Eltern bestehen. Auch Erwachsene kann es überfordern, mit zwei zerstrittenen Personen Kontakt zu halten.

Die Weigerungsgründe des Kindes können auch in der Persönlichkeit des Umgangsberechtigten liegen und in seinem Verhalten dem Kind oder dem anderen Elternteil gegenüber, wenn er beispielsweise bereits während des Zusammenlebens roh, grob und verletzend war. Gründe für die Ablehnung können auch die Wut über einen Elternteil und dessen Verhalten sein, die Wut über das Verlassenwordensein oder die Wut darüber, den anderen Elternteil aufgrund der Trennung traurig zu sehen. Weitere Gründe können sein, dass der Umgangsberechtigte während der Besuche sich dem Kind gegenüber zur Scheidungssituation äußert, das Kind über den „bösen" Sorgeberechtigten „aufklärt", durch abwerbendes Verhalten Trennungsängste bewirkt oder das Kind wegen nicht ein-

204 Handbuch-Verfahrensbeistandschaft/*Fegert*, Rn. 582.
205 Handbuch-Verfahrensbeistandschaft/*Fegert*, Rn. 582.
206 *Klußmann/Stötzel*, S. 195.

gehaltener Versprechungen erheblich enttäuscht oder verletzt hat.[207] Auch Kindern muss „das Recht [zustehen], Gefühle zu haben oder sie nicht zu haben und sie in ganz derselben Ruhe zu haben wie die Erwachsenen, ebenso wie ihre Sympathien und Antipathien".[208] In all diesen Fällen kann die Umgangsverweigerung vom wahren Willen des Kindes getragen und sein Wille höchst vernünftig[209] sein und für ihn einen Weg darstellen, sich aus seinen Konflikten zu befreien.[210] Schließlich können diese Gründe und Ängste des Kindes auch dem entgegenstehen, dass das Kind den erwünschten Nutzen aus dem Kontakt zu diesem Elternteil ziehen kann.[211]

Bei der Erörterung, ob die Umgangsverweigerung des Kindes auf existentiellen kindlichen Ängsten oder nur auf kindlichen Launen beruht, können die von Klußmann und Stötzel aufgelisteten Fragen Anhaltspunkte bieten: „Gibt es oder gab es Streit zwischen den Eltern? Konnte das Kind genügend davon aufnehmen? Hat der eine oder andere Elternteil Ängste? Könnte das Kind also auch Ängste haben, die Veranlassung zur Weigerung bieten könnten? Hat sich der Umgangsberechtigte während des gemeinsamen Lebens massiv gegenüber dem Kinde fehl verhalten und dadurch Ängste bewirkt? Wie sind ältere Geschwister eingestellt?"[212]

Nichtsdestotrotz gibt es viele Fälle, in denen ein Elternteil oder sogar beide das Kind unter Druck setzen oder es bewusst oder unbewusst durch Geschenke, Versprechungen oder Heraufbeschwören von Schuldgefühlen manipulieren und instrumentalisieren wollen. Hier sind die Kenntnisse und Fähigkeiten der das Kind anhörenden Person gefragt. Diese muss erkennen können, ob das Kind von einem Elternteil manipuliert, beeinflusst oder unter Druck gesetzt worden ist, ob es aus Angst nicht seine wahren Wünsche, Gefühle und Bedürfnisse äußert oder ob es sagt, was es wirklich sagen will.[213] Wurde das Kind manipuliert und beeinflusst, ist nicht zwingend die beste Lösung, die Meinung des Kindes nicht zu berücksichtigen, den Umgang zu beschließen und das Kind inmitten der elterlichen Konflikte mitsamt seinen Loyalitätskonflikten und Ängsten zwischen den Eltern herumzuschicken. Es könnte sinnvoll sein, eher zunächst mit den Eltern zu arbeiten, ihnen Unterstützung in ihrer Situation zu geben, sie für die tatsächlichen Meinungen und Bedürfnisse des Kindes zu sensibilisieren sowie ihnen die möglichen Auswirkungen des manipulierenden Verhaltens auf das Kind zu er-

207 *Klußmann/Stötzel*, S. 193 f.
208 *Key*, S. 133.
209 *Klußmann/Stötzel*, S. 195.
210 *Klußmann/Stötzel*, S. 206.
211 *Goldstein/Freud/Solnit*, S. 38.
212 *Klußmann/Stötzel*, S. 215.
213 Vgl. *Lempp u.a.*, S. 20.

klären. Bestehen begründete Zweifel an der Authentizität der Äußerungen des Kindes, sind seine Äußerungen ambivalent oder hat es offenbar Angst, ist vielmehr die Bestellung eines Verfahrensbeistandes bzw. eines Interessenvertreters oder die Einholung eines Sachverständigengutachtens angezeigt, als die Nichtberücksichtigung der Äußerungen des Kindes.[214]

Statistisch gesehen ist aber die Anzahl der Familien sehr gering, bei denen ein Kind einen Elternteil aufgrund der bewussten Einflussnahme ablehnt.[215] In der Studie von Parkinson und Cashmore[216] befürchtete ein Drittel der befragten Eltern eine Beeinflussung des Kindes durch den anderen Elternteil. Gleichzeitig bezweifelte ein Drittel der Eltern explizit, dass Kinder manipulierbar seien. Kinder wären schließlich keine Puppen und es sei nicht so einfach, sie zu nötigen, etwas zu denken oder zu glauben.[217] Einige Eltern gaben später zu, dass sie zeitweilig von Manipulationen und Hetzen des anderen Elternteils ausgegangen sind, aber im Nachhinein erkannt haben, dass dies nicht der Fall war. In einer Studie von Johnston wiesen ein Fünftel der Kinder in Trennung und Scheidung gewisse Zeichen von Entfremdung auf, aber nur 6% dieser Kinder waren stark entfremdet.[218] Es zeigte sich aber, dass die Gründe für die Entfremdung der Kinder oft im negativen Verhalten des nicht mit dem Kind zusammenlebenden Elternteils lagen.

In der Studie von Wallerstein und Lewis ergriffen insbesondere jüngere Kinder zuweilen im Trennungsverfahren Partei für einen Elternteil, und zwar meist für den, um den sie sich am meisten Sorgen machten oder den sie am meisten bemitleideten.[219] Solche Allianzen haben aber die mittlere Adoleszenz meist nicht überdauert.[220] Ferner hatte kein Kind der Studie durchgehend die negative Meinung eines Elternteils über den anderen übernommen, vielmehr revidierten die meisten ihre Meinung später aufgrund eigener Beobachtungen.[221] Einige haben später sogar den Kontakt zum anderen Elternteil von sich aus gesucht und oft eine gute Beziehung zu diesem Elternteil aufbauen können. Wurde aber der Umgang gegen den Willen des Kindes beschlossen, oft auch gerade mit der Begründung der drohenden Entfremdung, waren diese Besuche meist nicht nur völlig ungeeignet, eine engere Beziehung zwischen dem Elternteil und dem

---

214 Staudinger/*Coester*, § 1671 BGB Rn. 282; vgl. auch BAG Verfahrensbeistandschaft, Standards für VerfahrenspflegerInnen (in der Fassung von 2001), Punkt 2.6.

215 *Salzgeber*, ZKJ 2010, 399 (400).

216 *Parkinson/Cashmore*, S. 83.

217 *Parkinson/Cashmore*, S. 83.

218 *Salzgeber*, ZKJ 2010, 399 (400).

219 *Wallerstein/Lewis*, FamRZ 2001, 65 (70).

220 *Wallerstein/Lewis*, FamRZ 2001, 65 (70).

221 *Wallerstein/Lewis*, FamRZ 2001, 65 (70).

Kind zu fördern, sondern gerade das Gegenteil ist eingetreten.[222] Die ablehnende Haltung des Kindes gegenüber dem den Umgang durchsetzenden Elternteil verstärkte sich eher und hielt sogar bis ins Erwachsenenalter an.[223] Gerade wenn Kinder gezwungen waren, rigide gerichtliche Besuchsregelungen oder eine entsprechend unflexible elterliche Vereinbarung einzuhalten, mündete dies meist darin, dass sie wütend waren auf einen oder beide Eltern. Sie wiesen die Person, die zu besuchen sie gezwungen waren, in späteren Jahren zurück[224] bzw. unterhielten als Erwachsener keine gute Beziehung zu ihm.[225] Durch das Brechen des kindlichen Willens werden letztlich die Ängste und Nöte des Kindes erheblich vertieft und die Liebesbande zum umgangsberechtigten Elternteil eher gestört statt gefördert.[226]

Gegen die Suche nach einem unverfälschten, wahren, verständigen und unbeeinflussten Willen des Kindes spricht auch folgender von Parkinson und Cashmore betonter Widerspruch:[227] Einerseits ist das Kind von einer Entscheidungsverantwortung frei zu halten, da richtigerweise diese bei den Eltern bzw. Erwachsenen zu belassen ist. Andererseits soll die Anhörung und Einbeziehung des Kindes von seiner Kompetenz, sich eine eigene Meinung bilden zu können, die frei jeglichen elterlichen Einflusses ist, abhängig gemacht werden. Es stellt sich die Frage, warum es so wichtig ist, dass das Kind reif und unbeeinflusst ist, damit es kompetent Entscheidungen treffen kann, wenn ohnehin nicht es selbst die Entscheidung treffen und die Verantwortung dafür tragen soll.

Auch Lempp u.a. betonen, dass es nicht darauf ankommt, dass das Kind seinen Willen rational begründen und vernünftig vortragen kann. „Es kann nicht darum gehen, vom Kind eine Stellungnahme unter Berücksichtigung aller Umstände und Möglichkeiten nach ausgiebiger rationaler Abwägung des Für und Wider zu bekommen, sondern um das Wissen um seine spontane, möglichst ausschließlich emotional bestimmte Tendenz."[228] Es geht in der Kindesanhörung schließlich nicht darum, Wahrheitsfindung zu betreiben. Das Kind ist im Sorgerechts- und Umgangsverfahren kein Zeuge, so dass eine Zeugenbeeinflussung die Wahrheit verzerren könnte.[229] Es geht nicht darum, mit Hilfe des Kindes Schuldfragen zwischen den Eltern oder Zuordnungsansprüche der Eltern zu klären. Es geht vielmehr darum, die Neigungen und Bindungen des Kindes in Er-

222 *Wallerstein/Lewis*, FamRZ 2001, 65 (69).
223 *Wallerstein/Blakeslee/Lewis*, S. 318.
224 *Wallerstein/Blakeslee/Lewis*, S. 201, 318.
225 *Wallerstein/Lewis*, FamRZ 2001, 65 (69).
226 *Klußmann/Stötzel*, S. 204.
227 Vgl. *Parkinson/Cashmore*, S. 121.
228 *Lempp u.a.*, S. 19.
229 *Lempp u.a.*, S. 20.

fahrung zu bringen.[230] Es geht darum, das subjektive Erleben und somit die subjektive Wahrheit des Kindes zu erforschen.

Selbstverständlich hängen die Meinungen der Kinder von den Meinungen der Eltern ab. Aber Kinder sind dennoch eigenständige Personen, die sich immer mehr ihre eigenen Gedanken machen und für ihre Äußerungen eigene Gründe haben. Wenn schon festgestellt wird, dass es „[immer wieder überrascht], wie frei sich Kinder in der Anhörung äußern, klar sagen, wie sie die Dinge einschätzen, und dabei gern die Chance nutzen, im Gespräch unbeeinflusst ihre Position zu erläutern"[231], bedeutet dies doch, dass Kinder dazu durchaus fähig sind. Kinder sollten nicht unterschätzt werden. Sie machen sich ihre eigenen Gedanken und evaluieren ihre eigenen Beobachtungen. Sie sind keine kleinen, ferngesteuerten Roboter, deren Äußerungen keine Bedeutung beizumessen ist.

IV. Das Kind ist durch die Anhörung zu sehr belastet

Als weiteres Argument gegen die Anhörung des Kindes wird die Befürchtung genannt, dass es für das Kind zu belastend sei, sich zu Sorgerechts- und Umgangsfragen zu äußern. Es wird davon ausgegangen, dass das Kind besser vor dem Konflikt der Eltern geschützt werden sollte, indem es gar nicht erst am Verfahren beteiligt wird.

In der Studie von Karle u.a. war die Belastung des Kindes nach den Gründen, das Kind sei zu jung und die Eltern hätten sich bereits geeinigt, der drittmeistgenannte Grund der Richter, auf eine Kindesanhörung zu verzichten.[232] Auf die Frage, wie oft die Richter die Kinder als durch die Anhörung belastet einschätzten, antwortete die Hälfte der befragten Richter mit „häufig", 11,3% meinte „sehr oft", 38,6% „selten" und 0,2% „nie".[233] 26,3% der Richter gaben an, aufgrund zu starker Belastung des Kindes durch die Anhörung von der Anhörung abzusehen.[234] Als Gründe für die Belastungen des Kindes nennen die Richter den elterlichen Konflikt, die insgesamt angespannte familiäre Situation, die Loyalitätskonflikte des Kindes und die ungewohnte Umgebung und die unbekannten Personen im Rahmen der Anhörung.[235] Aber auch die Tatsache, dass es sich äußern und einbringen soll und die daraus resultierende Verantwortung

230 *Klußmann/Stötzel*, S. 93.
231 MünchKommBGB/*Finger*, § 1671 BGB Rn. 49.
232 *Karle u.a.*, S. 65.
233 *Karle u.a.*, S. 78.
234 *Karle u.a.*, S. 64.
235 *Karle u.a.*, S. 79.

werden als zu belastend gesehen. Die Gefahr einer hohen Belastung durch die Anhörung wird vor allem bei jüngeren Kindern befürchtet.

In der Untersuchung von Lempp u.a. nahmen sowohl unabhängige Beobachter als auch die Richter immer zu Beginn und am Ende der Kindesanhörung eine Einschätzung zur Belastung des Kindes vor, die Beobachter zusätzlich auch in dem Moment, als die „kritische Thematik“[236] angesprochen wurde. 30% der Kinder wurde zur Zeit des Ansprechens der kritischen Thematik als stark belastet eingeschätzt und 15% als wenig belastet.[237] Ein Vergleich der Vorschulkinder mit den Schulkindern ergab, dass bei den 17 Kindern im Alter von sechs bis sieben Jahren beim Ansprechen der kritischen Problematik eine häufig stärkere Belastungsreaktion (88%) festgestellt wurde als bei den bis zu 5-jährigen (40%) und bei 8-13-jährigen Kindern (47%).[238] Die Richter schienen mit den Sechs- bis Siebenjährigen auch mehr Verständigungsschwierigkeiten zu haben. Außerdem wurden die Kinder dieses Alters auch weniger an der Entscheidungsfindung beteiligt als die älteren Kinder (12% gegenüber 34%).[239]

Die Untersuchung von Karle u.a. kam in mehreren Punkten zu deutlich anderen Ergebnissen.[240] Bedeutsamer Unterschied zwischen den beiden Studien ist, dass in Karles Studie auch die Kinder befragt wurden, während bei Lempp die Ergebnisse im Grunde auf den Beobachtungen und Einschätzungen der Richter und der Beobachter basierten.

Karle untersuchte nicht nur den Aspekt der Belastung des Kindes durch die Anhörung, sondern den einer möglichen Entlastung durch die Anhörung. Die Frage, wie häufig sie von einer Entlastung des Kindes durch die Anhörung ausgehen, beantworteten 41,0% der Richter mit „häufig“, 5,6% meinten sogar „sehr oft“, 50,7% hingegen schätzten die Kinder „selten“ als entlastet ein und 2,6% sogar „nie“.[241] Als Gründe für die Entlastung wurden genannt, dass das Kind sich durch die Anhörung ernst genommen fühlt (85,9%), dass es nun versteht, dass es die Entscheidung nicht treffen muss (68,9%), und dass die Kinder auf diese Weise mit jemandem sprechen können, der ihnen dafür den nötigen Raum gibt (62,0%).[242] Die Richter erklärten, die Entlastung des Kindes an seinem Verhalten (70,5%) und seinen Äußerungen (52,3%) erkennen zu können, oder sie führten dies auf Informationen der Eltern oder anderer Personen zurück (12,6%) (Mehrfachnennungen waren möglich). Während die Fragen nach der

236 *Lempp u.a.*, S. 86
237 *Lempp u.a.*, S. 67.
238 *Lempp u.a.*, S. 86, 143.
239 *Lempp u.a.*, S. 86.
240 *Karle u.a.*, S. 125.
241 *Karle u.a.*, S. 80.
242 *Karle u.a.*, S. 81.

Belastung von allen Richtern der verschiedenen Gruppen ähnlich beantwortet wurden, ergaben sich signifikante Unterschiede bei der Frage nach der Entlastung des Kindes: Richter, die Fortbildungen in Sachen Kindesanhörung besucht hatten und/oder viel Erfahrung mit Kindesanhörungen hatten, gingen etwas häufiger von einer Entlastung des Kindes durch die Anhörung aus als die Richter, die hinsichtlich der Kindesanhörung weder fortgebildet noch erfahren waren.[243]

Für diese Untersuchung äußerst relevant sind die in der Studie durchgeführten Befragungen der Kinder. Sie wurden eine Woche vorher, dann unmittelbar vor und unmittelbar nach der Anhörung, und schließlich einen Monat nach der Anhörung befragt. Eine Woche vor der Anhörung fühlten sich die Kinder eher unwohl, aufgeregt, unsicher und ängstlich.[244] Unmittelbar vor der Anhörung berichteten sie von einem deutlichen Anstieg der Belastung und der Anspannung.[245] Aber bereits unmittelbar nach der Anhörung sank diese Symptomatik laut der Angaben der Kinder rapide ab.[246] Dieser Rückgang blieb dann stabil oder sank noch weiter.[247] Vier Wochen nach der Anhörung war ein Rückgang der Symptome nicht nur auf der physiologischen Ebene, sondern auch auf der gedanklichen oder angstbezogenen Ebene, sowie der Ebene von Erregung und kognitiver Beeinträchtigung nachweisbar.[248] Kinder, die von einer Richterin angehört wurden, zeigten vier Wochen nach der Anhörung etwas weniger Symptome von Aufregung und Ängstlichkeit als Kinder, die von einem Richter angehört wurden.[249] Grundsätzlich waren Jungen zu allen vier Messzeitpunkten etwas stärker belastet als Mädchen.[250] Aber keines der Kinder wies zu irgendeinem Zeitpunkt eine klinisch relevante psychische Auffälligkeit auf.[251]

Die Anhörung bedeutet somit für das Kind, wie auch für jeden erwachsenen Menschen, naturgemäß eine gewisse Belastung und Anspannung und sie generiert Angstgefühle und Unsicherheit, die aber unmittelbar danach schnell wieder sinken. Laut Karle u.a. beschrieben sich die Kinder selbst als viel weniger belastet, als nach Lempps Studie zu erwarten gewesen wäre.[252] Interessant ist auch, dass die Eltern diesen Entlastungseffekt nicht feststellten.[253] Hierin zeigt sich,

---

243 *Karle u.a.*, S. 80 f., 134 f.
244 *Karle u.a.*, S. 153.
245 *Karle u.a.*, S. 106, 143 f.
246 *Karle u.a.*, S. 100.
247 *Karle u.a.*, S. 102, auch *Lempp u.a.*, S. 104.
248 *Karle u.a.*, S. 96.
249 *Karle u.a.*, S. 96.
250 *Karle u.a.*, S. 100.
251 *Karle u.a.*, S. 106.
252 *Karle u.a.*, S. 124.
253 *Karle u.a.*, S. 142.

wie elementar wichtig es ist, die Kinder persönlich zu befragen und nicht nur die Eltern. Die Eltern schätzen vieles anders ein als die Kinder selbst, zumal unweigerlich ihre eigene Verstrickung in den ganzen Prozess in ihre Einschätzung des Befindens des Kindes hineinwirkt.

Überraschend war, dass die Annahme nicht bestätigt werden konnte, dass jüngere Kinder (laut Lempp vor allem die sechs- und siebenjährigen Kinder) stärker belastet sind als ältere.[254] Im Gegenteil: Es zeigte sich, dass ältere Kinder ab elf Jahren sogar höhere Belastungswerte aufzeigten als jüngere.[255] Sie waren tendenziell zu allen vier Messzeitpunkten stärker belastet als jüngere.[256] Bei jüngeren Kindern sank der Belastungswert von unmittelbar vor und nach der Anhörung auch erheblich stärker als bei Kindern über elf Jahren.[257] Im Hinblick darauf, dass der deutsche Gesetzgeber prinzipiell bei 14 Jahren (vgl. z.B. § 1671 Abs. 2 Nr. 1 BGB, §§ 9, 159 Abs. 1 und 2 FamFG) eine relevante Altersgrenze zieht, wurde ein Vergleich der über und unter 14jährigen Kinder durchgeführt:[258] Es stellte sich heraus, dass es eine Woche vor der Anhörung keine Unterschiede zwischen den unter und über 14-jährigen gab. Indes ergab die Befragung vier Wochen nach der Anhörung, dass sich die über 14-jährigen weitaus weniger wohl fühlten als die unter 14-jährigen.[259] Auch nach Einschätzung der Eltern reduzierte sich die Belastung der unter 14-jährigen Kinder deutlich, während die der über 14-jährigen nahezu konstant blieb.[260]

Es wurden auch Zusammenhänge zwischen dem Verhalten und den Einstellungen der Eltern und den Belastungen der Kinder untersucht. Zunächst ließ sich ein Zusammenhang zwischen der Lebenszufriedenheit der Eltern und den Belastungen der Kinder erkennen: Die Kinder unzufriedener Eltern stuften sich unmittelbar vor und nach der Anhörung als belasteter ein als die Kinder zufriedenerer Eltern.[261] Bei Kindern sehr unzufriedener Eltern fand sich sogar ein untypischer Anstieg der Belastung zwischen unmittelbar vor und unmittelbar nach der Anhörung.[262] Vier Wochen nach der Anhörung gab es aber keine signifikanten Unterschiede mehr zwischen Kindern zufriedener und Kindern unzufriedener Eltern.

---

254 *Karle u.a.*, S. 101 f.
255 *Karle u.a.*, S. 125.
256 *Karle u.a.*, S. 142.
257 *Karle u.a.*, S. 102.
258 Bei den Werten ist zu beachten, dass nur 6 der 49 Kinder über 14 Jahre alt waren, eine statistische Relevanz ist somit nicht gesichert, *Karle u.a.*, S. 111.
259 *Karle u.a.*, S. 112.
260 *Karle u.a.*, S. 112, 143.
261 *Karle u.a.*, S. 109, 142.
262 *Karle u.a.*, S. 110.

Hinsichtlich des Konfliktniveaus wird gemeinhin davon ausgegangen, dass, je höher das Konfliktniveau zwischen den Eltern ist, desto größer auch die Belastung des Kindes sei, wenn es miteinbezogen wird.[263] Die Studie kam aber auch hier zu einem überraschenden Ergebnis: Die Tatsache, dass in der Familie ein hohes Konfliktniveau herrschte, hatte nicht zur Folge, dass die Belastungen des Kindes höher waren als bei Kindern aus konfliktärmeren Familien. Kinder aus Familien mit einem hohen Konfliktniveau erlebten den Zeitraum von einer Woche vor bis unmittelbar vor der Anhörung sogar als weniger belastet als Kinder aus Familien mit niedrigerem Konfliktniveau.[264] Kinder aus Familien mit niedrigem Konfliktniveau wiesen höhere Belastungswerte auf.[265] Die Autoren erklären dieses Ergebnis damit, dass familiäre Konflikte und Stress für die Kinder in konfliktstarken Familien ohnehin so im Vordergrund stehen bzw. so normal sind, dass sich die durch die Anhörungssituation bedingten Reaktionen relativieren und nicht als außergewöhnliche Belastung wahrgenommen werden. Vier Wochen nach der Anhörung ist dieser Effekt aber verschwunden und es gibt kaum Unterschiede zwischen den Belastungen von Kindern aus konfliktreichen oder konfliktarmen Familien.

Interessant in diesem Zusammenhang ist, dass in Parkinsons und Cashmores Studie vor allem diejenigen Kinder geneigt waren, ein Mitspracherecht und mehr Einfluss auf die Entscheidungen zu fordern, in deren Familien ein höheres Konfliktpotential herrschte. Sie wollten nicht nur eine Stimme im Prozess, sondern explizit Einfluss auf das Ergebnis haben („not just a voice but a choice“).[266] Dies könnte auch ein Grund für die geringeren Belastungswerte sein. Kinder aus konfliktreichen Familien wünschen sich meist, ein Mitspracherecht zu haben, und in der Anhörung sehen sie hierzu die Gelegenheit. Vielleicht sind sie es aber auch bereits von zuhause gewohnt, im Streit der Eltern mitzusprechen und haben deswegen weniger Angst davor, in der Anhörung zu Wort zu kommen.

Teils wird eine Belastung des Kindes auch in der sich aus der Äußerung resultierenden Verantwortung gesehen. Das Anhörungsrecht ist ein Recht und Rechte gehen grundsätzlich mit Verantwortung und auch Pflichten einher. Das ist bei Kindern grundsätzlich nicht anders.[267] Aber den Kindern eigene Rechte zu gewähren, sie sie dann aber mit dem Argument nicht ausüben zu lassen, dass die Ausübung des Rechts das Kind überfordere, entbehrt einer gewissen Logik und widerspricht dem Charakter von Menschenrechten. Die „normale“, mit jeder Anhörung verbundene Belastung des Kindes – sowie auch eines Erwachse-

263 So z.B. die Einschätzung einiger Eltern in der Studie von *Parkinson/Cashmore*, S. 78.
264 *Karle u.a.*, S. 110.
265 *Karle u.a.*, S. 142.
266 *Parkinson/Cashmore*, S. 76.
267 *Flekkøy/Kaufman*, S. 37.

nen – hat der Gesetzgeber bei Statuierung der Anhörungspflicht in Kauf genommen.[268] Auch Erwachsenen sollten ihre Rechte nicht mit dem Argument vorenthalten werden, sie seien nicht fähig, die damit einhergehenden Pflichten und die Verantwortung zu tragen. Hinsichtlich einer Verantwortung gilt aber ohnehin, dass die Entscheidungsverantwortung bei den Erwachsenen verbleiben muss. Das Kind soll „lediglich" die Gelegenheit erhalten, seine Perspektive darzustellen.

Es liegt vielmehr in der Verantwortung der Erwachsenen, dem Kind zu ermöglichen, seine Rechte auszuüben, und ihm die hierfür erforderlichen Informationen und Strukturen bereitzustellen. Auch in der UN-Kinderrechtskonvention ist nicht von den Pflichten des Kindes die Rede, sondern von der Pflicht des Vertragsstaates, dem Kind zu ermöglichen, seine Meinung zu äußern. Ebenso beschreibt auch die Schulpflicht nicht nur eine Pflicht des Kindes, sondern auch ein Recht hierzu, und es gehört zu den Pflichten des Staates und der Eltern, dem Kind den Schulbesuch zu ermöglichen.[269]

Eine einigermaßen geschickte Anhörung ist für das Kind in der Regel nicht unzumutbar und die Belastungen sind gegenüber dem möglichen Gewinn der Anhörung angemessen. Durch deutlich ungeschicktes Verhalten seitens der das Kind anhörenden Person kann hingegen eine gewisse bis hin zu unzumutbare Belastung entstehen.[270] Die Belastungen des Kindes in der Anhörung hängen somit deutlich damit zusammen, ob es dem Richter und dem Kind gelingt, eine gute Verständigungsebene zu finden.[271] Erfolgt die Anhörung routinemäßig und gehetzt, wird sie dem Kind kaum das Gefühl vermitteln, dass es ernst genommen und nicht über seinen Kopf hinweg entschieden wird.[272] Fühlt sich die das Kind anhörende Person unwohl und unsicher, wird sie niemals eine Anhörungssituation schaffen können, in der sich das Kind wohl und sicher fühlt. Ausschlaggebend für das Maß der Belastungen durch die Anhörung ist daher die Gestaltung der Anhörungssituation. Entscheidend sind die Kompetenzen der das Kind anhörenden Person. Karle u.a. führten das Absehen von der Kindesanhörung mit der Begründung der vermeintlich zu starken Belastung des Kindes auch eher auf eine Unsicherheit der Richter im Umgang mit Kindern zurück[273], zumal Richter, die Fortbildungen zur Kindesanhörung besucht haben, auffallend seltener äußern, die Anhörung belaste die Kinder zu sehr. Erfahrene und fortgebildete Richter gingen auch eher von einer Entlastung des Kindes durch die Anhö-

268 Staudinger/*Coester*, § 1666 Rn. 279.
269 *Veerman*, S. 14.
270 Vgl. *Klußmann/Stötzel*, S. 96.
271 *Lempp u.a.*, S. 106.
272 *Lempp u.a.*, S. 106.
273 *Karle u.a.*, S. 144.

rung aus und verzichteten seltener auf die Anhörung. Fortbildung und Erfahrung der das Kind anhörenden Person sind somit ein Schlüssel zur Reduzierung der Belastungen des Kindes und zur Ermöglichung einer kindgerechten Anhörung.

Letztlich ist es aber weniger die Anhörung als solche als die Tatsache der elterlichen Trennung, der veränderten Lebenssituation und der elterlichen Konflikte, die das Kind belastet. Der Verzicht auf die Anhörung des Kindes ändert aber an dieser Belastung des Kindes kaum etwas, außer dass das Kind mit seinen Bedürfnissen, Ängsten, Sorgen und Wünschen alleingelassen und über seinen Kopf hinweg entschieden wird. Die veränderte Lebenssituation und die Konflikte der Eltern bleiben auch außerhalb des Verhandlungssaales bestehen. Außerdem: Wenn das Kind nichts sagen will, weil es die Situation als zu belastend empfindet, muss es dies nicht. Aber es muss vorher in einer seinem Alter und seiner Reife angemessenen Weise über seine Rolle, seine Rechte und seine Möglichkeiten aufgeklärt werden.

V. Das Kind bringt kaum relevante Erkenntnisse für das Verfahren

Auf eine Kindesanhörung wird auch gerne mit dem Argument verzichtet, das Kind bringe kaum relevante Erkenntnisse für das Verfahren. In der Studie von Karle u.a. versprachen sich 10,4% der Richter von der Kindesanhörung nur ein geringes Maß an Erkenntnissen für das Verfahren.[274] Ein Drittel der Richter gab explizit Gründe an, weshalb sie keinen Nutzen aus der Kindesanhörung ziehen könnten. 22,6% äußerten, die Kindesanhörung sei zu wenig ergiebig hinsichtlich verwertbarer Informationen, weil gerade jüngere Kinder sich nicht genügend eigenständig äußern könnten.[275] Jeweils weniger als 5% waren der Ansicht, dass sie sich meist aufgrund der Parteienvorträge bereits ein Bild vom Kind machen können, oder dass Kinder bewusst wichtige Informationen zurückhalten.[276] Auch in Prokschs Studie zur Mediation in streitigen Familiensachen äußerten einige Vermittler, dass sie Kinder so gut wie nie einbeziehen würden, da das Gespräch mit den Eltern bereits genügend, wenn nicht sogar mehr Informationen über die Kinder und die Familienkonstellation offenbare, als ein direktes Gespräch mit dem Kind.[277] Dies erscheint jedoch fragwürdig.

Bereits in der Studie von Lempp zeigte sich, dass viele Richter der Kindesanhörung hohe Bedeutung beimaßen, weil sie sich danach hinsichtlich ihrer Ent-

274 *Karle u.a.*, S. 63.
275 *Karle u.a.*, S. 59.
276 *Karle u.a.*, S. 59
277 *Proksch* (1998), S. 78 f.

scheidung sicherer fühlten. Dies gaben 93% der Richter bei unstreitigen und 84% der Richter bei streitigen Sorgerechtsverfahren an, allerdings nur 59% in Verfahren zu Umgangsregelungen.[278] Auch in Karles Studie gaben 87,5% der Richter an, sich nach der Kindesanhörung ein besseres Urteil bilden zu können. 47,4% der Richterinnen und 39,4% der Richter erwarteten sich durch die Kindesanhörung Aufschluss über den Entwicklungsstand des Kindes, teils auch über sein soziales Umfeld.[279] Ein Vergleich der Antworten zu den Erwartungen und dem Nutzen der richterlichen Anhörung zeigt, dass der Nutzen kaum hinter den Erwartungen zurückbleibt[280], vorausgesetzt, der Richter kann mit einem Kind sprechen und sich auf das Kind einlassen. In der Kindesanhörung fortgebildete Richter äußerten weitaus häufiger als nicht fortgebildete Richter, dass die Kindesanhörung für die Urteilsfindung von Nutzen war.[281] Richter ohne Fortbildung zweifelten signifikant häufiger am Nutzen der Anhörung als fortgebildete Richter.[282] Wer also weiß, was er von einem Kind erwarten kann, wie er mit dem Kind sprechen muss, wie er eine Anhörungssituation gestalten kann, in der das Kind sich frei und weiterbringend äußern kann, verspricht sich auch mehr von dem Gespräch mit dem Kind und nutzt öfter die Chance, das Kind anzuhören.

Es genügt eben gerade nicht, nur die Sicht der Eltern zu kennen.[283] Bei ihnen schwingen zwangsläufig auch immer ihre eigenen Erwartungen, Gefühle und Wünsche gegenüber dem Kind, aber auch gegenüber dem anderen Elternteil mit. Die Aussagen der Eltern über die Bedürfnisse ihres Kindes beruhen auch oft nur auf Vermutungen, da sie bei Weitem nicht in allen Fällen offen mit dem Kind über die Trennung sprechen (können) und somit auch nicht die tatsächliche Perspektive des Kindes kennen (können). Ferner könnten die Eltern auch unwahre Behauptungen über die Wünsche des Kindes aufstellen oder bedacht sein, kindeswohlgefährdende Umstände zu verheimlichen.

Die Äußerungen des Kindes können helfen, das Gesamtbild der Situation der Familie zu vervollständigen. Es können die wechselseitigen Beziehungen zwischen beiden Elternteilen und dem Kind und neben den Kapazitäten der Eltern auch die Bedürfnisse des Kindes und somit die gesamte familiäre Psychodynamik erforscht werden. Bereits kleine Kinder verfügen über ihre eigene Erlebnis- und Erfahrungswelt, die keineswegs immer spiegelgleich den Erwartungen der Eltern oder auch nur eines Elternteils entspricht.[284] Ferner ist es das

278 *Lempp u.a.*, S. 90.
279 *Karle u.a.*, S. 57.
280 *Karle u.a.*, S. 58.
281 *Karle u.a.*, S. 58.
282 *Karle u.a.*, S. 59.
283 *Kaltenborn*, British Journal of Social Work (2001) 31, 81 (82).
284 *Klußmann/Stötzel*, S. 19.

Kind, das zwischen beiden Haushalten pendelt, somit diese vergleichen und ggf. auch bereits einschätzen kann, wie die jeweiligen Wohnalternativen aussehen würden.

Ohne Anhörung des Kindes kann neben den Erklärungen der Eltern nur auf allgemeine Kindeswohlkriterien, Lebensanschauungen und Annahmen abgestellt werden. Diese allgemeinen Kriterien werden aber im Einzelfall selten die spezifischen Bedürfnisse des individuellen Kindes treffen.

Auch für die erforderliche Flexibilität der Regelungen ist es wichtig, das Kind einzubeziehen und seine Belange zu kennen. Die persönlichen Beziehungen des Kindes sind schließlich nicht statisch, sondern vielmehr dynamisch, da sie sich aufgrund seiner Erfahrungen sowie interner und externer Faktoren verändern.[285] Die Bedürfnisse eines Kindes können im Alter von drei und zehn Jahren weit verschieden sein und in den Jahren dazwischen können viele Veränderungen auftreten wie ein Umzug, neue Partner der Eltern, aber auch neue Interessen des Kindes.[286] Nicht nur im ersten Entscheidungsfindungsprozess, auch für später muss die Perspektive des Kindes einbezogen werden, um die Regelungen flexibel genug zu gestalten und sie den sich verändernden Bedürfnissen aller Beteiligten anpassen zu können.[287]

Hinsichtlich des Ergebnisses kann es wie eine „Nagelprobe“ sein, die Reaktion des Kindes auf die von den Eltern gewollte Regelung oder die beabsichtigte richterliche Entscheidung zu beobachten, da sie sehr oft deutlich macht, ob das Ergebnis für das Kind in Ordnung ist.[288]

Eine Anhörung dient nicht nur der Gewährung rechtlichen Gehörs für den Betroffenen, sondern eben auch der Sachverhaltsermittlung. Für die Beurteilung der Familiensituation und des Kindeswohls ist die Kenntnis der Perspektive des Kindes ein wichtiger Faktor. Auch für die Eltern ist es wichtig, diese zu kennen, um ihr Handeln danach ausrichten zu können. Aus dem Gespräch mit dem Kind können wichtige Informationen gewonnen werden, die für die Zufriedenheit der Beteiligten mit den Regelungen und somit auch für ihre Praktikabilität und Nachhaltigkeit entscheidend sind. Grundlegende Voraussetzung für ein möglichst aufschlussreiches Gespräch mit dem Kind ist, dass die Anhörung in einer dem Alter und der persönlicher Verfassung des Kindes angemessenen Form stattfindet und ein für das Kind angstfreies und förderndes Gesprächsklima gewährleistet ist.[289]

---

285 *Kaltenborn*, British Journal of Social Work (2001) 31, 81 (81).

286 *Parkinson/Cashmore*, S. 218.

287 *Parkinson/Cashmore*, S. 218.

288 Vgl. *Carl/Eschweiler*, NJW 2005, 1681 (1686).

289 *Güthoff*, in: Güthoff/Sünker, S. 201 (202).

VI. Die Kindesanhörung ist überflüssig bei Einvernehmen der Eltern

Dreh- und Angelpunkt dieser Untersuchung ist die These, die sowohl in der Literatur als auch in der Praxis häufig vertreten wird, dass bei Vorliegen einer elterlichen Einigung von einer Anhörung bzw. Beteiligung des Kindes abgesehen werden könne. Bereits in der Studie von Lempp gaben die befragten Richter an, in etwa einem Drittel der Verfahren bei Einigung der Eltern auf eine Kindesanhörung zu verzichten.[290] 25 Jahre später erklärten 75,8% der von Karle u.a. befragten Richter, auf die Anhörung des Kindes zu verzichten, wenn sich die Eltern bereits vor der Kindesanhörung geeinigt haben.[291] Die Einigung der Eltern lag somit nach dem Argument, das Kind sei zu jung (80,3%), auf Rang zwei der von den Richtern für den Verzicht auf eine Kindesanhörung genannten Gründe.[292]

Begründet wird dies damit, dass eine elterliche Einigung angeblich per se im Interesse des Kindes sei. Diese Ansicht beruht auf der Prämisse, dass eine Einigung der Eltern dafür spreche, dass sie sich versöhnt haben, und dass sie in Zukunft miteinander (wieder) kooperieren und kommunizieren können, wovon auch das Kind profitiere. Ferner wird angenommen, dass die Eltern die Bedürfnisse des Kindes ohnehin am besten kennen und bei einer Einigung die Interessen des Kindes hinreichend berücksichtigen. Im Falle einer elterlichen Einigung werden teils auch die Belastungen des Kindes durch die Anhörung gegenüber dem möglichen Gewinn aus der Anhörung als nicht mehr angemessen angesehen.[293] Aufgrund des Vorrangs der Elternrechte soll im Falle der elterlichen Einigung keine staatlich Überprüfung der von den Eltern einvernehmlich getroffenen Regelungen durch eine Kindesanhörung erfolgen, sofern keine Kindeswohlgefährdung ein staatliches Tätigwerden nach Art. 6 Abs. 2 S. 2 GG erfordert.

Es sprechen aber viele rechtliche und humanwissenschaftliche Gründe dafür, das Kind auch an einem auf ein Einvernehmen der Eltern zielenden Verfahren zu beteiligen.

Bereits im Jahr 1987 erklärten Lempp u.a., dass es nicht gerechtfertigt sei, die Anhörung des Kindes davon abhängig zu machen, ob es sich um ein streitiges oder unstreitiges Verfahren handelt.[294] Der Richter habe auch in unstreitigen Verfahren die Wächteramtsfunktion zu erfüllen, also mögliche Kindeswohlge-

290 *Lempp u.a.*, S. 88.
291 Vgl. *Karle u.a.*, S. 64.
292 *Karle u.a.*, S. 64
293 *Lempp u.a.*, S. 13, 88.
294 *Lempp u.a.*, S. 106.

fährdungen in den Familien aufzuspüren und notfalls zum Wohl des Kindes anders zu entscheiden, als es die Eltern vereinbart haben.[295]

Eine Einigung der Eltern bedeutet auch nicht zwangsläufig, dass die Regelung die Interessen des Kindes besser respektiert und berücksichtigt als eine richterliche Entscheidung.[296] Eine aus der Sicht der Eltern einvernehmliche Lösung kann aus der Perspektive des Kindes völlig anders aussehen.[297] Die Eltern mögen zwar glauben, das Beste für das Kind zu regeln, meinen dabei aber vielfach sich selbst.[298] Oft können oder wollen die Eltern die wahren Neigungen und tieferen Bindungen des Kindes nicht ermessen.[299] Sie haben vornehmlich ihre eigenen Rechte, Interessen und Emotionen gegenüber dem anderen Elternteil im Auge, und zwar aus ihrer Sicht und nicht aus der Sicht des Kindes. Die Interessen des Kindes und die der jeweiligen Eltern sind aber keineswegs immer gleichgerichtet[300] und es bleiben viele gut gemeinte Irrtümer der Eltern möglich.[301] Die elterliche Einigung kann eher von eigensüchtigen, wenn auch nicht zwingend böswilligen Motiven der Eltern und weniger vom Kindeswohl bestimmt sein.[302] Sicherlich handeln die Eltern meist nicht bewusst gegen die Interessen ihres Kindes, aber im Ergebnis wird das Kind mit seinen Bedürfnissen, Wünschen und Ängsten übergangen. Auch wohlmeinenden Eltern, die sich tatsächlich gleichwertig für die Kinder und als gleichberechtigt untereinander ansehen, geht es oft mehr um ihre Gleichberechtigung und weniger um die Bedürfnisse des Kindes und seine Bindungen zur Hauptbezugsperson.[303]

Wird das Kind nicht persönlich einbezogen, besteht die Gefahr, dass es nur zum Handelsobjekt in den Verhandlungen um das Sorge-, Umgangs- und Unterhaltsrecht wird und dabei seine Bedürfnisse quasi benutzt werden, um eigene Ziele zu erreichen.[304] Die tatsächlichen Interessen und Bedürfnisse des Kindes bleiben aber unbekannt und unbeachtet, so dass die vereinbarten Regelungen diese nur zufällig treffen können. Lediglich nach Aktenlage oder aus dem Verhalten der Eltern kann in der Regel nicht sicher erkannt werden, ob die von den Eltern vereinbarte Regelung sich am Kindeswohl oder an sachfremden Kriterien orientiert. Ohne die Berücksichtigung des Kindeswillens können nur allgemeine

295 *Lempp u.a.*, S. 46.
296 Vgl. *Parkinson/Cashmore*, S. 217.
297 *Salgo*, FPR 2010, 456 (457).
298 *Klußmann/Stötzel*, S. 57.
299 *Luthin*, FamRZ 1981, 111 (113).
300 *Glenewinkel*, S. 140.
301 *Klußmann/Stötzel*, S. 97.
302 Baumeister/*Fehmel*, § 50b FGG Rn. 9.
303 *Klußmann/Stötzel*, S. 58 f.
304 *Klußmann/Stötzel*, S. 57 f.

Kindeswohlkriterien herangezogen werden, die aber nur selten den Bedürfnissen des individuellen Kindes gerecht werden.

Zweck der Kindesbeteiligung ist daher gerade auch, dass die Interessen und Bedürfnisse des Kindes erkannt und bei den Entscheidungen angemessen berücksichtigt werden. Hinsichtlich des Verfahrens ist somit entscheidend, dass das Kind nicht erst bei bzw. nach der Einigung der Eltern angehört wird, sondern bereits im Entscheidungsfindungsprozess, also zu einem Zeitpunkt, in dem ja gerade noch keine Einigung besteht. Wird das Kind im Rahmen der Entscheidungsfindung nicht angehört, macht es für ihn keinen Unterschied, ob die Regelung per gerichtlicher Entscheidung oder elterlicher Einigung über seinen Kopf hinweg zustande kam. Seine individuellen Interessen und Bedürfnisse können schließlich nicht berücksichtigt werden, wenn sie nie erfragt wurden. Hinzu kommt, dass die Einbeziehung des Kindes gerade auch für die Eltern einen hohen Gewinn bringen kann. Sie können sich dann mit den tatsächlichen Bedürfnissen des Kindes auseinandersetzen und müssen nicht mehr darüber streiten, wer das Kind besser kennt und besser seine Interessen einschätzen kann. Kennen die Eltern die Perspektive des Kindes, kann dies ihnen auch eine gewisse Sicherheit geben zu wissen, dass sie die richtigen Regelungen treffen.

Das Kind ist also auch dann anzuhören, wenn die Eltern eine Einigung treffen.[305] Für die Belastungen des Kindes in der Anhörungssituation ist es im Übrigen so gut wie irrelevant, ob die Eltern sich zum Schluss einigen oder nicht, zumal das Verfahren auch dann konfliktreich sein kann, wenn es mit einer elterlichen Einigung endet. Für das Kind ist vornehmlich relevant, ob es am Entscheidungsfindungsprozess beteiligt wurde oder nicht, und nicht wer die Regelungen getroffen hat. Schließlich ändert es auch nichts an dem Anhörungs- und Beteiligungsrecht des Kindes, ob die Eltern sich einigen oder nicht. Es handelt sich um eine das Kind berührende Angelegenheit, da Entscheidungen getroffen werden, die sein Leben unmittelbar betreffen, so dass ihm Gelegenheit gegeben werden muss, seine Meinung zu äußern.

VII. Das Kind will sich nicht äußern

Die Weigerung des Kindes, sich zu äußern, ist ein weiteres Argument, mit dem oft auf die Anhörung und Einbeziehung des Kindes verzichtet wird.[306] Das Kind darf nicht gezwungen werden, seine Meinung zu äußern. Der Anspruch auf rechtliches Gehör beinhaltet nicht nur das Recht, sich zu äußern, sondern auch die negative Freiheit, sich nicht zu äußern. Lehnt das Kind es erkennbar und un-

305 So auch *Ministry of Justice (UK)*, Family Justice Review, S. 22.
306 *Karle u.a.*, S. 65.

beirrbar ab, sich zu äußern, ist dies zu respektieren und es darf nicht versucht werden, über Tests oder Fangfragen dennoch in den inneren Bereich des Kindes vorzudringen.[307]

Wenn sich aber ein Kind nicht äußert, obwohl es dazu in der Lage wäre, kann dies ein Alarmzeichen sein und entsprechende Untersuchungen und Unterstützungssysteme können erforderlich werden, da es ggf. Angst hat, sich zu äußern. Bevor bei Weigerung des Kindes tatsächlich von einer Anhörung bzw. Einbeziehung abgesehen wird, sollte daher jedenfalls geklärt werden, warum es sich nicht äußern will, wobei dies niemals zu Zwang und Repression führen darf.[308]

Meist sind die Gründe der Kinder auf eine Anhörung zu verzichten, dass sie Angst haben, dass es sie in eine schwierige Situation bringt, dass sie sich zwischen den Eltern entscheiden müssen, dass sie nicht wissen, wer von ihren Äußerungen erfährt, dass sie Angst haben, die Eltern zu verletztten, und dass sie nicht wissen, was sie bei der Anhörung erwartet.[309] Gründe für das Schweigen können auch vorangegangene negative Erfahrungen oder Enttäuschung bei Mitteilungsversuchen sein, oder unbewusste Phänomene wie Verdrängung, Bagatellisieren etc.[310] Dies sind aber genau die Ängste, die dem Kind genommen werden müssen. Der Anspruch auf rechtliches Gehör bedeutet nicht nur, die Gelegenheit zu bekommen, seine Meinung zu äußern, sondern auch die dafür erforderlichen Informationen zu erhalten. Das Kind muss hinreichend über sein Anhörungsrecht, über den Sinn und Zweck der Anhörung sowie seine Rolle bei der Entscheidungsfindung aufgeklärt werden. Das Kind muss auch darüber aufgeklärt werden, dass es keine Entscheidungen treffen und keine Regelungen bestimmen soll, sondern dass die Entscheidungsverantwortung bei den Erwachsenen, den Eltern bzw. dem Richter, verbleibt.[311] Es muss wissen, dass seine Rolle darin besteht, dabei zu helfen, die auch für es bestmögliche Lösung zu finden, indem es erzählt, wie es sich fühlt, wie es ihm geht, was es sich wünscht, worüber es sich Sorgen macht und was seine Ängste sind. Wird das Kind hingegen gefragt – und wie Anhörungsprotokolle zeigen, geschieht dies nicht selten –, ob es bei dem Vater oder der Mutter wohnen oder den anderen Elternteil besuchen will, vereinfacht sich zwar der Richter bzw. die die Entscheidung treffende Person die Entscheidung, aber dem Kind wird die Verantwortung übergeben, womit es ihm in der Regel nicht gut geht.[312]

---

307 Staudinger/*Coester*, § 1671 BGB Rn. 283 m.w.N.

308 Vgl. *Salgo*, Kind-Prax 1999, 179 (181).

309 *Parkinson/Cashmore*, S. 68 ff.

310 Handbuch-Verfahrensbeistandschaftt/*Fegert*, Rn. 593.

311 Vgl. *Carl/Eschweiler*, NJW 2005, 1681 (1682).

312 *Carl/Eschweiler*, NJW 2005, 1681 (1682).

Es kann sein, dass das Kind sich aus Angst vor einem oder beiden Elternteilen nicht traut, sich zu äußern.[313] In einem solchem Fall wäre es fatal, von der Anhörung einfach abzusehen, nur weil das Kind sich (scheinbar) weigert, sich zu äußern. Vielmehr müsste ein Verfahrensbeistand hinzugezogen und die Sicherheit des Kindes sichergestellt werden.

Skepsis ist auch angebracht, wenn ein Elternteil erklärt, das Kind verweigere die Anhörung. Das Anhörungsrecht bedeutet, dass das Kind selbst entscheidet und erklärt, ob es sich äußern will oder nicht, und nicht, dass ein Elternteil hierüber entscheidet. Verwehrt ein Elternteil dem Kind die Anhörung, kann dies schließlich auch daran liegen, dass der Elternteil befürchtet, das Kind offenbare etwas, das nicht offenbart werden soll, z.B. zuhause vorherrschende kindeswohlgefährdende Umstände.

Es ist Aufgabe der das Kind anhörenden Person, dem Kind Sinn und Zweck der Anhörung sowie seine Rolle in der Entscheidungsfindung alters- und reifeangemessen zu erklären und ihm möglichst seine Ängste und sein Misstrauen gegenüber der Anhörung zu nehmen, die es daran hindern könnten, sich äußern zu wollen. Es muss eine Anhörungssituation geschaffen werden, in der es sich möglichst wohl, jedenfalls aber ernst genommen und sicher fühlt. Es sollte immer zumindest versucht werden, zu klären, *warum* sich das Kind nicht äußern will. Verweigert das Kind trotz angemessener Erklärungen die Äußerung, ist dies zu respektieren.

F. Anforderungen an Form und Ablauf der Kindesanhörung

Um die Kindesanhörung möglichst gewinnbringend durchzuführen und um alle Möglichkeiten zu nutzen, die das Gespräch mit dem Kind bieten kann, sind das Setting und der Ablauf der Anhörung und somit insbesondere die Qualifikation und Erfahrung der das Kind anhörenden Person entscheidend. Dem Kind muss eine Struktur bereitgestellt werden, in dem es alle notwendigen Informationen und Unterstützungen findet, die es ihm ermöglichen, seine Meinung in alters- und reifeangemessener Weise zu äußern.[314] Die Eltern sollen hierdurch aber nicht in den Hintergrund gedrängt werden, zumal auch ihre Kooperation benötigt wird.[315]

313 *Lempp u.a.*, S. 108

314 *Parkinson/Cashmore*, S. 64.

315 *Gammer*, S. 196.

Ziel der Anhörung ist es, die Neigungen und Bindungen, Wünsche, Erwartungen, Bedürfnisse, Ängste und Interessen des Kindes in Erfahrung zu bringen (vgl. auch § 159 Abs. 2 FamFG). Es dabei genügt nicht, dem Kind kurz die Gelegenheit zur Äußerung zu geben, vielmehr gilt es, das Kind zu motivieren, aus seiner Sicht die familiäre Situation und seine eigene Befindlichkeit mitzuteilen.[316] Darunter ist wiederum nicht zu verstehen, konkrete Wünsche des Kindes z.B. für Umgangskontakte zu erfragen und somit konkrete Entscheidungen zu verlangen. Die Entscheidung muss bei den Erwachsenen verbleiben. Der Fragende soll sich vielmehr ein Bild über die gesamte Situation der Familie und die Erfahrungen des Kindes in der Familie machen.[317] Die Logik des Kindes, seine Gründe und seine Belange sollen erarbeitet werden, nicht lediglich seine Meinung und Zustimmung zu expliziten, in der Vorstellung des Fragenden bereits feststehenden Wohn- und Umgangsregelungen. Die Äußerungen des Kindes müssen ferner immer im entwicklungspsychologischen und familiären Kontext gestellt und verstanden werden.

Jedem Gespräch mit dem Kind muss ein gründliches Aktenstudium vorausgehen. Die mit dem Kind sprechende Person muss einen Überblick über die Situation der Familie und Situation des Kindes sowie der Möglichkeiten, Fähigkeiten und Wünsche der Eltern haben, auch der Stand des Verfahrens muss bekannt sein.[318] Ansonsten besteht die Gefahr, durch unbedarfte Äußerungen Hoffnungen des Kindes zu wecken oder auch seelische Verletzungen des Kindes nicht wahrzunehmen.[319]

Die das Kind anhörende Person muss das Gespräch mit Fragen steuern.[320] Fragen können aber hemmend wirken, daher sollte das Kind nicht mit Fragen überhäuft werden, so dass es das Gefühl bekommt, es werde ausgefragt und verhört.[321] Suggestivfragen sollten vermieden werden. Es sollten offene Fragen gestellt werden, die dem Kind nicht schon eine mögliche Antwort vorgeben und das Kind nicht dazu bewegen, sich für oder gegen einen Elternteil entscheiden oder positionieren zu müssen.[322] Durch die Art und Weise der Gesprächsführung muss dem Kind vermittelt werden, dass es nicht Ziel des Gesprächs ist, dass es sich zwischen den Eltern entscheidet, sondern dass seine Perspektive in die Entscheidungsfindung miteingebracht werden soll.

---

316 *Schweppe/Bussian*, ZKJ 2012, 13 (18).

317 *Parkinson/Cashmore*, S. 124.

318 *Lempp u.a.*, S. 107.

319 Handbuch-Verfahrensbeistandschaft/*Rogalla*, Rn. 1530.

320 *Carl/Eschweiler*, NJW 2005, 1681 (1681 ff.) mit diversen weiteren Beispielsfragen.

321 *Drapkin/Bienenfeld*, Journal of Divorce 1985, 63 (67).

322 *Stötzel/Prenzlow*, ZKJ 2011, 200 (203).

Es kann für das Kind leichter sein, die widerstreitenden Interessen zuerst als scheinbar objektive Gegebenheiten darzustellen, außerdem kann es dann in seinen Loyalitätskonflikten und Befangenheiten besser verstanden werden.[323] Gerade bei Kleinkindern sollte sich die Herangehensweise des Anhörenden eher an der Frage orientieren „Was kann ich über dieses Kind erfahren?“, als „Welche Antworten kann ich zu meinen Fragen erhalten?“.[324] Es können sachliche Fragen gestellt werden nach dem Tagesablauf, der Schule, den Freunden, den Lieblingsschulfächern, den Hobbys, es sollten aber auch emotionale Erlebnisinhalte erörtert werden, indem das Kind dazu veranlasst wird, über seine Gefühle und Wertungen zu sprechen.[325]

Der Begriff Anhörung ist insofern missverständlich, als dass es insbesondere bei jüngeren Kindern nicht auf die Fähigkeit zur Kommunikation in der Erwachsenensprache ankommt, sondern es genügen bereits Artikulationsmöglichkeiten, die einem zur Kommunikation mit Kindern fähigen Erwachsenen verständlich sind.[326] Bei kleineren Kindern handelt es sich daher eher um eine „Anschauung“ des Kindes und seines Verhaltens gegenüber seinen Eltern.[327] Das Einsetzen spielerischer Elemente wie Vorlesen oder Malen kann sinnvoll sein.[328] Auch bei älteren Kindern können äußere Verhaltensindikatoren wie Körperhaltung, Gesichtsausdruck, Mimik und Sprechweise des Kindes Aufschluss geben über spezifische Konflikte, Verhaltens- und Erlebnisweisen und ihre Erscheinungsformen wie Ambivalenzkonflikte, Loyalitätskonflikte, Dressate, Delegate, Trauer und Verschlossenheit.[329]

Die Anhörung sollte zunächst alleine mit dem Kind, also ohne die Eltern, aber in Anwesenheit eines ggf. bestellten Verfahrensbeistandes (vgl. § 159 Abs. 4 S. 3 FamFG) stattfinden, da dies die Wahrscheinlichkeit erhöht, dass das Kind sich unbefangener und freier äußert.[330] In Anwesenheit eines Elternteils wird sich das Kind selten „zugunsten“ des anderen oder „zu Lasten“ des anwesenden Elternteils äußern.[331] Ein getrenntes Gespräch ermöglicht auch Verständnisäuße-

323 Handbuch-Verfahrensbeistandschaft/*Fegert*, Rn. 1076.

324 *Drapkin/Bienenfeld*, Journal of Divorce 1985, 63 (64).

325 *Lempp u.a.*, S. 39 f.

326 Baumeister/*Fehmel*, § 50b FGG Rn. 15.

327 Baumeister/*Fehmel*, § 50b FGG Rn. 20 m.w.N.

328 *Schweppe/Bussian*, ZKJ 2012, 13 (18).

329 Baumeister/*Fehmel*, § 50b FGG Rn. 13 m.w.N.; mit einigen Beispielen *Carl/Eschweiler*, NJW 2005, 1681 (1683 f.).

330 *Stößer*, FamRZ 2009, 656 (660); Baumeister/*Fehmel*, § 50b FGG Rn. 22 m.w.N.; *Musielak/Borth*, § 159 FamFG Rn. 3; *Walter*, FPR 2009, 23 (26); Handbuch-Verfahrensbeistandschaft/*Heilmann*, Rn. 1296.

331 *Klußmann/Stötzel*, S. 89.

rungen der anhörenden Personen, wobei diese nicht mit vorzeitigen Zugeständnissen gleichzusetzen sind und dies auch deutlich zu machen ist.[332] Vor allem kleinere Kinder bestehen manchmal auf der Anwesenheit einer Bezugsperson. Die begleitende Person kann dann zunächst mit hereingebeten werden und beim neutralen Plaudern oder gemeinsamen Malen erhält dann die Begleitperson einen Augenwink und entfernt sich mit einem freundlich erklärenden Wort an das Kind.[333]

In einem späteren Termin könnte je nach Erfordernis ein gemeinsames Gespräch stattfinden. Eine Anhörung im Beisein der Eltern kann der Beobachtung des gegenseitigen Verhaltens dienen.[334] Daraus können Informationen dahingehend gewonnen werden, wem sich das Kind nahe fühlt oder vor wem es eventuell Angst hat, sowie auch hinsichtlich der Interaktion zwischen Eltern und Kind, ob diese herzlich, kühl, zurückhaltend, streng etc. ist.[335]

Für die Anhörungssituation insbesondere kleinerer Kinder ist auch entscheidend, ob das Kind den Eindruck hat, dass es guten Gewissens der anhörenden Person vertrauen kann. Hilfreich ist, wenn der Elternteil, der das Kind gebracht hat, dieser Person mit einigem Zutrauen begegnet und das Kind bestärkt und ermutigt, dass es mit dieser Person sprechen kann.[336] Wechseln die Erwachsenen in Anwesenheit des Kindes einige freundliche Sätze und wird das Kind dann in das Gespräch miteinbezogen, signalisiert dies ihm, dass es dieser Person vertrauen kann. Das Kind wird sich dann viel leichter tun, mit der anhörenden Person offen und ehrlich zu sprechen. Es kann auch ein Verfahrensbeistand zur Unterstützung des Kindes hinzugezogen werden, der sich bereits vorab mit dem Kind getroffen hat und dann bei der Anhörung anwesend ist und dem Kind hilft, seine Perspektive darzustellen.

Es kann sinnvoll sein, einen separaten Termin für die Kindesanhörung anzusetzen, dies jedenfalls dann, wenn das Kind den getrennt lebenden Elternteil bereits lange nicht mehr gesehen hat.[337] In einem späteren Termin könnte mit entsprechender Vorbereitung und bei genauer Kenntnis des Einzelfalles eine Begegnung des Kindes mit dem lange nicht mehr gesehenen Elternteil herbeiführt werden. Dies kann dann auch die Möglichkeit bieten, einen Eindruck über die Beziehungssituation zu erlangen.

Geschwister können gemeinsam oder getrennt angehört werden. Die gemeinsame Anhörung von Geschwistern bietet die Möglichkeit, die Interaktion

---

332 *Klußmann/Stötzel*, S. 88.

333 *Klußmann/Stötzel*, S. 96.

334 *Musielak/Borth*, § 159 FamFG Rn. 3.

335 *Drapkin/Bienenfeld*, Journal of Divorce 1985, 63 (68).

336 *Klußmann/Stötzel*, S. 94.

337 Baumeister/*Fehmel*, § 50b FGG Rn. 13; *Schweppe/Bussian*, ZKJ 2012, 13 (18).

der Geschwister zu beobachten.[338] Es besteht aber die Gefahr, dass die Geschwisterbeziehung summarisch beurteilt wird und nur eine unzureichende Beurteilung hinsichtlich jedes einzelnen Kindes erfolgt.[339] Um beides zu erforschen und zu gewähren, ist es sinnvoll, sowohl einzeln mit den Geschwistern zu sprechen, als auch gemeinsam. Es können zunächst Einzelgespräche geführt werden und danach ein gemeinsames Gespräch.[340] Es kann auch mit einem gemeinsamen Gespräch der Geschwister begonnen werden, ggf. auch zur Absprache, ob jedes Kind einzeln angehört werden kann oder ob ein jüngeres Kind zunächst die Anwesenheit eines älteren Geschwisters benötigt.[341]

Das Gespräch mit dem Kind sollte möglichst nur eine Person führen. Sind mehrere Personen anwesend, z.B. bei richterlicher Anhörung durch die gesamte Kammer oder den Senat[342] oder bei Anwesenheit des Verfahrensbeistandes, sollte einer unter völliger Zurückhaltung des anderen die Anhörung durchführen, damit sich das Kind nicht gegenüber zwei oder mehr Erwachsenen hilflos und überwältigt fühlt und sich nicht in gleicher Weise frei äußert.[343]

Die Anhörung sollte in der Regel im Richterzimmer ohne Robe[344] und Krawatte stattfinden. Spezielle Räume für die Kindesanhörung sind zwar an den wenigsten Gerichten eingerichtet, dennoch findet die Kindesanhörung richtigerweise selten im Sitzungssaal, sondern eher im Richterzimmer statt. Anhörungen in der häuslichen Umgebung des Kindes werden selten durchgeführt, sie sind aber auch ohnehin problematisch. Es kann verunsichernd und bedrohlich auf das Kind wirken, wenn es in seinem Zuhause von einem ihm völlig fremden Menschen, insbesondere einem Richter, besucht, angehört und befragt wird.[345]

Nachforschungen zeigen, dass die Kinder oft über die Umstände, die Situation und den Sinn der Anhörung nicht gut bzw. kaum informiert sind.[346] Es kann nicht ohne Weiteres vorausgesetzt werden, dass die Eltern das Kind schon ausreichend aufgeklärt und informiert haben. Die Anhörung muss daher immer auch die Aufklärung und Informierung des Kindes über alle es betreffenden Angelegenheiten und Fragen beinhalten. Eine sinnvolle Einbeziehung des Kindes

---

338 *Karle u.a.*, S. 93; OLG Dresden NJW 2003, 147.

339 *Karle u.a.*, S. 93.

340 *Bernhardt*, FPR 2005, 95 (97); *Karle u.a.*, S. 93; OLG Dresden NJW 2003, 147.

341 *Carl/Eschweiler*, NJW 2005, 1681 (1683); Handbuch-Verfahrensbeistandschaft/*Heilmann*, Rn. 1299.

342 Aus kinderpsychologischer Sicht kritisch zur Anhörung des Kindes durch den gesamten Senat, s. *Rohmann/Karle*, ZKJ 2010, 434 (434).

343 *Lempp u.a.*, S. 107.

344 Z.B. *Klußmann/Stötzel*, S. 95.

345 *Lempp u.a.*, S. 107; Baumeister/*Fehmel*, § 50b FGG Rn. 25.

346 *Parkinson/Cashmore*, S. 155.

setzt schließlich voraus, dass das Kind ehrlich und umfassend über seine Situation, seine Rechte, seine Optionen sowie die Möglichkeiten und Grenzen der Einbeziehung aufgeklärt wird.[347] Bereits die Information, zu Gericht gehen zu müssen, kann im Kind Ängste hervorrufen, sich dort gegen einen Elternteil äußern zu müssen oder bestraft zu werden. Kinder haben ihre Vorstellungen von Gerichten oft aus den Medien[348], was dazu führen kann, dass sie eventuell Angst bekommen, zu Reportern oder vor Publikum sprechen zu müssen. Insbesondere misshandelte Kinder werden oft seitens eines Elternteils gezielt mit Desinformationen und irreleitenden Drohungen eingeschüchtert, indem mit erfundenen Reaktionen des Jugendamtes oder des Gerichts gedroht wird.[349] Die das Kind anhörende Person muss selbst sicherstellen, welchen Kenntnisstand das Kind hat und ggf. dem Kind erklären, warum das Gespräch stattfindet, welchen Sinn es hat und welche Möglichkeiten es dem Kind bietet[350], und dem Kind möglichst auch schriftliche Informationsbroschüren bereitstellen. Das Kind muss über seine Rolle im Entscheidungsfindungsprozess sowie über die zu erwartenden persönlichen und familiären Folgen, aber auch über seine materiellen wie prozessualen Rechte informiert werden. Ihm müssen die erforderlichen Informationen über die Wohn- und Umgangsoptionen gegeben und die verschiedenen Möglichkeiten der Einbeziehung sowie die Option eines Interessenvertreters bzw. Verfahrensbeistandes erklärt werden. Das Kind muss das Gefühl bekommen, dass seine Meinung relevant ist und nicht nur pro forma erfragt wird.

Äußerst wichtig ist es, die Frage der Vertraulichkeit des Gesprächs mit dem Kind zu klären. Kindern ist oft nicht klar, wer von ihren Äußerungen erfahren wird, so dass sie sich oft nach dem Gespräch sorgen, dass beiden Eltern alles berichtet wird.[351] Wenn sie erfahren, dass ihre Äußerungen an die Eltern weitergegeben wurden, ohne dass sie dies wussten, sehen sie dies als Vertrauensbruch. Um Missinterpretationen und Vertrauensbrüchen vorzubeugen, sollten Feedback-Mechanismen[352] eingesetzt werden: Die das Kind anhörende Person sollte immer wieder sicherstellen, dass das Kind die Situation, den Zweck des Gesprächs sowie auch die Vertraulichkeitskriterien versteht, aber auch dass sie selbst die Äußerungen des Kindes richtig verstanden hat.

---

347 Baumeister/*Fehmel*, § 50b FGG Rn. 13; vgl. auch BAG Verfahrenspflegschaft, Standards für VerfahrenspflegerInnen (2005), Punkt 3.1.

348 *Kostka*, S. 489.

349 Handbuch-Verfahrensbeistandschaft/*Zitelmann*, Rn. 1109.

350 *Drapkin/Bienenfeld*, Journal of Divorce 1985, 63 (64).

351 *Parkinson/Cashmore*, S. 155.

352 *Parkinson/Cashmore*, S. 156.

Schwierig ist die Frage, ob und unter welchen Voraussetzungen Erklärungen des Kindes auf seine Bitte hin nicht den Eltern weitergegeben werden.[353] Für die richterliche Anhörung gilt, dass Verlauf und Ergebnis der Kindesanhörung zu protokollieren sind, also der wesentliche Inhalt wiederzugeben und allen Beteiligten nachvollziehbar zu machen ist (vgl. § 28 Abs. 4 FamFG).[354] Hört also ein Richter das Kind an, muss er ihm erklären, dass jedenfalls die für das Verfahren relevanten Ergebnisse der Anhörung in das Verfahren einfließen müssen. Möchte das Kind nicht, dass bestimmte Äußerungen weitergegeben werden, sollte geklärt werden, warum das Kind dies nicht will. Können die Befürchtungen des Kindes nicht ausgeräumt werden, sind die berechtigten Interessen des Kindes an einer Geheimhaltung mit dem Anspruch der Eltern auf Gewährung rechtlichen Gehörs und dem Prinzip des fairen Verfahrens abzuwägen.[355]

Ergeben sich aus der Kindesanhörung Hinweise auf eine Kindeswohlgefährung gilt für den Richter, dass er aufgrund seiner Wächteramtsfunktion nicht untätig bleiben darf. Kommt eine Gefährdung des Kindes in Betracht, hat der Schutz des Kindes Vorrang vor den Verfahrensrechten der Eltern.[356] Es kann ausnahmsweise von der Protokollierung einzelner Aussagen des Kindes abgesehen werden, wenn dies aus erheblichen Gründen des Kindeswohls gerechtfertigt ist, beispielsweise wenn das Kind ausdrücklich darum gebeten hat, seine Äußerungen den anderen Verfahrensbeteiligten nicht unmittelbar zur Kenntnis zu bringen, und es ohne eine entsprechende Zusicherung nicht Stellung beziehen will.[357]

In einem außergerichtlichen Gespräch mit dem Kind durch einen Verfahrensbeistand, Mediator (vgl. § 4 S. 3 Nr. 2 MediationsG) oder Berater kann bei Hinweisen auf Kindeswohlgefährdungen die Grenze der Schweigepflicht erreicht sein. Es kann sinnvoll sein, dies dem Kind erst zu erklären, wenn es von kindeswohlgefährdenden Umständen berichtet, um zu verhindern, dass es sich bereits zu Beginn eingeschüchtert fühlt und gänzlich schweigt. Am Ende des Gesprächs sollten mit dem Kind nochmals die Ergebnisse abgestimmt und geklärt werden, was genau den Eltern gesagt wird.

Auch bei Erstellung eines Gutachtens sollte mit dem Kind besprochen werden, was darin festgehalten werden soll und es muss sichergestellt sein, dass die Kinder wissen und verstehen, was im Gutachten steht.

---

353 *Carl/Eschweiler*, NJW 2005, 1681 (1682).

354 Zum Anhörungsprotokoll sowie zur Problematik einer Bild-Ton-Aufzeichnung der Kindesanhörung s. *Schweppe/Bussian*, ZKJ 2012, 13 (19 f.).

355 *Carl/Eschweiler*, NJW 2005, 1681 (1682).

356 *Carl/Eschweiler*, NJW 2005, 1681 (1682).

357 Handbuch-Verfahrensbeistand/*Heilmann*, Rn. 1305.

Ziel und Ablauf des Gesprächs mit dem Kind in Stichpunkten:

- Ziel des Gesprächs mit dem Kind
  - Die Neigungen und Bindungen, Wünsche, Erwartungen, Bedürfnisse, Ängste und Interessen des Kindes erfahren; das Kind kennenlernen;
  - Dem Kind Informationen und Unterstützung bieten;
  - Nicht: Dem Kind eine Entscheidung abverlangen.

- Vor dem Gespräch mit dem Kind
  - Gründliches Aktenstudium;
  - Gespräch mit den Eltern über ihre eigenen Möglichkeiten, Fähigkeiten, Erwartungen und Wünsche;
  - Termin ansetzen, auch das Kind persönlich einladen.

- In dem Gespräch/den Gesprächen mit dem Kind
  - Eine dem Kind und seinem Alter gerecht werdende Umgebung schaffen, z.B. Spielsachen, Stifte, Kissen, Knabbereien bereit stellen;
  - Jedenfalls ein persönliches Gespräch alleine mit dem Kind – also ohne die Eltern –, ggf. in Anwesenheit eines Verfahrensbeistandes (vgl. § 159 Abs. 4 S. 3 FamFG) oder einer Vertrauensperson;
  - Das Kind informieren über den Zweck des Gesprächs, den Stand des Verfahrens, die Situation der Familie, seine Rolle im Verfahren, seine Rechte und Beratungsoptionen;
  - Besprechung der Vertraulichkeit des Gesprächs;
  - Mit dem Kind klären, was den Eltern berichtet wird.

- Nach dem Gespräch mit dem Kind
  - Den Eltern Rückmeldung geben;
  - Dem Kind das Ergebnis erklären.

G. Fazit

Erwachsene neigen dazu, Kinder zu unterschätzen.[358] Der Verzicht der Anhörung wird meist mit mangelnden Kompetenzen des Kindes begründet. Die Meinung des Kindes soll nur berücksichtigt werden, wenn sie rational und unbeeinflusst ist bzw. das Kind ein bestimmtes Alter erreicht hat. Dies geht aber an den Erkenntnissen der Entwicklungspsychologie vorbei und verletzt die Anhörungs- und Beteiligungsrechte des Kindes: Kinder haben das Recht, altersgemäß an den sie berührenden Entscheidungen beteiligt zu werden. Es hat sich nicht das Kind dem Verfahren anzupassen, sondern das Verfahren und die beteiligten

358 *Freeman*, International Journal of Children's Rights 18 (2010), 665 (665).

Erwachsenen müssen sich den Fähigkeiten des Kindes anpassen. Nicht das Kind muss vorab beweisen, dass es vernünftig, reif und unbeeinflusst ist und daher einbezogen werden kann, sondern der Beteiligungsprozess muss die Strukturen bereitstellen, die das Kind in seiner individuellen Situation entsprechend seinem Alter und seiner Reife darin unterstützen, sein Recht, gehört zu werden, wahrnehmen zu können. Wichtig ist dabei, dass das Kind Klarheit hat über seine Rolle und die Möglichkeiten und Grenzen seiner Einflussnahme.[359]

Die Einbeziehung der Kinder muss als ernsthaftes Prinzip gewollt sein.[360] Die Einbeziehung ist für die Kinder selbst von erheblicher psychologischer Bedeutung, damit sie sehen, dass nicht über ihre Köpfe hinweg entschieden wird. Es unterstützt ihren Reifeprozess und stärkt ihre Persönlichkeit, indem sie sehen, dass sie respektiert und ernst genommen werden. Können die Wünsche, Interessen, Ängste und Bedürfnisse des Kindes erarbeitet werden, kann dies aber auch den Eltern bzw. den die Entscheidung treffenden Personen helfen, kindgerechte Regelungen zu treffen. Die Kenntnis dessen, wie die elterliche Trennung, das elterliche Verhalten und die gesamte Familiensituation auf das Kind wirken, kann bei den Eltern bewirken, dass sie sich z.B. bei der Übergabe entsprechend anders verhalten. Ist auch das Kind mit den Regelungen einverstanden, kann dies die Chancen enorm erhöhen, dass auch die Eltern die Regelungen akzeptieren, und dass die Regelungen langfristig eingehalten werden.

Lehnt das Kind einen Elternteil ab, ist darin nicht automatisch die Beeinflussung des anderen Elternteils zu sehen. Dies kann durchaus die eigene Meinung des Kindes sein. Entscheidend muss sein, die Perspektive und die Gründe des Kindes für seine Ablehnung zu erkunden, anstatt seine Meinung als eine nicht zu beachtende abzuqualifizieren. Insbesondere wenn gegen seinen Willen entschieden wird bzw. werden muss, sind ihm Unterstützung und Hilfen zu bieten, dies zu verstehen und zu verkraften.

Bezeichnend ist, dass sich Vorbehalte gegenüber der Kindesbeteiligung meist bei den professionell am Verfahren Beteiligten mit wenig entsprechender Erfahrung und Fortbildung halten. Daher ist die Wahrnehmung entsprechender Fortbildungen durch alle beteiligten Professionen zu fordern und zu fördern.

359 *BMFSFJ*, Perspektiven für ein kindergerechtes Deutschland, S. 66.
360 *BMFSFJ*, Perspektiven für ein kindergerechtes Deutschland, S. 48.

Teil 4: Allgemeines zu Einvernehmen in Kindschaftssachen

A. Das Einvernehmen in Kindschaftssachen

Die Bedeutung von einvernehmlichen Konfliktlösungen innerhalb und außerhalb des Gerichtsverfahrens hat in den letzten Jahrzehnten erheblich zugenommen. Die Beteiligten sollen sich über den Verfahrensgegenstand möglichst einigen, anstatt streitig zu verhandeln bis der Richter entscheidet.

Hinsichtlich des Gerichtsverfahrens wird oft bemängelt, dass zum einen das Verfahren den Bedürfnissen der Beteiligten nicht gerecht werde, da es zu sehr auf Streit ausgelegt sei, zum anderen die gerichtlich getroffenen Regelungen bei weitem nicht immer befrieden und auch nicht nachhaltig seien. Hinzu kommt, dass es für die Beteiligten im Gerichtsverfahren oft schwierig und ernüchternd ist, ihr intimstes Privatleben übersetzt zu sehen in eine Sprache von Paragraphen, legalen Definitionen und Maßnahmen, sich dem Schachspiel ihrer Anwälte, den Beurteilungen des Jugendamtes und der Entscheidung des Richters ausgeliefert zu fühlen und schließlich nicht das erhoffte Ergebnis zu erzielen.

Von konsensualen Vermittlungsverfahren bzw. Streitbeilegungsverfahren wird erhofft, dass sie im Gegensatz zum streitigen Gerichtsverfahren die Konflikte der Familie sowie die Belastungen der Kinder verringern.[1] Gerade wenn außergerichtlich in einem intimeren, privateren Rahmen wie einer Mediation verhandelt wird, wird davon ausgegangen, dass dies die Anspannungen und den Stress der Beteiligten vermindern könne. Es soll auch eine – selbst wenn nur in begrenztem Rahmen mögliche – über die rechtlich relevanten Fragen hinausgehende Bearbeitung der Konflikte der Familie ermöglicht werden. Die Eltern sollen idealerweise im Vermittlungsverfahren sehen, dass eine Kommunikation und Einigung möglich ist, und dass sie gemeinsam Lösungen entwickeln können. Die Eltern sollen motiviert werden, selbst und gemeinsam die Verantwortung für die Trennungsfolgen und für das gemeinsame Kind zu tragen.

Die Förderung von Einvernehmen in Kindschaftssachen steht in der Reihe verschiedener Entwicklungen, mit denen die Verantwortung bei familienrechtlichen Entscheidungen immer mehr in die Hände der Ehepartner (zurück-) gegeben wird. Bis zur Scheidungsreform[2] im Jahr 1977 galt für eine Scheidung

---

1 *Gläßer*, S.128.

2 Erstes Gesetz zur Reform des Ehe- und Familienrechts (1. EheRG) vom 14.06.1976 (BGBl. I S. 1421), in Kraft getreten am 01.07.1977.

das Schuldprinzip.[3] Eine Scheidung war nur möglich, wenn eine verschuldete ehewidrige Handlung (meist Ehebruch) des anderen Ehegatten bewiesen wurde. Somit entschied der Staat, ob eine Ehe geschieden oder fortgeführt werden sollte. Mit der Scheidungsreform wurde das Schuldprinzip abgeschafft und das Zerrüttungsprinzip eingeführt. Als Scheidungsgrund genügt nunmehr, dass die Ehe zerrüttet bzw. gescheitert ist (§§ 1565, 1566 BGB). Das Gericht prüft nur, ob die Voraussetzungen der §§ 1565, 1566 BGB vorliegen. Es liegt also in der Verantwortung der Ehegatten, zu entscheiden, ob sie die Ehe fortführen wollen oder nicht.

Für den Fall, dass ein minderjähriges gemeinsames Kind von der Scheidung betroffen war, wurde seit der Scheidungsreform im Jahr 1977 bei einer Scheidung die Frage der elterlichen Sorge für das Kind immer von Amts wegen mit der Scheidungssache verbunden und entschieden.[4] Der Staat erzwang also bei jeder Scheidung auch eine Entscheidung über die elterliche Sorge. Die Eltern hatten dabei nach § 74 Ehegesetz[5], der im Jahr 1957 durch § 1671 BGB ersetzt wurde, aber die Möglichkeit, eine Vereinbarung über die elterliche Sorge zu treffen. Mit der Kindschaftsrechtsreform[6] im Jahr 1998 wurde der Verbund von Ehescheidung und Regelung der elterlichen Sorge abgeschafft. Seither bleibt die gemeinsame Sorge kraft Gesetzes trotz der Scheidung grundsätzlich bestehen. Eine Entscheidung über die elterliche Sorge erfolgt nur noch auf Antrag eines Elternteils (vgl. § 1671 Abs. 1 und 2 BGB), wobei die familiengerichtliche Prüfungs- und Entscheidungskompetenz merklich zurückgenommen wurde[7]. Von Amts wegen entscheidet das Gericht über die elterliche Sorge nur noch bei Vorliegen der Voraussetzungen des § 1666 BGB. Dies gilt entsprechend für unverheiratete Eltern, die aufgrund einer Sorgeerklärung nach § 1626a Abs. 1 Nr. 1 BGB gemeinsam sorgeberechtigt sind. Somit ist neben der Entscheidung zur Scheidung auch die Regelung der elterlichen Sorge stärker in den Verantwortungsbereich der Eltern gelegt worden. Ebenso ist die Regelung des Umgangs grundsätzlich den Eltern überlassen. Eine gerichtliche Regelung erfolgt nur auf entsprechenden Antrag oder wenn dies aus Kindesschutzgründen geboten ist.

Der Staat will also die Regelung der Scheidungsfolgen hinsichtlich gemeinsamer Kinder immer mehr den Eltern überlassen und bietet ihnen hierzu diverse

---

3 Für einen Überblick zu den wesentlichen gesetzlichen Entwicklungen des Familienrechts s. *Wellenhofer*, S. 3.

4 BT-Drucksache 13/4899, S. 31.

5 Gesetz Nr. 16 des Kontrollrates – EheG vom 20. 02.1946.

6 Gesetz zur Reform des Kindschaftsrechts (KindRG) vom 16.12.1997 (BGBl. I S. 2941), in Kraft getreten am 01.07.1998.

7 Vgl. Staudinger/*Coester*, § 1671 BGB Rn. 5 ff.

Beratungs- und Hilfsangebote an. Das SGB VIII[8] hält hierfür ein System von Leistungen für Familien in allen Lebenslagen bereit.[9] Zu diesen Angeboten gehören auch Hilfen zur Entwicklung von einvernehmlichen Konzepten zur Wahrnehmung der elterlichen Sorge (§ 17 SGB VIII), sowie die Unterstützung bei der Ausübung der Personensorge und des Umgangsrechts (§ 18 SGB VIII).

Aber nicht nur außergerichtlich, sondern auch im Gerichtssaal sollen die Eltern motiviert werden, sich zu einigen. Mit dem Kindschaftsrechtsreformgesetz im Jahr 1989 wurde daher § 52 Abs. 1 FGG eingefügt, wonach im Interesse und zum Schutz des Kindes die eigenverantwortliche außergerichtliche Konfliktlösung der Beteiligten gefördert werden sollte. Diese Tendenz zur Förderung von Einvernehmen wurde schließlich eines der erklärten Schwerpunkte des am 01.09.2009 im Zuge der FGG-Reform in Kraft getretenen FamFG.[10] Nun soll der Richter im Gerichtsverfahren auf ein Einvernehmen hinwirken, sofern dies dem Kindeswohl nicht widerspricht (§ 156 Abs. 1 S. 1 FamFG, früher § 52 Abs. 1 FGG). Im Rahmen dessen kann er den Beteiligten auch empfehlen oder teils auch anordnen (§ 156 Abs. 1 S. 2 bis 4 FamFG), sich über die Möglichkeiten einvernehmlicher Konfliktbeilegung beraten zu lassen. Wurde eine Umgangsregelung bereits getroffen, aber nicht eingehalten, kann auf Antrag ein Vermittlungsverfahren eingeleitet werden, indem erneut auf ein Einvernehmen hinzuwirken ist (§ 165 FamFG). Wird ein Sachverständiger bestellt, kann auch ihm nach § 163 Abs. 2 FamFG aufgegeben werden, bei Erstellung des Gutachtens auf ein Einvernehmen der Beteiligten hinzuwirken. Wird ein Verfahrensbeistand bestellt, kann auch ihm die zusätzliche Aufgabe übertragen werden, am Zustandekommen einer einvernehmlichen Regelung mitzuwirken (§ 158 Abs. 4 S. 3 FamFG).

Zur Regelung der Mediation wurde auf europarechtlicher Ebene im Jahr 2008 eine Richtlinie[11] über bestimmte Aspekte der Mediation in Zivil- und Handelssachen erlassen. Zur Umsetzung der Richtlinie in Deutschland wurde im Jahr 2011 das Gesetz zur Förderung der Mediation und anderer Verfahren der außergerichtlichen Konfliktbeilegung[12] am 10.02.2012 beschlossen.

---

8 Das Jugendwohlfahrtsgesetz (JWG) wurde durch das Kinder- und Jugendhilfegesetz (KJHG) vom 26. Juni 1990 ersetzt. Artikel 1 KJHG ergänzt das Sozialgesetzbuch um ein Achtes Buch (SGB VIII) Kinder- und Jugendhilfe.

9 BT-Drucksache 13/4899, S. 39.

10 BT-Drucksache 16/6308, S. 2.

11 Richtlinie 2008/52/EG des Europäischen Parlaments und des Rates vom 21. Mai 2008.

12 BT-Drucksache 17/5335.

B. Möglichkeiten und Folgen eines Einvernehmens in Kindschaftssachen

Im Folgenden sollen die für diese Untersuchung relevanten Kindschaftssachen dargestellt werden, also das Verfahren wegen der elterlichen Sorge nach der Trennung oder Scheidung und wegen des Umgangs sowie zur Abgrenzung das Verfahren wegen Kindeswohlgefährdung. Dabei wird jeweils darauf eingegangen, ob und was einvernehmlich geregelt werden kann.

I. Einvernehmen über die elterliche Sorge nach der Trennung oder Scheidung

Hinsichtlich der elterlichen Sorge ist bedeutsam, dass meist deutliche Präferenzen des Gesetzgebers, der Rechtsprechung, der Literatur und der Praxis hinsichtlich der gemeinsamen elterlichen Sorge bestehen, sowohl bei zusammenlebenden, verheirateten Eltern, als auch bei unverheirateten und getrennt lebenden Eltern. Die gemeinsame Sorge soll dem Kindeswohl am besten dienen, so die Grundannahme. Eltern, die die gemeinsame Sorge tragen, sollen sich dadurch ihrer gemeinsamen elterlichen Verantwortung bewusst werden und ihre elterlichen Pflichten gemeinsam erfüllen, auch nach einer Trennung oder Scheidung.

1. Die elterliche Sorge (§§ 1626 ff. BGB)

Die elterliche Sorge beschreibt die Pflicht und das Recht der Eltern, für ihr minderjähriges Kind zu sorgen (§ 1626 Abs. 1 S. 2 BGB). Der Begriff soll das Wesen der Eltern-Kind-Beziehung klarer und allgemein verständlich als Elternverantwortung zum Ausdruck bringen.[13] Die elterliche Sorge umfasst nach § 1626 Abs. 1 S. 2 BGB die Personen- und Vermögenssorge, wobei jeweils die gesetzliche Vertretung des Kindes (§ 1629 BGB), als auch die tatsächliche Personensorge für das Kind erfasst sind.[14] Die Personensorge beinhaltet das Recht und die Pflicht, das Kind zu pflegen, zu erziehen, zu beaufsichtigen und seinen Aufenthalt zu bestimmen (§ 1631 Abs. 1 BGB).[15]

Steht den Eltern die gemeinsame Sorge zu, haben sie die elterliche Sorge in eigener Verantwortung und im gegenseitigen Einvernehmen zum Wohl des

13 Staudinger/*Peschel-Gutzeit*, § 1626 Rn. 2.

14 Staudinger/*Peschel-Gutzeit*, § 1626 Rn. 56; MünchKommBGB/*Huber*, § 1626 BGB Rn. 23.

15 MünchKommBGB/*Huber*, § 1626 BGB Rn. 32.

Kindes auszuüben (§ 1627 S. 1 BGB). Bei Meinungsverschiedenheiten müssen die Eltern versuchen, sich zu einigen (§ 1627 S. 2 BGB).

Verheiratete Eltern tragen kraft Gesetzes die gemeinsame Sorge für ein während der Ehe geborenes Kind. Nicht miteinander verheiratete Eltern können seit der Kindschaftsrechtsreform im Jahr 1998 die gemeinsame Sorge für ihr Kind begründen, indem sie nach den §§ 1626a ff. BGB übereinstimmende Sorgerechtserklärungen abgeben.[16] Stimmt die Mutter nicht zu, kann der mit der Mutter nicht verheiratete Vater des Kindes zunächst nur dann das (auch nur gemeinsame) Sorgerecht erhalten, wenn der Mutter wegen Kindeswohlgefährdung die elterliche Sorge entzogen wurde, ihre elterliche Sorge dauerhaft ruhte oder wenn sie starb. Diese Regelung erklärte das Bundesverfassungsgericht mit Beschluss vom 21. Juli 2010[17] als verfassungswidrig und ordnete bis zum Inkrafttreten einer gesetzlichen Neuregelung vorläufig an, dass das Familiengericht den nicht miteinander verheirateten Eltern auf Antrag eines Elternteils die elterliche Sorge oder einen Teil davon gemeinsam überträgt, soweit zu erwarten ist, dass dies dem Kindeswohl entspricht. Somit kann ggf. die gemeinsame Sorge auch gegen den Willen der Mutter durchgesetzt werden. Dem Vater ist auf Antrag die (teilweise) elterliche Sorge allein zu übertragen, soweit eine gemeinsame elterliche Sorge nicht in Betracht kommt und zu erwarten ist, dass dies dem Kindeswohl am besten entspricht.

2. Die elterliche Sorge nach der Scheidung (§ 1671 BGB)

Nach der Scheidung war gemäß § 74 Ehegesetz (EheG) vom 20. Februar 1946 die damals sog. Personensorge hinsichtlich eines gemeinsamen Kindes immer nur auf einen Ehegatten zu übertragen.[18] § 74 EheG wurde im Jahr 1957 durch § 1671 BGB ersetzt. § 1671 Abs. 4 S. 1 BGB a.F. bestimmte bis zur Kindschaftsrechtsreform im Jahr 1998, dass die elterliche Sorge nach der Scheidung „in der Regel“ nur einem Elternteil allein übertragen werden konnte. Durch das SorgeRG im Jahr 1980 sind die Worte „in der Regel“ gestrichen worden[19], so dass immer nur noch einem Elternteil die elterliche Sorge für das Kind nach der Scheidung übertragen werden konnte. Der andere Elternteil hatte keine elterliche Sorge, aber ein Recht auf Umgang und meist die Pflicht zur Unterhaltszahlung. Das Bundesverfassungsgericht erklärte diese Regelung mit Entscheidung vom

16 BT-Drucksache 13/4899, S. 1.
17 BVerfG Beschluss vom 21. Juli 2010 – 1 BvR 420/09 – Pressemitteilung Nr. 57/2010 vom 3. August 2010.
18 BT-Drucksache 13/4899, S. 40.
19 BT-Drucksache 13/4899, S. 40.

03.11.1982[20] § 1671 BGB a.F. für verfassungswidrig und ordnete an, dass den Eltern nach der Trennung die gemeinsame Sorge belassen werden könne, wenn beide Eltern willens sind, auch nach der Trennung die elterliche Sorge gemeinsam auszuüben und beide voll erziehungsfähig sind.[21]

Mit der Kindschaftsrechtsreform im Jahr 1998 wurde der Entscheidung des BVerfG in Gesetzesform Rechnung getragen und der § 1671 BGB grundlegend geändert: [22] Eltern, die die gemeinsame Sorge inne haben, sollen diese auch nach Trennung oder Scheidung automatisch beibehalten (Umkehrschluss aus § 1671 Abs. 2 BGB). § 1671 BGB knüpft also nicht mehr an die Scheidung, sondern die faktische Trennung der Eltern an. Die gemeinsame elterliche Sorge wird nun nicht mehr nur dann beibehalten, wenn beide Eltern dies ausdrücklich wollen, sondern sie besteht kraft Gesetzes automatisch fort. Bei einer Scheidung bedarf es lediglich einer Erklärung gemäß § 133 Abs. 1 Nr. 1 und Nr. 2 FamFG, also ob gemeinsame Kinder vorhanden sind und ob eine Einigung hinsichtlich der elterlichen Sorge getroffen wurde. Die Eltern müssen aber keinen Sorgerechtsplan[23] vorlegen, und das Gericht prüft auch nicht, ob eine Vereinbarung tatsächlich besteht und welche Regelungen sie enthält. Eine gerichtliche Entscheidung ergeht nur, wenn ein Elternteil die Übertragung der gesamten oder teilweisen elterlichen Sorge (§ 1671 Abs. 1 und 2 BGB) beantragt. Einigen sich die Eltern auf die Übertragung der (teilweisen) Alleinsorge auf einen Elternteil, steht dem 14-jährigen Kind ein Widerspruchsrecht zu (§ 1671 Nr. 1 BGB). Ein Widerspruch des Kindes hat eine richterliche Prüfung der Sorgerechtsregelung zur Folge. Von Amts wegen erfolgt eine Entscheidung über die elterliche Sorge nur unter den Voraussetzungen der §§ 1666, 1666a BGB.

Eine gerichtliche Kontrolle der Sorgerechtsregelung im Lichte des Kindeswohls findet weder bei der automatischen Beibehaltung der gemeinsamen Sorge noch bei einer einvernehmlichen Übertragung des Sorgerechts statt, es sei denn, die Voraussetzungen des § 1666 BGB sind erfüllt.[24] Das Gericht hat außerhalb des § 1666 BGB keine sachliche Prüfungskompetenz.[25] Während also früher nach einer Scheidung immer ein Elternteil per gerichtlicher Entscheidung die Alleinsorge zugesprochen bekam bzw. das Gericht die Beibehaltung der gemeinsamen elterlichen Sorge aussprechen musste, bleibt heute ohne gerichtliche Entscheidung und Prüfung die gemeinsame Sorge nach der Trennung oder Scheidung in der Regel automatisch bestehen. Dies ist nicht unproblematisch.

---

20 BVerfGE 61, 358.

21 *Salgo*, FamRZ 1996, 449.

22 Staudinger/*Coester*, § 1671 Rn. 5.

23 Vgl. Staudinger/*Salgo*, § 1687 BGB Rn. 2, 12 f.

24 Staudinger/*Coester*, § 1671 BGB Rn. 5.

25 Staudinger/*Coester*, § 1671 BGB Rn. 12.

Mit der Beibehaltung der gemeinsamen Sorge nach der Trennung oder Scheidung soll erzielt werden, dass die Eltern trotz der Trennung die elterliche Verantwortung für die gemeinsamen Kinder weiter gemeinsam tragen. Es ist aber fraglich, ob eine Kooperation und der Wille dazu sich nach der Trennung so ohne Weiteres erwarten lassen, und ob eine solche rechtlich automatisch eintretende Regelung das Verhalten der Eltern ändern kann.

Die positive Wirkung der rechtlichen Institution der gemeinsamen Sorge auf das tatsächliche Verhalten und die Verantwortung der Eltern kann mit guten Gründen stark angezweifelt werden. Es gibt in der kinderpsychologischen und familiensoziologischen Forschung auch keine empirisch gesicherte Grundlage dafür, dass die gemeinsame Sorge immer die beste Form der Wahrnehmung elterlicher Verantwortung darstellt.[26] Dass die automatische Beibehaltung der gemeinsamen Sorge kein Allheilmittel für kooperative Nachtrennungsfamilien ist, zeigt sich auch darin, dass zwar seit der Kindschaftsrechtsreform die gerichtlichen Sorgerechtsstreitigkeiten zurück gingen – schließlich muss nicht mehr mit der Scheidung auch eine gerichtliche Entscheidung über das Sorgerecht einhergehen –, aber über den Umgang später oft gestritten wird.[27] Ferner haben Studien gezeigt, dass es keinen Zusammenhang zwischen der gemeinsamen Sorge und der Regelmäßigkeit von Unterhaltszahlungen bzw. Besuchskontakten gibt.[28] Es gibt indes einen Zusammenhang zwischen der Regelmäßigkeit von Unterhaltszahlungen und der Durchführung von Umgangsbesuchen. Dies ist aber wohl eher auf eine jedenfalls diesbezüglich funktionierende Kommunikation der Eltern zurückzuführen und weniger auf die Sorgerechtsregelung als solche.

Der Kampf um das Sorgerecht bleibt letztlich oft ein Gleichberechtigungskampf der Eltern, bei dem mit den Bedürfnissen des Kindes oft nur vordergründig argumentiert wird. Insbesondere für das Kind ist letztlich weniger die rechtliche Form der elterlichen Sorge entscheidend, als vielmehr die Ausgestaltung und die Umsetzung im Alltag. Dies hängt jedoch von den jeweiligen Fähigkeiten und Möglichkeiten der Eltern ab, also ob sie überhaupt fähig und gewillt sind, sich zu verständigen.

Behalten die Eltern die gemeinsame elterliche Sorge nach der Trennung oder Scheidung bei, regelt § 1687 BGB, dass Angelegenheiten, deren Regelung für das Kind von erheblicher Bedeutung sind, von den Eltern einvernehmlich

---

26 BVerfG FamRZ 2004, 354, zu dieser Entscheidung auch ausführlich unter Teil 4.D.III.1.e; BGH FamRZ 2008, 592; *Wellenhofer*, S. 266 Rn. 18; Staudinger/*Coester*, § 1671 Rn. 112 f.; *Kostka*, S. 342; *Salgo*, FamRZ 1996, 449 ff.; *Mainzer Arbeitskreis*, S. 10 f.

27 Vgl. *Salgo*, FPR 2008, 401 (402).

28 Vgl. *Maccoby/Mnookin*, Dividing the Child; *Maccoby/Mnookin*, FamRZ 1995, 1 (13); *Kostka*, S. 271.

entschieden werden müssen, Alltagsfragen hingegen von dem das Kind betreuenden Elternteil allein entschieden werden dürfen.[29] Um künftigen Konflikten vorzubeugen, ist es ratsam, dass Vereinbarungen dahingehend getroffen werden, welche Angelegenheiten die Eltern in Zukunft einvernehmlich treffen wollen, und welche der das Kind betreuende Elternteil allein entscheiden kann.

3. Stellung des Kindes im Rahmen des § 1671 BGB

Das Kind ist im Antragssystem des § 1671 BGB stark in den Hintergrund geraten.[30] Einzige Erwähnung findet das Kind in § 1671 Abs. 2 Nr. 1 BGB, wonach dem 14-jährigen Kind ein Widerspruchsrecht zusteht, wenn die Eltern sich auf die Übertragung der gesamten oder teilweisen Alleinsorge einigen.

Ist ein Sorgerechtsverfahren anhängig, steht dem Kind im Verfahren ein Anhörungsrecht nach § 159 FamFG zu. Die Pflicht zur Kindesanhörung impliziert die in § 1671 unausgesprochene umfassende materiell-rechtliche Beachtlichkeit des Kindeswillens.[31] Auch die Anhörung des Jugendamtes (§ 162 FamFG) und ggf. die Bestellung eines Verfahrensbeistandes (§ 158 FamFG) sorgen für die Einbringung der Kindesinteressen in das Verfahren.[32]

Problematisch hinsichtlich der Beteiligung des Kindes und der Wahrung seiner Interessen ist der Fall, wenn die Eltern bei einer Scheidung keine Anträge auf Regelung der elterlichen Sorge oder des Umgangs stellen. Es wird dann nur die Scheidung ausgesprochen. Die gemeinsame Sorge wird wegen § 1671 BGB automatisch beibehalten. Eine unmittelbare oder mittelbare Beteiligung der Kinder ist dann aber nicht vorgesehen[33], obwohl sie die Hauptbetroffenen der Scheidung sind.[34] Zwar hat das Gericht nach § 128 Abs. 2 FamFG im Scheidungsverfahren die Eltern auch dann zur elterlichen Sorge und zum Umgangsrecht zu hören und auf die Möglichkeit der Beratung hinzuweisen, wenn keine Anträge zur Regelung der elterlichen Sorge oder des Umgangs gestellt werden. Daneben hat das Gericht dem Jugendamt gemäß § 17 Abs. 3 SGB VIII die Rechtshängigkeit einer Scheidungssache mitzuteilen, sowie Namen und Anschriften der Parteien, damit das Jugendamt die Eltern über das Leistungsangebot der Jugendhilfe nach § 17 Abs. 2 SGB VIII unterrichtet. Nehmen die Eltern

29 Zur Problematik der Unterscheidung zwischen Angelegenheiten von erheblicher Bedeutung und Angelegenheiten des täglichen Lebens, s. Staudinger/*Salgo*, § 1687 BGB Rn. 26 ff.

30 Staudinger/*Coester*, § 1671 BGB Rn. 14.

31 Staudinger/*Coester*, § 1671 BGB Rn. 233.

32 Staudinger/*Coester*, § 1671 BGB Rn. 16.

33 *Salgo*, Kind-Prax 1999, 179 (181).

34 *Bergmann/Gutdeutsch*, FamRZ 1999, 422.

diese Beratungsmöglichkeit aber nicht wahr oder stellen das Kind dort nicht vor, erhält das Kind in der Regel nicht einmal die Information, dass ihm z.B. autonom wahrnehmbare Beratungsrechte zustehen (z.B. § 18 Abs. 3 S. 1 SGB VIII).

Die gänzliche Nichtbeteiligung des Kindes im Scheidungsverfahren verstößt aber gegen Art. 12 UN-KRK.[35] Art. 12 Abs. 1 UN-KRK verpflichtet die Vertragsstaaten, dem Kind, das fähig ist, sich eine eigene Meinung zu bilden, das Recht zuzusichern, in allen seine Person berührenden Angelegenheiten seine Meinung frei zu äußern und dass diese Meinung angemessen und entsprechend seinem Alter und seiner Reife berücksichtigt wird. Die Scheidung und die Frage der elterlichen Sorge betrifft das Kind unmittelbar. Art. 12 Abs. 2 UN-KRK spezifiziert die Pflicht zur Anhörung für alle das Kind berührenden Gerichts- oder Verwaltungsverfahren. Nach den Erläuterungen des Ausschusses für die Rechte des Kindes der UN fällt hierunter auch das Verfahren wegen der Scheidung.[36]

Bis zur Kindschaftsrechtsreform im Jahr 1998 war in Deutschland eine Kindesanhörung obligatorisch, da mit jeder Scheidung auch eine Entscheidung über die elterliche Sorge erging. Die Reform sollte die Rechte des Kindes verbessern, schaffte aber die Kindesanhörung in diesen, die überwiegende Anzahl der Fälle bildenden Verfahren ab, was zum völligen Übergehen der Rechte des Kindes führt und letztlich konventionswidrig ist.[37]

Problematisch ist auch, dass dem Kind eigenständige Beratungs- und Beteiligungsrechte nach §§ 8, 17 Abs. 2, 18 Abs. 3 SGB VIII zustehen, aber nicht sichergestellt ist, dass es über diese Rechte informiert wird.[38] Gehen die Eltern auf die Angebote des Jugendamtes nicht ein und wird das Kind in keiner Weise persönlich adressiert und über seine Beratungsrechte informiert, laufen diese Leistungen der Jugendhilfe leer und die Wirkungsmöglichkeiten des Jugendamtes als eigenständige Hilfs- und Beratungsinstanz für Kinder werden beschränkt.[39] Hieran ändert in der Regel auch nichts, dass den Eltern Informati-

35 *Kostka*, S. 518 f.; *Kostka*, FPR 2005, 89 (95); *Salgo*, KindPrax 1999, 179 (181).

36 *Committee on the Rights of the Child (UN)*, CRC/C/GC/12, Abs. 32.

37 Vgl. *Salgo*, Kind-Prax 1999, 179 (181); nach *Bergmann/Gutdeutsch* soll auch ohne Sorgerechtsanträge eine Kindesanhörung erforderlich sein, wenn die Eltern keine oder ausweichende Auskünfte bei der Anhörung geben. Als Rechtsgrundlage für die Anhörung kommen Art. 6 Abs. 2 S. 2 GG sowie das Persönlichkeitsrecht des Kindes in Betracht; die Pflicht zur Anhörung kann sich aber auch aus § 1666 BGB ergeben, *Bergmann/Gutdeutsch*, FamRZ 1999, 422.

38 *Salgo*, Kind-Prax 1999, 179 (182).

39 Staudinger/*Coester*, § 1671 BGB Rn. 16 f.

onsmaterial für die Kinder mitgegeben wird, da Eltern die Informationen ihren Kindern oft nicht weiterleiten.[40]

Findet keine Kindesanhörung statt, wird nicht nur dem Kind keine Gelegenheit gegeben, seine Meinung zu äußern, es wird auch die wichtige Chance vergeben, dem Kind jedenfalls erforderliche Informationen und mögliche Hilfen anzubieten, die es infolge der Scheidung seiner Eltern benötigen könnte.[41] Es sollte dem Kind jedenfalls ein altersgerechtes Merkblatt mit allen für ihn erforderlichen Informationen, wie z.B. seine Beratungsmöglichkeiten, übergeben werden. Ferner fällt auch die Möglichkeit weg, das Scheidungsverfahren als geeigneten Moment für einen kontrollierenden Blick auf die Kindessituation auch hinsichtlich möglicher kindeswohlgefährdender Umstände zu nutzen.[42]

II. Einvernehmen über den Umgang

1. Der Umgang (§ 1626 Abs. 3 S. 1 BGB)

Nach jeder Trennung oder Scheidung stellt sich auch die Frage des Umgangs des minderjährigen Kindes mit dem getrennt lebenden Elternteil (§ 1684 BGB). Das Umgangsrecht besteht unabhängig von der elterlichen Sorge.

Das Gesetz enthält keine konkreten Regelungen zu Art und Umfang des Umgangs, da eine gesetzliche Festlegung der Vielschichtigkeit der Fälle nicht Rechnung tragen könnte.[43] Die Regelungen sind daher im Einzelfall durch die Betroffenen zu bestimmen; können diese sich nicht einigen, entscheidet das Gericht.

Es gibt aber Annahmen und Vermutungen hinsichtlich Art und Umfang des Umgangs, die auch im Gesetz Niederschlag gefunden haben, insbesondere in § 1626 Abs. 3 S. 1 BGB. Diese Norm wurde im Zuge der Kindschaftsrechtsreform[44] im Jahr 1998 eingeführt und sie statuiert, dass der Umgang des Kindes mit beiden Elternteilen in der Regel dem Wohl des Kindes entspricht. Es soll der Umgang des Kindes mit dem nach einer Trennung oder Scheidung getrennt lebenden Elternteil gefördert werden.

Die Aussage, dass der Umgang des Kindes mit beiden Elternteilen seinem Wohl dient, leuchtet grundsätzlich ein. Sie wird aber am ehesten in den Fällen Geltung beanspruchen, in denen das Gericht gar nicht erst in Anspruch genom-

40 *Kostka*, FamPra.ch 2009, 634 (635).
41 Staudinger/*Coester*, § 1671 BGB Rn. 17.
42 Staudinger/*Coester*, § 1671 BGB Rn. 17.
43 BT-Drucksache 13/4899, S. 69.
44 BT-Drucksache 13/4899.

men wird.[45] So wie die gemeinsame elterliche Sorge oft als am kindeswohldienlichsten angesehen wird, gilt auch möglichst häufiger Umgang mit dem getrennt lebenden Elternteil als für das Kindeswohl förderlich, was nicht unproblematisch und letztlich auch durch Empirie bisher nicht belegt ist.[46]

Die Norm dient der Klarstellung, dass es beim Umgang nicht in erster Linie um die Befriedigung der Elterninteressen geht, sondern um die der Interessen des Kindes[47], schließlich geht es um das Wohl des Kindes und nicht um das Wohl der Eltern.[48] Entscheidend muss der Einzelfall sein. Fraglich ist beispielsweise die Situation, wenn das Elternverhältnis konfliktreich oder jedenfalls nicht harmonisch ist und/oder das Kind den Umgang verweigert.[49] Hier ist Vorsicht geboten vor dem Umkehrschluss aus § 1626 Abs. 3 S. 1 BGB, den nicht stattfindenden Umgang grundsätzlich als kindeswohlgefährdend einzustufen, da dem Kind ein Elternteil vorenthalten werde.[50] Es können auch gerade beim stattfindenden Umgang massive Gefährdungen für das Kind drohen.[51] Wenn zwischen den Eltern Streit herrscht und das Kind hin- und hergerissen ist, sitzt es letztlich „zwischen zwei Stühlen“ und ist im elterlichen Konflikt gefangen. Die Konflikte und Streitereien der Eltern können die Schuld- und Loyalitätsgefühle des Kindes gegenüber den Eltern verstärkten. Bei lang anhaltenden Konflikten der Eltern kann der Umgang des Kindes mit beiden Elternteilen erheblich belastend sein[52] und sogar zu psychischen oder gar körperlichen Beschwerden führen.[53] Dies zum Beispiel dann, wenn die Eltern es mit abwertenden Botschaften über den anderen Elternteil konfrontieren.[54] Haben die Eltern ihre Feindseligkeiten gegeneinander nicht überwunden, kann daher die (auch nur vorläufige) Aussetzung des Umgangs erforderlich sein, um Belastungen des Kindes zu vermeiden.[55] Die Durchführung und Begründung des Umgangs muss sich immer am gegenwärtigen seelischen Leistungsvermögen des Kindes messen lassen, damit es nicht hinter wohlmeinende Zielvorstellungen der Erwachsenen zurücktreten muss.[56]

---

45 *Rabe*, in: Kavemann/Kreyssig, S. 125 ff.
46 *Kostka*, FPR 2005, 89 (94).
47 MünchKommBGB/*Huber*, § 1626 BGB Rn. 5.
48 Staudinger/*Peschel-Gutzeit*, § 1626 BGB Rn. 124.
49 Vgl. auch *Kostka*, FPR 2005, 89 (92 f.) m.w.N.
50 So z.B. MünchKommBGB/*Huber*, § 1626 BGB Rn. 67.
51 Vgl. *Salgo*, Stellungnahme zum FGG-Reformgesetz, S. 8.
52 *Deutsches Jugendinstitut*, S. 52.
53 *Salgo*, FPR 2008, 401 (404).
54 *Walper*, in: Deutscher Familiengerichtstag, 14.-17. September 2005, S. 121.
55 *Salgo*, FPR 2008, 401 (404).
56 *Klußmann/Stötzel*, S. 208 f.

Studien zeigen, dass nicht der Umgang selbst, sondern seine Art und Qualität entscheidend sind.[57] Es kommt weniger auf die Anzahl der Besuche an, als auf die Atmosphäre, in der diese Besuche stattfinden.[58] Von besonderer Bedeutung ist hierbei die Stimmung zwischen den Eltern: Ist der Ton zwischen ihnen harsch und kalt, wirkt dies auf das Kind belastend und kann Loyalitätskonflikte des Kindes verstärken sowie Schuldgefühle hervorrufen, für das Leid der Eltern verantwortlich zu sein. Ferner ist relevant, wie der das Kind betreuende Elternteil mit der Trennung und den Besuchen klarkommt und die materielle Situation in dem Haushalt.[59] Schließlich kommt es auch auf die Zuwendung und die Aufmerksamkeit an, die das Kind von dem getrennt lebenden Elternteil erfährt. Furstenberg und Cherlin kamen zu dem Schluss, dass die Anpassung des Kindes nach der Trennung nicht zwingend besser gelingt, je regelmäßiger es den getrennt lebenden Elternteil besucht. Ausschlaggebend ist vielmehr, ob der Betreuungselternteil mit seiner Aufgabe zurechtkommt, und dass das Kind so wenig wie möglich dem elterlichen Konflikt ausgesetzt ist.[60]

Vor allem in Fällen von Misshandlung oder Vernachlässigung des Kindes, bei Konfrontation des Kindes mit häuslicher Gewalt und bei fortwährenden schweren Konflikten der Eltern untereinander kann der Umgang des Kindes mit beiden Eltern, insbesondere mit dem misshandelnden Elternteil, zu schwerwiegenden Schädigungen führen.[61] Hier muss für die Sicherheit des Kindes höchste Priorität gelten und die Gefahren massiver Gefährdungen des Kindes während des Umgangs dürfen nicht übersehen werden.[62] Der Gewalt ausübende Elternteil muss zur Verantwortungsübernahme für die Gewalthandlungen bereit sein, bevor ein Umgang überhaupt erwogen wird.[63] Die Regelvermutung des § 1626 Abs. 3 S. 1 BGB muss in Fällen mit schweren Konflikten dieser Art immer hinterfragt werden.

2. Das Umgangsrecht (§ 1684 Abs. 1 BGB)

Die umgangsbezogenen Rechte und Pflichten werden in § 1684 Abs. 1 BGB konkretisiert. Diese Norm gewährt dem Kind das Recht auf Umgang mit beiden Elternteilen und beiden Elternteilen das Recht und sogar die Pflicht zum Umgang mit ihrem Kind. § 1684 Abs. 2 S. 1 BGB verpflichtet die Eltern zudem,

57 *Salgo*, FPR 2008, 401 (403); *Furstenberg/Cherlin*, S. 166.
58 *Furstenberg/Cherlin*, S. 120.
59 *Furstenberg/Cherlin*, S. 112.
60 *Furstenberg/Cherlin*, S. 166.
61 *Salgo*, FPR 2008, 401 (403).
62 *Salgo*, in: Fegert/Ziegenhain/Goldbeck, S. 129.
63 Vgl. *Salgo*, in: Fegert/Ziegenhain/Goldbeck, S. 132.

alles zu unterlassen, was das Verhältnis des Kindes zum jeweils anderen Elternteil beeinträchtigt oder die Erziehung erschwert (sog. Wohlverhaltensklausel).[64]

Es wird vertreten, dass § 1684 Abs.1 BGB von wechselseitigen Umgangspflichten ausgehe, dass also auch das Kind eine Umgangspflicht treffe, obwohl der Wortlaut nur den Eltern eine Umgangspflicht auferlegt.[65] Dies wird zum einen mit der Annahme begründet, dass der persönliche Kontakt zwischen Kind und Eltern im elementaren Interesse beider Seiten liege, zum anderen mit Art. 9 Abs. 3 UN-KRK.[66] Art. 9 Abs. 3 UN-KRK verpflichtet die Vertragsstaaten, das Recht des von einem oder beiden Elternteilen getrennten Kindes zu achten, regelmäßige persönliche Beziehungen und unmittelbare Kontakte zu beiden Elternteilen zu pflegen, soweit dies nicht dem Wohl des Kindes widerspricht. Art. 9 Abs. 3 UN-KRK spricht also nur von „Rechten" und nicht von „Pflichten" des Kindes. Gegen eine Pflicht des Kindes auf Umgang mit beiden Eltern spricht auch, dass selbst wenn im Normalfall eine Beziehung des Kindes mit beiden Eltern eine Bereicherung für das Kind darstellt, hierfür doch erforderlich ist, dass das Kind die Beziehung will.[67] Zwingt man das Kind, den Umgang gegen seinen Willen zu pflegen, zwingt man es, ein ihm zustehendes Recht auszuüben, das es unter Umständen gar nicht ausüben will.[68]

Hinsichtlich einer Einigung über den Umgang ist von entscheidender Bedeutung, dass der Umgang nicht der Dispositionsbefugnis der Eltern unterliegt. Beim Umgang handelt es sich auch um das eigenständige Recht des Kindes auf Umgang mit jedem Elternteil (§ 1684 Abs. 1 S. 1 Hs. 1 BGB). Ein Elternteil kann nicht wirksam den Umgang des anderen Elternteils mit dem gemeinsamen Kind ausschließen und ebenso können die Eltern auch nicht über das Umgangsrecht des Kindes verfügen. Den Eltern muss vermittelt werden, dass sie das Umgangsrecht nicht gemessen an ihren eigenen Wünschen handhaben, sondern am seelischen Leistungsvermögen des Kindes.[69]

Das Kind hat bei Umgangsregelungen kein dem § 1671 Abs. 2 Nr. 1 BGB entsprechendes Widerspruchsrecht. Soll eine Umgangsvereinbarung aber nach § 156 Abs. 2 FamFG gerichtlich gebilligt werden, ist laut der Gesetzesbegründung auch die Zustimmung des Kindes zur vereinbarten Regelung erforderlich.[70]

---

64 Staudinger/*Rauscher*, § 1684 Rn. 91.

65 So MünchKommBGB/*Finger*, § 1684 BGB Rn. 4.

66 MünchKommBGB/*Finger*, § 1684 BGB Rn. 4.

67 *Salgo*, FPR 2008, 401 (404).

68 Zu den möglichen langfristigen Konsequenzen erzwungenden Umgangs s. *Wallerstein/Lewis/Blakeslee*, S. 201; *Wallerstein/Lewis*, FamRZ 2001, 65 (69).

69 *Klußmann/Stötzel*, S. 189.

70 Vgl. BT-Drucksache 16/6308, S. 237.

Außergerichtliche Elternvereinbarungen über den Umgang bei einer Trennung oder Scheidung sind wichtig und sinnvoll, zumal auch bei Beibehaltung der gemeinsamen Sorge nach einer Scheidung die Ausübung des Umgangs oft für Streit sorgt. Eine außergerichtliche Einigung hat zunächst auch tatsächliche Bindungswirkung bis eine andere, evtl. gerichtliche Entscheidung getroffen ist.[71] Wird eine gerichtliche Entscheidung über den Umgang erforderlich, können die vereinbarten Regelungen als tatsächliches Indiz herangezogen werden.[72]

3. Durchsetzung des Umgangs (§§ 86 ff. FamFG)

Werden Umgangsregelungen gerichtlich getroffen oder von den Beteiligten vereinbart und gerichtlich gebilligt (§ 156 Abs. 2 FamFG) und werden diese Regelungen aber nicht eingehalten, hält das FamFG zwei Optionen bereit: die Beantragung eines Vermittlungsverfahrens[73] (§ 165 FamFG) bzw. die staatliche Durchsetzung des Umgangs (§§ 86 ff. FamFG).

Bei Zuwiderhandlung gegen einen Vollstreckungstitel zur Herausgabe von Personen und zur Regelung des Umgangs kann das Gericht gegenüber dem Verpflichteten (in der Regel dem betreuenden Elternteil) Ordnungsmittel, also Ordnungsgeld und Ordnungshaft, anordnen (§ 89 FamFG).[74] Obwohl die Vorschrift nach dem Wortlaut nur für Beschlüsse gilt, soll sie nach allgemeiner Ansicht auch für Vergleiche im Sinne des § 156 Abs. 2 FamFG anwendbar sein.[75] Nach § 88 Abs. 2 FamFG leistet das Jugendamt in geeigneten Fällen bei der Vollstreckung Unterstützung. Hiermit soll erreicht werden, dass das Kind bei gerichtlichen Maßnahmen und Zwangsvollstreckungshandlungen möglichst geschont wird. Zur Vollstreckung kann das Gericht nach § 90 Abs. 1 FamFG auch unmittelbaren Zwang anordnen, wenn die Festsetzung von Ordnungsmitteln erfolglos geblieben ist, keinen Erfolg verspricht oder eine alsbaldige Vollstreckung der Entscheidung unbedingt geboten ist.

Soll das Kind zur Ausübung des Umgangsrechts herausgegeben werden, ist die Anwendung unmittelbaren Zwangs gegen das Kind unzulässig (§ 90 Abs. 2 S. 1 FamFG), es sei denn, dies ist unter Berücksichtigung des Kindeswohls gerechtfertigt und eine Durchsetzung der Verpflichtung mit milderen Mitteln nicht möglich (§ 90 Abs. 2 S. 2 FamFG). Widersetzt sich also ein Elternteil dem Umgang, können gegen ihn Gewalt sowie Ordnungsmittel eingesetzt werden. Wi-

---

71 MünchKommBGB/*Finger*, § 1684 BGB Rn. 14.

72 MünchKommBGB/*Finger*, § 1684 BGB Rn. 13.

73 Zum Vermittlungsverfahren siehe ausführlich Teil 5.D.

74 Zu Zwangsmitteln und Ordnungsgeld bei der Durchsetzung von Umgangsregelungen siehe auch *Wellenhofer*, S. 295 Rn. 11.

75 *Schlünder*, FamRZ 2009, 1636 (1638).

dersetzt sich das Kind selbst dem Umgang, ist die Konstellation problematisch: Grundsätzlich ist unmittelbare Gewalt gegen das Kind zur Durchsetzung des Umgangs verboten, sieht man aber im nicht stattfindenden Umgang eine Kindeswohlgefährdung und in der Durchsetzung des Umgangs die Abwendung der Gefährdung, könnte letztlich gegen den Willen des Kindes gehandelt und der Umgang mit Hilfe von Gewalt gegen das Kind durchgesetzt werden, sofern kein milderes Mittel ersichtlich ist (vgl. § 90 Abs. 2 S. 2 FamFG).[76] Letztlich wird dann unter dem Deckmantel des Kindeswohls unmittelbarer Zwang zur Vollstreckung des Umgangs angewendet. Es besteht dann aber die Gefahr, dass die Vollstreckung selbst kindeswohlwidrig sein und zu sekundären Kindeswohlgefährdungen führen könnte.[77] Eine für das Kind ohnehin bereits ungünstige familiäre Situation könnte dann durch die staatliche Intervention eine tatsächlich kindeswohlgefährdende werden.[78]

Höchst fraglich ist, warum dem Kind keine Umgangsverweigerungsrechte zuerkannt oder nicht zumindest seine Menschenwürde und die Persönlichkeitsrechte beachtet werden.[79] Es wird oft unterstellt, dass eine Umgangsverweigerung des Kindes auf die Manipulation und Umgangsvereitelungsversuche des betreuenden Elternteils zurückzuführen ist. Den Äußerungen insbesondere eines kleinen Kindes sei daher keine Bedeutung mehr beizumessen, da sein Wille auf eine Schädigung des eigenen Wohls gerichtet sei.[80] Diese Ansicht lässt aber mögliche physische wie psychische Schäden durch den gegen den Willen des Kindes erzwungenen Umgang gänzlich unbeachtet. Bevor der Umgang durchgesetzt wird, muss doch zumindest geprüft werden, warum sich das Kind dem Umgang widersetzt, da es hierfür durchaus verständige Gründe haben kann: z.B. die Überforderung, mit beiden Elternteilen Kontakt zu haben, wenn diese ein stark konflikthaftes Verhältnis haben oder das vergangene oder aktuelle Verhalten des getrennt lebenden Elternteils.[81] Es sollte geklärt werden, ob der Umgang gegen den Kindeswillen tatsächlich dem Kindeswohl dient bzw. dienen kann, bzw. ob ein eventuell auch nur vorübergehender Kontaktabbruch tatsächlich kindeswohlgefährdender ist als die Durchsetzung des Umgangs gegen den Willen des Kindes.[82] Wehrt sich das Kind gar mit Händen und Füßen gegen die

76 *Salgo*, FPR 2008, 401 (405, 406).

77 *Coester*, FPR 2009, 549 (551).

78 *Salgo*, FPR 2008, 401.

79 *Salgo* FPR 2008, 401 (405).

80 Z.B. Staudinger/*Rauscher*, § 1684 BGB Rn. 45.

81 Zur Umgangsverweigerung durch das Kind bzw. die Manipulierbarkeit des Kindes ausführlich s.o. Teil 3.E.III.

82 Vgl. auch *Gartenhof u.a.*, ZKJ 2011, 285 (286).

Umgangsbesuche, muss dies doch als Beweiszeichen seiner Verunsicherungen und seiner tiefgreifenden Notlage gewertet werden.[83]

Als Übergangsphase kann zwar zur Unterstützung des Kindes begleiteter Umgang sinnvoll sein, aber nicht als Dauerlösung.[84] Auf den begleiteten Umgang sollten sowohl die Eltern als auch das Kind angemessen vorbereitet werden.[85] Während des begleiteten Umgangs sollte das Kind die Möglichkeit haben, durch besondere, mit dem Umgangsbegleiter abgesprochene Signale den Umgangstermin abbrechen zu können, wenn dieser zu belastend wird.[86]

III. Einvernehmen bei Kindeswohlgefährdung

Nach Art. 6 Abs. 2 S. 1 GG haben die Eltern das natürliche Recht, aber auch die ihnen zuvörderst obliegende Pflicht, ihre Kinder zu pflegen und zu erziehen.

Dem Staat stehen aber aufgrund seiner Wächteramtsfunktion aus Art. 6 Abs. 2 S. 2 GG Eingriffsrechte in die Elternrechte zu, wenn die Schwelle zur Kindeswohlgefährdung überschritten ist. Ein staatlicher Eingriff erfordert aber die begründete Besorgnis, dass bei Nichteingreifen des Gerichts das Kindeswohl mit hinreichender Wahrscheinlichkeit beeinträchtigt würde[87] und die Eltern die Gefahr nicht abwenden können oder wollen. Unter Gefährdung des Kindeswohls wird eine gegenwärtige, in einem solchen Maße vorhandene Gefahr verstanden, die bei ihrer Fortdauer eine erhebliche Schädigung des körperlichen, geistigen oder seelischen Wohls des Kindes mit ziemlicher Sicherheit voraussehen lässt.[88] Dabei gehen körperliche Misshandlungen regelmäßig mit seelischen Schädigungen einher, die sogar gravierender und dauerhafter sein können. „Rein" psychische Misshandlungen wiederum können somatische Auswirkungen haben.[89] Die staatliche Wächteramtsfunktion zielt aber nicht auf das „Wohl des Kindes" im Sinne eines optimalen Wohlbefindens und optimaler Entwicklungsbedingungen, sondern „nur" auf die Abwehr von Gefährdungen der fundamentalen Persönlichkeitsinteressen des Kindes, wie sie Art. 1 und 2 GG jedem Menschen garan-

83 *Klußmann/Stötzel*, S. 204.

84 Handbuch-Verfahrensbeistandschaft/*Fegert*, Rn. 614; siehe auch Deutsche Standards zum begleiteten Umgang (2008).

85 *Vergho*, FPR 2007, 296 (299).

86 *Vergho*, FPR 2007, 296 (299).

87 Palandt/*Diederichsen*, § 1666 BGB Rn. 10.

88 Staudinger/*Coester*, § 1666 Rn. 82 m.w.N.; MünchKommBGB/*Olzen*, § 1666 BGB Rn. 50.

89 *Coester*, FPR 2009, 549.

tieren.[90] Der Staat kann in Respekt der Elternrechte nur eine „Grundsicherung“ dieser Interessen gewährleisten[91]; über diese Grundsicherung hinaus sind die Eltern die Adressaten für die Hoffnungen und auch die verfassungsrechtlichen Ansprüche des Kindes auf optimale Pflege und Förderung.[92] Die diesbezügliche Leistungsfähigkeit und -willigkeit der Eltern gehört zur schicksalshaften Eingebundenheit des Kindes in seine Familie.[93]

Ist eine dem Wohl des Kindes entsprechende Erziehung nicht gewährleistet, haben die Eltern einen Anspruch auf Hilfen zur Erziehung nach §§ 27 ff. SGB VIII.

Liegen dem Jugendamt bereits gewichtige Anhaltspunkte für eine Kindeswohlgefährdung vor, hat es zunächst das Gefährdungsrisiko abzuschätzen. Dabei soll es grundsätzlich die Eltern und auch den Jugendlichen miteinbeziehen (§ 8a Abs. 1 S. 1 und 2 SGB VIII). Hält das Jugendamt für die Abwendung einer Gefahr die Gewährung von Hilfen für geeignet, so hat es diese den Personensorgeberechtigten anzubieten (§ 8a Abs. 1 S. 3 SGB VIII). Hält das Jugendamt ein Tätigwerden des Familiengerichts für erforderlich, z.B. weil die Eltern erforderlichen Hilfen nicht zustimmen wollen, hat es dieses anzurufen (§ 8a Abs. 1 und 3 SGB VIII). Nach § 157 Abs. 1 und 2 FamFG erörtert das Gericht dann mit den Eltern und ggf. auch mit dem Kind die Möglichkeit der Gefahrenabwehr in einem mündlichen Termin. Sind die Eltern nicht gewillt oder nicht in der Lage, die Gefahr abzuwenden, hat das Gericht nach §§ 1666, 1666a BGB die Maßnahmen zu treffen, die zur Abwendung der Gefahr erforderlich sind. Ziel dieser Regelungen ist, das in der Entwicklung befindliche Kind umfassend zu schützen.[94]

Die grundsätzlich vorrangigen Elternrechte sind bei Gefährdung des Kindes begrenzt. Folglich ist auch die Dispositionsbefugnis der Eltern zugunsten des Kindeswohls eingeschränkt. In Verfahren wegen Kindeswohlgefährdung nach § 157 FamFG ist daher im Gegensatz zu § 156 Abs. 1 FamFG nicht auf ein Einvernehmen der Beteiligten hinzuwirken. Der Begriff Einvernehmen findet sich in § 157 FamFG nicht. Vielmehr ist Ziel des § 157 FamFG, die Hilfeakzeptanz der Eltern zu steigern, sie also zur Inanspruchnahme erforderlicher öffentlicher Hilfe zu bewegen, um dadurch eine Kindeswohlgefährdung abzuwenden.

Bei einer Kindeswohlgefährdung sind grundsätzlich auch die Grenzen der Verschwiegenheitspflicht von mit der Familie außergerichtlich arbeitenden Professionen erreicht. Berufsgeheimnisträger (§ 203 StGB) sind zur Weitergabe von

---

90 *Coester*, FPR 2009, 549.
91 *Coester*, FPR 2009, 549.
92 *Coester*, FPR 2009, 549 (550).
93 *Coester*, FPR 2009, 549 (550).
94 Palandt/*Diederichsen*, § 1666 BGB Rn. 9.

Privatgeheimnissen berechtigt, wenn eine gegenwärtige Gefahr für Leib oder Leben nicht anders abgewendet werden kann und der Schutz des Kindes das Interesse an der Geheimhaltung der Information wesentlich überwiegt (§ 34 StGB).[95] Diese Regelung führt aber zu Unsicherheiten in der Praxis, hinzu kommen verschiedene landesgesetzliche Regelungen zum Kinderschutz. Das Bundeskinderschutzgesetz (BKiSchG) sieht nun eine bundeseinheitliche Regelung zur Übermittlung von Informationen durch Geheimnisträger vor. Auch das MediationsG sieht in § 4 S. 3 Nr. 2 MediationsG vor, dass die Verschwiegenheitspflicht des Mediators nicht gilt, soweit die Offenlegung geboten ist, um eine Gefährdung des Kindeswohls abzuwenden. Bei einer Kindeswohlgefährdung hat der Schutz des Kindes immer Vorrang vor den Elternrechten.

C. Die Erwartungen an ein Einvernehmen in Kindschaftssachen

Idealerweise sollen die Eltern auch nach einer Trennung oder Scheidung mit dem Kind Kontakt halten und im Einvernehmen ihrer elterlichen Verantwortung nachkommen. Idealerweise folgt kein Abbruch der familiären Beziehungen, sondern die Neuorganisation der Familie in getrennten Haushalten. Da Gerichtsverfahren und gerichtliche Entscheidungen in Kindschaftssachen bei weitem nicht immer zur Befriedung der Beteiligten führen, wird versucht, mit Hilfe von Beratungen und Vermittlungsverfahren ein Einvernehmen der Beteiligten zu erzielen, in der Hoffnung, hiermit eine größere Zufriedenheit der Beteiligten erreichen zu können. Die Gegnerschaftlichkeit einer gerichtlichen Auseinandersetzung soll reduziert und die Bereitschaft zur Kooperation gefördert werden. Die Vermittlungsbemühungen und das Hinwirken auf ein Einvernehmen werden auch von den Annahmen getragen, dass die Eltern die Bedürfnisse ihrer Kinder besser kennen als ein Richter, und dass vereinbarte Regelungen nachhaltiger sind als von Dritten getroffene Regelungen.

Einer der Hauptunterschiede zwischen außergerichtlichen und gerichtlichen Einvernehmensverfahren ist, dass ein Richter, auch wenn er auf ein Einvernehmen hinwirkt, niemals seine Entscheidungskompetenz aufgibt, während ein Mediator niemals Entscheidungen treffen, sondern „nur" die Verhandlungen moderieren soll. Ferner gelten für das Gerichtsverfahren gesetzlich festgelegte Verfahrensregeln, unabhängig davon, ob auf ein Einvernehmen hingewirkt wird oder eine gerichtliche Entscheidung erforderlich ist. Die Vermittlungen, insbesondere die Mediation können hingegen frei gestaltet werden.

95 BT-Drucksache 17/6256, S. 20.

Die Auswertung von Studien über auf eine Einigung hinwirkende Verfahren ist erheblich dadurch erschwert, dass oft wichtige Variablen nicht genannt oder einbezogen werden.[96] Meist wird ein Prozentsatz für die Anzahl der getroffenen Vereinbarungen genannt, der je nach Studie zwischen 20% und 85% schwankt. Diese Zahlen allein sind aber letztlich wenig aussagekräftig, wenn unbekannt ist, ob Paare mit hohem Konfliktniveau oder Gewalthintergrund von vornherein ausgeschlossen wurden oder ob die Eltern an der Vermittlung aus eigener Motivation teilnahmen oder gerichtlich dazu verpflichtet wurden.[97] Ferner wird in der Regel bereits der Abschluss einer Einigung als endgültiger Erfolg angesehen und nicht längerfristig geprüft, ob die getroffene Regelung nachhaltig ist und die Beteiligten auch auf Dauer damit zufrieden sind.

Im Folgenden soll der Begriff Einvernehmensverfahren allgemein für gerichtliche wie außergerichtliche auf Einvernehmen zielende Verfahren stehen und „Gerichtsverfahren“ für das streitige, nicht mehr auf Einvernehmen hinwirkende Gerichtsverfahren. Die Besonderheiten einer Mediation im Gegensatz zu einem gerichtlichen Einvernehmensverfahren werden gesondert hervorgehoben.

I. Förderung der Kooperationsbereitschaft und -fähigkeit

Ein Einvernehmen soll die Kooperationsbereitschaft und -fähigkeit der Eltern für die Zukunft fördern. Die Erfahrung, sich auf Regelungen der Trennungsfolgen geeinigt zu haben, soll die Beteiligten motivieren, auch zukünftige Konflikte gemeinsam zu lösen oder jedenfalls entsprechende Hilfen in Anspruch zu nehmen. Insbesondere in einer Mediation sollen die Beteiligten lernen können, zwischenmenschliche Konflikte zu lösen und die im Aushandeln gewonnenen Erfahrungen auf andere, spätere Konfliktsituationen analog zu übertragen[98], sowie auf gewohnte destruktive Konfliktmuster zu verzichten und in Anerkennung der eigenen sowie der Bedürfnisse des Gegenübers eine Basis zu erreichen, die eine Kooperation ermöglicht.[99]

Dass die Eltern nach der Trennung kooperativ und kommunikativ miteinander umgehen, ist allerdings ein sehr hohes, wenn nicht ideales Ziel. Eine gute Kooperation und Kommunikation müsste von ihnen unter Umständen gänzlich neu erlernt werden, was gerade kurz nach der Trennung überfordern kann. Fraglich ist, ob eine Einigung tatsächlich für eine in der Zukunft funktionierende

96 *Kostka*, FamPra.ch 2009, 634 (637).
97 *Kostka*, FamPra.ch 2009, 634 (637).
98 *Kriegel*, S. 51.
99 *Kriegel*, S. 114.

Kooperation spricht bzw. unter welchen Voraussetzungen und inwieweit in nur wenigen Beratungs- oder Mediationssitzungen die Kooperations- und Kommunikationsmuster der Familie geändert werden können.

Die Auswertung von Studien[100] hinsichtlich der Verbesserung der Kooperations- und Kommunikationsfähigkeit der Eltern gestaltet sich schwierig, da oft nicht klar ist, wie hoch das Konfliktniveau zu Beginn der Vermittlung war und welches Maß an Kooperation und Kommunikation bereits vorher bestand. Außerdem ist auch nicht auszuschließen, dass vor allem Eltern an einer Studie teilnehmen, die auch sonst aufgeschlossen sind, oder solche, die eine fair empfundene Einigung geschlossen haben und deshalb mit dem Verfahren zufrieden sind. Problematisch ist auch, dass Nachbefragungen selten durchgeführt werden. Schließlich werden in der Regel auch nur die Eltern befragt. Die Kinder, die ein aufschlussreicher Spiegel für die Beziehung der Eltern wären, werden in die Studien meist nie einbezogen. Ausnahmen bilden die Studien von Karle u.a., Parkinson und Cashmore sowie McIntosh u.a.[101]

In der deutschen Literatur wird immer wieder Bezug genommen auf die Untersuchung von Proksch[102], nach der das Konfliktniveau bei Eltern, die ein Vermittlungsverfahren absolviert haben, mehr gesunken sei als bei Eltern, die ein Gerichtsverfahren durchführten.[103] Allerdings war in dieser Studie die Anzahl der Kontrolleltern erheblich geringer als die der an der Vermittlung teilnehmenden Eltern und hinsichtlich des Konfliktniveaus wurde keine langfristige Untersuchung durchgeführt. Aber lediglich die Frage, ob eine Einigung geschlossen werden konnte und ob die Beteiligten kurz nach der Vermittlung erklärten, sie seien damit zufrieden gewesen, kann nicht entscheidend sein. Ausschlaggebend muss vielmehr sein, ob die Zufriedenheit der Eltern von Dauer ist, ob auch die Kinder zufrieden sind und ob die Regelungen längerfristig halten. Dies wurde jedoch nicht untersucht.

In verschiedenen, längerfristigen Studien konnten die größere Zufriedenheit der Beteiligten sowie eine verbesserte Kooperationsfähigkeit und -bereitschaft nach einer Mediation im Gegensatz zum Gerichtsverfahren nicht uneingeschränkt bestätigt werden. In der Untersuchung von Bastine, Weinmann-Lutz

---

100 Ausführliche und kritische Darstellung verschiedener Studien bei *Kostka*, S. 379 ff.; *Bröning*, S. 139 ff.

101 *Karle/Gathmann/Klosinski*, Rechtstatsächliche Untersuchung zur Praxis der Kindesanhörung, 2010; *McIntosh u.a.*, Child Beyond Dispute (2006 und 2009); *Parkinson/Cashmore*, The Voice of a Child in Family Law Disputes (2009).

102 *Proksch*, Kooperative Vermittlung (Mediation) in streitigen Familiensachen (1998).

103 *Proksch* (1998b), S. 116; *Proksch*, in: Duss-von Werth/Mähler/Mähler, S. 144 (157 f.).

und Wetzel[104] sehen 42% der Klienten die Beziehung zum ehemaligen Partner nach der Mediation weiterhin als eher schlecht (vor der Mediation waren es 58%), ein Viertel war unentschieden und ein Drittel bewertete sie sogar als gut.[105] 40% der Klienten meinten, die Mediation habe ihre Beziehung verbessert, die Hälfte jedoch meinte, die Mediationsgespräche hätten die Beziehung nicht verändert.[106] In der Nachbefragung 14 Monate nach der Mediation – bei der jedoch nur 54% der ursprünglich Befragten teilnahmen – schätzten 36% der Klienten die Beziehung zum ehemaligen Partner als eher schlecht ein, etwa ein Fünftel war unentschieden und 43% gaben an, die Beziehung zum ehemaligen Partner sei eher gut.[107] Knapp die Hälfte gab an, die Mediationsgespräche hätten die Beziehung zum ehemaligen Partner (eher) verbessert, genau die Hälfte meinte, die Beziehung habe sich weder verschlechtert noch verbessert und nur zwei Personen äußerten, die Beziehung habe sich infolge der Mediation eher verschlechtert.[108] Pearson und Thoennes kamen zu dem Schluss, dass Mediation zwar in der Regel eine weniger einschneidende und schädigende Intervention darstellt als ein Gerichtsverfahren, sie jedoch feindselige Paare nicht in kooperative umwandeln und zukünftige Konflikte nicht eliminieren kann.[109] Selbst wenn die Mediation die Beziehung der Beteiligten in der Regel jedenfalls nicht verschlechtert, kann nicht davon ausgegangen werden, dass eine Mediation in der Regel das Konfliktniveau zu vermindern mag.[110]

Dass sich eine Vermittlung nicht grundsätzlich und langfristig positiv auf die Kooperation, die Feindseligkeit, die Regelmäßigkeit der Unterhaltszahlungen oder weitere Umgangsstreitigkeiten auswirkt, könnte dadurch erklärt werden, dass von den Beteiligten zu große Verhaltensänderungen erwartet werden, die nicht mal eben so vonstattengehen.[111] Die Eltern sollen nach dem Scheitern ihrer Beziehung nun gemeinsam, verständig und verantwortungsvoll die Folgen der Trennung verhandeln. Sie sollen nicht nur bereits während der Verhandlungen ihren gar jahr(-zehnt-)elang praktizierten Kommunikationsstil, sondern auch nach Abschluss der Verhandlungen ihr Verhalten und ihre Einstellung zum Partner und der Familie ändern. Solche Änderungen sind aber meist kaum in-

104 *Bastine/Weinmann-Lutz/Wetzel*, Unterstützung von Familien in Scheidung durch Familien-Mediation, Abschlussbericht (1999).
105 *Bastine/Weinmann-Lutz/Wetzel*, S. 61.
106 *Bastine/Weinmann-Lutz/Wetzel*, S. 61.
107 *Bastine/Weinmann-Lutz/Wetzel*, S. 81.
108 *Bastine/Weinmann-Lutz/Wetzel*, S. 81.
109 *Pearson/Thoennes*, Behavioral Sciences & the Law 1986, 203 (210 f.).
110 S. ausführlich und kritisch zu Erkenntnissen aus der Forschung zur Mediation *Kostka*, S. 384 ff.
111 *Kostka*, FamPra.ch 2009, 634 (647).

nerhalb kurzer Zeit aufgrund von ein paar Sitzungen möglich. Die Erfahrung, Konflikte selbst zu lösen, kann zwar die Eigenverantwortung der Medianten stärken, sie kann sie aber auch überfordern. Es besteht die Gefahr, dass sie sich schnell einigen, um weitere Diskussionen zu vermeiden, dabei aber nicht wirklich von der getroffenen Regelung und ihrer Durchführbarkeit überzeugt sind.

Vergleichbar mit den Erwartungen an eine Verhaltensänderung infolge eines Einvernehmens sind die Erwartungen an das Rechtsinstitut der gemeinsamen elterlichen Sorge nach der Trennung (vgl. § 1671 BGB).[112] Es wird davon ausgegangen, dass, wenn die Eltern nach der Trennung die gemeinsame Sorge beibehalten, dies ihre Motivation verstärken würde, weiterhin die elterliche Verantwortung gemeinsam zu tragen, wovon auch das Kind profitiere. Aber allein durch ein rechtliches Sorgerechtsmodell lässt sich keine Kooperation erzwingen und die scheidungsbedingten psychischen Beeinträchtigungen von Kindern nicht verringern.[113] Für die tatsächlich gemeinsame Ausübung der elterlichen Verantwortung ist es vielmehr erforderlich, dass bereits eine tragfähige soziale Beziehung zwischen den Eltern besteht, sowie ein Mindestmaß an Übereinstimmung, das sich am Kindeswohl auszurichten hat.[114] Die Tatsache der Beibehaltung der gemeinsamen Sorge ist aber nicht per se ein Garant für eine kooperative Nachtrennungsfamilie. Gründe, weshalb ehemalige Ehepartner nicht miteinander kooperieren können, sitzen meist tief[115] und lassen sich nicht so leicht durch eine rechtliche Institution ändern. Dass die gemeinsame Sorge bei Familien, welche die gemeinsame Sorge freiwillig gewählt haben, gut funktioniert bzw. keine negativen Auswirkungen zeigt, kann nicht ohne Weiteres auf Familien übertragen werden, die diese Sorgerechtsform nicht gewählt haben. Die gemeinsame Sorge ist wohl weniger die Ursache für eine bessere Kooperation; vielmehr ist eine bestehende Kooperation die Voraussetzung für eine funktionierende gemeinsame elterliche Sorge.[116] Der elterliche Kooperationswille ist daher unverzichtbare sachliche Voraussetzung für die Praktikabilität der gemeinsamen elterlichen Sorge[117] und nicht dessen Folge. Die Eltern müssen es wollen, weiterhin gemeinsam für das gemeinsame Kind zu sorgen. Aber die Kooperation entsteht nicht automatisch, nur weil die gemeinsame Sorge kraft Gesetzes beibehalten wurde.

---

112 Kritisch zur verhaltenssteuernden Wirkung der gemeinsamen Sorge s. ausführlich *Kostka*, S. 269 ff.

113 *Salgo*, FamRZ 1996, 449.

114 BVerfGE, Beschluss vom 18.12.2003 = FPR 2003, 260 (261); OLG Frankfurt, 5. FamS, Beschluss v. 25.08.2008 – 5 UF 155 /05 = FamRZ 2009, S. 433.

115 *Furstenberg/Cherlin*, S. 74.

116 *Veit*, in: Hofer/Klippel/Walter, FS Dieter Schwab, S. 947 (953).

117 *Salgo*, FamRZ 1996, 449 (451).

Ebenso ist auch allein die Tatsache, dass ein Einvernehmen getroffen wurde, keine Garantie dafür, dass die Beteiligten mit den Regelungen zufrieden sind und der Grundstein für eine gute Kooperation gelegt wurde. Auch hier verhält es sich eher umgekehrt. Es muss bereits ein gewisses Maß an Kooperations- und Kommunikationsbereitschaft bestehen, damit ein Einvernehmen geschlossen werden kann, das auch nachhaltig ist und hält, was es verspricht: also größere Zufriedenheit, bessere Kooperation und nachhaltigere Regelungen. Entscheidend ist, ob die getroffenen Regelungen tatsächlich vom Willen der Beteiligten getragen werden und Lösungen für die bestehenden Konflikte bieten. Hierzu ist ein gewisses Verständnis der Eltern füreinander sowie auch eine Einsicht hinsichtlich der Trennungs- und Familiensituation erforderlich. Diese Einsicht geht aber nicht automatisch mit dem Abschluss eines Einvernehmens einher.

Eine Mediation ermöglicht, nicht nur rechtlich relevante Themen zu verhandeln. Sie ist aber eine kurzzeit- und regelungsorientierte Intervention, bei der nur begrenzt die psychologische Bearbeitung von Beziehungs- und Paarkonflikten erfolgen kann.[118] Sie vermag nicht aus feindseligen kooperative Paare zu machen und Wunder zu bewirken, wenn die Beteiligten nicht bereit sind, miteinander ins Gespräch zu kommen. Dieser begrenzte Auftrag einer Mediation muss den Beteiligten immer bewusst sein. Tiefgreifende Verhaltensänderungen und eine bemerkenswerte Verbesserung der Kommunikation und Kooperation infolge einer Vermittlung oder Mediation sind in der Regel daher nicht zu erwarten.

Für die Mehrzahl der kooperationswilligen Paare kann eine Vermittlung aber eine gute Sache sein, wenn sie sich darauf einlassen. Sie kann sie unterstützen und ihnen Hilfestellungen und Methoden zur Hand geben, um zu einer Einigung zu gelangen.[119] Es sollte dann zunächst der status quo geklärt werden, also die tatsächlichen emotionalen, sozialen und psychologischen Verhältnisse. Die Vermittlungsbemühungen sollten sich dabei zunächst auf die Senkung des Konfliktniveaus zwischen den Beteiligten richten und nicht von Anfang an vornehmlich auf den Abschluss einer Einigung.[120] Danach kann ein vom Willen der Beteiligten getragener modus vivendi für die Zukunft gefunden werden, der die Bedürfnisse und Interessen sowohl der Eltern als auch des Kindes berücksichtigt sowie dem bestehenden Kommunikations- und Kooperationsgrad der Eltern zumindest einigermaßen gerecht wird. Die Erforderlichkeit der Beteiligung des Kindes zeigt die Studie von McIntosh. In dieser wurde deutlich, dass in einer Mediation mit Beteiligung des Kindes bessere Ergebnisse hinsichtlich der Verbesserung des elterlichen Verhältnisses sowie auch des Verhältnisses des Kindes

118 *Proksch* (1998b), S. 103.
119 *Kostka*, FamPra.ch 2009, 634 (644).
120 *Salzgeber*, FamRZ 2010, 851 (853).

zu beiden Elternteilen erzielt werden konnten als ohne die persönliche Kindesbeteiligung.[121] Die Kenntnis der Meinung des Kindes kann die Eltern dazu bewegen, sich mehr auf einander zuzubewegen, weniger in den gegenseitigen Streit verwickelt zu bleiben und sich mehr auf die Bedürfnisse und Interessen des Kindes zu konzentrieren.

Die vereinbarten Regelungen müssen auch nicht immer auf Kooperation und Kommunikation zielen. Es können auch einvernehmliche Regelungen für eine parallele Elternschaft erarbeitet werden, bei der eine direkte Kommunikation der Eltern vermieden wird. Es können genaue Kompetenz- und Zeitstrukturen sowie die Einbeziehung weiterer Facheinrichtungen und Personen z.B. als Berater, Vermittler oder Umgangsbegleiter vereinbart werden.[122] Stellt sich beispielsweise heraus, dass es immer zu Konflikten kommt, wenn die Eltern sich wegen der Übergabe des Kindes treffen, können andere Übergabemöglichkeiten erarbeitet werden.

II. Nachhaltigkeit einer vereinbarten Regelung

Es wird angenommen, dass im Einvernehmen getroffene Regelungen nachhaltiger seien als durch das Gericht beschlossene. So findet sich auch in der Regierungsbegründung zur Kindschaftsrechtsreform die Annahme, dass „streitig ergangene Entscheidungen“ später eher „mit Zwangsmitteln durchgesetzt werden“[123] müssten als im Einvernehmen getroffene Entscheidungen. Insbesondere in einer Mediation erarbeitete Lösungen sollen in eine größere Tragfähigkeit für die Zukunft münden[124], da die Akzeptanz einer selbst erarbeiteten Regelung deutlich höher sein soll als eine von Dritten bestimmte Entscheidung.[125] Durch die Nachhaltigkeit der Lösungen sollen auch die Richter entlastet werden, wenn ihnen ein Ermittlungsverfahren, eine Entscheidung sowie spätere Verfahren erspart bleiben.[126]

Der Abschlussbericht aus dem Jahr 2005 des Projekts Gerichtsnahe Mediation in Niedersachsen weist darauf hin, dass eine „überwältigende Mehrzahl“ der befragten Parteien sich mit den Verfahrensabläufen (91 %) und den letztlich

---

121 *McIntosh/Long* (2006), S. 7 f.; zur Studie von *McIntosh u.a.* ausführlich s. unten Teil 3.D.IV.

122 Vgl. *Salzgeber* FamRZ 2008, 656 (659).

123 BT- Drucksache 13/4899, S. 133.

124 *Kriegel*, S. 51

125 *Luxburg*, S. 40

126 Staudinger/*Coester*, § 1671 BGB Rn. 271; *Heilmann* (1998), S. 269.

erzielten Ergebnissen (84 %) zufrieden gezeigt habe.[127] Auch die Rechtsanwälte seien mit den Verfahren (90 %) und den Ergebnissen (94 %) der von ihnen begleiteten Mediationsverfahren zufrieden gewesen. In acht von zehn Mediationsverfahren sollen Parteien und Anwälte davon ausgegangen sein, dass die Einigung mit der Gegenpartei von Dauer sein werde und der Konflikt nachhaltig befriedet sei. Allerdings wurden keine späteren Evaluationen über die tatsächliche Nachhaltigkeit der getroffenen Regelungen vorgenommen.

Hierin zeigt sich das Problem der meisten Studien. Untersucht wird in der Regel nur, ob überhaupt Einigungen getroffen wurden und ob die Beteiligten zum Zeitpunkt der Einigung mit ihr zufrieden waren, und nicht, wie lange die Regelungen tatsächlich hielten.

Die Feldstudie von Bastine, Weinmann-Lutz und Wetzel in Baden-Württemberg beinhaltete Befragungen zum Zeitpunkt der Mediation sowie immerhin auch 14 Monate später, selbst wenn dieser Zeitpunkt zu früh ist, um aussagekräftige Schlussfolgerungen hinsichtlich der nachhaltigen Wirkung der Mediation ziehen zu können.[128] Über zwei Drittel der Klienten gaben an, in den Vereinbarungen erreicht zu haben, was sie wollten, 98% der Eltern erklärten, dass sie sich an die Vereinbarungen halten werden und 96% gingen davon aus, dass auch ihr Partner dies tun werde.[129] 14 Monate später wurde eine Nachbefragung durchgeführt, an der aber nur 54% der ursprünglich befragten Klienten teilnahm.[130] Von diesen waren 75% mit den getroffenen Vereinbarungen immer noch zufrieden und 10% äußerten sich als unzufrieden[131]. Pearson und Thoennes stellten in ihrer Studie bereits 1986 fest, dass die Eltern mit der Mediation zu großen Teilen zufrieden sind und sie ihnen geholfen hat, sich auf die Bedürfnisse des Kindes zu konzentrieren.[132] 35-40% der Klienten gaben an, eine dauerhafte Umgangsregelung geschlossen zu haben, 20-30% eher temporäre Sorgerechts- und Umgangsregelungen.[133] Aber längerfristig nahm die Zufriedenheit der Beteiligten ab.[134]

Insgesamt kann empirisch nicht untermauert werden, dass vereinbarte Regelungen grundsätzlich nachhaltiger sind als gerichtlich getroffene. In vielen Stu-

127 Niedersächsisches Justizministerium und Konsens e.V., Projektabschlussbericht, S. 16.
128 *Kostka*, Fam.Pra 2009, 634 (641).
129 *Bastine/Weinmann-Lutz/Wetzel*, S. 57.
130 *Bastine/Weinmann-Lutz/Wetzel*, S. 12.
131 *Bastine/Weinmann-Lutz/Wetzel*, S. 74.
132 *Pearson/Thoennes*, Behavioral Sciences & the Law 1986, 203 (207).
133 *Pearson/Thoennes*, Behavioral Sciences & the Law 1986, 203 (209).
134 *Kostka*, S. 387.

dien waren die positiven Auswirkungen einer Mediation nach einem bis zwei Jahren verschwunden.[135]

Allerdings zeigte die Studie von McIntosh, dass jedenfalls mit Beteiligung des Kindes (child-inclusive Mediation) nachhaltigere Regelungen getroffen werden konnten als in den child-focused Mediationen.[136]

Eine Regelung wird in der Regel jedenfalls kaum Bestand haben, wenn ein Beteiligter nach der Unterzeichnung feststellt, dass er im Gerichtsverfahren zu einem viel günstigeren Ergebnis gelangt wäre oder wenn er in der vereinbarten Regelung keinen Vorteil für sich sieht. Daher müssen die Beteiligten auch die rechtlichen Aspekte des Konfliktes kennen.[137] Als Orientierung für Fairness und Gerechtigkeit kann das Gesetz dienen bzw. die Hinzuziehung von Fachleuten (z.B. Rechtsanwalt, Steuerberater, Finanzfachmann, Sachverständiger).[138] Sie können aufzeigen, welche Rechtspositionen bestehen und wie der Richter wahrscheinlich entscheiden würde, wobei letzteres unter Umständen nur schwer prognostizierbar ist. Die Verhandlungen dürfen nicht im rechtsfreien Raum stattfinden, sondern stehen vielmehr im Schatten des Rechts, sog. bargaining in the shadow of the law.[139] Bestehenden Rechten und Ansprüchen muss daher auch in der Vermittlung angemessen Rechnung getragen werden.

Eine Regelung ist nicht automatisch nachhaltig, weil sie vereinbart wurde. Aber sehen sich alle Beteiligten in der getroffenen Regelung hinreichend repräsentiert und tragen sie mit ihrem tatsächlichen Willen, kann eine vereinbarte Regelung durchaus nachhaltig sein. Dies setzt voraus, dass die Regelung nicht nur die Interessen der Eltern, sondern auch die des Kindes berücksichtigt. Das Kind ist daher an der Entscheidungsfindung zu beteiligen, da nur so sichergestellt werden kann, dass seine Interessen hinreichend berücksichtigt werden.

Da gerade die Nachhaltigkeit der vereinbarten Regelung entscheidend ist bei der Beurteilung, ob die Vermittlung erfolgreich war, sollten Berater und Mediatoren Nachbefragungen mit den Beteiligten durchführen. Die Zufriedenheit mit den getroffenen Regelungen sowie die Gründe für die Einhaltung oder Nichteinhaltung der Regelungen können erörtert und ggf. ein weiteres Vorgehen hinsichtlich erforderlicher Änderungen besprochen werden. Die Ergebnisse dieser Nachbefragungen können auch dem Mediator wichtige Rückmeldungen über seine Vermittlungsarbeit geben. Aber auch für die Rechtspolitik können die Ergebnisse solcher Nachbefragungen interessant sein, zumal es in Deutschland trotz aller Bemühungen um die Förderung von Vermittlungsverfahren an Studi-

135 *Kostka*, S. 387 f.

136 *McIntosh/Long* (2006), S. 7 f.

137 *Gläßer*, S. 114.

138 *Diez/Krabbe/Thomsen*, S. 57.

139 Zur Bedeutung des Rechtes bei Einigungen s. unten Teil 4.D.I.

en zur Nachhaltigkeit von vereinbarten Regelungen insbesondere auch im Vergleich zu gerichtlichen Entscheidungen mangelt. Meist wird nur die Anzahl der getroffenen Vereinbarungen gepriesen, dies sagt aber noch nichts über die langfristige Zufriedenheit der Beteiligten mit der vereinbarten Regelung aus.

Eine Nachbefragung bietet sich beispielsweise drei bis sechs Monate nach Abschluss der Mediation, dann jährlich, jedenfalls zwei bis drei Jahre lang bzw. je nach Alter des Kindes an. Auch bei den Nachbefragungen ist das Kind einzubeziehen, um überprüfen zu können, ob die Regelungen (noch) den Bedürfnissen des Kindes entsprechen, ob z.B. die Umgangsregelungen noch alters- und reifegemäß für das Kind sind.

III. Ein elterliches Einvernehmen ist im Interesse des Kindes

Ein elterliches Einvernehmen in Umgangs- oder Sorgerechtsfragen soll für die Kinder besser als eine juristische Entscheidung sein.[140] Ein Einvernehmen soll per se dem Kindeswohl dienen, so die Grundannahme. Die Belastungen des Kindes sollen bei einer einvernehmlichen Streitbeilegung insbesondere außerhalb des Gerichts und unter Inanspruchnahme von Beratungsstellen geringer sein als bei einem gerichtlichen Verfahren mit richterlichen Anhörungen, Sachverständigengutachten, Ermittlungen des Jugendamtes etc.[141] Ferner hält sich die Überzeugung, dass ein Einvernehmen die Kooperation der Eltern stärken und das Konfliktniveau zwischen den Eltern senken könne, wovon auch das Kind profitiere. Haben die Eltern die Regelungen gemeinsam erarbeitet, wird davon ausgegangen, dass sie auch den Umgang des Kindes mit dem anderen Elternteil zulassen können und es auch unterlassen, das Kind auf der Partnerebene zu instrumentalisieren.[142]

Es ist unstreitig, dass das Kind die Trennung der Eltern besser bewältigen kann, wenn die Eltern die Folgekonflikte der Trennung kooperativ, selbstverantwortlich und einvernehmlich regeln können.[143] Je besser das Elternverhältnis ist, desto besser kann das Kind Kontakt zu beiden Eltern pflegen, ohne Loyalitätskonflikten ausgesetzt zu sein. Akzeptieren beide Elternteile die getroffene oder geänderte Sorgerechts- oder Umgangsregelung, verringert dies wesentlich die psychischen Belastungen des Kindes.[144]

140 S. z.B. BT-Drucksache 13/4899, S. 133.
141 BT-Drucksache 13/4899, S. 133.
142 *Kriegel*, S. 54.
143 *Proksch* in: Amthor u.a., Kindschaftsrecht 2000, S. 141 (144).
144 *Breidenbach*, S. 268.

Unrichtig ist indes, dass ein Einvernehmen per se für elterliche Kooperation und nachhaltige Regelungen steht und dem Kindeswohl dient. Entscheidend für die positiven Wirkungen eines Einvernehmens ist, dass sich alle Beteiligten in der getroffenen Regelung hinreichend repräsentiert sehen und sie mit ihrem tatsächlichen Willen tragen. Entscheidend für das Kind wiederum ist nicht die Frage, ob die Eltern ein Einvernehmen geschlossen haben oder nicht. Für das Kind macht es in der Regel keinen Unterschied, ob die Eltern ein Einvernehmen getroffen haben oder das Gericht entschieden hat, solange es sich stumm starren, fremdbestimmten Regelungen fügen muss.[145] Für das Kind ist vielmehr die Frage relevant, ob es selbst in die Entscheidungsfindung einbezogen wurde, und ob es selbst die Regelungen trägt. Wenn die tatsächlichen Bedürfnisse und Interessen des Kindes einbezogen wurden, wenn das Kind Gelegenheit hatte, seine Meinung zu äußern und nicht nur die Eltern ihre Meinung über die Meinung des Kindes vorgebracht haben, ist am ehesten gewährleistet, dass die Regelung auch im Sinne des Kindes ist. Entscheidend ist somit, ob die Eltern *und* das Kind die gefundene Lösung akzeptieren.[146] Eines der wichtigsten Kindeswohlkriterien ist daher die Frage der Akzeptanz der Regelungen[147], sowohl seitens der Eltern also auch des Kindes, und nicht lediglich die Frage, ob eine Einigung getroffen wurde.

Ziel muss das Finden einer kindeswohlgerechten Lösung sein, also eine dem Kind erträgliche Regelung des Aufenthaltes und des Umgangs, nicht ein Einvernehmen um jeden Preis. Ein Einvernehmen kann nur dann für das Kind besser sein als eine gerichtliche Entscheidung, wenn für alle Betroffenen eine ihrer besonderen Situation angemessene Regelung gefunden wurde, die sie mit ihrem tatsächlichen Willen tragen.

D. Vorbehalte gegenüber einer Vermittlung in Kindschaftssachen

I. Bedeutung des Rechts bei einer Einigung – Grenzen der Privatautonomie

Bei Trennungskonflikten wird oft gegenüber dem Gerichtsverfahren kritisiert, dass es den Konflikte verrechtliche und ihn nur als rein juristischen Vorgang sehe, da sich der Richter nur am Gesetz orientiere und den Bedürfnissen der Be-

145 Vgl. *Wallerstein/Lewis/Blakeslee*, S. 222.
146 *Lossen/Vergho*, FamRZ 1993, 768 (769).
147 *Lossen/Vergho*, FamRZ 1993, 768 (769).

teiligten nicht hinreichend Rechnung trage. Es gehe weniger darum, sich zu vertragen, sondern überwiegend darum, nach Ansprüchen zu entscheiden.[148] Gerade in Scheidungs- und Kindschaftsverfahren müssten aber meist mehr Themen geklärt werden, als wer welche rechtlichen Ansprüche hat.[149] In einer außergerichtlichen Vermittlung oder Beratung können auch Aspekte bearbeitet werden, die das Recht nicht kennt, weil sie beispielsweise nicht einklagbar sind, deren Bearbeitung aber im konkreten Fall nützlich sein kann.[150] Ziel ist, dass die Beteiligten die Verhältnisse nach der Trennung oder Scheidung mit der Hilfe von Experten möglichst selbst regeln, anstatt ihren Konflikt durch das Gericht entscheiden zu lassen. Zu den Grundprinzipien der klassischen Mediation gehören somit auch gerade die Selbstbestimmung der Beteiligten und die freie Gestaltung des Verfahrens; sowohl die Inhalte als auch der Verfahrensablauf können den jeweiligen Bedürfnissen der Beteiligten angepasst werden.

Kritiker der Mediation befürchten aber, dass durch das privatere Verfahren in intimerer Umgebung Gefährdungen und Sicherheitsrisiken nicht ausgeschlossen werden können, denen vor Gericht mit entsprechenden insb. Gewaltschutz- oder Kindesschutzmaßnahmen begegnet werden könnte. Insgesamt wird die Gefahr gesehen, dass mögliche Kindeswohlgefährdungen und Gewaltkonstellationen leicht unentdeckt bleiben könnten, wenn sie nicht näher erörtert werden; das Gericht hingegen wäre gerade bei Ersterem aufgrund seines Wächteramtes verpflichtet, Anzeichen von Kindeswohlgefährdungen nachzugehen. Es wird auch befürchtet, dass vor Gericht geltende Rechte, wie z.B. das Anhörungsrecht des Kindes, in einer Mediation umgangen werden könnten. Befürworter der klassischen Mediation wiederum befürchten, dass das Recht auch bei außergerichtlichen Einvernehmensverfahren dominieren und durch die Verrechtlichung des Konflikts der Selbstbestimmungswille und die Autonomie der Beteiligten beschnitten werden könnten.[151] Während also die einen in einer Mediation Verhandlungen im rechtsfreien Raum befürchten, kritisieren andere einen möglicherweise zu starken Einfluss des Rechts auf die Verhandlungen. Es stellt sich somit die Frage, wie weit sich eine einvernehmlich erarbeitete Lösung vom Recht bzw. den Präferenzen des Gesetzgebers entfernen darf bzw. wie weit das Recht die Vereinbarung doch beeinflusst bzw. sogar beeinflussen muss.

Hinsichtlich der elterlichen Sorge und des Umgangsrechts statuiert das Gesetz bestimmte Ansprüche und Rechte (vgl. §§ 1671, 1684 BGB). Es sind auch gewisse Präferenzen des Gesetzgebers wie hinsichtlich der Fortführung der ge-

148 *Glenewinkel*, S. 24.

149 *Glenewinkel*, S. 25.

150 *Haft*, in: Haft/Schlieffen, S. 77.

151 *Ripke*, in Haft/Schlieffen, S. 165, 211.

meinsamen elterlichen Sorge nach einer Trennung oder Scheidung (vgl. § 1671 BGB) oder auch Annahmen, wie dass der regelmäßige Umgang des Kindes mit dem getrennt lebenden Elternteil seinem Wohl diene (vgl. § 1626 Abs. 3 BGB) erkennbar.[152] Konkrete Umgangs- und Sorgerechtsregelungen enthält das Gesetz indes nicht, schließlich ist die Ausgestaltung dieser Rechte elementar einzelfallabhängig. Daher ist im Einzelfall immer zu prüfen, ob diese Annahmen und Präferenzen dem Einzelfall gerecht werden. Denn wird Druck daraufhin ausgeübt, diesen Präferenzen gerecht zu werden und gemeinsame elterliche Sorge beizubehalten und umfangreiche Besuchsregelungen zu vereinbaren, stellt sich die Frage, ob noch eine „richtige" Einigung vorliegt oder ob das Paar nur die augenscheinlich „beste" Lösung übernimmt, um einen guten Eindruck zu hinterlassen oder den Prozess abzukürzen.[153] Grundsätzlich muss es den Beteiligten freistehen, auf welche Regelungen sie sich einigen.

Wie bei jeder privatrechtlichen Vereinbarung gibt es dennoch gewisse rechtliche Grenzen für die elterliche Einigung. Zunächst gelten die allgemeinen Nichtigkeits- und Sittenwidrigkeitsgrenzen der §§ 134, 138 BGB.[154] Daneben ist die Privatautonomie der Eltern durch das Kindeswohl begrenzt. So gilt auch im Gerichtsverfahren die Kindeswohlmaxime des § 1697a BGB und eine Umgangsvereinbarung darf das Gericht nicht billigen, wenn sie dem Kindeswohl widerspricht (§ 156 Abs. 2 S. 2 FamFG). Aber auch die Eltern sind dem Kindeswohl verpflichtet: Sie müssen die elterliche Sorge zum Wohl des Kindes ausüben (§ 1627 BGB), das Elternrecht ist durch die Grundrechte des Kindes beschränkt.[155] Eine Gefährdung des Kindewohls rechtfertigt sogar einen staatlichen Eingriff ins Elternrecht (Art. 6 Abs. 2 GG). Elterliche Einigungen dürfen daher dem Kindeswohl nicht widersprechen. Hinsichtlich Umgangsvereinbarungen gilt die Besonderheit, dass die Eltern nicht über das eigenständige Umgangsrecht des Kindes disponieren dürfen.[156] Das Kind muss daher die Gelegenheit bekommen, selbst über sein Umgangsrecht (§ 1684 Abs. 1 S. 1 BGB) zu verfügen.

Mit der Umschreibung, die Verhandlungen stünden im „Schatten des Rechts"[157] (bargaining in the shadow of the law), wird thematisiert, dass das Konflikt- und Verhandlungsverhalten der Parteien maßgeblich davon beeinflusst ist, welche Rechtspositionen bestehen und was in einem Gerichtsverfahren er-

---

152 S. hierzu auch oben Teil 4.B.I. (elterliche Sorge) und II (Umgang).

153 *Kostka* (2004), S. 383.

154 *Gläßer*, S. 113.

155 Zum Verhältnis von Elternrecht und Persönlichkeitsrecht des Kindes s. oben Teil 2.B.III.c.

156 Zum Umgangsrecht s. oben Teil 4.B.II

157 *Maccoby/Mnookin*, S. 40, 278 f.

reicht werden könnte. Das Recht, also die formellen Gesetze und die geltende Rechtsprechung, ist eine soziale Konstruktion und Umsetzung der gesellschaftlichen Gerechtigkeitsvorstellungen. Dieses auf den gesellschaftlichen Gerechtigkeitsvorstellungen basierende Konstrukt von Gesetz und Rechtsprechung kann mögliche Maßstäbe bei der Entwicklung und Beurteilung von Lösungsoptionen geben, so dass es als abstrakter Gerechtigkeitsmaßstab und Fairnesskontrolle dienen kann.[158] Neben den subjektiven Gerechtigkeitsvorstellungen der jeweiligen Beteiligten sollten daher auch die Gesetzesnormen und die Rechtsprechung nutzbringend für die Lebenswirklichkeit der Klienten und deren Autonomie eingebracht werden.[159]

Eine Auseinandersetzung der Beteiligten mit den gesetzlichen Normen kann den Beteiligten auch für den Fall einer Nichteinigung einen Eindruck davon verschaffen, wie die jeweiligen Positionen bei Scheitern der Mediation vor Gericht beurteilt werden könnten.[160] Das Recht spielt auch eine Rolle, sobald eine Umgangsvereinbarung dem Richter nach § 156 Abs. 2 FamFG zur Billigung vorgelegt wird, da die Billigung nur unter den in § 156 Abs. 2 FamFG genannten Voraussetzungen vorgenommen werden darf.[161]

Auch Art. 12 UN-KRK erlaubt keine vom Recht unabhängige Vermittlung in Kindschaftssachen. Hiernach ist das Kind in allen seine Person betreffenden Angelegenheiten anzuhören und seine Meinung ist in angemessener Weise zu berücksichtigen. Laut dem Ausschuss der Rechte des Kindes besteht das Anhörungsrecht des Kindes auch bei Mediationen[162], in behördlichen Verfahren[163] sowie innerhalb der Familie[164]. Somit hat der Staat sicherzustellen, dass die Rechte des Kindes in einer Vermittlung nicht verletzt werden. Die Privatautonomie und die freien Gestaltungsmöglichkeiten bei Vereinbarungen dürfen diese Rechte des Kindes nicht untergraben.

Das Gesetz legt im Grunde nur fest, dass es die Rechtsinstitute elterliche Sorge und Umgangsrecht gibt, und dass diese mit gewissen Rechten und Pflichten verbunden sind. Die genaue Ausgestaltung muss indes individuell, entsprechend den Bedürfnissen der Familienmitglieder im Einzelfall festgelegt werden. Ist bei Konflikten eine Einigung innerhalb der Familie nicht möglich, hat der Richter zu entscheiden. Der Weg zur Bestimmung der Regelungen kann zwar in der Regel außergerichtlich mehr Optionen bieten, weil auch außerrechtliche As-

---

158 *Luxburg/Koenig*, S. 7 f.
159 *Ripke*, in: Haft/Schlieffen, S. 162 f.
160 *Ripke*, in: Haft/Schlieffen, S. 164.
161 Zu § 156 Abs. 2 FamFG s. unten Teil 5.C.
162 *Committee on the Rights of the Child (UN)*, CRC/C/GC/12, Abs. 32.
163 *Committee on the Rights of the Child (UN)*, CRC/C/GC/12, Abs. 65.
164 *Committee on the Rights of the Child (UN)*, CRC/C/GC/12, Abs. 90 ff.

pekte in die Verhandlungen einbezogen werden können. Wird außergerichtlich verhandelt, sinkt auch zwangsläufig die formalrechtliche Verbindlichkeit und es steigt die autonome Selbstgestaltung sowie auch die Verantwortung der Beteiligten.[165] Dennoch geschieht eine außergerichtliche Vermittlung nicht im luftleeren bzw. rechtsfreien Raum.[166] Inhaltlich können die außergerichtlich getroffenen Regelungen nicht weit von gerichtlich getroffenen Regelungen abweichen, da die Privatautonomie der Eltern in Kindschaftsfragen insbesondere durch das Kindeswohl und die Rechte des Kindes eingeschränkt ist. Bestehende und den jeweiligen Beteiligten zustehende Rechte dürfen bei außergerichtlichen Vermittlungen nicht übergangen werden, sodass diese Rechte leerlaufen.[167] Oft ist daher auch eine gerichtliche Billigung einer außergerichtlich getroffenen Vereinbarung vorgesehen (vgl. § 156 Abs. 2 FamFG). Insoweit findet die Mediation durchaus im Schatten des Rechts statt. Trennungs- und Scheidungsmediation sollen keineswegs eine Alternative zum Recht, sondern immer nur eine Alternative im Recht sein, also eine Alternative zum Gerichtsverfahren.[168] Hinsichtlich der Rechte des Kindes gilt somit, dass der Vermittler sicherstellen muss, dass dem Kind ein alters- und reifeangemessener Rahmen zur Verfügung gestellt wird, damit es seine Beteiligungsrechte wahrnehmen kann. Das Recht muss in eine Vermittlung also jedenfalls insoweit einfließen, als dass das Kindeswohl berücksichtigt und die Rechte des Kindes nicht verletzt werden.

II. Vermittlung bei hochkonflikthaften Familien

Autonome Verhandlungen setzen die Selbstbestimmung und damit die Selbstverantwortung der Beteiligten voraus, sowie das möglichst gleichberechtigte Gegenüberstehen der Verhandlungspartner. Bei hohem Konfliktniveau der Beteiligten kann ein gleichberechtigtes, autonomes Verhandeln erschwert, wenn nicht unmöglich sein. In diesen Fällen werden hohe Anforderungen an die Experten gestellt, diesen Familien die am ehesten angemessene Interventionsmöglichkeit anzubieten.

1. Das Merkmal Hochkonflikthaftigkeit

Das Niveau des elterlichen Konfliktes ist bei Verhandlungen um Sorgerechts- und Umgangsregelungen ein wichtiger Faktor. Zum einen wirkt sich das Kon-

---

165 *Glenewinkel*, S. 29.
166 *Duss-von Werdt*, in: Wirsching/Scheib, S. 228.
167 *Breidenbach*, S. 52.
168 *Glenewinkel*, S. 29.

fliktniveau auf die Kommunikation zwischen den Eltern aus, zum anderen beeinflusst der elterliche Konflikt auch die Eltern-Kind-Beziehungen.

Während der Trennung und Scheidung weisen die meisten Beziehungen einen hohen Konfliktpegel auf. Dies gilt auch für Beziehungen, die vorher wenig konflikthaft waren, und bei denen die Konflikte meist drei bis vier Jahre nach der Trennung wieder reduziert sind. Als „hochkonflikthaft" werden die Paare bezeichnet, die oft bereits lange vor der Trennung dysfunktional waren[169] und bei denen die Konflikte auch nach der Trennung fortbestehen, so dass teils noch jahrelang erbitterte Umgangs- und Sorgerechtsstreitigkeiten geführt werden.[170] Solche Konstellationen finden sich zwar nur in einem geringen Prozentsatz.[171] Im Jahr 2008 wurden knapp 200.000 Ehen geschieden, von denen rund 151.000 Kinder betroffen waren; Schätzungen zufolge nahmen 5% dieser Scheidungen einen hochkonflikthaften Verlauf.[172] Diese hochkonflikthaften Familien beschäftigen aber die Gerichte und Behörden maßgeblich aufgrund der Hartnäckigkeit, der Dauer und der Wiederholung ihrer Konflikte.[173] Um diese soll es im Folgenden gehen.

Hochkonflikthafte Familien zeichnen sich durch ein stark emotionalisiertes Umfeld aus, das geprägt ist von gegenseitigem Misstrauen der Eltern, wechselseitigen Schuldzuweisungen, Furcht, Wut und der Verweigerung von Kooperation und Kommunikation.[174] Der Konflikt verschärft und verselbständigt sich immer mehr und ist beherrscht von Polarisierungen, so dass eine auf gemeinsame Lösungen gerichtete Kommunikation immer unmöglicher wird.[175] Die vielzitierte Trennung der Paar- und der Elternebene ist für diese Eltern meist besonders schwierig, da sie nicht in der Lage sind, die negativen Gefühle für den ehemaligen Partner zurückzustellen und zugunsten des Kindes zu kooperieren.[176] Die Kommunikation zeichnet sich durch hohe emotionale Beteiligung und Feindseligkeit aus. Hinzu kommt die Verletzlichkeit dieser Eltern und das mitgeschleppte „emotionale Gepäck" wie Betroffenheit, Verletzung und Kränkung.[177] Missverständnisse und Unterstellungen stehen auf der Tagesordnung. Zieht sich ein Elternteil bei Differenzen zurück, wird dies vom anderen schnell

---

169 *Johnston*, JAmt 2002, 378 (378).

170 *Kostka* (2004), S. 176; zur Abgrenzung von „normalen" und „hohen" Konflikten s. auch *Fichtner*, ZKJ 2012, 46 (46 f.) m.w.N.

171 *Kriegel*, S. 140.

172 *Deutsches Jugendinstitut*, S. 10.

173 *Martiny*, ZKJ 2010, 351 (352).

174 *Johnston*, JAmt 2002, 378 (378).

175 *Martiny*, ZKJ 2010, 351 (354).

176 *Deutsches Jugendinstitut*, S. 14.

177 *Martiny*, ZKJ 2010, 351 (354).

als Ignoranz oder Boykott wahrgenommen.[178] Die Eltern sehen sich auch oft der Situation gegenüber, dass ihr eigener Lebensstil, das eigene Erziehungsverhalten infrage gestellt wird, Persönlichkeitsstörungen ins Feld geführt werden[179], intime Details vor Gericht und vor Behörden ausgebreitet werden und in ihre Autonomie eingegriffen wird.

In diesen Familien haben auch die Kinder am meisten zu leiden[180] und sind besonderen Belastungen ausgesetzt.[181] Sie werden oft in den Konflikt mit einbezogen und ihre Bedürfnisse geraten aus dem Blickfeld der Eltern. Selbst wenn die Konflikte nicht offen vor den Kindern ausgetragen werden, merken die Kinder, dass erhebliche Konflikte zwischen den Eltern herrschen. Dies kann Loyalitätskonflikte beim Kind verstärken sowie auch seine Anpassung an die Trennungssituation erschweren.[182] Das elterliche Spannungsfeld wird von den Kindern als ein „Streit ohne Ende" erlebt und das ständige Überwachen der elterlichen Konflikte beutet ihre emotionalen Ressourcen aus und zieht regelmäßig einen Zustand andauernder hoher physiologischer Erregung nach sich; sie fühlen sich dem Konfliktgeschehen hilflos ausgeliefert.[183]

2. Interventionen bei hochkonflikthaften Familien

Die Zweckmäßigkeit von Vermittlung oder Mediation ist bei hocheskalierten Elternkonflikten umstritten. Auch wenn hochkonflikthafte Eltern sich beratenden Interventionen gegenüber oft wenig offen zeigen, da sie ihren Fall oft als zu kompliziert einschätzen, haben sie doch einen hohen Bedarf an Unterstützung.

Viele halten für hochkonflikthafte Familien längerfristige therapeutische oder beraterische Interventionen wie Elternkurse und spezifische Formen von Beratung und Mediation zielführender als eine klassische Vermittlung.[184] In der Studie von McIntosh konnte bei hochstreitigen Trennungskonflikten zwar mit der direkten Einbeziehung des Kindes teils eine Verbesserung der emotionalen Beziehungen erreicht werden, bei langzeit-hochkonflikthaften Fällen mit schweren psychologischen Problemen stieß aber auch die child-inclusive Mediation an ihre Grenzen.[185]

---

178 *Deutsches Jugendinstitut*, S. 15.
179 *Martiny*, ZKJ 2010, 351 (354).
180 *Kostka* (2004), S. 176.
181 *Fichtner*, ZKJ 2012, 46 (46, 49).
182 *Kostka* (2004), S. 175.
183 *Deutsches Jugendinstitut*, S. 21.
184 *McIntosh/Wells/Smyth/Long*, Family Court Review 2008, 105 (120); *Deutsches Jugendinstitut*, S. 58.
185 *McIntosh/Wells/Smyth/Long*, Family Court Review 2008, 105 (120).

Das Problem ist, dass in einem gemeinsamen Gespräch die Gefahr besteht, dass die Auseinandersetzung destruktiv verläuft und die Beteiligten eher belastet, anstatt hilfreich zu sein.[186] Oft nimmt der Streit überhand und selbst Experten gelingt es nicht immer, dies zu durchbrechen.[187] Interventionen mit hochkonflikthaften Eltern brauchen daher ein hohes Maß an Strukturierung, also die Festlegung von Rahmenbedingungen. Je höher das Konfliktniveau, desto größer das Bedürfnis der Beteiligten nach einer klaren, unzweideutigen Struktur zur Konfliktlösung.[188] Es genügt seitens des Beraters oder Vermittlers nicht, nur eine Moderationsrolle einzunehmen, vielmehr muss jede Phase der Intervention aktiv (mit-)gestaltet werden.[189] Zunächst können auch kurzfristige Ziele positive Wirkungen entfalten.

Das Deutsche Jugendinstitut zum Beispiel schlägt eine beraterische Vorgehensweise vor, gegebenenfalls mit mediativen Elementen:[190]

Zunächst finden vorgeschaltete Einzelgespräche mit den Eltern statt, in denen das Setting, die Konfliktbiografie und -dynamik und die erziehungs- und konfliktbezogenen Kompetenzen besprochen werden. Parallel zu den Elternberatungen werden auch Gespräche mit den Kindern geführt. Dort werden Stressbewältigungsverhalten und Emotionsregulationskompetenzen gefördert und auch der trennungsbezogene Alltag thematisiert. Die Eltern müssen zusichern, dass sie die Vertraulichkeit der Beratung des Kindes respektieren und nur in dem Maß davon erfahren, wie das Kind dies wünscht. Zu Beginn erfolgt nur eine indirekte Einbeziehung des Kindes durch Fotos, später auch in Absprache mit dem Kind u.U. das Vorspielen von Videosequenzen von der Arbeit mit dem Kind.

Gemeinsame Gespräche sollten erst mit Zustimmung beider Eltern erfolgen.[191] Neben gemeinsamen Gesprächen können auch Einzelsitzungen der Ausgewogenheit halber mit beiden Elternteilen – sinnvoll sein, um Eskalationen vorzubeugen.[192] Wenn die Eltern gemeinsame Gespräche ablehnen, werden Einzelgespräche vereinbart und dort einseitig strukturierte Lösungsoptionen entwickelt.

An die mit hochkonflikthaften Familien arbeitenden Experten stellen sich nicht nur inhaltlich-methodische Anforderungen, sondern auch emotionale. Ihre persönliche Ausgeglichenheit wird häufig auf die Probe gestellt, wenn die Eltern

---

186 *Bröning*, S. 141.
187 Vgl. *Deutsches Jugendinstitut*, S. 26.
188 *Coogler*, S. 23 f., zitiert nach *Kriegel*, S. 87.
189 *Deutsches Jugendinstitut*, S. 39.
190 *Deutsches Jugendinstitut*, S. 28 f.
191 *Deutsches Jugendinstitut*, S. 61.
192 *Deutsches Jugendinstitut*, S. 40.

versuchen Allianzen zu schmieden, in die auch sie eingebunden werden.[193] Fortbildungen und Kooperationen müssen daher gefördert werden, um hochkonflikthaften Eltern die erforderlichen und spezialisierten Interventionen und Hilfen anbieten zu können.

3. Einbeziehung des Kindes bei Hochkonflikthaftigkeit

Allein auf die Eltern konzentrierte Interventionen haben sich nicht als erfolgreich erwiesen, jedenfalls nicht als dauerhaft.[194] Werden nur den Eltern Hilfen angeboten, kann die Spannungssituation der Kinder meist nur beschränkt zum Positiven verändert werden.[195] Der Einbezug der Kinder ist daher gerade bei hochkonflikthaften Familien besonders wichtig.

Die Perspektive des Kindes und sein individuelles Belastungserleben können bereits zu Beginn des Verfahrens wichtige Hinweise bei der Bestimmung des Konfliktniveaus und der Erarbeitung einer wirkungsorientierten Intervention geben.[196]

Auch die Eltern können davon profitieren, wenn das Kind gerade nicht nur symbolisch, sondern persönlich beteiligt wird. Wird ihnen die tatsächliche Perspektive des Kindes übermittelt, die in Einzelgesprächen mit dem Kind erarbeitet wurde, scheint dies ein wirkungsvolleres Mittel zu sein, um die Eltern für die Bedürfnisse des Kindes zu sensibilisieren.[197] Wird ihnen die Meinung ihres Kindes vor Augen geführt, können sie den Fokus eher auf die tatsächlichen Bedürfnisse ihres Kindes legen und weniger auf den Streit um die vermeintlichen, aus ihrer Sicht beurteilten Bedürfnisse des Kindes.

Die persönliche Einbeziehung des Kindes ist aber auch um des Kindes willen wichtig. Hochkonflikthafte Eltern erheben zwar oft die Deutungshoheit über das Befinden ihres Kindes, aber inmitten ihrer Konflikte verlieren sie oft die Bedürfnisse des Kindes aus dem Blick, zudem ist ihre konfliktbezogene Wahrnehmung oft verzerrt und selektiv.[198] Gerade weil sich Kinder hochkonflikthafter Eltern oft hilflos ausgeliefert fühlen, ist es wichtig, ihnen eine Stimme zu geben und sie ernst zu nehmen.[199] Außerdem wollen auch oft gerade Kinder aus

193 *Deutsches Jugendinstitut*, S. 18.
194 *Deutsches Jugendinstitut*, S. 27.
195 *Deutsches Jugendinstitut*, S. 27.
196 *Deutsches Jugendinstitut*, S. 21.
197 *Deutsches Jugendinstitut*, S. 40; zur Wirkung der Kindesbeteiligung auf die Eltern s. oben Teil 3.D.IV.
198 *Deutsches Jugendinstitut*, S. 21.
199 *Deutsches Jugendinstitut*, S. 27.

hochkonflikthaften Familien nicht nur eine Stimme im Verfahren haben, sondern sogar mitentscheiden.[200]

Bei einer nur an die Eltern gerichteten Intervention kommt das Kind zu kurz. Da die Situation eines Kindes in einer hochkonflikthaften Familie oft schwer und leidvoll ist, benötigen gerade sie Hilfe und Unterstützung, zumal gerade bei hochkonflikthaften Familien nicht mit kurzweiligen Interventionen und schneller Besserung der Situation des Kindes gerechnet werden kann. Sitzungen mit der gesamten Familie erleben die Kinder oft eher negativ, da sie dort meist wiederholt Zeugen des destruktiven Konfliktverhaltens ihrer Eltern werden, insbesondere wenn es dem anwesenden Experten nicht gelingt, die Eltern zu einem gemäßigteren Umgang miteinander vor den Kindern zu bewegen.[201] Daher muss die Intervention immer auch speziell an das Kind gerichtete Angebote beinhalten, wie Kindergruppen und Einzelgespräche. Diese empfinden Kinder in der Regel als angenehm und kaum belastend.[202] Sie profitieren von diesen Kontakten, insbesondere wenn nicht auf die Trennungs- und Konfliktsituation der Eltern fokussiert wird, sondern auf die Stärkung ihrer Persönlichkeit, die gerade durch die negativen Auswirkungen des Konfliktverhaltens der Eltern und die daraus resultierenden Belastungen massiv beeinträchtigt sein kann.[203]

III. Vermittlung in Fällen von häuslicher Gewalt und Kindesmisshandlung

In Fällen von familiärer Gewalt und Kindesmisshandlung sind auf eine Einigung der Beteiligten zielende insbesondere außergerichtliche Verfahren äußerst umstritten. In den Richtlinien der BAFM wird in Fällen von Gewaltanwendung eine mögliche Grenze der Mediation gesehen[204], also ein potentieller Ausschlussgrund.[205] Teils wird Gewalt als grundsätzlicher Ausschlussgrund für eine Vermittlung gesehen. Andererseits wird teils vertreten, dass auch bei Gewalt eine Vermittlung sinnvoll sein und versucht werden könnte.[206] Gewalt und Misshandlungen sind in tausend Facetten möglich und die Ursachen und Auswirkungen

---

200 *Parkinson/Cashmore*, S. 76; zur Meinung von Kindern über das Einbezogenwerden s. oben Teil 3.C.

201 *Deutsches Jugendinstitut*, S. 26 f.

202 *Deutsches Jugendinstitut*, S. 26; zu den Belastungen des Kindes s. oben Teil 3.E.IV.

203 *Deutsches Jugendinstitut*, S. 25.

204 Richtlinien für Mediation in Familienkonflikten der BAFM, Punkt 3.2.

205 *Gläßer*, S. 37 m.w.N.

206 Vgl. *Gläßer*, Mediation und Beziehungsgewalt (2008).

unterschiedlich, daher erfordern diese Fälle besondere Aufmerksamkeit und die Fokussierung auf den Einzelfall.

1. Häusliche Gewalt und Kindesmisshandlung

a. Rechtlicher Hintergrund

Als häusliche Gewalt wird bezeichnet, wenn Personen innerhalb einer bestehenden oder aufgelösten familiären, ehelichen oder eheähnlichen, hetero- oder homosexuellen Beziehung physische, psychische oder sexuelle Gewalt ausüben oder androhen. Der Tatort ist irrelevant, entscheidend ist die Beziehung zwischen den Personen. Maßnahmen nach dem Gewaltschutzgesetz setzen voraus, dass die Personen Erwachsene sind, Kinder werden ausdrücklich ausgenommen (§ 3 Abs. 1 GewSchG). Jede Form körperlicher oder geistiger Gewaltanwendung gegen Kinder, Misshandlung, Verwahrlosung, Vernachlässigung oder sexueller Missbrauch fällt unter den Begriff Kindeswohlgefährdung. Hierfür gelten ausschließlich die familienrechtlichen Vorschriften sowie das Kinder- und Jugendhilferecht des SGB VIII (s. § 3 GewSchG); familiengerichtliche Maßnahmen bestimmen sich mithin nach den §§ 1666 ff. BGB.[207]

Gewalt zwischen den Ehepartnern wurde lange Zeit als Privatsache angesehen. Sogar die Vergewaltigung in der Ehe war in Deutschland lange Zeit nicht strafbar. Erst im Jahr 1992 wurde sie in § 177 StGB als Straftat anerkannt, allerdings zunächst nur als Antragsdelikt. Seit 2004 ist die Vergewaltigung unter Ehepartnern ein Offizialdelikt, sobald also die Staatsanwaltschaft Kenntnis von einer möglichen Tat erlangt, muss sie stets von Amts wegen tätig werden.

Gewalt gegen Kinder in der Familie wurde lange Zeit als akzeptierte Erziehungs- und Disziplinarmaßnahme angesehen, insbesondere wenn keine sichtbaren oder langwierigen Verletzungen zugefügt wurden.[208] Seit Inkrafttreten des Gesetzes zur Ächtung der Gewalt in der Erziehung vom 02.11.2000[209] normiert § 1631 Abs. 2 BGB das Recht des Kindes auf gewaltfreie Erziehung. Körperliche Bestrafungen, seelische Verletzungen und andere entwürdigende Maßnahmen werden als unzulässig erklärt. Die Norm soll die Gewalt in der Erziehung ächten, ohne aber die Familie zu kriminalisieren.[210] Daher soll grundsätzlich bei innerfamiliärer Gewalt nicht die Strafverfolgung oder der Entzug der elterlichen Sorge im Vordergrund stehen, sondern zunächst die Gewährung möglicher Hil-

---

207 Palandt/*Brudermüller*, § 3 GewSchG Rn. 2.

208 *United Nations General Assembly*, Report: Violence against children, S. 9.

209 BT-Drucksache 14/1247.

210 BT-Drucksache 14/1247, S. 6; vgl. auch Staudinger/Salgo §1631 BGB Rn. 77 ff.

fen für die betroffenen Kinder, Jugendlichen und Eltern (vgl. § 16 Abs. 1 S. 3 SGB VIII).[211]

Gewalt in der Familie kann dennoch rechtliche und sanktionierende Konsequenzen haben. Es kann nach §§ 1666 Abs. 1, 3 Nr. 6, 1666a BGB ein Sorgerechtsentzug wegen Kindeswohlgefährdung erfolgen. Ferner ist nach § 223 StGB eine strafrechtliche Verfolgung wegen körperlicher Misshandlung möglich, da Gewalthandlungen der Eltern gegenüber ihrem Kind wegen § 1631 Abs. 2 BGB nicht mehr durch das elterliche Erziehungsrecht gerechtfertigt sind.

b. Statistische Angaben zu familiärer Gewalt

Einige statistische Angaben[212] sollen verdeutlichen, dass häusliche Gewalt gerade in der Trennungssituation nicht zu verharmlosen ist. Hierbei ist darauf hinzuweisen, dass eine statistische Erhebung dadurch erschwert ist, dass viele Taten nicht angezeigt werden. Auch die Auswertung der angezeigten Taten ist nicht uneingeschränkt repräsentativ, da auch Falschbezichtigungen sowie nicht nachweisbare Anschuldigungen enthalten sein können.

Es werden signifikant häufiger Frauen Opfer von männlicher Gewalt als umgekehrt.[213] Jede vierte Frau in Deutschland erfährt in ihrem Leben Gewalt durch einen aktuellen oder ehemaligen Beziehungspartner. 7% der Frauen erleiden (zum Teil zusätzlich) sexuelle Gewalt.[214] In einem Drittel der Fälle handelt es sich um einmalige Gewalt, in 36% der Fälle kommen Gewalthandlungen in zwei bis zehn Situationen vor und in dem restlichen Drittel in zehn bis vierzig Fällen.[215] Ca. 10% der Frauen in Deutschland erleben schwerwiegende und wiederholte Gewalt in Beziehungen.[216] In der australischen Studie von Parkinson und Cashmore kam es in 9 von 28 Familien zu Gewalthandlungen zwischen den Eltern, oder zur Misshandlung oder Vernachlässigung der Kinder, also 19 der 47 befragten Kinder waren betroffen.[217]

---

211 BT-Drucksache 14/1247, S. 6 f.

212 Die Daten beruhen insbesondere auf der durch *Müller und Schröttle* im Jahr 2003 im Auftrag des Bundesministeriums für Familie, Senioren, Frauen und Jugend durchgeführten Studie „Lebenssituation, Sicherheit und Gesundheit von Frauen in Deutschland"; s. auch *Kostka*, S. 176 ff.

213 *Gläßer*, S. 211.

214 *Rupp*, S. 22.

215 *Rupp*, S. 22.

216 *Niedersächsisches Ministerium für Soziales*, Frauen, Familie, Gesundheit: www.ms.niedersachsen.de, Buttons „Themen", „Gleichberechtigung/Frauen", „Wer schlägt muss gehen" (zuletzt abgerufen am 15.07.2012).

217 *Parkinson/Cashmore*, S. 31.

Gewalt gegenüber Männern wird meist in Form psychischer Gewalt ausgeübt: durch soziale Kontrolle (15%), d.h. durch Kontrolle der sozialen Kontakte und/oder Eifersucht (20%).[218] Physische Gewalt von Frauen gegenüber ihren Partnern erfolgt meist in Situationen von Selbstverteidigung nach einer vorangegangenen Misshandlung der Frau.[219]

Gewaltvorfälle können auf vielen Ebenen der Paardynamik eine Rolle spielen und somit unterschiedliche Ursachen und Bedeutungen haben. Häusliche Gewalt ist auf keine soziale Schicht begrenzt und weitgehend unabhängig vom Einkommen, wenn auch die Schicht mit niedrigen Einkünften etwas überproportional vertreten ist.[220] Meist ist die Gewalt die Folge von Überforderung und Hilflosigkeit[221] und dient dazu, Macht und Kontrolle auszuüben. Besonders gefährliche Zeiträume sind die Schwangerschaft und die Trennung[222], gerade bei letzterer steigt das Gewalt- und Tötungsrisiko um das Fünffache.[223] Die Gewalt kann aber auch bereits seit längerer Zeit andauern und ein Grund für die Trennung sein; in diesem Fall droht eine Gefährdung oft auch noch nach der Trennung.

c. Problem der Aufdeckung von häuslicher Gewalt und Kindesmisshandlung

Viele Fälle von familiärer Gewalt bleiben unentdeckt und unverfolgt. Eine Tabuisierung und Leugnung der Wirkungen familiärer Gewalt ist teils historisch und gesellschaftlich bedingt. Einerseits wurde sie lange Zeit als Privatangelegenheit angesehen, andererseits bringt die gewaltbetroffene Person die Gewalt selten zur Anzeige und will oft nicht darüber sprechen. Einschüchterung und die Annahme, die Situation sei ausweglos; Panik, Angst[224], Kontrollverlust, Apathie, Bagatellisierung[225], Schuldgefühle[226] und Scham können hierfür die Gründe sein. Die Bedrohung, Isolation und Kontrolle durch den gewalttätigen Partner oder Elternteil verunsichert die gewaltbetroffene Person und erschüttert ihr Selbstwertgefühl. Oft geben sie sich auch selber die Schuld an der Gewalt.

Kinder melden innerfamiliäre Gewalt so gut wie nie. Das liegt zum einen daran, dass einige misshandelnde Handlungen von den Kindern als „normal"

218 *Gläßer*, S. 211; *Rupp*, S. 23.
219 *Gläßer*, S. 211.
220 *Rupp*, S. 304.
221 *Trenczek/Petzold*, ZKJ 2011, 409 (410).
222 *Gläßer*, S. 212, 215.
223 *Gläßer*, S. 215 m.w.N.; *Salgo*, in: Fegert/Ziegenhain/Goldbeck, S. 126 f.
224 *United Nations General Assembly*, Report: Violence against children, S. 8.
225 *Salgo*, in: Fegert/Ziegenhain/Goldbeck, S. 132.
226 *Gläßer*, S. 174.

eingestuft werden, zum anderen aber auch am Mangel kinderfreundlicher Meldemechanismen.[227] Oft haben Kinder niemanden, mit dem sie vertraulich und in Sicherheit über Misshandlungen sprechen können.

d. Auswirkungen von häuslicher Gewalt auf die Kinder

Oft wird der Situation des Kindes bei Gewalt zwischen den Eltern mit der Begründung wenig Bedeutung beigemessen, dass „nur" gegenüber einem Elternteil und nicht gegenüber dem Kind Gewalt ausgeübt worden sei. Selbst nachgewiesener, auch massiver Gewalt zwischen den Eltern messen Familiengerichte, teilweise auch die Kinder- und Jugendhilfe bei den Sorgerechts- und Umgangsregelungen oft wenig Bedeutung bei.[228] Aber bereits das Miterleben von häuslicher Gewalt hat vielfältige Auswirkungen auf die Kinder.[229] So definiert auch z.B. der englische Adoption and Children Act 2002 den Fall, wo ein Kind häusliche Gewalt miterlebt oder -anhört, als ‚child protection issue'.[230]

Gewalt zwischen den Eltern ist für das Kind sowohl in seinen Folgen als auch in der Intensität mit einer Kindesmisshandlung vergleichbar und somit schädigend. Ist die Elternbeziehung durch Gewalthandlungen und Drohungen gekennzeichnet, wird auch das Kind die Situation als bedrohlich erleben.[231] Selbst wenn die Kinder nicht unmittelbar von der Gewalt betroffen sind, werden sie durch das mittelbare Miterleben der Beziehungsgewalt massiv geschädigt.[232] Oft sind sie in der Wohnung oder gar im selben Raum, wo die Gewalt stattfindet. Die Eltern gehen zwar davon aus, die Kinder würden die Gewaltvorfälle nicht bemerken. Aber Befragungen von Kindern aus gewaltbelasteten Familien zeigen, dass Eltern erheblich unterschätzen, wie viel und was Kinder von den Gewalttätigkeiten bemerken.[233]

Häufig bleibt es bei häuslicher Gewalt nicht bei „nur" psychischen Belastungen des Kindes. Wissenschaftliche Untersuchungen zeigen, dass häusliche Gewalt und Kindesmisshandlung oft in den gleichen Familien auftreten[234]. In der Studie von Rupp waren die von häuslicher Gewalt betroffenen Kinder in 22% der Fälle selbst Opfer von Schlägen, Tritten und Stößen, in 34% (auch) von

227 *Committee on the Rights of the Child (UN)*, CRC/C/GC/12, Abs. 120.
228 *Salgo*, Stellungnahme zum FGG-Reformgesetz, S. 7.
229 Siehe hierzu auch *Kostka* (2004), S. 178 ff.; BT-Drucksache 14/5429, S. 24.
230 S. *Parkinson*, S. 78.
231 AG Westerstede, FamRZ 2009, 1755.
232 *Gläßer*, S. 246.
233 *Gläßer*, S. 246.
234 *Rabe*, in; Kavemann/Kreyssig, S. 145; *Hartwig*, in: Kavemann/Kreyssig, S. 167; *Trenczek/Petzold*, ZKJ 2011, 409 (409).

psychischen Beeinträchtigungen wie Beschimpfung, Beleidigung, Bedrohung und Ängstigen und in 1% der Fälle werden sexuelle Übergriffe angeführt.[235] 42% der Kinder waren „nur“ passive Zeugen und 48% der Kinder selbst Opfer der Gewalt.[236]

Die Reaktionen der Kinder auf familiäre Gewalt sind sehr unterschiedlich. Sie reichen von Passivität über Impulse, den gewaltbetroffenen Elternteil und die Geschwister schützen zu wollen, bis hin zur Flucht aus der Situation.[237] Ihre Emotionen können von Angst – um den gewaltbetroffenen Elternteil, um die Geschwister und um sich selbst –, von Hilflosigkeit und Ohnmacht, von dem Gefühl der Schutzlosigkeit, der Einsamkeit und der Angst vor dem Verlassenwerden, von Mitleid oder auch von Verachtung dem gewaltbetroffenen Elternteil gegenüber, von Hass auf den gewalttätigen Elternteil und dem Gefühl, für die Gewalt verantwortlich zu sein, geprägt sein.[238] All diese teils widersprüchlichen Gefühle erzeugen beim Kind einen enormen psychischen Stress bzw. eine psychische Dauerbelastung. Es ist belastet durch die ständig instabile und unberechenbare Atmosphäre im eigenen Zuhause oder auch durch das Gefühl, sich mit seinen Ängsten und seinem Schutzbedürfnis an keinen der beiden Elternteile wenden zu können, unter Umständen mit Außenstehenden über die Gewalt zwischen den Eltern nicht reden zu können oder zu dürfen und durch Loyalitäts- und Identifikationskonflikte.[239] Die Gewalt- und Stresssituationen können bei betroffenen Kindern zu Verhaltensauffälligkeiten führen, aber auch zu psychosomatischen Krankheiten bis hin zu körperlichen, sozialen und intellektuellen Entwicklungsdefiziten.[240] Es kann auch zu einer Übernahme des Gewaltmusters kommen.

Für das Verfahren ist bedeutsam, dass das Kind durch die Erfahrung, wie die am Verfahren beteiligten Experten mit der Gewalt umgehen, nachhaltig beeinflusst wird. Ob also die Gewalt von diesen ernst genommen oder bagatellisiert wird, ob sie Konsequenzen hat oder nicht. Äußert sich das Kind über seine Erfahrungen hinsichtlich der innerfamiliären Gewalt und seiner Meinung wird keine Bedeutung beigemessen – so dass z.B. entgegen seinem Willen Umgangsregelungen bestimmt werden, weil im Aussetzen des Umgangs eine Kindeswohlgefährdung gesehen bzw. ein Versuch der Umgangsvereitelung des betreuenden Elternteils vermutet wird –, kann das Ausbleiben von Konsequenzen der Gewalt

---

235 *Rupp*, S. 145.
236 *Rupp*, S. 145.
237 *Gläßer*, S. 247.
238 *Gläßer*, S. 247.
239 *Gläßer*, S. 247.
240 *Gläßer*, S. 248.

zu schweren Fehlhaltungen des Kindes führen:[241] Es muss feststellen, dass derjenige, der über größere physische, finanzielle und psychische Energie verfügt, der es schafft, sich im günstigen Lichte darzustellen, am Ende gewinnt. Kinder, die in schweren Krisenzeiten erlittene Gewalt und Traumata schweren Herzens offenlegen, müssen schnell lernen, dass es besser ist, den Mund zu halten. Dies prägt die Einstellung des Kindes zur Gewalt und sein Vertrauen in Recht und Gerechtigkeit.[242]

e. Häusliche Gewalt und Sorgerechts- und Umgangsverfahren

Gewaltkonstellationen müssen bei Sorgerechts- und Umgangsfragen besondere Beachtung finden. Zum einen ist das Kind auch durch die „nur" zwischen den Eltern bestehende Gewalt belastet, zum anderen sind Personen, die Gewalt gegenüber ihrem Partner ausüben, nicht selten auch gegenüber dem Kind gewalttätig. Natürlich kommt es dabei immer auf den Einzelfall an, also wie häufig und in welchem Ausmaß Gewalt ausgeübt wurde und auf die Wahrscheinlichkeit weiterer Gewalthandlungen.

Bei Sorgerechtsfragen muss geklärt werden, ob dem gewalterlebenden Elternteil eine Kommunikation mit dem gewalttätigen Elternteil zugemutet und somit das Aufrechterhalten der gemeinsamen Sorge vertreten werden kann.

Dass dies bei Weitem nicht immer geschieht, zeigt die Entscheidung des Bundesverfassungsgerichts vom 18.12.2003[243]. Der Ehemann war wegen Körperverletzung und versuchter Vergewaltigung seiner Ehefrau zu einer Freiheitsstrafe auf Bewährung verurteilt worden. Die Ehe wurde geschieden und der Frau das Sorgerecht für das gemeinsame Kind übertragen. Das Brandenburgische OLG hob diese Sorgerechtsregelung auf und begründete seine Entscheidung damit, dass zwischen den Eltern offenkundig Grundkonsens in den das Kind betreffenden Fragen bestünde. Diese Entscheidung griff die Mutter mit der Verfassungsbeschwerde an. Das Bundesverfassungsgericht gab der Beschwerde statt, da der Beschluss des OLG die Mutter in ihrem Grundrecht aus Art. 6 Abs. 2 S. 1 GG verletzte. Das Bundesverfassungsgericht stellte zunächst klar, dass die gemeinsame Ausübung der Elternverantwortung eine tragfähige soziale Beziehung zwischen den Eltern voraussetzt, ein Mindestmaß an Übereinstimmung zwischen ihnen erfordert und sich am Kindeswohl auszurichten hat.[244] Das OLG habe sich indes nicht mit der naheliegenden Frage befasst, „ob bei den vorliegenden Begebenheiten eine Verständigung der Eltern über wichtige Sorgerechts-

---

241 *Salgo*, in: Fegert/Ziegenhain/Goldbeck, S. 136.

242 *Salgo*, in: Fegert/Ziegenhain/Goldbeck, S. 136.

243 BVerfG, Beschluss vom 18.12.2003 – 1 BvR 1140/03 = FPR 2004, 260 f.

244 BVerfG FPR 2004, 260 (261).

fragen überhaupt noch in einer Art und Weise möglich ist, die auch bei einem Dissens der Eltern eine dem Kindeswohl dienliche Entscheidung gewährleisten würde"[245]. Stattdessen habe sich das OLG auf „die in diesem Zusammenhang zumindest befremdlich wirkende Feststellung beschränkt, dass die Verletzungen die Beschwerdeführerin nicht daran gehindert hätten, mit dem Antragsgegner in finanziellen Fragen in Kontakt zu treten"[246]. Bei diesen finanziellen Fragen handelte es sich wohlgemerkt um Schmerzensgeld wegen der begangenen Taten bzw. um Kindesunterhalt.[247] Als „nicht nachvollziehbar" beschreibt das Bundesverfassungsgericht, dass der Senat die Erziehungsfähigkeit der Beschwerdeführerin in Frage gestellt hat, sollte sie aufgrund der Misshandlungen ihre Fähigkeit, mit dem Antragsgegner zu kommunizieren, eingebüßt haben.[248] Hinzu kam, dass das OLG den Antrag der Mutter auf getrennte Anhörung nicht beschied und sich letztlich damit begnügte, nur den Antragsgegner persönlich anzuhören und gegen die im Termin ausgebliebene Mutter ein Ordnungsgeld zu verhängen.

Die Entscheidung des OLG zeigt, wie sehr ideologische Trends zur Missachtung fundamentaler Grundrechte von Kindern und Eltern führen können.[249] Der gemeinsamen Sorge wird oft grundsätzlich der Vorrang eingeräumt, ohne die Gegebenheiten des Einzelfalles angemessen zu berücksichtigen. Aber es ist weder von Verfassung wegen der gemeinsamen Sorge gegenüber der Alleinsorge ein Vorrang einzuräumen, noch ist die gemeinsame Sorge nach der elterlichen Trennung die für das Kind im Zweifel beste Form der Wahrnehmung elterlicher Verantwortung.[250] Entscheidend muss immer der Einzelfall sein. Die Grundrechte der jeweiligen Beteiligten, ihre Sicherheit und das Kindeswohl müssen gewahrt und sichergestellt sein. Bei Gewaltkonstellationen ist auch die Zumutbarkeit der Kommunikation des gewaltbetroffenen mit dem gewalttätigen Elternteil zu berücksichtigen.

Bei Umgangsfragen muss sorgfältig geprüft werden, wie sich ein Umgangsrecht des gewalttätigen Elternteils voraussichtlich auf das Kind auswirken wird.[251] Der Umgang des Kindes mit beiden Elternteilen gehört zwar in der Regel zum Wohl des Kindes (vgl. § 1626 Abs. 3 S. 1 BGB). In bestimmten Fallkonstellationen bei traumatisierten Kindern kann aber gerade der Umgang selbst

245 BVerfG FPR 2004, 260 (261).
246 BVerfG FPR 2004, 260 (261).
247 BVerfG FPR 2004, 260 (261).
248 BVerfG FPR 2004, 260 (261).
249 *Salgo*, Stellungnahme zum FGG-Reformgesetz, S. 15.
250 *Salgo*, Stellungnahme zum FGG-Reformgesetz, S. 15; s. hierzu auch oben Teil 4.B.I.2.
251 BT-Drucksache 14/5429, S. 24.

der Gesundheit und der Entwicklung des Kindes schaden.[252] Zunächst muss die physische Sicherheit des Kindes während des Umgangsbesuches sichergestellt werden. Es muss auch geprüft werden, ob die psychischen Belastungen nicht zu groß sind. Der Kontakt zu beiden Elternteilen, gerade bei gewaltbelasteten, sehr konflikthaften Elternbeziehungen, kann zu einer extremen Überlastung und Überforderung des Kindes führen. Gerade hier ist der Kindeswille besonders zu berücksichtigen. Ein Umgang gegen den Willen des Kindes kann zu einer Missachtung seiner Bedürfnisse, Integrität und Würde und nicht zuletzt seiner Rechte führen.

Äußerst problematisch ist, dass häusliche Gewalt im Umgangskontext häufig mit Umgangsvereitelung assoziiert wird.[253] Auch wenn der Vorwurf der häuslichen Gewalt teils zur Umgangsvereitelung missbraucht wird, muss doch jeder Vorwurf überprüft werden, um ausschließen zu können, dass das Kind Gewalttätigkeiten ausgesetzt ist. Es kann bei Gewaltkonstellationen für den Schutz des Kindes durchaus notwendig und erforderlich sein, dem betreuenden Elternteil (zumindest vorläufig) die (teilweise) Alleinsorge zu übertragen und/oder das Umgangsrecht nach § 1684 Abs. 4 BGB einzuschränken, auszuschließen oder jedenfalls betreuten Umgang anzuordnen.[254]

2. Gewaltschutzgesetz und Täter-Opfer-Ausgleich – Einvernehmen bei familiärer Gewalt?

Gewaltkonstellationen in der Familie müssen bei der Regelung des elterlichen Sorgerechts sowie des Umgangs besondere Beachtung finden. Fraglich ist nun, wie der Gewaltkonstellation bei Bemühungen um ein Einvernehmen angemessen Rechnung getragen werden kann. Zum Vergleich sollen zunächst Regelungen und Anforderungen des zivilrechtlichen GewSchG und des strafrechtlichen Täter-Opfer-Ausgleichs hinsichtlich der Frage dargestellt werden, ob überhaupt und wenn ja, unter welchen Voraussetzungen auf ein Einvernehmen hingewirkt werden soll bzw. darf.

---

252 *Salgo*, in: Fegert/Ziegenhain/Goldbeck, S. 129.

253 *Salgo*, in: Fegert/Ziegenhain/Goldbeck, S. 134.

254 BT-Drucksache 14/5429, S. 24; s. zu allgemeinen Fragen zum Umgang auch oben Teil 4.B.II.

a. Das Gewaltschutzgesetz (GewSchG)

Mit dem Gewaltschutzgesetz (GewSchG)[255] wurde im Jahr 2002 eine einheitliche Rechtsgrundlage für zivilrechtlichen Schutz gegen Gewalt, Drohung und Nachstellungen im Allgemeinen geschaffen.[256] Das GewSchG dient dem Schutz erwachsener Personen vor gewalttätigen Erwachsenen bei häuslicher Gewalt.[257] Die individuellen Rechte der verletzten Person sollen auch im Intimbereich der Familie – der lange als Privatsache angesehen wurde – gestärkt werden.[258]

Das Gesetz gilt nicht nur für zusammen lebende Ehegatten, sondern für alle Personen, die gemeinsam einen auf Dauer angelegten Haushalt führten oder führen, also auch für getrennt lebende Ehegatten, Generationenbeziehungen, gleichgeschlechtliche Lebenspartnerschaften und nichteheliche Lebensgemeinschaften.[259] Auf Antrag der verletzten Person können nach § 1 Abs. 1 S. 3 GewSchG z.B. Kontaktsperren und Näherungsverbote angeordnet werden. Diese sind grundsätzlich zu befristen (§ 1 Abs. 1 S. 2 GewSchG). Nach § 2 GewSchG kann bei gemeinsamem dauerhaftem Haushalt ein Anspruch der verletzten Person gegen den Täter auf Überlassung der Wohnung für eine bestimmte Zeit gegeben sein. Bedeutsam am GewSchG ist, dass kein formstrenges Strafverfahren durchgeführt werden muss, sondern die verletzte Person kann bereits mit der Behauptung einer Androhung von Gewalt zivilrechtlich Schutzmaßnahmen bei Gericht beantragen.[260]

i. Hinwirken auf ein Einvernehmen im Gewaltschutzverfahren? (§ 36 FamFG)

Seit Inkrafttreten des FamFG regelt § 36 Abs. 1 S. 2 FamFG, dass, obwohl das Gericht im familiengerichtlichen Verfahren grundsätzlich auf einen Vergleich bzw. auf ein Einvernehmen der Beteiligten hinwirken soll (vgl. §§ 36, 156

---

255 Das GewSchG wurde als Artikel 1 des Gesetzes zur Verbesserung des zivilgerichtlichen Schutzes bei Gewalttaten und Nachstellungen sowie zur Erleichterung der Überlassung der Ehewohnung bei Trennung erlassen und trat am 1. Januar 2002 in Kraft, BGBl. I S. 3513. Mit der FGG-Reform wurden mit § 111 Nr. 6 FamFG sämtliche Verfahren nach dem Gewaltschutzgesetz den Familiensachen zugeordnet. Somit sind die Bestimmungen des FamFG für Gewaltschutzsachen einschlägig und auch der einstweilige Rechtsschutz folgt einheitlich den in §§ 49 ff. FamFG enthaltenen Bestimmungen, ergänzt durch § 214 FamFG.

255 Für die Gewaltschutzverfahren sind umfassend die Familiengerichte zuständig (§§ 111 Nr. 6, 210 FamFG).

256 *Rupp*, S. 11.

257 Palandt/*Brudermüller*, § 3 GewSchG Rn. 1.

258 *Rupp*, S. 11.

259 *Rupp*, S. 13.

260 *Barton*, in: Barton, S. 14.

FamFG), Gewaltschutzverfahren hiervon ausdrücklich ausgenommen sind. Im Gewaltschutzverfahren bleibt also kein Raum für eine Einigung, es muss immer eine gerichtliche Entscheidung erfolgen.

ii. Richterlicher Hinweis auf Mediation im Gewaltschutzverfahren? (§ 36a FamFG)

Der Regierungsentwurf für das im Jahr 2009 in Kraft getretene FamFG ging noch davon aus, dass bereits die Wahrnehmung eines Informationsgesprächs nach § 135 Abs. 1 S. 1 FamFG in Fällen von häuslicher Gewalt für die Beteiligten unzumutbar sein kann.[261] Auch in der Gesetzesbegründung zu § 156 Abs. 1 FamFG heißt es ausdrücklich, dass „ein Hinwirken auf ein Einvernehmen insbesondere in den Fällen nicht in Betracht kommt, in denen dies dem Kindeswohl nicht entsprechen würde, z. B. in Fällen häuslicher Gewalt“[262].

Das Anfang des Jahres 2012 verabschiedete neue Gesetz zur Förderung der Mediation[263] ist großzügiger und sieht auch für Gewaltschutzsachen die Möglichkeit einer Mediation vor. Das MediationsG selbst enthält zwar keine Regelungen für Gewaltkonstellationen, aber der in das FamFG neu eingefügte § 36a Abs. 1 FamFG. In der Fassung des Regierungsentwurfs ermöglichte § 36a Abs. 1 S. 1 FamFG-RegE[264] dem Gericht, den Beteiligten eine Mediation oder ein anderes Verfahren der außergerichtlichen Konfliktbeilegung vorzuschlagen. Im Gegensatz zu § 36 Abs. 1 S. 2 FamFG nahm § 36a Abs. 1 S. 2 FamFG-RegE Gewaltschutzsachen nicht aus. Die Bundesregierung begründete dies damit, dass auch in diesen Fällen eine Mediation nicht generell ausgeschlossen sein sollte, da sie auch bei vorliegendem Gewalthintergrund unter Beachtung besonderer Bedingungen ein sinnvoller Weg sein könne, um zu einer Lösung des Konflikts zu gelangen.[265] Insbesondere mussten aber die schutzwürdigen Interessen der von der Gewalt betroffenen Person gewahrt werden, damit eine Gefährdung und Retraumatisierung der verletzten Person verhindert wird.[266] In jedem Einzelfall seien besondere personelle und äußere Rahmenbedingungen zu schaffen, wobei die hohen Anforderungen an den Mediator betont werden.[267]

Der Bundesrat forderte in seiner Stellungnahme zum Regierungsentwurf, dass dem § 36a Abs. 1 FamFG-RegE hinzugefügt werde, dass in Gewaltschutz-

261 BT-Drucksache 16/6308, S. 229.

262 BT-Drucksache 16/6308, S. 236.

263 BT-Drucksache 17/5335 (Regierungsentwurf), BT-Drucksache 17/8058 (Beschlussempfehlung).

264 BT-Drucksache 17/5335, S. 7.

265 BT-Drucksache 17/5335, S. 23.

266 BT-Drucksache 17/5335, S. 23.

267 BT-Drucksache 17/5335, S. 23.

sachen ein Vorschlag zur Mediation nicht erfolgen soll.[268] Der Bundesrat sah ansonsten einen Widerspruch zu § 36 Abs. 1 S. 2 FamFG, wonach bei Gewaltschutzsachen aus Opferschutzgründen ja gerade nicht auf ein Einvernehmen der Beteiligten hingewirkt werden soll, da nach § 4 S. 1 GewSchG eine in einem Vergleich auferlegte Verpflichtung nicht strafbewehrt ist.[269] Nach Ansicht des Bundesrates soll im Hinblick auf eine effektive Durchsetzung gewaltschutzrechtlicher Maßnahmen nicht auf den Abschluss einer Vereinbarung der Beteiligten hingewirkt werden.

Letztlich wurde § 36a Abs. 1 FamFG ein Satz 2 angefügt, nach dem in Gewaltschutzsachen die schutzwürdigen Belange der von der Gewalt betroffenen Person zu wahren sind.[270] Die Regierung begründete dies damit, dass „auch nach Anordnung eines strafbewehrten Näherungsverbots durch das Gericht durchaus noch der Versuch einer umfänglichen Konfliktbeilegung durch Mediation erfolgen und häufig auch im Interesse der betroffenen Kinder sinnvoll sein [kann]“.[271]

Diese Ausführungen zur Mediation bei Gewaltkonstellation stützen sich vornehmlich auf die Untersuchung von Gläßer.[272] Gläßer vertritt den Standpunkt, dass eine Familienmediation bei Beziehungsgewalt nicht grundsätzlich ausgeschlossen sein sollte. Wenn die Gewalt in der Mediation erkannt und bearbeitet werde, könnte als Nebeneffekt zur eigentlichen Konfliktlösung eine Veränderung der individuellen Einstellungen, Verhaltensweisen und des Beziehungsgefüges der Beteiligten erreicht werden. Durch eine rechtsgebietsübergreifende Konfliktbearbeitung sollen die Partner laut Gläßer unabhängig von Anspruchs- oder Verfahrensnormen einen bewussten Umgang mit der Gewalt lernen und wieder Kontrolle über ihr Leben gewinnen. Insbesondere für den Gewaltbetroffenen sei es wichtig, Informationen über mehrere Verhaltens- und Verfahrensoptionen zu erhalten, wodurch ein größerer Spielraum für selbstbestimmte Entscheidungen zu schaffen wäre. Die umfassende Konfliktbearbeitung könne ein hohes Präventionspotential ermöglichen.[273] Der private und informelle Charakter der Mediation setze eine Vorbedingung dafür, dass sich die Partner authentisch öffnen, sich auch in die Perspektive des anderen hineinversetzen, und sich mit dem eigenen, sowie mit dem Verhalten des anderen auseinandersetzen.[274] Dem Täter sollen die Gefühle des Gewaltbetroffenen, die Auswirkun-

268 BT-Drucksache 17/5335, S. 33.
269 BT-Drucksache 17/5335, S. 33.
270 BT-Drucksache 17/5496, S. 3; BT-Drucksache 17/8058, S. 11.
271 BT-Drucksache 17/5496, S. 3.
272 *Gläßer*, Mediation und Beziehungsgewalt (2008).
273 *Gläßer*, S. 251.
274 *Gläßer*, S. 342.

gen der Gewalt auf ihn, wie auch seine eigenen emotionalen Reaktionen auf die Gewalt deutlich gemacht werden können.[275] Die Gewaltbetroffenen, meist Frauen, sollen in der Mediation zu mehr Selbstbehauptung ermuntert und die Generierung und Wahrnehmung individueller Verhaltensalternativen für beide Seiten erarbeitet werden können.[276]

Eine Vermittlung bzw. Mediation in Fällen häuslicher Gewalt, insbesondere bei Gewaltschutzsachen, ist dennoch höchst problematisch. Zunächst stellt sich die Frage, ob eine Mediation, die eben gerade keine Therapie ist, geeignet sein kann, die Gewalt zwischen den Beteiligten zu bearbeiten. Die im Beziehungssystem bestehenden Missbrauchsstrukturen sowie ein Machtungleichgewicht könnten möglicherweise auch durch eine noch so kenntnisreiche Intervention im Verlauf eines Vermittlungsverfahrens nicht aufgehoben werden.[277] Bei einer Vermittlung und gemeinsamen Sitzungen besteht auch die Gefahr, dass der Opferschutz und das Kindeswohl nicht hinreichend gesichert werden können. Daher könnten vielmehr andere Interventionen wie Einzelberatungen oder eine Therapie erforderlich sein sowie gerichtliche Maßnahmen zum Schutz der gewaltbetroffenen Person. Es müssen hohe Anforderungen an die beteiligten Experten gestellt werden, einschätzen zu können, ob dennoch eine Vermittlung sinnvoll sein kann.

Aber letztlich wirkt es befremdlich, dass das Gericht einerseits ein Näherungsverbot nach dem GewSchG ausspricht, andererseits nach § 36a FamFG die Beteiligten zu einer gemeinsamen Mediation schicken will. Nicht dem Ausgleich zwischen den Parteien, sondern dem Opferschutz muss die höchste Priorität eingeräumt werden.[278] Jedenfalls müssen die Sicherheitsfragen hinreichend geklärt sein, bevor eine Mediation in Betracht gezogen wird.

iii. Gewaltschutzverfahren und Sorgerechts- und Umgangsverfahren

Ist neben dem Gewaltschutzverfahren auch ein Sorgerechts- oder Umgangsverfahren anhängig und somit auch ein Kind betroffen, stellt sich die Frage des Verhältnisses dieser Verfahren. In Sorgerechts- und Umgangsverfahren soll meist auf ein Einvernehmen hingewirkt werden, während bei Gewaltschutzsachen von Einvernehmensbemühungen abzusehen ist (vgl. § 156 Abs. 1 S. 1 und § 36 Abs. 1 FamFG), auch wenn ein richterlicher Hinweis auf eine Mediation möglich ist (§ 36a FamFG).

---

275 *Gläßer*, S. 250.
276 *Gläßer*, S. 231.
277 *Nothhafft* (2002), S. 149.
278 *Rupp*, S. 317.

Die Existenz von Kindern in einer gewaltbelasteten Beziehung kann Einfluss darauf haben, ob ein Schutzantrag nach GewSchG gestellt und wie er entschieden wird. Teils können gemeinsame Kinder ihre Eltern aneinander binden und die gegenseitige Abhängigkeit verstärken, so dass gerade kein Schutzantrag gestellt wird. Teils können Kinder aber auch die Bereitschaft des gewaltbetroffenen Elternteils erhöhen, einen Schutzantrag zu stellen, da es auch um ihr Wohlbefinden und ihren Schutz geht.[279] Ferner werden, wenn Kinder betroffen sind, wohl öfter Wohnungszuweisungen und andere Schutzmaßnahmen zugebilligt.[280] Leben Kinder in dem Haushalt, kommt prozessual bei Verfahren nach § 2 GewSchG auf Überlassung der gemeinsam genutzten Wohnung die Besonderheit hinzu, dass das Gericht das Jugendamt anhören soll.

Wird während eines Sorge- und Umgangsrechtsverfahrens ein Schutzantrag gestellt, führt dies naturgemäß zu vielschichtigen Konflikten.[281] Zum einen können Schutzanordnungen durch Umgangsregelungen konterkariert werden, zum anderen kann durch eine Schutzanordnung der Kontakt zum Kind erschwert werden.[282] Zum einen wird bei Umgangsverweigerung dem schutzbeantragenden Elternteil vom vermeintlich gewalttätigen Elternteil oft mangelnde Erziehungsfähigkeit oder fehlende Mitwirkungsbereitschaft vorgeworfen[283], zum anderen besteht die Gefahr, dass der Umgang oder die elterliche Sorge von einem tatsächlich gewaltausübenden Elternteil nur gefordert werden, um an den anderen Elternteil heranzukommen. So vielseitig diese möglichen Gefahren sind, entscheidend muss der Einzelfall sein und bei jeder Entscheidung muss dem Kindeswohl und dem Opferschutz die höchste Priorität gelten.

Die Studie von Rupp zeigte, dass Rechtsanwälte, Berater und Polizisten auf der einen Seite und Richter und Jugendamtsmitarbeiter auf der anderen Seite das Verhältnis von Sorgerechts- bzw. Umgangsregelungen und Schutzmaßnahmen unterschiedlich bewerteten. Die befragten Rechtsanwälte, Berater und Polizisten monierten, dass die Gerichte häufig Sorge- und Umgangsregelungen aussprechen, die dem Schutzbedürfnis der verletzten Person nicht angemessen Rechnung tragen.[284] Auch das Jugendamt verfolge oft die Strategie, die Familie auch auf Kosten des Opfers und der Situation des Kindes zusammenzuhalten. Schutzmaßnahmen dürften ihrer Ansicht nach aber nicht zugunsten des Umgangs aufgehoben werden.[285] Sie bemängelten auch, dass Richter vom begleite-

279 *Rupp*, S. 313.
280 *Rupp*, S. 313.
281 *Rupp*, S. 79 f.
282 *Rupp*, S. 313.
283 *Rupp*, S. 84.
284 *Rupp*, S. 83.
285 *Rupp*, S. 83.

ten Umgang zu selten Gebrauch machten, und dass es an speziellen, auf Fälle von Gewalt qualifizierten Umgangsmöglichkeiten fehle.[286] Richter und Jugendamtsmitarbeiter hingegen vertraten den Standpunkt, dass Sorgerechtsfragen mit dem Gewaltschutzgesetz nicht kollidierten, da in schwierigen Fällen das Opfer die alleinige Sorge beantragen könne und diese auch regelmäßig erhalte.[287] Bezüglich des Sorgerechts bewerteten sie die Regelung des § 1687 BGB als ausreichend; hier sei kein Kontakt zum gewalttätigen Elternteil erforderlich. Reiche dies nicht, könnte dem das Kind betreuenden Elternteil zusätzlich das Aufenthaltsbestimmungsrecht oder gar die gesamte Alleinsorge übertragen werden.[288] Von der Sorgerechtsfrage aber sei die Frage des Umgangs gänzlich zu trennen. Bei letzterem komme es darauf an, eine kollisionsfreie Regelung darüber zu treffen, ob und in welcher Weise der gewalttätige Elternteil Umgang mit dem Kind haben dürfe, wobei die Interessen des Opfers auch zu berücksichtigen seien.[289] Es könnten Regelungen getroffen werden, wie z.B. dass der gewalttätige Elternteil die Wohnung nur betreten darf, wenn er berechtigte Interessen wahrnimmt, wie z.B. das Kind abzuholen. Die Vermittlung zwischen den Eltern könnten dabei eventuell Dritte wie ein Rechtsanwalt oder das Jugendamt übernehmen.[290]

Hier ist jedoch höchste Vorsicht geboten. Diese von vielen Richtern und Jugendamtsmitarbeitern vertretene Meinung kann zu erheblichen Gefährdungen des Kindes führen. Wird eine Gewaltschutzanordnung zugunsten des Umgangs gelockert, besteht die Gefahr, dass während des Umgangs Gewalt gegenüber dem Kind ausgeübt wird.[291] Es kann auch zu massiven Loyalitätskonflikten des Kindes führen, dass es Umgang mit dem Elternteil haben soll, der dem ihn betreuenden, in der Regel ihm näher stehenden Elternteil gegenüber gewalttätig war.

Soll der Umgang dennoch stattfinden, muss mit großer Sicherheit gewährleistet sein, dass das Kind während des Umgangs nicht gefährdet wird. Begleiteter Umgang kann hierzu eine Möglichkeit bieten. In den USA wurden für solche Umgangstreffen sogar spezielle Zentren gebildet, in denen Marshalls für Sicher-

---

286 *Rupp*, S. 84.

287 *Rupp*, S. 85.

288 *Rupp*, S. 85.

289 *Rupp*, S. 85.

290 *Rupp*, S. 86.

291 In der Studie von *Rupp* waren 84,5% der Kinder passive Zeugen der Gewalthandlungen, 52,9% haben versucht die Gewalthandlungen zu unterbinden, zu vermitteln oder das Opfer zu schützen, 38,7% waren selbst Opfer körperlicher Gewalt; 63,9% waren selbst Opfer psychischer Gewalt und 3,2% waren selbst Opfer sexueller Gewalt, S. 237.

heit sorgen, Metalldetektoren jedenfalls am Eingang für den getrennt lebenden Elternteil errichtet sind[292] und der Begegnungsraum von Kameras erfasst ist.[293]

Über eine Gewaltschutzanordnung ist also keine Einigung zu treffen, sondern gerichtlich zu entscheiden. Über die Sorgerechts- und Umgangssachen kann grundsätzlich eine einvernehmliche Regelung getroffen werden. Besteht aber eine Gewaltkonstellation, ist diese sowohl in einem Einigungsverfahren, sofern dieses durchgeführt wird, als auch bei der Regelung hinreichend zu berücksichtigen. Dabei müssen der Opferschutz und das Kindeswohl im Vordergrund stehen. Es ist sorgfältig darauf zu achten, dass kein Druck auf eine Einigung hin ausgeübt wird. Insbesondere muss auch dem Kind Gelegenheit zur Äußerung gegeben und seine Interessen und Äußerungen müssen immer mitberücksichtigt werden. Ihm müssen auch – unabhängig von den Eltern – ausreichende und angemessene Hilfe und Unterstützung angeboten werden.

b. Der Täter-Opfer-Ausgleich (§ 155a StPO)

Im Rahmen der Diskussion über Einvernehmensbemühungen in Fällen häuslicher Gewalt ist auch auf die konsensuale Streitbeilegung im Strafverfahren, den Täter-Opfer-Ausgleich, einzugehen. Hier sollen in einem persönlichen Gespräch Täter und Opfer mit Hilfe eines neutralen Dritten versuchen, einen tatbezogenen Ausgleich hinsichtlich des durch die Straftat verursachten Schadens zu erarbeiten. Das MediationsG findet für den Täter-Opfer-Ausgleich keine Anwendung, da es sich dabei um eine gesetzlich bereits geregelte Spezialmaterie handelt.[294]

i. Allgemeines zum Täter-Opfer-Ausgleich

Der Täter-Opfer-Ausgleich stellt keine Strafe dar.[295] Auch die Vereinbarung einer Schadensersatzleistung ist nicht identisch mit Strafe; der Schadensersatz wird unabhängig von der Strafe geschuldet und entspricht lediglich dem ohnehin bestehenden zivilrechtlichen Anspruch. Es geht beim Täter-Opfer-Ausgleich vielmehr darum, dass der Täter die Verantwortung für seine Tat übernimmt, sich entschuldigt und sich um einen Ausgleich mit dem Opfer bemüht, was dann die eigentliche Strafe mildert.

Für einen Täter-Opfer-Ausgleich sollen grundsätzlich sämtliche Vergehen, teils auch Verbrechen geeignet sein, aber nicht Bagatelltaten, da hierfür das Verfahren als zu aufwendig angesehen wird.[296] Kritisch wird ein Täter-Opfer-

---

292 Vgl. z.B. New Hampshire supervised visitation standards for best practice, S. 21.

293 *Salgo*, Stellungnahme zum FGG-Reformgesetz, S. 8.

294 BT-Drucksache 17/5335, S. 11.

295 Satzger/Schmitt/*Eschelbach*, § 46a StGB Rn. 10.

296 Dölling/Duttge/*Rössner/Kempfer*, § 46a StGB Rn. 15.

Ausgleich bei gravierenden Taten betrachtet, insbesondere bei Vergewaltigung und sexuellem Missbrauch eines Kindes[297], da es in diesen Fällen als für das Opfer in der Regel unzumutbar angesehen wird, sich auf eine Ausgleichsverhandlung mit dem Täter einzulassen.

Vor Beginn des Täter-Opfer-Ausgleichs muss der Sachverhalt hinreichend geklärt und der Täter bereit sein, die Verantwortung für die Tat zu übernehmen.[298] Er soll dann durch die Kommunikation mit dem Opfer sein Unrecht besser verstehen und aufarbeiten[299], sich den Konsequenzen seiner Tat stellen und im Rahmen des Möglichen zu deren Bereinigung beitragen.[300] Dem Opfer soll das Gespräch mit dem Täter eine Konfliktbewältigung ermöglichen, indem z.B. auch das Warum der Tat erörtert wird. Ferner soll den Belangen des Opfers mit einer schnellen Schadenskompensation Rechnung getragen werden.[301] § 155a S. 3 StPO stellt klar, dass gegen den ausdrücklichen Willen des Verletzten ein Täter-Opfer-Ausgleich nicht durchgeführt werden darf. Aber auch der Verdächtigte soll die Wahl haben, ob er sich auf eine Täter-Opfer-Ausgleichs-Verhandlung einlässt oder alle Rechte im kontradiktorischen Verfahren inklusive der Unschuldsvermutung wahrnehmen will.[302]

Die lerntheoretische Bedeutung des Täter-Opfer-Ausgleichs wird allerdings angezweifelt.[303] Es wird auch befürchtet, dass sich der Täter nur „frei kaufe"[304], indem er mittels einer Schadensersatzzahlung an das Opfer eine Strafmilderung seitens des Gerichts erhält. Der Sinn der Strafe werde in Frage gestellt, da das Verhältnis von Strafe, Opferausgleich und Schadensersatz offen bleibe.[305] Es drohe eine Verwischung der Grenzen zwischen zivilrechtlichen Folgen einer Tat (Schadensersatz und Schmerzensgeld) und strafrechtlichen Folgen (Strafen und Maßregeln).[306] Dem wird entgegengehalten, dass die alternative Lösung den staatlichen Strafanspruch nicht delegitimiere oder gar aushöhle, sondern im positiven Sinne entbehrlich werden lasse, insofern der Rechtsfriede bereits eben anderweitig eingetreten sei.[307]

297 Dölling/Duttge/*Rössner/Kempfer*, § 46a StGB Rn. 38; § 155a StPO Rn. 4.
298 Dölling/Duttge/*Rössner/Kempfer*, § 46a StGB Rn. 20.
299 Satzger/Schmitt/*Eschelbach*, § 46 a StGB Rn. 1.
300 *Kerner*, in: Haft/Schlieffen, S. 815 (822).
301 Dölling/Duttge/*Rössner/Kempfer*, § 46a StGB Rn. 6.
302 Dölling/Duttge/*Rössner/Kempfer*, § 46a StGB Rn. 19.
303 Satzger/Schmitt, § 46 a StGB Rn. 1.
304 Satzger/Schmitt, § 46 a StGB Rn. 1.
305 Satzger/Schmitt, § 46 a StGB Rn. 10.
306 *Kerner*, in: Haft/Schlieffen, S. 815 (825).
307 *Kerner*, in: Haft/Schlieffen, S. 815 (825).

Es bleibt aber festzuhalten, dass sich der Täter-Opfer-Ausgleich in der Praxis kaum etabliert hat. Es werden eher Urteilsabsprachen zwischen der Staatsanwaltschaft, der Verteidigung und dem Gericht getroffen.

ii. Täter-Opfer-Ausgleich und Familienmediation

Bei einem Täter-Opfer-Ausgleich und einer Familienmediation mit Gewalthintergrund stellen sich ähnliche Probleme.

In beiden Verfahren hat grundsätzlich der Staat die Ermittlungen zu führen. Im Kindschaftsverfahren gilt aufgrund der Wächteramtsfunktion des Staates zum Schutz des Kindeswohls nach Art. 6 Abs. 2 S. 2 GG der Amtsermittlungsgrundsatz (§ 26 FamFG). Im Strafverfahren gelten das Legalitäts- und das Offizialprinzip, da eine Straftat nicht nur die Opferinteressen berührt, sondern auch die Interessen der Rechtsgemeinschaft. Daher obliegt dem Staat die Verfolgung von Straftaten (§§ 163, 152 Abs. 2, 160 Abs. 1, 170 Abs. 1 StPO).

Für das Strafverfahren ist der Täter-Opfer-Ausgleich und für das Familiengerichtsverfahren ist die Familienmediation jeweils ein Vermittlungsverfahren, in dem die Beteiligten einen Konsens hinsichtlich ihres Konfliktes erarbeiten sollen. Während aber der Fokus einer Familienmediation auf eine privatautonome Gestaltung der zukünftigen Lebenssituation gerichtet ist, wird beim Täter-Opfer-Ausgleich vornehmlich die Wiedergutmachung einer in der Vergangenheit geschehenen Straftat erzielt.

Beide Verfahren setzen grundsätzlich Freiwilligkeit voraus, wenn auch in unterschiedlichem Maß. In der Familienmediation sollen sich die Beteiligten freiwillig und selbstbestimmt für den Beginn, die Fortführung und auch den Abschluss der Mediation entscheiden. Selbst bei einem gerichtlichen Hinweis auf die Möglichkeit einer Mediation sollte sich der Druck nur auf eine einmalige Kontaktaufnahme mit einer Beratungsstelle oder einem Mediator beschränken und kein Druck auf eine Einigung hin erfolgen.[308] Die Beteiligten sollen sich selbst entscheiden, ob sie eine Einigung abschließen oder die Mediation abbrechen und ggf. ein Gerichtsverfahren durchführen. Der Täter-Opfer-Ausgleich hingegen erfolgt vor dem Hintergrund der Sanktionsdrohung für den Täter. Dies kann zumindest den Willen des Täters für eine Einigung erhöhen[309] und damit auch die Gefahr, dass er Druck auf das Opfer ausübt, einer Einigung zuzustimmen.

Beide Verfahren sind nicht als gezielte Intervention gegen die Gewalt gedacht. In der Trennungs- und Scheidungsmediation sollen primär die trennungsbedingten familiären Angelegenheiten wie elterliche Sorge, Umgang und Unter-

---

308 Zur Ausübung von Einigungsdruck im Vermittlungsverfahren s. Teil 4.D.IV.
309 *Gläßer*, S. 157.

halt geregelt werden. Der Täter-Opfer-Ausgleich wiederum soll die Vereinbarung einer finanziellen Wiedergutmachung, entsprechend dem zivilrechtlich bestehenden Anspruch des Opfers, ermöglichen. Aber beide Verfahren beanspruchen für sich – dem Gerichtsverfahren gegenüber – eine gewisse „Besserung“ sowie die Vermeidung weiterer Gerichtsverfahren. Die Familienmediation soll nachhaltigere Regelungen ermöglichen, der Täter-Opfer-Ausgleich soll die Rückfallquote verringern. Zukünftigen Verfahren wie weiteren Kindschaftsverfahren oder zivilrechtlichen Schadensersatzklagen soll vorgebeugt werden.

Es bestehen aber auch einige Unterschiede zwischen den beiden Verfahren. In einer Mediation sollen sich die Beteiligten als gleichberechtigte Verhandlungspartner gegenüberstehen. Im Gegensatz dazu ist beim Täter-Opfer-Ausgleich angesichts der Rollenverteilung der Beteiligten als Täter/Beschuldigter und Opfer/Geschädigter keine ideale Ausgangssituation für gleichberechtigte, privatautonome Verhandlungen gegeben.[310] Bei der Familienmediation kennen sich die Beteiligten in der Regel bereits lange und es geht teilweise gerade darum, auch in Zukunft in Kontakt zu bleiben, insbesondere wenn gemeinsame Kinder vorhanden sind. Beim Täter-Opfer-Ausgleich hingegen kann die Konstellation oft anders sein: Fremde oder nur flüchtige Bekannte treffen aufeinander, die sich danach vielleicht nie wiedersehen. So muss z.B. hinsichtlich der Sicherheit der Beteiligten beim Täter-Opfer-Ausgleich die Zukunft meist nicht mitbedacht werden, bei Mediationen aber insbesondere bei Vorhandensein gemeinsamer Kinder muss gerade für die Zukunft hinreichend vorgesorgt werden.

3. Konsequenzen für eine Vermittlung bei familiärer Gewalt

Ein Einvernehmensverfahren setzt voraus, dass die Beteiligten als gleich starke, selbstbestimmte Verhandlungspartner einander gegenüberstehen und zu einer kooperativen Konfliktbearbeitung grundsätzlich bereit sind. Gewalt in der Beziehung ist hingegen ein Ausdruck von einseitigem Dominanz-, Kontroll- und Durchsetzungsverhalten[311] und zeugt geradezu von mangelnder Konfliktlösungsfähigkeit. Für eine Person, die während der Ehe schwer und häufig misshandelt wurde, kann es unzumutbar sein, sich mit dem Gewaltausübenden an einen Tisch zu setzen und Verständnis für dessen Position und dessen Sicht des Trennungskonflikts zu entwickeln.[312] Nicht ohne Grund wird für einen Täter-

310 *Gläßer*, S. 157.
311 *Gläßer*, S. 296.
312 *Werner-Schneider*, STREIT 1991, 16 (18).

Opfer-Ausgleich vertreten, dass dieser in Fällen von Vergewaltigung und Misshandlung von Kindern nicht durchgeführt werden soll.[313]

In gewaltbelasteten Beziehungen können allgemeine Regelungs- oder Konfliktthemen von der Gewaltdynamik überdeckt werden, insbesondere wenn der Gewaltbetroffene aus Angst vor gewalttätigen Reaktionen des (Ex-)Partners nicht wagt, (potentiell) kontroverse Themen anzusprechen.[314] Es besteht die Gefahr, dass mögliche negative Auswirkungen auf den Gewaltbetroffenen trotz aller Interventionsbemühungen des Mediators nicht ausreichend verhindert werden können.[315] Diese Angst könnte die gewaltbetroffene Person hindern, über die Gewalt zu sprechen, so dass der Mediator letztlich nichts von der Gewalt erfährt.[316] Weder das Verfahren noch die Einigung berücksichtigen dann aber die Gewalt, so dass es zu einer Sekundärviktimisierung des Opfers oder der Produktion von Scheinlösungen kommen kann.[317] Die Umgangsregelungen berücksichtigen dann die Gewalt nicht und es besteht die Gefahr, dass es z.B. bei der Übergabe des Kindes erneut zu Misshandlungen kommt bzw. das Kind während der Umgangszeit Gewalt erleidet[318] oder sogar auch einem Tötungsrisiko ausgesetzt ist.[319]

Wie auch in den Fällen von Hochkonflikthaftigkeit[320] können gemeinsame Sitzungen für die Beteiligten – gerade auch für das Kind – überfordernd und unzumutbar sein. Beraterische und therapeutische Hilfe für alle Beteiligten sowie Einzelgespräche können erforderlich und auch zielführender sein. Es kann auch (zunächst) ein schnelles gerichtliches bzw. polizeiliches Vorgehen zum Schutz der gewaltbetroffenen Person erforderlich sein, um ein eskalierendes Gewaltverhalten schnell und effektiv zu beenden. Gesetze und Interventionsstrategien müssen verdeutlichen, dass der Staat die Gewalt in der Familie konsequent ahndet, dass sie kein Kavaliersdelikt ist und nicht (mehr) geduldet wird. Der Gewalttäter darf in einem Einvernehmensverfahren, insbesondere wenn es außergerichtlich in einer Mediation erfolgt, nicht besser stehen und sich sicherer fühlen, als wenn der Fall vor Gericht verhandelt würde.

---

313 Dölling/Duttge/*Rössner/Kempfer*, § 46a StGB Rn. 38; § 155a StPO Rn. 4.

314 *Gläßer*, S. 121.

315 *Gläßer*, S. 296, m.w.N.

316 *Kostka* (2004), S. 384, Fn. 501.

317 *Nothhafft* (2002), S. 149.

318 *Nothhafft*, Stellungnahme zum FGG-Reformgesetz, S. 9; 70% der in einer Studie von Hester und Pearson erfassten Frauen, deren Kinder Kontakt zum Vater hatten, erlitten während des Besuchs oder während der Übergabe der Kinder erneut Misshandlungen, *BMFSFJ* (2001), S. 32.

319 *Salgo*, FPR 2006, 12 (14) m.w.N.

320 Zu Interventionen für hochkonflikte Familien s. Teil 4.D.II.

Fraglich sind daher die Kriterien, nach denen entschieden wird, ob eine Mediation die richtige Intervention ist. Die Mediatoren Diez, Krabbe und Thomsen unterscheiden zwischen positiver, eingeschränkter und Kontra-Indikation für die Durchführung einer Mediation. Bei Gewalt in der Familie sehen sie grundsätzlich eine Kontra-Indikation, also einen Ausschluss der Mediation. Dennoch schlagen sie den Versuch vor, eine Mediation mit Einbeziehung von Unterstützungspersonen aus der Umgebung oder der Verwandtschaft der Beteiligten zu beginnen.[321] Es könnten sich zumindest einzelne mediierbare Punkte ergeben.[322] Bei Fällen mit hohem Konfliktpotenzial und körperlichen Attacken gehen sie von einer eingeschränkten Indikation aus. Mit Verstärkung der Sachebene und durch Arbeiten mit Plänen für Übergangslösungen könnte eine positive Indikation erreicht werden.[323] Wo die Abgrenzungen festzulegen sind und welche Gründe sie haben, wird jedoch nicht näher definiert. Andere Autoren differenzieren nach der Häufigkeit der Gewalttätigkeiten und vertreten, dass eine Mediation ausgeschlossen werden soll, wenn die Gewalttätigkeiten häufig erfolgen oder wenn wegen der Angst, der Kontrolle und der Nötigungen eine gleichberechtigte, selbstbestimmte Verhandlung des Gewaltbetroffenen gefährdet ist.[324]

Eine Vermittlung bei Beziehungsgewalt sollte – wenn überhaupt – nur unter Vorbehalt, strenger Qualitätssicherung und sichergestelltem Opferschutz angegangen werden. Hierbei ist in jeder Lage des Verfahrens die ausdrückliche Zustimmung aller Beteiligten zwingend erforderlich. Die Selbstbestimmung jedes Beteiligten muss gesichert und die physische und psychische Sicherheit gewährleistet sein. Ein Verzicht auf Gewalt für den Zeitraum der Mediation ist essentiell. Analog der Voraussetzungen eines Täter-Opfer-Ausgleichs muss es auch Voraussetzung einer Mediation sein, dass der Sachverhalt geklärt ist und der Gewaltausübende die Verantwortung für die Tat übernimmt. Die Mediation kann nicht den Rahmen bieten, dies zu diskutieren.

Schließlich muss den Belangen des Kindes sowie auch seinem Schutz besondere Berücksichtigung zuteilwerden und dem Kind auch unabhängig von den Eltern Hilfe und Unterstützung angeboten werden. Das Kind darf nicht in den Hintergrund geraten und die Auswirkungen der Gewalt auf das Kind unterschätzt werden, zumal je belasteter die Familiensituation ist, desto schwieriger auch die Situation des Kindes ist. Bei einer Vermittlung besteht ohnehin oft – und je komplizierter und belasteter die Elternbeziehung ist, desto mehr – die Gefahr, dass der Fokus mehr auf die Elterninteressen und ein Einvernehmen ge-

321 *Diez/Krabbe/Thomsen*, S. 184.
322 *Diez/Krabbe/Thomsen*, S. 184.
323 *Diez/Krabbe/Thomsen*, S. 184.
324 *Gläßer*, S. 298.

richtet wird und dabei die Interessen und das Wohl des Kindes in den Hintergrund geraten. Bei einer Gewaltkonstellation gerät dann aber auch der Schutz des Kindes vor einer möglichen Gefährdung leicht in den Hintergrund.

Durch routinemäßige Screenings und durch Informierung der Beteiligten über weitere Unterstützungsmöglichkeiten kann ein frühzeitiges Erkennen der Gewalt ermöglicht und die Intervention auch auf die Gewaltkonstellation abgestimmt werden. In der Vermittlung kann die Hinzuziehung von unterstützenden Personen (z.B. Rechtsanwälten) äußerst sinnvoll sein. Hinsichtlich der Methodik können Co-Mediation und Einzelsitzungen eingesetzt werden.[325] Da ein Grund für das Ausklammern der Gewaltproblematik die schlichte Überforderung des Mediators durch diese Thematik sein kann, ist zwingend zu fordern, dass der Mediator entsprechend fortgebildet ist und auch therapeutische Supervisionen durchführt.

IV. Ausübung von Einigungsdruck

Gerichtlich wie außergerichtlich sollen die Bemühungen verstärkt werden, eine Einigung der Beteiligten zu erzielen, anstatt das Gericht entscheiden zu lassen. Fraglich ist, ob und inwieweit Druck beim Hinwirken auf eine Einigung ausgeübt werden kann, soll oder darf.

Zur Entwicklung einer einvernehmlichen Lösung kann das Gericht Druck ausüben, indem es die Teilnahme an einer Beratung[326] anordnet (§ 156 Abs. 1 S. 4 FamFG), wenn die Eltern im Termin kein Einvernehmen über die Regelung der sorge- und umgangsrechtlichen Fragen erzielen.[327] Nach § 156 Abs. 1 Satz 3 FamFG soll das Gericht in geeigneten Fällen auch auf die Möglichkeiten der Mediation und sonstiger außergerichtlicher Streitbeilegung hinweisen. Die Teilnahme an einer Mediation kann indes nicht angeordnet werden (vgl. § 156 Abs. 1 S. 4 FamFG). Die Anordnung der Teilnahme an einem Beratungsgespräch ist als Zwischenentscheidung zwar nicht selbständig anfechtbar, aber auch nicht mit Zwangsmitteln durchsetzbar.[328] Dennoch kann eine nicht genügend entschuldigte Nichtteilnahme eines Elternteils an dem Informationsgespräch mittelbar sanktioniert werden: Das Gericht kann nach § 81 Abs. 2 Nr. 5 FamFG dem Verweigernden teilweise oder ganz die Verfahrenskosten auferlegen. Im Ergebnis bedeutet dies, dass die Teilnahme am Informationsgespräch zwar nicht direkt er-

325 *Gläßer*, S. 135 ff., 143.

326 Vgl. §§ 3 ff., 16 ff. SGB VIII.

327 BT-Drucksache 16/6308, S. 237.

328 BT-Drucksache 16/6308, S. 237.

zwungen werden kann, aber durchaus indirekt durch eine nachteilige Kostenfolge im Gerichtsverfahren.[329]

Das Gericht kann auch Druck hinsichtlich des Abschlusses einer Einigung ausüben. Es könnte erkennen lassen, dass es einen einigungsbereiten Elternteil für verantwortungsvoller und erziehungsfähiger ansieht, was für den Fall einer gerichtlichen Entscheidung relevant wird. Es kann auch einen Sachverständigen bestellen und anordnen, dass er bei Erstellung des Gutachtens auf ein Einvernehmen hinwirken soll (§ 163 Abs. 2 FamFG). Dieser arbeitet dann als Gerichtshelfer, sozusagen als verlängerter Arm des Gerichts, auf eine Einigung hin. Beim Scheitern der Einigungsbemühungen hat der Sachverständige das Gutachten an das Gericht zu übermitteln. Einigungsdruck kann dadurch entstehen, dass er ggf. im Gutachten eine Nichteinigungsbereitschaft als Mangel der elterlichen Verantwortung negativ beurteilen könnte.

Aber auch in außergerichtlichen Vermittlungen wie in der Mediation kann der Mediator Druck auf eine Einigung hin ausüben. Ein besonderer, von einem Medianten ausgehender Einigungsdruck kann sich z.B. in Fällen mit Gewalthandlungen ergeben, wenn bereits ein Strafverfahren eingeleitet wurde und sich ein Täter-Opfer-Ausgleich für den Angeklagten strafmildernd auswirken könnte (vgl. §§ 46a, 49 Abs. 1 StGB).

Neben dem Druck, überhaupt zu einer Einigung zu kommen, kann auch Druck hinsichtlich einer bestimmten Lösung ausgeübt werden. Die behördliche und gerichtliche Praxis zeigt, dass man sich gemeinhin an den Leitbildern der Beibehaltung der gemeinsamen elterlichen Sorge nach der Trennung und an der unterstellten Kindeswohldienlichkeit des Umgangs orientiert.[330] Demzufolge könnten die Beteiligten gedrängt werden, Einigungen entsprechenden Inhalts zu schließen.

Gegen jegliche Art von Druck im Einigungsprozess spricht aber der Grundsatz der Freiwilligkeit in der Mediation. Das Prinzip der Freiwilligkeit im Einigungsprozess soll die Privatautonomie und Selbstbestimmtheit der Beteiligten unterstützen. Sie sollen ihre privatautonome Gestaltungsfreiheit nutzen, eine individuelle, eigenständige, selbstverantwortete Lösung zu erarbeiten.[331] Nach der ursprünglichen Idee der Mediation sollen die Beteiligten das Verfahren freiwillig beginnen, freiwillig fortführen und insbesondere die Vereinbarung freiwillig abschließen. Das Erfordernis der Freiwilligkeit gilt also hinsichtlich des Ob einer Vermittlung, des Ob einer Einigung, sowie des Wie der Einigung. Daher

329 *Rakete-Dombek*, in: Lipp/Schumann/Veit, S. 97; dem Minderjährigen dürfen die Kosten wegen § 81 Abs. 3 FamFG nicht auferlegt werden.

330 *Salgo*, in: Fegert/Ziegenhain/Goldbeck, S. 133.

331 *Schreiber*, S. 45; *Kriegel*, S. 64.

wird vertreten, dass in einem konsensorientierten Verfahren sich Zwang und Druck verbieten.[332] Werden die Beteiligten verpflichtet, ein Vermittlungsverfahren bzw. eine Mediation zu beginnen, kann dies zur Folge haben, dass die Mediation weder eine gerechtere noch eine humanere Alternative zu einem streitigen Gerichtsverfahren ist, da von dem Paar verlangt wird, in einem Setting zu sprechen, das es nicht selbst gewählt hat.[333] Mit der Ausübung von Druck wird schließlich in die Elternautonomie eingegriffen, da den Eltern die Möglichkeit genommen wird, sich für oder gegen ein Konfliktaustragungsverfahren zu entscheiden.[334] Staatlich ausgeübter Zwang kann ein hohes Abwehrpotential bei den betroffenen Beteiligten hervorrufen[335] und die für das Einigungsverfahren notwendige Offenheit könnte dann schwer herzustellen sein.[336] Zwang zur Mediation ist der erste Schritt zum Zwang zur Harmonie; denkbar ist aber ein obligatorisches Aufklärungsgespräch über die Möglichkeiten der Gestaltung der Trennungsphase.[337]

Um einen Erfolg zu erreichen ist ein gewisser Druck in vielen Situationen unabdingbar: In der Gesellschaft gibt es einen gewissen Leistungsdruck, in einer Therapie einen gewissen Leidensdruck und in einem Einigungsverfahren einen gewissen Einigungsdruck. Ein angemessener Druck kann dabei Chancen eröffnen und etwas in Bewegung setzen, was sonst vielleicht nicht in Bewegung gekommen wäre.[338] Ein Druck, der sich nur auf die einmalige Kontaktaufnahme mit einem Berater oder Mediator beschränkt, nimmt den Eltern die Entscheidung ab, sich für ein Einvernehmensverfahren zu entscheiden und eventuell den anderen davon überzeugen zu müssen. Der Druck darf sich aber nur auf ein einmaliges Beratungsgespräch oder die Kontaktaufnahme mit dem Mediator beziehen und darf nur dann erfolgen, wenn die Wahrnehmung des Informationsgespräches für alle Beteiligten zumutbar ist. Die Beteiligten müssen zumindest gewillt sein zu versuchen, gemeinsam die Trennungsfolgen zu erarbeiten. Eine gemeinsame Beratung oder Vermittlung bei hochkonflikthaften Familien und Familien mit Gewalthintergrund kann nicht mehr zumutbar sein, so dass eher Interventionen in Form von Einzelberatungen bzw. ein Gerichtsverfahren erforderlich sein können.

Mit höchster Vorsicht kann ein gewisser Druck auch im Verfahren konstruktiv wirken. Der Druck darf aber nicht auf eine Einigung hin ausgeübt werden,

---

332 *Kriegel*, S. 64 ff. m.w.N.

333 *Grillo*, STREIT 2001, 91.

334 *Kriegel*, S. 66 m.w.N.

335 *Glenewinkel*, S. 372.

336 *Glenewinkel*, S. 372.

337 *Breidenbach*, S. 272.

338 *Kähler*, S. 89.

insbesondere nicht auf eine Einigung bestimmten Inhalts. Eine offene Auseinandersetzung mit den Konflikten könnte aber durch angemessenen Druck erreicht werden, wobei die Beteiligten verstehen lernen, dass es nicht das Ziel der Vermittlung ist, die eigenen Interessen unbeschränkt durchzusetzen, sondern sich offen mit den Problemen auseinanderzusetzen und dann durch die gewonnenen Einsichten einen Kompromiss zu schließen, der den Bedürfnissen aller Beteiligten hinreichend Rechnung trägt und Gefahren, insbesondere für das Kind, ausschließt. Ein gewisses Maß an Druck kann sich somit auf die Inanspruchnahme bzw. den Beginn einer Vermittlung, aber auch auf den Inhalt einer Einigung konstruktiv auswirken.

Ist der Druck allerdings unangemessen und zu stark, wirkt er kontraproduktiv. Beginnen die Eltern eine Mediation, darf der Druck nicht umschlagen oder fortwirken, so dass sie genötigt werden, das Verfahren gegen ihren Willen fortzuführen oder gar eine Einigung zu schließen. Ein erhöhter Einigungs- bzw. Erfolgsdruck kann dazu führen, dass wichtige Aspekte, die erörtert werden müssten, übergangen oder nicht sorgfältig genug verhandelt werden. Der Vermittler darf nicht auf den Abschluss einer Einigung beharren und beispielsweise den Widerstand eines Beteiligten als Bindungsintoleranz oder mangelnde Kooperationsbereitschaft bewerten.[339] Wird zu früh Harmonie und Gemeinsamkeit angestrebt, wird der Mediator oder Richter seiner Rolle nicht gerecht, zumal Konflikte auch gerade eine Quelle für Weiterentwicklung und Neuschöpfung sein können.[340]

Die Tatsache, dass eine Einigung unterschrieben wurde, zeigt zwar, dass der gute Wille und das Wissen um das erwünschte Verhalten vorhanden sind, es sagt aber nichts über die Praxis der Umsetzung aus.[341] Wenn keine Einigung getroffen werden konnte, muss dies nicht zwingend als ein „Scheitern" der Eltern oder des Verfahrens gesehen werden. Es kann auch nicht ohne weiteres auf einen bösen Willen der Beteiligten geschlossen werden.[342] Einen Konflikt einvernehmlich und eigenständig gelöst zu haben, kann die Eigenverantwortung positiv bestärken, aber einen Konflikt einvernehmlich lösen zu müssen kann auch überfordern[343], wenn in der Vermittlung eine Veränderung tiefgreifender Verhaltensmuster erwartet wird, die aber nicht „eben mal so" vonstattengeht.[344] Selbst wenn keine Einigung erzielt werden kann, kann die Vermittlung ermög-

339 Vgl. *Salzgeber*, FamRZ 2008, 656 (658).
340 *Diez/Krabbe/Thomsen*, S. 31.
341 Handbuch-Verfahrensbeistandschaft/*Kostka*, Rn. 958.
342 *Kostka*, FamPra.ch 2009, 634 (647).
343 Handbuch-Verfahrensbeistandschaft/*Kostka*, Rn. 959.
344 Handbuch-Verfahrensbeistandschaft/*Kostka*, Rn. 957.

licht haben, dass die Beteiligten ins Gespräch gekommen sind und sich vielleicht die Option einer Vermittlung für später offenhalten.

Der Mediator, Berater oder Richter muss erkennen, wann ein Konflikt für die Beteiligten selbst lösbar ist und wann nicht. Es kann für die Beteiligten entlastend und sehr wichtig sein, wenn klar formuliert wird, dass es eben auch Konflikte gibt, die nicht (einvernehmlich) lösbar sind oder zumindest nicht in dem Moment. Es gilt dann, eine erträgliche Situation zu schaffen und ggf. durch eine Gerichtsentscheidung die am wenigsten schädliche Alternative zu finden.[345]

Die Einigung soll eine Option darstellen und keine Obligation.[346] Auch eine Anordnung nach § 156 Abs. 1 S. 4 FamFG beinhaltet nur eine Beratungspflicht und keine Einigungspflicht.[347] Je stärker hinsichtlich der Aufnahme der Vermittlungsverhandlungen Druck ausgeübt wurde – beispielsweise aufgrund einer gerichtlichen Anordnung oder eines Hinweises – desto mehr muss darauf geachtet werden, dass weder während der Vermittlung noch bezüglich des Inhalts der Vereinbarung unangemessener Druck ausgeübt wird.

Bei Abschluss einer Einigung muss zwingend der Grundsatz der Freiwilligkeit gelten. Der Vermittler darf sich nicht im Vorhinein auf mögliche Lösungen festlegen. Das Ziel eines Sorge- und Umgangsverfahrens ist nicht vornehmlich die Beratung oder Einigung der Eltern oder das Vermitteln einer Mediation, sondern das Finden einer kindeswohlgerechten Lösung, ob durch Einigung oder gerichtliche Entscheidung. Eine Einigung dient nicht per se dem Wohl des Kindes. Entscheidend ist, dass die Regelungen getroffen werden, die den Bedürfnissen aller Beteiligten gerecht werden. Kann keine Einigung erzielt werden, hat das Gericht zu entscheiden. Die Beteiligten zu einer Einigung zu zwingen bringt keinen Vorteil, wenn sie den Inhalt der Regelungen nicht mit ihrem tatsächlichen Willen tragen und die Einigung nicht als fair empfinden.

Auf eine Einigung kann hingewirkt werden, sie darf aber nicht erzwungen sein. Hier ist besondere Vorsicht und Wachsamkeit des Richters sowie des Mediators gefordert. Der vermittelnde Richter sowie der Mediator müssen immer bei und nach jeder Sitzung neu einschätzen, ob eine Einigungsbereitschaft vorhanden ist bzw. erreicht werden kann, ob eine Beratung oder Vermittlung zumutbar ist, und wann das Hinwirken auf eine Einigung sinnvoll ist. Sie müssen sich über die Motivationen der Beteiligten klar werden und sie richtig einschätzen können. Sie müssen wissen, wann welcher Druck sinnvoll und konstruktiv, und wann nötigend und kontraproduktiv ist. Supervisionen und Fortbildungen, insbesondere im Bereich der Verhandlungsführung und Psychologie, ggf. auch

345 Handbuch-Verfahrensbeistandschaft/*Kostka*, Rn. 959 m.w.N.

346 *Kriegel*, S. 65.

347 *Vogel*, ZKJ 2010, 1870 (1871).

Co-Mediationen, können unabdingbar sein, um diese Gratwanderung sicher und ohne Nachteile für die Medianten oder gar für das Kind ausführen zu können.

V. Beschleunigungsgrundsatz und Einvernehmen

Kindschaftsverfahren sollen beschleunigt und vorrangig durchgeführt werden (vgl. § 155 FamFG). Bereits im ersten frühen Termin soll auf ein Einvernehmen hingewirkt werden (vgl. §§ 155 Abs. 2, 156 Abs. 3 S. 1 FamFG).

Mit der schnellen Terminierung soll laut der Gesetzesbegründung eine (weitere) Eskalation des Konflikts vermieden werden.[348] Für die Beteiligten, insbesondere für das Kind, sollen baldmöglichst geklärte Verhältnisse hergestellt werden, anstatt unter Umständen über Jahre hinweg zu prozessieren. Es soll auch der in Sorgerechts- und Umgangsverfahren drohenden faktischen Präjudizierung vorgebeugt werden, da, je länger ein Verfahren dauert und je länger sich bestimmte Gegebenheiten eingespielt haben, desto eher die gerichtliche Entscheidung nicht konstitutiv, sondern eher deklaratorisch, sich den faktischen Gegebenheiten anpassend, ausfallen kann.[349]

In Fällen von Kindesmisshandlung ist eine schnelle Entscheidung insbesondere wichtig, um das Kind schnellstmöglich zu schützen.

Mit der Verfahrensbeschleunigung wird auch dem kindlichen Zeitempfinden Rechnung getragen, was insbesondere bei Aufenthaltsbestimmungen und Umgangsregelungen relevant werden kann. Während Erwachsene fähig sind, zukünftige Geschehnisse vorauszusehen und auf die Befriedigung ihrer Wünsche zu warten, leben vor allem jüngere Kinder ganz in der Gegenwart und bemessen Zeit eher subjektiv nach der Dringlichkeit ihrer Triebregungen und Gefühlsansprüche wie Versagungs- oder Ungeduldsgefühlen.[350] Den Verlust einer Bezugsperson empfinden sie schneller als dauerhaft und endgültig als ältere Kinder oder Erwachsene, weil sie Zeitspannen nicht einschätzen können. So ist ihnen z.B. auch nicht immer bewusst, dass „verschwundene" Personen wieder auftauchen können.[351] Kinder erwerben die Fähigkeit zur Wahrnehmung und Schätzung von Zeit erst mit zunehmendem Alter.[352]

Die Beschleunigung soll also dem Kindeswohl dienen, sie wird aber zugleich durch dieses begrenzt.[353] Gerade bei einer Vermittlung kann eine zu

---

348 Vgl. BT-Drucksache 16/6308, S. 236.
349 MünchKommFamFG/*Heilmann*, § 155 FamFG Rn. 3.
350 *Goldstein/Freud/Solnit*, S. 39 f.
351 MünchKommFamFG/*Heilmann*, § 155 FamFG Rn. 2.
352 *Heilmann*, S. 18 ff. m.w.N.
353 *Nothhafft*, Stellungnahme zum FGG-Reformgesetz, S. 4.

starke Verfahrensbeschleunigung kontraproduktiv wirken. Es besteht die Gefahr, die Konflikteskalation nur aufzuschieben und zu vertagen. Ein zu beschleunigtes Verfahren bzw. ein zu schnell erzieltes Einvernehmen könnte sogar eine fortdauernde Gefährdung des Kindes verschleiern und damit eine wirkliche Gefahrenabwehr verhindern.[354] Konflikte und auch Gewalthandlungen in der Familie könnten unentdeckt bleiben und bestehende dysfunktionale Strukturen und Machtgefälle verfestigt[355] werden. Dabei sind gerade in der Trennungszeit das Gewaltrisiko und das Aggressionspotential besonders erhöht.[356] Insbesondere könnte ein zu hoher Druck auf eine schnelle Einigung in dieser Phase streitverschärfend wirken, wenn z.B. die Beteiligten sich (noch) nicht zueinander bewegen können und Schuldzuweisungen und Polarisierungen die Verhandlungen beherrschen. Hinzu kommt, dass, je kürzer das Verfahren ist, desto weniger Zeit bleibt für die Stabilisierung, sowie für die hinreichende Exploration der Lebenssituation und ggf. Gewalterfahrung der Beteiligten.[357]

Die Beschleunigung darf daher keinesfalls dazu führen, dass Sicherheitsfragen nicht hinreichend geklärt werden[358] oder ein legitimes Zuwarten (etwa bei aussichtsreichen Einvernehmensbemühungen) unterbunden wird.[359] Die Verfahrensrechte der Beteiligten, insb. die Anhörungsrechte, dürfen nicht zugunsten des Beschleunigungsgrundsatzes verletzt und der Untersuchungsgrundsatz (§ 26 FamFG) unterlaufen werden.[360] Gerade bei einer Vermittlung werden die Beteiligten in der Regel Zeit brauchen, wenn sie versuchen (sollen), sich zu einigen, insbesondere benötigt eine Mediation bereits aus methodischen Gründen eine gewisse Zeit[361] und emotionalen Abstand zum Trennungsgeschehen.[362] Durch eine forcierte Beschleunigung werden die Beteiligten unter Umständen schnell eine Einigung treffen, obwohl sie zu diesem Zeitpunkt und auf die Schnelle dazu noch nicht bereit oder fähig sind. Eine zu schnell getroffene Einigung wird aber u.U. nicht nachhaltig sein, da wichtige Aspekte nicht exploriert wurden. Die Entwicklung eines Sorgerechtskonzepts sollte nicht unter dem Aspekt der schnellen Abwicklung des Scheidungsverfahrens überstürzt erfolgen. Dies kann dazu führen, dass ein Elternteil Kompromisse geschlossen hat, mit denen er sich

---

354 *Götz*, in: Lipp/Schumann/Veit, S. 215 (223).
355 *Salgo*, in: Fegert/Ziegenhain/Goldbeck, S. 134.
356 *Nothhafft*, Stellungnahme zum FGG-Reformgesetz, S. 8.
357 *Nothhafft*, Stellungnahme zum FGG-Reformgesetz, S. 9.
358 *Salgo*, Stellungnahme zum FGG-Reformgesetz, S. 10.
359 Staudinger/*Coester*, § 1666 BGB Rn. 260.
360 Vgl. Staudinger/*Coester*, § 1671 BGB Rn. 267.
361 *Trenczek*, FPR 2009, 335 (336 f.).
362 *Rakete-Dombek*, in: Lipp/Schumann/Veit, S. 93 (95).

auf lange Sicht nicht abfinden können wird.[363] Es kann auch sinnvoll sein, den Beteiligten Zeit zu lassen, damit sie die Regelungen in der Praxis prüfen können.[364] Wenn bereits längere Zeit kaum Umgangskontakte des getrennt lebenden Elternteils mit dem Kind bestehen, kann eine schnelle Regelung erforderlich erscheinen, damit ein Kontakt – sofern er tatsächlich dem Kindeswohl dient – zwischen ihnen baldmöglichst aufgebaut werden kann. Zeit wäre auch nötig, um z.B. eine Therapie zu beginnen oder Informationen bei einem Anwalt, Steuerberater oder anderen Experten einzuholen.[365] Es kann somit gerade in einer Vermittlung erforderlich sein, dass der Vermittler die Beteiligten unter Umständen bremst, um zu vermeiden, dass ein Beteiligter seine Selbstverantwortlichkeit aufgibt, weil er sich z.B. überfordert fühlt oder keine Blöße zeigen will.[366] Die Verlangsamung des Prozesses kann die Verarbeitung der äußeren und inneren Veränderungen durch die Trennung ermöglichen und auch die Möglichkeit bieten, ein größeres Repertoire von Lösungsideen zu entdecken und zu entwickeln.[367]

Das Gesetz gibt gemäß § 156 Abs. 3 S. 2 FamFG vor, dass das Gericht – wenn in Verfahren wegen des Umgangsrechts die Teilnahme an einer Beratung oder eine schriftliche Begutachtung angeordnet wurde – zugleich mittels einer einstweiligen Anordnung den Umgang regelt oder ausschließt. Wird eine Vermittlung durchgeführt, könnte es aber aus den genannten Gründen sinnvoll sein, der Familie noch eine gewisse Zeit zu geben, in der die Beteiligten Lösungen erarbeiten können, ohne dass bereits eine vorläufige gerichtliche Entscheidung zur Regelung des Umgangs ergeht, damit die Eltern sich aufgrund der Anordnung nicht gleich in einer stärkeren bzw. schwächeren Position fühlen. Es kann dann auch eher die Möglichkeit genutzt werden, verschiedene Regelungen zunächst auszuprobieren. Andererseits kann eine einstweilige Anordnung über das Sorgerechts- oder Umgangsrecht, insbesondere bei konflikthafteren Familien, für die Dauer der Vermittlung für Ruhe sorgen, weil dann in den Verhandlungen tatsächlich nur Regelungen für die Zukunft und nicht auch für das nächste Wochenende erarbeitet werden müssen. Es muss hier die einzelfallgerechte Vorgehensweise gefunden werden.

Für die Erarbeitung eines gemeinschaftlichen Sorgekonzepts wird ein Zeitraum von drei Monaten als nicht unangemessen angesehen.[368] So wurde auch mit dem Gesetz zur Förderung der Mediation und anderer Verfahren der außer-

363 MünchKommBGB/*Tillmanns*, § 17 SGB VIII Rn. 9.
364 *Schramm-Grüber/Breinlinger*, in: Duss-von Werth/Mähler/Mähler, S. 166 (183).
365 *Schramm-Grüber/Breinlinger*, in: Duss-von Werth/Mähler/Mähler, S. 166 (183 f.).
366 *Schramm-Grüber/Breinlinger*, in: Duss-von Werth/Mähler/Mähler, S. 166 (173).
367 *Schramm-Grüber/Breinlinger*, in: Duss-von Werth/Mähler/Mähler, S. 166 (182).
368 MünchKommBGB/*Tillmanns*, § 17 SGB VIII, Rn. 9.

gerichtlichen Konfliktbeilegung zu § 155 FamFG ein Absatz 4 hinzugefügt, nach dem das Gericht, wenn es ein Verfahren nach § 155 Abs. 1 FamFG zur Durchführung einer Mediation oder eines anderen Verfahrens der außergerichtlichen Konfliktbeilegung ausgesetzt hat, das Verfahren in der Regel nach drei Monaten wieder aufnimmt, wenn die Beteiligten keine einvernehmliche Regelung erzielen (§ 155 Abs. 4 FamFG-neu[369]).

Das Verfahren sollte somit grundsätzlich schon beschleunigt werden, damit zeitnah Regelungen getroffen werden, um keine faktische Präjudizierung zu schaffen, dem kindlichen Zeitempfinden Rechnung zu tragen oder ggf. schnell kindeswohlwidrige Umstände zu beenden. Die Beschleunigung sollte aber nicht stärker als nötig sein, damit die Beteiligten die Zeit haben, die sie benötigen, um die für sie besten Regelungen zu erarbeiten. Es liegt am Vermittler und auch am Richter, im Einzelfall abschätzen zu können, ob die Verhandlungen im gegebenen Moment zielführend oder ob sie eher abzubrechen, zu beschleunigen oder zu verlangsamen sind, und ob einstweilige Regelungen für die Zeit der Verhandlungen zu treffen sind. Um diese Gratwanderung möglichst sinnvoll zu gestalten, sind die Qualifikation des Vermittlers bzw. Mediators sowie die regelmäßige Supervision von entscheidender Bedeutung.

VI. Stigmatisierung nicht einigungsbereiter oder -fähiger Eltern

Im Rahmen der auch gesetzlich verankerten Bemühungen um Einvernehmen wird erwartet, dass die Eltern kooperativ, rational und bereit sind, dem anderen Elternteil die Anwesenheit im Leben des Kindes zu erlauben.[370] Nicht gern gesehen sind Verbitterung, Rachegefühle, fehlende Zustimmungsbereitschaft zu bestimmten Regelungen. Widersetzen sich Eltern den Vermittlungen, sehen sie sich schnell Stigmatisierungen und Anschuldigungen ausgesetzt. Ihnen wird schnell unterstellt, sie seien nicht in der Lage, dem Kindeswohl den Vorrang einzuräumen[371], die Elternebene von der Paarebene zu trennen und trotz der Trennung „gute“ Eltern zu sein. Schnell entsteht der Vorwurf der böswilligen Torpedierung aller Einigungsbemühungen, der Umgangsverweigerung oder die Behauptung, einer der Beteiligten handele cholerisch, irrational und rachsüchtig. Als „gute“ Eltern werden diejenigen angesehen, denen es gelingt, nach dem

369 In Kraft getreten am 26. Juli 2012, BGBl. 2012 I, S. 1580.
370 *Barone*, STREIT 2006, 3 (5).
371 *Barone*, STREIT 2006, 3 (6).

Scheitern als Ehe-Paar die Rolle des Eltern-Paares einzunehmen[372] und weiterhin gemeinsam die Elternverantwortung zu tragen.

Schwierig ist nur, dass diese Erwartungen sehr hoch gesteckt sind. Die Paarebene und die Elternebene sind nicht immer ohne weiteres voneinander zu trennen, im Besonderen nicht für jedes Paar. Diese Ebenen sind meist in komplexer und sehr mächtiger Weise miteinander verwoben. Der Anspruch, die beiden Ebenen trennen zu wollen, kann zur Verleugnung real bestehender und untrennbarer Zusammenhänge führen. Schließen die Eltern ein Einvernehmen, bedeutet dies nicht zwingend, dass sie auch tatsächlich einig sind, und dass die Konflikte mit dem Einvernehmen dauerhaft und tragfähig gelöst sind. Es ist durchaus möglich, dass einer der Partner in streitigen Fragen voreilig nachgibt, weil er sich unter Druck gesetzt fühlt oder sich im gerichtlichen Verfahren keine Chancen ausrechnet, sich den Belastungen des Konflikts nicht mehr gewachsen fühlt und das Verfahren so schnell wie möglich beenden[373] will, oder einfach nur als „guter" Elternteil dastehen will. Es gibt Fälle, die eine gerichtliche Entscheidung erfordern. Nicht jeder Konflikt gerade getrennter Paare ist lösbar, vor allem nicht einvernehmlich. Die Gründe, zu keiner Einigung zu kommen, können tief sitzen[374] und in der Paargeschichte begründet sein.

Ob Eltern sich einigen können, sagt auch nicht zwingend etwas über die individuelle Erziehungsverantwortung und -fähigkeit der Eltern aus. Insbesondere der das Kind betreuende Elternteil kann durchaus ein verantwortungsvoller Elternteil sein, auch wenn er sich nicht (mehr) mit dem anderen Elternteil verständigen und geschweige denn einigen kann.[375] Nicht in jeder Personenkonstellation ist es möglich, eine Einigung zu erzielen oder die Elternverantwortung nach der Trennung gemeinsam auszuüben, gerade weil die Konfliktparteien früher in einer (ehelichen oder unehelichen) Partnerschaft gelebt haben.

Ferner bleibt zu bemerken, dass die Beteiligten auch bei einer richterlichen Entscheidung nicht ihrer autonomen Verantwortung enthoben werden. Selbst wenn die Beteiligten die Regelungen nicht selbst getroffen haben, müssen sie doch mit den Regelungen leben und sie im täglichen Leben in einer Vielzahl von Einzelentscheidungen autonom und verantwortungsvoll umsetzen.[376]

Einigungen sollten nicht grundsätzlich moralisch höherwertig als eine Gerichtsentscheidung betrachtet werden. Den Beteiligten sollten die Optionen, sich zu einigen oder eben eine gerichtliche Entscheidung zu bevorzugen, als gleichwertige Varianten gegenüber stehen. Auch wenn beispielsweise durch einen

372 *Barone*, STREIT 2006, 3 (6).

373 *Kriegel*, S. 141.

374 *Furstenberg/Cherlin*, S. 74.

375 Vgl. z.B. BVerfG, Beschluss vom 18.12.2003 – 1 BvR 1140/03 = FPR 2004, 260 f.

376 *Breidenbach*, S. 268; *Proksch*, Familiendynamik 1992, 396.

richterlichen Hinweis auf die Mediation oder die Anordnung eines Informationsgesprächs (§ 156 Abs. 1 S. 3 bis 4 FamFG) Druck dahingehend ausgeübt wird, dass die Beteiligten sich die Möglichkeit einer alternativen Streitbeilegung genauer überlegen, darf dann im Vermittlungsverfahren selbst kein Druck auf eine (bestimmte) Einigung hin ausgeübt werden. Insbesondere darf den Eltern nicht vermittelt werden, sie seien verantwortungslose Eltern, wenn sie sich nicht einigen können. Das zwischen der Eltern- und der Paarebene zu trennen ist, muss sich auch auf die Einschätzung der Erziehungsfähigkeit der Eltern beziehen. Dass sie auf der Paarebene nicht fähig sind, eine Einigung zu treffen, steht nicht automatisch für ein Defizit auf der Elternebene.

E. Fazit

Eine Vermittlung kann den Beteiligten ermöglichen, mit Hilfe eines neutralen Dritten (wieder) miteinander ins Gespräch zu kommen, die jeweiligen Interessen und Bedürfnisse herauszuarbeiten, gegenseitiges Verständnis zu entwickeln und auf dieser Basis gemeinsam Lösungen für den Konflikt zu erarbeiten. Einigen sich die Beteiligten auf Regelungen, in denen sie sich alle hinreichend repräsentiert sehen und mit denen sie gut leben können, stehen die Chancen gut, dass die Regelungen auch nachhaltig sind. Entscheidend ist dabei auch, dass die Regelungen flexibel genug gestaltet sind, um sich den Änderungen z.B. bereits aufgrund des zunehmenden Alters des Kindes anpassen zu können.

Die Durchführung einer Vermittlung und der Abschluss einer Einigung stehen aber nicht automatisch für eine bestehende Kooperationsbereitschaft der Beteiligten sowie für die Nachhaltigkeit der getroffenen Regelungen. Eine Mediation ist eine kurzzeit- und regelungsorientierte Intervention, bei der nur begrenzt die psychologische Bearbeitung von Beziehungs- und Paarkonflikten erfolgen kann.[377] Wenn aber gewisse Voraussetzungen erfüllt sind, kann eine Vermittlung halten, was sie verspricht:

Für die Beteiligten gilt, dass sie willens und in der Lage sein müssen, miteinander zu verhandeln. Sie müssen vor allem auch bereit sein, den anderen verstehen zu wollen und Kompromisse einzugehen. Jeder Beteiligte muss in der Vermittlung mit seinen Sorgen und Wünschen hinreichend gehört werden und sich ernst genommen fühlen. Ferner setzt eine Vermittlung oder Beratung grundsätzlich Freiwilligkeit voraus. Dennoch kann im Einzelfall ein gewisser Druck seitens des Richters legitim sein, um die Eltern auf alternative Lösungswege aufmerksam zu machen; in der Vermittlung selbst ist allerdings von einem

---

377 *Proksch* (1998), S. 103.

Druck, insbesondere Einigungsdruck, abzusehen. Während Kindschaftssachen grundsätzlich beschleunigt durchgeführt werden sollten und auch im Hinblick auf das kindliche Zeitempfinden eine zeitnahe Entscheidungsfindung ratsam ist, darf die Beschleunigung nicht dazu führen, dass der Sachverhalt und die Einwände der Beteiligten nicht hinreichend er- und bearbeitet werden. Die Durchführung einer Vermittlung in Fällen mit hohem Konfliktniveau oder Gewalthintergrund ist strittig, da es für die Beteiligten überfordernd bis unzumutbar sein kann, gemeinsam zu verhandeln. Strukturierte, langfristige, beraterische Interventionen mit Einzelsitzungen könnten zielführender als eine Mediation und ggf. gerichtliche Entscheidungen erforderlich sein, um den Belangen und dem Schutz der Beteiligten gerecht zu werden.[378] Jedenfalls muss, welche Intervention auch immer gewählt wird, sichergestellt sein, dass keiner der Beteiligten physischen oder psychischen Gefahren ausgesetzt ist und jeder Beteiligte im Verfahren hinreichend gehört und ernst genommen wird.

Entscheidend für diese Untersuchung ist, dass eine Einigung der Eltern nicht zwangsläufig bedeutet, dass die vereinbarte Regelung die Interessen des Kindes besser berücksichtigt und dem Kindeswohl besser dient, als eine richterliche Entscheidung.[379] Viele Studien, die zum Ergebnis kommen, dass Einvernehmen und Mediationen positivere Auswirkungen auf das Kind haben als streitige Gerichtsverfahren, beinhalten keine Befragung der Kinder, sondern lediglich Einschätzungen der Eltern, Richter und Mediatoren hinsichtlich der Befindlichkeiten der Kinder.[380] Hingegen zeigten Studien, die die Befragungen von Kindern beinhalteten, keine signifikanten Unterschiede in der Anpassung der Kinder zu Hause oder in der Schule, wenn die Eltern einen Anwalt oder einen Mediationsfachmann zur Beilegung ihrer Differenzen herangezogen hatten.[381] Entscheidend für das Kind ist zunächst, wie der es betreuende Elternteil mit der Situation und der Trennung umgeht sowie auch die finanzielle Sicherheit zuhause. Ferner kann eine aus der Sicht der Eltern einvernehmliche Lösung aus der Perspektive des Kindes völlig anders aussehen.[382] Aufgrund der eigenen Verwicklung in den Trennungsprozess können oder wollen die Eltern oft die wahren Neigungen und tieferen Bindungen des Kindes nicht ermessen.[383] Auch Eltern, die sich gleich-

378 Vgl. *Deutsches Jugendinstitut (DJI)*, Arbeit mit hochkonflikthaften Trennungs- und Scheidungsfamilien (2010); *Trenczek/Petzold*, ZKJ 2911, 409, 410.

379 Vgl. *Parkinson/Cashmore*, S. 217; *Kostka*, FamPra.ch 2009, 634, 646; kritische Zusammenfassung zahlreicher Studien s. *Kostka*, S. 391 ff. m.w.N.

380 S. z.B. *Greger*, 2010, S. 29, 65, 119; *Bastine/Weinmann-Lutz/Wetzel*, Unterstützung von Familien in Scheidung durch Familien-Mediation (1999).

381 *Wallerstein/Lewis/Blakeslee*, S. 221.

382 *Salgo*, FPR 2010, 456 (457).

383 *Luthin*, FamRZ 1981, 111 (113).

wertig für die Kinder und als gleichberechtigt untereinander ansehen, geht es oft mehr um ihre Gleichberechtigung und weniger um die Bedürfnisse des Kindes und seine Bindungen zur Hauptbezugsperson.[384]

McIntosh und Long[385] verglichen in ihrer Studie die Wirkungen der Mediation ohne persönliche Beteiligung des Kindes (child-focused) mit der Mediation mit direkter Einbeziehung des Kindes (child-inclusive). Auf die Eltern wirkte es oft wie ein ‚Weckruf', wenn ihnen die Bedürfnisse und Interessen des Kindes und die Auswirkungen der Trennung auf das Kind von einem Experten vermittelt wurden. Nach Übermittlung der Perspektive des Kindes an die Eltern waren diese oft eher gewillt, von ihrem gegenseitigen Streit Abstand zu nehmen, sich mehr auch auf das Kind und sein Wohl zu konzentrieren und Kompromisse einzugehen. Selbst wenn das Kind nicht die Sichtweise des jeweiligen Elternteils unterstützte, konnte dieser die Kindesmeinung besser annehmen, wenn er sie über einen unabhängigen Experten anstatt über den Ex-Partner übermittelt bekam.[386] In den child-inclusive Verfahren wurden zwar Umgangskontakte mit weniger Übernachtungen vereinbart, aber die Beteiligten waren mit den Regelungen meist zufriedener als in der Vergleichsgruppe.[387] Vier Jahre nach der Mediation kam es bei den Familien mit einer child-inclusive Mediation im Gegensatz zu den Familien mit einer child-focused Mediation zu weniger rechtlichen Streitigkeiten, es fanden mehr und regelmäßigere Übernachtungsbesuche statt, die Beteiligten waren mit der Wohnsituation zufriedener und die Kinder fühlten sich dem getrennt lebenden Elternteil näher. Die Umgangsvereinbarungen waren also oft umso stabiler und die Zufriedenheit und wohl auch das gegenseitige Verständnis der Beteiligten umso größer, je mehr auch eine altersgerechte Beteiligung des Kindes erfolgte. Das Ziel muss sein, dass die Eltern *und* das Kind die gefundene Lösung akzeptieren.[388]

Der ausschlaggebende Schutz, den ein auf ein Einvernehmen zielendes Verfahren dem Kind geben kann, ist somit nicht, die Eltern zu einer Einigung zu drängen, sondern sicherzustellen, dass die Eltern sich die tatsächlichen Bedürfnisse ihres Kindes vergegenwärtigen und sich bemühen, diese nach ihren Möglichkeiten und Fähigkeiten zu berücksichtigen.[389] Für das Kind ist nicht die Frage entscheidend, ob die Eltern eine Mediation absolviert und eine Einigung ge-

384 *Klußmann/Stötzel*, S. 58 f.; z.B. zum Wechselmodell s. *Fichtner/Salzgeber*, FPR 2006, 278-284.
385 *McIntosh/Long*, Child Beyond Dispute (2006 und 2009).
386 *McIntosh/Wells/Smyth/Long*, Family Court Review 2008, 105 (118).
387 *McIntosh/Wells/Smyth/Long*, Family Court Review 2008, 105 (118).
388 *Lossen/Vergho*, FamRZ 1993, 768 (769).
389 Vgl. *Golann/Folberg*, S. 389.

troffen haben, sondern ob es selbst zu Wort kommt und seine Äußerungen angemessene Berücksichtigung finden.[390]

390 *Parkinson/Cashmore*, S. 198 f.

Teil 5: Die Beteiligung des Kindes an Einvernehmen im gerichtlichen Kindschaftsverfahren

In den für diese Untersuchung relevanten Kindschaftsverfahren, also Verfahren wegen des Sorgerechts, des Umgangs und teils auch wegen Kindeswohlgefährdung, sind für die Anhörung des Kindes insbesondere die §§ 159[1], 156, 157, 155 FamFG relevant. Die Beteiligtenstellung und die Verfahrensfähigkeit sind in §§ 7 bis 9 FamFG geregelt.

A. Rechtsgrundlagen und inhaltliche Anforderungen an Einvernehmen in Kindschaftssachen

Das zum 01. September 2009 in Kraft getretene FamFG greift die Tendenz zur Stärkung von Einvernehmen in Kindschaftsverfahren auf: Die Beteiligten sollen sich grundsätzlich sowohl im Gerichtsverfahren, als auch außergerichtlich um eine einvernehmliche Lösung ihres Konfliktes bemühen (vgl. z.B. §§ 135, 156 FamFG). Nicht nur Antragssteller und Antragsgegner sollen kooperieren und miteinander kommunizieren, sondern auch die professionell am Verfahren Beteiligten. Zum Gerichtsverfahren sollen verstärkt auch Angehörige der sozialen und psychologischen Berufe hinzugezogen werden, um nicht nur die rechtlichen, sondern auch die sozialen und psychologischen Probleme der Familie zu regeln.[2]

I. Rechtsgrundlagen für Einvernehmen in Kindschaftssachen

Im Folgenden werden die für Einvernehmen in Kindschaftssachen relevanten verfahrensrechtlichen und materiellen Normen im Überblick dargestellt.

Im allgemeinen Teil regelt § 36 Abs. 1 S. 2 FamFG für alle Verfahren in Familiensachen und in den Angelegenheiten der freiwilligen Gerichtsbarkeit, dass das Gericht auf eine gütliche Einigung der Beteiligten hinwirken soll, ausgenommen sind davon die Gewaltschutzsachen.

Für Einvernehmen im Kindschaftsverfahren ist § 156 FamFG der Dreh- und Angelpunkt. Diese Norm gilt gemäß § 156 Abs. 1 S. 1 FamFG in Verfahren we-

---

1 Zu § 159 FamFG s. Teil 2.B.IV.

2 *Salzgeber*, FamRZ 2010, 851.

gen der elterlichen Sorge bei Trennung und Scheidung, für den Aufenthalt des Kindes, für das Umgangsrecht oder für die Herausgabe des Kindes. In diesen Verfahren ist auf ein Einvernehmen der Beteiligten hinzuwirken, widerspricht dies aber dem Kindeswohl (§ 156 Abs. 1 S. 1 FamFG), erfolgt im Hinblick auf § 1697a BGB zwingend eine gerichtliche Entscheidung[3]. Für Verfahren wegen Kindeswohlgefährdung gilt § 156 BGB nicht, für diese gilt ausschließlich § 157 FamFG.

In Umgangssachen kann ein Vermittlungsverfahren nach § 165 FamFG beantragt werden, wenn eine Umgangsregelung bereits mittels Gerichtsentscheidung oder gerichtlich gebilligtem Vergleich (§ 156 Abs. 2 FamFG) getroffen wurde, ein Elternteil aber die Durchführung dieser Umgangsregelung vereitelt oder erschwert hat. Alternativ oder zusätzlich zu diesem Vermittlungsverfahren kann die Vollstreckung des Umgangs (§§ 86 ff. FamFG) beantragt werden.

Seit der FGG-Reform kann das Gericht nach § 163 Abs. 2 FamFG auch den gerichtlichen Sachverständigen verpflichten, bei Erstellung des Gutachtens auf ein Einvernehmen über den Verfahrensgegenstand hinzuwirken. Schließlich kann auch dem Verfahrensbeistand nach § 158 Abs. 4 S. 3 FamFG die zusätzliche Aufgabe übertragen werden, am Zustandekommen einer einvernehmlichen Regelung über den Verfahrensgegenstand mitzuwirken.

Auch im materiellen Kindschaftsrecht findet sich der Begriff des Einvernehmens in familienrechtlichen Konflikten. § 1627 BGB bezieht sich auf das Einvernehmen zwischen den Eltern. Es statuiert die Pflicht der Eltern, die elterliche Sorge in eigener Verantwortung und in gegenseitigem Einvernehmen zum Wohl des Kindes auszuüben (Satz 1), wobei die Eltern bei Meinungsverschiedenheiten versuchen müssen, sich zu einigen (Satz 2). § 1626 Abs. 2 S. 2 BGB erweitert diese innerfamiliäre Pflicht der Eltern dahingehend, dass die Eltern mit dem Kind, sofern dies nach dessen Entwicklungsstand angezeigt ist, Fragen der elterlichen Sorge besprechen und Einvernehmen anstreben sollen.

Auch außerhalb des Gerichts soll im Fall einer Trennung oder Scheidung auf ein Einvernehmen hingewirkt werden. Die Eltern sollen gemäß § 17 Abs. 2 SGB VIII sowohl vorprozessual, sofern sich die Eltern bereits vor dem Gerichtsverfahren an das Jugendamt gewandt haben, als auch während des Gerichtsverfahrens durch die Kinder- und Jugendhilfe darin unterstützt werden, ein einvernehmliches Konzept für die Wahrnehmung der elterlichen Sorge zu entwickeln, wobei die dort gefundenen Lösungen auch als Grundlage für die richterliche Entscheidung bzw. für einen gerichtlichen Vergleich dienen können.

---

3 Handbuch-Verfahrensbeistandschaft/*Heilmann*, Rn. 1178.

II. Durchführung einer Vermittlung als Voraussetzung für Verfahrenskostenhilfe

Es gibt Forderungen, die Bewilligung der Verfahrenskostenhilfe davon abhängig zu machen, ob vor dem Gerichtsverfahren eine Beratung oder eine Vermittlung versucht wurde. Dies wird damit begründet, dass die Rechtsverfolgung mutwillig sei, wenn der Antragsteller eines Sorge- oder Umgangsrechtsverfahrens nicht zuvor versucht hat, mit dem anderen Elternteil durch Vermittlung des Jugendamtes auf außergerichtlichem Wege eine Einigung zu erzielen.[4] Die Eltern hätten nach § 17 SGB VIII nicht nur einen Anspruch auf Beratung, sondern auch eine sich aus der Sorgepflicht nach §§ 1626 Abs. 1, 1627 BGB ergebende Verpflichtung, im Interesse der Kinder die Einigung durch Vermittlung und Beratung durch das Jugendamt zu versuchen.[5]

Aber die für die Verfahrenskostenhilfe geltenden Normen § 76 FamFG i.V.m. § 114 S. 1 ZPO bestimmen, dass Verfahrenskostenhilfe dann zu bewilligen ist, wenn ein Beteiligter nach seinen persönlichen und wirtschaftlichen Verhältnissen die Kosten der Prozessführung nicht, nur zum Teil oder nur in Raten aufbringen kann und die beabsichtigte Rechtsverfolgung oder Rechtsverteidigung hinreichende Aussicht auf Erfolg bietet und nicht mutwillig erscheint. Mutwillig ist die Rechtsverfolgung nicht, wenn eine verständige, nicht hilfsbedürftige Partei ihre Rechte auch in gleicher Weise verfolgen würde. Wenn eine bemittelte Partei vor Einleitung des Verfahrens keine außergerichtlichen Beratungen in Anspruch nehmen muss, stellt es eine Benachteiligung einer hilfsbedürftigen Partei dar, wenn diese vor einem Gerichtsverfahren eine außergerichtliche Beratung bzw. einen Einigungsversuch durchgeführt haben muss. Das SGB VIII enthält gerade keine Verpflichtung, sondern eben nur den Anspruch auf Beratung.

Auch das Gesetz zur Förderung der Mediation und anderer Verfahren der außergerichtlichen Konfliktbeilegung[6] sieht die Teilnahme an einer Beratung oder den Versuch einer Mediation nicht als sachliche Voraussetzung für ein Gerichtsverfahren vor. Die Einfügungen zu § 253 ZPO und § 23 FamFG zielen nur auf die zusätzliche Angabe in der Klage- bzw. Antragsschrift, ob der Klageerhebung bzw. dem Antrag der Versuch einer Mediation oder eines anderen Verfahrens der außergerichtlichen Konfliktbeilegung vorausgegangen ist, sowie eine Äußerung dazu, ob einem solchen Verfahren Gründe entgegenstehen (§ 253

4 So z.B. *Keuter*, FamRZ 2009, 1891.

5 *Keuter*, FamRZ 2009, 1891 (1892).

6 BT-Drucksache 17/5335.

Abs. 3 ZPO-neu[7], § 23 Abs. 1 S. 2 FamFG-neu[8]). Der Versuch einer Mediation ist somit keine Zulässigkeitsvoraussetzung für das Gerichtsverfahren.

Eine Pflicht zur Teilnahme an einer Beratung oder dem Versuch einer Vermittlung müsste außerdem die Grenzen solcher Verfahren berücksichtigen und Ausnahmen jedenfalls für hochkonflikthafte oder gewaltbelastete Fälle beinhalten.[9] In diesen Fällen können insbesondere eine gemeinsame Beratung unzumutbar und vielmehr getrennte Beratungen und andere Interventionen, teils aber auch gerade gerichtliche Entscheidungen erforderlich sein, um den Bedürfnissen der Beteiligten gerecht zu werden.

Die Gewährung von Verfahrenskostenhilfe ist daher insbesondere in Kindschaftssachen nicht vom vorausgehenden Versuch einer Beratung oder Vermittlung abhängig zu machen.

III. Inhaltliche Anforderungen an ein Einvernehmen in Kindschaftssachen

Der Inhalt oder die zu regelnden Punkte eines Einvernehmens über die elterliche Sorge oder das Umgangsrecht werden vom Gesetz nicht vorgezeichnet[10], da diese stark einzelfallabhängig sind. Es lassen sich aber einige Präferenzen erkennen.

Gemäß § 133 Abs. 1 Nr. 2 FamFG muss die Antragsschrift zur Scheidung neben den Angaben über den Namen und das Geburtsdatum von minderjährigen gemeinschaftlichen Kindern auch die Erklärung enthalten, ob die Ehegatten bereits eine Regelung über die elterliche Sorge, den Umgang und die Unterhaltspflicht für die gemeinschaftlichen minderjährigen Kinder getroffen haben. Diese Erklärung der Eltern muss gemäß § 133 Abs. 1 Nr. 2 FamFG aber nur beinhalten, *ob* eine Regelung getroffen wurde, aber nicht *wie* sie lautet.[11] Anforderungen an den Inhalt eines Einvernehmens enthält diese Vorschrift daher nicht.

Für Einvernehmen über die elterliche Sorge nach der Trennung oder Scheidung gilt, dass, sofern die Eltern die gemeinsame Sorge nach der Trennung oder Scheidung beibehalten wollen, keine Erklärungen erforderlich sind; sie bleibt automatisch bestehen (Umkehrschluss aus § 1671 BGB). Hierin zeigt sich auch die Präferenz des Gesetzgebers zur Beibehaltung der gemeinsamen Sorge nach

---

7 BT-Drucksache 17/5335, S. 7.

8 BT-Drucksache 17/5335, S. 7.

9 S. oben Teil 4.D. II. und III.

10 Staudinger/*Coester*, § 1671 BGB Rn. 274.

11 BT-Drucksache 16/9733, S. 293.

der Trennung.[12] Die Eltern können sich aber auf die Übertragung der gesamten oder teilweisen Alleinsorge einigen. Der eine Elternteil stellt dann einen entsprechenden Antrag (§ 1671 Abs. 1 BGB), der andere stimmt zu (§ 1671 Abs. 2 Nr. 1 BGB) und das Gericht gibt dem Antrag statt, wenn das mindestens 14-jährige Kind der Regelung nicht widerspricht und hierdurch keine Kindeswohlgefährdung zu befürchten ist (§§ 1671 Abs. 3, 1666 BGB). Dem Gericht steht hier hinsichtlich der vereinbarten Sorgerechtsregelung aber keine sachliche Prüfungskompetenz des Kindeswohls zu, sofern die Schwelle des § 1666 BGB nicht erreicht ist.[13]

Für ein Einvernehmen über den Umgang ist hinsichtlich einer Präferenz des Gesetzgebers § 1626 Abs. 3 BGB bedeutsam. Diese Norm erklärt den Umgang des Kindes mit beiden Elternteilen als in der Regel dem Kindeswohl dienend.[14] Im Einzelfall muss das Gericht aber eine vereinbarte Umgangsregelung nach § 156 Abs. 2 FamFG dahingehend prüfen, ob sie nicht dem Kindeswohl widerspricht. Billigt das Gericht das Einvernehmen, nimmt es die einvernehmlichen Regelungen als gerichtlich gebilligten Vergleich auf (vgl. § 156 Abs. 2 FamFG). Es steht dann einer gerichtlichen Entscheidung gleich, was bedeutet, dass es als Vollstreckungsgrundlage dienen kann (§§ 86 ff. FamFG). Die Regelungen müssen daher vollstreckungsfähig, also hinreichend bestimmt sein.

Auch wenn sich allgemein gewisse Präferenzen des Gesetzgebers sowie auch der Praxis für die gemeinsame Sorge und regelmäßigen Umgang beinhaltenden Regelungen erkennen lassen, ist für den Einzelfall aus dem Zweck der §§ 1626, 1627, 1671 Abs. 3 i.V.m. 1666 ff., 1697a BGB und § 156 Abs. 2 FamFG eine grundsätzliche Anforderung an Sorgerechts- und Umgangsregelungen herzuleiten: Die Eltern haben die elterliche Sorge zum Wohl des Kindes auszuüben und eine einvernehmliche Regelung darf dem Kindeswohl nicht widersprechen, es auf keinem Fall gefährden.[15] Ob aber die getroffene Regelung dem Kindeswohl entspricht oder widerspricht, kann immer nur im Einzelfall unter Berücksichtigung der Interessen des individuellen Kindes geprüft werden.

---

12 Zur gemeinsamen elterlichen Sorge nach der Trennung oder Scheidung s. Teil 4.B.I.2.

13 Vgl. Staudinger/*Coester*, § 1671 BGB Rn. 5, 12.

14 Zu § 1626 Abs. 3 BGB s. oben Teil 4.B.II.1.

15 MünchKommFamFG/*Schumann*, § 156 FamFG Rn. 15.

B. Beteiligtenstellung und Verfahrensfähigkeit des Kindes im Kindschaftsverfahren

Die Verfahrensbeteiligung und die Verfahrensfähigkeit waren im FGG nicht eindeutig geregelt, mit der FGG-Reform wurden aber entsprechende Regelungen ins FamFG aufgenommen, auch hinsichtlich der Beteiligtenstellung und der Verfahrensfähigkeit des Kindes.

Dass grundsätzlich eine Beteiligtenstellung des Kindes in Kindschaftsverfahren vorgesehen ist, ist einigen Normen des FamFG ausdrücklich zu entnehmen.[16] Beispielsweise bestimmt § 155 Abs. 3 FamFG, dass zum ersten frühen Termin das persönliche Erscheinen der verfahrensfähigen Beteiligten angeordnet werden soll. Dies impliziert, dass es auch nicht verfahrensfähige Beteiligte gibt. Nicht verfahrensfähig sind nach § 9 FamFG geschäftsunfähige oder beschränkt geschäftsfähige Personen, also jedenfalls minderjährige Kinder und Jugendliche.[17] Ein Vergleich über den Umgang nach § 156 Abs. 2 S. 1 FamFG bedarf der Zustimmung aller Beteiligten bevor das Gericht den Vergleich billigt; dies schließt laut Regierungsbegründung auch das Kind mit ein.[18] Schließlich bestimmt § 81 Abs. 3 FamFG, dass einem „minderjährigen Beteiligten" die seine Person betreffenden Kosten des Verfahrens nicht auferlegt werden können.

I. Beteiligtenstellung und -fähigkeit des Kindes (§§ 7, 8 FamFG)

Fraglich ist, ob und wann dem Kind eine Beteiligtenstellung im Kindschaftsverfahren zukommt. Es können zwar unabhängig von der Beteiligtenstellung Anhörungsrechte einer Person im Verfahren bestehen, aber die Beteiligtenstellung verstärkt die Position des Kindes im Verfahren, so dass z.B. die Anhörung nicht nur unter den Voraussetzungen des Anhörungsrechts stattzufinden hat, sondern bereits aufgrund der Beteiligtenstellung entsprechend dem verfassungsrechtlich begründeten Anspruch auf rechtliches Gehör vor Gericht nach Art. 103 Abs. 1 GG.[19] Das Anhörungsrecht allein bewirkt noch keine Beteiligtenstellung (vgl. § 7 Abs. 6 FamFG).

Das FGG enthielt keine gesetzliche Definition des Beteiligten. Kinder wurden im Kindschaftsverfahren stets als materiell Beteiligte angesehen, da sie von

---

16 *Schael*, FamRZ 2009, 265 (266).

17 *Schael*, FamRZ 2009, 265 (266).

18 BT-Drucksache 16/6308, S. 237.

19 Mangoldt/Klein/*Starck/Nolte*, Art. 103 Abs. 1 GG Rn. 26.

der Entscheidung sachlich betroffen sind und ihnen teils eigene materielle Rechte zustehen (z.B. § 1671 Abs. 1 Nr. 1 BGB). Eine formelle Beteiligung stand ihnen nicht zu.[20] Sie hatten aber gewisse verfahrensrechtliche Mitwirkungsrechte, wie das Anhörungsrecht nach § 50b FGG (heute § 159 FamFG) und das selbständige Beschwerderecht ab Vollendung des 14. Lebensjahres (§ 59 Abs. 1 und 3 FGG, heute § 60 FamFG). Die fehlende Regelung des Beteiligtenbegriffs und die somit auch ungeklärte Stellung des Kindes im Kindschaftsverfahren führten zu erheblichen Unsicherheiten und Defiziten bei der Bestimmung der Beteiligten.

Die Beteiligtenstellung wurde daher mit der FGG-Reform für das Verfahren der freiwilligen Gerichtsbarkeit in § 7 FamFG normiert, einem der Kernstücke der Reform.[21] Die Abgrenzung von formeller und materieller Beteiligung besteht nicht mehr, vielmehr sind die früher als materiell beteiligt angesehenen Personen nun auch formell Verfahrensbeteiligte.[22] Nach § 7 FamFG wird zwischen Beteiligten kraft Gesetzes und Beteiligten kraft Hinzuziehung auf Antrag oder von Amts wegen, sowie zwischen Muss-Beteiligten und Kann-Beteiligten unterschieden.

Der Antragsteller ist im Antragsverfahren (§ 23 FamFG) immer Verfahrensbeteiligter (§ 7 Abs. 1 FamFG). Als Beteiligte hinzuzuziehen sind nach § 7 Abs. 2 FamFG diejenigen, deren Recht durch das Verfahren unmittelbar betroffen wird (Nr. 1), und diejenigen, die aufgrund des FamFG oder eines anderen Gesetzes von Amts wegen oder auf Antrag zu beteiligen sind (Nr. 2). Entscheidend ist, ob der Verfahrensgegenstand subjektive Rechte des zu Beteiligenden berührt. Einer Prognose, ob es voraussichtlich zu einem rechtsbeeinträchtigenden Verfahrensausgang kommt, bedarf es nicht.[23]

Das Kind kann nicht nach § 7 Abs. 1 FamFG Beteiligter sein. Verfahren wegen der elterlichen Sorge nach der Trennung oder Scheidung (§ 1671 BGB) sind zwar Antragsverfahren i.S.d. § 7 Abs. 1 FamFG, aber § 1671 BGB gewährt nur den Eltern ein Antragsrecht, aber nicht auch dem Kind.[24] Verfahren wegen des Umgangs nach § 1684 BGB hingegen sind Amtsverfahren[25], da § 1684 Abs. 1 BGB zwar die Umgangsrechte der Eltern und des Kindes statuiert, aber kein Antragsrecht auf Regelung des Umgangs. Vielmehr legt § 1684 Abs. 3 S. 1

20 *Schael*, FamRZ 2009, 265 (266).

21 BT-Drucksache 16/6308, S. 177.

22 *Schael*, FamRZ 2009, 265 (266).

23 BT-Drucksache 16/6308, S. 178.

24 Hierzu kritisch Staudinger/*Coester*, § 1671 BGB Rn. 14.

25 A.A. *Eckebrecht/Schael*, S. 390, der das Umgangsverfahren als Antragsverfahren qualifiziert, so dass das Kind selbst einen Antrag auf Regelung des Umgangs stellen kann und dann als Antragsteller formeller Verfahrensbeteiligter nach § 7 Abs. 1 FamFG ist.

BGB fest, dass das Gericht über den Umfang des Umgangs entscheiden und seine Ausübung näher regeln kann.[26] Die Regelungsbefugnis kann das Gericht von Amts wegen oder auf Antrag – besser gesagt: Anregung – ausüben.[27] Entsprechendes gilt für Verfahren wegen Kindeswohlgefährdung, das ebenfalls ein Amtsverfahren ist.

Gerichtliche Sorge- und Umgangsverfahren betreffen aber unmittelbar die Rechte des Kindes, so dass sie in diesen Verfahren nach § 7 Abs. 2 Nr. 1 FamFG Verfahrensbeteiligte sind: Durch Umgangsverfahren ist das eigene Umgangsrecht des Kindes nach § 1684 Abs. 1, 1. Hs. BGB betroffen. In Verfahren zur Übertragung der elterlichen Sorge ist das betroffene Kind „Muss-Beteiligter", da das Verfahren zu einer Änderung des zwischen Eltern und Kind bestehenden Sorgerechtsverhältnisses führen kann.[28] Hat das Kind das 14. Lebensjahr vollendet, steht ihm ein Widerspruchsrecht nach 1671 Abs. 2 Nr. 1 BGB zu, so dass es auch aufgrund dieses Widerspruchsrechts zu beteiligen ist. Das Kind ist aber auch unabhängig von der Beteiligtenstellung in Kindschaftsverfahren anzuhören, weil seine Neigungen, Bindungen und sein Wille für die Entscheidung von Bedeutung sind (vgl. § 159 Abs. 2 FamFG).

Ferner ist das 14-jährige Kind wegen § 7 Abs. 2 Nr. 2 FamFG i.V.m. § 164 FamFG als Verfahrensbeteiligter hinzuzuziehen, wenn es gegen die Entscheidung das Beschwerderecht ausüben kann.[29] Die Beteiligung nach § 7 Abs. 2 Nr. 1 und Nr. 2 FamFG ist verpflichtend, das Gericht hat kein Ermessen.

Auch zur Beteiligtenfähigkeit, also der Fähigkeit, aktiv oder passiv am Verfahren teilnehmen zu können, enthielt das FGG keine Regelungen.[30] Sie entspricht weitgehend der Rechtsfähigkeit nach materiellem Recht.[31] § 8 Nr. 1 FamFG i.V.m. § 1 BGB regelt nun, dass jede natürliche Person mit der Vollendung der Geburt beteiligtenfähig ist. Die Beteiligtenstellung besteht also unabhängig vom Alter[32], somit ist jedes Kind beteiligtenfähig.

---

26 Staudinger/*Rauscher*, § 1684 BGB Rn. 372; Bork/Jacoby/Schwab/*Zorn*, § 156 FamFG Rn. 12.

27 *Eckebrecht/Schael*, S. 390.

28 BGH, XII. Zivilsenat, Beschluss vom 07.09.2011 – XI ZB 12/11 = ZKJ 2011, 465 (466).

29 *Musielak/Borth*, § 7 FamFG Rn. 6.

30 MünchKommFamFG/*Pabst*, § 8 FamFG Rn. 3.

31 *Musielak/Borth*, § 8 FamFG Rn. 1.

32 Keidel/*Zimmermann*, § 8 FamFG Rn. 6; *Schael*, FamRZ 2009, 265 (266).

II. Verfahrensfähigkeit des Kindes (§ 9 FamFG)

Die Verfahrensfähigkeit beschreibt die Befähigung, in einem Verfahren selbst oder durch einen selbst gewählten Vertreter wirksam Erklärungen abzugeben oder Verfahrenshandlungen vornehmen zu lassen.[33] Sie entspricht der Prozessfähigkeit nach der ZPO. Wer nicht verfahrensfähig ist, kann im Prozess nur durch einen gesetzlichen Vertreter handeln. Wer verfahrensfähig ist, hat grundsätzlich alle verfahrensrechtlichen Befugnisse und Handlungsmöglichkeiten, kann also selbst Anträge aller Art stellen, Verfahrenskostenhilfe erhalten und an Terminen selbst, also ohne notwendige Vertretung, teilnehmen.[34] Im Gegenzug obliegen einem Verfahrensfähigen die verfahrensrechtlichen Pflichten wie die Mitwirkungspflicht[35] und das persönliche Erscheinen zum Termin.[36]

Vor der FGG-Reform wurde davon ausgegangen, dass das Kind mit Ausnahme des Falles des § 59 Abs. 3 FGG, also bei Einlegung der Beschwerde des 14-jährigen Kindes (heute § 60 FamFG), nicht selbst verfahrensfähig ist und dieser Mangel auch nicht durch die Beauftragung eines Rechtsanwalts überwunden werden kann.[37] Die Kindesinteressen sollten daher nur durch das Gericht (vgl. § 1697a BGB) und gegebenenfalls durch den Verfahrensbeistand (früher Verfahrenspfleger) oder Ergänzungspfleger wahrgenommen werden.[38]

Mit der FGG-Reform wurde neben der Beteiligtenstellung und -fähigkeit auch die Verfahrensfähigkeit erstmals für das Verfahren der freiwilligen Gerichtsbarkeit in § 9 FamFG normiert. Gemäß § 9 Abs. 1 Nr. 1 FamFG ist verfahrensfähig, wer nach bürgerlichem Recht geschäftsfähig ist, also grundsätzlich alle volljährigen Menschen (§ 2 BGB). Minderjährige, die das siebte Lebensjahr vollendet haben, sind aber gemäß § 106 BGB in ihrer Geschäftsfähigkeit beschränkt und die beschränkte Geschäftsfähigkeit begründet noch keine Verfahrensfähigkeit.[39]

Gemäß § 9 Abs. 1 Nr. 3 FamFG sind die nach bürgerlichem Recht beschränkt Geschäftsfähigen aber verfahrensfähig, soweit sie das 14. Lebensjahr vollendet haben und sie in einem ihre Person betreffenden Verfahren ein ihnen nach bürgerlichem Recht zustehendes Recht geltend machen. Diese Norm spricht dem über 14-jährigen Kind nicht allgemein die Verfahrensfähigkeit zu,

---

33 *Musielak/Borth*, § 9 FamFG Rn. 1; Bork/Jacoby/Schwab/*Jacoby*, § 9 FamFG Rn. 2; *Schael*, FamRZ 2009, 265 (267).

34 *Heiter*, FamRZ 2009, 85 (88).

35 Vgl. § 27 FamFG.

36 *Heiter*, FamRZ 2009, 85 (88).

37 Staudinger/*Rauscher*, § 1684 BGB Rn. 388.

38 Staudinger/*Rauscher*, § 1684 BGB Rn. 388.

39 Bork/Jacoby/Schwab/*Jacoby*, § 9 FamFG Rn. 3.

sondern nur partiell für die Stellung der entsprechenden Anträge.[40] Diese dem Kind eingeräumten materiellen Mitwirkungs- und Widerspruchsrechte könnten ansonsten ihren Zweck nicht erfüllen, wenn das Kind sie nicht selbst im Verfahren geltend machen kann.[41] § 9 Abs. 1 Nr. 3 FamFG ist daher das den materiellen Widerspruchs- und Mitwirkungsrechten entsprechende, verfahrensrechtliche Korrelat und es stellt die notwendige Akzessorietät zwischen materiellem Recht und Verfahrensrecht her.[42] Aber über die Geltendmachung dieser Rechte hinaus bleibt das Kind im Kindschaftsverfahren verfahrensunfähig und muss – wie gehabt – gesetzlich vertreten werden.[43]

Es kommen folgende materiell-rechtliche Widerspruchs- und Mitwirkungsrechte des Kindes i.S.d. § 9 Abs. 1 Nr. 3 FamFG in Betracht:[44]

In Sorgerechtssachen gewährt § 1671 BGB dem Kind zwar kein eigenes Antragsrecht zur Regelung der elterlichen Sorge, aber nach § 1671 Abs. 2 Nr. 1 BGB ein Widerspruchsrecht, wenn sich die Eltern zur Übertragung der (teilweisen) elterlichen Sorge geeinigt haben und das Kind mindestens 14 Jahre alt ist.

Hinsichtlich des Umgangs räumt § 1684 Abs. 1 Hs. 1 BGB dem Kind ein subjektives, höchstpersönliches Recht auf Umgang mit jedem Elternteil ein.[45] § 1684 BGB enthält aber keine Mitwirkungs- oder Widerspruchsrechte des Kindes hinsichtlich des Umgangs.[46]

Es bleibt fraglich, ob das Kind selbst ein Umgangsverfahren einleiten, also eine Regelung des Umgangs beantragen bzw. anregen kann. Der BGH[47] hat mit seinem Beschluss vom 14.05.2008 – also noch vor der FGG-Reform – einem minderjährigen Kind angesichts seines Rechts auf Umgang gemäß § 1684 Abs. 1 BGB die Möglichkeit zuerkannt, einen Umgangsregelungsantrag stellen zu können, damit es über sein materielles Recht disponieren kann.[48]

Dieser Antrag muss durch das Kind gestellt werden, wobei es aber gehörig vertreten sein muss.[49] Das Umgangsrecht des Kindes kann nach ständiger Rechtsprechung des BGH nicht als fremdes materielles Recht im eigenen Namen durch den gesetzlichen Vertreter geltend gemacht werden (gewillkürte Prozessstandschaft), da „das einzuklagende Recht höchstpersönlichen Charakter hat

---

40 *Eckebrecht/Schael*, S. 399.
41 MünchKommFamFG/*Pabst*, § 9 FamFG Rn. 6.
42 BT-Drucksache 16/9733, S. 288.
43 *Schael*, FamRZ 2009, 265 (267).
44 Keidel/*Zimmermann*, § 9 FamFG Rn. 13.
45 BGH FamRZ 2008, 1334 (1335).
46 *Schael*, FamRZ 2009, 265 (267).
47 BGH FamRZ 2008, 1334.
48 BGH FamRZ 2008, 1334 (1335).
49 *Schael*, FamRZ 2009, 265 (268).

und mit dem Rechtsinhaber, in dessen Person es entstanden ist, so eng verknüpft ist, dass die Möglichkeit, seine gerichtliche Geltendmachung einem Dritten im eigenen Namen zu überlassen, dazu im Widerspruch stünde".[50] Das Kind ist also berechtigt, einen Antrag zur Einleitung eines Umgangsverfahrens zu stellen. Aber insbesondere das noch nicht 14 Jahre alte Kind ist zur Stellung des Antrags nicht verfahrensfähig, sondern muss dabei vertreten werden. Das Kind ist im Umgangsverfahren also Verfahrensbeteiligter (§ 7 Abs. 2 Nr. 2 FamFG), aber nicht verfahrensfähig.[51]

Weitere Widerspruchs- und Mitwirkungsrechte des Kindes i.S.d. § 9 Abs. 1 Nr. 3 FamFG sind das Antragsrecht des Kindes auf Aufhebung eines Adoptionsverhältnisses (§ 1762 Abs. 1 S. 2 und 3 BGB), das Widerspruchsrecht gegen die Bestellung eines von den Eltern gemäß § 1776 BGB benannten Vormunds (§ 1778 Abs. 1 Nr. 5 BGB) und das Antragsrecht auf Entlassung des zum Vormund bestellten Jugendamtes oder Vereines (§ 1887 Abs. 2 BGB). Auch die Einwilligung des Kindes zur Annahme als Kind nach § 1746 Abs. 1 BGB ist ein subjektives Recht des Kindes.

III. Vertretung des Kindes im Verfahren (§ 9 Abs. 2 FamFG)

Das Kind kann zwar Verfahrensbeteiligter sein, ist aber grundsätzlich nicht verfahrensfähig (§§ 7, 8 FamFG) und muss daher gehörig vertreten werden, wenn es eine rechtlich wirksame Verfahrenshandlung vornehmen will. Zur Anhörung im Rahmen des § 159 FamFG benötigt das Kind indes keinen Vertreter, es kann alleine angehört werden. Ist eine Vertretung erforderlich, ist fraglich, wer als Vertreter in Betracht kommt. Grundsätzlich bestimmt § 9 Abs. 2 FamFG, dass für das nicht verfahrensfähige Kind die nach bürgerlichem Recht dazu befugten Personen handeln.

1. Die Eltern als Vertreter des Kindes

Nach § 1629 Abs. 1 S. 1 BGB sind grundsätzlich die Eltern die gesetzlichen Vertreter des Kindes, also die Personen, die i.S.d. § 9 Abs. 2 FamFG befugt sind, im Verfahren für das nicht verfahrensfähige Kind zu handeln. Hat ein Elternteil die alleinige Sorge, kann er das Kind allein vertreten (§ 1629 Abs. 1 S. 3 BGB), haben die Eltern die gemeinsame Sorge, müssen sie das Kind gemein-

50 BGH FamRZ 2008, 1334 (1335) m.w.N.

51 Zur Verfahrensfähigkeit s. Teil 5.B.II.

schaftlich vertreten (§ 1629 Abs. 1 S. 2 Hs. 1 BGB). In Kindschaftssachen kann es aber sowohl zwischen den Eltern, als auch zwischen Eltern und Kind zu erheblichen Interessenskollisionen kommen. Ein solcher Interessensgegensatz kann gegeben sein, wenn die Eltern sich über den Aufenthalt des Kindes streiten und ihre Wohnorte weit voneinander entfernt sind. In diesen Fällen kann die Bestellung eines eigenständigen Interessenvertreters (Verfahrensbeistand nach § 158 FamFG oder Ergänzungspfleger nach § 1909 BGB) für das Kind erforderlich sein.

2. Der Richter als Vertreter des Kindes

Wird das Kind nicht von einer dritten Person unterstützt, stellt sich die Frage, ob die Interessen des Kindes nicht durch den Richter gewahrt werden könnten. Das Gericht muss seine Entscheidungen in Kindschaftsverfahren am Kindeswohl orientieren (§ 1697a BGB). Der Richter ist verpflichtet, nach eigenem Ermessen über den Streitgegenstand zu entscheiden sowie über die Beweisaufnahme und gerichtliche Maßnahmen. Der Richter muss das Kindeswohl zwar bei all seinen Entscheidungen als Maxime berücksichtigen, ist aber aufgrund seiner Position verpflichtet, neutral zu sein. Er kann daher nicht die Vertretung des Kindes übernehmen.

3. Der Verfahrensbeistand als Vertreter des Kindes (§ 158 FamFG)

Im Zuge der Kindschaftsrechtsreform[52] im Jahr 1997 ist das Institut des Verfahrenspflegers („Anwalt des Kindes") eingeführt worden und mit der FGG-Reform im Jahr 2009 wurde es durch die Rechtsfigur des Verfahrensbeistandes (§ 158 FamFG) ersetzt. Aufgabe des Verfahrensbeistandes ist die Wahrnehmung der Kindesinteressen in einem auf seine Person bezogenen Kindschaftsverfahren.[53] Als Verfahrensbeistand kommt meist ein Sozialarbeiter/-pädagoge, Jurist, Psychologe, Erzieher oder auch ein Laie, wie z.B. ein Verwandter in Betracht.[54]

Gemäß § 158 Abs. 1 FamFG hat das Gericht dem minderjährigen Kind in seine Person betreffenden Verfahren einen geeigneten Verfahrensbeistand zu bestellen, soweit dies zur Wahrnehmung seiner Interessen erforderlich ist. Dies ist nach dem Wortlaut jedenfalls dann der Fall, wenn das Interesse des Kindes zu dem seiner gesetzlichen Vertreter in erheblichem Gegensatz steht (§ 158 Abs. 2 Nr. 1 FamFG), in Verfahren nach den §§ 1666, 1666a BGB, wenn die teilwei-

52 KindRG vom 16.12.1997, BGBl. I S. 2942.

53 BGH ZKJ 2011, 465 (467).

54 Vgl. Statistik bei *Hannemann/Stötzel*, ZKJ 2009, 58 (60).

se oder vollständige Entziehung der Personensorge in Betracht kommt (§ 158 Abs. 2 Nr. 2 FamFG), wenn eine Trennung des Kindes von der Obhutsperson erfolgen soll (§ 158 Abs. 2 Nr. 3 FamFG), in Verfahren wegen der Herausgabe des Kindes oder wegen einer Verbleibensanordnung (§ 158 Abs. 2 Nr. 4 FamFG) oder schließlich wenn der Ausschluss oder eine wesentliche Beschränkung des Umgangsrechts in Betracht kommt (§ 158 Abs. 2 Nr. 5 FamFG).

Aufgabe des Verfahrensbeistandes ist es, das Interesse des Kindes festzustellen und es im gerichtlichen Verfahren zur Geltung zu bringen (§ 158 Abs. 4 S. 1 FamFG).[55] Er hat das Kind über Gegenstand, Ablauf und möglichen Ausgang des Verfahrens in geeigneter Weise zu informieren (§ 158 Abs. 4 S. 2 FamFG). Er muss die Interessenlage des Kindes erarbeiten und hat dann alles zu unternehmen, was das Interesse des Kindes erfordert. Weiterhin obliegt ihm, die anderen Beteiligten für die Interessen des Kindes zu sensibilisieren. Gespräche mit den Eltern und weiteren Bezugspersonen werden in der Regel unumgänglich sein, so dass eine entsprechende Anordnung nach § 158 Abs. 4 S. 3 FamFG stets zu fordern ist.[56] Zur Anhörung im Rahmen des § 159 FamFG benötigt das Kind keinen Vertreter, ist aber ein Verfahrensbeistand bestellt, soll er bei der Anhörung anwesend sein (§ 159 Abs. 4 S. 3 FamFG).

Die Bestellung eines Verfahrensbeistandes schränkt das Sorgerecht der Eltern nicht ein: Gemäß § 158 Abs. 4 S. 6 FamFG ist der Verfahrensbeistand nicht gesetzlicher Vertreter des Kindes. Er ändert nichts an der Verfahrensfähigkeit des Kindes und kann nicht Vertreter des Kindes i.S.d. § 9 Abs. 2 FamFG sein. Die Eltern bleiben gesetzliche Vertreter des Kindes. Der Verfahrensbeistand wird neben den Eltern und dem Kind selbst Beteiligter des Verfahrens (§ 158 Abs. 3 S. 2 FamFG) und handelt im eigenen Namen.[57] Ein Ergänzungspfleger (§ 1909 BGB) hingegen wird gesetzlicher Vertreter des Kindes und ist zu bestellen, wenn dem Vater und der Mutter nach § 1796 BGB die Vertretung entzogen wurde, z.B. weil das Interesse des Kindes in erheblichem Gegensatz zu dem der Eltern steht (§§ 1629 Abs. 2 S. 3 1. Hs. i.V.m. 1796 Abs. 1 und 2 BGB). Das Vorliegen eines erheblichen Interessengegensatzes zwischen Kind und Eltern darf aber nicht notwendigerweise zur Entziehung der elterlichen Vertretungsbefugnis führen.[58] Bei der Entziehung der Vertretungsbefugnis handelt es sich um einen Eingriff in das Elternrecht, so dass der Verhältnismäßigkeitsgrundsatz zu beachten und, wenn möglich, eine mildere Maßnahme zu wählen ist. Mit Beschluss vom 07.09.2011 hat der BGH entschieden, dass auch bei erheblichem

55 Vgl. auch *BAG Verfahrensbeistandschaft*, Standards für VerfahrenspflegerInnen (2005).

56 *Stötzel*, FPR 2010, 425 (427).

57 BT-Drucksache 16/6308, S. 240.

58 BGH ZKJ 2011, 465, 467.

Interessengegensatz zwischen Eltern und Kind zur Wahrung der Interessen des Kindes im Verfahren die Bestellung des Verfahrensbeistandes als milderes Mittel vorrangig gegenüber der Bestellung eines Ergänzungspflegers ist.[59] Dass der Verfahrensbeistand nicht gesetzlicher Vertreter des Kindes wird, begründet sich darin, dass der zum Zweck der effizienten Wahrung der Kindesinteressen zu erfolgende Eingriff in das Elternrecht möglichst gering gehalten werden soll. Aufgabe des Verfahrensbeistandes ist es ja gerade, die Interessen des Kindes im Verfahren wahrzunehmen und dies auch bei erheblichem Interessensgegensatz zwischen Eltern und Kind. Dem Grundsatz der Verhältnismäßigkeit sowie auch der Beschleunigung würde es aber widersprechen, wenn unter diesen selben Voraussetzungen und zu demselben Zweck ein Ergänzungspfleger bestellt und somit weitergehend in das Elternrecht eingegriffen würde.[60]

Der Bestellung eines Verfahrensbeistandes steht nicht entgegen, dass die Eltern versuchen sollen, ein Einvernehmen zu erzielen. Das Gericht kann in diesem Fall dem Verfahrensbeistand nach § 158 Abs. 4 S. 3 FamFG die zusätzliche Aufgabe übertragen, Gespräche mit den Eltern zu führen sowie an einem Zustandekommen einer einvernehmlichen Regelung mitzuwirken. Der Begriff Mitwirken macht deutlich, dass der Verfahrensbeistand nicht auf ein Einvernehmen *hin*zuwirken hat. Er fungiert nicht als Mediator, Berater oder Therapeut, sondern als unabhängiger, parteilicher Interessenvertreter des Kindes.[61] Es ist nicht seine Aufgabe, zwischen den Eltern bzw. zwischen den Eltern und dem Kind zu vermitteln.[62] Sein Maßstab ist nicht die Zufriedenheit der anderen Verfahrensbeteiligten oder des Gerichts, sondern die Wahrung oder Wiederherstellung der Kindesinteressen.[63]

In Studien berichteten Kinder, dass ihnen wichtig ist, dass der Verfahrensbeistand ihnen zur Seite steht, sie unterstützt und berät, sie auf ihre Möglichkeiten hinweist und ihnen hilft, ihre Meinung vor Gericht zu äußern.[64] Der Verfahrensbeistand kann dabei auch dem Gericht helfen, das vom Kind zum Ausdruck Gebrachte zu verstehen und evtl. präzisere Fragen an das Kind zu richten und dadurch den Erkenntnisgewinn zu steigern.[65] Er kann dazu beitragen, beim Kind Unbehagen, Selbstzweifel, Schuldgefühle oder die Angst, etwas Falsches gesagt

59 BGH ZKJ 2011, 465, 467; zu dieser Entscheidung s. auch *Musielak/Borth*, § 7 FamFG Rn. 9.

60 BGH ZKJ 2011, 465, 467.

61 *Salgo*, FPR 2010, 456 (458).

62 *Stötzel*, FPR 2010, 425 (427); Vogel, ZKJ 2010, 1870 (1872).

63 *Salgo*, FPR 2010, 456 (458).

64 Handbuch-Verfahrensbeistandschaft/*Stötzel*, Rn. 159, 163; *Parkinson/Cashmore*, S. 152.

65 Handbuch-Verfahrensbeistandschaft/*Heilmann*, Rn. 1297.

zu haben, zu mindern[66], indem er dem Kind vor und nach der Anhörung für Fragen zur Verfügung steht und ihm während der Anhörung hilft, seine Meinung darzustellen. Kinder merken dabei, ob der Verfahrensbeistand dem Richter das sagt, was sie ihm erzählten oder ob er dem Richter nach dem Mund redet.[67] Sie merken, ob er ihnen zugehört, sie verstanden hat und sie ihm vertrauen können, oder ob er eher genervt ist und ihnen juristisch nicht helfen kann.[68]

4. Der Ergänzungspfleger als Vertreter des Kindes (§ 1909 BGB)

Ein Ergänzungspfleger ist zu bestellen, wenn den Eltern (zumindest teilweise) die elterliche Sorge entzogen wurde.[69] Dies kann der Fall sein, wenn die Eltern wegen tatsächlicher oder rechtlicher Verhinderung von der Vertretung des Kindes ausgeschlossen sind. Im Gegensatz zum Verfahrensbeistand wird der Ergänzungspfleger zumindest für diese Handlungen gesetzlicher Vertreter des Kindes. Als Vertreter wird er nicht selbst Verfahrensbeteiligter, sondern handelt mit Fremdwirkung.[70] Neben einem Ergänzungspfleger ist die Bestellung eines Verfahrensbeistandes in der Regel nicht mehr erforderlich, da ersterer die Kindesinteressen im Verfahren ausreichend zur Geltung bringen sollte.[71]

Nach der Entscheidung des BGH vom 07.09.2011 ist auch bei erheblichem Interessengegensatz zwischen Eltern und Kind die Bestellung eines Verfahrensbeistandes gegenüber der Bestellung eines Ergänzungspflegers das mildere und somit das vorrangige Mittel, wenn durch die Bestellung des Verfahrensbeistandes für eine wirksame Interessenvertretung des Kindes Sorge getragen werden kann.[72] Zur Sicherstellung der Beteiligungsrechte des Kindes im Verfahren genügt also die Bestellung eines Verfahrensbeistandes, eines Ergänzungspflegers bedarf es dann nicht. Mit dem Verfahrensbeistand kommt zwar ein Vertreter der Kindesinteressen hinzu, aber das elterliche Sorgerecht bleibt unberührt. Der Eingriff in die Elternrechte ist geringer und auch dem Beschleunigungsgrundsatz wird eher Rechnung getragen, als wenn eine Entziehung der Vertretungsmacht erfolgt.

66 *Zitelmann*, S. 200.
67 Handbuch-Verfahrensbeistandschaft/*Stötzel*, Rn. 163.
68 Handbuch-Verfahrensbeistandschaft/*Stötzel*, Rn. 165.
69 Zur Frage, wann ein Ergänzungspfleger und wann ein Verfahrensbeistand zu bestellen ist, s. *Salgo*, FPR 2011, 314 ff.
70 MünchKommFamFG/*Pabst*, § 9 FamFG Rn. 13.
71 BT-Drucksache 16/6308, S. 237; BGH ZKJ 2011, 465 (468).
72 BGH ZKJ 2011, 465 ff.; näheres hierzu s. oben Teil 5 B.III.3. bzw. 4.

IV. Fazit

Das Kind ist in Umgangsverfahren regelmäßig nach § 7 Abs. 2 Nr. 1 FamFG Beteiligter, da sein materielles Umgangsrecht nach § 1684 Abs. 1 BGB durch das Verfahren unmittelbar betroffen ist. In Sorgerechtsverfahren ist nur das mindestens 14-jährige Kind wegen § 1671 Abs. 2 Nr. 1 BGB Verfahrensbeteiligter, jüngere Kinder nicht, da ihnen keine materiellen Rechte hinsichtlich der elterlichen Sorge zustehen.

Das Kind ist, wenn es Verfahrensbeteiligter ist, auch beteiligtenfähig (§ 8 Nr. 1 FamFG), allerdings meist nicht verfahrensfähig (§ 9 Abs. 1 Nr. 1 FamFG). § 9 Abs. 1 Nr. 3 FamFG erkennt das 14-jährige Kind ausnahmsweise als verfahrensfähig an, sofern es ein ihm nach dem bürgerlichen Recht zustehendes Recht geltend macht. Für die Geltendmachung eines ihm zustehenden materiellen Widerspruchs- oder Mitwirkungsrechts flammt die Verfahrensfähigkeit auf, damit das Kind selbst und ohne Vertretung diese Rechte im Verfahren geltend machen kann. Für das übrige Verfahren bleibt das Kind aber verfahrensunfähig, so dass es einen Vertreter benötigt, falls es rechtswirksame Erklärungen vor Gericht abgeben will.

Benötigt das Kind einen Interessenvertreter, ist ein Verfahrensbeistand zu bestellen. Nach der Entscheidung des BGH vom 07.09.2011[73] genügt zur Sicherstellung der Beteiligungsrechte des Kindes im Verfahren die Bestellung eines Verfahrensbeistandes, eines Ergänzungspflegers bedarf es dann nicht.

Unabhängig von der Beteiligtenstellung und der Verfahrensfähigkeit besteht aber das Anhörungsrecht des Kindes nach § 159 FamFG. Dieses kann es eigenständig, also ohne gesetzliche Vertretung ausüben (§ 159 Abs. 4 S. 2 FamFG).

C. Hinwirken auf ein Einvernehmen (§ 156 FamFG)

I. Normzweck und Entstehungsgeschichte des § 156 FamFG

§ 156 FamFG ist die Grundnorm für das Hinwirken auf ein Einvernehmen in Verfahren, die die elterliche Sorge bei Trennung und Scheidung, den Aufenthalt des Kindes, das Umgangsrecht oder die Herausgabe des Kindes betreffen. Ziel ist die Stärkung von konfliktvermeidenden und konfliktlösenden Elementen im familiengerichtlichen Verfahren.[74] Anstatt hoheitlich zu entscheiden, soll das

73 BGH ZKJ 2011, 465 ff.; näheres hierzu s. oben Teil 5 B.III.3.

74 BT-Drucksache 16/6308, S. 164.

Gericht die Beteiligten motivieren, sich über den Verfahrensgegenstand zu einigen. Der frühere § 52 Abs. 1 FGG, der mit der Kindschaftsrechtsreform im Jahr 1998[75] eingefügt wurde, wurde mit der FGG-Reform im Jahr 2009 durch § 156 FamFG ersetzt. Im Interesse und zum Schutz des betroffenen Kindes soll die eigenverantwortliche außergerichtliche Konfliktlösung der Beteiligten insbesondere durch Inanspruchnahme der Beratungsmöglichkeiten der Träger der Kinder- und Jugendhilfe gefördert werden.[76] Ferner soll durch die Förderung außergerichtlicher Streitbeilegung auch eine Entlastung der Gerichte erzielt werden. Mit der FGG-Reform wurden einige Neuerungen im § 156 FamFG aufgenommen, die dem Gericht weitere Möglichkeiten eröffnen, auf ein Einvernehmen hinzuwirken. Ausschlaggebend ist, dass auch sämtliche am Verfahren professionell Beteiligten in die Einvernehmensbemühungen stärker einzubinden sind.[77]

II. Voraussetzungen des § 156 FamFG

In Verfahren, die die elterliche Sorge bei Trennung und Scheidung, den Aufenthalt des Kindes, das Umgangsrecht oder die Herausgabe des Kindes betreffen, hat das Gericht auf ein Einvernehmen der Beteiligten hinzuwirken, sofern dies dem Kindeswohl nicht widerspricht (§ 156 Abs. 1 S. 1 FamFG). Es soll in jeder Phase des Verfahrens auf ein Einvernehmen hingewirkt werden, vom frühen ersten Termin (§§ 156 Abs. 1, 155 Abs. 2 FamFG) bis zur letzten Tatsacheninstanz.[78]

Die Beteiligten sollen daher verstärkt auf die Möglichkeiten der Beratung und Vermittlung durch die Beratungsstellen und -dienste der Träger der öffentlichen oder freien Kinder- und Jugendhilfe (§§ 3 ff. SGB VIII) zur Entwicklung einer einvernehmlichen Lösung hingewiesen werden (§ 156 Abs. 1 S. 2 FamFG, §§ 17 ff. SGB VIII). Das Gericht kann die Teilnahme an einer solchen Beratung auch anordnen (§ 156 Abs. 1 S. 4 FamFG). Aus Gründen der Verfahrensbeschleunigung bleibt nach § 21 FamFG das Verfahren während der Beratung rechtshängig, es sei denn, es besteht ein wichtiger Grund zur Aussetzung. Nach § 156 Abs. 1 S. 3 FamFG-neu[79] kann das Gericht nunmehr auch anordnen, dass

---

75 Kindschaftsrechtsreformgesetz vom 16.12.1997, in Kraft getreten am 01.07.1998, BGBl. I, S. 2942.

76 BT-Drucksache 13/4899, S. 133.

77 *Vogel*, ZKJ 2010, 1870 (1871).

78 MünchKommFamFG/*Schumann*, § 156 FamFG Rn. 8.

79 Geändert durch das Gesetz zur Förderung der Mediation und anderer Verfahren der außergerichtlichen Konfliktbeilegung vom 21. Juli 2012, in Kraft getreten am 26. Juli 2012, BGBl. 2012 I, S. 1580.

die Eltern einzeln oder gemeinsam an einem kostenfreien Informationsgespräch über Mediation oder über eine sonstige Möglichkeit der außergerichtlichen Konfliktbeilegung bei einer vom Gericht benannten Person oder Stelle teilnehmen und eine Bestätigung hierüber vorlegen.

Nach § 156 Abs. 1 S. 1 FamFG ist die Grenze des Hinwirkens auf ein Einvernehmen aber erreicht, wenn dies dem Kindeswohl widerspricht. Dies kann laut Gesetzesbegründung vor allem in Fällen von häuslicher Gewalt gegeben sein; insbesondere wenn ein Gewaltschutzverfahren bereits eingeleitet wurde.[80] Dies entspricht auch § 36 Abs. 1 S. 2 FamFG, wonach das Gericht in Gewaltschutzsachen nicht auf eine gütliche Einigung der Beteiligten hinwirken soll.

Der neu eingefügte § 36a Abs. 1 S. 1 FamFG[81] ermöglicht aber nun dem Richter, den Beteiligten eine Mediation oder ein anderes Verfahren der außergerichtlichen Konfliktbeilegung vorzuschlagen, ohne dass die Norm eine dem § 36 Abs. 1 S. 2 FamFG entsprechende Ausnahme bei Gewaltkonstellationen enthält. Es wird lediglich in § 36a Abs. 1 S. 2 FamFG angemerkt, dass „die Belange der von Gewalt betroffenen Person zu wahren" sind. Dies darf nicht zu weit ausgelegt werden. Dem Schutz der von Gewalt betroffenen Person und dem Zweck einer Gewaltschutzmaßnahme, insbesondere eines Näherungsverbots, kann es grundlegend zuwiderlaufen, den Beteiligten eine gemeinsame Mediation vorzuschlagen.

Auch in Verfahren wegen Kindeswohlgefährdung nach §§ 1666, 1666a BGB ist nicht auf ein Einvernehmen hinzuwirken, für diese Verfahren gilt ausschließlich § 157 FamFG.

Das Gericht muss selbst abschätzen bzw. mit dem Berater, Vermittler oder Gutachter absprechen, ob eine außergerichtliche Bemühung um ein Einvernehmen sinnvoll, erfolgversprechend und den Beteiligten zumutbar erscheint. Sind die Eltern nicht oder nicht ausreichend in der Lage, in eigener Verantwortung die Situation des Kindes zu klären, kann eine gerichtliche Regelung zwingend erforderlich sein.[82]

Kann in Verfahren wegen des Aufenthalts des Kindes, des Umgangsrechts oder der Herausgabe des Kindes im ersten frühen Termin kein Einvernehmen erzielt werden, hat das Gericht gemäß § 156 Abs. 3 S. 1 FamFG mit den Beteiligten und dem Jugendamt den Erlass einer einstweiligen Anordnung zu erörtern. Speziell für Verfahren wegen des Umgangsrechts gilt weiter, dass bei Anordnung der Teilnahme an einer Beratung oder einer schriftlichen Begutachtung

80 BT-Drucksache 16/6308, S. 236.

81 Gesetz zur Förderung der Mediation und anderer Verfahren der außergerichtlichen Konfliktbeilegung vom 21. Juli 2012, in Kraft getreten am 26. Juli 2012, BGBl. 2012 I, S. 1579.

82 MünchKommFamFG/*Schumann*, § 156 FamFG Rn. 7.

das Gericht gleichzeitig mittels einer einstweiligen Anordnung den Umgang regeln oder ausschließen soll (§ 156 Abs. 3 S. 2. FamFG).

Wird ein Einvernehmen über den Umgang oder die Herausgabe des Kindes getroffen, hat das Gericht die Vereinbarung, sofern sie dem Kindeswohl nicht widerspricht, als gerichtlich gebilligten Vergleich aufzunehmen (§ 156 Abs. 2 FamFG). Die Vereinbarung stellt dann gemäß § 86 Abs. 1 Nr. 2 FamFG einen vollstreckbaren Titel dar. Die Ablehnung der Billigung eines Vergleichs kann nicht selbständig angefochten werden, da dieser ablehnende Beschluss keine Endentscheidung darstellt (§ 58 Abs. 2 FamFG); erst der verfahrensabschließende Beschluss kann angefochten werden. Wird ein Einvernehmen über die Übertragung der (teilweisen) Alleinsorge getroffen, erfolgt keine gerichtliche Billigung, sondern die Beteiligten selbst müssen die nach § 1671 BGB erforderlichen Schritte vornehmen.

III. Die Stellung des Kindes im Rahmen des § 156 FamFG

§ 156 FamFG normiert lediglich die Möglichkeit des Gerichts zur Herstellung eines Einvernehmens. Die Norm enthält aber keine ausdrückliche Regelung zur Beteiligung des Kindes bzw. dazu, welche Rolle das Kind hierbei spielen soll. Lediglich § 156 Abs. 3 S. 3 FamFG erwähnt das Kind ausdrücklich, indem es vorschreibt, dass das Kind vor Erlass einer einstweiligen Anordnung über seinen Aufenthalt, das Umgangsrecht oder seine Herausgabe angehört werden soll.

Auch im Rahmen des § 156 FamFG bestimmt sich das Anhörungsrecht des Kindes nach § 159 FamFG, zumal § 156 Abs. 1 S. 1 FamFG nur die Möglichkeit des Gerichts normiert, in den dort genannten Kindschaftsverfahren auf ein Einvernehmen der Beteiligten hinzuwirken. Daher stellt sich im Rahmen des § 156 Abs. 2 FamFG die Frage der Erforderlichkeit der Zustimmung des Kindes zu einem Einvernehmen der Eltern.

Ferner bleibt das Kind hinsichtlich der Anordnung der Teilnahme einer Beratung unerwähnt (§ 156 Abs. 1 S. 2 bis 4 FamFG), obwohl auch ihm eigene Beratungsrechte nach dem SGB VIII zustehen. Es stellt sich die Frage, ob, wenn den Eltern die Teilnahme an einer Beratung angeordnet wird, nicht auch sichergestellt werden sollte, dass auch das Kind Informationen darüber erhält, welche Hilfeleistungen ihm durch die Jugendhilfe zur Verfügung stehen.

1. Einvernehmen über die elterliche Sorge bei Trennung oder Scheidung (§ 156 Abs. 1 FamFG i.V.m. § 1671 BGB)

Gemäß § 156 Abs. 1 S. 1 FamFG soll das Gericht in Verfahren wegen der elterlichen Sorge nach der Trennung oder Scheidung (§ 1671 BGB) auf ein Einvernehmen der Beteiligten hinwirken.

Einigen sich die Eltern auf die Übertragung des gesamten oder teilweisen Sorgerechts auf ein Elternteil (§ 1671 Abs. 1, Abs. 2 Nr. 1 BGB), muss ein Elternteil den Antrag auf Übertragung der elterlichen Sorge nach § 1671 Abs. 1 BGB stellen, dem der andere Elternteil zustimmt.[83] Nach Zustimmung des anderen Elternteils ist dem Antrag grundsätzlich stattzugeben, es sei denn, das mindestens 14 Jahre alte Kind widerspricht der Sorgerechtsübertragung (§ 1671 Abs. 2 Nr. 1 BGB). Der Widerspruch des Kindes hat eine gerichtliche Prüfung der Sorgerechtsvereinbarung zur Folge, die aber dennoch mit der Stattgabe des Antrages beendet werden kann, wenn das Gericht keine kindeswohlgefährdenden Umstände durch die Sorgerechtsübertragung erkennt. Dem Antrag ist ferner dann nicht stattzugeben, wenn die elterliche Sorge aufgrund anderer Vorschriften (vgl. §§ 1666, 1666a BGB) abweichend geregelt werden muss.

Zu einer von den Eltern vereinbarten gesamten oder teilweisen Übertragung der elterlichen Sorge ist das 14-jährige Kind nach § 159 Abs. 1 FamFG ohnehin bei der Entscheidungsfindung zwingend anzuhören, wobei sich diese Anhörungspflicht aufgrund des ihm nach § 1671 Abs. 2 Nr. 1 BGB zustehenden Widerspruchsrechts gegen die von den Eltern vereinbarte Sorgerechtsübertragung verstärkt. Jüngere Kinder sind gemäß § 159 Abs. 2 FamFG ebenfalls bei der Entscheidungsfindung anzuhören, da ihre Bindungen, Neigungen und ihr Wille für die Entscheidung von Bedeutung sind. Sorgerechtsentscheidungen betreffen das Kind unmittelbar, zumal sie auch das Aufenthaltsbestimmungsrecht beinhalten, daher erfordern das Persönlichkeitsrecht und die Menschenwürde des Kindes, dass ihm die Möglichkeit eingeräumt wird, dem Gericht seine persönlichen Beziehungen zu den übrigen Familienmitgliedern erkennbar zu machen.[84] Ferner kann die Anhörungspflicht des Kindes zu der vereinbarten Regelung auch durch §§ 1671 Abs. 3 i.V.m. 1666 BGB bestärkt werden, da die Frage, ob eine Kindeswohlgefährdung durch die vereinbarte Sorgerechtsregelung zu befürchten ist, erst dann beurteilt werden kann, wenn auch das Kind im Rahmen der Sachverhaltsermittlung (§ 26 FamFG) angehört wurde.

Das Gericht hat im Rahmen des § 1671 BGB aber keine sachliche Entscheidungskompetenz, sofern die Kindeswohlgefährdungsgrenze nicht erreicht ist.

83 § 156 Abs. 2 FamFG gilt nach dem Wortlaut nur für Verfahren wegen des Umgangsrechts und der Herausgabe des Kindes.

84 BVerfGE 55, 171 (182) = BVerfG, NJW 1981, 217 = FamRZ 1981, 126.

Dies bedeutet, dass, wenn das Gericht nach seinen Ermittlungen, insbesondere nach der Kindesanhörung, zu dem Schluss kommt, die Sorgerechtsübertragung sei zwar nicht die optimalste Lösung, lasse aber keine Kindeswohlgefährdung zu befürchten, kann es nur auf die Eltern einwirken, ihre vorgeschlagenen Regelungen zu ändern. Bestehen sie auf der Sorgerechtsübertragung, hat das Gericht nach § 1671 Abs. 2 Nr. 1 BGB wegen des vorrangigem Elternrechts nach Art. 6 Abs. 2 S. 1 GG dem Antrag stattzugeben.

Auch wenn die Eltern sich einig sind bzw. am Ende des Verfahrens eine Einigung treffen, ist das Kind anzuhören, ihm steht aber kein Zustimmungsrecht zu der von den Eltern vereinbarten Sorgerechtsregelung zu. Der Richter hat aber bereits aufgrund seiner Wächteramtfunktion gemäß Art. 6 Abs. 2 S. 2 GG sicherzustellen, dass die vereinbarte Regelung das Kindeswohl jedenfalls nicht gefährdet; dies kann der Richter aber nur mit Kenntnis der persönlichen Perspektive des Kindes.

2. Einvernehmen über den Umgang (§ 156 Abs. 2 FamFG)

Erzielen die Beteiligten ein Einvernehmen über den Umgang oder die Herausgabe des Kindes, muss das Gericht prüfen, ob die vereinbarte Umgangsregelung dem Kindeswohl nicht widerspricht (§ 156 Abs. 2 S. 2 FamFG). Im Gegensatz zu § 1671 BGB hat das Gericht also eine sachliche Prüfungskompetenz und wird nicht aus seiner Pflicht genommen, wenn die Eltern sich einigen.[85] Nimmt das Gericht die vereinbarte Umgangsregelung als gerichtlich gebilligten Vergleich auf, ist sie verbindlich und kann bei Nichteinhaltung der Regelungen zu weiteren rechtlichen Schritten berechtigen, wie der Beantragung eines Vermittlungsverfahrens nach § 165 FamFG oder der Durchsetzung des Umgangs (§§ 86 ff. FamFG).

Das Erfordernis der gerichtlichen Billigung eines Umgangsvergleichs nach § 156 Abs. 2 FamFG stellt eine Erweiterung des in § 36 FamFG geregelten Vergleichs dar: Die Beteiligten können nur dann einen Vergleich schließen, wenn sie über den Verfahrensgegenstand verfügen dürfen. Über die Umgangsbefugnis mit dem Kind können die Eltern aber nicht frei verfügen, daher bedarf es der gerichtlichen Billigung der Vereinbarung.[86]

§ 156 Abs. 2 S. 1 FamFG verlangt ein Einvernehmen „der" Beteiligten. Beteiligte im Umgangsverfahren sind zunächst die Eltern, aber auch das Kind (§ 7 Abs. 2 Nr. 1 FamFG i.V.m. § 1684 Abs. 1 BGB). Auch der Verfahrensbeistand wird mit seiner Bestellung selbst Beteiligter (§ 158 Abs. 3 S. 2 FamFG). Das

85 *Stötzel*, FPR 2010, 425 (426).
86 *Musielak/Borth*, § 156 FamFG Rn. 6.

Jugendamt ist in Verfahren, die die Person des Kindes betreffen, anzuhören (§ 162 Abs. 1 FamFG), ist dadurch aber noch kein Beteiligter (§ 7 Abs. 6 FamFG). Das Jugendamt kann aber beantragen, am Verfahren beteiligt zu werden (§§ 162 Abs. 2, 7 Abs. 2 Nr. 2 FamFG).[87] Der Sachverständige hingegen ist kein Verfahrensbeteiligter, sondern Beweismittel. Auch ein Ergänzungspfleger ist kein Verfahrensbeteiligter, sondern gesetzlicher Vertreter des Kindes und er handelt mit Fremdwirkung.

Aus dem Erfordernis der Zustimmung aller Verfahrensbeteiligten könnte der Umkehrschluss folgen, dass der Vergleich scheitert, sobald ein Beteiligter nicht zustimmt.[88] Die Zustimmung beider Eltern muss jedenfalls vorliegen. Problematisch sind das Erfordernis der Zustimmung des Kindes, des Jugendamtes und des Verfahrensbeistandes sowie die Folge der Verweigerung der Zustimmung.

a. Erforderlichkeit der Zustimmung des Kindes

Das Kind ist Beteiligter im Umgangsverfahren, da sein materielles Recht auf Umgang mit beiden Elternteilen (§ 1684 Abs. 1, 1. Hs. BGB) durch das Verfahren betroffen ist (§ 7 Abs. 2 Nr. 1 FamFG). § 156 Abs. 2 S. 1 FamFG verlangt ein Einvernehmen aller Beteiligten, somit auch des Kindes. Auch die Regierungsbegründung weist explizit darauf hin, dass die Zustimmung des Kindes bei einem Einvernehmen nach § 156 Abs. 2 FamFG erforderlich ist.[89] Dennoch finden sich viele Ansätze, die das Zustimmungserfordernis des Kindes einschränken wollen.

Teilweise wird die Zustimmung als Verfahrenshandlung angesehen und somit das Erfordernis der Zustimmung des Kindes zusätzlich am Kriterium der Verfahrensfähigkeit festgemacht[90], also die Zustimmung des Kindes dann gefordert, wenn es nach § 9 Abs. 1 Nr. 3 FamFG verfahrensfähig ist.[91] Begründet wird dies damit, dass das Einvernehmen ein verfahrensrechtlicher Vergleich sei, somit sowohl Verfahrenshandlung als auch materiell-rechtliches Rechtsgeschäft (sog. Doppelnatur des Vergleichs). Die Erklärung der Zustimmung sei daher sowohl eine Verfahrenshandlung als auch eine materiell-rechtliche Erklärung und setze somit die Geschäftsfähigkeit voraus. Das Kind ist in der Regel aber nicht verfahrensfähig (§ 9 Abs. 1 FamFG), es sei denn, es ist 14 Jahre alt und macht ein ihm zustehendes materielles Recht geltend (§ 9 Abs. 1 Nr. 3

87 BT-Drucksache 16/6308, S. 237.

88 MünchKommFamFG/*Schumann*, § 156 FamFG Rn. 17.

89 BT-Drucksache 16/6308, S. 237.

90 Vgl. Bork/Jacoby/Schwab/*Zorn*, § 156 FamFG Rn. 11; vgl. auch Prütting/Helms/*Prütting*, § 156 FamFG Rn. 10.

91 Keidel/*Engelhardt*, § 156 Rn. 12.

FamFG).[92] Zwar ist das Umgangsrecht des Kindes nach § 1684 Abs. 1, 1. Hs. BGB ein solches materielles Recht.[93] Dies würde aber bedeuten, dass die Zustimmung des Kindes nur erforderlich ist, sofern es sein Umgangsrecht durchsetzen, nicht aber, wenn es das Umgangsrecht eines Elternteils abwehren möchte.[94] Eine solche Einschränkung ist aber § 156 Abs. 2 FamFG nicht zu entnehmen, zumal § 156 Abs. 2 FamFG keine Altersgrenze enthält, so dass die Beschränkung auf über 14 Jahre alte Kinder nicht gerechtfertigt ist.

Setzt man die Verfahrensfähigkeit für die wirksame Erklärung der Zustimmung zu einer Umgangsvereinbarung voraus, kann das Problem der Verfahrensunfähigkeit des Kindes auch nicht dadurch sinnvoll gelöst werden, indem dem Kind für die Erklärung der Zustimmung eine gesetzliche Vertretung zur Seite gestellt wird. Die Eltern sind in der Regel insbesondere in Umgangsverfahren von der Vertretung des Kindes wegen Interessenkollision ausgeschlossen[95], zumal es für sie ein unzulässiges Insichgeschäft darstellen würde (§§ 1629 Abs. 2 S. 1, 1795 Abs. 1 Nr. 1 Alt. 1, Abs. 2, 181 BGB).[96] Dem Kind müsste folglich immer ein Vertreter bestellt werden. Für die wirksame Vertretung der Kindesinteressen im Kindschaftsverfahren genügt die Bestellung eines Verfahrensbeistandes, eines Ergänzungspflegers bedarf es nicht.[97] Auch wenn es oft sinnvoll und erforderlich ist, dem Kind einen Verfahrensbeistand zur Seite zu stellen, ist § 158 Abs. 2 FamFG nicht zu entnehmen, dass eine der Voraussetzungen für seine Bestellung ist, dass die Eltern ein Einvernehmen über den Umgang schließen. Dies hätte außerdem folgende Konsequenz: Bei der Anhörung muss das Kind nicht gesetzlich vertreten werden (vgl. § 159 Abs. 4 S. 2 FamFG), zumal es der gerichtlichen Entscheidung nicht zustimmen muss. Einigen sich die Eltern aber, wäre das Kind zwar zunächst alleine und persönlich anzuhören, würde aber in dem Moment einen Verfahrensbeistand benötigen, in dem die Eltern sich einigen.

Das Erfordernis der Verfahrensfähigkeit für die Zustimmung im Rahmen des § 156 Abs. 2 S. 1 FamFG widerspricht im Übrigen dem Wortlaut des § 156 Abs. 2 FamFG. Dieser verlangt nur die Beteiligtenstellung und nicht (wie z.B. § 155 Abs. 3 FamFG) die Verfahrensfähigkeit. Für die Erklärung der Zustimmung zu einem Einvernehmen nach § 156 Abs. 2 S. 1 FamFG ist die Verfahrensfähigkeit somit nicht erforderlich, ebenso wie sie es auch bei der Anhörung

92 So auch *Reinken*, FPR 2010, 428 (430) hinsichtlich der Beteiligung des Kindes im Rahmen des § 165 FamFG.
93 Bork/Jacoby/Schwab/*Zorn*, § 156 FamFG Rn. 11.
94 *Coester*, in: Lipp/Schumann/Veit, S. 55.
95 *Heiter*, FamRZ 2009, 89.
96 Bork/Jacoby/Schwab/*Zorn*, § 156 FamFG Rn. 11.
97 BGH, XII. Zivilsenat, Beschluss vom 07.09.2011 – IX ZB 12/11, ZKJ 2011, 465, 468.

nach § 159 FamFG nicht ist. Das Kind kann sie also altersunabhängig und selbst erklären.

Auch der Lösung ist zu widersprechen, die den Willen des Kindes im Grunde nur dann für beachtlich ansieht, wenn das Kind der Umgangsregelung zustimmt, aber nicht mehr, wenn es den Umgang ablehnt. Begründet wird dieser Ansatz damit, dass auch beim über 14-jährigen Jugendlichen das Ausbleiben des Umgangs dem Kindeswohl widersprechen könnte.[98] Im Einzelfall müssten aber doch statt des Beiseiteschiebens der Umgangsverweigerung eher die Gründe des Kindes für seine ablehnende Haltung erforscht werden, zumal eine Einigung der Eltern, der das Kind widerspricht, meist ein Zeichen dafür sein kann, dass eher den Elterninteressen der Vorrang gegeben wurde und die Kindesinteressen unberücksichtigt blieben. Bereits die allgemeinen Persönlichkeitsrechte des Kindes erfordern, dass seine Meinung auch dann Berücksichtigung findet, wenn sie den Vorstellungen der Erwachsenen widerspricht, und ihm muss auch zugestanden werden, sein Umgangsrecht nicht ausüben zu wollen.

Problematisch sind auch die Ausführungen des AG Ludwigslust in dessen Beschluss vom 19.11.2009:[99] „[B]ei der einvernehmlichen Regelung des Umgangsrechts der Eltern mit einem unter 14 Jahre alten Kind [ist] deren Zustimmung zu einem Vergleichsabschluss im Sinne des § 156 Abs. 2 FamFG ausreichend. Da sie ihr Kind gesetzlich vertreten, muss dessen aufgrund seiner eigenständigen Beteiligtenstellung erforderliche Zustimmungserklärung als konkludent in ihren Erklärungen enthalten angesehen werden; würde man demgegenüber eine gesonderte Erklärung der Eltern für ihr Kind fordern, liefe dies auf eine leere Förmelei hinaus.“[100] Begründet wird dies folgendermaßen: „Man möge sich etwa vorstellen, dass Verfahrensgegenstand das Umgangsrecht eines Elternteiles mit einem Kleinkind ist; einem solchen wird man bereits den Verfahrensgegenstand nicht begreiflich machen können, ganz abgesehen davon, dass es in keiner Weise zu einer Beurteilung der Auswirkungen bestimmter praktischer Maßnahmen bei der Umgangsausübung in der Lage sein wird.“[101] Wieso es aber einem Kind nicht begreiflich zu machen ist, dass es darum geht, ob, wann und wie oft es seinen getrennt lebenden Elternteil sieht, ist nicht nachvollziehbar. Das Gericht stellt zwar richtigerweise fest, dass das Kind von einer Entscheidung für oder gegen einen Elternteil freigehalten werden soll.[102] Aus §§ 1626 ff. BGB, wonach die Eltern für ihr minderjähriges Kindes sorgen sollen, zieht das

---

98 So jedoch *Rauscher*, FamFR 2010, 28.

99 So jedoch AG Ludwigslust Beschluss vom 19.11.2009 – 5 F283/09 = FamRZ 2010, 488-490.

100 AG Ludwigslust FamRZ 2010, 488 (490).

101 AG Ludwigslust FamRZ 2010, 488 (489).

102 AG Ludwigslust FamRZ 2010, 488 (489).

Gericht aber den Umkehrschluss, dass wenn sie nun in diesem Rahmen die erforderlichen Entscheidungen treffen, das Kind nicht selbst (mit-)entscheidet. Hierbei übersieht das Gericht allerdings die Regelung des § 1626 Abs. 2 BGB, wonach die Eltern gerade bei Fragen der elterlichen Sorge Einvernehmen mit Kind anstreben sollen. Außerdem stellt die Entscheidung ausschließlich auf das Umgangsrecht der Eltern und nicht auch auf das ebenfalls betroffene eigene Umgangsrecht des Kindes aus § 1684 Abs. 1, 1. Hs. BGB ab. Die Beteiligten können nur dann einen Vergleich schließen, wenn sie über den Verfahrensgegenstand verfügen dürfen (§ 36 Abs. 1 S. 1 FamFG). Über das Umgangsrecht des Kindes können die Eltern aber nicht frei verfügen[103], auch nicht einvernehmlich. Bei einer Einigung bedarf es daher auch der Zustimmung des Kindes. Verlangt man nicht die Zustimmung des Kindes, führt dies dazu, dass dem Kind sein eigenes Recht auf Umgang vorenthalten und letztlich den Eltern die Dispositionsbefugnis über das Umgangsrecht ihres Kindes gegeben wird. Eine Einigung der Eltern ist eben nicht per se kindeswohlgerecht. Oft sind dann nur die Elterninteressen berücksichtigt und die des Kindes nicht. Bemerkenswert an der Entscheidung ist auch, dass sie keine Ausführungen zur Anhörung des Kindes enthält, so dass davon auszugehen ist, dass das immerhin zehn Jahre alte Kind nicht einmal angehört wurde.

Zu guter Letzt haben die Eltern gemäß § 1626 Abs. 2 S. 2 BGB bei Fragen der elterlichen Sorge und somit auch des Umgangs, Einvernehmen mit dem Kind anzustreben. Das Gericht kann die Eltern auf diese Pflicht zwar hinweisen, sie bleibt aber wie jede Sorgemaßnahme bis zur Gefährdungsgrenze vom Gericht unkontrolliert.[104]

Aufgabe des Gerichts ist es, sicherzustellen, dass dem Kind im Verfahren seine ihm zustehenden Rechte gewährt werden. Hierzu gehört insbesondere das Anhörungsrecht nach § 159 FamFG. Der Anspruch auf rechtliches Gehör beinhaltet nicht nur das Recht, sich zu äußern, sondern auch dass die Äußerung bei der Entscheidung angemessen berücksichtigt wird. Wenn das Gericht überprüft, ob das Kind mit der von den Eltern vereinbarten Umgangsregelung einverstanden ist, ist darin nicht die richterliche Kontrolle der Elternpflichten aus § 1626 Abs. 2 S. 2 BGB zu sehen, sondern lediglich die Sicherstellung der Wahrung der prozessualen Rechte des Kindes, also auch der angemessenen Berücksichtigung seiner Äußerung bei den vereinbarten Regelungen. Wenn außerdem sowohl die Eltern (§1626 Abs. 2 BGB) als auch die Jugendhilfe (§ 8 SGB VIII) das Kind

103 Vgl. *Musielak/Borth*, § 156 FamFG Rn. 5.
104 *Coester*, in: Lipp/Schumann/Veit S. 56.

grundsätzlich einzubeziehen und Einvernehmen mit ihm anzustreben haben, kann für das Gericht nichts anderes gelten.[105]

Ferner hat das Gericht ein Einvernehmen nach § 156 Abs. 2 S. 2 FamFG zu billigen, wenn es dem Kindeswohl *nicht widerspricht*. Entscheidet das Gericht selbst über das Umgangsrecht, hat es wegen § 1697a BGB die Entscheidung zu treffen, die unter Berücksichtigung der tatsächlichen Gegebenheiten und Möglichkeiten sowie der berechtigten Interessen der Beteiligten dem Wohl des Kindes *am besten entspricht*; die Messlatte hier ist also höher. Stimmt das Kind der von den Eltern vereinbarten Regelung nicht zu, kann diese Reduzierung des Umfangs der Kindeswohlprüfung nicht gerechtfertigt sein. Das Gericht muss dann die Billigung des Einvernehmens versagen und stattdessen gemäß § 1697a BGB die Entscheidung treffen, die dem Kindeswohl am besten entspricht.

Offen bleibt nach dem Wortlaut des § 156 Abs. 2 FamFG, ob das Kind seine Zustimmung dem Gericht gegenüber persönlich erklären muss oder ob es genügt, wenn das Kind einem Dritten, z.B. dem Verfahrensbeistand, Mediator oder Therapeuten sein Einverständnis geäußert hat. Die Erklärung der Eltern, dass das Kind der Regelung zugestimmt hat, darf nicht genügen, da sie die Interessen des Kindes meist nicht unabhängig von ihren eigenen sehen können. Entsprechend der Ausführungen des UN-Kinderrechtsausschusses zum Art. 12 UN-KRK ist entscheidend, dass die entscheidungsbefugte Person die Meinung des Kindes kennt. Ist sichergestellt, dass das Kind mit der Regelung einverstanden ist, da es beispielsweise nachgewiesenermaßen im Rahmen einer Mediation seine Zustimmung erklärt hat, könnte von einer erneuten Zustimmung vor Gericht abgesehen werden, sofern das Gericht das Kind bereits zuvor angehört hat. Damit kann auch vermieden werden, dass das Kind öfter als notwendig angehört wird.[106] Um aber sicherzustellen, dass das Kind seine Zustimmung einem Dritten gegenüber erklärt hat, sollte dem Gericht eine entsprechende Bescheinigung hierüber vorgelegt werden müssen.

Im Ergebnis bedeutet dies, dass das Kind im Umgangsverfahren ein Anhörungsrecht nach § 159 FamFG hat. Das Kind ist also anzuhören und seine Äußerung ist angemessen bei der Entscheidung zu berücksichtigen. Dies gilt auch dann, wenn das Gericht im Rahmen des § 156 Abs. 1 auf ein Einvernehmen hinwirkt. Einigen sich die Eltern über das Umgangsrecht und soll das Gericht das Einvernehmen billigen, hat es sicherzustellen, dass das Kind mit der vereinbarten Regelung einverstanden ist. Das Zustimmungserfordernis ist nicht von der Verfahrensfähigkeit abhängig zu machen. Die Zustimmung kann das Kind selbst erklären, ebenso wie es nach § 159 Abs. 4 S. 2 FamFG auch persönlich

105 Staudinger/*Coester*, § 1671 Rn. 275.

106 *Committee on the Rights of the Child (UN)*, CRC/C/GC/12, Abs. 24.

anzuhören ist. Das Anhörungsrecht und das Zustimmungserfordernis stehen somit nebeneinander. Es genügt nicht, das Kind lediglich nach seiner Zustimmung zu fragen, da ihm damit noch kein rechtliches Gehör gewährt und der Sachverhalt ausreichend ermittelt wurde. Aber die Gewährung rechtlichen Gehörs und die Zustimmung zu einem Einvernehmen können im Rahmen einer einzigen Anhörung erfolgen. Das Zustimmungserfordernis darf dabei nicht dahingehend verstanden werden, dass das Kind zu einer bereits vereinbarten Regelung lediglich Ja oder Nein sagen soll. Von der Entscheidungsverantwortung soll es gerade frei gehalten werden. Das Kind soll vielmehr in den Entscheidungsprozess einbezogen werden.

Verweigert das Kind die Zustimmung, sollte das Gericht die Billigung der von den Eltern vereinbarten Umgangsregelung versagen, da die Voraussetzung des § 156 Abs. 2 S. 1 FamFG, also ein Einvernehmen der Beteiligten, nicht erfüllt ist. Es sollte eine gerichtliche Prüfung der Umgangsregelungen erfolgen, zumal die verweigerte Zustimmung des Kindes ein Indiz dafür sein kann, dass die vereinbarte Umgangsregelung vornehmlich die Elterninteressen, nicht jedoch die des Kindes berücksichtigt. Dies kann auch im Hinblick auf die Durchführbarkeit und Nachhaltigkeit der Regelung relevant sein. Wie oben in Teil 3 dargestellt, sprechen zahlreiche humanwissenschaftliche Erkenntnisse dafür, dass die alters- und reifegemäße Einbeziehung des Kindes in die Entscheidungsfindung die Chancen durchaus erhöht, Regelungen zu erarbeiten, die den Interessen aller Familienmitglieder am ehesten gerecht werden und somit auch nachhaltiger sind. Da sich im Gesetz keine genaueren Regelungen zur Einbindung des Kindes beim Einvernehmen finden, bleibt es in der Verantwortung des Familiengerichts und des Jugendamtes, das Kind im Einvernehmensprozess als Subjekt zu berücksichtigen.[107]

b. Erforderlichkeit der Zustimmung des Jugendamtes bzw. des Verfahrensbeistandes

Der Verfahrensbeistand wird mit der Bestellung selbst Verfahrensbeteiligter (§ 158 Abs. 3 S. 2 FamFG) und das Jugendamt ist Verfahrensbeteiligter, sofern es einen Antrag auf Beteiligung gestellt hat (§ 162 Abs. 2 i.V.m. § 7 Abs. 2 Nr. 2 FamFG). Somit wären nach dem Wortlaut die jeweiligen Zustimmungen bei einem Einvernehmen nach § 156 Abs. 2 S. 1 FamFG erforderlich. Dies ist allerdings ebenso strittig wie die Folgen einer Zustimmungsverweigerung, da die professionell am Verfahren Beteiligten ein Einvernehmen der persönlich am Verfahren Beteiligten scheitern lassen könnten.

107 *Coester*, in: Lipp/Schumann/Veit, S. 39 (55).

Man könnte grundsätzlich die Zustimmung des Verfahrensbeistandes und des am Verfahren beteiligten Jugendamtes als für die gerichtliche Billigung nicht erforderlich betrachten[108] oder die Zustimmung des Verfahrensbeistandes nur dann fordern, wenn ihm das Mitwirken an einem Einvernehmen als zusätzliche Aufgabe nach § 158 Abs. 3 S. 2 FamFG übertragen worden ist.

Das Zustimmungserfordernis an sich in Frage zu stellen widerspricht aber bereits dem Wortlaut des § 156 Abs. 2 FamFG, der die Zustimmung aller Beteiligten verlangt. Ferner heißt es auch in der Gesetzesbegründung, dass sich § 156 Abs. 2 S. 1 FamFG auf alle Verfahrensbeteiligte bezieht und „es auch einer Zustimmung des Kindes und ggf. des Jugendamts oder des Verfahrensbeistands"[109] bedarf.

Schumann[110] zufolge soll die Verweigerung der Zustimmung des Verfahrensbeistandes oder des beteiligten Jugendamtes nur dann den Vergleich zum Scheitern bringen, wenn die vereinbarte Regelung dem Kindeswohl widerspricht. Die Auffassung, dass der Verfahrensbeistand und das Jugendamt im Falle seiner Beteiligung dem Vergleich nicht zustimmen müssten, widerspreche dem eindeutig erklärten Gesetzgeberwillen.[111] Dennoch sei nicht zu verkennen, dass der Gesetzgeber die verfassungsrechtlichen Vorgaben des Art. 6 Abs. 2 GG nicht hinreichend berücksichtigt habe. Das Gericht kann die Billigung gemäß § 156 Abs. 2 S. 2 FamFG nur versagen, wenn die Einigung dem Kindeswohl widerspricht, § 156 Abs. 2 S. 1 FamFG lasse aber nun eine Verweigerung der Zustimmung zum elterlichen Einvernehmen durch jeden Beteiligten ohne Einschränkung zu.[112] Eine verfassungskonforme Auslegung im Hinblick auf den verfassungsrechtlich vorgesehenen Vorrang des Elternrechts nach Art. 6 Abs. 2 S. 1 GG erfordere, dass eine einvernehmliche Regelung der Eltern nicht ohne sachliche Gründe durch die professionell am Verfahren Beteiligten verhindert werden dürfe.

Dies lässt sich gut begründen, sind doch wegen Art. 6 Abs. 2 GG staatliche Eingriffe in das Elternrecht erst gerechtfertigt, wenn die Schwelle zur Kindeswohlgefährdung überschritten ist (Wächteramtsfunktion). Diesem Prinzip folgt auch § 156 Abs. 2 S. 2 FamFG. Den Eltern soll hiermit ein gewisser Spielraum in der Gestaltung der Umgangsbefugnis mit dem Kind belassen werden.[113] Solange keine Kindeswohlgefährdung zu befürchten ist, soll daher die elterliche Einigung vorrangig sein und der Staat keine Eingriffsbefugnisse haben. Die Be-

108 So z.B. *Heiter*, FamRZ 2009, 85 (89).
109 BT-Drucksache 16/6308, S. 237.
110 MünchKommFamFG/*Schumann*, § 156 FamFG Rn. 17.
111 S. BT-Drucksache 16/6308, S. 237.
112 MünchKommFamFG/*Schumann*, § 156 FamFG Rn. 17.
113 *Musielak/Borth*, § 156 FamFG Rn. 6.

stellung des Verfahrensbeistandes erfolgt von Amts wegen, also staatlicherseits und ist von den Eltern nicht selbständig anfechtbar (§ 158 Abs. 3 S. 4 FamFG). Das Jugendamt wird auf seinen Antrag hin zum Verfahren hinzugezogen (§ 162 Abs. 2 i.V.m. § 7 Abs. 2 Nr. 2 FamFG), was sich ebenfalls dem Einfluss der Eltern entzieht. Da § 156 Abs. 2 S. 1 FamFG nicht die Angabe von Gründen für die Verweigerung der Zustimmung verlangt, könnten beruflich am Verfahren Beteiligte das Zustandekommen einer einvernehmlichen Regelung unbeschränkt verhindern. Die Eltern sehen also ihre einvernehmlich getroffene Regelung durch einen Dritten sabotiert, der staatlicherseits zum Verfahren hinzugezogen wurde. Wäre er nicht vom Gericht hinzugezogen worden, hätte das Gericht die vorgeschlagene Regelung billigen müssen, sofern sie dem Kindeswohl nicht widerspricht.

Dagegen, dass die Verweigerung der Zustimmung des Verfahrensbeistandes bzw. des beteiligten Jugendamtes unbeachtlich bleiben soll, solange die von den Eltern getroffene Einigung dem Kindeswohl nicht widerspricht, spricht aber, dass letztlich die Zustimmung dieser Akteure überflüssig wird. Wenn der Verfahrensbeistand oder das Jugendamt fürchten, dass die vorgeschlagene Regelung dem Kindeswohl widerspricht, müssen sie dies dem Gericht ohnehin mitteilen und widerspricht die vereinbarte Regelung tatsächlich dem Kindeswohl, darf das Gericht den Vergleich ohnehin nicht billigen (§ 156 Abs. 2 S. 2 FamFG). Widerspricht die vereinbarte Regelung hingegen nicht dem Kindeswohl, würde die positive Erteilung der Zustimmung nur pro forma erfolgen, da das Gericht das Einvernehmen ohnehin billigen würde.

Gesetzeskonformer und der Funktion des Verfahrensbeistandes und des Jugendamtes gerechter werdende Lösung ist die von Salgo[114] und Heilmann[115]: Verweigern der Verfahrensbeistand oder im Falle der Beteiligung das Jugendamt ihre Zustimmung zum vorgeschlagenen Vergleich, wird der Vergleich mangels Zustimmung aller Verfahrensbeteiligter nicht gerichtlich gebilligt (vgl. § 156 Abs. 2 S. 1 FamFG). Wie sonst auch, entscheidet dann das Gericht per Beschluss (§ 38 FamFG).[116] Vor der Beschlussfassung hat sich das Gericht im Rahmen seiner Ermittlungspflicht (§ 26 FamFG) mit den Bedenken und Einwänden des Verfahrensbeistandes bzw. des Jugendamtes intensiv auseinanderzusetzen.[117] Die Versagung der Zustimmung des Verfahrensbeistandes oder des am Verfahren beteiligten Jugendamtes lässt das Einvernehmen scheitern und hat somit eine gerichtliche Überprüfung des vorgeschlagenen Vergleichs gemessen

114 *Salgo*, FPR 2010, 456 (459).

115 So *Salgo*, FPR 2010, 456 (459); Handbuch-Verfahrensbeistandschaft/*Heilmann*, Rn. 1181.

116 Handbuch-Verfahrensbeistandschaft/*Heilmann*, Rn. 1181.

117 *Salgo*, FPR 2010, 456 (459).

an § 1697a BGB zur Folge. Dies bedeutet, dass, während der Richter die Billigung eines Einvernehmens nach § 156 Abs. 2 S. 2 FamFG erst verweigern darf, wenn sie dem Kindeswohl widerspricht (negative Kindeswohlprüfung), er sich nun an die Maxime des § 1697a BGB halten muss, wonach er die Entscheidung treffen muss, die dem Kindeswohl am besten entspricht (positive Kindeswohlprüfung). Ergeben die Ermittlungen, dass die von den Eltern vorgeschlagene Regelung dem Kindeswohl widerspricht, hätte das Gericht die Billigung ohnehin nach § 156 Abs. 2 S. 2 FamFG zu versagen gehabt. Ergeben die Ermittlungen keine Gefahr einer Kindeswohlgefährdung, steht es dem Gericht frei, den Inhalt des Vergleichs in einen Beschluss umzuwandeln. Diese Lösung entspricht dem Wortlaut des Gesetzes: Ein „Einvernehmen der Beteiligten" erfordert also die Zustimmung aller Beteiligten, also der Eltern, des Kindes, eben auch des Verfahrensbeistandes und des am Verfahren beteiligten Jugendamtes. Verweigert ein Beteiligter die Zustimmung, hat das Gericht zu entscheiden. Es kann dann zwar immer noch die vorgeschlagene Regelung übernehmen, muss sie aber nach Maßgabe des § 1697a BGB prüfen.

Dies bedeutet also, dass der Verfahrensbeistand sowie das Jugendamt im Falle der Beteiligung als professionell am Verfahren Beteiligte ein Einvernehmen der persönlich am Verfahren Beteiligten scheitern lassen können. Verfahrensbeistand bzw. Jugendamt müssen im Einzelfall immer penibel prüfen, ob sie einen von der Familie vorgeschlagenen Vergleich durch Versagung der Zustimmung scheitern lassen, wodurch weitere Verhandlungen notwendig werden.[118] Um voreilige Versagungen zu vermeiden, sollte entsprechend der Lösung von Schumann erforderlich sein, dass die Versagung der Zustimmung sachlich begründet wird.[119] Dabei sollte aber nicht jeder Grund gleich unbeachtlich bleiben, der nicht auf eine Kindeswohlgefährdung hinweist. Aufgabe des Verfahrensbeistandes ist hier die Sicherstellung der Wahrung der Kindesinteressen auch durch eine von den Eltern vereinbarte Regelung. Diese ist schließlich nicht per se im Interesse des Kindes. Die entscheidenden Kriterien für die Versagung der Zustimmung müssen das Kindeswohl und die Wahrung der Kindesinteressen sein. Dabei sind aber durchaus auch Gründe denkbar, die nicht bereits kindeswohlgefährdend sind, aber dennoch ausschlaggebend für eine den Interessen und Bedürfnissen des Kindes gerecht werdende Regelung sein können. Sprechen kindeswohlgefährdende Umstände gegen die Billigung, muss das Gericht die Billigung ohnehin versagen.

118 *Salgo*, FPR 2010, 456 (459).

119 Vgl. MünchKommFamFG/*Schumann*, § 156 FamFG Rn. 17.

3. Einvernehmen im ersten frühen Termin (§§ 156, 155 FamFG)

Gemäß § 155 Abs. 3 FamFG ist das Kind in der Regel zum ersten frühen Termin mangels Verfahrensfähigkeit nicht zu laden. Das Gericht muss schließlich zunächst mit den Eltern den Sachverhalt und die Situation ermitteln und sich von den Eltern einen Eindruck verschaffen. Erst dann hat es auch eine Grundlage für die Anhörung des Kindes.

Erzielen die Eltern bereits im ersten Termin ein Einvernehmen, darf aber hinsichtlich der Beteiligung und Anhörung des Kindes nichts anderes gelten, als wenn das Einvernehmen später im Verfahren geschlossen wird. Es wurde ein Gerichtsverfahren eingeleitet, somit finden alle für das gerichtliche Verfahren geltenden Normen Anwendung. Nicht nur Art. 12 Abs. 2 UN-KRK, sondern auch § 159 FamFG sowie § 156 Abs. 2 FamFG erfordern die Beteiligung des Kindes bei einem Einvernehmen. Es kann nicht davon ausgegangen werden, dass eine einvernehmliche, insbesondere schnelle, Regelung der Eltern die Vermutung begründe, dass die Regelung dem Kindeswohl nicht widerspricht, so dass eine Kindesanhörung nur erforderlich sei wenn konkrete Anhaltspunkte gegen diese Vermutung vorliegen.[120] Auch wenn die Eltern sich im ersten Termin einigen können, muss die Beteiligung des Kindes und die Wahrung seiner Rechte sichergestellt werden. Schließlich kann das Gericht erst nach Anhörung des Kindes beurteilen, ob die von den Eltern getroffene Regelung dem Kindeswohl nicht widerspricht (§ 156 Abs. 2 FamFG).[121] Hinzu kommt, dass auch ein im ersten Termin gebilligter gerichtlicher Vergleich in seinen Wirkungen einer gerichtlichen Entscheidung gleichsteht und einen Vollstreckungstitel nach § 86 Abs. 1 Nr. 2 FamFG darstellt. Das Gericht hat daher das Kind auch dann vor der Billigung eines Vergleichs gemäß § 159 Abs. 1 oder 2 FamFG persönlich anzuhören, wenn die Eltern bereits im ersten Termin eine Einigung erzielen können.[122]

Zeichnet sich bereits vor dem Termin ab, dass eine elterliche Einigung im ersten frühen Termin möglich ist, sollte ausnahmsweise auch das Kind zu diesem Termin geladen werden (vgl. § 155 Abs. 2 und 3 FamFG). Die Anhörung sollte aber getrennt, also ohne die Eltern durchgeführt werden.[123] Im Rahmen der Anhörungen nach §§ 159 FamFG ist dann auch die Meinung des Kindes zu der von den Eltern vereinbarten Regelung zu besprechen.

Fraglich bleibt, ob das Kind auch dann gerichtlich angehört werden soll, wenn im ersten Termin eine außerhalb des gerichtlichen Verfahrens, also z.B. in

120 MünchKommFamFG/*Schumann*, § 156 FamFG Rn. 16.

121 Vgl. *Coester*, in: Lipp/Schumann/Veit, S. 39 (49); *Salgo*, FPR 2010, 456 (457).

122 MünchKommFamFG/*Schumann*, § 156 FamFG Rn. 16.

123 Zu den Anforderungen an die Kindesanhörung s. oben Teil 3.F.

einer Mediation oder Beratung, vereinbarte Umgangsregelung dem Gericht zur Protokollierung vorgelegt wird. Zweck des § 156 Abs. 2 FamFG sowie auch des Art. 12 UN-KRK ist, dass das Kind in den Einvernehmensprozess einbezogen wird. Dass es hinsichtlich der Umgangsregelungen Gelegenheit bekommt, seine Meinung zu äußern, und dass diese Meinung alters- und reifegemäß berücksichtigt wird. Wurde das Kind an der außergerichtlichen Einigung beteiligt und kann dies durch eine entsprechende Bescheinigung nachgewiesen werden, kann von einer weiteren gerichtlichen Anhörung abgesehen werden. So kann auch vermieden werden, dass das Kind öfter als nötig von verschiedenen fremden Personen befragt wird.

4. Erlass einer einstweiligen Anordnung nach § 156 Abs. 3 FamFG

a. Allgemeines zur einstweiligen Anordnung nach § 156 Abs. 3 FamFG

In Verfahren wegen des Aufenthalts, der Herausgabe und des Umgangsrechts soll eine einstweilige Anordnung erlassen werden, wenn im ersten frühen Termin nach § 155 Abs. 2 FamFG keine Einigung der Beteiligten erreicht werden konnte (§ 156 Abs. 3 S. 1 und 2 FamFG). Die Anordnung kann die vorläufige Regelung, den vorläufigen Ausschluss des Umgangs (§ 156 Abs. 3 S. 2 FamFG) oder einen begleiteten Umgang (§ 1684 Abs. 4 S. 3 BGB) beinhalten.

Durch den Erlass einer einstweiligen Anordnung nach § 156 Abs. 3 FamFG soll verhindert werden, dass unvermeidliche Verfahrensverzögerungen für das Kindeswohl abträgliche Situationen herbeiführen oder „vollendete Tatsachen" schaffen.[124] Laut der Regierungsbegründung geht es in umgangsrechtlichen Verfahren insbesondere darum, einer Entfremdung des Kindes vom getrennt lebenden Elternteil entgegenzuwirken.[125] Wenn durch eine Beratung oder durch eine Anordnung eines Sachverständigengutachtens eine Verfahrensverzögerung droht, soll der Umgang durch einstweilige Anordnung vorläufig geregelt oder ausgeschlossen werden, sofern nicht bereits zum Zeitpunkt der mündlichen Verhandlung absehbar ist, dass die Verzögerung nur unwesentlich sein wird.[126]

Eine einstweilige Anordnung in Familiensachen ist wegen § 57 S. 1 FamFG nicht anfechtbar, es sei denn, es wurde über die elterliche Sorge (S. 2 Nr. 1) oder die Herausgabe des Kindes an den anderen Elternteil (S. 2 Nr. 2) aufgrund mündlicher Erörterung entschieden. Einstweilige Anordnungen über den Umgang, ob Regelung oder Ausschluss, sind also nicht anfechtbar. Die Anordnung tritt in der Regel erst bei Wirksamwerden einer anderweitigen Regelung außer

124 BT-Drucksache 16/6308, S. 237.
125 BT-Drucksache 16/6308, S. 237.
126 BT-Drucksache 16/6308, S. 237.

Kraft (§ 56 Abs. 1 S. 1 FamFG), also i.d.R. bei einer Entscheidung oder einem Einvernehmen im Hauptsacheverfahren.

b. Kindesanhörung vor Erlass der einstweiligen Anordnung (§ 156 Abs. 3 S. 3 FamFG)

Gemäß § 156 Abs. 3 S. 3 FamFG soll das Gericht das Kind vor dem Erlass einer einstweiligen Anordnung persönlich anhören. Im ersten frühen Termin ist das nicht verfahrensfähige Kind regelmäßig nicht anwesend (§ 155 Abs. 3 FamFG), so dass die Anordnung in diesem Termin, bevor das Kind angehört wurde, nicht erlassen werden darf. Dem Kind muss die Gelegenheit gegeben werden, seine Meinung zu äußern, zumal es für das Kind irrelevant ist, ob die getroffene, für ihn verbindliche Regelung den Titel einstweilige Anordnung, gerichtliche Entscheidung oder elterliches Einvernehmen trägt. Entscheidend ist, ob die Regelung seine Interessen, Wünsche und Bedürfnisse berücksichtigt.

Das Kind muss also entweder von vornherein auch zum Termin geladen werden, wobei die Anhörung getrennt von den Eltern erfolgen sollte[127], oder die Anhörung muss nachgeholt werden bevor die Anordnung erlassen wird.

Die einstweilig getroffene Umgangsregelung darf sich nicht von allgemeinen Annahmen leiten lassen, wie dass bei länger ausgebliebenem Umgang zum Wohl des Kindes umgehend häufiger Umgang anzuordnen ist, um einer Entfremdung des Kindes entgegenzuwirken. Vielmehr muss unter Berücksichtigung der individuellen Interessen des Kindes die dem Einzelfall gerecht werdende einstweilige Regelung getroffen werden.

D. Vermittlungsverfahren (§ 165 FamFG)

Die Vorschrift des § 165 FamFG regelt die richterliche Vermittlung bei einem durch ein Elternteil erneut eingeleiteten Verfahren nach einer bereits ergangenen gerichtlichen Entscheidung oder einem gerichtlich gebilligten Vergleich in Umgangssachen. Die Vorschrift wurde mit der FGG-Reform zum 01.09.2009 eingeführt und entspricht im Wesentlichen dem bis dahin geltenden § 52a FGG, der wiederum durch das KindRG vom 16. Dezember 1997[128] in das Gesetz eingefügt worden ist.

127 Zu den Anforderungen an die Kindesanhörung s. oben Teil 3.F.
128 BGBl. I S. 2942.

I. Voraussetzungen des Verfahrens nach § 165 FamFG

Ausgangssituation des § 165 FamFG ist, dass über den Umgang mit dem gemeinschaftlichen Kind bereits eine gerichtliche Entscheidung ergangen ist oder ein gerichtlich gebilligter Vergleich (§ 156 Abs. 2 FamFG) geschlossen wurde, und nun ein Elternteil geltend macht, dass der andere Elternteil die Durchführung des Umgangs vereitelt oder erschwert hat. Das Gericht vermittelt dann auf Antrag erneut über die Umgangsregelungen (§ 165 Abs. 1 S. 1 FamFG). Das Gericht kann die Vermittlung aber ablehnen, wenn bereits ein Vermittlungsverfahren oder eine anschließende außergerichtliche Beratung erfolglos geblieben ist (§ 165 Abs. 1 S. 2 FamFG).

In einem frühen Vermittlungstermin soll das Gericht mit den Eltern und in geeigneten Fällen mit dem Jugendamt die Folgen des Unterbleibens des Umgangs für das Wohl des Kindes sowie die Rechtsfolgen der Vereitelung des Umgangs, also mögliche Ordnungsmittel oder Einschränkungen der elterlichen Sorge, erörtern (§ 165 Abs. 3 S. 1, 2 FamFG). Das Gericht soll auf Beratungsmöglichkeiten hinweisen (§ 165 Abs. 3 Satz 3) und auf ein Einvernehmen der Eltern hinwirken (§ 165 Abs. 4 S. 1 FamFG). Wird weder eine Einigung über den Umgang noch über die Inanspruchnahme einer Beratung getroffen, stellt das Gericht durch nicht anfechtbaren Beschluss fest, dass das Vermittlungsverfahren erfolglos geblieben ist (§ 165 Abs. 5 S. 1 FamFG) und prüft, ob Ordnungsmittel (§ 89 FamFG), Änderungen der Umgangsregelungen oder Maßnahmen in Bezug auf die elterliche Sorge erforderlich sind (§ 165 Abs. 5 S. 2 FamFG).

Alternativ oder zusätzlich zum Vermittlungsverfahren kann die Durchsetzung des Umgangs (§§ 86 ff. FamFG) beantragt werden. Die Durchführung eines Verfahrens nach § 165 FamFG ist keine Voraussetzung für die Festsetzung von Ordnungsmitteln oder für die Anordnung von unmittelbarem Zwang (§ 92 Abs. 3 S. 1 FamFG). Umgekehrt steht die Durchführung eines Vermittlungsverfahrens nach § 165 FamFG nicht der Festsetzung von Ordnungsmitteln oder der Anordnung von unmittelbarem Zwang entgegen (§ 92 Abs. 3 S. 2 FamFG). Wird aber ein Vermittlungsverfahren nach § 165 FamFG durchgeführt, kann das Gericht durch Beschluss die Vollstreckung einstellen oder beschränken (§ 93 Abs. 1 Nr. 5 FamFG).

II. Einbeziehung des Kindes im Verfahren nach § 165 FamFG

Das Kind wird im § 165 FamFG nicht ein einziges Mal erwähnt, genauer gesagt richtet sich die gesamte Norm explizit an die Eltern: Nur die Eltern – in geeigneten Fällen auch das Jugendamt (§ 165 Abs. 2 S. 4 FamFG) – sind zum Vermittlungstermin zu laden (§ 165 Abs. 2 S. 1 FamFG). Das Gericht hat nach dem Wortlaut „mit den Eltern" die Folgen des Unterbleibens des Umgangs für das Kindeswohl zu erörtern (§ 165 Abs. 3 S. 1 FamFG). § 165 Abs. 4 S. 1 FamFG verlangt hinsichtlich des Einvernehmens nur einen Konsens der „Eltern" und nicht wie § 156 Abs. 2 FamFG einen Konsens der „Beteiligten". Die Gesetzesbegründung verweist diesbezüglich darauf, dass der gerichtlich gebilligte Vergleich in § 156 Abs. 2 FamFG normiert ist, so dass diese Norm entsprechend gestrafft werden konnte.[129]

Auch wenn sich § 165 FamFG scheinbar nur an die Eltern richtet, hat eine Kindesanhörung wegen § 159 FamFG zu erfolgen, da es sich auch um ein neues Verfahren handelt, und bei einem Einvernehmen ist gemäß § 156 Abs. 2 S. 1 FamFG auch die Zustimmung des Kindes erforderlich.

Von der Kindesanhörung kann nicht abgesehen werden, weil das Kind bereits im vorangegangenen Verfahren gehört wurde. Infolge der gescheiterten Umgangsregelungen wird schließlich auch das Kind neue Erlebnisse, Eindrücke, Meinungen, Wünsche und Bedürfnisse entwickelt, erkannt und gebildet haben, die wichtige Antworten auf die Frage geben können, warum die Regelungen nicht eingehalten wurden. Hinzu kommt, dass nicht stattfindender Umgang bei weitem nicht immer auf die Vereitelung des betreuenden Elternteils zurückzuführen ist. Auch das Kind kann gewichtige eigene Gründe haben, den Umgang nicht durchführen zu wollen, wie z.B. Loyalitätskonflikte, eigene schlechte Erfahrungen mit dem umgangsberechtigten Elternteil, bzw. dass die getroffenen Umgangsregelungen nicht (mehr) seinen Bedürfnissen und Interessen entsprechen.[130]

Insbesondere vor dem Hintergrund, dass unabhängig vom Vermittlungsverfahren, aber gerade auch bei dessen Scheitern die Durchsetzung des Umgangs angeordnet (§ 90 FamFG) und Ordnungsmittel gegen den betreuenden Elternteil verhängt werden können (§ 89 FamFG), ist die Anhörung des Kindes wichtig. Die Kenntnis der Meinung des Kindes ist essentiell, bevor diese einschneidenden Maßnahmen ergriffen werden.[131]

Das Kind muss also im Rahmen des § 165 FamFG nach den Erfordernissen des § 159 FamFG angehört werden und entsprechend § 156 Abs. 2 FamFG einem Einvernehmen zustimmen.

129 BT-Drucksache 16/6308, S. 242.

130 Zur Frage der Manipulierbarkeit von Kindern s. oben Teil 3.E.III.

131 Zur Problematik der Durchsetzung des Umgangs s. Teil 4.B.II.3.

E. Gutachtenerstellung und Konsensförderung durch den Sachverständigen (§ 163 FamFG)

Die Aufgaben des in Kindschaftsverfahren bestellten Sachverständigen wurden mit der FGG-Reform in § 163 FamFG neu geregelt. § 163 Abs. 1 und 2 FamFG ergänzen die zivilprozessualen Regelungen zum Sachverständigenbeweis nach §§ 402 bis 414 ZPO.[132] Die Regelungen zur Bestellung und zu den Aufgaben des Sachverständigen in § 163 FamFG verdeutlichen die Ziele des FamFG zur Beschleunigung der Kindschaftsverfahren, sowie der Konsensförderung zwischen den Beteiligten. Dem Sachverständigen ist nun nach § 163 Abs. 1 FamFG zur Erstellung des Gutachtens eine Frist zu setzen. Eine weitere wesentliche Neuerung ist, dass gemäß § 163 Abs. 2 FamFG angeordnet werden kann, dass der Sachverständige neben seiner ursprünglichen Aufgabe, der Erstellung eines Gutachtens, auch auf ein Einvernehmen der Beteiligten hinzuwirken hat. Das Gericht muss nach pflichtgemäßem Ermessen entscheiden, ob es nur ein Gutachten als Hilfsmittel für seine Entscheidung einholen möchte oder dem Sachverständigen zusätzlich zur Erstellung des Gutachtens auch den Auftrag zur Vermittlung erteilt.[133]

I. Fristsetzung zur Erstellung des Gutachtens (§ 163 Abs. 1 FamFG)

Dem in § 155 FamFG statuierten Vorrang- und Beschleunigungsgebot von Kindschaftsverfahren wurde auch in § 163 FamFG Rechnung getragen. Im FGG gab es keine Regelungen zur Fristsetzung bei der Einholung von Sachverständigengutachten, was häufig zu einer Verfahrensverzögerung führte.[134] § 163 Abs. 1 FamFG regelt nun, dass der Richter dem Sachverständigen bei seiner Bestellung eine Frist zur Erstellung des Gutachtens setzen muss.

Im Fall der unentschuldigten Fristversäumung ergibt sich das weitere Vorgehen aus § 30 Abs. 1 und 2 FamFG in Verbindung mit § 411 Abs. 1, 2 ZPO[135], wonach gegen den Sachverständigen ein Ordnungsgeld verhängt werden kann. Liegt der Grund der Fristversäumung darin, dass ein Elternteil nicht seiner Mitwirkungspflicht aus § 27 FamFG bei der Ermittlung des Sachverhaltes nachgekommen ist, kann das Gericht dem sich widersetzenden Elternteil nach § 81

132 MünchKommFamFG/*Schumann*, § 163 FamFG Rn. 1.
133 MünchKommFamFG/*Schumann*, § 163 FamFG Rn. 11.
134 BT-Drucksache 16/6308, S. 241.
135 BT-Drucksache 16/6308, S. 242.

Abs. 1, 2 Nr. 4 FamFG die entstandenen Sachverständigenkosten als Kostensanktion auferlegen.[136]

II. Konsensförderung durch den Sachverständigen (§ 163 Abs. 2 FamFG)

Ein Sachverständiger hat nach § 403 ZPO[137] sein Gutachten zu den im Beweisbeschluss bezeichneten Fragen des Gerichts zu erstellen. Das Gutachten enthält in der Regel einen mehr oder weniger klaren Entscheidungsvorschlag.[138] Der Entscheidungsvorschlag des Sachverständigen wird nicht selten mit der Aufforderung an die Eltern verbunden, im Interesse der Kinder besser miteinander zu kommunizieren und zu kooperieren. In Verfahren, die die Person des Kindes betreffen[139], soll daher nun dem Sachverständigen gegenüber angeordnet werden können, bei der Erstellung des Gutachtens auf die Herstellung eines Einvernehmens hinzuwirken (§ 163 Abs. 2 FamFG). Wird ein Einvernehmen über den Umgang erzielt, kann es dem Gericht zur Billigung nach § 156 Abs. 2 FamFG vorgelegt werden. Wird bezüglich der elterlichen Sorge eine Einigung getroffen, müssen ggf. die entsprechenden Anträge nach § 1671 BGB gestellt bzw. zurückgenommen werden.

Die Regelung des § 163 Abs. 2 FamFG schafft die Rechtsgrundlage für eine bereits in den letzten Jahren zunehmend praktizierte lösungsorientierte Begutachtung. Die Abweichung vom Grundmuster des Sachverständigenbeweises – nur eine objektive Bestandsaufnahme zu geben – durch § 163 Abs. 2 FamFG wird mit den Besonderheiten des Kindschaftsverfahrens begründet. In diesem gehe es nicht nur darum, einen abgeschlossenen Sachverhalt zu beurteilen oder einen gegenwärtigen Zustand festzustellen, sondern auch darum, eine gestaltende, in die Zukunft gerichtete und damit in gewisser Weise prognostische Entscheidung zu treffen, die sich am Kindeswohl zu orientieren hat.[140] Mit § 163 Abs. 2 FamFG ist aber nun auch klargestellt, dass der Sachverständige nur auf gerichtliche Anordnung auf ein Einvernehmen hinwirken darf.[141]

---

136 *Musielak/Borth*, § 163 FamFG Rn. 3.

137 Die förmliche Beweisaufnahme erfolgt gemäß § 30 FamFG entsprechend der Zivilprozessordnung. Der Sachverständigenbeweis ist in den §§ 402-414 ZPO geregelt.

138 BT-Drucksache 16/6308, S. 242.

139 Dies sind sämtliche Kindschaftsverfahren im Sinne des § 151 Nr. 1 bis 8 FamFG, die nicht ausschließlich vermögensrechtlicher Art sind.

140 *Greger*, FPR 2010, 443 (445).

141 *Greger*, FPR 2010, 443 (444).

Für das lösungsorientierte Vorgehen bzw. das Hinwirken auf ein Einvernehmen durch den Sachverständigen schlägt die Gesetzesbegründung vor, dass der Sachverständige zunächst die Eltern über die negativen psychologischen Auswirkungen einer Trennung auf alle Familienmitglieder aufklären sollte.[142] Er soll versuchen, bei den Eltern Verständnis und Sensibilität für die von den Interessen der Erwachsenen abweichenden Bedürfnisse des Kindes und für seine psychische Lage zu wecken. Gelingt dies, soll er mit den Eltern ein einvernehmliches Konzept zum zukünftigen Lebensmittelpunkt des Kindes und zur Gestaltung des Umgangs erarbeiten.[143] Das lösungsorientierte Vorgehen verlangt, dass der Sachverständige mit allen Familienmitgliedern über die psychologischen Aspekte der Trennung und Scheidung spricht und sie auch über das gerichtliche Verfahren und über die Implikationen der gerichtlichen Regelungsmöglichkeiten informiert.[144] Es können auch neue Umgangsregelungen zunächst erprobt und dann mit den Beteiligten ausgewertet und ggf. modifiziert werden.[145] „Lösungsorientiertes" Arbeiten soll aber nicht bedeuten, dass die „Lösung" unbedingt der Elternkonsens als solcher ist. Vielmehr ist das Ziel, eine kindeswohlgemäße Lösung zu finden.[146]

1. Probleme hinsichtlich der Vermittlungstätigkeit des Sachverständigen

Diese neue Möglichkeit, dem Sachverständigen anzuordnen, bei Erstellung des Gutachtens auf ein Einvernehmen zwischen den Beteiligten hinzuwirken, ist nicht unumstritten.

Zunächst droht die Rolle des Sachverständigen zwischen Beratung, Vermittlung und Begutachtung zu verwässern. Der Sachverständige hat nach § 163 Abs. 1 FamFG ein Gutachten zu erstellen. Seine herkömmliche Aufgabe ist es, über die Fragestellung ein neutrales Gutachten, also eine Bestandsaufnahme der Situation zu erstellen. Auf ein Einvernehmen der Beteiligten hinzuwirken obliegt an sich gemäß § 156 Abs. 1 S. 1 FamFG dem Gericht bzw. den in § 156 Abs. 1 S. 3 und 4 FamFG benannten Stellen, sowie nach § 17 Abs. 2 SGB VIII den Beratungsstellen der Kinder- und Jugendhilfe. Nun soll auch der Sachverständige nach § 163 Abs. 2 FamFG Vermittler sein können, wenn das Gericht dies anordnet.

142 BT-Drucksache 16/6308, S. 242.

143 BT-Drucksache 16/6308, S. 242.

144 *Salzgeber*, in: Müller-Magdeburg, FS Rudolph, S. 173 (174).

145 *Stötzel*, FPR 2010, 425 (426).

146 *Coester*, in: Lipp/Schumann/Veit, S. 39 (54 f.).

Die Möglichkeit der Anordnung einer Mediation ist im Gesetz nicht vorgesehen. Nur die Teilnahme an einem Informationsgespräch über Mediation kann angeordnet werden (§ 156 Abs. 1 S. 3 FamFG-neu[147]). Führt aber der Sachverständige eine Vermittlung respektive Mediation[148] infolge der Anordnung nach § 163 Abs. 2 FamFG durch, läuft dies letztlich auf eine gerichtlich angeordnete Mediation hinaus.

Es stellt sich auch die Frage der Vertraulichkeit der Vermittlungsgespräche. Der Sachverständige ist gerichtlich bestellt und vom Richter ausgesucht; er hat die Rolle eines Gerichtshelfers.[149] Arbeitet der Sachverständige auch auf ein Einvernehmen hin, übernimmt er Aufgaben eines Vermittlers oder Mediators. Ein freier Mediator oder Therapeut arbeitet aber grundsätzlich außergerichtlich und hat keinen Auftrag dem Staat gegenüber, er ist gerichtsunabhängig und unterliegt der Schweigepflicht (vgl. auch § 4 MediationsG[150]).

Der Sachverständige hingegen bleibt auch im Rahmen des § 163 Abs. 2 FamFG Beweismittel und den Regeln des Sachverständigenbeweises unterworfen (§ 30 Abs. 2 FamFG, §§ 402 ff. ZPO). Er unterliegt nicht der Schweigepflicht gemäß § 203 StGB[151] und hat kein Aussageverweigerungsrecht.[152] Dies bedeutet, dass er dem Gericht alle Tatsachen, die er während der lösungsorientierten Begutachtung, also seiner auf ein Einvernehmen hin intervenierenden Tätigkeit erlangt hat, bei Scheitern des Einvernehmens in seinem statusorientierten Gutachten offenbaren kann.[153] Unklar ist zwar, ob er alle Informationen im Gutachten verwerten darf oder gar muss. Es wird vertreten, dass er im Zweifelsfall bei Scheitern der Einigungsbemühungen dem Gericht alle seine Unterlagen, das Gutachten und die gewonnenen Daten vorlegen muss, damit sie als Entscheidungsgrundlage für die gerichtliche Entscheidung herangezogen werden können.[154] Dies hat für die Eltern zur Folge, dass sich bei Scheitern der Einigungsbemühungen jeder Widerstand, jede Skepsis oder Unsicherheit den Vermittlungsbemühungen, Einigungsmöglichkeiten etc. gegenüber im Gutachten und damit auch in der gerichtlichen Entscheidung negativ auswirken kann, insbesondere wenn die mangelnde Einigungsbereitschaft generell als Zeichen mangelnder elterlicher Verantwortung ausgelegt wird.

---

147 BGBl. 2012 I, S. 1580.

148 Zur Mediation als Intervention im Rahmen des § 163 Abs. 2 FamFG s. *Gruber/Salzgeber*, ZKJ 2011, 404 ff.

149 *Salzgeber*, in: Müller-Magdeburg, FS Rudolph, S. 173 (176).

150 BT-Drucksache 17/5335, S. 5.

151 *Salzgeber*, in: Müller-Magdeburg, FS Rudolph, S. 173 (176).

152 *Greger*, FPR 2010, 443 (445); vgl. auch *Gruber/Salzgeber*, ZKJ 2011, 404 (406).

153 *Vogel*, ZKJ 2010, 1871 (1873).

154 *Salzgeber*, in: Müller-Magdeburg, FS Rudolph, S. 173 (176).

Bemüht sich der Sachverständige vor Erstellung des Gutachtens um ein Einvernehmen der Beteiligten, könnte dies mit seiner Aufgabe, einen objektiven Statusbericht bzw. eine Momentaufnahme über die Gegebenheiten in der Familie zu erstellen, kollidieren. Es wird zu Recht befürchtet, dass die Doppelbeauftragung des Sachverständigen, sowohl ein Gutachten zu erstellen, als auch sich um ein Einvernehmen zu bemühen, zur Befangenheit führen kann.[155] Er könnte geneigt sein, die Eltern weniger aus der Sicht des Kindeswohls als nach dem Grad ihrer Kompromissbereitschaft zu beurteilen.[156] Ferner könnte sich ihm im Laufe der Vermittlungsverhandlungen eine Vorstellung von einem „Idealmodell" der Konfliktlösung eingeprägt haben, das sich vor eine unbefangene Diagnose schiebt.[157] Hinzu kommt, dass er unter Umständen von den Beteiligten Informationen erhalten hat, die sie ihm sonst, wäre er nur in der Rolle des gerichtlichen Sachverständigen aufgetreten, nicht gegeben hätten. Selbst wenn sich die Beteiligten gegenüber einem außergerichtlichen, freien Mediator anders öffnen als gegenüber einem gerichtlichen Sachverständigen, öffnen sie sich doch einem mit einem Vermittlungsauftrag versehenen Sachverständigen ebenfalls anders als einem Sachverständigen, der „nur" zur Erstellung des Gutachtens mit der Familie in Kontakt tritt.

Ein Sachverständiger wird in der Regel erst bestellt, wenn weniger einschneidende Interventionen erfolglos geblieben sind oder der Sachverhalt von vornherein ausgesprochen schwierig oder anspruchsvoll erscheint.[158] Die Familie wird meist bereits Vermittlungen und Beratungen erfolglos hinter sich gebracht haben oder sehr zerstritten sein. In beiden Konstellationen sind erneute Einigungsbemühungen ohnehin schwierig und konfliktreich, da meist mit Skepsis und Widerwillen der Beteiligten zu rechnen ist.

Vermittlungsbemühungen des Sachverständigen vor einer Diagnostik bergen die Gefahr, dass wichtige, für eine nachhaltige Regelung relevante Informationen nicht erlangt werden, da bereits vorher eine Einigung erzielt wird. Die Eltern könnten auch versucht sein, schnell eine Einigung zu schließen, um weitere, möglicherweise kindeswohlgefährdende Umstände aufdeckende Nachforschungen des Sachverständigen zu umgehen. Für eine Diagnostik der familiären Situation vor der Vermittlung spricht auch, dass neben Vermittlungsbemühungen bzw. insbesondere bei ihrem Scheitern das Gutachten an das Gericht zu erstellen ist. Es ist aber äußerst problematisch, diese Explorationen, Interaktionsbeobachtungen und Untersuchungen in objektiver und neutraler Weise nach einer ge-

155 MünchKommFamFG/*Schumann*, § 163 FamFG Rn. 9.
156 *Coester*, in: Lipp/Schumann/Veit, S. 39 (54).
157 *Coester*, in: Lipp/Schumann/Veit, S. 39 (54).
158 *Rohmann*, FPR 2010, 446 (447).

scheiterten Vermittlung durchzuführen. Der vermittelnden Intervention muss daher eine diagnostische Phase vorausgehen[159], wenn nicht sogar die Gutachtenerstellung.[160]

Ein Einvernehmen darf nicht primäres Ziel der gutachterlichen Tätigkeit sein. Der Sachverständige muss erkennen, wenn die Grenzen der Intervention erreicht sind, wann eiligere Regelungsmaßnahmen erforderlich sind, die unter bestehendem Zeitdruck nicht einvernehmlich erreicht werden können (z.B. anstehende Einschulung bei strittigem Aufenthalt des Kindes), sowie wann sich wachsende Widerstände seitens einer oder beider Parteien nicht überwinden lassen.[161] Der Sachverständige darf sich auch nicht von allgemeinen, vermeintlich dem Kindeswohl dienenden Annahmen, wie dass die Eltern die gemeinsame Sorge beibehalten sollen oder dass intensive Umgangsregelungen zu treffen sind, leiten lassen. Er muss vielmehr die Betroffenen in ihrer besonderen Situation ernst nehmen und verstehen und die Dynamik des Konfliktes im Einzelfall und auch die spezifische Erlebenssicht des Kindes hinreichend beachten.[162]

2. Mitwirkungspflicht der Eltern bei Sachverständigentätigkeiten

Fraglich ist, ob die Eltern auch bei den gerichtlich angeordneten Vermittlungsbemühungen des Sachverständigen mitwirken müssen, sowie dies gemäß § 27 FamFG bei einer Begutachtung der Fall ist. Nach § 27 FamFG sollen die Beteiligten bei der Ermittlung des Sachverhaltes mitwirken (Absatz 1) und sie haben ihre Erklärungen über tatsächliche Umstände vollständig und der Wahrheit gemäß abzugeben (Absatz 2). Diese Mitwirkung der Beteiligten kann nicht erzwungen werden. Das Gericht kann aber eine schuldhafte, zu einer erheblichen Verfahrensverzögerung führende Verletzung von Mitwirkungspflichten im Rahmen der Kostenentscheidung nach § 81 Abs. 2 Nr. 4 FamFG sanktionieren.[163]

Die Einigungsbemühungen des Sachverständigen nach § 163 Abs. 2 FamFG dienen aber nicht der Sachverhaltsermittlung, sondern dem Ziel, ein Einvernehmen zu erreichen. Somit ergibt sich keine Mitwirkungspflicht der Eltern aus § 27 FamFG bei den Einigungsbemühungen. Eine mangelnde Mitwirkung kann daher keine negative Kostenfolge nach § 81 Abs. 2 Nr. 4 FamFG nach sich zie-

159 *Salzgeber*, FamRZ 2008, 656 (658).

160 Vgl. *Coester*, in: Lipp/Schumann/Veit, S. 39 (55); *Stötzel*, FPR 2010, 425 (426); *Rohmann*, FPR 2010, 446 (447).

161 *Salzgeber*, FamRZ 2008, 656 (658).

162 *Salzgeber*, FamRZ 2008, 656 (659 f.).

163 BT-Drucksache 16/6308, S. 242; MünchKomm/*Schumann*, § 163 FamFG Rn. 4; MünchKomm/*Ulrici*, § 27 FamFG Rn. 7; Keidel/*Engelhardt*, § 163 Rn. 6.

hen. Verweigert ein Elternteil die Kooperation bei der Entwicklung einer einvernehmlichen Lösung, kann der Nachteil für ihn aber darin bestehen, dass er im Gutachten aufgrund mangelnder Kooperationsfähigkeit schlechter beurteilt wird.

Hinzu kommt, dass den Beteiligten bestenfalls eine Beratungspflicht auferlegt werden kann, aber keine Einigungspflicht. Auch nach § 156 Abs. 1 S. 2 bis 4 FamFG beschränken sich die Hinweispflichten und Anordnungsmöglichkeiten des Gerichts darauf, die Beteiligten zur Teilnahme einer Beratung oder eines Informationsgespräches über außergerichtliche Konfliktbeilegungsmöglichkeiten, nicht jedoch auf Abschluss einer Einigung zu verpflichten. Eine Einigung darf immer nur eine Option darstellen, nie jedoch eine Obligation.[164] Wären die Beteiligten im Rahmen des § 163 Abs. 2 FamFG zur Mitwirkung an einem Einvernehmen verpflichtet, würde dies den ‚Option'-Charakter des Einvernehmens sprengen und sie wären zum Abschluss einer Einigung verpflichtet.

Die Anordnung nach § 163 Abs. 2 FamFG verpflichtet daher nur den Sachverständigen, auf die Herstellung eines Einvernehmens zwischen den Beteiligten hinzuwirken, nicht jedoch die Beteiligten, daran mitzuwirken und ein Einvernehmen zu erzielen.

III. Einbeziehung des Kindes durch den Sachverständigen

Das Kind selbst wird in § 163 FamFG nur in dessen Abs. 3 genannt, der bestimmt, dass ein Kind nicht als Zeuge zur Bestätigung einzelner Tatsachen oder Aussagen des Gutachtens vernommen werden darf.[165]

Für eine Begutachtung nach § 163 Abs. 1 FamFG bedarf es der Zustimmung der Betroffenen und einer Begutachtung des Kindes müssen der oder die Sorgeberechtigten zustimmen.[166] Ohne die Zustimmung scheidet ein Gutachten regelmäßig aus, wobei die Verweigerung nicht grundsätzlich als Indiz für mangelnde Erziehungseignung gesehen werden kann.[167] Fraglich ist, wie und ob das Kind bei den Vermittlungsbemühungen des Sachverständigen nach § 163 Abs. 2 FamFG einzubeziehen ist und wie es dabei um das Zustimmungserfordernis des Kindes zu dem elterlichen Einvernehmen entsprechend § 156 Abs. 2 FamFG steht.

Im Fokus der gutachterlichen Tätigkeit muss das Kindeswohl stehen, nicht das Einvernehmen. Dem Kindeswohl entspricht es indes nicht, wenn unter dem Auftrag, Einvernehmen herzustellen, das Kind betreffende Regelungen mit den

---

164 *Kriegel*, S. 65.

165 Keidel/*Engelhardt*, § 163 FamFG Rn. 7.

166 Staudinger/*Coester*, § 1671 Rn. 287.

167 Staudinger/*Coester*, § 1671 Rn. 287.

Eltern ausgehandelt werden, ohne dass sich der Sachverständige beim Kind rückversichert und die ausgehandelten Regelungen nicht auch einer Überprüfung im Hinblick auf das Kindeswohl unterzieht.[168] Daher hat der Sachverständige neben den Gesprächen mit den Eltern auch Gespräche sowie ggf. testdiagnostische Untersuchungen mit dem Kind durchzuführen, um die Befindlichkeit und Wünsche des Kindes zu erfassen.[169]

Der Sachverständige soll lösungsorientiert arbeiten. Die „einzig wahre" Lösung ist aber nicht der Elternkonsens, sondern die kindeswohlgemäße Konfliktlösung.[170] Will sich der Sachverständige ergebnisoffen dem Einigungsprozess der Eltern widmen, muss er auch die Bedürfnisse und den Willen des Kindes kennen und berücksichtigen.[171] Er darf sich nicht auf die Ausführungen der Eltern über die Interessen des Kindes beschränken, da sie oftmals mit den eigenen Nöten befasst und emotional überfordert sind und die Bedürfnisse der Kinder nicht mehr ausreichend erkennen können.[172] Ferner wird es den Eltern auch erschwert, das Kindeswohl im Blick zu behalten, wohl wissend, dass der Sachverständige bei Scheitern einer Einigung ein gerichtliches Gutachten zu erstellen hat. Da er in diesem auch die Einigungsbemühungen der Eltern zu kommentieren hat, könnten sich die Eltern – sich unter Konformitäts- und Akzeptanzdruck fühlend – im Vermittlungsprozess zu strategischem Verhalten veranlasst sehen.[173]

Hinzu kommt, dass, wenn eine Einigung über den Umgang getroffen wird, deren gerichtliche Billigung nach § 156 Abs. 2 FamFG voraussetzt, dass auch das Kind der vereinbarten Regelung zustimmt.[174] Gerade weil der Sachverständige als Gerichtshelfer tätig wird, muss er sicherstellen, dass die Rechte des Kindes gewahrt werden. Er muss das Kind somit nicht nur bei Erstellung seines Gutachtens, sondern auch bei den Einigungsbemühungen nach § 163 Abs. 2 FamFG angemessen persönlich einbeziehen und Umgangsregelungen nur dann einer Einigung zuführen, wenn das Kind mit diesen einverstanden ist und diese dem Wohl des Kindes nicht widersprechen. Verweigern die Eltern die Beteiligung des Kindes bei der Entscheidungsfindung bzw. kommt ein Einvernehmen ohne die Beteiligung des Kindes zustande, sollte der Sachverständige dies vermerken, insbesondere dann, wenn die Regelung dem Gericht gemäß § 156 Abs.

168 *Salzgeber*, FamRZ 2008, 656 (659).
169 *Gruber/Salzgeber*, ZKJ 2011, 404 (407).
170 *Coester*, in: Lipp/Schumann/Veit, S. 39 (54, 55).
171 *Wagner*, in: Müller-Magdeburg, FS Rudolph, S. 191 (193).
172 *Salzgeber*, FamRZ 2008, 656 (659).
173 *Coester*, in: Lipp/Schumann/Veit, S. 39 (54).
174 Zur Beteiligung des Kindes vor der gerichtlichen Billigung einer Umgangsvereinbarung s. Teil 5.C.III.2.a.

2 FamFG vorgelegt wird. Das Kind ist dann vor der gerichtlichen Billigung und Protokollierung der vereinbarten Regelung ggf. gerichtlich anzuhören.

IV. Fazit

Einigungsbemühungen eines Sachverständigen sind zwiespältig. Es besteht die Gefahr der Verwässerung seiner Aufgaben zwischen Begutachtung und Vermittlung. Ferner könnten die Eltern ein Einvernehmen schließen, um gerade Ermittlungen des Sachverständigen zu vermeiden. Daher muss immer zuerst eine Diagnose der Familienverhältnisse erfolgen, bevor Einigungsbemühungen eingeleitet werden.

Das Kind ist sowohl bei Erstellung des Gutachtens als auch bei den Einigungsbemühungen immer persönlich zu beteiligen. Lagert das Gericht die Einigungsbemühungen aus, darf dies nicht dazu führen, dass die dem Kind im Gerichtsverfahren zustehenden Anhörungs- und Beteiligungsrechte untergraben werden, zumal der Sachverständige ein Gerichtshelfer ist und als verlängerter Arm des Gerichts tätig wird.

F. Verfahren wegen Kindeswohlgefährdung (§ 157 FamFG)

Verfahren wegen Kindeswohlgefährdung nach § 157 FamFG setzen sich im Gegensatz zu Verfahren nach § 156 FamFG nicht das Ziel, auf ein Einvernehmen der Beteiligten hinzuwirken. In § 157 FamFG wird der Begriff „Einvernehmen" nicht erwähnt und § 156 FamFG bezieht sich dem Wortlaut nach nicht auf Verfahren wegen Kindeswohlgefährdung.

Nach § 157 FamFG soll das Gericht mit den Eltern und in geeigneten Fällen auch mit dem Kind erörtern, wie insbesondere mittels öffentlicher Hilfen nach dem SGB VIII einer möglichen Kindeswohlgefährdung zu begegnen ist. Im Vordergrund steht die Förderung der Akzeptanz seitens der Eltern den z.B. vom Jugendamt angebotenen Hilfsmaßnahmen gegenüber. Sind die Eltern aber gemeinsam sorgeberechtigt, müssen bei gemeinsamer Sorge beide den Hilfen des Jugendamtes zustimmen, da diese Zustimmung als Angelegenheit von erheblicher Bedeutung für das Kind i.S.d. § 1687 Abs. 1 S. 1 BGB einzustufen ist.[175]

Es besteht somit eine abstrakte Gemeinsamkeit der Verfahren nach § 156 FamFG und § 157 FamFG: Mithilfe von Beratungen und Unterstützung soll

175 Staudinger/*Salgo*, § 1687 BGB Rn. 46.

möglichst ohne gerichtliche Entscheidung eine Lösung gefunden sowie auf eine Änderung des Elternverhaltens hingewirkt werden. Hier kann sich in manchen Fällen die Autorität des Gerichts als hilfreich erweisen. Angesichts dieser zeigen manche Eltern sowohl eine Einigungsbereitschaft untereinander als auch mehr Kooperationsbereitschaft dem Jugendamt gegenüber zur Inanspruchnahme von Hilfen nach §§ 27 ff. SGB VIII, die zuvor bei Bemühungen allein des Jugendamtes nicht zu erzielen war.

Allerdings sind die Grenzen für Verhandlungen bei der Erörterung einer möglichen Kindeswohlgefährdung im Rahmen des § 157 FamFG sehr eng. Während z.B. die Häufigkeit der Umgangsbesuche verhandelbar ist, sind im Rahmen der Erörterung einer möglichen Kindeswohlfährdung gemäß § 157 FamFG das Kindeswohl und die Sicherheit des Kindes nach strengen Maßstäben und von Amts wegen (§ 26 FamFG) vorrangig zu prüfen.[176] Wird eine Kindeswohlgefährdung positiv festgestellt, bleibt kein Raum mehr für langwierige Verhandlungen mit den Eltern zur Steigerung der Hilfeakzeptanz[177], sondern die zum Schutz des Kindes erforderlichen Maßnahmen müssen unter Umständen sehr schnell getroffen werden (vgl. § 157 Abs. 2 FamFG). Ein nicht abschließender Katalog gerichtlicher Maßnahmen zur Abwendung einer festgestellten Kindeswohlgefährdung wird in § 1666 Abs. 3 BGB genannt, wie z.B. Gebote: öffentliche Hilfen wie Leistungen der Kinder- und Jugendhilfe in Anspruch zu nehmen (Nr. 1), oder Verbote: Verbindung zum Kind aufzunehmen (Nr. 4), oder gar teilweise oder vollständig die elterliche Sorge zu entziehen (Nr. 6).

Fraglich ist, wie zu verfahren ist, wenn von den gemeinsam sorgeberechtigten Eltern ein Elternteil bereit ist, Hilfen in Anspruch zu nehmen, der andere nicht; schließlich ist bei gemeinsamer elterlicher Sorge zu einer Hilfsmaßnahme die Zustimmung beider Elternteile erforderlich (§ 1687 Abs. 1 S. 1 BGB).

Eine Alternative ist, dass der hilfeakzeptierende Elternteil ein Verfahren nach § 1671 BGB um die zumindest teilweise Alleinsorge anstrengt, damit er zur alleinigen Entscheidung über die Annahme der Hilfen und deren Beantragung berechtigt wird. Weniger eingreifend ist indes ein Antrag des hilfeannahmewilligen Elternteils nach § 1628 S. 1 BGB, wonach das Familiengericht die Entscheidung über eine einzelne Angelegenheit oder eine bestimmte Art von Angelegenheiten der elterlichen Sorge, deren Regelung für das Kind von erheblicher Bedeutung ist, einem Elternteil übertragen kann.[178] Um den hilfeakzeptierenden Elternteil zu entlasten und ihm das Stellen des Antrages zu ersparen, könnte das Gericht nach §§ 1666 Abs. 1, Abs. 2 Nr. 6 BGB dem sich weigern-

176 *Salgo*, FPR 2010, 456 (458).
177 *Salgo*, FPR 2010, 456 (458).
178 Zum Verhältnis der §§ 1671, 1628 BGB auch *Wellenhofer*, S. 278 Rn. 9 ff.

den Elternteil das Sorgerecht hinsichtlich der Zustimmung zu den Hilfemaßnahmen erforderlichenfalls im Wege einer einstweiligen Anordnung nach § 157 Abs. 3 FamFG entziehen. Die gesamte elterliche Sorge darf ihm jedoch nur dann entzogen werden, wenn andere Maßnahmen erfolglos geblieben sind oder wenn anzunehmen ist, dass sie zur Abwendung der Gefahr nicht ausreichen (§ 1666a Abs. 2 BGB). Gemäß § 1680 Abs. 3 BGB steht die dem einen Elternteil entzogene elterliche Sorge dann dem anderen, in diesem Fall dem hilfeannehmenden Elternteil zu.[179] Dieser ist dann berechtigt, alleine die Zustimmung zur Hilfemaßnahme zu erklären.

Das Kind ist zum Erörterungstermin gemäß § 157 Abs. 1 S. 1 FamFG in geeigneten Fällen hinzuzuziehen. Ein solcher liegt laut Gesetzesbegründung jedenfalls dann vor, wenn es primär um die Einwirkung auf das Kind geht, insbesondere wenn Drogensucht oder wiederholte Straffälligkeiten des Kindes Anlass zum Verfahren gegeben haben.[180] Aber auch bei Kindeswohlgefährdungen, bei denen nicht auf das Kind eingewirkt, sondern eben gerade das Kind geschützt werden soll, ist das Kind anzuhören, wenn es um die Bestimmung der erforderlichen Hilfemaßnahme geht. Die Perspektive des Kindes kann schließlich im Rahmen der Sachverhaltsermittlung Aufschluss über die Familiensituation und das Maß der Kindeswohlgefährdung geben. Hinsichtlich seiner Anhörung gilt § 159 FamFG. Auch Art. 12 UN-KRK verpflichtet zur Anhörung des Kindes, da Verfahren wegen Kindeswohlgefährdung das Kind betreffen.

G. Abänderung und Überprüfung von Entscheidungen in Kindschaftssachen (§ 166 FamFG i.V.m. § 1696 BGB)

Die Abänderung und Überprüfung von Entscheidungen und gerichtlich gebilligten Vergleichen im Kindschaftsverfahren wird in § 166 FamFG geregelt. Diese Vorschrift übernimmt den verfahrensrechtlichen Gehalt des § 1696 BGB a.F.[181], der im Zuge der FGG-Reform geändert wurde. Für die Abänderungen von Entscheidungen in der Hauptsache gilt § 166 FamFG, während § 54 FamFG die Abänderungen einer Entscheidung im Verfahren auf Erlass einer einstweiligen Anordnung regelt.[182] § 166 FamFG verpflichtet das Gericht zur Abänderung von Entscheidungen, erteilt ihm aber auch eine entsprechende Befugnis. § 1696

179 Zu §§ 1666, 1680 Abs. 3 BGB s. auch *Wellenhofer*, S. 273 Rn. 31.
180 BT-Drucksache 16/6308, S. 238.
181 BT-Drucksache 16/6308, S. 242.
182 BT-Drucksache 16/6308, S. 242.

BGB begründet eine materielle Änderungsbefugnis.[183] Das Änderungsverfahren ist nicht die Fortsetzung oder erneute Aufrollung des Erstverfahrens, sondern ein neues, selbständiges Verfahren mit neuem Sachverhalt und eigenständigen Entscheidungskriterien.[184]

Nach § 166 Abs. 1 FamFG ändert das Gericht eine Entscheidung oder einen gerichtlich gebilligten Vergleich nach Maßgabe des § 1696 BGB ab. § 1696 BGB regelt, dass eine Entscheidung zum Sorge- oder Umgangsrecht oder ein gerichtlich gebilligter Vergleich zu ändern ist, wenn dies aus triftigen und das Wohl des Kindes nachhaltig berührenden Gründen angezeigt ist. § 1671 BGB ist indes vorrangig, wenn bisher gemeinsames Sorgerecht ganz oder teilweise in Alleinsorge umgewandelt werden soll.[185] Soll eine getroffene Sorgerechtsregelung nicht wegen veränderter Umstände, sondern wegen Gefährdung des Kindeswohls abgeändert werden, hat § 1666 BGB Vorrang vor einer Abänderung nach § 1696 BGB.[186]

Hat das Gericht eine länger dauernde kindesschutzrechtliche, gerichtliche Maßnahme insb. nach §§ 1666, 1666a BGB angeordnet, hat es diese in angemessenen Zeitabständen zu überprüfen (§ 166 Abs. 2 FamFG). Hat das Gericht auf eine ebensolche verzichtet, soll es die Entscheidung in einem angemessenen Zeitabstand, in der Regel nach drei Monaten, überprüfen (§ 166 Abs. 3 FamFG). Unabhängig von § 166 FamFG und § 1696 BGB ist die Kinder- und Jugendhilfe immer befugt, das Familiengericht in eigener Verantwortung anzurufen, wenn es ein gerichtliches Tätigwerden als notwendig erachtet (§ 8a SGB VIII).[187]

Einen gerichtlich gebilligten Vergleich über den Umgang (§ 156 Abs. 2 FamFG) kann das Gericht auch unterhalb der Kindeswohlgefährdungsgrenze auf Antrag eines Elternteils ändern.[188]

Hinsichtlich des Verfahrens gelten für § 166 FamFG dieselben Regelungen wie auch im Erstverfahren. Somit bestimmen sich die Anhörungserfordernisse nach §§ 159 ff. FamFG und es hat auch ggf. die Bestellung eines Verfahrensbeistandes (§ 158 FamFG) zu erfolgen.[189] Somit muss auch das Kind im Rahmen des § 166 FamFG nach den Regeln des § 159 FamFG angehört werden. Die Perspektive des Kindes ist gerade bei einer Änderung der Regelungen von besonderer Bedeutung, schließlich kann das Erfordernis der Änderung der Regelungen davon zeugen, dass Änderungen der Bedürfnisse des Kindes die Änderung der

183 Staudinger/*Coester*, § 1696 BGB Rn. 5.
184 Staudinger/*Coester*, § 1696 BGB Rn. 5.
185 Staudinger/*Coester*, § 1671 BGB Rn. 28 f.
186 BVerfG, Beschluss vom 17.06.2009 – 1 BvR 467/09 = FamRZ 2009, 1473 (1474).
187 BT-Drucksache 16/6308, S. 243.
188 BT-Drucksache 16/6308, S. 346.
189 Bork/Jacoby/Schwab/*Zorn*, § 166 FamFG Rn. 5.

Regelungen erfordert oder auch erhebliche innerfamiliäre Konflikte vorherrschen. Soll ein Einvernehmen über die Änderung einer Umgangsregelung geschlossen werden, ist das Kind hieran ebenso wie im Erstverfahren nach § 156 Abs. 2 FamFG zu beteiligen.

H. Zur Praxis der Kindesanhörung in Kindschaftsverfahren

Obwohl Deutschland in der Kodifizierung der Kindesanhörung in § 50b FGG (jetzt geregelt in § 159 FamFG) international Vorreiter war, zeigen Untersuchungen, dass in der Praxis trotz der gesetzlichen Verpflichtung häufig von einer Kindesanhörung abgesehen wird.

In der Studie von Karle u.a. gaben zwar 10,5% der befragten Richter an, „nie" von einer Kindesanhörung abzusehen, aber etwas dreimal so viel (33,6%) gaben an, in maximal 5% der Verfahren keine Kindesanhörung durchzuführen, weitere 39,6% hatten in bis zur Hälfte der Verfahren keine Anhörung durchgeführt und 16,3% der Richter hatten in mehr als 50% auf eine Anhörung verzichtet.[190]

Als Grund für das Absehen von der Anhörung gaben 80,3% der Richter an, das Kind sei zu jung, 75,8%, dass die Eltern sich bereits vor der Kindesanhörung geeinigt hätten, 26,3%, dass sie befürchteten, das Kind sei durch die Anhörung zu belastet und 21,7% verzichteten hierauf aufgrund bereits vorliegender Berichte von Jugendamtsfachkräften, vom Verfahrensbeistand oder Sachverständigen.[191] Die Studie von Karle stellte auch heraus, dass diese Argumente in der Regel von Richtern genannt wurden, die entweder keine besondere Fortbildung zur Kindesanhörung besucht hatten oder kaum Erfahrung darin hatten.[192]

Die Studie von Münder, Hannemann und Stötzel, die an ausgewählten Amtsgerichten die Praxis der Verfahrensbeistandschaft und der Kindesanhörung untersucht und auch eine Aktenauswertung – somit auch objektive Angaben, nicht nur die Aussagen der Richter – beinhaltet, kam zu dem Ergebnis, dass in einem beträchtlichen Anteil der Verfahren das Gericht die von Verfahrensbeiständen vertretenen Kinder überhaupt nicht persönlich anhörte, an einzelnen Gerichten sogar in 70% der gesichteten Verfahren.[193] Wurde das Kind angehört, erfolgte dies oft ohne Beisein des Verfahrensbeistandes.[194]

190 *Karle u.a.*, S. 63 f.
191 *Karle u.a.*, S. 64.
192 *Karle u.a.*, S. 64 f.
193 *Münder/Hannemann/Stötzel*, S. 367.
194 *Münder/Hannemann/Stötzel*, S. 401.

Obwohl der Gesetzeswortlaut des § 159 FamFG den Anforderungen des Art. 12 UN-KRK entspricht, ist die Praxis nicht immer konventionskonform. Viel zu oft wird im Rahmen des § 159 Abs. 2 FamFG davon ausgegangen, dass die Neigungen, Bindungen und der Wille des Kindes nicht für die Entscheidung von Bedeutung sind, so dass von einer Anhörung abgesehen wird. Dabei hat das Bundesverfassungsgericht bereits seit Jahrzehnten mehrfach klargestellt, dass Kindern als Träger des Persönlichkeitsrechts und der Menschenwürde (Art. 2 Abs. 1 i.V.m. Art. 1 Abs. 1 GG) die Möglichkeit eingeräumt werden muss, in Sorgerechtsverfahren dem Gericht ihre persönlichen Beziehungen zu den übrigen Familienmitgliedern erkennbar zu machen.[195]

Gemäß § 159 Abs. 3 S. 1 FamFG darf das Gericht von der Anhörung des Kindes aus schwerwiegenden Gründen absehen. Ein schwerwiegender Grund liegt vor, wenn die Gefahr besteht, dass das Kind durch die Anhörung aus seinem seelischen Gleichgewicht gebracht wird oder eine gesundheitliche Beeinträchtigung zu befürchten ist.[196] Aber dass das Kind zu jung und zu unreif ist, ist kein schwerwiegender Grund, um ein Kind nicht anzuhören. Es liegt vielmehr am Richter, die Fähigkeit zu haben bzw. zu erwerben, auch mit sehr jungen Kindern zu sprechen, sie anzuhören und auf sie einzugehen, zudem einen Verfahrensbeistand zu bestellen. Ferner verstößt das Absehen von der Kindesanhörung aufgrund des Alters des Kindes gegen Art. 12 UN-KRK, der eben keine Altersgrenze setzt. Es ist nicht Aufgabe des Kindes, vorab zu beweisen, dass es fähig und reif ist, sich eine eigene Meinung zu bilden und diese zu äußern.[197] Bereits sehr junge Kinder können einen eigenen Willen haben, sowie Bindungen und Neigungen, die gerade bei Sorgerechts- und Umgangsentscheidungen elementar von Bedeutung sind. Das Alter des Kindes darf nicht dafür entscheidend sein, ob das Kind angehört wird, sondern vielmehr dafür, wie es angehört wird.

Auch ein elterliches Einvernehmen ist kein schwerwiegender Grund, um von der Kindesanhörung abzusehen. Dem Kind steht ein Recht auf Anhörung im Gerichtsverfahren zu, unabhängig davon, wer die verfahrensabschließende Entscheidung trifft. Die elterliche Einigkeit ändert nichts an der rechtlichen Betroffenheit des Kindes durch das Verfahren und auch nichts daran, dass das Gericht zur umfassenden Sachverhaltsermittlung verpflichtet ist (§ 26 FamFG). Die elterliche Einigkeit bedeutet auch nicht automatisch, dass die Interessen des Kindes in den vereinbarten Regelungen hinreichend berücksichtigt wurden. Ferner erfordert die gerichtliche Billigung eines Einvernehmen über das Umgangsrecht

---

195 BVerfGE 55, 171 (182) = FamRZ 1981, 124 (126); BVerfGE 37 217 (252) = FamRZ 1974, 579 (588).

196 OLG Schleswig, FamRZ 2008, 1363; Baumeister/*Fehmel*, § 50b FGG Rn. 48 m.w.N.

197 *Committee on the Rights of the Child (UN)*, CRC/C/GC/12, Abs. 20.

gemäß § 156 Abs. 2 FamFG zum einen auch die Zustimmung des Kindes zu dieser[198] und zum anderen kann das Gericht ohne Kenntnis der Perspektive des Kindes nicht überprüfen, ob die Vereinbarung dem Kindeswohl nicht widerspricht (§ 156 Abs. 2 S. 2 FamFG).

Auch die Belastung des Kindes durch die Kindesanhörung vermag grundsätzlich das Absehen von ihr nicht zu rechtfertigen. Eine „normale" Belastung durch die Anhörung wurde vom Gesetzgeber in Kauf genommen.[199] Jede Anhörung bedeutet für das Kind naturgemäß eine gewisse Belastung und Anspannung und sie generiert Angstgefühle und Unsicherheit, wie bei jedem erwachsenen Menschen auch. Die Symptomatik sinkt aber in der Regel bereits unmittelbar nach der Anhörung bei den meisten Kindern rapide ab[200] und dieser Rückgang bleibt stabil oder sinkt noch weiter[201], so dass vier Wochen nach der Anhörung ein Rückgang der Symptome nicht nur auf der physiologischen Ebene, sondern auch auf der gedanklichen oder angstbezogenen Ebene sowie der Ebene von Erregung und kognitiver Beeinträchtigung nachweisbar ist.[202] In der Studie von Karle u.a. wies keines der Kinder zu irgendeinem Zeitpunkt eine klinisch relevante psychische Auffälligkeit auf.[203] Auch hier liegt es vielmehr an der Kompetenz der das Kind anhörenden Person, die Anhörung so zu gestalten, dass sie für das Kind möglichst wenig belastend, wenn nicht sogar entlastend ist. Ferner sind für das Kind weniger die Anhörungssituation selbst, als die Trennung und die damit einhergehenden Probleme belastend. Diese Belastungen bleiben aber auch bei einer Nichtanhörung bestehen. Das Absehen von der Anhörung des Kindes kann also nur aufgrund einer über die „normale" Belastung hinausgehenden Belastung gerechtfertigt sein.

Viele der allgemein vorherrschenden Argumente und Vorbehalte gegen die Anhörung, wie das Kind sei zu jung, zu unreif, kaum fähig, sich eine eigene Meinung zu bilden, oder die Eltern hätten sich bereits geeinigt, wurden häufiger von in Kindesanhörung nicht fortgebildeten und/oder unerfahrenen Richtern vertreten als von fortgebildeten und/oder erfahrenen Richtern.[204] Einige Richter gaben sogar an, von einer Kindesanhörung abzusehen, weil sie ihre eigene Ausbildung als hierfür nicht genügend einschätzten.[205] Fortgebildete und erfahrene Richter waren weit mehr in der Lage, die Kindesanhörung gewinnbringend zu

198 Zur Zustimmung des Kindes im Rahmen des § 156 Abs. 2 FamFG s. Teil 5.C.III.2.a.

199 Staudinger/*Coester*, § 1666, Rn. 279.

200 *Karle u.a.*, S. 100.

201 *Karle u.a.*, S. 102, auch *Lempp u.a.*, S. 104.

202 *Karle u.a.*, S. 96.

203 *Karle u.a.*, S. 106.

204 *Karle u.a.*, S. 76.

205 *Karle u.a.*, S. 59.

nutzen und sie für das Kind möglichst wenig belastend durchzuführen.[206] Die Teilnahme an Fortbildungen kann die das Kind anhörende Person sensibilisieren, die Anhörungssituation flexibler zu gestalten, d.h. auf die Belange des Kindes mehr einzugehen.[207] Da offenbar insbesondere die in Kindesanhörung nicht fortgebildeten Richter auf eine Anhörung verzichten, sind entsprechende Fortbildungen der Richter zwingend erforderlich. Es scheint doch befremdlich, dass Kindern die Wahrnehmung ihrer Rechte wegen mangelnder Kompetenzen der professionell am Verfahren Beteiligten verwehrt wird.

Hat das Kind seine Meinung bereits vor einer dritten Person, z.B. Jugendamtsmitarbeiter oder Mediator – nicht nur vor den Eltern! –, geäußert, ist nachgewiesen, dass es mit der vereinbarten z.B. Umgangsregelung einverstanden ist, kann von einer Kindesanhörung vor Billigung des Umgangsvergleichs nach § 156 Abs. 2 FamFG abgesehen werden. Dies entspricht auch Art. 12 UN-KRK, da das Gericht jedenfalls auf diese Weise Kenntnis von der Meinung des Kindes erhält[208], zumal auch vermieden wird, das Kind zu oft anzuhören.

Aufgrund der Erkenntnis, dass insbesondere die in Kindesanhörung nicht fortgebildeten Richter oft auf eine Anhörung verzichten, sind entsprechende Fortbildungen der Richter zwingend erforderlich.

I. Fazit

Grundnorm für das Hinwirken auf Einvernehmen in Kindschaftsverfahren ist § 156 FamFG, wonach das Gericht jedenfalls in Verfahren wegen der elterlichen Sorge und des Umgangsrechts grundsätzlich auf ein Einvernehmen der Beteiligten hinwirken soll, sofern dies dem Kindeswohl nicht widerspricht. In Verfahren wegen Kindeswohlgefährdung ist nicht auf ein Einvernehmen hinzuwirken (§ 157 FamFG), sondern zu erörtern, wie der Gefährdung begegnet werden kann. § 156 FamFG statuiert nur die Möglichkeit des Gerichts, auf ein Einvernehmen hinzuwirken, die Anhörungsrechte bleiben hiervon unberührt. Das Kind ist also auch im Rahmen des § 156 Abs. 1 FamFG nach § 159 FamFG anzuhören. Dies gilt unabhängig davon, ob die Eltern sich einigen, zumal auch selbst nach einer elterlichen Einigung meist noch eine gerichtliche Entscheidung erfolgt.

Zu einem elterlichen Einvernehmen über die elterliche Sorge ist das Kind nach § 159 Abs. 2 FamFG anzuhören, da sich die Entscheidung auf sein Leben unmittelbar auswirkt und daher seine Neigungen, Bindungen und sein Wille für

206 *Karle u.a.*, S. 108.
207 *Lempp u.a.*, S. 13.
208 Vgl. Teil 2.B.I.4.b.i.

die Entscheidung von Bedeutung sind. Dies gilt unabhängig davon, ob die Eltern oder der Richter entscheiden. Ist das Kind 14 Jahre alt und einigen sich die Eltern auf die Übertragung der gesamten oder teilweisen elterlichen Sorge, verstärkt sich die Pflicht zur Anhörung des Kindes auch aufgrund des ihm zustehenden Widerspruchsrechts nach § 1671 Abs. 2 Nr. 1 BGB gegen die vereinbarte Übertragung.

Für Einvernehmen über den Umgang regelt § 156 Abs. 2 FamFG, dass, wenn „die Beteiligten" ein Einvernehmen über das Umgangsrecht erzielen, dieses gerichtlich zu billigen ist. Laut der Gesetzesbegründung setzt dies auch die Zustimmung des Kindes zur vereinbarten Regelung voraus[209], da es in Umgangsverfahren Verfahrensbeteiligter ist (§ 7 Abs. 2 Nr. 1 FamFG i.V.m. § 1684 Abs. 1 BGB).

Wird dem Sachverständigen nach § 163 Abs. 2 FamFG angeordnet, neben der Erstellung des Gutachtens auf ein Einvernehmen hinzuwirken, hat auch er das Kind einzubeziehen. Insbesondere eine vereinbarte Umgangsregelung entspricht ansonsten auch nicht den Anforderungen des § 156 Abs. 2 FamFG und sollte nicht gerichtlich gebilligt werden.

Die Eltern haben zwar nach § 1626 Abs. 2 BGB mit dem Kind Einvernehmen über Fragen der elterlichen Sorge anzustreben, aber diese Pflicht bleibt bis zur Kindeswohlgefährdungsgrenze staatlich unkontrolliert. In einem Gerichtsverfahren hat der Richter aber auch bei Einvernehmen der Eltern sicherzustellen, dass dem Kind sein Anspruch auf rechtliches Gehör gewährt wird und seine Meinung bei der Entscheidungsfindung berücksichtigt wird.

Ziel aller Bemühungen um ein Einvernehmen darf nicht ein Einvernehmen um jeden Preis sein. Es kommt vielmehr darauf an, eine kindeswohlgerechte Lösung zu finden, die aber nur unter Berücksichtigung auch der subjektiven Perspektive des Kindes möglich ist. Problematisch ist allerdings, dass Kinder bei weitem nicht immer angehört werden – nicht vor gerichtlichen Entscheidungen und noch weniger bei elterlicher Einigung im Verfahren. Ihre Bindungen, Neigungen und ihr Wille werden dann bei der Entscheidungsfindung nicht berücksichtigt, obwohl das Anhörungsrecht des Kindes durchaus im Gesetz verankert ist. Diese Praxis ist verstößt jedoch gegen Art. 12 UN-KRK sowie gegen § 159 FamFG.

Ferner werden auch die Chancen für nachhaltige Lösungen vergeben, wenn die kindliche Perspektive unbekannt und unberücksichtigt bleibt. Die in Teil 3 dargestellten humanwissenschaftlichen Erkenntnisse zeigen, dass mit einer persönlichen, dem Alter und der Reife des Kindes gerecht werdenden Beteiligung des Kindes oft nachhaltigere, bessere Regelungen getroffen und auch die inner-

209 BT-Drucksache 16/6308, S. 237.

familiären Beziehungen verbessert werden können. Entscheidend sind hierbei die Kompetenzen der das Kind anhörenden Person. Daher sind entsprechende Fort- und Weiterbildungen aller am Verfahren professionell Beteiligten von entscheidender Bedeutung.

Teil 6: Die Beteiligung des Kindes an außergerichtlichen und gerichtsverbundenen Vermittlungen

Sowohl unabhängig vom als auch teilweise verbunden mit dem Gerichtsverfahren werden Vermittlungen angeboten, für die sich ebenfalls die Frage der Beteiligung des Kindes stellt.

A. Mediation

In Deutschland entwickelte sich das Interesse an der Mediation in den 1980er Jahren anlässlich der Berichte über die Mediation in den USA.[1] Dort führte in den frühen 1970er Jahren die wachsende Kritik über den Umgang mit Konflikten zur Etablierung verschiedener alternativer Konfliktregelungsverfahren (alternative dispute resolutions), darunter auch der Mediation.[2] Diese gewann in den USA schnell an großer Bedeutung. Mittlerweile ist in bestimmten Verfahrensarten – so z.B. in den meisten Staaten in Kindschaftssachen – eine außergerichtliche Mediation durchzuführen, bevor der Gang zum Gericht möglich ist.[3]

In einigen Bereichen konnte sich die Mediation teilweise auch in Deutschland etablieren, insbesondere in Fällen von Trennung und Scheidung, bei Konflikten in Schulen, im öffentlichen Bereich und in der Wirtschaft.[4] Familienmediationen werden sowohl von freien Mediatoren als auch von einigen Jugendämtern und Beratungsstellen angeboten. Mit dem am 26. Juli 2012 in Kraft getretenen Mediationsgesetz wurden erstmals Rahmenbedingungen der Mediation im Gesetz normiert.

I. Allgemeines

1. Der Begriff Mediation

Der Begriff Mediation lässt sich zum einen auf das griechische Wort „medos“ zurückführen, das so viel wie „vermittelnd, unparteiisch, neutral“ bedeutet, zum

1 Hopt/Steffek/*Hopt/Steffek*, S. 7.
2 Vgl. *Hehn*, in: Haft/Schlieffen, S. 187.
3 *Hehn*, in: Haft/Schlieffen, S. 190; s. hierzu auch unten Teil 7.A.
4 Vgl. *Hehn*, in: Haft/Schlieffen, S. 193

anderen auf das lateinische Verb „mederi" = „heilen, kurieren", von dem das Wort „mediatio" = „Vermittlung" abzuleiten ist.[5]

Die Mediation in ihrer ursprünglichen Form ist ein auf Freiwilligkeit der Beteiligten beruhendes außergerichtliches Vermittlungsverfahren, bei dem ein Vermittler ohne Entscheidungsgewalt die Kommunikation zwischen den Parteien systematisch fördert, mit dem Ziel, eine von den Beteiligten einvernehmlich getroffene und selbst verantwortete Lösung bzw. die Beilegung ihres Konfliktes zu ermöglichen.[6] Der Mediator kann Jurist, Psychologe, Sozialpädagoge oder sonstiger Dritter sein. Die Mediation basiert auf der Privatautonomie und der Selbstbestimmung der Beteiligten und kann grundsätzlich bei rechtlichen sowie auch sozialen oder wirtschaftlichen Konflikten eingesetzt werden. Eine Familienmediation kann auch bei intakter Familie zur Lösung von Konflikten durchgeführt werden, erfolgt aber meist im Rahmen der Trennung oder Scheidung zur Regelung der Folgen.

Mit dem Gesetz zur Förderung der Mediation und anderer Verfahren der außergerichtlichen Konfliktbeilegung vom 21. Juli 2012[7] wurde klargestellt, dass Mediationen außergerichtlich durchgeführt werden (vgl. § 278a ZPO). Auch Richter können mediative Verhandlungen durchführen, aber nicht als gerichtsinterne Mediatoren, sondern als Güterichter (vgl. 36 Abs. 5 FamFG).[8]

Mediative Elemente finden immer mehr Eingang in das gerichtliche Kindschaftsverfahren. Bereits vor Inkrafttreten dieses Gesetzes hatte der Richter selbst auf ein Einvernehmen der Beteiligten hinzuwirken (vgl. § 156 Abs. 1 S. 1 FamFG). Nun ist geregelt, dass er während eines Gerichtsverfahrens den Beteiligten eine Mediation vorschlagen kann (§ 36 Abs. 5 S. 1 FamFG). Er kann auch anordnen, dass die Eltern einzeln oder gemeinsam an einem kostenfreien Informationsgespräch über Mediation teilnehmen und eine Bestätigung hierüber vorlegen (§ 156 Abs. 1 S. 3 FamFG). Er kann die Beteiligten aber auch für eine Güteverhandlung an einen Güterichter verweisen, der als nicht entscheidungsbefugter Richter alle Methoden der Konfliktbeilegung einschließlich der Mediation einsetzen kann (§ 36 Abs. 5 FamFG).

In der Mediation soll es weder vorrangig um die Durchsetzung von Rechten, noch um Beratungs- oder Therapieangebote an einzelne Eltern gehen[9], sondern um das Finden einer einvernehmlichen Lösung, die den Bedürfnissen und Interessen aller Beteiligten entspricht und in der jeder Beteiligte sich hinreichend repräsentiert sieht.

5 *Hehn*, in: Haft/Schlieffen, S. 178.
6 Hopt/Steffek/*Hopt/Steffek*, S. 12.
7 In Kraft getreten am 26.07.2012, BGBl. I, S. 1577.
8 Zur Abgrenzung s. unten Teil 6.B.
9 *Proksch*, in: Duss-von Werth/Mähler/Mähler, S. 144 (147).

Damit werden hohe Hoffnungen und Erwartungen an die Mediation gestellt:[10] Sie soll kostengünstiger, effektiver und konfliktreduzierender sein als ein Gerichtsverfahren. Das Mediationsverfahren soll die Bedürfnisse der Beteiligten angemessener berücksichtigen als ein Gerichtsverfahren, wodurch die Chance der Beteiligten, mit den vereinbarten Regelungen zufrieden zu sein, erhöht werden soll. Eine „Win-win-Situation" soll geschaffen werden, in der eine auf die speziellen Bedürfnisse der individuellen Familie abgestimmte Vereinbarung erzielt wird. Die Kommunikation und Kooperation der Eltern soll verbessert, die Elternautonomie gestärkt und die Konflikte und Feindseligkeiten reduziert werden können. Das Kindeswohl und die Kindesinteressen sollen besser gesichert und den Eltern besser vermittelt werden können. Letztlich sollen die getroffenen Vereinbarungen nachhaltiger als eine gerichtliche Entscheidung werden.

2. Die Mediation zwischen Gerichtsverfahren und Therapie

In der Mediation sollen Konflikte, die oft sowohl rechtliche als auch emotionale Aspekte beinhalten, nicht ausschließlich auf der juristischen, sondern bis zu einem gewissen Grad auch auf der emotionalen bzw. psychologischen Ebene bearbeitet werden. In gewisser Weise vermischen sich in der Mediation sämtliche Verfahren. Zur Klarheit soll nun eine Abgrenzung zwischen der Mediation, dem Gerichtsverfahren und der Therapie vorgenommen werden, um insbesondere auch die Grenzen der Mediation gegenüber den anderen beiden Interventionen darzustellen.

In einem Familiengerichtsverfahren wird die komplexe Wirklichkeit in entscheidbare Sachverhalte übersetzt, wobei rechtlich irrelevante Elemente in der Regel ausgeblendet werden. Der Konflikt wird auf rechtlich relevante Kriterien verkürzt, bis im Grunde nur die Rechtslage übrig bleibt.[11] Aufgabe der Justiz ist die Regelung rechtlicher Streitigkeiten auf der Basis von Recht und Gesetz. Der Richter hat eine autoritäre Stellung, er kann Maßnahmen anordnen und die Beteiligten zu einem Tun oder Unterlassen verpflichten. In Kindschaftssachen soll der Richter nach § 156 Abs. 1 FamFG in der Regel vor einer Entscheidung auf ein Einvernehmen der Beteiligten hinwirken, wobei auch psychosoziale Berufsgruppen einzubinden sind: Das Jugendamt muss angehört werden (§ 162 Abs. 1 FamFG). Der Richter kann auch auf außergerichtliche Beratungsmöglichkeiten und Vermittlungsverfahren hinweisen und die Teilnahme an einem Informationsgespräch hierüber anordnen (vgl. § 156 Abs. 1 S. 2 bis 4 FamFG). Er kann

10 *Kostka*, FamPra.ch 2009, 634 (637); mit zahlreichen Nachweisen *Kostka* (2004), S. 379 ff.

11 *Breidenbach*, S. 51.

auch einem Sachverständigen gegenüber anordnen, dass er bei Erstellung des Gutachtenauftrags auch auf die Herstellung eines Einvernehmens hinwirken soll (§ 163 Abs. 2 FamFG). Soll das außergerichtlich vereinbarte Ergebnis verbindlich werden, muss es dem Gericht zur Billigung vorgelegt werden (vgl. § 156 Abs. 2 FamFG). Der Richter verliert auch bei seinen Bemühungen um ein Einvernehmen nie seine Entscheidungsbefugnis. Ist kein Einvernehmen zu erzielen, muss er entscheiden. Er steht dann genau genommen vor der Aufgabe, die Entscheidungen zu treffen, die die Eltern nicht selbst treffen können oder wollen, und die sich vielleicht schon für die mit der Familie vorher befassten professionellen Helfer als unlösbar erwiesen.[12]

Der Mediator hingegen hat nicht nur keine Entscheidungsgewalt, er soll auch keine Lösungsvorschläge unterbreiten. Seine Aufgabe ist, die Beteiligten in angemessener Weise darin zu unterstützen, selbst eine Lösung für ihren Konflikt zu erarbeiten. Im Gegensatz zu einem Gerichtsverfahren ist ein Mediationsverfahren offener und freier, sowohl bezüglich des Verfahrensablaufs als auch einer möglichen Lösung. Mit der Formfreiheit soll auf die Einzelheiten des Konflikts verfahrensmäßig flexibel reagiert werden können.[13] Um dem Verfahren dennoch eine gewisse Struktur zu geben, wurde z.B. das 5-Stufen-Modell[14] entwickelt. Auch die zu verhandelnden Themen sind offener. Im Gerichtsverfahren geben in der Regel die Anträge den Verfahrensgegenstand vor, die sich an Rechts- und Anspruchsgrundlagen im Gesetz orientieren. Im Mediationsverfahren hingegen sind die Themen, Konflikte und Lösungen von den Beteiligten frei bestimmbar. Rechtliche Ansprüche können dabei Richtungen weisen und Themengebiete abstecken, es können aber auch rechtlich nicht relevante Konflikte verhandelt werden. Die Beteiligten müssen deutlich machen bzw. erarbeiten, was sie verhandeln wollen, was ihre Konflikte sind, was ihre Interessen sind und was sie in den Vereinbarungen berücksichtigt wissen wollen. Dies erfordert auch, dass sich der Mediator von vorgefassten Lösungen und Zielen frei macht und sich auf die Interessen der Beteiligten einlässt, um ihnen helfen zu können, eine auf sie zugeschnittene Lösung zu erarbeiten.

Psychotherapie bezeichnet die systematische Anwendung wissenschaftlich fundierter Methoden verbaler und nonverbaler Kommunikation zur Behandlung von psychischen und psychosomatischen Krankheiten, Leidenszuständen oder

---

12 *Johnston*, JAmt 2002, 378 (379).

13 Hopt/Steffek/*Hopt/Steffek*, S. 16.

14 1. Stufe: Erstgespräch und Mediationskontrakt; 2. Stufe: Themensammlung und Gewichtung; 3. Stufe: Interessen, Bedürfnisse, tiefere Bedeutungen; 4. Stufe: Optionen entwickeln, verhandeln, entscheiden, vereinbaren; 5. Stufe: Inkrafttreten der Vereinbarung. Vgl. Diez/Krabbe/Thomsen, S. 40 ff.

Verhaltensstörungen.[15] Ziel der Psychotherapie ist nicht nur die Beseitigung der akuten Symptome und die Wiederherstellung der Leistungsfähigkeit, sondern auch die Schaffung von Verarbeitungsmöglichkeiten für Antriebe und Affekte, oft im Sinne einer nachträglichen Reifung. Die Ursache der Symptome, also die (inneren) emotionalen Konflikte, sollen behandelt werden. Beispielsweise kann bei der Geburt eines Kindes ein infantiles Triebbedürfnis des Vaters nach dem ausschließlichen, ungeteilten Besitz der Liebe und Fürsorge der Mutter zu einer erheblichen Belastung in der Partnerschaft führen, somit zu einem zumindest versteckten Konflikt: Der gewordene Vater muss einsehen, dass er nunmehr die Mutter mit dem Kind teilen und gar hinter dem Kind zurückstehen muss. Neid und Eifersucht können die Folge sein. Viele Partnerschaften zerbrechen, wenn dieser Konflikt nicht überwunden werden kann. Kommt es zur Trennung, kann ein solcher innerer, ungelöster Konflikt des Vaters ein Grund dafür sein, z.B. wenig offen für Kompromisse und Zugeständnisse zu sein. Innere Konflikte der Beteiligten und Paarkonflikte tauchen unweigerlich in der Mediation auf und beeinflussen ihren Verlauf in unterschiedlicher Weise. Die Bearbeitung von psychischen Paarkonflikten wie z.B. Schuldzuweisungen für das Scheitern der Beziehung sprengt jedoch den Rahmen und die Möglichkeiten einer Mediation.

Die Mediation ermöglicht also, zunächst den status quo, also die Feststellung der tatsächlichen Gegebenheiten und der psychischen Realitäten der Beteiligten, zu erarbeiten, und dann auf dieser Basis einvernehmliche Regelungen zu treffen, die den Interessen der Beteiligten hinreichend Rechnung tragen. Eine Mediation ist aber keine Therapie und kann nicht der Bearbeitung der inneren Konflikte der Beteiligten dienen. Aber es kann ein konstruktives Gespräch und ein sinnvolles Umgehen mit der Situation angestrebt werden. Hierfür können therapeutische Elemente eingesetzt werden, um den Umgang mit dem Konflikt zu bereichern. Das Ziel einer Mediation ist jedoch stets auf das Erzielen einer Vereinbarung gerichtet.[16] Die Mediation kann somit als eine rationale Tätigkeit gesehen werden, die auf dem irrationalen Gelände des Konflikts stattfindet.[17] Sie versucht einen Mittelweg: Die Gefühle sollen zwar geäußert werden[18], der Fokus soll aber auf die Sachprobleme gerichtet bleiben.

Die Einbeziehung der Emotionen, der Innenwelt der Medianten sowie der Vergangenheit muss daher insoweit erfolgen, als dies notwendig ist, um zu einer tragfähigen, ergebnisbezogenen Vereinbarung zu gelangen.[19] Die Mediation gibt

15 Vgl. hierzu Lexikon der Psychologie, Eintrag „Psychotherapie-Schulen und Methoden".

16 *Breidenbach*, S. 277.

17 *Duss-von Werdt*, in: Wirsching/Scheib, S. 227.

18 *Breidenbach*, S. 61.

19 *Breidenbach*, S. 277 f.

aber nicht den Rahmen, um das *Warum* der Trennung zu klären; die Trennung an sich muss als Tatsache von den Beteiligten anerkannt und akzeptiert werden. Ebenso kann es nicht Aufgabe der Mediation sein zu klären, *warum* ein Beteiligter z.B. aggressiv wird, trinkt oder unzuverlässig ist. Aber den Befürchtungen eines Beteiligten oder der gar feststehenden Tatsache, *dass* dem so ist, muss in der Mediation und in den zu treffenden Regelungen hinreichend Rechnung getragen werden.

Diese Gratwanderung erfordert entsprechende Ausbildung und Erfahrung des Mediators: Ein Familienmediator sollte einerseits die Grundzüge der Psychologie kennen und die erforderlichen therapeutischen Elemente einbeziehen und mit ihnen umgehen können. Ein Mediator muss wissen, dass es seine Aufgabe ist, die aufgekommenen sachlichen Probleme einer Einigung zuzuführen, sofern die Beteiligten hierzu bereit sind. Er muss aber erkennen, wann er trotz aller lege artis angewendeten Handgriffe der Mediation auf einen einigungsbehindernden Widerstand stößt, der in einem psychologischen Konflikt begründet sein kann, so dass er in der Mediation nicht bearbeitet und schon gar nicht behandelt werden kann. Er muss erkennen können, wo die Grenzen zwischen einer Mediation und Therapie sind und diese auch den Medianten gegenüber deutlich machen können. Andererseits muss er auch den rechtlichen Handlungsrahmen kennen. Er muss die materiellen und verfahrensrechtlichen Ansprüche und Rechte kennen, um sicherzustellen, dass kein Beteiligter in der Mediation schlechter steht, als wenn ein Gerichtsverfahren durchgeführt worden wäre. Die Kenntnis des rechtlichen Hintergrunds ist auch erforderlich, damit die getroffene Vereinbarung z.B. auch einer gerichtlichen Billigung nach § 156 Abs. 2 FamFG standhält.

3. Dauer und Kosten einer Mediation

Zugunsten der Mediation wird oft argumentiert, sie sei im Gegensatz zum streitigen Gerichtsverfahren kürzer und kostengünstiger. Ein direkter Vergleich ist aber letztlich schwierig bis kaum möglich. Zunächst gelangen meist solche Eltern in die Mediation, die im Grunde einigungswillig sind, während am Familiengericht oft auch hochstreitige und eskalierte Konflikte und Problemfälle wie Gewalt und Missbrauch zu verhandeln sind.[20] Ferner sind die Kosten einer Mediation stark von den im Einzelfall getroffenen Dispositionen abhängig, also von der Auswahl des Mediators, der Anzahl der Stunden, der Vergütungsvereinbarung und der Inanspruchnahme eines Anwalts.[21] Entscheidend ist sowohl vor

20 *Greger*, FPR 2011, 115 (118).
21 *Greger*, FPR 2011, 115 (116).

Gericht als auch in der Mediation, ob nur Sorge- und Umgangsrechtsfragen oder auch sämtliche Trennungs- und Scheidungsfolgen behandelt werden.

Die Dauer einer Mediation ist unterschiedlich. Mediationen, für die insgesamt ca. zweieinhalb bis viereinhalb Stunden aufgewendet wurden, empfanden viele der Beteiligten als zu hastig.[22] Proksch geht davon aus, dass ein Vermittlungsprozess durchschnittlich nach maximal sechs Sitzungen à einer bis eineinhalb Stunden innerhalb von zwei bis vier Monaten abgeschlossen sein sollte, da dies dem Bedürfnis der Eltern wie der Kinder als auch den Erwartungen des Familiengerichts nach einer angemessenen, aber zügigen Sachaufklärung und Entscheidung entspreche.[23] Die Studie von Greger[24] ergab, dass sich die Zahl der Sitzungsstunden bei den untersuchten Verfahren im Mittelwert auf ca. 12 Stunden belief, es gab aber auch erhebliche Ausschläge nach unten (1,5) und nach oben (40).[25]

Die Honorarforderungen berechneten sich in den von Greger untersuchten Fällen nach Zeitaufwand und Stundensatz und wiesen eine große Streubreite auf, wobei Anwaltsmediatoren tendenziell etwas höhere Sätze berechneten als Angehörige psychosozialer Berufsgruppen.[26] Bei Mediationen zum Sorge- und Umgangsrecht liegt der Stundensatz nach Gregers Studie zwischen 60 und 100 Euro, in Einzelfällen bei bis zu 160 Euro.[27] Nach Paul belaufen sich die Stundensätze bei einer Familienmediation auf 50 bis 260 Euro.[28] Werden auch Unterhalt, Zugewinnausgleich etc. verhandelt, erhöhen sich die Kosten. In den von Greger untersuchten Fällen lagen die Kosten einer Kindschaftsmediation zwischen 800 und 1200 Euro, selten über 2000 Euro, selbst bei einer Co-Mediation.[29] Im Rahmen der Hilfeleistungen nach §§ 17, 18 SGB VIII werden an manchen Orten von Jugendämtern und Beratungsstellen auch kostenfreie Mediationen in Kindschaftssachen angeboten.[30] Den Eltern entstehen hier nur dann Aufwendungen, wenn sie anwaltlichen Beistand in Anspruch nehmen.

---

22 *Pearson/Thoennes*, Behavioral Sciences & the Law 1986, 203 (209).

23 *Proksch* (1998a), S. 74.

24 *Greger*, Mediation und Gerichtsverfahren in Sorge- und Umgangsrechtskonflikten, Pilotstudie zum Vergleich von Kosten und Folgekosten im Auftrag des Bundesministeriums der Justiz (2010); *Greger*, FPR 2011, 115 ff.

25 *Greger*, FPR 2011, 115 (116).

26 *Greger*, FPR 2011, 115 (116).

27 *Greger*, FPR 2011, 115 (116).

28 *Paul*, FPR 2004, 176 (179).

29 *Greger*, FPR 2011, 115 (116).

30 Zu verschiedenen Kostenregelungs- und Finanzierungsvarianten bei interdisziplinären Beratungs- und Kooperationsmodellen s. *Fichtner* (2006).

Die Frage der Kostenhilfe für die außergerichtliche Mediation ist nicht gesetzlich geklärt. § 6 MediationsG sieht daher die Möglichkeit für Bund und Länder vor, wissenschaftliche Forschungsvorhaben zu vereinbaren, um die Folgen einer finanziellen Förderung der Mediation für die Länder zu ermitteln.

Bei Gerichtsverfahren lagen in der Studie von Greger die Anwaltskosten pro Elternteil meist im Bereich von 1100 bis 1200 Euro, zusätzlich kamen ggf. Kosten für einen Verfahrenspfleger oder einen Sachverständigen hinzu. Laut Greger beläuft sich der Erwartungswert pro Elternteil insgesamt auf 2070 Euro.[31]

Eine Mediation kann also kostengünstiger und zeitreduzierter sein als ein Gerichtsverfahren. Ein Gerichtsverfahren ist aber letztlich insbesondere dann kostspielig und zeitintensiv, wenn es sich um einen hochstreitigen eskalierten Konflikt handelt, bei dem eine Mediation ohnehin leicht an ihre Grenzen stoßen kann. Scheitert die Mediation oder entstehen später Konflikte hinsichtlich der getroffenen Regelungen, fallen unter Umständen die Kosten eines Gerichtsverfahrens zusätzlich an. Allerdings besteht diese Gefahr auch nach gerichtlichen Entscheidungen, wenn es zu Folgeverfahren kommt.[32]

II. Rechtsgrundlagen der Mediation

Zunächst gab es nur einzelne berufsstandsspezifische Regelungen für den Mediator und einige Hinweise auf die Mediation. Auf europäischer Ebene erließen schließlich das Europäische Parlament und der Rat am 21. Mai 2008 die Richtlinie 2008/52/EG über bestimmte Aspekte der Mediation in Zivil- und Handelssachen. Zur Umsetzung dieser Richtlinie wurde in Deutschland das Gesetz zur Förderung der Mediation und anderer Verfahren der außergerichtlichen Konfliktbeilegung am 15.12.2011 in der Fassung der Beschlussempfehlung des Rechtsausschusses[33] vom Bundestag verabschiedet.

1. Regelungen über die Mediation auf europäischer Ebene

Zunächst hat die Europäische Kommission im Juli 2004 den European Code of Conduct for Mediators verabschiedet. Gemäß der Einleitung steht es jedem Mediator frei, sich diesem Kodex zu verpflichten. Dieser Verhaltenskodex enthält allgemeine Regelungen für Mediatoren zur notwendigen Kompetenz, der Ernennung, der Unparteilichkeit, des fairen Verfahrens, der Vergütung und der

---

31 *Greger*, FPR 2011, 115 (117).

32 *Greger*, FPR 2011, 115 (118).

33 BT-Drucksache 17/8058 (Beschlussempfehlung des Rechtsausschusses), BT-Drucksache 17/5335 (ursprünglicher Regierungsentwurf).

Vertraulichkeit, mit dem Hinweis, dass für spezifische Kontexte detaillierte Regelungen entwickelt werden könnten.[34] Der Kodex gilt für Mediationen im Allgemeinen und enthält keine spezifischen Vorschriften zur Familienmediation.

Am 21. Mai 2008 wurde die Richtlinie 2008/52/EG des Europäischen Parlaments und des Rates über bestimmte Aspekte der Mediation in Zivil- und Handelssachen (Mediationsrichtlinie) erlassen. Eine EG-Richtlinie ist nicht unmittelbar wirksam und verbindlich, sondern muss durch nationale Rechtsakte umgesetzt werden. Die Richtlinie soll Rahmenregeln einführen, um die Mediation weiter zu fördern und sicherzustellen, dass die Parteien, die eine Mediation in Anspruch nehmen, sich auf einen vorhersehbaren rechtlichen Rahmen verlassen können (Erwägungsgrund Nr. 7 der Mediationsrichtlinie). Die Richtlinie gilt nicht für Rechte und Pflichten, über die die Beteiligten nach dem einschlägig anwendbaren Recht nicht selbst verfügen können, was nach dem Wortlaut im Familienrecht häufig der Fall ist (vgl. Erwägungsgrund Nr. 10 und Art. 1 Abs. 2 der Mediationsrichtlinie). Die Richtlinie gilt somit grundsätzlich nicht für familienrechtliche Mediationen, da die Verhandlungsgegenstände beispielsweise in Umgangssachen nicht der Disposition der Eltern unterliegen. Ferner gilt die Richtlinie nur für grenzüberschreitende Streitigkeiten.

2. Die ersten Regelungen über die Mediation im deutschen Recht

Die ersten Regelungen über Mediation im deutschen Recht bezogen sich auf Rechtsanwälte. Ein Rechtsanwalt darf sich als Mediator bezeichnen, wenn er durch eine geeignete Ausbildung nachweisen kann, dass er die Grundsätze des Mediationsverfahrens beherrscht (§ 7a BORA[35]). Dabei unterliegt er gemäß § 18 BORA den Regeln des Berufsrechts. Ferner nennt § 5a Abs. 3 S. 1 des Deutschen Richtergesetzes die Mediation neben Verhandlungsmanagement, Gesprächsführung, Rhetorik, Streitschlichtung, Vernehmungslehre und Kommunikationsfähigkeit als ein Beispiel für die in der universitären Juristenausbildung zu vermittelnden Schlüsselqualifikationen. § 34 RVG regelt die Vergütung eines als Mediator tätigen Rechtsanwalts. Am 01.07.2008 trat das Rechtsdienstleistungsgesetz (RDG) in Kraft, welches das Rechtsberatungsgesetz ablöste. § 2 Abs. 3 Nr. 4 RDG stellt klar, dass die Mediation sowie jede vergleichbare Form der alternativen Streitbeilegung keine Rechtsberatung darstellt, sofern die Tätigkeit nicht durch rechtliche Regelungsvorschläge in die Gespräche der Beteiligten eingreift.

---

34 European Code of Conduct, S. 1.

35 Berufsordnung der Rechtsanwälte in der Fassung vom 01.03.2011, BRAK-Mitt. 2010, 253 f.

Im Bürgerlichen Gesetzbuch (BGB) und in der Zivilprozessordnung (ZPO) ist die Mediation bislang nicht explizit erwähnt, aber der Oberbegriff der außergerichtlichen Streitschlichtung und Streitbeilegung fand nach und nach Einzug in die deutschen Gesetzgebung, worunter auch die Mediation subsumiert werden kann.[36]

Auch in § 17 Abs. 2 SGB VIII findet sich der Begriff „einvernehmliche außergerichtliche Streitbeilegung". Im Fall einer Trennung oder Scheidung soll die Kinder- und Jugendhilfe die Eltern unter angemessener Beteiligung des Kindes bei der Entwicklung einer einvernehmlichen Lösung unterstützen.

Mit der FGG-Reform wurde die Mediation erstmals im deutschen Verfahrensrecht explizit erwähnt. Gemäß §§ 135, 156 FamFG soll das Gericht die Beteiligten in familienrechtlichen bzw. kindschaftsrechtlichen Streitigkeiten auf die Möglichkeit der Mediation hinweisen. Weitere Definitionen, Erklärungen oder Regelungen enthält das FamFG nicht.

Auf nationaler Ebene wurden Richtlinien und Standards von Mediationsverbänden oder Mediationsanbietern in Form von Verpflichtungen ihrer Mitglieder zur Qualitätssicherung der Mediation erarbeitet. Die im Jahr 1992 gegründete Bundes-Arbeitsgemeinschaft für Familien-Mediation e.V. (BAFM)[37] erließ eine Richtlinie für die Mediation in Familienkonflikten, die Regelungen für die Voraussetzungen, Ziele, Aufgaben, Prinzipien und für die Praxis der Familien-Mediation trifft, sowie auch eine Ausbildungsordnung für Familienmediation enthält. Diese Regelungen sind aber nur für die Mitglieder der BAFM verbindlich.

3. Das Gesetz zur Förderung der Mediation und anderer Verfahren der außergerichtlichen Konfliktbeilegung

Mit dem Gesetz zur Förderung der Mediation und anderer Verfahren der außergerichtlichen Konfliktbeilegung soll die Europäische Mediationsrichtlinie[38] vom 21.05.2008 in Deutschland umgesetzt werden. Ziel dieses Gesetzes ist die Förderung der Mediation und anderer Verfahren der außergerichtlichen Konfliktbeilegung, ausgenommen des Täter-Opfer-Ausgleichs.[39] Art. 1 des Gesetzes enthält das Mediationsgesetz (MediationsG) und Art. 2 bis 11 enthalten Änderungen anderer Gesetze, wie z.B. des FamFG.

36 *Oehlerking*, in: Greger/Unberath, S. 55.

37 http://www.bafm-mediation.de (zuletzt abgerufen am 15.07.2012).

38 Richtlinie 2008/52/EG des Europäischen Parlaments und des Rates über bestimmte Aspekte der Mediation in Zivil- und Handelssachen.

39 BT-Drucksache 17/5335, S. 11.

Am 05.08.2010 versandte das Bundesjustizministerium den Referentenentwurf für das Gesetz an die Länder und Verbände und am 12.01.2011 beschloss die Bundesregierung einen Gesetzentwurf.[40] Im März 2011 nahm der Bundesrat zu diesem Gesetzentwurf unter Beachtung der Empfehlung seiner Ausschüsse Stellung.[41] Im April 2011 folgten die Gegenäußerung der Bundesregierung[42] hierzu sowie die erste Lesung im Bundestag, sodann die Überweisung des Entwurfs in den Rechtsausschuss zur weiteren Beratung. Während einer öffentlichen Anhörung des Rechtsausschusses des Bundestages im Mai 2011 nahmen Sachverständige zum Gesetzentwurf Stellung. Der Rechtsausschuss erarbeitete dann eine Beschlussempfehlung[43], die umfangreiche Änderungen enthielt. Insbesondere wurden die im Gesetzentwurf der Bundesregierung vorgesehenen Regelungen zur gerichtsinternen Mediation gestrichen und stattdessen ein „erweitertes Güterichterkonzept" vorgesehen. Am 15.12.2011 hat der Bundestag den Gesetzentwurf in zweiter und dritter Lesung beraten und ihn in der Fassung der Beschlussempfehlung des Rechtsausschusses angenommen und verabschiedet. Der Bundesrat hat aber am 10.02.2012 gemäß Art. 77 Abs. 2 GG die Einberufung des Vermittlungsausschusses mit dem Ziel verlangt, dass „zur Aufrechterhaltung der Methodenvielfalt außergerichtlicher Konfliktbeilegung [...] die richterliche Mediation in den Prozessordnungen ausdrücklich verankert werden [soll]"[44]. Der Vermittlungsausschuss hat am 27. Juni 2012 einen Kompromissvorschlag erzielt.[45] Nach diesem soll gerichtsinterne Streitschlichtung durch sogenannte Güterichter möglich sein, während die Bezeichnung Mediator außergerichtlichen Streitschlichtern vorbehalten bleibt. Die Beschlussempfehlung wurde am 28.06.2012 vom Bundestag angenommen.[46] Am nächsten Tag hat der Bundesrat beschlossen, keinen Einspruch gegen das Gesetz einzulegen.[47] Das Mediationsgesetz ist schließlich am 26.07.2012 in Kraft getreten.[48]

a. Begriffsbestimmungen, Aufgaben des Mediators und seine Offenbarungspflichten (§§ 1-3 MediationsG)

In § 1 Abs. 1 MediationsG wird der Begriff Mediation als ein vertrauliches und strukturiertes Verfahren definiert, bei dem die Parteien mit Hilfe eines oder

40 Gesetzentwurf der Bundesregierung, BT-Drucksache 17/5335.

41 BR-Drucksache 60/11.

42 BT-Drucksache 17/5496.

43 BT-Drucksache 17/8058.

44 BR-Drucksache 10/12 (Beschluss).

45 BT-Drucksache 17/10102.

46 BR-Drucksache 377/12.

47 BR-Drucksache 377/12 (Beschluss).

48 Verkündung des Gesetzes am 25.07.2012, BGBl. I S. 1577.

mehrerer Mediatoren freiwillig und eigenverantwortlich eine einvernehmliche Beilegung ihres Konflikts anstreben. Im Gegensatz zum Regierungsentwurf[49] wird nicht mehr zwischen der außergerichtlichen, gerichtsnahen und gerichtsinternen Mediation unterschieden.[50] Gerichtsinterne Streitschlichter heißen nun Güterichter und nur außergerichtliche Streitschlichter werden als Mediator bezeichnet.

§ 1 Abs. 2 MediationsG definiert den Mediator als eine unabhängige und neutrale Person ohne Entscheidungsbefugnis, die die Parteien durch die Mediation führt. Nach § 2 Abs. 2 MediationsG hat sich der Mediator zu vergewissern, dass die Parteien die Grundsätze und den Ablauf des Mediationsverfahrens verstanden haben und freiwillig an der Mediation teilnehmen. Er ist allen Parteien gleichermaßen verpflichtet und seine Aufgaben sind, die Kommunikation der Parteien zu fördern und zu gewährleisten, dass die Parteien in angemessener und fairer Weise in das Mediationsverfahren eingebunden sind (§ 2 Abs. 3 S. 1 und 2 MediationsG). Er kann im allseitigen Einverständnis getrennte Gespräche mit den Parteien führen (§ 2 Abs. 3 S. 3 MediationsG). Dritte können nur mit Zustimmung aller Parteien in die Mediation einbezogen werden (§ 2 Abs. 4 MediationsG). Sowohl die Parteien als auch der Mediator können die Mediation jederzeit beenden, letzterer insbesondere dann, wenn er der Auffassung ist, dass eine eigenverantwortliche Kommunikation oder eine Einigung der Parteien nicht zu erwarten ist (§ 2 Abs. 5 S. 1 und 2 MediationsG). Im Falle einer Einigung hat der Mediator darauf hinzuwirken, dass die Parteien die Vereinbarung in Kenntnis der Sachlage treffen und ihren Inhalt verstehen (§ 2 Abs. 6 S. 1 MediationsG). Er hat die Parteien, die ohne fachliche Beratung an der Mediation teilnehmen, auf die Möglichkeit hinzuweisen, die Vereinbarung bei Bedarf durch externe Berater überprüfen zu lassen (§ 2 Abs. 6 S. 2 MediationsG).

In § 3 MediationsG werden die Offenbarungspflichten des Mediators gegenüber den Parteien geregelt, sowie seine Tätigkeitsbeschränkungen bei z.B. vorheriger Befassung in derselben Sache für eine Partei.

b. Die Verschwiegenheitspflicht des Mediators und das Kindeswohlprinzip in der Mediation

Hinsichtlich der Verschwiegenheitspflicht konnte sich der Mediator bislang nur auf allgemeines Berufsstandrecht berufen. § 4 MediationsG regelt nun die Verschwiegenheitspflicht des Mediators und verdrängt als lex specialis andere berufsstandrechtliche Regelungen.[51] Nach § 4 S. 1 MediationsG ist der Mediator

49 BT-Drucksache 17/5335.

50 Näheres zur gerichtsinternen Mediation s. unten Teil 6.B.

51 BT-Drucksache 17/5335, S. 17.

zur Verschwiegenheit verpflichtet, soweit gesetzlich nichts anderes geregelt ist. Der Mediator hat somit gemäß § 383 Abs. 1 Nr. 6 ZPO ein Zeugnisverweigerungsrecht in Zivilverfahren und in allen auf diese Regelung Bezug nehmenden Verfahren.[52] Für Verletzungen der Verschwiegenheitspflicht gelten §§ 203, 34 StGB.

§ 4 S. 3 MediationsG bestimmt Ausnahmen dieser Pflicht. So gilt gemäß § 4 S. 3 Nr. 2 MediationsG die Verschwiegenheitspflicht nicht, soweit die Offenlegung aus vorrangigen Gründen der öffentlichen Ordnung geboten ist, insbesondere um eine Gefährdung des Wohles eines Kindes oder eine schwerwiegende Beeinträchtigung der physischen oder psychischen Integrität einer Person abzuwenden. Würde die Verschwiegenheit zu Ergebnissen führen, die mit den Grundwerten der deutschen Rechtsordnung nicht zu vereinbaren wären, ist die Durchbrechung der Verschwiegenheitspflicht vorgesehen.[53]

Kommt also in der Mediation eine Kindeswohlgefährdung zu Sprache, die sich nur durch Offenlegung, etwa gegenüber dem Jugendamt oder der Polizei, abwenden lässt, entfällt die Schweigepflicht.[54] Die Offenbarung muss aber „geboten" sein. Dies ist gemäß der Gesetzesbegründung dann der Fall, „wenn sich die jeweilige Beeinträchtigung auf andere Weise als durch Offenbarung nicht abwenden lässt, insbesondere wenn die Mediation nicht zu einer effektiven und endgültigen Beendigung des Zustands führt bzw. wenn bei Kindeswohlgefährdungen die Eltern auch nach Hinweis auf die Gefährdungslage nicht bereit oder in der Lage sind, diese zu beseitigen"[55].

Dies entspricht im Grunde den Regelungen des Gesetzes zur Stärkung eines aktiven Schutzes von Kindern und Jugendlichen (Bundeskinderschutzgesetz).[56] Dieses enthält in Artikel 1 das Gesetz zur Kooperation und Information im Kinderschutz (KKG). Nach § 4 Abs. 1 KKG sollen z.B. Ärzte, Berufspsychologen, Ehe-, Familien-, Erziehungs- oder Jugendberater oder staatlich anerkannte Sozialarbeiter, wenn ihnen in Ausübung ihrer beruflichen Tätigkeit gewichtige Anhaltspunkte für die Gefährdung des Wohls des Kindes oder eines Jugendlichen bekannt werden, mit dem Kind oder Jugendlichen und den Personensorgeberechtigten die Situation erörtern. Soweit erforderlich, sollen sie bei den Personensorgeberechtigten auf die Inanspruchnahme von Hilfen hinwirken, wenn hierdurch der wirksame Schutz des Kindes oder des Jugendlichen nicht in Frage gestellt wird. Nach § 4 Abs. 3 KKG sind die in Absatz 1 genannten Experten auch befugt, das Jugendamt zu informieren und die erforderlichen Daten mitzu-

---

52 BT-Drucksache 17/5335, S. 17.
53 BT-Drucksache 17/5335, S. 17.
54 BT-Drucksache 17/5335, S. 17.
55 BT-Drucksache 17/5335, S. 17.
56 BT-Drucksache 17/6256, in Kraft getreten am 01.01.2012.

teilen, wenn ein Vorgehen nach Absatz 1 zur Abwendung ausscheidet oder keinen Erfolg verspricht. Ferner sieht § 4 Abs. 2 KKG vor, dass ein Berufsgeheimnisträger sich bei einer im Kindesschutz erfahrenen Fachkraft hinsichtlich der Frage beraten lassen kann, ob und wann im Einzelfall eine Kindeswohlgefährdung anzunehmen ist.

Die gesetzliche Regelung der Verschwiegenheitspflicht des Mediators und die Ausnahmeregelung bei Kindeswohlgefährdung sind wichtige Schritte für den Schutz des Kindes im Rahmen einer Mediation. Problematisch ist aber die Gesetzesbegründung zu § 4 S. 3 Nr. 2 MediationsG: „Die Voraussetzungen sind insoweit noch enger als die Eingriffsschwelle des § 1666 BGB. Das trägt dem Umstand Rechnung, dass Mediatorinnen und Mediatoren, anders als Familiengerichte, nicht in erster Linie dem Kindeswohl, sondern den Parteien [respektive den Eltern] verpflichtet sind“[57]. Dem ist strikt zu widersprechen.

In kindschaftsrechtlichen Mediationen geht es meist um Themen, die in der Regel ansonsten vor Gericht oder beim Jugendamt verhandelt werden würden – bzw. ggf. bereits vor Gericht verhandelt wurden. Daher drängt sich ein Vergleich zu den Bestimmungen für Gerichtsverfahren und Verfahren beim Jugendamt auf. Das Gericht sowie auch das Jugendamt sind jedoch dem Kindeswohl verpflichtet (vgl. §§ 1697a, 1666 BGB, § 8a SGB VIII). Mit der FGG-Reform im Jahr 2009 sollte die Stellung des Kindes im Gerichtsverfahren gestärkt werden: Die Pflicht zur Anhörung des Kindes wurde deutlich herausgestellt[58], die der Funktion des Verfahrenspflegers konkretisiert[59] und die Beteiligtenstellung des Kindes in einem seine Rechte betreffenden Gerichtsverfahren gesetzlich verankert (§ 7 Abs. 2 Nr. 1 FamFG). Auch mit dem Bundeskinderschutzgesetz sollte der Schutz der Kinder verstärkt werden. Wird nun für die Mediation explizit herausgestellt, dass der Mediator nicht in erster Linie dem Kindeswohl, sondern den Parteien – was offenbar das Kind ausnimmt – verpflichtet ist, wird die Position des Kindes in dem Moment geschwächt, in dem die Eltern sich für eine Mediation entscheiden.

Bei einvernehmlichen Sorgerechts- und auch Umgangsregelungen besteht ohnehin die Gefahr, dass eher die Elterninteressen und die elterliche Einigung im Vordergrund stehen und die tatsächlichen Belange des Kindes in den Hintergrund geraten. Diese Gefahr wird noch verstärkt, wenn für eine Mediation der Fokus explizit auf die Elterninteressen gelegt wird. Dies hat aber zur Konsequenz, dass die für das Kind im Gerichtsverfahren sowie auch im Verfahren beim Jugendamt errungenen Rechte in der Mediation konterkariert werden. Der

---

57 BT-Drucksache 17/5335, S. 17.

58 BT-Drucksache 16/6308, S. 240.

59 BT-Drucksache 16/6308, S. 164.

Schutz des Kindes ist dann nicht in allen Verfahren einheitlich geregelt. Es ist dann für das Kind eine Frage des Zufalls – je nachdem für welches Verfahren die Eltern sich entscheiden –, inwieweit seinen Interessen und seinem Schutz Bedeutung beigemessen wird. Der Schutz des Kindes darf in einer Mediation aber nicht geringer sein als in einer Beratung beim Jugendamt oder im Gerichtsverfahren.

Die Annahme, der Mediator sei vornehmlich den Eltern und anders als das Gericht nicht dem Kindeswohl verpflichtet, verstößt im Übrigen auch gegen die Vorgaben der UN-Kinderrechtskonvention. Nach Art. 3 Abs. 1 UN-KRK ist bei allen die Kinder betreffenden Maßnahmen – ob von öffentlichen oder privaten Einrichtungen der sozialen Fürsorge, Gerichten, Verwaltungsbehörden oder Gesetzgebungsorganen getroffen – das Wohl des Kindes der vorrangig zu berücksichtigende Gesichtspunkt. Weder die Verschwiegenheitspflicht des Mediators noch die Elterninteressen dürfen höher bewertet werden als das Wohl des Kindes.

Um dem Mediator mehr Sicherheit zu geben, wann ggf. eine Kindeswohlgefährdung vorliegt, sollte eine dem § 4 Abs. 2 KKG entsprechende Regelung ins MediationsG aufgenommen oder auf diese Regelung verwiesen werden.[60]

c. Änderungen verfahrensrechtlicher Regelungen insb. des FamFG und der ZPO

Mit dem Gesetz zur Förderung der Mediation wurden Änderungen des FamFG und der ZPO vorgenommen, um die Mediation immer mehr im Gesetz zu verankern.

§ 253 Abs. 3 ZPO sowie § 23 Abs. 2 S. 2 FamFG wurden ergänzt, so dass die Klage- bzw. Antragsschrift nunmehr auch die Angabe enthalten soll, ob der Klageerhebung bzw. der Antragsstellung der Versuch einer Mediation oder eines anderen Verfahrens der außergerichtlichen Konfliktbeilegung vorausgegangen ist, sowie eine Äußerung dazu, ob einem solchen Verfahren Gründe entgegenstehen.

Auch § 155 Abs. 4 FamFG wurde eingefügt. Hat das Gericht ein Verfahren zur Durchführung einer Mediation oder eines anderen Verfahrens der außergerichtlichen Konfliktbeilegung oder einer richterlichen Mediation ausgesetzt, hat es dieses nunmehr in der Regel nach drei Monaten wieder aufzunehmen, wenn die Beteiligten keine einvernehmliche Regelung erzielen konnten.

Nach § 156 Abs. 1 S. 3 FamFG-neu kann das Gericht nun auch anordnen, dass die Eltern einzeln oder gemeinsam an einem kostenfreien Informationsgespräch über Mediation oder über eine sonstige Möglichkeit der außergerichtlichen Konfliktbeilegung bei einer von dem Gericht benannten Person oder Stelle

60 *Bundeskonferenz für Erziehungsberatung e.V.*, ZKJ 2011, 28 (28).

teilnehmen und eine Bestätigung hierüber vorlegen. Ferner wurde in § 156 Abs. 3 S. 2 FamFG-neu die Bestimmung eingefügt, dass das Gericht in Verfahren wegen des Umgangsrechts auch bei Anordnung der Teilnahme an einem kostenfreien Informationsgespräch über Mediation oder einer sonstigen Möglichkeit der außergerichtlichen Konfliktbeilegung den Umgang bereits vorläufig per einstweiliger Anordnung regeln oder ausschließen soll.

Der neue § 36a FamFG ermöglicht es dem Richter, den Beteiligten eine Mediation oder ein anderes Verfahren der außergerichtlichen Konfliktbeilegung vorzuschlagen (§ 36a Abs. 1 S. 1 FamFG). Höchst problematisch ist aber, dass diese Regelung Gewaltschutzsachen nicht ausnimmt. Es heißt lediglich, dass die schutzwürdigen Belange der von Gewalt betroffenen Person zu wahren sind (§ 36a Abs. 1 S. 2 FamFG). Dies widerspricht § 36 Abs. 1 S. 2 FamFG, wonach im Gerichtsverfahren bei Gewaltschutzsachen gerade nicht auf ein Einvernehmen hinzuwirken ist. Ferner wird es in der Regel auch dem Zweck der Gewaltschutzmaßnahme, insbesondere eines Näherungsverbots, widersprechen, den Beteiligten eine gemeinsame Mediation vorzuschlagen.[61]

Entscheiden sich die Beteiligten für eine Mediation oder ein anderes außergerichtliches Konfliktbeilegungsverfahren, setzt das Gericht das Verfahren aus (§ 36a Abs. 2 FamFG). Gerichtliche Anordnungs- und Genehmigungsvorbehalte bleiben von der Durchführung der Mediation oder eines anderen außergerichtlichen Konfliktbeilegungsverfahrens unberührt (§ 36a Abs. 3 FamFG). Dies gilt insbesondere für Entscheidungen des Gerichts nach § 1671 BGB oder § 1666 BGB sowie für den Vorbehalt der gerichtlichen Billigung einer Umgangsvereinbarung nach § 156 Abs. 2 S. 2 FamFG.[62]

Der Regierungsentwurf sah die Einfügung eines § 796d ZPO vor, der die Vollstreckbarerklärung einer Mediationsvereinbarung regeln sollte.[63] Letztlich wurde diese Norm jedoch mit Hinweis auf die Möglichkeiten der Herstellung der Vollstreckbarkeit einer Mediationsvereinbarung nach den in den §§ 794 ff. ZPO vorgesehenen Regelungen gestrichen.[64] Für Einvernehmen in Kindschaftsverfahren gelten hinsichtlich der Vollstreckbarkeit ohnehin die eben genannten Regelungen: Für eine in der Mediation geschlossene Vereinbarung über die elterliche Sorge nach der Trennung oder Scheidung gilt § 1671 BGB und hinsichtlich Umgangsvereinbarungen gilt § 156 Abs. 2 FamFG.

61 S. hierzu Teil 4.D.III.2.a.iii.

62 BT-Drucksache 17/5335, S. 23.

63 BT-Drucksache 17/5335, S. 7; BT-Drucksache 17/8058, S. 10.

64 BT-Drucksache 17/8058, S. 21.

d. Aus- und Fortbildung des Mediators (§ 5 MediationsG)

Hinsichtlich der seit langem diskutierten Frage der Festsetzung von Mindestanforderungen an die Aus- und Fortbildung eines Mediators überlässt es zwar § 5 Abs. 1 S. 1 MediationsG dem Mediator, in eigener Verantwortung durch eine geeignete Ausbildung und eine regelmäßige Fortbildung sicherzustellen, dass er über theoretische Kenntnisse sowie praktische Erfahrungen verfügt, um die Parteien in sachkundiger Weise durch die Mediation führen zu können. Gemäß der Empfehlung des Rechtsausschusses[65] werden aber in § 5 Abs. 1 S. 2 MediationsG die Anforderungen an eine geeignete Ausbildung präzisiert. Schließlich wird der Begriff „zertifizierter Mediator" definiert sowie die Voraussetzungen festgelegt, die für das Führen dieser Bezeichnung erfüllt sein müssen (§ 5 Abs. 2 und 3 MediationsG).

§ 6 MediationsG ermächtigt das Bundesministerium der Justiz, durch Rechtsverordnung nähere Bestimmungen über die Aus- und Fortbildungen von zertifizierten Mediatoren zu erlassen. Der Rechtsausschuss gibt in seiner Begründung zur Beschlussempfehlung eine ausführliche Auflistung der in einer Rechtsverordnung zu regelnden Punkte vor: z.B. Grundlagen, Ablauf und Rahmenbedingungen der Mediation, Techniken und Kompetenzen des Mediators, das Recht der Mediation und die Rolle des Rechts in der Mediation, die Praxis und die Supervision sowie die praktische Erfahrung und der Nachweis von Fällen.[66]

Kinder werden in dieser Auflistung nur einmal genannt, und zwar neben Steuerberatern und Gutachtern als Beispiel für solche Dritte, die in das Mediationsverfahren einbezogen werden können (Punkt II.2.c). Dies ist jedoch ein sehr spärlicher Hinweis auf das komplexe Thema der Einbeziehung des Kindes und der hierzu erforderlichen Kompetenzen und Kenntnisse des Mediators. In einer Rechtsverordnung sollten daher unter einem gesonderten Punkt für Familienmediation die erforderlichen besonderen Kenntnisse und Kompetenzen des Familienmediators präzisiert werden. Wie auch z.B. in Punkt 4.2 der Richtlinie für Familien-Mediation der BAFM sollte festgelegt werden, dass die Ausübung einer Familienmediation voraussetzt, dass der Mediator über ein fundiertes Grundwissen über Entwicklungspsychologie, über die familialen Entwicklungsphasen und deren Bedeutung für Erwachsene und Kinder sowie über die Psycho-, Paar- und Familiendynamik hat. Das Erfordernis der persönlichen Beteiligung des Kindes in der Mediation und die verschiedenen Methoden hierzu müssen in der Ausbildung ausführlich behandelt werden.

---

65 BT-Drucksache 17/8058, S. 19.

66 BT-Drucksache 17/8058, S. 19.

Neben diesen psychologischen Kenntnissen muss der Mediator auch den rechtlichen Handlungsrahmen kennen. Er muss die materiellen und verfahrensrechtlichen Ansprüche und Rechte kennen, um sicherzustellen, dass kein Beteiligter in der Mediation schlechter steht, als wenn ein Gerichtsverfahren durchgeführt worden wäre. Insbesondere muss er darauf achten können, dass eine Vereinbarung auch einer gerichtlichen Prüfung wie z.B. nach § 156 Abs. 2 FamFG Stand hält.

III. Allgemeine Prinzipien und Voraussetzungen einer Mediation

1. Prinzip der Freiwilligkeit und der Selbstbestimmtheit

Maßgebliche Charakteristika der Familienmediation sind die Freiwilligkeit und Selbstbestimmtheit (vgl. auch § 2 MediationsG). Die Beteiligten sollen das Verfahren freiwillig und selbstbestimmt beginnen, fortführen, ggf. abbrechen oder eine Vereinbarung schließen. Aber auch dem Mediator steht es zu, das Verfahren abzubrechen. Zu Beginn der Mediation muss der Mediator das Verfahren erklären, mit den Beteiligten ihre Motivation und Gründe für oder gegen die Mediation besprechen und dann das Einverständnis jedes Beteiligten für die Durchführung der Mediation einholen, sowie selbst entscheiden, ob er die Mediation übernehmen will.[67]

Probleme bezüglich der Freiwilligkeit stellen sich vor allem hinsichtlich des Beginns eines Mediationsverfahrens, da es immer mehr Ansätze gibt, den Konfliktbeteiligten nachdrücklich nahezulegen, eine Mediation durchzuführen. Dies wird mit dem Gesetz zur Förderung der Mediation und anderer Verfahren der außergerichtlichen Konfliktbeilegung[68] bekräftigt. Nach dem neu eingefügten § 36a Abs. 1 FamFG kann der Richter den Beteiligten eine Mediation vorschlagen sowie nach § 156 Abs. 1 S. 3 FamFG-neu die Teilnahme an einem kostenlosen Informationsgespräch über die Möglichkeiten einer Mediation anordnen. Eine Verpflichtung zur Teilnahme an einem Beratungsgespräch über die Mediation oder gar dem Beginn einer Mediation wird damit begründet, dass oft ein gewisser Druck notwendig ist, um die Beteiligten dazu zu bewegen, eine Mediation zu beginnen. Gegen eine Verpflichtung wird argumentiert, dass die Beteiligten nicht mehr freiwillig, sondern unter Druck, möglicherweise gegen ihren Willen die Mediation beginnen, was dem Freiwilligkeitsgrundsatz der Mediation widerspreche.

---

67 *Breidenbach*, S. 273.

68 In Kraft getreten am 26.07.2012, BGBl. I 1577.

Der äußere, insbesondere gerichtliche Druck darf sich nur auf die Teilnahme an einem Informationsgespräch bzw. auf die einmalige Kontaktaufnahme mit einem Mediator beschränken. Dem entsprechen auch die Regelungen des § 156 Abs. 1 FamFG, nach dessen Satz 3 das Gericht in geeigneten Fällen auf die Möglichkeiten der Mediation hinweisen und nach Satz 4 die Teilnahme an einem Informationsgespräch anordnen kann. Auch wenn diese Anordnung gemäß § 156 Abs. 1 S. 5 FamFG nicht anfechtbar ist, was den Druck zwar erhöht, ist sie auch nicht durchsetzbar; allerdings kann die Nichtteilnahme an der Beratung eine negative Kostenfolgen nach sich ziehen.

Entscheiden sich die Beteiligten nach der Beratung für die Durchführung einer Mediation, darf – um dem Freiwilligkeitsgrundsatz gerecht zu werden – dort kein Druck auf eine Einigung hin erfolgen.[69] Es darf also bestenfalls in geeigneten Fällen ein Beratungsdruck, allerdings niemals ein Einigungsdruck ausgeübt werden. Aber auch bei einem Beratungsdruck ist abzuwägen – z.B. in Fällen von häuslicher Gewalt –, wann eine gemeinsame Beratung unzumutbar sein kann.

2. Allparteilichkeit des Mediators

Das Prinzip der Allparteilichkeit stellt hohe Anforderungen an den Mediator. Er soll alle Parteien akzeptieren und die Bedürfnisse und Interessen jedes einzelnen wertschätzend aufgreifen, ohne den jeweils anderen Beteiligten in seinen Belangen zu vernachlässigen oder zu verletzen. Er nimmt zwar eine dem Richter vergleichbare Rolle ein, soll jedoch keine Lösungen vorschlagen.[70] Er hat auch keine Entscheidungskompetenz.[71] Er ist vielmehr als Moderator bzw. Vermittler für den Ablauf verantwortlich, also für das Setting, das Verfahren und die Fairness.[72] Während die Vereinbarung der Streitlösung in der Verantwortung der Beteiligten liegt[73], ist der Mediator für das Gelingen der Kommunikation, die Vereinbarung und Einhaltung der Verfahrensregeln und die Schaffung bzw. Wiederherstellung einer adäquaten Verhandlungsatmosphäre verantwortlich.[74] Er soll alle Parteien aktiv in der Herausarbeitung und Wahrung ihrer Interessen

69 Zur Ausübung von Einigungsdruck im Vermittlungsverfahren s. Teil 4.D.IV.

70 Z.B. in den Niederlanden kann der Mediator bei einer evaluierenden Mediation stärker in die Lösung des Konfliktes eingreifen und den Parteien gegebenenfalls auch rechtliche Informationen zu ihren jeweiligen Positionen geben, Hopt/Steffek/*Schmiedel*, S. 358.

71 *Schreiber*, S. 34.

72 *Nothhafft* (2002), S. 84.

73 Hopt/Steffek/*Hopt/Steffek*, S. 12.

74 BT-Drucksache 17/5335, S. 14.

unterstützen.[75] Er soll die Beteiligten in ihrer Autonomie, ihrer Kommunikation, ihrer Dialogfähigkeit unterstützen und darf die eigenständigen Lösungsansätze der Beteiligten durch seine Ansichten nicht beeinflussen.[76]

Diese allparteiliche Haltung des Mediators kann sich oft als schwierig erweisen, wenn z.B. die Parteien den Mediator als Bündnispartner oder als Retter auf ihre Seite ziehen, oder ihn in eine elterliche Entscheidungs- oder Richterrolle drängen wollen, oder wenn er einen Beteiligten sympathischer findet und den anderen vielleicht nicht genauso gut verstehen und aufnehmen kann.[77] Hinzu kommt, dass er trotz aller Allparteilichkeit zwangsläufig Einfluss sowohl auf die Inhalte als auch auf das Verfahren ausübt, je nach dem was er aufgreift, was er fragt, wie er die Diskussion führt.

Um sich dessen bewusst zu sein und seine Neutralität und Ergebnisoffenheit bewahren zu können ist es zwingend erforderlich, dass der Mediator ständig seine Position und Haltung reflektiert. Insbesondere regelmäßige Supervisionen sind daher von entscheidender Bedeutung.[78]

3. Indikationen einer Mediation

Äußerst schwierig ist eine allgemeine Beantwortung der Frage, in welchen Fällen eine Mediation angegangen werden sollte. Auch wenn die Mediation ein gewisses Maß an Kooperation der Beteiligten voraussetzt, sollten nicht die bestehenden Verhaltensmuster der Beteiligten die alleinigen Kriterien zur Ermöglichung einer Mediation sein.[79] Die Mediation soll gerade helfen, die Hürde zur konstruktiven Kommunikation zu überwinden. Dennoch bedingt Mediation eine Kommunikation, die noch ein Minimum an Verständigung aufweist, um sich überhaupt auf den kleinsten gemeinsamen Nenner einigen zu können.[80] Ist dies nicht gegeben, besteht die Gefahr, dass sich in den Verhandlungen die Streitrituale verselbständigen und die Verhandlungen überlagern.

Aber auch dass die Medianten sich verstandesmäßig für die Mediation als eine vernünftige und sinnvolle Alternative zum Gerichtsverfahren entscheiden, bedeutet noch nicht, dass sie emotional in der Lage sind, eine Mediation durchzuführen. Erscheinen sie zwar zum Mediationstermin, bringen aber fertige Lö-

---

75 *Gläßer*, S. 314.
76 *Breidenbach*, S. 279.
77 *Mähler/Mähler*, in: Duss-von Werth/Mähler/Mähler, S. 129 (133).
78 *Mähler/Mähler*, in: Duss-von Werth/Mähler/Mähler, S. 129 (133).
79 *Duss-von Werdt*, in: Wirsching/Scheib, S. 228.
80 *Duss-von Werdt*, in: Wirsching/Scheib, S. 228.

sungen mit, stellen sich sofort in Kampfhaltung auf und beharren auf ihrer Position, ist eine Mediation unmöglich.[81]

Gerade in Kindschaftssachen sollen die Beteiligten nicht nur für die Dauer der Mediation kooperieren, sondern idealerweise Regelungen erarbeiten, mit denen sie das Leben nach der Trennung kooperativ, jedenfalls konfliktfrei leben können, und die sie gewillt sind, längerfristig einzuhalten. Die Eltern müssen fähig sein, den ehemaligen Ehepartner in der Rolle als Vater bzw. Mutter zu respektieren und ihm bzw. ihr diese Rolle anzuvertrauen.[82] Die Beteiligten sollten bereit sein, sich zur selbständigen Lösung des Konflikts zusammenzusetzen und einander zuzuhören.[83] Damit werden aber hohe Anforderungen an die Bereitschaft und Fähigkeit der Eltern gestellt: Sie müssen Ängste, Verletzungen, Wut, Enttäuschungen, Trauer und Hass zurückstellen, um mit dem Ex-Partner über die Belange des Kindes konstruktiv zu kommunizieren.[84] Es wird eine hohe Einsichtsfähigkeit der Betroffenen und die Bereitschaft zum Kompromiss erwartet[85], sowie dass die Kooperations- und Konkurrenzbestrebungen der Beteiligten etwa gleich stark sind.[86] Entscheidend ist auch, ob die Beteiligten, was den Stand ihrer Beziehung bzw. der Trennung angeht, miteinander synchron sind. Möchte einer an der Beziehung festhalten oder braucht noch Bedenkzeit, kann über die Folgen der Trennung nicht verhandelt werden.

Mähler und Mähler schlagen vor, anhand folgender Fragen zu klären, ob ein Mediationsversuch sinnvoll ist:[87] Welche Motivation leitet die Konfliktpartner? Sind sie in der Lage, ihre Interessen wahrzunehmen und für sich selbst einzustehen? Sind sie in der Lage, einzuschätzen, an welcher Stelle sie Unterstützung brauchen und können sie diese annehmen? Erfassen sie die Konsequenzen und die Bedeutung der von ihnen getroffenen Entscheidung? Bleiben Dominanzmuster in der Beziehung fixiert und braucht deshalb die schwächere Partei Rechtsschutz? Können die Parteien ihre Konflikte direkt miteinander austragen? Haben die Parteien ein Mindestmaß an Konsensualvermögen bewahrt, oder sind sie emotional regressiv in einem zur Zeit nicht lösbaren, durch Verletzung und Kränkung verursachten Rachedenken verstrickt und können deshalb nicht davon ablassen, dem anderen in erster Linie Schaden zuzufügen? Die Antworten auf diese Fragen können sich auch während des Verfahrens ändern, da Mediation

81 *Duss-von Werdt*, in: Wirsching/Scheib, S. 232.
82 *Wallerstein/Blakeslee*, S. 304; *Matthiessen*, S. 102.
83 Keidel/*Engelhardt*, § 156 FamFG Rn. 10.
84 *Matthiessen*, S. 102.
85 *Klußmann/Stötzel*, S. 84.
86 *Glenewinkel*, S. 72.
87 Vgl. *Mähler/Mähler*, in: Duss-von Werth/Mähler/Mähler, S. 129 (129).

ein dynamischer Prozess ist und in seiner Gesamtstruktur auf die Entfaltung von Selbstverantwortung, Autonomie und voller Interessenwahrung ausgerichtet ist.

Diez, Krabbe und Thomsen differenzieren nach positiver, beschränkter und Kontraindikation.[88] Erstere ist gegeben, wenn alle Beteiligten genügend Selbstbehauptung haben und auch willens sind, die Interessen des anderen in ihre Entscheidungen einzubeziehen.[89] Sind sie sich nicht einig über die Trennung, werden Zahlen oder Fakten nicht offengelegt, wollen sie nicht miteinander reden, drohen sie mit dem Abbruch oder besteht ein hohes Konfliktpotenzial, soll der Mediator abschätzen, ob Mediation oder evtl. ein anderes Konfliktbearbeitungsmodell (Gerichtsverfahren oder Therapie bzw. Beratung) eine bessere Alternative wäre.[90] Als Kontraindikationen für eine Mediation werden Sucht- und Abhängigkeitskrankheiten in der Familie, schwere psychische Störungen, familiäre Gewalt oder Fälle von sexuellem Missbrauch genannt; eine Mediation ist hier nach den Autoren nur eingeschränkt möglich oder gar ausgeschlossen.[91]

Letztlich wird der Mediator entscheiden müssen, ob eine Mediation Aussicht auf Erfolg hat, wobei diese Einschätzung im Laufe des Verfahrens immer wieder zu überprüfen ist. Entscheidend ist immer auch der Wille der Beteiligten, die Mediation zu beginnen bzw. fortzuführen.

4. Problem der Disparität zwischen den Beteiligten

Eine gewisse Machtungleichheit (Disparität) besteht in fast jeder Beziehung. Die Disparität kann verschiedene Ursachen haben. Sie kann entstehen durch bestimmtes Wissen, finanzielle Ressourcen, den Kontakt zu den Kindern, aufgrund von Kommunikations- und Verhandlungsfähigkeiten[92] und -methoden oder auch aufgrund geschlechterspezifischer Unterschiede.[93] Machtungleichheiten innerhalb der Familie bestehen nicht nur zwischen den Elternteilen, sondern auch zwischen Eltern und Kind. Die Mediation trifft daher oft der Vorwurf, dass lediglich der bessere Rhetoriker gewinne.

---

88 *Diez/Krabbe/Thomsen*, Rn. 516.

89 *Diez/Krabbe/Thomsen*, Rn. 516.

90 *Diez/Krabbe/Thomsen*, Rn. 517 ff.

91 BAFM Richtlinien 3.2 (Stand: 16. November 2008); *Mähler/Mähler*, in: Duss-von Werth/Mähler/Mähler, S. 129 (131); *Diez/Krabbe/Thomsen*, Rn. 525 ff.

92 *Bernhardt/Winograd*, in: Haft/Schlieffen, S. 877 (885).

93 Zu den geschlechtsspezifischen Unterschieden in der Mediation und der unterschiedlichen Rezeption der Mediation durch Männer und Frauen s. *Grillo*, STREIT 2004, 91; *Schmidt*, in: Amthor u.a., Kindschaftsrecht 2000, S. 109 (133); *Breidenbach*, S. 284; *Gläßer*, S. 320 ff.

Entscheidend ist, ob und wie sich das Ungleichgewicht auf das Kommunikationsverhalten der Beteiligten auswirkt, welche Rolle die Macht spielt und wie sie eingesetzt wird, ferner wie der Mediator selbst und vermittelnd zwischen den Partnern damit umgeht.[94] Kann dem Machtgefälle nicht entgegengewirkt werden, ist die Autonomie der schwächeren Partei stark eingeschränkt. Dazu kommt die Gefahr, dass der Mediator nicht nur das Machtgefälle nicht ausgleichen, sondern durch expliziten oder impliziten Einigungsdruck eine Disparität bestärkt, so dass die schwächere Partei mit ihren Bedenken und Befürchtungen (noch) weniger gehört wird und ungewollte Zugeständnisse macht. Wird das Machtungleichverhältnis ignoriert, führt dies dazu, dass es fortbesteht und es kann nicht mehr von einer Verhandlung gleich starker Parteien die Rede sein. Es ist zentrale Aufgabe des Mediators, die Verhandlungen beeinflussenden Ungleichgewichte zu erkennen und darauf hinzuarbeiten, ein gleichberechtigtes Verhandeln zu ermöglichen. Ist dies nicht möglich, ist die Mediation abzubrechen.

5. Sicherstellung der Sicherheit der Beteiligten

Die Frage der Sicherheit der Beteiligten stellt sich vor allem, wenn die Verhandlungen bei einem freien Mediator, in einer Beratungsstelle oder dem Jugendamt, also nicht im Gericht stattfinden. Das Gerichtsgebäude gewährt den Beteiligten einen gewissen physischen Schutz aufgrund der Eingangskontrollen sowie der Autorität des Richters, der Maßnahmen und Anordnungen treffen kann, wenn dies für die Sicherheit eines Beteiligten erforderlich ist. Dennoch ist es auch in Gerichtsgebäuden bereits zu erheblichen Verletzungen bis hin zu Tötungen gekommen. Bei einem freien Mediator sind indes kaum Sicherheitsmöglichkeiten gegeben. Fälle von häuslicher Gewalt, bei denen es bei Übergabe des Kindes erneut zu Misshandlungen kommt[95], zeigen, dass gemeinsame Treffen der Beteiligten die Gefahr weiterer Gewalt bergen; dies gilt auch insbesondere unmittelbar nach der Sitzung, wenn beide das Gebäude verlassen und der gewaltausübende Elternteil wütend ist.[96] Andererseits kann die Mediation aber auch gerade dem gewaltbetroffenen Beteiligten die Möglichkeit geben, in Anwesenheit eines neutralen, kompetenten und vertrauenswürdigen Dritten mit dem Partner bzw. Ex-Partner zu sprechen.[97]

Auch die Sicherheit der Kinder kann gefährdet sein. Fälle, in denen Kinder während der Umgangszeit mit dem nicht sorgeberechtigten Elternteil Gewalt

94 *Duss-von Werdt*, ZKM 2000, 1 (6).
95 BMFSFJ (2001), S. 32; *Nothhafft*, Stellungnahme zum FGG-Reformgesetz, S. 9.
96 *Parkinson*, S. 78.
97 *Parkinson*, S. 78.

erleiden[98], sogar auch einem Tötungsrisiko ausgesetzt sein können, dies sogar bei begleitetem Umgang im Jugendamt[99], machen deutlich, dass der Sicherheit der gewaltbetroffenen Personen gerade bei außergerichtlichen Zusammenkünften hohe Bedeutung beigemessen werden muss.[100] In den meisten Fällen war das Gericht sogar zuvor auf die Lebensgefahr für das Kind aufmerksam gemacht worden. Das Sicherheitsrisiko für das Kind während der Intervention darf aber nicht in der Weise gelöst werden, dass es am Verfahren nicht beteiligt wird. Zunächst besteht die Gefahr, dass, wenn Umgangsbesuche vereinbart werden, das Kind eben während dieser Besuche dem Sicherheitsrisiko ausgesetzt ist. Außerdem ist gerade in Fällen von häuslicher Gewalt und Misshandlung die Einbeziehung des Kindes wichtig ist, um auch ihm persönliche Hilfen und Unterstützung anzubieten sowie auch dem Kind zu erklären.

Es stellt sich ohnehin die Frage, ob eine – insbesondere klassische – Mediation bei Gewaltkonstellationen überhaupt die richtige Intervention ist.[101] Aber wird eine Mediation durchgeführt, muss die Sicherheit der Beteiligten sowohl bei als auch außerhalb der Mediation gewährleistet sein. Oft können (jedenfalls zunächst) Einzelgespräche und Einzelberatungen erforderlich sein, da gemeinsame Sitzungen sowohl für den gewaltbetroffenen Elternteil wie auch für das Kind unzumutbar und gefährdend sein können. Gemeinsame Sitzungen sollten nur bei allseitiger Zustimmung erfolgen.

Der Mediator muss während der Mediation akribisch auf die psychische oder physische Integrität der Beteiligten achten, und, wenn sie ihm gefährdet erscheint, die Mediation abbrechen und die Polizei, das Jugendamt oder das Gericht informieren (vgl. § 4 S. 3 Nr. 2 MediationsG).

6. Bildungsgrad der Medianten

Eine Mediation erfordert, dass die Beteiligten sich artikulieren können und sich auf neue und spannungsgeladene Situationen einlassen wollen und können. Sie müssen selbst die Wahrnehmung ihrer Interessen übernehmen und die zu verhandelnden Themen selbst bestimmen; niemand kann ihnen das Reden abnehmen.[102] Fraglich ist, ob ein gewisser Bildungsgrad der Beteiligten erforderlich ist.

In der Studie von Schramm-Grüber und Breinlinger haben sich anfängliche Vermutungen dahingehend, dass sich Unterschiede im Bildungsgrad und in der

98 *BMFSFJ* (2001), S. 32; *Nothhafft*, Stellungnahme zum FGG-Reformgesetz, S. 9.

99 Sa*l*go, FPR 2006, 12 (14) m.w.N.

100 Zur Sicherheitsplanung bei begleitetem Umgang, s. *Vergho* FPR 2007, 296 (301).

101 S. Teil 4.D.III.2.

102 Vgl. *Glenewinkel*, S. 254.

Artikulationsfähigkeit stark auf den Verlauf des Mediationsverfahrens und den Mediationserfolg auswirken könnten, nicht bestätigt.[103] Vielmehr sei das Verfahren für Paare aus allen Schichten geeignet, auch wenn im Zeitraum der Studie (1993-1995) eher neueren Erfahrungen gegenüber aufgeschlossene Paare aus der mittleren Bildungsschicht davon Gebrauch machten.[104]

Die Mediation verlangt kein bestimmtes Rede-, Sprach- oder Argumentationsniveau, sondern vielmehr die Bereitschaft, miteinander zu kommunizieren sowie eine gemeinsame Verständigungsmöglichkeit der Beteiligten und des Mediators.[105] Gebildete Beteiligte können sich zwar ggf. besser artikulieren. Sie könnten sich auch nur deshalb für eine Mediation entscheiden, weil sie dies als Ausdruck ihrer Selbstbestimmung und Zeichen der Verantwortungsübernahme sehen. Mangelt es aber am Willen, aufeinander zuzugehen, ist eine Mediation unmöglich.

Seitens der Medianten benötigt es weniger Bildung als vielmehr Kompromissbereitschaft, Empathie und Kreativität. Sie müssen Einsicht zeigen können und den Konflikt gemeinsam lösen wollen. Es ist vielmehr der Mediator, der eine gewisse Bildung benötigt, um sich auf die Fähigkeiten der Beteiligten einzustellen und die Kommunikation zwischen den Beteiligten entwickeln und fördern zu können und sie im erforderlichen Maß darin zu unterstützen, ihre eigenen Interessen erkennen und artikulieren zu können.[106]

7. Co-Mediation, Supervision und kollegiale Beratung

Bei Familienmediationen bietet eine Co-Mediation viele Vorteile. Da meist rechtliche, psychosoziale und ggf. auch ökonomische Aspekte bearbeitet werden, wird empfohlen, dass die Mediation von zwei Mediatoren geleitet wird, von einem mit juristischem und einem mit psychosozialem Hintergrund, ggf. einem weiblichen und einem männlichen.[107]

Sind zwei Mediatoren anwesend, können sie sich gegenseitig ergänzen und einander Rückmeldung geben, mehrere fachliche Bereiche abdecken und für eine Symmetrie in der Verhandlung sorgen. Gerade bei konflikthafteren Familien ist es für den Mediator oft schwierig, seine allparteiliche Stellung zu bewahren und sein Verständnis für einen Beteiligten kann vom anderen schnell als Verrat ausgelegt werden. In diesen Fällen kann eine Co-Mediation ermöglichen, den unterschiedlichen Bedürfnissen und Standpunkten der jeweiligen Beteiligten

---

103 *Schramm-Grüber/Breinlinger*, in: Duss-von Werth/Mähler/Mähler, S. 166 (185).

104 *Schramm-Grüber/Breinlinger*, in: Duss-von Werth/Mähler/Mähler, S. 166 (185).

105 *Glenewinkel*, S. 254.

106 *Glenewinkel*, S. 254.

107 *Gläßer*, S. 137; *Buchner/Appelt/Alt-Saynisch*, FPR 2008, 160 (162).

besser gerecht zu werden.[108] Hinsichtlich der Einbeziehung des Kindes könnte einer der Mediatoren das Gespräch mit dem Kind führen und dann in der Verhandlung für die Stimme des Kindes eintreten, während der andere die Mediation leitet.

Eine Co-Mediation setzt zwingend voraus, dass die beiden Mediatoren kooperativ und konstruktiv zusammen arbeiten können, um nicht zusätzliche Spannung zu erzeugen. Sie müssen die Sitzung gemeinsam vor- und nachbereiten. Allerdings müssen auch die Medianten beide Mediatoren anerkennen und zu beiden Vertrauen aufbauen.

Nachteil einer Co-Mediation ist, dass zwei Mediatoren mehr kosten als einer. Dies kann aber dadurch ausgeglichen werden, dass ein Mediatorenteam die Sitzungen umfangreicher besprechen und ausführlicher vorbereiten kann als ein einzelner Mediator, wodurch ggf. insgesamt weniger Sitzungen erforderlich sind.[109]

Neben Fortbildungen gehören auch Supervisionen[110] und kollegiale Beratungen zur Tätigkeit eines Mediators (vgl. auch Punkt 7 der Richtlinie der BAFM für Mediation in Familienkonflikten). In Supervisionen können während einer noch laufenden Mediation die eigene Verfahrensführung reflektiert und/oder nach Abschluss eines Mediationsverfahrens dessen Verlauf resümiert werden, um Lerneffekte herauszuarbeiten sowie auch Interventionsalternativen zu entwickeln.[111] Supervisionen sind insbesondere dann sinnvoll, wenn der Mediator seine Neutralität nicht mehr gewährleistet sieht oder ihm ein Fall besonders schwierig oder aussichtslos erscheint.[112] Während Angehörigen der psychosozialen Berufe Supervisionen vertraut sind, sind Mediatoren mit juristischem Hintergrund teils skeptisch. Dabei können gerade für sie therapeutische Supervisionen weiterbringend sein, um das Verhalten der Beteiligten besser einzuschätzen und damit besser umgehen zu können.

IV. Rechtsgrundlagen zur Beteiligung des Kindes an der Mediation

Gesetzliche Regelungen zur Mediation waren bislang insgesamt rar, noch rarer sind die Regelungen hinsichtlich der Anforderungen an die Einbeziehung des Kindes.

---

108 *Lossen/Vergho*, FamRZ 1995, 781 (782).

109 *Weiler/Schlickum*, S. 59.

110 Zur Beschreibung einer Supervision s. z.B. *Weiler/Schlickum*, S. 60 ff.

111 Vgl. *Gläßer*, S. 482.

112 *Weiler/Schlickum*, S. 61.

1. Die Beteiligung des Kindes nach dem MediationsG

Das im November 2011 vom Bundestag verabschiedete MediationsG stellt nun die gerichtliche und außergerichtliche Mediation auf eine rechtliche Grundlage, enthält aber keine Regelung hinsichtlich der Berücksichtigung des Kindes bei seine Person betreffenden Angelegenheiten.

Im Gerichtsverfahren stehen dem Kind Anhörungs- und Beteiligungsrechte zu (vgl. §§ 159, 156 Abs. 2 i.V.m. 7 Abs. 2 Nr. 1 FamFG). Die Regierungsbegründung zum FamFG stellte klar, dass mit der FGG-Reform die Anhörungspflicht des Kindes nach § 159 FamFG deutlich herausgestellt werden sollte[113], und dass es bei einem Einvernehmen nach § 156 Abs. 2 FamFG auch der Zustimmung des Kindes bedarf.[114] Mit der Reform sollte die Stellung des Kindes gestärkt werden. Zudem ist dem Kind im Verfahren bei Vorliegen der Voraussetzungen des § 158 Abs. 1 und 2 FamFG zur Wahrnehmung seiner Interessen ein Verfahrensbeistand zu bestellen. Ferner gilt für jede Entscheidung des Gerichts die Kindeswohlmaxime des § 1697a BGB. Auch für das jugendamtliche Handeln ist das Kindeswohl Maßstab und Richtschnur (z.B. §§ 1 Abs. 3, 4 Abs. 1, 8a, 27 Abs. 1, 42 Abs. 1 Nr. 2 SGB VIII).[115] Der Individualität des Kindes wird auch mit eigenen Beteiligungs- und Beratungsrechten Rechnung getragen (vgl. §§ 8, 17 Abs. 2, 18 Abs. 3 SGB VIII).

Das MediationsG enthält hingegen nicht nur keine dem § 1697a BGB entsprechende Regelung, vielmehr heißt es ausdrücklich in der regierungsamtlichen Begründung, dass „Mediatorinnen und Mediatoren, anders als Familiengerichte, nicht in erster Linie dem Kindeswohl, sondern den Parteien verpflichtet sind“[116]. Somit ist es fast überflüssig zu erwähnen, dass das Gesetz keine Beteiligungsrechte des Kindes in der Mediation vorsieht. Dies bedeutet einen herben Rückschlag für die Rechte und die Stellung des Kindes in den seine Person betreffenden Angelegenheiten sowie für die Wahrung des Kindeswohls im Fall einer Familienmediation.

Vor dem Rechtsausschuss des Bundestages wurden weder das Kind noch das Kindeswohl in einer der Stellungnahmen der Sachverständigen erwähnt. Insgesamt wurde nicht näher auf spezifische Aspekte der Familienmediation eingegangen, was deshalb verwundert, weil die Mediation gerade im familienrechtlichen Kontext besonders gepriesen wird und daher eine eingehende Bearbeitung der Rahmenbedingungen zu erwarten gewesen wäre.

---

113 BT-Drucksache 16/6308, S. 240.
114 BT-Drucksache 16/6308, S. 237.
115 *Trenczek*, FPR 2009, 335.
116 BT-Drucksache 17/5335, S. 17.

Auch die Bundes-Arbeitsgemeinschaft für Familien-Mediation (BAFM) geht in ihrer Stellungnahme zum Gesetzentwurf nicht darauf ein, dass das Kindeswohl und die Stellung des Kindes im MediationsG kaum Erwähnung finden. Dabei kam bereits im Jahr 2005 eine Evaluation der BAFM zur Familienmediation zu dem Ergebnis, dass Kinder und Jugendliche „erstaunlicherweise [...] nicht so häufig persönlich am Prozess der Familienmediation beteiligt [werden], wie eigentlich erwartet wurde"[117]. Die Verankerung einer Pflicht zur Beteiligung des Kindes in der Mediation im MediationsG, so wie auch die Pflicht zur Anhörung des Kindes in § 159 FamFG verankert ist, könnte schließlich dieser Praxis entgegenwirken.

Das Fehlen der Erwähnung des Kindes im MediationsG wurde aber von der Kinderrechtskommission des Deutschen Familiengerichtstages (KIRK) deutlich in ihrer Stellungnahme zum Referentenentwurf kritisiert. Die KIRK erklärt, dass das Dilemma bei der Mediation darin bestehe, dass diese sich konzeptionell als autonome Konfliktlösung durch die Konfliktbeteiligten verstehe, das Kind als zentral betroffene Person mangels eigener Entscheidungsautonomie aber außerhalb des Einigungsprozesses stehe.[118] Die Person und Individualität des Kindes seien auf der Ebene der Jugendhilfe (§ 8 Abs. 1 SGB VIII), des Kindschaftsverfahrens (§§ 156 Abs. 3 S. 3, 159 Abs. 1 und 2, 157 Abs. 1 S. 1 FamFG) sowie im privatautonomen elterlichen Einigungsprozess (§ 1626 Abs. 2 BGB) gesetzlich hervorgehoben, wenn auch letzteres keiner externen Kontrolle unterliege. Bei elterlichen Einvernehmen lasse auch das FamFG nicht erkennen, welche Rolle das Kind dabei spiele, lediglich für bestimmte Regelungsthemen sei eine Gerichtskontrolle im Lichte des Kindeswohls vorgesehen (so bei Umgangsvereinbarungen nach § 156 Abs. 2 S. 2 FamFG).[119] Die altersentsprechende Einbeziehung des Kindes in die Mediationsverhandlungen sollte laut der KIRK daher vorgeschrieben werden, um Stimmigkeit zwischen Mediationsgesetz und Kindschaftsrecht herzustellen. Die generelle Anordnung einer gerichtlichen Kindeswohlkontrolle, wenn die gerichtliche Festsetzung einer die Person des Kindes betreffenden Vereinbarung beantragt wird, sei allerdings mit dem sonstigen Konzept des elterlichen Sorgerechts nicht vereinbar (§ 1671 Abs. 2 Nr. 1 BGB) und scheide deshalb aus.[120]

Wird die Einbeziehung des Kindes sowie auch die Kindeswohlmaxime nicht in das MediationsG aufgenommen, bedeutet dies einen Verstoß des Staates gegen seine Verpflichtungen aus der UN-Kinderrechtskonvention.

---

117 *Bastine u.a.*, Evaluation der Familienmediation, S. 6.
118 *KIRK*, S. 5.
119 *KIRK*, S. 5.
120 *KIRK*, S. 5.

Nach Art. 3 Abs. 1 UN-KRK ist das Kindeswohl bei allen Maßnahmen der öffentlichen oder privaten Einrichtungen der sozialen Fürsorge, der Gerichte, der Verwaltungsbehörden und der Gesetzgebungsorgane als vorrangig zu berücksichtigen. Die Annahme der Regierung, in der Mediation gelte nicht der Kindeswohlvorrang, verstößt somit gegen Art. 3 Art. 1 UN-KRK. Der Gesetzgeber sollte daher sicherstellen, dass das Kindeswohl in einer Mediation nicht hinter den Elterninteressen zurücksteht und das Kindeswohlprinzip auch für die Mediation im Gesetz verankern.

Ferner verpflichtet Art. 12 Abs. 1 UN-KRK die Vertragsstaaten, sicherzustellen, dass dem Kind in allen seine Person berührenden Angelegenheiten, hierzu gehören unstreitig Angelegenheiten der elterlichen Sorge sowie des Umgangsrechts, Gelegenheit zu geben ist, seine Meinung zu äußern, und dass diese Meinung berücksichtigt wird. Laut dem Ausschuss für die Rechte des Kindes der UN gilt dies nicht nur für Gerichtsverfahren, sondern auch für Mediationen[121], zumal in Art. 12 Abs. 1 UN-KRK nur von „Angelegenheiten" die Rede ist, also nicht – wie in Art. 12 Abs. 2 UN-KRK – explizit auf das Gerichtsverfahren Bezug genommen wird.

Die Mediation soll mitunter die Gerichte entlasten. Dies bedeutet, dass Verfahren, die sonst vor Gericht verhandelt werden würden, in außergerichtliche Vermittlungsverfahren ausgelagert werden. Steht dem Kind in der Mediation aber kein Beteiligungsrecht zu und gilt nicht einmal der Kindeswohlvorrang, so bedeutet dies eine deutliche Verschlechterung der Stellung des Kindes, sobald sich die Eltern für eine Mediation entscheiden.

Das Beteiligungsrecht des Kindes in der Mediation sollte daher in das MediationsG aufgenommen werden, um sicherzustellen, dass das Kind nicht schlechter steht, sobald eine Mediation durchgeführt wird und seine Rechte dort ebenso gewahrt werden wie im Kindschaftsrecht vorgesehen.

2. Die Beteiligung des Kindes nach der Richtlinie des BAFM

Einige Anforderungen und Mindeststandards an die Mediatoren und das Mediationsverfahren werden mit der Richtlinie für die Mediation in Familienkonflikten der BAFM gesetzt. Diese sind jedoch nur für die Mitglieder der BAFM verpflichtend.

In der Fassung vom April 1994 enthielt die Richtlinie unter Punkt III.3 folgende, ausführlich die Einbeziehung des Kindes regelnde Norm:[122]

121 *Committee on the Rights of the Child (UN)*, CRC/C/GC/12, Abs. 52.

122 Abgedruckt in: *Glenewinkel*, S. 443 ff., sowie in *Duss-vonWerdt/Mähler/Mähler*, S. 118 ff.

> „Den Interessen und Bedürfnissen von Kindern und Jugendlichen kommt im Mediationsprozeß besondere Bedeutung zu. Der Mediator/die Mediatorin trägt dafür Sorge, daß die Kinder soweit als möglich geschützt werden. Es gibt unterschiedliche Formen der Präsenz und persönlichen Beteiligung von Kindern und Jugendlichen am Mediationsverfahren. Ihnen sollte je nach Alter die Möglichkeit gegeben werden, sich am Prozeß zu beteiligten. Die bei den Eltern liegende Verantwortung für die Entscheidung bleibt jedoch bei diesen. Für die Kinder und Jugendlichen ist es wichtig, daß ihre Eltern in der Mediation kooperative Verhaltensformen einüben, überprüfen und weiterentwickeln."

Diese Regelung schrieb somit explizit die persönliche, altersgemäße Beteiligung des Kindes am Mediationsverfahren vor, wobei auch klargestellt wurde, dass die Entscheidungsverantwortung bei den Eltern verbleibt. Diese Regelung wurde jedoch in der seit 16. November 2008 gültigen Fassung der Richtlinie erheblich verkürzt. Unter Punkt 6 der Richtlinie findet sich neben den Regelungen zu Form, Ablauf und Voraussetzungen der Mediation in Absatz 3 nur noch folgender Satz:[123]

> „Besondere Bedeutung kommt der wechselseitigen Akzeptanz unterschiedlicher Interessen und Lebensperspektiven der Beteiligten und gegebenenfalls der Kinder zu."

Der Wortlaut fokussiert somit das Verfahren auf die Eltern. Die wechselseitige Akzeptanz ihrer unterschiedlichen Interessen und Lebensperspektiven sollen im Mittelpunkt stehen, nur „gegebenenfalls" sollen Interessen und Lebensperspektive auch des Kindes von besonderer Bedeutung sein.

Die Stellung des Kindes in der Mediation ist somit massiv geschwächt worden, was allerdings im Hinblick auf die drei Jahre vor dieser Änderung veröffentlichte Evaluation der Familienmediation der BAFM verwundert, in der noch bemängelt wurde, dass Kinder und Jugendliche nicht so häufig persönlich am Prozess der Familienmediation beteiligt wurden, wie eigentlich erwartet wurde.[124]

V. Besondere Voraussetzungen und Prinzipien einer Familienmediation aufgrund der Betroffenheit des Kindes

Immer wieder heißt es, eine Mediation käme den Kindern zugute, da die Eltern motiviert werden, den Fokus auf die Bedürfnisse des Kindes zu legen und ihre Entscheidung hieran zu orientieren. Außerdem wird in einer elterlichen Eini-

---

123 www.bafm-mediation.de (zuletzt abgerufen am 15.07.2012).

124 *Bastine u.a.*, Evaluation der Familienmediation, S. 6.

gung oft per se ein Vorteil für das Kind gesehen. Die angemessene, alters- und situationsgerechte Einbeziehung der Kinder in die Vermittlung wird teils als sehr wichtig und richtig herausgestellt und es wird auch betont, dass die Kinder hierauf auch einen eigenständigen Anspruch haben.[125] Mit der allgemein erstarkenden Debatte über die Partizipationsrechte des Kindes wird das Kind in der Trennungs- und Scheidungsmediation immer mehr entdeckt. Es stärkt sich zumindest das Bemühen um eine frühzeitige Berücksichtigung auch der Perspektive des Kindes,[126] und es wird immer mehr erkannt, dass die Kinder nicht nur Objekte elterlicher Fürsorge sind, sondern eben Familienmitglieder mit eigenen Rechten und Vorstellungen, die einen respektablen Beitrag zur Gestaltung des zukünftigen Familienlebens liefern können.[127]

In der realen Praxis von Beratung und Mediation spielt aber die Integration der direkten Perspektive des Kindes meist nur eine untergeordnete Rolle.[128] Die Kinder werden in der Regel nur indirekt, also über die Eltern beteiligt. Auch eine Evaluation der Familienmediation durch die BAFM Anfang 2005 kam zu dem Ergebnis, dass „erstaunlicherweise […] Kinder und Jugendliche nicht so häufig persönlich am Prozess der Familienmediation beteiligt [werden], wie eigentlich erwartet“[129]. Vermutet wird, dass dies „sowohl an einem Mangel an methodischen Kenntnissen über die Art und Weise, wie Kinder und Jugendliche bei der Regelung elterlicher Differenzen (vor allem bei Trennung und Scheidung) beteiligt werden können, wie auch am Fehlen wissenschaftlich begründeter Indikationskriterien, wann Kinder und Jugendliche zu beteiligen sind und wann nicht“[130] liegt. In den von Greger untersuchten Fällen wurden die Kinder nur in 16% der Fälle am Mediationsverfahren beteiligt.[131]

Es halten sich noch viele Vorbehalte gegen die persönliche Einbeziehung des Kindes in einer Mediation. Ergänzend zu den oben in Teil 3 untersuchten allgemeinen Argumenten und Vorbehalten zur Einbeziehung des Kindes in Kindschaftssachen sollen im Folgenden einige mediationsspezifische Aspekte der Kindesbeteiligung besprochen werden.

---

125 So z.B. *Proksch* (1998a), S. 53.

126 *Glenewinkel*, S. 140.

127 *Bernhardt*, FPR 2005, 95 (96).

128 Vgl. *Bernhardt*, FPR 2005, 95 (96).

129 *Bastine u.a.*, Evaluation der Familienmediation, S. 6.

130 *Bastine u.a.*, Evaluation der Familienmediation, S. 6.

131 *Greger* (2010), S. 55.

1. Ist Mediation „humaner" und besser für das Kind?

Die Mediation soll ein humaneres[132] Verfahren ermöglichen als ein Gerichtsverfahren. Sie wird als persönlicher, selbstbestimmter und weniger kontrollierend angesehen.[133] Gegenüber dem Gerichtsverfahren wird auch der Vorteil genannt, dass es keinen Verlierer gebe, da eine Lösung nur möglich sei, wenn die Beteiligten sich einig sind.[134] Zwar soll auch der Richter gemäß § 156 Abs. 1 S. 1 FamFG auf ein Einvernehmen hinwirken, womit dem Kontradiktorischen eines Gerichtsverfahrens mit mediativen Elementen entgegengewirkt werden soll – dennoch bleibt es ein Gerichtsverfahren. Die Mediation soll indes als konsensual konfliktlösende, in der Regel außergerichtliche Verhandlungsmethode ohne gerichtliches Zerrbild die Übernahme der Eigenverantwortung ermöglichen[135], die Spannungen und Streitigkeiten der Familien abbauen und auch die Belastungen der Kinder reduzieren können.[136] Es wird auch ausgegangen, dass die Betroffenen selbst am besten wissen, wie ihr Konflikt zu lösen ist.[137] Die Mediation soll auch „bestens geeignet"[138] sein, um am Kindeswohl ausgerichtete Entscheidungen zu treffen und zu erzielen, dass Kinder unter der Trennung der Eltern so wenig wie möglich leiden.[139] Das Kind soll von der Mediation profitieren, da die Eltern danach besser kooperieren können sollen und eine Einigung der Eltern für das Kind besser sei als eine Entscheidung des Richters.[140]

Aber „humaner" bzw. „besser" kann eine Vermittlung nur sein, wenn sie den Bedürfnissen aller Beteiligten im Einzelfall besser gerecht wird als ein Gerichtsverfahren.

Ein auf ein Einvernehmen zielendes Verfahren mag als eine Ideallösung erscheinen und vielen Familien weiterbringende Unterstützung und Hilfe auf dem Weg zu einer Vereinbarung nachhaltiger Regelungen bieten. Es ist aber nicht zwingend die beste und humanste Lösung für jeden Beteiligten und jede Familie. Eine Mediation bewirkt nicht zwingend eine Verbesserung der Kooperati-

---

132 Vgl. *Luxburg*, Rn. 53 ff.

133 *Bastine/Link/Lörch*, in: Duss-von Werth/Mähler/Mähler, S. 186 (191).

134 Vgl. Pressemitteilung des BMJ zum Regierungsentwurf zum Gesetz zur Förderung der Mediation und anderer Verfahren der außergerichtlichen Streitbeilegung vom 12.01.2011.

135 *Hösl*, S. 20.

136 Vgl. *Gläßer*, S. 128

137 Pressemitteilung des BMJ zum Regierungsentwurf zum Gesetz zur Förderung der Mediation und anderer Verfahren der außergerichtlichen Streitbeilegung vom 12.01.2011.

138 *Luxburg*, Rn. 63.

139 *Mähler/Mähler*, in: Haft/Schlieffen, S. 460.

140 *Proksch*, in: Duss-von Werth/Mähler/Mähler, S. 144 (148).

ons- und Kommunikationsfähigkeit der Beteiligten.[141] Es gilt vielmehr, dass, wenn bereits eine gewisse Kooperationsbereitschaft vorhanden ist, diese in einer Mediation verstärkt werden kann und die Beteiligten darin unterstützt werden können, gemeinsam Lösungen zu finden. Eine eigenverantwortliche und nachhaltige Konfliktbearbeitung setzt voraus, dass sich kein Beteiligter benachteiligt oder mit seinen Sorgen und Einwänden nicht angemessen berücksichtigt und ernst genommen fühlt.[142] Die Annahme, in der Mediation gebe es keine Verlierer, sondern nur Gewinner, kann sich nur halten, wenn die vereinbarten Regelungen vom inneren Willen aller Beteiligten getragen werden. Dies erfordert, dass Machtungleichheiten genügend Rechnung zu tragen ist und auf keinen Beteiligten Druck auf eine Einigung hin ausgeübt wird.[143] Insbesondere sollte eine geringe Einigungsbereitschaft nicht allgemein mit mangelnder Erziehungsfähigkeit bzw. Bindungstoleranz gleich gestellt werden.[144]

So wie es Beteiligte gibt, die mit dem Gerichtsverfahren unzufrieden sind, sich dort benachteiligt fühlen und das Verfahren als zu streitig und zu unpersönlich empfinden, gibt es auch Beteiligte, die mit einer Mediation unzufrieden sind, die Sitzungen als zu spannungsgeladen und unerfreulich empfinden[145] und sich dort benachteiligt und übergangen fühlen. Eine Unzufriedenheit mit dem jeweiligen Verfahren hängt sicherlich auch damit zusammen, dass Sorgerechts- und Umgangsfragen grundsätzlich emotional derart belastend sein können, dass die Beteiligten jede Intervention als unbefriedigend empfinden und eher eine Verteidigungshaltung einnehmen.[146] Im Maß der Zufriedenheit eines jeden Beteiligten wird sich auch spiegeln, inwieweit das Ergebnis seinen vorher bestehenden Wünschen entspricht. Es muss aber immer auch berücksichtigt werden, dass sich nicht alle Paare auf eine Mediation einlassen wollen und können. Sind die Beteiligten nicht bereit, miteinander zu verhandeln, herrscht z.B. ein hohes Konfliktpotential oder gar Gewalt, könnten vielmehr beraterische Interventionen – mit ggf. mediativen Elementen[147] – oder ein Gerichtsverfahren erforderlich sein, um den Bedürfnissen der Beteiligten gerecht zu werden. Einzelberatungen oder eben die Strukturen eines Gerichtsverfahrens können den Beteiligten unter Umständen mehr Sicherheit geben und es kann sein, dass sie die Entscheidung eines Dritten einer Verhandlung miteinander vor ziehen. Eine Mediation bzw. Einigung sollte daher nicht als grundsätzlich besser als ein Gerichtverfahren

141 Hierzu oben Teil 4.C.I.

142 Vgl. *Pearson/Thoennes*, Behavioral Sciences & the Law 1986, 203 (208 f.).

143 Zur Disparität s. unter Teil 6.A.III.4 und zum Einigungsdruck s. Teil 4.D.IV.

144 S. hierzu oben Teil 4.D.VI.

145 *Pearson/Thoennes*, Behavioral Sciences & the Law 1986, 203 (208).

146 *Pearson/Thoennes*, Behavioral Sciences & the Law 1986, 203 (208).

147 Hierzu oben Teil 4.D.II.

bzw. eine gerichtliche Entscheidung bewertet werden. Entscheidend für die Wahl der Intervention müssen vielmehr die Bedürfnisse und (momentanen) Möglichkeiten der jeweiligen Beteiligten sein.

Es kann auch nicht als allgemein gültig festgehalten werden, dass das Kind von einer Mediation der Eltern profitere und dass die Eltern die Interessen und Bedürfnisse ihrer Kinder am besten kennen. Gerade bei einer Trennung sind die Eltern meist selbst in das Geschehen derart involviert, dass sie kaum die Interessen des Kindes unabhängig von ihren eigenen sehen können. Sie verhandeln dann letztlich über das Kind wie über eine Sache und teilen seine Zeit so auf, wie sie es für sich als fair empfinden. Dass diese Regelungen dann auch im Sinne des Kindes sind, kann bezweifelt werden.

Eine deutsche Studie über die unterschiedlichen Auswirkungen einer Trennungs- und Scheidungsmediation bzw. eines Gerichtsverfahrens auf das Kind, bei der auch Kinder befragt wurden, ist nicht bekannt. In der Regel äußern nur die beteiligten Experten und teils die Eltern ihre Meinung über die vermeintlichen Vorteile einer Mediation für das Kind. So wurden beispielsweise in der Studie von Bastine, Weinmann-Lutz und Wetzel[148] die Eltern hinsichtlich der Wirkungen der Mediation auf ihr Kind befragt. Direkt nach der Mediation sahen die Eltern die Interessen ihrer Kinder in der Mediation gut vertreten und gut behandelt.[149] In der Studie von Greger zu den Auswirkungen von gerichtlichen und in Mediation getroffenen Umgangsregelungen auf die Kinder fiel auf, dass die Eltern die Auswirkungen auf ihr Kind oft unterschiedlich bewerteten.[150] Dies könnte darin begründet sein, dass sie ihre eigenen Wünsche und Erwartungen sowie ihre Zufriedenheit auf das Kind projizierten. Die Einschätzungen der Eltern sind somit sehr subjektiv und sagen letztlich wenig über die tatsächlichen Auswirkungen auf das Kind, insbesondere seine subjektive Einschätzung, aus. Es bleibt festzuhalten, dass die betroffenen Kinder in diesen Studien meist weder an der Mediation selbst noch an der Nachbefragung beteiligt wurden. Die Ergebnisse geben also im Grunde nur darüber Auskunft, inwiefern die beteiligten Erwachsenen meinen, die Interessen und Bedürfnisse des Kindes angemessen berücksichtigt zu haben. Ob sich das Kind selbst in der Mediation gut vertreten gefühlt hat – zumal es selbst nicht beteiligt wurde – und ob es für das Kind einen Unterschied macht, ob ein Gerichtsverfahren oder eine Mediation durchgeführt wird, bleibt offen.

---

148 *Bastine/Weinmann-Lutz/Wetzel*, Unterstützung von Familien in Scheidung durch Familien-Mediation, Abschlussbericht (1999).

149 *Bastine/Weinmann-Lutz/Wetzel*, S. 60.

150 *Greger* (2010), S. 29, 65.

Ausländische Langzeitstudien, die die Befragungen von Kindern beinhalteten, konnten keine signifikanten Unterschiede in der Anpassung der Kinder zu Hause oder in der Schule feststellen, wenn die Eltern einen Anwalt oder einen Mediationsfachmann zur Beilegung ihrer Differenzen herangezogen hatten.[151] Für die Anpassung des Kindes ist weniger die Art der Konfliktlösungsmethode entscheidend als die folgenden Variablen: die Eigenschaften des Kindes, die Eltern-Kind-Beziehung, die Familiendynamik, das Konfliktniveau und der finanzielle Stress.[152] Dass in der Mediation vermeintlich viel über das Kind gesprochen wird, entlastet das Kind nicht hinsichtlich seiner eigenen Ängste und berücksichtigt auch nicht seine eigenen Interessen und Bedürfnisse. Die Mediation hilft den Kindern nicht, wenn sie bei der Planung kaum jemals zugegen sind.[153] Wird das Kind nicht einbezogen, macht es für es keinen Unterschied, ob die Regelungen von einem Richter oder von den Eltern in einer Mediation getroffen wurden. Eine elterliche Einigung ist keine Garantie dafür, dass die tatsächlichen und nicht nur die vermeintlichen Interessen des Kindes berücksichtigt wurden.

Eine Mediation kann auch nicht besser für das Kind sein als ein Gerichtsverfahren, wenn dort seine Rechte verletzt werden und seine Position schwächer ist. Im Gerichtsverfahren stehen dem Kind in Sorge- und Umgangsrechtsverfahren Anhörungs- und Beteiligungsrechte zu (§ 159 Abs. 1 und 2, 156 Abs. 2 FamFG) sowie die Unterstützung durch einen Verfahrensbeistand (§ 158 FamFG). Für Einvernehmensverfahren beim Jugendamt regelt § 17 Abs. 2 SGB VIII, dass das Kind angemessen zu beteiligen ist. Für Mediationen durch freie Mediatoren kann nichts anderes gelten. Dies ergibt sich auch aus Art. 12 Abs. 1 UN-KRK, wonach dem Kind auch in außergerichtlichen Mediationen die Gelegenheit gegeben werden muss, seine Meinung zu äußern, wenn Angelegenheiten verhandelt werden, die das Kind berühren.[154] Wird das Kind nicht persönlich an der Mediation beteiligt, laufen die sämtliche Beteiligungsrechte des Kindes leer und seine Position ist bedeutend schwächer als wenn vor Gericht oder beim Jugendamt verhandelt worden wäre.

Es kann auch nicht als humaner betrachtet werden, dass bei der Mediation die Gefahr von Sorgerechtsentzug oder anderen Maßnahmen geringer ist als bei einem Gerichtsverfahren. Es stellt sich die Frage der Schweigepflicht des Mediators bzw. seiner Verpflichtung dem Kindeswohl gegenüber. Das Mediationsgesetz sieht in § 4 S. 3 Nr. 2 MediationsG vor, dass die Verschwiegenheitspflicht des Mediators nicht gilt, wenn die Offenlegung aus vorrangigen Gründen der

151 *Wallerstein/Lewis/Blakeslee*, S. 221.

152 *Pearson/Thoennes*, Behavioral Sciences & Law 1986, 203 (213); *Kostka*, FamPra.ch 2009, 634 (642).

153 *Wallerstein/Lewis/Blakeslee*, S. 221.

154 Hierzu siehe oben Teil 2.B.I.4.a und Teil 2.B.I.7.

öffentlichen Ordnung (ordre public) geboten ist, insbesondere um eine Kindeswohlgefährdung oder eine schwerwiegende Beeinträchtigung der physischen oder psychischen Integrität einer Person abzuwenden. Laut der Gesetzesbegründung sind die Voraussetzungen noch enger gefasst als die Eingriffsschwelle des § 1666 BGB.[155] Aber ist die Eingriffsschwelle des § 1666 BGB erreicht, bedeutet dies doch, dass eine entsprechende Maßnahme zum Schutz des Kindes erforderlich ist. Sind die Voraussetzungen des § 4 S. 3 Nr. 2 MediationsG enger als § 1666 BGB, kann dies zur Folge haben, dass ggf. eine Kindeswohlgefährdung, bei der das Gericht gemäß § 1666 BGB zum Schutz des Kindes zu handeln hätte, in der Mediation keine Konsequenzen hat und die Kindeswohlgefährdung fortbesteht. Dass aber gerade der Schutz des Kindes in einer Mediation geringer sein soll als im Gerichtsverfahren, mutet befremdlich und wenig human an und steht im Widerspruch zum Kindschaftsrecht, zur UN-Kinderrechtskonvention (Art. 3 und 12 UN-KRK) sowie auch dem immer wieder betonten Aspekt der Mediation, dass gerade die betroffenen Kinder von ihr profitieren sollen. Das Kindeswohl muss auch in der Mediation vorrangiger Gesichtspunkt sein. Bei gewichtigen Anhaltspunkten für die Gefährdung des Kindeswohls muss der Mediator die Maßnahmen ergreifen, die zum Schutz des Kindes und der Abwendung der Gefahr erforderlich sind.

Hinsichtlich des Kindes gilt somit, dass die Mediation für es nur dann besser bzw. jedenfalls nicht schlechter sein kann als ein Gerichtsverfahren, wenn es persönlich beteiligt wird. Eine elterliche Einigung allein bedeutet noch nicht, dass die Rechte und Interessen des Kindes angemessen berücksichtigt wurden. Der ausschlaggebende Schutz, den die Mediation dem Kind geben kann, ist nicht, die Eltern dazu zu drängen, eine Mediation durchzuführen und sich möglichst irgendwie zu einigen, sondern sicherzustellen, dass die Eltern sich die Bedürfnisse ihres Kindes vergegenwärtigen und sich bemühen, diese nach ihren Möglichkeiten und Fähigkeiten zu berücksichtigen und ihnen gerecht zu werden.[156] Dies ist aber nur möglich, wenn das Kind selbst an der Entscheidungsfindung beteiligt wird. Für das Kind ist somit nicht die Frage entscheidend, ob die Eltern eine Mediation absolviert haben, sondern ob es die Gelegenheit bekommen hat, sich zu äußern, ob seine eigene Perspektive und seine Bedürfnisse in den getroffenen Regelungen Berücksichtigung finden.[157] Vor dem Hintergrund der rechtlichen Anforderungen an die Anhörung und Beteiligung von Kindern in sie betreffenden Angelegenheiten (vgl. Teil 2) als auch der human-

155 BT-Drucksache 17/5335, S. 17; zur Verschwiegenheitspflicht des Mediators nach § 4 S. 3 Nr. 2 MediationsG s. oben Teil 6.II.3.b.

156 Vgl. Golann/Folberg/*Folberg*, S. 389.

157 *Parkinson/Cashmore*, S. 198 f.

wissenschaftlichen Erkenntnisse zur Beteiligung des Kindes an der Entscheidungsfindung (vgl. Teil 3) ist daher davon auszugehen, dass eine Mediation nur dann lege artis und im Interesse aller Beteiligten sein kann, wenn auch das Kind persönlich beteiligt wird.

Die Mediation ist also nicht per se humaner als das Gerichtsverfahren und eine in der Mediation getroffene Vereinbarung ist nicht per se besser für das Kind als eine gerichtliche Entscheidung. Es muss vielmehr immer im Einzelfall geprüft werden, ob eine Vermittlung, eine Beratung oder ein Gerichtsverfahren, ein Einvernehmen oder eine gerichtliche Entscheidung die angemessene und für die jeweiligen Beteiligten zumutbarere Lösung ist. Werden aber die Prinzipien der Mediation eingehalten und die Rechte aller Beteiligten gewahrt, wird die Perspektive des Kindes angemessen berücksichtigt und sind die Beteiligten bereit, miteinander zu verhandeln, stimmt die „Chemie" zwischen Mediator und Familie und hat der Mediator die erforderlichen Kompetenzen im Umgang mit der jeweiligen Familie, kann er die Verhandlungen angemessen leiten und ist er sich bewusst, wann die Grenze einer Mediation erreicht ist, kann eine Mediation halten, was sie verspricht.

2. Die Allparteilichkeit des Mediators und die Einbeziehung des Kindes

Tritt in kindschaftsrechtlichen Mediationen das Kind neben den Eltern auf, ist zu klären, wie mit dieser Mehrpersonenkonstellation zu verfahren ist. Der Regierungsentwurf zum Mediationsgesetz spricht in allen Normen nur unbestimmt von „den Parteien"[158]. Es sind also durchaus mehrere Beteiligte möglich[159]. Sind aber mehrere Personen beteiligt, werden der Verhandlungsablauf und die Lösungsfindung erschwert, da mehrere Personen berücksichtigt werden müssen und die gefundene Lösung den Vorstellungen, Wünschen und Bedürfnissen mehrerer Personen entsprechen muss. In Familienmediationen kommt das asymmetrische Verhältnis von Eltern und Kind hinzu. Es sind die Eltern, die sich für die Mediation entscheiden, die den Mediator beauftragen, ihn bezahlen, und die Verantwortung für eine gefundene Lösung tragen. Das Kind ist aber von dem Verfahren (wie auch von einem Gerichtsverfahren) und von der Lösung unmittelbar betroffen. Es ist zu klären, wie die Interessen des Kindes eingebracht werden sollen und wer die Interessen des Kindes vertreten soll. Ferner ist das Kind auch meist nicht in (allen) Sitzungen anwesend, so dass sich die Frage stellt, wie seine Perspektive im Verfahren Berücksichtigung findet.

158 BT-Drucksache 17/5335, S. 14.
159 *Nothhafft* (2002), S. 82.

Da die Eltern als Interessenvertreter des Kindes ausscheiden, weil sie in den Trennungs- und Scheidungsverhandlungen in der Regel kaum einen neutralen Blick für die Kindesperspektive haben, bleiben drei Möglichkeiten: Der Mediator könnte mit dem Kind sprechen und dann im Gespräch mit den Eltern die Meinungen des Kindes übermitteln, ein Dritter könnte als Interessenvertreter des Kindes hinzugezogen werden oder die Kinder nehmen selbst an den Verhandlungen mit den Eltern teil, wobei sie dabei in der Regel die Hilfe des Mediators benötigen.

Dass der Mediator das Gespräch mit dem Kind führt, ist nicht unstreitig. Es wird befürchtet, dass der Mediator, wenn er für die Berücksichtigung der Kindesinteressen eintrete, seine Allparteilichkeit gefährde, weil er dann für die Interessen der Eltern nicht mehr offen und nicht mehr nur Vermittler zwischen den Eltern sei, sondern auch Sprachrohr und somit Interessenvertreter des Kindes im Konflikt der Eltern. Fraglich ist aber, ob die Besonderheiten von gerichtlichen Kindschaftsverfahren im Gegensatz zum Zivilrechtsverfahren – insb. die „Amtsermittlung" gegenüber dem Dispositionsgrundsatz und die Kindeswohlmaxime bei Entscheidungen – nicht auch entsprechende Besonderheiten im Rahmen des Mediationsverfahrens bedingen. Hauptunterschied zwischen einem Richter und einem Mediator ist, dass der Richter eine Entscheidungsbefugnis respektive eine Entscheidungspflicht hat, der Mediator hingegen keine Entscheidungen treffen darf, sondern vielmehr zwischen den Beteiligten vermittelt und ihnen hilft, eine Entscheidung zu treffen. Aber sowohl ein Richter als auch ein Mediator müssen im Verfahren neutral und unparteiisch sein, wobei die Allparteilichkeit des Mediators darüber hinausgehend darin gesehen wird, dass er die Beteiligten auch aktiv in ihrer Kommunikationsfähigkeit unterstützt. Im Kindschaftsverfahren gilt ferner die Besonderheit des § 1697a BGB. Im Streit der Eltern hat der Richter immer die Entscheidung zu treffen, die unter Berücksichtigung der tatsächlichen Gegebenheiten und Möglichkeiten sowie der Interessen der Beteiligten dem Wohl des Kindes am besten entspricht. Dieses Kindeswohlprinzip ist beherrschender Leitgedanke des Kindschaftsrechts.[160] Wenn aber das Kindeswohlprinzip und die Pflicht zur richterlichen Kindesanhörung nicht die Neutralität des Richters gefährden, der ggf. auch eine Entscheidung treffen muss, ist nicht nachvollziehbar, warum die Allparteilichkeit des Mediators gefährdet sein soll. Das persönliche Gespräch des Mediators mit dem Kind sowie die Geltung des Kindeswohlprinzips in der Mediation lassen sich auch mit dem allgemeinen Auftrag der Scheidungsprofessionen, das Kindeswohl zu schützen, rechtfertigen.[161] Insbesondere wenn die Eltern die Interessen ihres Kindes nicht wahr-

160 Staudinger/*Coester*, § 1697a BGB Rn. 1.

161 *Kriegel*, S. 58.

nehmen bzw. gefährden, muss der Mediator verpflichtet sein, das Kindeswohl zu schützen und inhaltlich Partei für das Kind zu ergreifen.[162] Im Rahmen einer Co-Mediation können die Aufgaben der Mediatoren aufgeteilt werden, indem einer die Interessen des Kindes in die Verhandlungen einbringt und der andere die Verhandlungen leitet.

Es kann aber auch ein separater Interessenvertreter für das Kind hinzugezogen werden, der persönlich mit dem Kind spricht, sodann die Perspektive des Kindes in der Verhandlung mit den Eltern vertritt. Es kann auch ein speziell ausgebildeter Kinder-Interviewer[163] hinzugezogen werden, der nicht selbst in die Mediation involviert ist, sondern mit dem Kind spricht und die vom Kind autorisierten Informationen in einem mündlichen Bericht an die Eltern und den Mediator vermittelt.

Die Aufgabe des Mediators besteht nicht „nur" darin, zwischen den Beteiligten – respektive den Eltern – zu vermitteln und ein Gespräch zu ermöglichen, sondern auch alles Erforderliche dafür zu tun, dass nachhaltige, für alle Beteiligten, also auch für das Kind, befriedigende und akzeptable Regelungen erarbeitet werden. Wie diverse Studien zeigen, sind Regelungen, die unter der Einbeziehung des Kindes getroffen wurden, in der Regel nachhaltiger und für die Beteiligten befriedigender.[164] In Konsequenz ist davon auszugehen, dass eine Mediation lege artis eben nur mit der persönlichen Beteiligung des Kindes erfolgen kann. Besteht keine Möglichkeit, einen Interessenvertreter für das Kind hinzuzuziehen, zumal das auch immer eine Kostenfrage aufwerfen wird, müssen eben der Mediator, ggf. Co-Mediator, wie auch der Richter dem Kind die Gelegenheit geben, seine Meinung zu äußern. Es mutet doch merkwürdig an, das Prinzip der Allparteilichkeit des Mediators über die Rechte des Kindes zu stellen, zumal es der Neutralität eines gesetzlichen Richters nicht abträglich ist, das Kind anzuhören und dann auf eine Einigung der Beteiligten hinzuwirken oder sogar – im Gegensatz zu einem Mediator – selbst zu entscheiden. Die Neutralität und Allparteilichkeit des Mediators ist daher entsprechend der Kindeswohlverpflichtung des Richters in Trennungs- und Scheidungsverfahren zugunsten der Kindesinteressen einzuschränken.[165]

162 *Kriegel*, S. 58.
163 *Bernhardt*, FPR 2005, 95 (97).
164 Hierzu oben Teil 3.D.II.
165 *Coester*, Kind-Prax 2003, 119 (120); *Trenczek*, FPR 2009, 335 (336).

3. Frage des Erfordernisses der elterlichen Zustimmung zur Beteiligung des Kindes

Eines der Grundprinzipien der Mediation ist die Freiwilligkeit. Die Beteiligten sollen freiwillig und selbst darüber bestimmen, ob sie eine Mediation beginnen, was sie verhandeln und ob und worauf sie sich einigen. Besteht eine Verpflichtung, das Kind einzubeziehen, könnte dies als ein Verstoß gegen dieses Prinzip verstanden werden. Daher wird vertreten, dass das Kind nur dann einbezogen werden soll, wenn sich einerseits die Eltern hierauf einigen und andererseits auch das Kind freiwillig teilnehmen will.[166] Dies ist jedoch nicht unproblematisch. Eltern, die in der Regel wenig Erfahrung mit Kindesanhörungen haben, ihr selbst skeptisch gegenüber stehen, ihr Kind vor den Konflikten schützen wollen und auch selbst in den Trennungsprozess verstrickt sind, können schnell geneigt sein, die Einbeziehung des Kindes abzulehnen. Oft trauen sie sich weder selbst noch ihrem Kind zu, mit der Einbeziehung des Kindes umgehen zu können. Sie könnten auch Angst haben, dass das Kind etwas anderes sagt, als sie hoffen. Sie könnten es auch als eine Art Misstrauen gegenüber ihren elterlichen Kompetenzen ansehen, wenn nicht ausschließlich ihren Einschätzungen vertraut wird, sondern auch das Kind befragt werden soll.

Zu Beginn der Studie von Dagmar Schramm-Grüber (Familientherapeutin, Mediatorin) und Roland Breinlinger (Diplom-Psychologe, Mediator) zum Modellprojekt für Mediation des Hessischen Ministeriums der Justiz in der Stadt Frankfurt war geplant, die betroffenen Kinder bei den Mediationen in einer ihrer Entwicklungsstufe angemessenen Art und Weise zu beteiligen.[167] Die meisten Eltern reagierten darauf aber sehr zurückhaltend. Daher wurde letztlich auch seitens der Mediatoren das Thema der Einbeziehung des Kindes in den Mediationsprozess zurückhaltend gehandhabt, und wenn eine Einbeziehung des Kindes stattfand, dann erst zu einem späteren Zeitpunkt.[168] Die Autoren vermuten hinter der elterlichen Ablehnung der Kindeseinbeziehung, dass dies – in den Augen der Eltern – den Grad der Verbindlichkeit der Mediation steigere. Ferner schienen die Eltern mit dem Scheitern der Paarbeziehung so stark belastet, dass ihnen zwar der Zweck der Einbeziehung der Kinder meist rational nachvollziehbar war, sie sich aber emotional kaum in der Lage sahen, die Einbeziehung des Kindes in den Prozess zu bewältigen.[169] Am Ende der Mediation waren aber die meisten Eltern bereit oder äußerten sogar den lebhaften Wunsch, den Kindern gemeinsam die erarbeiteten Lösungen bzw. Elternvereinbarungen zu erklären,

166 Z.B. *Hösl*, S. 66.
167 *Schramm-Grüber/Breinlinger*, in: Duss-von Werth/Mähler/Mähler, S. 166 (179 ff.).
168 *Schramm-Grüber/Breinlinger*, in: Duss-von Werth/Mähler/Mähler, S. 166 (180).
169 *Schramm-Grüber/Breinlinger*, in: Duss-von Werth/Mähler/Mähler, S. 166 (179).

sei es unmittelbar im Rahmen der Mediation oder an einem anderen, gemeinsam festgelegten Ort.[170]

Dies zeigt, dass Eltern oft skeptisch gegenüber der Einbeziehung der Kinder sind. Sie sind durch ihre eigene Situation inmitten des Trennungsprozesses, durch ihre Ängste und Belastungen, durch ihre Ansicht, die Trennung sei vielmehr ihre Sache als die der Kinder, oft blockiert, und sie meinen ohnehin, sie wüssten bereits, was für ihre Kinder gut sei. Wie aber bereits oben in Teil 3 dargestellt, kann die Kenntnis der Interessen und Bedürfnisse des Kindes auf die Eltern wie ein ‚Weckruf' wirken, mit der Folge, dass sie weniger in ihrem Streit gefangen bleiben und sich mehr auch auf das Kind konzentrieren und versuchen, eine Lösung zu finden, die den Interessen aller Beteiligten hinreichend Rechnung trägt.[171] Gerade mit der Beteiligung des Kindes können oft bessere, nachhaltigere Regelungen erzielt werden. Aber auch für den Mediator kann die Kenntnis der Perspektive des Kindes essentiell bei der Einschätzung der Konfliktlage sowie auch bei der Beurteilung der voraussichtlichen Nachhaltigkeit einer Regelung sein.

Hinzu kommen rechtliche Gründe, die dagegen sprechen, die Einbeziehung des Kindes allein von der Zustimmung der Eltern abhängig zu machen. Das Freiwilligkeitsprinzip könnte in einer Familienmediation entsprechend dem gerichtlichen Kindschaftsverfahren einzuschränken sein. Während im Zivilrechtsverfahren die Parteiherrschaft und die Dispositionsmaxime[172] gelten, kommt im Kindschaftsverfahren die Wächteramtsfunktion des Staates (Art. 6 Abs. 2 S. 2 GG) zum Tragen und es gilt der Amtsermittlungsgrundsatz (§ 26 FamFG). Dies dient gerade auch dem Schutz des Kindes. Hinsichtlich der Dispositionsbefugnis gilt die Besonderheit, dass die Eltern nicht über die eigenen Rechte des Kindes wie sein Anhörungsrecht (§ 159 FamFG) und sein Umgangsrecht (§ 1684 Abs. 1, 1. Hs. BGB) verfügen dürfen. Die Kindesanhörung ist weder von der Zustimmung der Eltern noch der des Kindes abhängig, sie erfolgt auf Anordnung des Gerichts. Davon unabhängig ist die Frage, ob das Kind von seinem Anspruch auf rechtliches Gehör Gebrauch macht, aber ihm muss die Gelegenheit hierzu gegeben werden. Auch über sein eigenes Umgangsrecht muss das Kind selbst verfügen dürfen. Ein Einvernehmen über das Umgangsrecht bedarf daher für die gerichtliche Billigung auch der Zustimmung des Kindes (§ 156 Abs. 2 FamFG).[173] Wird das Kind in die Mediation nicht einbezogen, müsste der Richter das Kind nachträglich zur vereinbarten Regelung hören. In dieser Anhörung

170 *Schramm-Grüber/Breinlinger*, in: Duss-von Werth/Mähler/Mähler, S. 166 (181).

171 Zur Bedeutung der Kindesbeteiligung für die Einigungsbereitschaft der Eltern s. oben Teil 3.D.IV.

172 Thomas/Putzo/*Reichold*, Einleitung Rn. 1 ff.

173 S. Teil 5.C.III.2.a.

wäre das Kind aber im Grunde in der Situation, zu bereits vereinbarten Regelungen nur noch ja oder nein sagen zu können. Das Kind trägt dann de facto eine gewisse Entscheidungsverantwortung, zumal wenn es äußert, mit der Regelung nicht einverstanden zu sein, es ggf. auch dafür „verantwortlich" ist, dass erneut zu verhandeln ist. Das Kind ist von einer Entscheidungsverantwortung aber gerade freizuhalten.[174] Daher ist es sinnvoll und erforderlich, das Kind bereits in der Mediation an der Entscheidungsfindung zu beteiligen, um sicherzustellen, dass die vereinbarten Regelungen auch seine Bedürfnisse und Interessen angemessen berücksichtigen, und dass seine Rechte gewahrt werden.

Im Ergebnis ist also davon auszugehen, dass eine Familienmediation lege artis nur unter persönlicher Einbeziehung des Kindes erfolgen kann. So wie die Allparteilichkeit des Mediators in Kindschaftssachen einzuschränken ist[175], muss auch der Grundsatz der Freiwilligkeit im Hinblick auf die Einbeziehung des Kindes eingeschränkt werden. Wird die Einbeziehung des Kindes als fester Bestandteil einer Familienmediation gesehen, müssen sich weder die Eltern noch die Mediatoren mit der Frage auseinandersetzen, *ob* sie die Meinung des Kindes berücksichtigen, sondern mit der vielmehr entscheidenden Frage, *wie* das Kind einbezogen wird und wie sie gemeinsam eine Lösung finden, in der sich alle hinreichend repräsentiert sehen. Auf diese Weise kann den Rechten des Kindes sowie den mit humanwissenschaftlichen Erkenntnissen belegten Vorteilen der Beteiligung des Kindes Rechnung getragen werden.

Dennoch wird ohne die Zustimmung der Eltern bzw. ihre Einsicht zur Erforderlichkeit der Einbeziehung des Kindes eine Kindesbeteiligung nicht möglich sein, zumal der Mediator im Gegensatz zum Richter die Beteiligung des Kindes nicht anordnen kann. Der Mediator kann aber entscheidenden Einfluss auf die Zustimmungswilligkeit der Eltern nehmen, indem er ihnen die Vorteile der Einbeziehung des Kindes sowohl für sie selbst als auch für das Kind hinreichend erklärt, sowie ihnen auch den rechtlichen Hintergrund der Kindesbeteiligung – von Art. 12 UN-KRK über §§ 159, 156 Abs. 2 FamFG bis hin zu § 1626 Abs. 2 BGB – vermittelt. Der erste Schritt ist somit, dass der Mediator die Erforderlichkeit der Beteiligung des Kindes erkennt. Problematisch ist allerdings, dass selbst manche Richter trotz der im Gesetz verankerten Pflicht zur Anhörung des Kindes Gründe gegen eine Kindesanhörung suchen und finden, insbesondere wenn sie selbst nicht erfahren und/oder fortgebildet im Anhören von Kindern sind.[176] Sie können dann nicht einschätzen, welchen Gewinn eine Kin-

174 S. hierzu insbesondere oben Teil 3.B.I. (Funktion des Kindes im Verfahren) und Teil 3.C. (Die Meinung der Kinder über ihre Beteiligung).

175 Zur Allparteilichkeit des Mediators s. oben Teil 6.A.V.2.

176 Vgl. *Karle u.a.*, S. 64 f.

desanhörung bringen kann und welche Möglichkeiten sie eröffnet. Erforderlich ist daher auch für den Mediator, dass er weiß, wie die Einbeziehung des Kindes die Entscheidungsfindung bereichern kann. Dies wiederum setzt voraus, dass er über eine angemessene Ausbildung und Kompetenz zur Einbeziehung des Kindes verfügt.

Das Zustimmungserfordernis sollte sich letztlich weniger darauf beziehen, ob die Eltern bei einer Mediation das Kind einbeziehen wollen, sondern ob sie eine Mediation überhaupt durchführen wollen. Das Kind sollte wie auch im Gerichtsverfahren alters- und reifegemäß einbezogen werden. Verweigern die Eltern die Einbeziehung des Kindes, sollte der Mediator die Mediation nicht annehmen bzw. abbrechen, oder wenn er sie doch durchführt, dem Gericht insbesondere im Hinblick auf § 156 Abs. 2 FamFG mitteilen, dass die Mediation ohne Beteiligung des Kindes erfolgte. Die Mediation darf keine Plattform zur Untergrabung der Kinderrechte bieten.

4. Einbeziehung des Kindes bei Mediationen bei häuslicher Gewalt und Kindeswohlgefährdung

Die Durchführung einer Mediation in Fällen von häuslicher Gewalt und Kindeswohlgefährdung ist äußerst strittig.[177] Es wird vertreten, dass der Kontakt mit einem gewalttätigen Elternteil an sich, sofern die physische Sicherheit des Kindes gewährleistet ist, therapeutisch sinnvoll sei, und dem Kind helfen könne, das Geschehene zu verarbeiten.[178] Allerdings ist die Mediation keine Therapie. In Fällen von häuslicher Gewalt ist den Auswirkungen der Gewalt auf das Kind[179], und bei Kindeswohlgefährdungen der ohnehin bereits schwächeren Position des Kindes in der Familie hinreichend Rechnung zu tragen. In einer Mediation besteht aber die Gefahr, dass im Bemühen um ein Einvernehmen die Interessen des Kindes sowie sein Schutz ins Hintertreffen geraten und die Gefährdung weiterhin bestehen bleibt. Die Eltern könnten auch geneigt sein, in der Mediation eine Einigung zu treffen, um ein behördliches oder gerichtliches Verfahren zu vermeiden.

Sollte eine Mediation durchgeführt werden, müssen die Meinung des Kindes, seine Ängste und Erfahrungen besondere Beachtung finden und seinem Schutz die höchste Priorität gelten. Die Äußerungen des Kindes können auch weitreichende Hinweise zur Abschätzung der Gefährdungslage und somit auch der Frage geben, ob eine Mediation überhaupt die richtige Intervention ist.

177 Hierzu oben Teil 4.D.III.

178 *Eriksson*, in: Kavemann/Kreyssig, S. 71 (76).

179 Hierzu oben Teil 4.D.III.1.d.

Ein Blick in das SGB VIII verdeutlicht, dass auch dort der persönlichen Einbeziehung des Kindes bei Anhaltspunkten von Kindeswohlgefährdungen verstärkt Bedeutung beigemessen wird. Werden dem Jugendamt gewichtige Anhaltspunkte für die Gefährdung des Wohls eines Kindes oder Jugendlichen bekannt, sind nach § 8a SGB VIII S. 2 SGB VIII bei der Gefährdungseinschätzung die Personensorgeberechtigten sowie das Kind oder der Jugendliche einzubeziehen, soweit hierdurch der wirksame Schutz des Kindes oder des Jugendlichen nicht in Frage gestellt wird. Mit dem am 01.01.2012 in Kraft getretene Bundeskinderschutzgesetz wurde diese Norm geändert. Nicht nur hat nun das Jugendamt die Erziehungsberechtigten sowie das Kind oder den Jugendlichen in die Gefährdungseinschätzung einzubeziehen, soweit der wirksame Schutz dieses Kindes oder dieses Jugendlichen nicht in Frage gestellt wird, sondern sofern es nach fachlicher Einschätzung erforderlich ist, hat sich das Jugendamt einen unmittelbaren Eindruck von dem Kind und von seiner persönlichen Umgebung zu verschaffen.[180]

Gerade in Fällen von häuslicher Gewalt und Kindeswohlgefährdung müssen dem Kind Hilfe und Unterstützung geboten werden, und dies gerade unabhängig von seinen Eltern im Rahmen von Einzelgesprächen und Kindergruppen.[181] Sonst besteht die Gefahr, dass die Eltern das Kind unter Druck setzen.[182] Auch die Bestellung eines Kindesvertreters kann in diesen Fällen erforderlich sein, um ihm alters- und reifeangemessen Unterstützung und Hilfe zu bieten.[183] Dem Schutz des Kindes bzw. dem Opferschutz muss höchste Priorität beigemessen werden. Während des Gesprächs des Experten mit dem Kind muss sichergestellt sein, dass sich das Kind frei und ohne Angst äußern kann und dass sämtliche Sicherheitsvorkehrungen während der Mediation als auch außerhalb der Mediation getroffen werden. Allerdings sind die Grenzen der Mediation hier schnell erreicht. Die Mediation ist keine Therapie und kann ggf. auch nicht hinreichenden Schutz des Kindes gewährleisten. Sie darf auch nicht zur Umgehung und Vermeidung von erforderlichen gerichtlichen Maßnahmen nach §§ 1666, 1666a BGB führen.

---

180 Zu Hausbesuchen s. *Salgo*, Stellungnahme zum Bundeskinderschutzgesetz, S. 10 f.

181 *Deutsches Jugendinstitut*, S. 26.

182 S. auch *Nothhafft*, Stellungnahme zum FGG-Reformgesetz, S. 7 f.

183 Handbuch-Verfahrensbeistandschaft/*Zitelmann*, Rn. 476.

5. Methoden und Zeitpunkt zur Einbeziehung des Kindes

a. Art und Weise der Einbeziehung des Kindes

Das Kind kann indirekt (child-focused Mediation), also durch Appell an die Eltern, ihre Aufmerksamkeit auf die Bedürfnisse des Kindes zu konzentrieren, oder direkt (child-inclusive Mediation), persönlich, durch ein Gespräch mit ihm, beteiligt werden. In letzterem Fall stellt sich die Frage, wer mit dem Kind sprechen soll. Auch hier sind die bereits oben erörterten allgemeinen Kriterien zur Einbeziehung des Kindes gültig. Im Folgenden wird auf mediationsspezifische Aspekte eingegangen.

Die indirekte Einbeziehung des Kindes in die Mediation kann beispielsweise durch den Einsatz von leeren Stühlen[184], durch Rollenspiele, durch gezielte Fragen („Was würde Ihr Kind jetzt sagen?“, „Was könnte Ihr Kind Ihnen raten?“) oder durch Hinweise, wie andere Eltern in einer solchen Situation gehandelt haben, erfolgen.[185] Diese Fragen können den Eltern auch ermöglichen, über ihre eigenen Ängste zu sprechen[186] und sie auf die direkte Einbeziehung vorbereiten.

Bei der direkten Einbeziehung gibt es mehrere Varianten: Der Mediator spricht mit dem Kind und führt seine Interessen in die Verhandlungen der Eltern ein. Bei Co-Mediationen kann ein Mediator mit dem Kind sprechen und dann die Kindesinteressen in die Verhandlungen der Eltern einbringen, während der andere Mediator die Vermittlung leitet. Es kann auch ein Dritter, also ein Experte oder auch Laie, hinzugezogen werden, der dann selbst an den Verhandlungen mit den Eltern teilnimmt und dort die Kindesinteressen vertritt. Es hat sich auch das Modell des Kinder-Interviewers[187] entwickelt, wonach ein entsprechend ausgebildeter Experte mit dem Kind spricht und die vom Kind autorisierten Informationen den Eltern und dem Mediator in einem mündlichen Bericht vermittelt. Schließlich könnte das Kind selbst an den Verhandlungen neben den Eltern teilnehmen, wobei das Kind dann in der Regel die Unterstützung des Mediators benötigen wird.

Nach Klärung der Familiensituation durch ein Gespräch mit den Eltern sollte zunächst ein Einzelgespräch des Mediators bzw. des Dritten mit dem Kind erfolgen, um sicherzustellen, dass das Kind sich frei äußern kann. Während des Gesprächs mit dem Kind sollte eine Atmosphäre geschaffen werden, in der sich das Kind wohl und verstanden fühlt.[188] Es können auch Stifte und Papier bereit

184 *Hösl*, S. 66.
185 *Schramm-Grüber/Breinlinger*, in: Duss-von Werth/Mähler/Mähler, S. 166 (180).
186 *Schramm-Grüber/Breinlinger*, in: Duss-von Werth/Mähler/Mähler, S. 166 (180).
187 *Bernhardt*, FPR 2005, 95 (97).
188 *Drapkin/Bienenfeld*, Journal of Divorce 1985, 63 (70).

gestellt werden, da gerade jüngere Kinder oft leichter reden, wenn sie dabei malen oder spielen[189]; auch etwas zu trinken und eine große Portion Popcorn können Angst und Spannung der Situation vermindern.[190] Kinderzeichnungen an der Wand können dem Kind suggerieren, dass andere Kinder auch schon dort waren und über ihre Familiensituation gesprochen haben, dass also dieser Ort dem Interesse des Kindes gewidmet ist.[191]

Zu Beginn muss dem Kind immer erklärt werden, warum das Gespräch mit ihm stattfindet. Es genügt nicht, davon auszugehen, dass die Eltern dem Kind bereits alles erklärt haben. Dem Kind muss deutlich erklärt werden, dass es nicht selber die Entscheidung treffen soll, sondern die Eltern die Entscheidungen zu treffen haben. Sind die Eltern dazu nicht bereit oder fähig, wird das Gericht entscheiden.[192] Das Kind soll nur von sich, von der Familie, von seinen Freunden, von seinen Ansichten, seinen Ängsten und seinen Interessen berichten. Dem Kind muss auch erklärt werden, dass es sich nicht äußern muss, wenn es nicht will. Ferner muss die Vertraulichkeit geklärt werden, also was den Eltern berichtet werden soll. Das Gespräch mit dem Kind sollte grundsätzlich vertraulich sein, damit es sich frei äußern kann und keine Angst haben muss, dass alles den Eltern erzählt und womöglich falsch interpretiert wird. Am Ende des Gesprächs sollte daher alles noch einmal Punkt für Punkt durchgegangen werden, was und wie den Eltern berichtet wird.[193] Es sollte aber keine weitreichende Vertraulichkeitszusage an das Kind gemacht werden, die den Experten später in erhebliche Konflikte bringen kann, wenn aus Kindesschutzgründen eine Offenbarung erfolgen muss.[194] Spätestens in dem Moment, in dem das Kind etwas äußert, das auf eine Kindeswohlgefährdung hinweist, muss erklärt werden, dass man jetzt etwas erfahren habe, was nicht mehr vertraulich behandelt werden könne.

Bei Geschwistern empfiehlt es sich, sie getrennt anzuhören. Dies kann dem einzelnen Kind das Gefühl geben, ihm werde besondere Aufmerksamkeit zuteil und es ermöglicht auch ehrliche und freie Antworten.[195] Zusätzlich kann ein gemeinsames Gespräch mit den Geschwistern Informationen über ihr Verhalten zueinander erkennen lassen, ihnen aber auch die Möglichkeit geben, ihre Gefühle zur Trennung zu teilen und sich gegenseitig zu unterstützen.[196]

---

189 *Drapkin/Bienenfeld*, Journal of Divorce 1985, 63 (71).

190 *Bernhardt*, Seminarunterlagen zu „Stimme des Kindes in der Trennungs- und Scheidungsberatung“ (2011).

191 *Drapkin/Bienenfeld*, Journal of Divorce 1985, 63 (71).

192 *Drapkin/Bienenfeld*, Journal of Divorce 1985, 63 (72).

193 So auch in der Studie von *Parkinson/Cashmore*, S. 45.

194 Handbuch-Verfahrensbeistandschaft/*Fegert*, Rn. 1072.

195 *Drapkin/Bienenfeld*, Journal of Divorce 1985, 63 (70).

196 *Drapkin/Bienenfeld*, Journal of Divorce 1985, 63 (70).

Ein gemeinsames Gespräch zwischen Eltern, Kind und Mediator kann ebenfalls hilfreiche Erkenntnisse zu Interaktionen innerhalb der Familie geben. Dieses sollte aber immer erst stattfinden, wenn das Kind bereits einmal Gelegenheit hatte, sich allein zu äußern und der Mediator dadurch einen Überblick über die Familienkonstellation gewinnen konnte und alle Beteiligten damit einverstanden sind.

b. Zeitpunkt der Einbeziehung des Kindes

Angelehnt an das von Diez, Krabbe und Thomsen[197] beschriebene Modell zur Einbeziehung des Kindes im Rahmen eines Fünf-Stufen-Modells, empfiehlt sich nach den Ergebnissen dieser Untersuchung folgender Verfahrensablauf.[198]

Die erste Stufe dient dem Kennenlernen und dem Vertragsabschluss. Zunächst soll sich der Mediator im Gespräch mit den Eltern einen Überblick über die Familienkonstellation und -situation verschaffen. Eine direkte Einbeziehung des Kindes[199] ist bereits hier möglich, aber nicht zwingend erforderlich. Mit den Eltern ist aber schon jetzt zu besprechen, dass die spätere Einbeziehung des Kindes sinnvoll und erforderlich ist, um eine den Interessen aller Beteiligten gerecht werdende Lösung zu erarbeiten. Schon hierbei bietet sich eine indirekte Einbeziehung des Kindes an, um die Wünsche, Bedürfnisse, Möglichkeiten und Erwartungen der Eltern in Erfahrung zu bringen und einzuschätzen.

Auf zweiter Stufe, der Themensammlung und Identifizierung des Konfliktes, ist das Kind direkt einzubeziehen, damit die für ihn relevanten Konfliktpunkte und seine Anliegen gleich erkannt und einbezogen werden können.[200] Es sollte zunächst ein Einzelgespräch mit dem Kind erfolgen, um sicherzustellen, dass es sich frei und ohne Hemmungen äußern kann.

Auf dritter Stufe erfolgt die Konfliktbearbeitung, die Interessen und Bedürfnisse sollen herausgearbeitet und die Optionen entwickelt werden. Soweit die Selbstbehauptung und Wechselseitigkeit, die Interessen und Bedürfnisse der Eltern auf Elternebene diskutiert werden, ist eine Einbeziehung des Kindes nicht sinnvoll. Die Phase der Entwicklung von Optionen und Wahlmöglichkeiten eignet sich jedoch sehr zur Einbeziehung des Kindes. Einerseits, weil so auch die Kindesinteressen und -bedürfnisse Berücksichtigung finden, andererseits weil Kinder oft auch andere als die von den Eltern bedachten Ideen haben, aus denen

197 *Diez/Krabbe/Thomsen*, S. 40 ff.

198 S. hinsichtlich einer Mediation als Intervention des Sachverständigen im Rahmen des § 163 Abs. 2 FamFG s. *Gruber/Salzgeber*, ZKJ 2011, 404 (407).

199 *Diez/Krabbe/Thomsen*, S. 43.

200 *Diez/Krabbe/Thomsen*, S. 46.

dann neue Lösungen entwickelt werden können.[201] Ob die Einbeziehung des Kindes in einem Einzelgespräch oder in einer Familiensitzung erfolgen soll, ist im Einzelfall mit allen Beteiligten zu entscheiden. Auch nach Abschluss der Optionenentwicklung kann das Kind in den Austausch einbezogen werden, wobei jeder der Beteiligten äußern kann, was ihm von den Ideen und Vorstellungen der anderen gefallen.[202]

Ebenso empfiehlt sich in der vierten Stufe – dem Verhandeln, Entscheiden und Vereinbaren – die direkte Einbeziehung der Kinder, insbesondere wenn die Fairness der Optionen verhandelt wird. Kinder haben in der Regel einen sehr ausgeprägten Sinn dafür, was in ihrer Familie fair und gerecht ist, und ihre Vorstellungen können oft von denen der Eltern abweichen.[203] Die Kinder sollten vor der endgültigen Entscheidung konsultiert werden, ob sie mit der von den Eltern vereinbarten Regelung einverstanden sind, und auf jeden Fall muss ihnen das Ergebnis erklärt werden.

Auf der fünften Stufe der Mediation, in dem die rechtlichen Aspekte der Vereinbarung verhandelt werden, sehen die Autoren grundsätzlich von einer Einbeziehung der Kinder ab. Ausnahmsweise könnten Kinder und Jugendliche einbezogen werden, wenn sie z.B. eigene Rechtsansprüche haben oder es im konkreten Fall sinnvoll erscheint. Teilweise kann es vorteilhaft sein, wenn die Kinder die Vereinbarung mitunterschreiben, die bindende Wirkung für beide Seiten kann dadurch verstärkt werden.[204] Außerdem erinnern die Kinder in einem künftigen Konfliktfall nicht selten die Eltern an die Vereinbarung und fordern sie dann ein.[205]

Mit Ende der Mediation kann auch ein symbolischer Abschied vom letzten Lebensabschnitt als Übergang zum neuen Lebensabschnitt hilfreich sein, z.B. in Form eines besonderen Restaurantbesuchs. Hierbei sollten die Kinder unbedingt mit einbezogen werden, da ein solches Ritual gerade für Kinder wichtig sein kann, um den Übergang besser zu bewältigen und auch für die Zukunft Vertrauen und Sicherheit zu gewinnen, auch wenn die Eltern nun getrennt sind.[206]

Die Belange des Kindes können also in fast jeder Phase der Mediation integriert werden, wenn immer es um Fragen geht, die sie betreffen. Es genügt nicht, das Kind nur einmal zwischendurch zu beteiligen. Es besteht nämlich die Gefahr, dass seine spezifischen Interessen und Bedürfnisse im Laufe der Mediation wieder ins Hintertreffen geraten. Das Kind sollte auch nicht erst dann ein-

201 *Diez/Krabbe/Thomsen*, S. 52.
202 *Diez/Krabbe/Thomsen*, S. 53.
203 *Diez/Krabbe/Thomsen*, S. 55.
204 *Diez/Krabbe/Thomsen*, S. 59.
205 *Diez/Krabbe/Thomsen*, S. 60 f.
206 *Diez/Krabbe/Thomsen*, S. 61.

bezogen werden, wenn die Eltern bereits eine Einigung erzielen konnten, sondern möglichst nach der ersten Sitzung der Eltern[207], da Sinn und Zweck der Einbeziehung des Kindes ist, dass auch seine Perspektive bei der Entscheidungsfindung angemessen berücksichtigt wird. Nimmt das Kind an einer Familiensitzung teil, ist eine entsprechende Ausbildung und Kompetenz des Mediators erforderlich, damit er das Kind angemessen unterstützen und sicherstellen kann, dass seine Interessen hinreichend zum Ausdruck kommen und berücksichtigt werden.

VI. Fazit zur Mediation

Die Mediation ist weder ein Wunderheilmittel, das Liebe schafft, wo Hass herrscht, noch wird sie gänzlich die Rolle des gerichtlichen, streitigen Verfahrens bei Trennung oder Scheidung eliminieren.[208] Insbesondere je konflikthafter die Sachlage ist, sind die Grenzen der klassischen Mediation schnell erreicht. Die Mediation vermag nicht ohne Weiteres das Konfliktniveau zu senken und für eine Verbesserung der Kooperation und der Kommunikation der Beteiligten zu sorgen. Auch ist eine mediierte Vereinbarung nicht grundsätzlich besser als eine von Anwälten verhandelte oder vom Gericht entschiedene Regelung. Die Mediation kann aber für viele Familien eine sinnvolle Option sein und ihnen helfen, tragfähige und nachhaltige Regelungen zu treffen.[209] Sind die Konfliktparteien willens und in der Lage, miteinander zu verhandeln, Einsicht zu zeigen und sind sie bereit, Kompromisse einzugehen, kann die Mediation sie darin unterstützen, miteinander ins Gespräch zu kommen und schließlich Vereinbarungen zu treffen, die von dem Willen aller Beteiligten getragen wird.

Entscheidend für eine Familienmediation ist, ob auch das Kind persönlich beteiligt wurde oder nicht. Insbesondere die Studie von McIntosh hat gezeigt, dass mit Berücksichtigung der Interessen und Bedürfnisse des Kindes die erarbeiteten Regelungen nachhaltiger waren und auch eine Verbesserung der innerfamiliären Beziehungen erreicht werden konnte.[210] Die Äußerungen des Kindes können zum einen dem Mediator helfen, das Konfliktniveau besser einzuschätzen und die Tragfähigkeit einer Regelung abzuschätzen. Zum anderen kann es für die Eltern von hoher Bedeutung sein, die Perspektive ihres Kindes zu kennen, damit sie sich den tatsächlichen Bedürfnissen des Kindes zuwenden und nicht auf den Elternstreit konzentriert bleiben.

207 So auch in den child-inclusive Mediationen bei *McIntosh/Long* (2006), S. 18.

208 Golann/Folberg/*Folberg*, S. 390.

209 *Kriegel*, S. 168.

210 *McIntosh/Long* (2009), S. 9 f.; s. hierzu oben Teil 3.D.II und IV.

Hinzu kommen rechtliche Aspekte. Die gerichtliche Billigung einer vereinbarten Umgangsregelung nach § 156 Abs. 2 FamFG erfordert auch die Zustimmung des Kindes zu dieser.[211] Wurde das Kind nicht beteiligt, sollte das Gericht die Umgangsregelung nicht billigen. Insgesamt widerspricht die Nichtbeteiligung des Kindes in einer Mediation aber auch dem gesamten Kindschaftsrecht, wo die Stellung des Kindes und seine Rechte – insbesondere die Beteiligungs- und Anhörungsrechte vor Gericht und beim Jugendamt – in sämtlichen Gesetzesreformen gestärkt wurden.

Ferner gilt Art. 12 Abs. 1 UN-KRK auch für die Mediation, so dass die Vertragsstaaten verpflichtet sind, sicherzustellen, dass dem Kind in es betreffenden Angelegenheiten die Gelegenheit gegeben wird, seine Meinung zu äußern, und dass diese Meinung angemessen berücksichtigt wird.

Im neuen MediationsG, das am 26.07.2012 in Kraft getretenen ist[212], hat der Gesetzgeber jedoch die Chance vertan, ein Beteiligungsrecht des Kindes für das Mediationsverfahren zu verankern. Dies widerspricht den Vorgaben der UN-KRK. Allerdings könnten jedenfalls in einer nach § 6 MediationsG vorgesehenen Ausbildungsverordnung spezifische Anforderungen an die Aus- und Fortbildung von Familienmediatoren vorgeschrieben werden, die insbesondere auch die Einbeziehung des Kindes beinhalten.

Die Beteiligung des Kindes in einer Mediation sollte nicht von der Zustimmung der Eltern abhängig gemacht werden. Die Eltern sind teils mit der Situation so stark belastet und der Kindesbeteiligung gegenüber skeptisch, dass sie sich oft gegen eine Einbeziehung entscheiden. Da eine Mediation mit Beteiligung des Kindes aber höhere Chancen bietet, für alle Beteiligten befriedende Regelungen zu erarbeiten und auch rechtliche Aspekte die Einbeziehung des Kindes erfordern, sollte eine Mediation grundsätzlich unter der persönlichen Beteiligung des Kindes (child-inclusive) durchgeführt werden. Das Zustimmungserfordernis der Eltern sollte daher dahingehend ausgelegt werden, dass sie entweder einer Mediation unter Beteiligung des Kindes zustimmen können oder eben keine Mediation durchgeführt werden kann.

Wird das Kind an einer Mediation nicht beteiligt, ist seine Stellung schwächer als in einem Gerichtsverfahren, wo es Anhörungs- und Beteiligungsrechte hat. Ohne die persönliche Beteiligung des Kindes an der Mediation können seine Interessen und Bedürfnisse nicht erkannt und berücksichtigt werden, es wird über seinen Kopf hinweg entschieden. Dies ist jedoch paradox, da die Mediation gerade für sich beanspruchen will, dem Kindeswohl besser dienen zu können

211 S. Teil 5.C.III.2.a.
212 BGBl. 2012 I, S. 1577.

und auch den Bedürfnissen der Familie gerechter zu werden als ein Gerichtsverfahren.

B. Vermittlung durch den Güterichter

Die Bundesregierung sah in ihrem Gesetzentwurf zum MediationsG die ausdrückliche gesetzliche Verankerung der gerichtsinternen Mediation vor (vgl. insb. § 1 S. 2 Nr. 3 MediationsG-RegE[213]), also einer Mediation, die während eines Gerichtsverfahrens von einem nicht entscheidungsbefugten Richter durchgeführt wird. Eine ausdrückliche gesetzliche Regelung der gerichtsinternen Mediation gab es bis dahin nicht, sie ließ sich aber auf eine analoge Anwendung des § 278 Abs. 5 S. 1 ZPO stützen.[214] In der Gesetzesbegründung wurde die gerichtsinterne Mediation als eine richterliche Tätigkeit eigener Art definiert, die nicht die Streitentscheidung als Kernelement der Rechtsprechung enthält.[215] Es wurde hervorgehoben, dass gerichtsintern tätige Mediatoren nach wie vor Richter sind, so dass Ausnahmen von der Verschwiegenheitspflicht gelten, da sie als Amtsträger nicht nur den Parteien verpflichtet sind.[216]

In der vom Bundestag verabschiedeten Fassung des MediationsG wurden Bezug nehmend auf die Beschlussempfehlung des Rechtsausschusses des Bundestages sämtliche Bestimmungen über die gerichtsinterne Mediation gestrichen und es wurde stattdessen ein erweitertes Güterichterkonzept vorgesehen.[217] Dem § 36 FamFG wurde ein Absatz 5 angefügt, nach dem das Gericht die Beteiligten für den Versuch einer gütlichen Einigung auf einen Güterichter als beauftragten oder ersuchten Richter verweisen kann.

Die Streichung der Bestimmungen über die gerichtsinterne Mediation missfiel aber dem Bundesrat und er verlangte gemäß Art. 77 Abs. 2 GG die Einberufung des Vermittlungsausschusses mit dem Ziel, dass „zur Aufrechterhaltung der Methodenvielfalt außergerichtlicher Konfliktbeilegung […] die richterliche Mediation in den Prozessordnungen ausdrücklich verankert werden [soll]“[218].

Der Vermittlungsausschuss hat am 27.06.2012 einen Kompromiss erzielt.[219] Gerichtsinterne Streitschlichtungen sollen hiernach durch Güterichter durchge-

213 BT-Drucksache 17/5335, S. 5.

214 So die Bundesregierung s. BT-Drucksache 16/13541, S. 2.

215 BT-Drucksache 17/5335, S. 14.

216 BT-Drucksache 17/5335, S. 17.

217 BT-Drucksache 17/8058, S. 17.

218 BR-Drucksache 10/12 (Beschluss). Zum Zeitpunkt des Abschlusses dieser Untersuchung steht die Entscheidung des Vermittlungsausschusses noch aus.

219 BT-Drucksache 17/10102.

führt werden (vgl. z.B. § 278 Abs. 5 ZPO-neu), während die Bezeichnung Mediator außergerichtlichen Streitschlichtern vorbehalten bleibt. Am 28.06.2012 hat der Bundestag die Beschlussempfehlung angenommen[220] und der Bundesrat hat hiergegen keinen Einspruch eingelegt.[221] Dieses Güterichtermodell ist schließlich mit dem Mediationsgesetz am 26.07.2012 in Kraft getreten.[222]

Die Überführung der gerichtsinternen Mediation in ein erweitertes Güterichterkonzept soll zu einer klaren gesetzlichen Abgrenzung der richterlichen Streitschlichtung von der außergerichtlichen Mediation verhelfen.[223] Zwar kann der Güterichter in einer Güteverhandlung alle Methoden der Konfliktbeilegung einschließlich der Mediation einsetzen (vgl. § 36 Abs. 5 S. 2 FamFG). Die in der gerichtsinternen Mediation entwickelten mediativen und streitschlichtenden Kompetenzen sollen also im Rahmen der Güterichtertätigkeit weiter genutzt und fortentwickelt werden.[224] Der Richter kann als Güterichter aber auch rechtliche Bewertungen vornehmen und den Parteien Lösungen für den Konflikt vorschlagen, während er als gerichtsinterner Mediator sich jeder rechtlichen Bewertung zu enthalten hat und keinen Lösungsvorschlag machen soll.[225] Der Güterichter kann auch im Gegensatz zum gerichtsinternen Mediator ohne Zustimmung der Parteien in Gerichtsakten Einsicht nehmen und auf Wunsch der Parteien einen Vergleich protokollieren.[226] Bereits bestehende Modelle der gerichtsinternen Mediation sollen gemäß der Übergangsbestimmung des § 9 MediationsG noch für einen Zeitraum von einem Jahr nach Inkrafttreten des Gesetzes fortgeführt werden.

Im Rahmen dieser Untersuchung stellt sich die Frage, ob eine güterichterliche Streitschlichtung in Familiensachen angebracht ist und wie es um die Beteiligung des Kindes steht.

Gegen eine Schlichtung in Familiensachen durch Güterichter kann mit gutem Grund sprechen, dass sich Familiensachen wegen der Komplexität der Materie sowie der komplexen Beziehungsdynamik innerhalb der Familie nur in sehr eingeschränktem Maße für eine Güteverhandlung eignet.[227] Es besteht die Gefahr, dass der Richter nicht in der Lage ist, seine richterliche Rolle aufzugeben

220 BR-Drucksache 377/12.
221 BR-Drucksache 377/12 (Beschluss).
222 Verkündung des Gesetzes am 25.07.2012, BGBl. I S. 1577.
223 BT-Drucksache 17/8058, S. 17.
224 BT-Drucksache 17/8058, S. 17, 18.
225 BT-Drucksache 17/8058, S. 17.
226 BT-Drucksache 17/8058, S. 17.
227 BAFM, Stellungnahme zum Mediationsgesetz (2010), S. 2.

und als Streitschlichter die Streitbeilegung den Beteiligten zu überlassen.[228] Pocht ein Richter mit seiner Autorität auf eine (schnelle) Einigung, kann dies den Einigungsdruck erhöhen, so dass die Beteiligten Regelungen treffen, die sie nicht wirklich wollen. Außerdem werden für eine außergerichtliche Familienmediation in der Regel zehn bis zwölf Sitzungsstunden[229] angesetzt. Dies wird aber die zeitlichen und ökonomischen Möglichkeiten der Gerichte für eine Güteverhandlung meist übersteigen.

Für eine Güteverhandlung kann aber sprechen, dass Beteiligte, die bereits vor Gericht gegangen sind, sich eher in die Hände eines Güterichters begeben wollen, als sich mit einer außergerichtlichen Vermittlung „abspeisen" zu lassen.

Wird eine Güteverhandlung durchgeführt, bleibt die Frage der Beteiligung des Kindes. Nach § 36a FamFG kann das Gericht einzelnen oder allen Beteiligten eine (außergerichtliche) Mediation oder ein anderes Verfahren der außergerichtlichen Konfliktbeilegung vorschlagen. Gemäß § 36 Abs. 5 FamFG kann das Familiengericht die Beteiligten auf die Institution des Güterichters hinweisen. Dabei liegt es im Ermessen des Gerichts, welchen Beteiligten es die Konfliktbeilegung durch Mediation vorschlägt bzw. wen es auf den Güterichter hinweist. Nach dem Wortlaut müssen also nicht notwendigerweise sämtliche Verfahrensbeteiligte nach § 7 FamFG teilnehmen. So ist nach der Regierungsbegründung das gemäß § 162 Abs. 2 FamFG beteiligte Jugendamt nur in besonderen Fällen hinzuzuziehen.[230] Hinsichtlich der Beteiligung des Kindes schweigt die Gesetzesbegründung.

Der Richter wird auch als Güterichter als Amtsträger tätig.[231] Er ist somit auch als Güterichter aufgrund seiner Wächteramtsfunktion nach Art. 6 Abs. 2 GG dem Kindeswohl verpflichtet. Selbst wenn er keine Entscheidung trifft, muss er sicherstellen, dass in der vereinbarten Regelung das Kindeswohl angemessen berücksichtigt wird (vgl. § 1697a BGB). Dies kann er aber erst nach Kenntnis des Kindeswillens beurteilen. Der Güterichter muss auch sicherstellen, dass die Verfahrensrechte, aller Beteiligten, somit auch des Kindes, gewahrt werden. Hierzu zählt insbesondere auch der Anspruch des Kindes auf rechtliches Gehör, schließlich ist auch die Verhandlung vor einem Güterichter ein gerichtliches Verfahren. Auch Art. 12 UN-KRK verpflichtet zur Beteiligung des Kindes an der Güteverhandlung. Hiernach ist dem Kind in jeder es berührenden Angelegenheit die Gelegenheit zu geben, seine Meinung zu äußern. Dies gilt auch für das Kind betreffende Güteverhandlungen.

---

228 Dies wurde in Neuseeland an Richtern bei Mediationskonferenzen kritisiert, Hopt/Steffek/*Berg*, S. 745.

229 S. Teil 6.A.I.3.

230 BT-Drucksache 17/5335, S. 23.

231 Vgl. BT-Drucksache 17/5335, S. 17.

Aus § 156 Abs. 2 S. 1 FamFG folgt ferner, dass das Kind an der Güteverhandlung über das Umgangsrecht zu beteiligen ist. Die gerichtliche Billigung der Umgangsvereinbarung setzt gemäß § 156 Abs. 2 S. 2 FamFG auch die Zustimmung des Kindes voraus.[232] Diese Genehmigungsvoraussetzung bleibt von der Durchführung einer Mediation unberührt (§ 36a Abs. 3 MediationsG); für eine Güteverhandlung kann nichts anderes gelten. Das Gesetz sowie die Gesetzesbegründung lassen aber offen, ob die Billigung gemäß § 156 Abs. 2 S. 2 FamFG durch den Güterichter oder den streitentscheidenden Richter erfolgen soll. Nimmt der Güterichter die Billigung selbst vor, hat er sicherzustellen, dass das Kind mit der Umgangsvereinbarung einverstanden ist. Es muss schließlich nach dem Wortlaut des § 156 Abs. 2 S. 1 FamFG ein Einvernehmen der Beteiligten vorliegen und dies schließt das Kind mit ein. Aber die Beteiligung des Kindes an der Güteverhandlung hat – ebenso wie bei einer außergerichtlichen Mediation – auch dann zu erfolgen, wenn der entscheidungsbefugte Richter die Billigung der Umgangsvereinbarung vornimmt. Ansonsten müsste der Richter das Kind zu der durch die Eltern bereits getroffenen Umgangsvereinbarung hören.[233]

Wird das Kind an der Güteverhandlung nicht beteiligt, ist seine Stellung schwächer, als wenn vor dem streitentscheidenden Richter weiter verhandelt würde, wo dem Kind ein Anhörungsrecht zusteht (§ 159 FamFG). Der Vorschlag bzw. Hinweis zu einer Mediation bzw. Güteverhandlung sollte daher immer auch die Einbeziehung des Kindes an der Vermittlung beinhalten.

Hinsichtlich des Verfahrensablaufs der Güterichterverhandlung ist nach oben unter Teil 6.V.5. zu verweisen. Das Kind ist also sowohl bei der Entscheidungsfindung als auch am Ende des Verfahrens zu der getroffenen Regelung zu hören; sie muss ihm jedenfalls erklärt werden.

C. Cochemer Praxis und ähnliche Justizmodelle

In ganz Deutschland haben sich in verschiedenen Gerichtsbezirken unterschiedliche Modelle der interdisziplinären Zusammenarbeit entwickelt, um die Familien bei familien- und insbesondere kindschaftsrechtlichen Konflikten zu unterstützen. Je nach Modell gibt es psychologische Beratungsansätze und Mediationsangebote, spezifische Angebote für Kinder wie Scheidungsgruppen[234], begleiteten Umgang, Konflikt- und Rechtsberatung für Kinder und Jugendliche

232 BT-Drucksache 16/6308, S. 237.

233 Zu den Anforderungen des § 156 FamFG s. oben Teil 5.C.

234 Zu Scheidungskindergruppen s. *Bröning*, S. 154 ff.; *Krey*, S. 81 m.w.N.

und spezifische Angebote für hochkonflikthafte Familien. Allerdings bleibt festzuhalten, dass die Einbeziehung es betroffenen Kindes und speziell an das Kind gerichtete Beratungsleistungen eher die Ausnahme bilden.

I. Cochemer Praxis

Das bekannteste Konzept ist die Cochemer Praxis bzw. das Cochemer Modell. Der „Arbeitskreis Trennung-Scheidung“ wurde im Jahr 1993 im Landkreis Cochem von Amtsrichter Jürgen Rudolph ins Leben gerufen. Die verschiedenen Professionen (Rechtsanwaltschaft, Lebensberatungsstelle, Familiengericht, Gutachter, Jugendamt und andere, z.B. Verfahrensbeistände) haben sich hier mit dem Ziel vernetzt, den Eltern wieder die eigenständige Elternverantwortung für ihre Kinder zu ermöglichen.[235] „Als Ergebnis – auch eines gerichtlichen Verfahrens – soll eine Entscheidung stehen: die Entscheidung der Eltern“[236]. Hierbei sollen die Interessen des Kindes in den Mittelpunkt der Bemühungen gerückt werden, die am besten verwirklicht angesehen werden, wenn die Eltern sich auf die Beibehaltung der gemeinsamen Sorge sowie häufigen Umgang des Kindes mit beiden Eltern einigen.

1. Allgemeines

Die verfahrenseinleitenden Schriftsätze sollen sich auf den Sachvortrag beschränken und Konfliktverschärfungen vermeiden. Das Jugendamt ist von der Erstellung schriftlicher Berichte befreit, nimmt aber an allen mündlichen Terminen teil. Insgesamt soll möglichst wenig schriftlich festgelegt werden[237], da der Schwerpunkt auf den Vorträgen in der mündlichen Verhandlung liegt. Durch rasche Terminierung soll das Verfahren verkürzt werden, um eine Verfestigung von destruktiven Dynamiken und Entfremdungen in der Familie zu Lasten der Kinder zu vermeiden. Daher terminiert das Gericht die erste Anhörung bereits binnen zwei Wochen nach Antragseingang, an der die Eltern, die Anwälte sowie der zuständige Mitarbeiter des Jugendamtes teilnehmen.[238] Eine Kindesanhörung findet in diesem ersten Termin nicht statt.[239] Zum Vergleich sei angemerkt, dass nach § 155 Abs. 2 S. 2 FamFG die erste Anhörung spätestens vier Wochen

235 www.ak-cochem.de (zuletzt abgerufen am 25.06.2012).

236 *Rudolph*, FPR 2009, 574 (576).

237 *Kostka*, FamPra.ch 2009, 634 (649).

238 *Rudolph*, FPR 2009, 574 (578).

239 *Fichtner* (2006), S. 34.

nach Antragseingang zu terminieren ist und das Kind wegen § 155 Abs. 3 FamFG in der Regel zu diesem Termin ebenfalls nicht geladen wird.

Noch vor dem Gerichtstermin nimmt das Jugendamt Kontakt zur Familie auf und versucht mit den Eltern eine einvernehmliche Lösung zu erarbeiten.[240] In zwei Dritteln der Fälle soll in Cochem bereits im ersten Anhörungstermin eine Einigung getroffen werden können.[241] Scheitern die Einigungsbemühungen, begleitet ein Jugendamtsmitarbeiter die Eltern direkt aus der Verhandlung zur Beratungsstelle bzw. die Eltern werden aufgefordert, eine Beratungsstelle aufzusuchen. Gegebenenfalls kann eine zusätzliche Kindesanhörung innerhalb von drei Tagen festgesetzt werden, fallspezifisch finden auch Hausbesuche bei beiden Eltern zur Befragung der Kinder statt.[242] Nach drei bis sechs Monaten[243] findet die nächste mündliche Verhandlung statt, in der die Eltern zur aktuellen Umgangssituation Stellung nehmen müssen. Ist erneut keine Einigung möglich, kann ein Sachverständiger beauftragt werden. Auch die Sachverständigen sind gehalten, Lösungsvorschläge zu unterbreiten und mit den Eltern eine einvernehmliche Lösung zu erarbeiten; sie stehen während ihrer gesamten Arbeit mit den Anwälten und dem Gericht in Kontakt.[244] Kommt es zu einem Konsens der Eltern, unterbleibt die schriftliche Gutachtenerstellung.[245]

98% der Eltern sollen eine einvernehmliche Lösung finden[246] und zwischen 1998 und 2003 soll in nahezu 100% der Fälle zugunsten eines gemeinsamen Sorgerechts entschieden worden sein und zwischen 1996 und 1999 sollen keine streitigen Entscheidungen zum Umgangs- und Sorgerecht ergangen sein.[247] Nach Rudolph konnten auch in einschlägigen Fällen von Kindeswohlgefährdung, sexuellem Missbrauch, häuslicher Gewalt sowie bei hochkonfliktreichen Elternbeziehungen einvernehmliche Einigungen der Eltern erzielt werden.[248]

So verheißungsvoll die Cochemer Praxis klingt, wirft sie doch einige tiefgreifende Kritikpunkte auf[249], insbesondere hinsichtlich des auf die Eltern aus-

240 *Rudolph*, FPR 2009, 574 (578).

241 *Fichtner* (2006), S. 32.

242 *Fichtner* (2006), S. 32.

243 *Fichtner* (2006), S. 32; auch nach dem seit 26.07.2012 in Kraft getretenen § 155 Abs. 4 FamFG hat das Gericht das Verfahren in der Regel nach drei Monaten wiederzunehmen, wenn es das Verfahren zur Durchführung einer Mediation ausgesetzt hat und keine Einigung erzielt wurde.

244 *Rudolph*, FPR 2009, 574 (573).

245 *Rudolph*, FPR 2009, 574 (573).

246 *Fichtner* (2006), S. 31.

247 *Füchsle-Voigt* 2004, 600.

248 *Rudolph*, FPR 2009, 574 (579).

249 Kritisch insbesondere *Salgo*, Stellungnahme zum FGG-Reformgesetz, S. 2 ff.; Handbuch-Verfahrensbeistandschaft/*Kostka*, Rn. 962 ff.

geübten Einigungsdrucks sowie der Verletzung der Anhörungs- und Beteiligungsrechte des Kindes. Problematisch ist auch, dass eine empirische Basis für diese Erfolgsergebnisse in keiner Quelle genannt wird. Ferner existiert keine unabhängige, langfristige Studie zur tatsächlichen Zufriedenheit der Beteiligten, der Nachhaltigkeit der getroffenen Regelungen und der positiven Auswirkungen des Cochemer Modells auf die Kinder.

2. Kritische Aspekte der Cochemer Praxis

Die Erzielung einer Einigung der Eltern ist oberstes Ziel der Cochemer Praxis. Im Gegensatz zu § 156 Abs. 1 FamFG erfolgt nicht nur ein *Hinwirken* auf ein Einvernehmen, sondern vielmehr Druck auf eine Einigung hin. „Alle professionell am Familienkonflikt beteiligten Personen – Rechtsanwälte, Richter, Berater von Jugendämtern und/oder Beratungsstellen sowie gegebenenfalls Sachverständige – wirken quasi klammerartig dahingehend, dass strittige Vorgehensweisen nicht zugelassen werden und elterliche Verantwortung gestärkt wird, indem immer wieder das Erarbeiten einer konsensualen Lösung forciert wird. Das heißt auch, dass die zerstrittenen Partner bei keiner der oben genannten Professionen Gehör für eine von dem üblichen Gewinner-Verlierer-Denken geprägte Vorgehensweise und seinen Vernichtungsgedanken in Bezug auf den anderen finden.“[250] Es soll explizit Druck auf die Eltern ausgeübt werden.[251] Die Eltern sehen sich einer „Allianz gegenüber, die nur ein Verhandlungsergebnis zuzulassen gewillt ist: den Kindern beide Eltern zu erhalten“[252]. Eine gerichtliche Entscheidung soll nur als Ultima Ratio erfolgen.[253]

Der Einigungsdruck bezieht sich auch auf den Inhalt der Einigung, der quasi vorgegeben wird. Als Zeichen der Übernahme der elterlichen Verantwortung wird erwartet, dass die Eltern sich auf die Beibehaltung der gemeinsamen Sorge einigen, da in der Regel nur dann das Kindeswohl als gewahrt angesehen wird. Weiter wird pauschal unterstellt, dass möglichst viel Kontakt des Kindes mit dem getrennt lebenden Elternteil stets im Interesse des Kindes ist. Umgangsverhinderungsmaßnahmen sollen sofort unterbunden werden, ggf. durch einen schnellen Wechsel des Aufenthaltes des Kindes zum anderen – bindungstoleranten – Elternteil.[254] Wenn sich ein Elternteil der Beibehaltung der gemeinsamen Sorge widersetzt, droht schnell der Vorwurf, den anderen Elternteil von der Erziehung ausschließen zu wollen. Bei verweigertem Umgang heißt es oft, der

---

250 *Füchsle-Voigt*, FPR 2004, 601.

251 *Rudolph*, Forum Familienrecht 2005, 167 (169).

252 *Fritz*, FAZ 23.12.2004, 10.

253 *Theisen*, in: Müller-Magdeburg, FS Rudolph, S. 140.

254 *Theisen*, in: Müller-Magdeburg, FS Rudolph, S. 140.

betreuende Elternteil wolle das Kind dem anderen Elternteil entfremden.[255] Dies mündet dann in dem Vorwurf, ein verantwortungsloses Elternteil zu sein, so dass unter Umständen ein Sorgerechtsentzug droht.

Die Anordnung der Beratung kann ein hilfreicher Anstoß sein und die Voraussetzung dafür bieten, den Eltern die Möglichkeiten einer Beratung bzw. Vermittlung näherzubringen und ihre diesbezüglichen Vorurteile abzubauen.[256] Daher ermöglicht auch das Gesetz in § 156 Abs. S. 2 bis 4 FamFG dem Gericht, auf eine Beratung zur Entwicklung eines einvernehmlichen Konzepts für die Wahrnehmung der elterlichen Sorge und der elterlichen Verantwortung hinzuweisen oder die Teilnahme an einem Informationsgespräch hierüber anzuordnen. Hiernach ist aber nur die Teilnahme an einer Beratung verpflichtend und nach Wahrnehmung des Informationsgesprächs ist es den Beteiligten überlassen, ob sie sich für oder gegen die Konsenslösung entscheiden.[257] Die Beratung selbst muss ergebnisoffen und einzelfallgerecht sein, um den Beteiligten alle Optionen aufzuzeigen. Eine auf ein bestimmtes Ziel gerichtete Beratung widerspricht hingegen dem Anspruch der Betroffenen auf umfassende und ergebnisoffene Beratung nach §§ 17, 18 SGB VIII.[258]

Hinsichtlich des Inhalts der Regelungen gilt, dass das Gesetz – auch wenn die gemeinsame Sorge nach § 1671 BGB automatisch nach der Trennung und Scheidung fortbesteht – ausdrücklich auch die Möglichkeit der teilweisen oder gesamten alleinigen Sorge vorsieht (vgl. § 1671 BGB). Bezüglich des Umgangs stellt § 1626 Abs. 3 BGB zwar die Annahme auf, dass zum Wohl des Kindes der Umgang mit beiden Elternteilen dient, dies gilt aber bereits nach dem Wortlaut nur „in der Regel". Dies impliziert Ausnahmen. § 156 Abs. 3 S. 2 FamFG sowie § 1684 Abs. 4 BGB verdeutlichen, dass der Umgang auch ausgeschlossen werden kann.

Ebenso ist ein Einvernehmen der Eltern eine Option, das Gerichtsverfahren zu beenden. Können die Eltern sich nicht einigen, ist der Staat aufgrund des ihm durch Art. 6 Abs. 2 S. 2 GG übertragenen Wächteramtes berufen, durch die Gerichte über die widerstreitenden Interessen der Eltern zu entscheiden.[259] Die am Verfahren beteiligten Experten müssen immer im Einzelfall prüfen, welche materielle und verfahrensrechtliche Variante angemessen ist und eine Beratung muss sich auf alle Optionen erstrecken.

Die Beratungen in der Cochemer Praxis sind jedoch wenig ergebnisoffen. Als Leitgedanke des Modells gilt zwar, den Eltern die eigenständige Verantwor-

255 Vgl. *Pfennig*, Die Cochemer Praxis. Was steckt dahinter?, www.ak-cochem.de.
256 *Kölner Fachkreis Familie*, FF 2006, 202 (218).
257 *Musielak/Borth*, § 135 FamFG Rn. 3.
258 *Mainzer Arbeitskreis*, S. 16.
259 BVerfG NJW 1981, 217 (218).

tung für ihre Kinder zu ermöglichen, aber letztlich wird ihnen die Möglichkeit genommen, autonome Entscheidungen zu treffen, sowohl hinsichtlich der Wahl des Verfahrens als auch des Inhalts der Regelungen.[260] Die Eltern sollen nicht nur zu einem Informationsgespräch über die Beratungs- und Vermittlungsangebote verpflichtet werden, sondern vielmehr dazu gedrängt werden, eine Einigung zu schließen, die die gemeinsame Sorge und häufige Umgangskontakte beinhaltet. Den Eltern wird erschwert, die alleinige Sorge oder einen reduzierten Umgang zu vereinbaren oder eine gerichtliche Entscheidung zu erwirken, obwohl ihnen diesbezügliche Rechte zustehen. Bei der Beratung ist ferner nicht ersichtlich, ob beispielsweise bei Gewaltkonstellationen Ausnahmen gemacht werden.[261]

Es stellt sich die Frage der Grenzen des Einigungsdrucks: Dürfen die Richter eine gerichtliche Entscheidung verweigern, dürfen die Anwälte ihre Beratung und Interessenvertretung nur auf eine Einigung ausrichten? Wo ist die Grenze des lösungsorientierten Arbeitens eines Sachverständigen, inwieweit können pauschale Aussagen über das Wohl aller Kinder (gemeinsame Sorge und häufige Umgangskontakte) dem Wohl des individuellen Kindes gerecht werden?[262]

Eine unter Druck entstandene Einigung kann keinen Vorteil gegenüber einer gerichtlichen Entscheidung bedeuten, da sie kaum noch eine selbstbestimmte Entscheidung der Beteiligten darstellt. Ein angeordnetes Informationsgespräch kann zwar die Beteiligten motivieren, eine Beratung oder Vermittlung in Anspruch zu nehmen und diese können den Eltern wichtige Hilfestellungen bieten. Sie sind indes kein automatischer Garant für das Kindeswohl[263] und für nachhaltige Regelungen, insbesondere wenn die Beteiligten gezwungen werden, Regelungen zu vereinbaren, mit denen sie nicht zufrieden sind.[264] Eine ursprüngliche Fremdmotivation kann nicht in allen Fällen in eine Eigenmotivation umgewandelt werden; diese Eigenmotivation ist aber letztlich die Voraussetzung für die Erzielung tragfähiger und nachhaltiger Vereinbarungen.[265] Können die Eltern sich nicht einigen, darf keine Einigung erzwungen werden, sondern der Staat ist vielmehr verpflichtet, durch die Gerichte über die widerstreitenden Interessen der Eltern zu entscheiden und die Entscheidung zu treffen, die dem Kindeswohl am besten entspricht (§ 1697a BGB). Dies ergibt sich zum einen aus der Aufga-

260 Vgl. *Kostka*, FamPra.ch 2009, 634 (651).
261 Handbuch-Verfahrensbeistandschaft/*Kostka*, Rn. 973.
262 Vgl. Handbuch-Verfahrensbeistandschaft/*Kostka*, Rn. 972.
263 Handbuch-Verfahrensbeistandschaft/*Kostka*, Rn. 988.
264 Handbuch-Verfahrensbeistandschaft/*Kostka*, Rn. 985.
265 *Kölner Fachkreis Familie*, FF 2006, 202 (218).

be des Staates, die Rechtsordnung und den Rechtsfrieden zu wahren, zum anderen aus dem ihm durch Art. 6 Abs. 2 S. 2 GG übertragenen Wächteramt.[266]

Richten sich alle Bemühungen nur an die Eltern und deren Unterschrift unter eine bereits inhaltlich quasi vorgegebene Einigung auf dem Papier, kann dies ferner zum „Unter-den-Teppich-Kehren" von tieferliegenden Problemen und Konflikten führen, die letztlich nur vertagt werden.[267] Der Zwang zur Elterneinigung verspielt die Chance zur Klärung der familiären Situation, zumal nach der Elterneinigung der Staat erst wieder bei Kindeswohlgefährdung eingreifen kann.[268] Eine erzwungene Einigung und verordnete Kooperation liegen somit nicht immer im Interesse des Kindeswohls.[269]

Ferner ist die Annahme in Frage zu stellen, dass das gemeinsame Sorgerecht und häufiger Umgang pauschal und automatisch das Wohl aller Kinder besser sichern als das alleinige Sorgerecht, reduzierte Umgangsregelungen oder gar die Unterbrechung des Umgangs. Die verhaltenssteuernde Wirkung des gemeinsamen Sorgerechts ist empirisch nicht erwiesen. Studien konnten nicht bestätigen, dass ein signifikanter Zusammenhang zwischen der gemeinsamen Sorge und der Kindesunterhaltszahlungen, der Umgangshäufigkeit und der elterlichen Kooperation besteht.[270] Entscheidend für das Kind ist weniger die Form der elterlichen Sorge, sondern vielmehr ein tatsächlich akzeptabler Kontakt zwischen den Eltern innerhalb geklärter Rahmenbedingungen.[271] Dies ist aber nicht automatische Folge der Beibehaltung der gemeinsamen Sorge.[272] Auch der regelmäßige Umgang ist nicht pauschal gutzuheißen und nicht immer im Sinne des Kindes. Diverse Faktoren, wie Konflikte der Eltern, Loyalitätskonflikte des Kindes und die Entfernung zwischen den Wohnorten können den Umgang für das Kind belastend oder gar überfordernd machen.[273] Es muss eine ungekürzte Würdigung aller Umstände des Einzelfalls erfolgen, wobei entscheidender Richtpunkt nicht die Elternbeziehungen und -einstellungen als solche sind, sondern deren Auswirkungen auf das Kindeswohl.[274] Selbst wenn die elterliche Haltung pflichtwidrig sein mag, verbietet die Kindeswohlbindung der Gerichte, „das Kind in solchen

266 BVerfGE 55, 171 (178).

267 Vgl. *Kostka*, FamPra.ch 2009, 634 (657).

268 Vgl. *Fichtner/Salzgeber*, FPR 2006, 278 (283).

269 OLG Stuttgart FamRZ 2007, 1266 (1266); *Salzgeber/Fichtner*, FPR 2006, 278 (283).

270 Hierzu ausführlich *Kostka*, S. 317 ff.; Handbuch-Verfahrensbeistandschaft/*Kostka*, Rn. 978 ff. m.w.N.

271 Handbuch-Verfahrensbeistandschaft/*Kostka*, Rn. 980 f.

272 S. hierzu oben Teil 4.B.I.2.

273 S. hierzu oben Teil 4.B.II.

274 Staudinger/*Coester*, § 1671 BGB Rn. 131.

Fällen zum Versuchskaninchen staatlicher Elternerziehung oder zum Instrument staatlichen Sanktionsstrebens zu machen“[275].

Dass in Cochem seit der Kindschaftsrechtsreform die Zahl der gemeinsam Sorgeberechtigten bei fast 100% liegt[276], könnte weniger auf die besondere Leistungsfähigkeit zur Befriedung durch die Cochemer Praxis zurückzuführen sein, als auf die seit der Kindschaftsrechtsreform herrschende Gesetzeslage und ihre Umsetzung in Cochem, in Folge derer die Erfolgsaussichten für die Durchsetzung einer Alleinsorge-Regelung oder für die Aussetzung des Umgangs sehr gering sind.[277] Eine Untersuchung darüber, ob in Cochem die oft binnen kurzer Zeit geschlossenen Einigungen tatsächlich nachhaltig sind, wie häufig und in welchen Zeiträumen die Betroffenen Änderungen gewünscht haben und mit welchem Aufwand diese dann umgesetzt werden konnten, steht noch aus.[278] Dass aber die erzwungenen Einigungen auf die Beibehaltung der gemeinsamen Sorge nicht automatisch zur Befriedung der Beteiligten führen, zeigt sich darin, dass sich auch in Cochem das Konfliktfeld vom Sorgerecht auf das Umgangsrecht verlagert hat.[279] Dafür, dass der Einigungsdruck in der Cochemer Praxis hoch ist, spricht auch, dass Vertreter ähnlicher Kooperations- und Beratungsmodelle zwar angeben, in Anlehnung an die Cochemer Praxis zu arbeiten, allerdings den in Cochem ausgeübten Einigungsdruck und teils auch den Zwangscharakter der Beratung ablehnen.[280]

Problematisch ist auch, dass, wenn das Jugendamt keine schriftlichen, sondern nur mündliche Berichte erstellt, eine Vorbereitung des Termins durch die Beteiligten erschwert ist und daher höhere Anforderungen an die Protokollierung der mündlichen Verhandlung durch das Gericht zu stellen sind.[281] Ob dies aber erfolgt, ist fraglich.

---

275 Staudinger/*Coester*, § 1671 BGB Rn. 131.

276 *Füchsle-Voigt*, FPR 2004, 600 (602).

277 *Kölner Fachkreis Familie*, FF 2006, 202 (218).

278 Handbuch-Verfahrensbeistandschaft/*Kostka*, Rn. 986; *Kölner Fachkreis Familie*, FF 2006, 202 (217).

279 Mit entsprechendem Zitat des mündlichen Beitrags von *Rudolph* bei der Tagung mit dem Thema „Umsetzung des Kindschaftsrechts – Vernetzung der Professionen“ am 3. Februar 2003 in Mainz, *Mainzer Arbeitskreis*, S. 9.

280 In der Studie von *Fichtner* (2006) äußerten dies folgende Beratungsstellen: Familienberatung bei Trennung und Scheidung in Regensburg (S. 46), die Beratungsstelle für Menschen[s]Kinder Meiningen (S. 56), Arbeitskreis Trennung, Scheidung und Umgang Halle (S. 59 f.). Kritisch auch *Kölner Fachkreis Familie*, FF 2006, 215 (218).

281 Vgl. *Bergmann*, ZKJ 2011, 297 (298).

3. Hochkonflikthafte und gewaltbelastete Familien in der Cochemer Praxis

Unklar ist, ob und welche Ausnahmen im Cochemer Modell bei hochkonflikthaften und gewaltbelasteten Familien hinsichtlich des Hinwirkens auf ein Einvernehmen gemacht werden.[282] Bei diesen Familien kann eine klassische Beratung oder Vermittlung oft an ihre Grenzen stoßen und die gemeinsame Sorge und häufiger Umgang können die Konflikte im Alltag gerade verschärfen. Ferner kommt auch die Frage der Sicherstellung des Opfer- und Kinderschutzes hinzu.[283] Laut Rudolph soll sich die Cochemer Praxis auch „in allen Konstellationen der Kindeswohlgefährdung, insbesondere auch unter dem Aspekt des § 1666 BGB bewährt"[284] haben. Das beschleunigte Verfahren soll sogar Hochstrittigkeit der Eltern vermeiden können.[285] Ferner soll die herabsetzende Thematisierung von individuellen Fehlleistungen der Eltern wegen Entscheidungsunerheblichkeit unterbleiben und kein Elternteil soll prinzipiell als Erziehungs- und Umgangsberechtigter ausscheiden; allenfalls sollen Anforderungen zur Verhaltensänderung im Interesse des Kindes gestellt werden.[286]

Dabei bleibt aber offen, wie diese Verhaltensänderungen aussehen sollen und ob und wie diese im Interesse des Kindes kontrolliert werden.[287] Werden Behauptungen von Fehlleistungen eines Elternteils nicht überprüft, sondern gleich als Umgangsboykottmaßnahme abgestempelt, kann dies dazu führen, dass das Kind letztlich tatsächlichen Gefahren beim Umgang ausgesetzt ist. Ein beschleunigtes Verfahren und eine zu schnelle Einigung bergen aber die Gefahr, dass für das Umgangsrecht relevante Fragen wie Verdacht auf Missbrauch, Vorliegen häuslicher Gewalt und Hochstrittigkeit nicht untersucht werden, d.h. dysfunktionale Strukturen fortbestehen[288] und die Konflikte lediglich vertagt, jedenfalls aber nicht bearbeitet und berücksichtigt werden. Gerade für das Kind kann es aber überfordernd, höchst belastend und sogar gefährdend sein, wenn umfangreiche Umgangsregelungen bestimmt werden und es Kontakt zu beiden Elternteilen pflegen soll, wenn diese ein stark konflikthaftes Verhältnis haben.

Höchst problematisch ist, dass in der Cochemer Praxis kaum etwas schriftlich fixiert wird, um zu vermeiden, dass sich dadurch die Fronten verhärten und die Einigung gefährdet wird. Jugendamtsberichte unterbleiben zugunsten der

282 Handbuch-Verfahrensbeistandschaft/*Kostka*, Rn. 973.
283 Hierzu oben Teil 4.D.II. und III.
284 *Rudolph*, FPR 2009, 574 (579).
285 *Fichtner* (2006), S. 32.
286 *Theisen*, in: Müller-Magdeburg, FS Rudolph, S. 140.
287 Handbuch-Verfahrensbeistandschaft/*Kostka*, Rn. 973.
288 *Nothhafft*, Stellungnahme zum FGG-Reformgesetz, S. 4 f.

Vorträge in den mündlichen Verhandlungen und auch ein Sachverständigengutachten unterbleibt, wenn die Eltern eine Einigung treffen. Hierdurch besteht aber die Gefahr, dass auch kindeswohlgefährdende Umstände nicht dokumentiert werden.[289]

4. Einbeziehung des Kindes nach der Cochemer Praxis

Fraglich ist schließlich der behauptete Vorteil der Cochemer Praxis für die Kinder und die Wahrung des Kindeswohls. Das Wohl der Kinder soll im Vordergrund stehen und sogar die psychischen Belastungen des Kindes sollen weitgehend vermieden werden können.[290] Gerade das Drängen auf die elterliche Einigung, auf die Beibehaltung des gemeinsamen Sorgerechts, sowie auf umfangreiche Umgangsregelungen soll „im Interesse des Kindes" geschehen.

Eine elterliche Einigung ist aber per se noch lange keine Garant für nachhaltige und gute Kooperation und Kommunikation der Eltern zum Wohl des Kindes. Eine angeblich „einvernehmliche" Lösung auf dem Papier und ein gemeinsames Sorgerecht sagen wenig über die gelebte Realität der Eltern und der Kinder aus.[291] Bei einer vorschnellen, unter Druck erzielten Einigung könnten viele Aspekte unberücksichtigt bleiben, die aber zwingend zu bearbeiten wären, damit alle Beteiligten die Regelungen tatsächlich akzeptieren und sie als fair empfinden. Entscheidend ist die Akzeptanz der Regelungen durch die Eltern, aber eben auch durch das Kind.

Dies führt schließlich zu dem für diese Untersuchung ausschlaggebenden Problem, dass in der Cochemer Praxis zwar viel über die Kinder gesprochen wird, aber allem Anschein nach kaum mit ihnen. Kinder sind offenbar nur indirekte Beteiligte des Verfahrensablaufs.[292] Wie oben erwähnt, wird zwar gesagt, eine Kindesanhörung finde ggf. statt, wenn nicht bereits zu Beginn eine Einigung erzielt werden konnte. Aber in keiner Veröffentlichung der Vertreter der Cochemer Praxis ist von der Kindesanhörung oder irgendeiner persönlichen Beteiligung des Kindes die Rede, weder im Gerichtsverfahren noch bei den Beratungen.[293] Der Fokus richtet sich ausschließlich auf die Eltern, also auf den Elternstreit und auf die Beratung und Einigung der Eltern.

Nach § 159 FamFG besteht aber die Pflicht zur Anhörung des Kindes sowie in § 158 FamFG das Erfordernis der Bestellung eines Verfahrensbeistandes bei

---

289 *Kostka*, FamPra.ch 2009, 634 (651); Handbuch-Verfahrensbeistandschaft/*Kostka*, Rn. 974.

290 *Füchsle-Voigt*, FPR 2004, 600 (604).

291 *Kostka*, FamPra.ch 2009, 634 (656).

292 *Balloff*, in: Müller-Magdeburg, FS Rudolph, S. 147.

293 Vgl. insbesondere *Rudolph*, FPR 2009, 574; *Füchsle-Voigt*, FPR 2004, 600.

Vorliegen der dort genannten Voraussetzungen. Außerdem hat auch das Kind einen eigenen Anspruch auf Beratung nach § 18 Abs. 3 SGB VIII. Das Kind muss eine Gelegenheit bekommen, seine Meinung vor einer Entscheidung zu äußern, die seine Person betrifft, außerdem muss es die Möglichkeit erhalten, seinen Anspruch auf Beratung wahrzunehmen. Dies muss auch dann gelten, wenn die Eltern sich einigen, und auch dann, wenn sie dies bereits im ersten Termin tun. Schließlich ist es für das Kind irrelevant, ob die Eltern an einer Vermittlung teilnehmen und sich dort einigen oder ob der Richter entscheidet, wenn es sich letztlich fremdbestimmten, starren und nie modifizierten Regelungen fügen muss;[294] relevant ist, ob es selbst in angemessener Weise in den Entscheidungsfindungsprozess einbezogen wurde. Wurde es nicht einbezogen, heißt dies für das Kind, dass andere über sein Leben bestimmen und es sich dieser fremdgetroffenen Entscheidung über seine Wohnsituation, sein Umgangsrecht und seine Zeit fügen muss.

Dem kann nicht entgegengehalten werden, dass die Eltern am besten, jedenfalls besser als ein Richter wissen, was im Interesse des Kindes ist. Die Eltern sind selbst meist zu sehr emotional involviert, d.h. kaum in der Lage, die Kindesinteressen unabhängig von ihren eigenen abzuwägen, offen und produktiv mit dem Kind über die Trennung, über seine Möglichkeiten, Wünsche und Ängste zu reden.[295] Ferner bedeutet es auch eine Bereicherung für die Eltern, zu wissen, was in ihrem Kind vorgeht, was seine Interessen und Bedürfnisse sind und wie es die Trennung erlebt. Außerdem kann das Gespräch mit dem Kind darüber Aufschluss geben, ob die getroffenen Regelungen tatsächlich im Sinne ihres Kindes sind.

Wird das Kind weder gerichtlich gehört noch in das Beratungs- bzw. Vermittlungsverfahren einbezogen, sind seine Anhörungs-, Beteiligungs- und Beratungsrechte nach § 159 FamFG, § 156 Abs. 2 FamFG, § 18 Abs. 3 SGB VIII verletzt und die zu seiner Interessenwahrung gesetzlich vorgesehenen Schutzmechanismen wie z.B. die Einsetzung eines Verfahrensbeistandes außer Kraft gesetzt.

II. Münchener Modell

Das Münchener Modell lehnt sich stark an das Cochemer Modell an. Auch im Münchener Modell sollen angeblich mehr Streitigkeiten um das Kind durch Vereinbarung als durch gerichtliche Entscheidung beendet werden.[296]

---

294 *Wallerstein/Lewis/Blakeslee* (2002), S. 201, 221.

295 Vgl. auch *Fichtner/Salzgeber*, FPR 2006, 278 (283).

296 *Gartenhof u.a.*, ZKJ 2011, 285 (287).

Einen Unterschied gibt es aber bereits zu Beginn: Bereits im Antrag ist anzugeben, ob nach dem Münchener Modell verfahren werden soll. Der erste Gerichtstermin findet i. d. R. innerhalb von vier Wochen nach Eingang des Antrags statt, zu dem die Eltern und das Jugendamt geladen werden, das Kind in der Regel nicht. Noch vor dem Termin nimmt das Jugendamt Kontakt zur Familie auf und versucht, die Standpunkte der Beteiligten und die Aussichten auf einvernehmliche Lösungen zu klären, und informiert über die Angebote der Beratungsstellen. Dies entspricht auch dem Verfahren nach §§ 155, 156 FamFG. Wie auch nach der Cochemer Praxis ist aber ein schriftlicher Bericht des Jugendamtes nicht vorgesehen. Ist im ersten frühen Termin eine abschließende Einigung nicht zu erzielen, schließt sich eine Beratung oder Mediation an und die Eltern werden verpflichtet, daran teilzunehmen. Scheitern diese Einigungsbemühungen, setzt das Gericht binnen vier Wochen nach Mitteilung des Scheiterns einen zweiten Verhandlungstermin an. Der Zugang zu einer Beratung ist niederschwellig, es bedarf keiner Überweisungen, Atteste oder Kostenübernahmeerklärungen. In der Regel erheben die Beratungsstellen einen den finanziellen und sozialen Möglichkeiten der Beteiligten angemessenen Kostenbeitrag oder bitten um eine entsprechende Spende.[297]

Hinsichtlich der Kindesanhörung enthält der Leitfaden des Familiengerichts München[298] unter Punkt 12 den Hinweis, dass die betroffenen Kinder „falls erforderlich – spätestens in nahem zeitlichem Zusammenhang mit dem zweiten Termin angehört" werden. Also auch nach dem Münchener Modell unterbleibt die Anhörung des Kindes, wenn sich die Eltern im ersten Termin einigen können und auch später erfolgt die Anhörung nur „erforderlichenfalls", wobei nicht geregelt ist, wann ein erforderlicher Fall gegeben ist. Gegebenenfalls wird ein familienpsychologisches Sachverständigengutachten eingeholt. Ist auch dann keine Einigung zu erzielen, entscheidet das Gericht durch Beschluss. Jedenfalls soll aber im Münchener Modell vermehrt früh ein Verfahrensbeistand für das Kind bestellt werden, um die Sichtweise und Interessen des Kindes in das Verfahren einzubringen und das Kind im gesamten Verfahren von Anfang an in geeigneter Weise zu begleiten.[299]

Im Gegensatz zum Cochemer Modell gibt es zum Münchener Modell einen Sonderleitfaden für Fälle von häuslicher Gewalt und Kindeswohlgefährdung, nach dem das Gericht die Möglichkeit eines abgeänderten Verfahrens mit getrennten Anhörungen und geschlechtsspezifischer parteilicher Beratung hat. Die

297 *Gartenhof u.a.*, ZKJ 2011, 285 (289).

298 Leitfaden des Familiengerichts München für Verfahren, die den Aufenthalt des Kindes, das Umgangsrecht oder die Herausgabe des Kindes betreffen.

299 *Gartenhof u.a.*, ZKJ 2011, 285 (286).

Sicherung des Kindeswohls und des Opferschutzes haben dabei absoluten Vorrang.[300] Es sollen schriftliche Stellungnahmen der Parteien und des Jugendamtes erfolgen. Aber auch Punkt 12 des Sonderleitfadens regelt zur Kindesanhörung, dass das Kind nur „erforderlichenfalls“ in einem besonderen Termin angehört wird.

III. Elternkurs „Kinder im Blick“

Das Elternprojekt „Kinder im Blick“ ist in Kooperation zwischen dem Familien-Notruf München und der Fakultät für Psychologie und Pädagogik der Ludwig-Maximilians-Universität München unter der Leitung von Prof. Sabine Walper entwickelt worden.[301] Der Kurs richtet sich nur an die Eltern als Bewältigungshilfe für die Trennung und ist für Eltern aller Konflikteskalationsstufen konzipiert. Es werden trennungsspezifische Themen, wie die Bedürfnisse der Kinder im Trennungsgeschehen, die Ausübung einer kindzentrierten Elternschaft und die Reduzierung der Konfliktintensität behandelt.[302] In sechs Sitzungen, an denen die Eltern getrennt teilnehmen, werden Inhalte behandelt, die der Stärkung der Emotionsregulation und Konfliktreduktion, der Perspektiven der Kinder sowie der Förderung von Kommunikationstechniken dienen.[303]

Der Kurs wurde wissenschaftlich evaluiert, zunächst durch Bröning (2009), dann durch Krey (2010). In beiden Studien wurden nur Antworten der Eltern ausgewertet.[304] In der Studie von Bröning wurde die Wirkung des Kurses von den Teilnehmern etwas verhaltener bewertet als der Kurs selbst.[305] Die Teilnehmer schätzten die Wirkung auf sich selbst und den Umgang mit den eigenen Gefühlen sowie auf den Umgang mit dem Kind als höher ein, als die positiven Veränderungen beim Kind und beim Umgang mit dem anderen Elternteil.[306] Die Studie von Krey ergab, dass in Bezug auf das Wohlbefinden, die Elternbeziehung und die Konfliktintensität positive Ergebnisse erzielt werden konnten, ins-

---

300 Sonderleitfaden zum Münchener Modell des Familiengerichts für Verfahren, die den Aufenthalt des Kindes, das Umgangsrecht oder die Herausgabe des Kindes betreffen Version vom 07.12.2009.

301 Das Elternprojekt greift Elemente des von *Walper* und *Graf* entwickelten Elterntrainings „FamilienTeam – das Miteinander stärken“ auf. Diese Kurse werden deutschlandweit in mehreren Beratungsstellen angeboten, www.kinderimblick.de (Zuletzt abgerufen am 15.07.2012).

302 Hierzu ausführlich *Bröning*, S. 134 ff. sowie *Krey*, S. 103.

303 *Fichtner* (2006), S. 28.

304 Vgl. *Bröning*, S. 203 f.; *Krey*, S. 144.

305 *Bröning*, S. 214.

306 *Bröning*, S. 214.

besondere wenn beide Eltern am Kurs teilnahmen, während die Effekte für die Häufigkeit der Konflikte, die Elternallianz und das Erziehungsverhalten nicht signifikant waren.[307] Hinsichtlich der Kinder ist relevant, dass der Kurs nur wenig Einfluss auf die Eltern-Kind-Beziehung zu haben scheint, aber Verbesserungen der Entwicklungsprobleme stärker waren als bei Familien der Vergleichsgruppen.[308] Allerdings basieren all diese Angaben nur auf Angaben der Eltern und auch der Langzeiteffekt ist noch offen.[309]

Es besteht bislang kein zusätzliches Angebot für Kinder[310]; aber ein paralleler Kurs für Kinder wird derzeit entwickelt.[311] Beide Studien weisen explizit darauf hin, dass eine parallele Intervention für Kinder zusätzliche Wirkung bringen und den Interventionserfolg steigern könnte.[312] In München kann zusätzlich das Beratungs- und Mediationsangebot des Familien-Notrufs genutzt werden. Dort werden auch separate Gespräche mit den Kindern angeboten.

IV. Familienberatung bei Trennung und Scheidung am Amtsgericht Regensburg

Seit 1991 ist am Regensburger Familiengericht die Beratungsstelle unmittelbar in den Räumen des Amtsgerichts untergebracht. Hiermit soll den Eltern die Inanspruchnahme von Beratungen als zum Trennungsprozess gehörend vermittelt werden.[313] Dieses Konzept unterscheidet sich maßgeblich vom Cochemer Modell, insbesondere im Hinblick auf den Einigungsdruck und die Einbeziehung der Kinder.

Die Hälfte der Fälle wird vom Gericht an die Beratungsstelle überwiesen, die restlichen kommen über das Jugendamt und die Anwälte und teilweise auch aus eigener Initiative der Eltern. Obwohl mit dem Gericht vereinbart ist, nur kooperationsfähige Eltern in die Beratung zu verweisen, werden die Fälle zunehmend konflikthafter.[314] Die Beratungsstelle ist eine Außenstelle der Psychologischen Beratungsstelle des Diakonischen Werks in Regensburg.[315] Hier werden

307 *Krey*, S. 269.
308 *Krey*, S. 269 f.
309 *Krey*, S. 275.
310 *Fichtner* (2006), S. 29.
311 *Krey*, S. 275.
312 *Bröning*, S. 217; *Krey*, S. 275.
313 *Lossen/Vergho*, FamRZ 1993, 768 (768).
314 *Fichtner* (2006), S. 47.
315 *Lossen/Vergho*, FamRZ 1993, 768 (768).

Beratungen und Mediation angeboten sowie auch begleiteter Umgang.[316] Das Gericht und die Beratungsstelle stehen in intensivem bilateralem Austausch, der nicht fallspezifisch geführt wird.[317] Die Inhalte der Beratung werden vertraulich behandelt, es besteht keine Auskunfts- und Informationspflicht gegenüber dem Gericht.[318] In der Regel findet das erste Beratungsgespräch mit den Eltern getrennt statt, aber auch weitere Einzelgespräche sind möglich.

Die Beratung ist nicht durchgängig auf Einigung zwischen den Eltern gerichtet, sondern vielmehr auf eine Aufarbeitung der Beziehungs- und Trennungsgeschichte sowie auf Informationsvermittlung; auch eine Erziehungsberatung mit informativem Anteil zum kindlichen Erleben und Reagieren wird angeboten.[319] Mediationen beschränken sich auf Sorge- und Umgangsfragen. Es ist auch eine Pendelmediation möglich, also ohne unmittelbaren Kontakt der Eltern, die in einem Drittel der Fälle durchgeführt wird.[320]

Der Einigungsdruck und der Zwangscharakter der Beratung nach der Cochemer Praxis werden ausdrücklich abgelehnt.[321] Die Freiwilligkeit der Teilnahme an der Beratung wird dennoch nicht philosophisch abstrakt, sondern im konkreten Zusammenhang mit dem Kindeswohl gesehen, weshalb der Richter kraft seines Wächteramtes seine Autorität einsetzen soll, die Eltern zur Beratung zu motivieren.[322] Die Eltern sollen dann selbst über Dauer und Gestaltung der Beratung entscheiden[323], da die Freiwilligkeit der Beratung jedenfalls mittelfristig gegeben sein soll; ist dies nicht der Fall, werden die Eltern an das Gericht zurückverwiesen.[324]

Die Beibehaltung der gemeinsamen Sorge wird zwar als begrüßenswertes Ergebnis einer Vermittlung gesehen, es soll aber kein Druck dahingehend ausgeübt werden.[325] Das Ziel ist vielmehr, konkrete und praktikable Regelungen und Vereinbarungen zum Sorge- und Umgangsrecht zu finden und idealerweise die Elternfunktion über die Trennung der Ehepartner hinaus zum Wohl des Kindes zu erhalten und zu stärken.[326] Es wird explizit davor gewarnt, immer nur die Vereinbarung der gemeinsamen Sorge als Erfolg einer guten Vermittlungsarbeit

---

316 Hierzu *Vergho*, FPR 2007, 296 f.

317 *Fichtner* (2006), S. 48.

318 *Lossen/Vergho*, FamRZ 1993, 768 (768); *Vergho*, FPR 2007, 1 (1).

319 *Fichtner* (2006), S. 48.

320 *Fichtner* (2006), S. 48.

321 *Fichtner* (2006), S. 49.

322 *Lossen/Vergho*, FamRZ 1993, 768 (769).

323 *Lossen/Vergho*, FamRZ 1993, 768 (769).

324 *Fichtner* (2006), S. 48.

325 *Lossen/Vergho*, FamRZ 1993, 768 (769).

326 *Lossen/Vergho*, FamRZ 1993, 768 (769).

zu sehen. Nicht die gemeinsame Sorge wahre das Kindeswohl, sondern die Art, wie die Eltern nach der Scheidung miteinander und mit dem Kind umgehen.[327]

Im Gegensatz zur Cochemer Praxis werden die Kinder direkt einbezogen. Es werden Einzelberatungen für Kinder angeboten und es gibt zusätzlich über die Beratungsstelle der Diakonie auch Scheidungskindergruppen. Den Kindern sollen Hilfestellungen auf drei Ebenen gegeben werden: auf der kognitiven Ebene, um die elterliche Scheidung besser zu verstehen und die eigene Situation realistischer einzuschätzen, auf der emotionalen Ebene, um die eigenen Gefühle wahrzunehmen, Schuldgefühle und Ängste abzubauen und eine Neuorientierung zu ermöglichen, sowie auf der Verhaltensebene, um die soziale Kompetenz im Umgang mit Gleichaltrigen zu erhöhen und Strategien zur Problemlösung zu erwerben und Bewältigungsstrategien für Wut und Ärger zu vermitteln.[328] Im Rahmen der Elternberatung findet ein Einbezug der Kinder durch ein kurzes Explorationsgespräch statt.[329] Die Eltern, deren Kinder an der Beratung beteiligt waren, bewerteten die Beratung besonders häufig als erfolgreich.[330]

V. Weitere Modelle

In den meisten Modellen, die sich deutschlandweit entwickelt haben, wird zwar in den Gesprächen mit den Eltern der Fokus auf die Kinder gerichtet, sie sind aber selten persönlich beteiligt, teils wird ihre Einbeziehung auch explizit ausgeschlossen.

Beispielsweise nach dem Konzept des Karlsruher Wegs[331] soll die Einbeziehung der Kinder möglichst vermieden, stattdessen die Stärkung der Elternverantwortung versucht werden.[332] Beim Arbeitskreis Trennung und Scheidung – was nun? sowie bei der Öffentlichen Rechtsauskunft (ÖRA) in Mainz werden die Kinder bei der Beratung der Eltern durchgehend nur symbolisch repräsentiert, aber wenn zwischen den Eltern eine hinreichende Kooperationsbasis besteht und eine gemeinsame Zielausrichtung vorhanden zu sein scheint, werden sie auch persönlich einbezogen[333], ggf. auch mit Begleitung eines Verfahrenspflegers.[334] Die ÖRA sowie auch beispielsweise der Berliner Verein Zusam-

327 *Lossen/Vergho*, FamRZ 1993, 768 (769).
328 *Lossen/Vergho*, FamRZ 1995, 781 (782).
329 *Fichtner* (2006), S. 49.
330 *Lossen/Vergho*, FamRZ 1995, 1218 (1219).
331 www.karlsruherweg.de (zuletzt abgerufen am 15.07.2012).
332 *Fichtner* (2006), S. 25.
333 *Fichtner* (2006), S. 35.
334 *Fichtner* (2006), S. 43.

menwirken im Familienkonflikt bieten eine Rechtsberatung für Kinder an.[335] Das Beratungsangebot des Trialog e.V. Münster umfasst neben der gemeinsamen und getrennten Elternberatung auch mögliche Familiengespräche mit Eltern und Kindern. Letztere werden nicht bei hochstrittigen Familien eingesetzt.[336] Zur Einbeziehung der Kinder werden begleitete Umgänge angeboten sowie Scheidungskindergruppen. Letztlich werden die Kinder aber nicht regelmäßig einbezogen.[337] In der Beratungsstelle für Menschen[s]Kinder Meiningen, die ebenfalls mit dem Jugendamt und dem Gericht zusammenarbeitet, finden für Kinder therapeutische Spiele sowie Diagnostik und Gesprächsangebote für Jugendliche statt.[338] In die Elterngespräche werden die Kinder nur dann einbezogen, wenn keine Einigung über den Umgang getroffen werden konnte.[339]

VI. Fazit

Die Entwicklung von Kooperationsmodellen der verschiedenen Professionen ist gerade in Kindschaftsverfahren zu unterstützen. Kennen sich die verschiedenen Professionen und wissen sie, welche Möglichkeiten die jeweils anderen bieten, kann viel gewonnen werden. Aber die Kooperation darf nicht dazu führen, dass Verantwortlichkeiten hin- und hergeschoben und die Grenzen der jeweiligen Professionen verwischt werden. Die Einigungsbemühungen dürfen nicht so weit gehen, dass die Eltern genötigt werden, Einigungen zu treffen, die sie nicht wirklich wollen. Trotz aller Einvernehmensbemühungen muss das Gericht, wenn es erforderlich ist, eine Entscheidung treffen, und die Verantwortung für eine Einigung nicht den psychosozialen Professionen übertragen.

Problematisch ist, dass bei vielen Modellen eine fundierte wissenschaftliche Evaluation noch aussteht.[340] Solange aber keine Erkenntnisse darüber vorliegen, welche Programme tatsächlich effektiv sind, sollten jedenfalls keine solchen praktiziert werden, die gegen die Rechte eines Beteiligten verstoßen. Das Kind hat ein Anhörungsrecht und ihm stehen Beratungs- und Beteiligungsrechte zu. Die systematische Einbeziehung der Perspektive und der individuellen Bedürfnisse des Kindes stehen noch in vielen Konzepten aus, besonders in Fällen, wo es um hochstrittige Familien geht.[341] Dabei benötigen gerade diese Kinder Hilfe

335 *Fichtner* (2006), S. 63.
336 *Fichtner* (2006), S. 31; www.trialog-muenster.de (zuletzt abgerufen am 15.07.2012).
337 *Fichtner* (2006), S. 53 f.
338 *Fichtner* (2006), S. 56.
339 *Fichtner* (2006), S. 56.
340 *Krey*, S. 99.
341 *Fichtner* (2006), S. 70.

und Unterstützung und wünschen sich meist, in die Entscheidungen einbezogen zu werden.[342] Den Kindern selbst werden nur selten kindgerechte Informationsbroschüren zur Verfügung gestellt. Der Wille und die Bedürfnisse der Kinder sowie eine entsprechende Diagnostik zur Klärung des Interventionsbedarfs für die Kinder fehlen oft.[343] Die meisten Konzepte begnügen sich damit, nur den Eltern Informationen über die Situation der Kinder zu vermitteln. Teils wird die Einbeziehung des Kindes sogar explizit abgelehnt und die Intervention beschränkt sich ausdrücklich nur auf Hilfen für die Eltern. Insbesondere wenn eine Elterneinigung vorliegt, wird oft auf die Einbeziehung des Kindes verzichtet.

Einige Konzepte wie die Gerichtsnahe Beratung Regensburg und die Beratung für Menschen[s]Kinder, Meiningen, sehen aber eine Exploration zur Kinderdiagnostik vor, wobei die trennungsbedingten Reaktionen und deren Verarbeitungsmöglichkeiten sowie die Wünsche der Kinder durchleuchtet werden.[344]

Die Beteiligungs- und Anhörungsrechte der Kinder müssen auch in der interdisziplinären Zusammenarbeit gewahrt werden. Zur Unterstützung der Kinder sollten Angebote zur individuellen Situationsbewältigung und Persönlichkeitsstärkung erarbeitet werden, wie Scheidungskindergruppen und auch die therapeutische Einzelarbeit.

342 Hierzu oben Teil 3.C.

343 *Fichtner* (2006), S. 6.

344 *Fichtner* (2006), S. 63.

Teil 7: Ausländische Modelle zur Beteiligung des Kindes

Im Folgenden sollen einige ausländische Verfahrens- und Vermittlungsmodelle in Kindschaftssachen, sowie Regelungen zur Mediation – soweit vorhanden – dargestellt werden, wobei auf die Beteiligung des Kindes am Verfahren fokussiert wird. In dem im Auftrag der Bundesregierung erstellten rechtsvergleichenden Gutachten[1] des Max-Planck-Institutes für ausländisches und internationales Privatrecht wird nur hinsichtlich amerikanischer Regelungen auf die Einbeziehung des Kindes bei Mediationen eingegangen. Dies könnte darauf zurückzuführen sein, dass in den meisten Rechtssystemen kaum gesetzliche Regelungen zur Einbeziehung des Kindes bei einer Mediation bestehen. Obwohl weltweit grundsätzlich davon ausgegangen wird, dass die Perspektive des Kindes bei Interventionen wegen Trennung oder Scheidung Berücksichtigung finden sollte, werden Kinder in der Praxis tendenziell eher nicht einbezogen.

Es werden in den USA, Australien, England und Norwegen praktizierte Modelle dargestellt, wobei hinsichtlich der Einbeziehung von Kindern bei Mediationen insbesondere die Erfahrungen aus Australien bedeutsam sind, dank der Studien von Parkinson und Cashmore[2] sowie von McIntosh u.a.[3] Auch in Kanada[4] wird großer Wert auf die Einbeziehung des Kindes gelegt, aber es gibt kein einheitliches Modell. Selbst innerhalb der Staaten haben die Gerichtsbezirke verschiedene Methoden entwickelt und die verschiedenen Institute bevorzugen unterschiedliche Verfahrensweisen: mal wird ein Kindesvertreter oder Kinder-Interviewer hinzugezogen, der mit dem Kind spricht und den Eltern über das Gespräch Rückmeldung gibt, teils gibt es beratende Interventionen, Gutachten über die Stimme des Kindes, eine richterliche Kindesanhörung oder child-inclusive Mediation.

---

1 *Hopt/Steffek*, Mediation. Rechtstatsachen, Rechtsvergleich, Regelungen (2008).

2 *Parkinson/Cashmore*, The Voice of a Child in Family Law Disputes (2009).

3 *McIntosh/Long/Wells*, Child Beyond Dispute (2006 und 2009).

4 Ausführliche Zusammenfassung sämtlicher Modelle und Vorgehensweisen unter http://canada.justice.gc.ca/eng/pi/fcy-fea/lib-bib/rep-rap/2009/vcsdm-pvem/p4.html (zuletzt abgerufen am 15.07.2012).

A. USA (insbesondere Kalifornien)

In den USA sind seit vielen Jahren auf den unterschiedlichsten Rechtsgebieten Vermittlungsverfahren bei Streitigkeiten fest etabliert.[5] Dies begründet sich insbesondere darin, dass das Gerichtsverfahren – auch in Kindschaftsverfahren – stark adversarial geprägt ist, während in diesen z.B. in Deutschland der Amtsermittlungsgrundsatz gilt. Die Alternative Dispute Resolution (ADR) wurde in den USA seit dem Ende der 1960-er Jahre entwickelt.[6] Es sollten Systeme und Modelle einen Rahmen und Strukturen schaffen, in denen nach Besonderheit des Einzelfalles verschiedene parallele Verfahren der Konfliktbehandlung möglich sind.[7] Im Zeitraum von 1980 bis 1990 erweiterten sich die Bemühungen der Staaten, mindestens ein ADR zu entwickeln, mittlerweile existieren ca. 1200 solcher Programme in den USA.[8]

Für Sorge- und Besuchsrechtsstreitigkeiten begannen im Jahr 1973 erste Gerichte in Kalifornien sog. conciliation courts einzuschalten.[9] Seit Anfang der 1980-er Jahre wurden in den meisten Bundesstaaten der USA unterschiedliche Modelle für Kindschaftsverfahren eingeführt. In vielen Bundesstaaten der USA sind die Eltern verpflichtet, vor Einleitung eines Gerichtsverfahrens an einer Trennungs- und Scheidungsmediation teilzunehmen (mandatory mediation), in nahezu allen Bundesstaaten sind sie verpflichtet, sich zumindest beraten zu lassen.[10] Ihnen sollen in ihrer individuellen Problemlage angemessene Hilfsangebote gemacht werden.[11] Aufgrund der heterogen gestalteten Justizstrukturen gibt es in den USA keine einheitlichen Regelungen, so dass die verschiedenen Modelle in den einzelnen Gerichtsbezirken und vielmehr noch in den gesamten USA breit gefächert sind.[12]

In Kalifornien z.B. gibt es für Scheidungssachen und Folgeverfahren eine abgestufte Lösung:[13] Für das Scheidungsverfahren ist eine Mediation nicht zwingend (§ 2450 des kalifornischen Family Code). Obligatorisch ist eine Mediation aber in Verfahren zur Bestimmung oder Änderung des Aufenthaltsorts des Kindes sowie bei der Regelung des Umgangs (§ 3170 des kalifornischen

---

5 *Matthiessen*, S. 250.
6 *Breidenbach*, S. 11.
7 *Breidenbach*, S. 11.
8 *Breidenbach*, S. 11.
9 *Matthiessen*, S. 250; *Breidenbach*, S. 270.
10 *Kriegel*, S. 155.
11 *Martiny*, ZKJ 2010, 351 (357).
12 *Kriegel*, S. 156.
13 Hopt/Steffek/*Kulms*, S. 464.

Family Code).[14] Allerdings sind hier im Gegensatz zu den meisten anderen Bundesstaaten Frauen, die Opfer häuslicher Gewalt wurden, nicht von der Mediationspflicht befreit. Sie können aber eine shuttle mediation beantragen[15], bei der keine gemeinsamen Sitzungen stattfinden, sondern der Mediator mit den Beteiligten getrennte Gespräche führt.

Im Rahmen dieser Untersuchung ist relevant, dass der Mediator in Kalifornien gesetzlich verpflichtet ist, die Bedürfnisse und das Wohl des betroffenen Kindes abzuschätzen und er ist berechtigt, mit dem Kind zu sprechen, wenn er dies als angemessen und erforderlich sieht. Er ist per Gesetz dem Kindeswohl verpflichtet (§ 3180 des kalifornischen Family Code) und soll daher auf eine kindeswohlgerechte (best interest of the child) Regelung hinwirken.

B. Australien

Seit Juli 2006 wurden in Australien landesweit Family Relationship Centres (FRCs) gegründet, die den Familien bei der Trennung oder in anderen schwierigen Zeiten unterstützend beistehen. In diesen Zentren kann jede Familie eine dreistündige Mediation zur Klärung der Nachtrennungssituation kostenlos in Anspruch nehmen. Die Durchführung dieser Mediation wurde seit Juli 2007 Pflicht, es sei denn, in der Familie besteht Verdacht auf Gewalt oder Misshandlung.[16]

Haben die Beteiligten diese obligatorische Mediation vor Einreichung des Scheidungsantrages durchgeführt und es konnte keine Einigung getroffen werden, wird davon ausgegangen, dass während des rechtshängigen Rechtsstreits kein Bedarf mehr besteht, erneut außergerichtlich und vertraulich zu verhandeln.[17] Während des Gerichtsverfahrens arbeitet in der Regel ein family consultant mit der Familie.[18] Er soll zunächst auf ein Einvernehmen hinwirken, scheitern seine Bemühungen, hat er ein umfassendes Gutachten für das Gericht zu erstellen.[19] Im Rahmen seiner Tätigkeit hat er grundsätzlich auch mit dem Kind zu sprechen.[20] Der Vorteil dieses Modells wird darin gesehen, dass die Familie während des gesamten Gerichtsverfahrens mit derselben Person zu tun hat und der Gutachter sich während des gesamten Verfahrens ein Bild von der Familie

14 *Martiny*, ZKJ 2010, 351 (357); Hopt/Steffek/*Kulms*, S. 465 f.
15 Hopt/Steffek/*Kulms*, S. 465.
16 *Parkinson/Cashmore*, S. 48; Familiy Law Act 1975, section. 601.
17 *Parkinson/Cashmore*, S. 48.
18 *Parkinson/Cashmore*, S. 48.
19 *Parkinson/Cashmore*, S. 48.
20 *Parkinson/Cashmore*, S. 48.

machen kann. Der Gutachter kommt nicht „kalt" zu der Familie, um das Gutachten zu erstellen, denn er hat sie schon bei den Einigungsbemühungen kennengelernt.[21]

Richterliche Kindesanhörungen finden kaum statt. Die Perspektive des Kindes wird in der Regel durch einen Experten erfragt und dann dem Gericht vermittelt, in der Regel im Rahmen eines Familiengutachtens.[22] Das australische Recht sieht kein Recht des Kindes auf eine unabhängige Interessenvertretung vor, in komplizierten Fällen aber wird meist ein Interessenvertreter für das Kind bestellt.[23] Ist ein Interessenvertreter für das Kind bestellt, wird nur der Vertreter angehört.

Auch in Mediationen wird das Kind in der Regel über einen Interessenvertreter (child consultant) einbezogen.[24] Der Mediator selbst spricht nicht mit dem Kind. Der child consultant erkundet die Perspektive und die Erfahrungen des Kindes und bringt sie dann in die Mediation ein. Am Ende des Gesprächs klärt er mit dem Kind, was den Eltern berichtet werden soll. Sein Tätigwerden bedarf der Zustimmung der Eltern sowie der Voraussetzung, dass das Kind im Schulalter ist.[25] Zu Beginn des Verfahrens wird grundsätzlich mit den Eltern und dem Kind vereinbart, dass ein vertrauliches Einzelgespräch mit dem Kind stattfindet.

Child-inclusive Mediationen befinden sich aber auch in Australien noch in den Kinderschuhen, einige Mediationszentren bieten sie aber bereits an, z.B. auch die Family Relationship Centres.[26]

C. England

Wenn in England ein Kind unter 16 Jahren von der Scheidung betroffen ist, muss mit dem Scheidungsantrag ein Sorgerechtsplan über die Regelung der Sorge und der Erziehung des Kindes vorgelegt werden.[27] In der Regel suchen die Eltern zunächst einen Anwalt auf, der mit Zustimmung der Eltern entweder selbst die Mediation durchführt oder den Fall an einen anderen Anwalt oder an einen gemeinnützigen Anbieter weiter verweist. Kann eine Einigung getroffen werden, wird sie dem Gericht vorgelegt. Kann keine Einigung erzielt werden, wird nach dem Children Act 1989 eine Entscheidung des Gerichts beantragt.

21 *Parkinson/Cashmore*, S. 48.
22 *Parkinson/Cashmore*, S. 57.
23 *Parkinson/Cashmore*, S. 50.
24 *Parkinson/Cashmore*, S. 44 f.; so auch bei *McIntosh/Long* (2006), S. 18.
25 *Parkinson/Cashmore*, S. 45.
26 *Parkinson/Cashmore*, S. 47.
27 *James u.a.*, International Journal of Children's Rights, 2010, 313 (316).

Das Gericht hat dabei alle Entscheidungen am Kindeswohl zu orientieren, die Wünsche und Bedürfnisse des Kindes zu berücksichtigen und es seinem Alter und Verständnis entsprechend einzubeziehen.[28] Im ersten gerichtlichen Anhörungstermin (first hearing) wird zunächst versucht, eine Einigung zu erzielen, das Gericht kann aber auch eine Entscheidung treffen, wenn es diese als notwendig erachtet.[29]

Das Kind wird zu dem ersten frühen Termin nicht geladen. Sofern kindeswohlgefährdende Umstände zu befürchten sind, wird das Kind vor dem Termin von einem Mitarbeiter des The Children and Family Court Advisory and Support Service (CAFCASS) angehört.[30] Eine explizite Regelung, ob bzw. ab welchem Alter ein Kind anzuhören ist, existiert nicht.[31] Insbesondere wenn die Eltern sich über die das Kind betreffenden Trennungsfolgen geeinigt haben, wird es nicht als erforderlich angesehen, die Wünsche und Bedürfnisse des Kindes zu erfragen.[32]

Die Richter in England und Wales werden aber ermutigt, die Kinder zu hören.[33] Im Family Justice Review Report[34] aus dem Jahr 2011 des Ministry of Justice, des Department for Education und des Welsh Assembly Government wird explizit gefordert, dass sichergestellt wird, dass die Stimme des Kindes gehört wird. Der Family Justice Council hat Leitlinien veröffentlicht, nach denen die Richter aufgefordert werden, Kinder anzuhören und in das Verfahren einzubeziehen.[35] Dem Kind sollen altersgerechte Informationen zur Verfügung gestellt, ihm so früh wie möglich die Optionen dargelegt und ihm auch die Gelegenheit gegeben werden, sich zu äußern, wenn es dies will.[36] Kinder sollen auch an auf Einvernehmen zielenden Verfahren persönlich beteiligt und ihre Meinung gehört werden. Die Kinder sollen sich bei Entscheidungen, die sie betreffen, einbezogen fühlen und sie sollen über das Ergebnis informiert werden, insbesondere wenn es ihren Wünschen widerspricht.[37]

---

28 Children Act 1989 s. 1 (3) (a); *Archard/Skivenes*, International Journal of Children's Rights 2009, 1 (4).

29 *James u.a.*, International Journal of Children's Rights, 2010, 313 (318).

30 *James u.a.*, International Journal of Children's Rights, 2010, 313 (320).

31 *James u.a.*, International Journal of Children's Rights, 2010, 313 (328).

32 *James u.a.*, International Journal of Children's Rights, 2010, 313 (328).

33 *Parkinson*, S. 198.

34 *Ministry of Justice (UK)*, Family Justice Review. Interim Report (2011).

35 Guidelines for Judges Meeting Children who are subject to Family Proceedings, produced by the Family Justice Council and approved by the President of the Family Division, April 2010, http://www.fnf.org.uk/downloads/Guidelines_for_Judges_Meeting_Children.pdf (zuletzt abgerufen am 15.07.2012).

36 *Ministry of Justice (UK)*, Family Justice Review, S. 7.

37 *Ministry of Justice (UK)*, Family Justice Review, S. 22.

Mit dem Family Law Act 1996 sollten öffentliche Mediationsstellen gefördert sowie das Bewusstsein der Praktiker und Verfahrensbeteiligten gestärkt werden, eher gütlich zu verhandeln als streitig zu prozessieren.[38] Ziel ist es, die Eltern zu motivieren, das Kindeswohl zu beachten, für die zukünftigen Entscheidungen Verantwortung zu tragen, den elterlichen Konflikt zu reduzieren und sich über die Trennungsfolgen zu einigen.[39] Öffentlich geförderte Mediationen werden von entsprechend ausgebildeten und anerkannten Rechtsanwaltskanzleien und gemeinnützigen Organisationen angeboten, die bei der Legal Services Commission unter Vertrag stehen. Ferner bietet auch der CAFCASS ähnliche Vermittlungsdienste an, allerdings erst, wenn ein Gerichtsverfahren bereits anhängig ist.[40]

Ein Beratungstermin (information meeting) wurde eingeführt, der einmalig vor Einleitung des Scheidungsprozesses stattfindet, aber nur für den Elternteil verpflichtend ist, der das „statement of marital breakdown“ einreicht.[41] Die Eltern erhalten hier Informationen über die Bedürfnisse und Probleme der Kinder, über das Ziel der gemeinsamen Elternschaft sowie über Beratungs- und Hilfsmöglichkeiten. Ihnen werden auch Broschüren gegeben, die für die Kinder bestimmt sind, allerdings gaben nur 16% der Eltern ihren Kindern die für sie vorgesehenen Broschüren.[42] Von diesen Treffen gingen die Eltern zwar mit wichtigen Informationen nach Hause, aber sie konnten dieses Wissen oft nicht anwenden und positive Auswirkungen hielten meist nicht lange an.[43] Bei großen Konflikten wegen des Sorge- oder Umgangsrechts waren die vermittelten Informationen für die Eltern nur sehr begrenzt hilfreich und umsetzbar. Selbst wenn eine Verbesserung der Kommunikation erzielt werden konnte, dauerte diese meist kaum ein Jahr an. Wegen dieser enttäuschenden Resultate wurde der entsprechende Teil des Family Law Act 1996 nicht implementiert.[44]

Eine Mediation kann der Richter nicht anordnen, er kann aber gemäß dem Adoption and Children Act 2006 die Eltern verpflichten, an einer Beratung über Mediation oder an anderen Hilfsprogrammen teilzunehmen.

---

38 *James u.a.*, International Journal of Children's Rights, 2010, 313 (317).

39 *James u.a.*, International Journal of Children's Rights, 2010, 313 (317).

40 *James u.a.*, International Journal of Children's Rights, 2010, 313 (317, 319).

41 Handbuch-Verfahrensbeistandschaft/*Kostka*, Rn. 907; *Kostka*, FamPra.ch 2009, 634.

42 *Kostka*, FamPra.ch 2009, 634 (635).

43 *Kostka*, FamPra.ch 2009, 634 (635).

44 *Kostka*, FamPra.ch 2009, 634 (636).

Für die politischen Rahmenbedingungen und die Förderung der Mediation ist in England das Justizministerium zuständig.[45] Die Behörden haben gemeinsam mit dem Civil Mediation Council (CMC) ein Zulassungssystem für Mediatoren entwickelt, um die Qualität gerichtlich angeordneter Mediationsverfahren in Zivilstreitigkeiten zu gewährleisten.[46] Familiensachen sind hiervon allerdings ausgenommen. Im Familienrecht tätige Mediationsanbieter unterliegen keiner staatlichen Zulassung, sondern haben eigene Fachverbände und Zulassungsgremien, in denen sie Mitglied sind. Diese ausnahmslos nicht staatlichen Organisationen und Verbände haben sich im Family Mediation Council (FMC) zusammengeschlossen, der keine staatliche Einrichtung ist. Zu seinen Aufgaben gehört insbesondere, für einheitliche Standards bei Familienmediationen zu sorgen.

Im Code of practice for family mediators des FMC finden sich ausführliche Regelungen für die Einbeziehung des Kindes. Punkt 3.5 regelt, dass ein Mediator nur dann persönlich mit dem Kind sprechen darf, wenn er eine entsprechende Fortbildung einer Mitgliedsorganisation und eine Genehmigung des Criminal Records Bureau erhalten hat. Nach Punkt 5.3 des Code of practice muss der Mediator sicherstellen, dass eine Kindeswohlgefährdung angezeigt wird. Unter Punkt 7 ist das Kindeswohlprinzip festgelegt. Der Mediator hat das Kindeswohl zu achten und die Beteiligten dazu aufzufordern, die Bedürfnisse und Interessen des Kindes zu berücksichtigen. Der persönlichen Einbeziehung des Kindes müssen der Mediator und beide Beteiligten zustimmen (Punkt 7.3). Das Gespräch mit dem Kind ist vertraulich, dies muss den Eltern vorher erklärt werden (Punkt 7.4). Dies gilt allerdings nur bis zur Kindeswohlgefährdungsgrenze (Punkt 7.5).

Trotz dieser ausführlichen Regelungen werden in der Praxis die Kinder in Großbritannien kaum persönlich einbezogen.[47] Die Mediatoren halten die Einbeziehung der Kinder als nicht sehr vorzugswürdig, so dass dies eher die Ausnahme als die Regel darstellt.[48]

Im Code of Practice des UK College of Family Mediators aus dem Jahr 2002 wird der indirekten Einbeziehung des Kindes sogar der Vorrang gegenüber der direkten gegeben: Der Fokus im Mediationsprozess soll auf das Kind gerichtet sein, allerdings nur insoweit, als dass die Eltern ermutigt werden, die Wün-

45 https://e-justice.europa.eu, unter Button „Europäisches Justizportal“, „Mediation“, „Mediation in den Mitgliedstaaten“, „Vereinigtes Königreich“, „England und Wales“ (zuletzt abgerufen am 15.07.2012).

46 https://e-justice.europa.eu, unter Button „Europäisches Justizportal“, „Mediation“, „Mediation in den Mitgliedstaaten“, „Vereinigtes Königreich“, „England und Wales“ (zuletzt abgerufen am 15.07.2012).

47 *James u.a.*, International Journal of Children’s Rights, 2010, 313 (318); *Parkinson*, S. 201.

48 *James u.a.*, International Journal of Children’s Rights, 2010, 313 (318 f.).

sche und Bedürfnisse des Kindes zu beachten und es soll mit ihnen besprochen werden, ob eine persönliche Konsultation des Kindes sinnvoll ist oder nicht.[49] Erzielen die Eltern eine Einigung, wird davon ausgegangen, dass dies dem Kindesinteresse dient, auch wenn das Kind nicht angehört wurde.[50] Entscheiden sich die Eltern, freiwillig eine Mediation durchzuführen, wird die Einbeziehung des Kindes von der Entscheidung der Eltern abhängig gemacht und weniger von den Rechten des Kindes aus Art. 12 UN-KRK.[51]

Auch bei Vermittlungstätigkeiten des CAFCASS wird das Kind nicht zwingend selbst involviert; auch wenn die Einbeziehung der Kinder empfohlen wird, erfolgt sie nur, wenn die Eltern dies wollen.[52]

D. Norwegen

Die UN-Kinderrechtskonvention wurde in Norwegen anerkannt und mit dem Human Rights Act 2003 in innerstaatliches Recht umgesetzt.[53] Mit dem Children Act 2003, der gleichzeitig mit dem Human Rights Act 2003 erging, wurden für das norwegische Kindschaftsverfahren drei Schwerpunkte gesetzt, insbesondere um Art. 3 und Art. 12 UN-KRK im Gesetz zu verankern:[54]

Das Kindeswohl (best interest of the child) wurde als das alles durchdringende Hauptprinzip herausgehoben. Weiterhin wurde das Mindestalter, ab welchem ein Kind anzuhören ist, von zwölf auf sieben Jahre herabgesetzt. Ein siebenjähriges Kind hat somit das Recht, seine Meinung zu äußern, bevor Entscheidungen über seine Situation getroffen werden, wie z.B. mit welchem Elternteil es leben soll. Hat das Kind das zwölfte Lebensjahr erreicht, ist seiner Meinung entscheidendes Gewicht beizumessen (Children Act 5.II § 31). Mit dieser Altersgrenze sollte klargestellt werden, dass jedenfalls alle mindestens sieben Jahre alte Kinder angehört werden, was aber die Anhörung jüngerer Kinder nicht ausschließt.[55] Schließlich wurde die Bedeutung der elterlichen Einigung betont. Hierbei wurde nicht nur das Kindesinteresse als unterstützendes Argument hervorgehoben, sondern auch der wirtschaftliche Vorteil einer Einigung im Gegensatz zu einem streitigen Verfahren.

---

49 *James u.a.*, International Journal of Children's Rights, 2010, 313 (319) mit dem Wortlaut der Norm.

50 *James u.a.*, International Journal of Children's Rights, 2010, 313 (327).

51 *James u.a.*, International Journal of Children's Rights, 2010, 313 (319).

52 *James u.a.*, International Journal of Children's Rights, 2010, 313 (319).

53 *James u.a.*, International Journal of Children's Rights, 2010, 313 (314).

54 *James u.a.*, International Journal of Children's Rights, 2010, 313 (324 f.).

55 *James u.a.*, International Journal of Children's Rights, 2010, 313 (325).

In Norwegen wird der Scheidungsantrag nicht bei Gericht gestellt, sondern beim County Gouvernor.[56] Das Gericht wird nur in Fällen extremer Gewalt oder Misshandlung angerufen; im Jahr 2007 erfolgte dies in 73 von 10.280 Fällen.[57] Ferner entscheidet das Gericht, wenn die Ehepartner sich nicht darüber einig werden, ob sie seit bereits zwei Jahren getrennt leben oder nicht.[58]

Nach § 26 des norwegischen Ehegesetzes vom 4. Juli 1991 Nr. 47 müssen Eltern, die sich trennen und Kinder unter 16 Jahren haben, an einer obligatorischen Schlichtung teilnehmen.[59] Diese Mediationspflicht gilt also nicht nur bei einer Scheidung, sondern auch für miteinander nicht verheiratete Eltern, die ein gemeinsames Kind unter 16 Jahren haben und sich trennen wollen.[60] Die Mediationspflicht trifft auch die Eltern, die bereits vorher eine Einigung getroffen haben; in diesem Fall soll der Mediator ihnen das Kindeswohlprinzip und die Rechte des Kindes nahebringen und die von den Eltern getroffenen Einigungen mit ihnen besprechen und eventuell Ratschläge dazu erteilen.[61] Eine gerichtsinterne Mediation kann durchgeführt werden, wenn die Eltern vor Gericht über das Sorgerecht streiten, um ihnen zu helfen, eine Einigung zu erzielen.[62] Ausnahmen von der Mediationspflicht bestehen in Fällen von Gewalt und Misshandlungen in der Familie.[63]

Mit der Mediationspflicht soll den Eltern bewusst gemacht werden, dass das Trennungs- bzw. Scheidungsverfahren sich am Kindeswohl zu orientieren hat.[64] Die Eltern sollen motiviert werden, in Fragen, die das Kind betreffen (wie z.B. Sorgerecht und Umgang), eine Einigung im Interesse des Kindes zu erzielen und insgesamt den Fokus auf die Interessen des Kindes zu lenken. Der Mediator soll ihnen helfen, die Regelungen zu finden, die dem Kindeswohl am besten dienen Die Mediationspflicht umfasst eine einstündige Sitzung.[65] Der Mediator kann die Eltern aber auch dazu ermutigen, freiwillig weitere Mediationssitzungen zur Klärung der offenen Fragen in Anspruch zu nehmen.[66] 62% der Eltern absolvie-

---

56 *James u.a.*, International Journal of Children's Rights, 2010, 313 (321).

57 *James u.a.*, International Journal of Children's Rights, 2010, 313 (321 Fn. 4).

58 *James u.a.*, International Journal of Children's Rights, 2010, 313 (322).

59 http://www.bafm-mediation.de/presseberichte/berichte-aus-der-praxis-2000-2005/familien-mediation-in-europa-2-2001/ (zuletzt abgerufen am 15.07.2012); *James u.a.*, International Journal of Children's Rights, 2010, 313 (316, 321); *Kriegel*, S. 161.

60 *Kriegel*, S. 161; *James u.a.*, International Journal of Children's Rights, 2010, 313 (321).

61 *James u.a.*, International Journal of Children's Rights, 2010, 313 (324, 326).

62 *James u.a.*, International Journal of Children's Rights, 2010, 313 (322).

63 *Kriegel*, S. 161.

64 *James u.a.*, International Journal of Children's Rights, 2010, 313 (324).

65 *James u.a.*, International Journal of Children's Rights, 2010, 313 (323).

66 *James u.a.*, International Journal of Children's Rights, 2010, 313 (323).

ren aber nur die einstündige Mediationssitzung. Studien haben ergeben, dass die Eltern sich in fast 90% der Fälle vor oder während der Mediation einigen können und somit nicht vor Gericht ziehen.[67] Eine schriftliche Einigung zum Ende der Sitzung ist zwar das Ideal, aber nicht notwendig. Ob eine Einigung getroffen wurde oder nicht, nach der Sitzung wird den Eltern ein Zertifikat ausgestellt, das die Teilnahme an dem Mediationsversuch bestätigt und die Eltern berechtigt, mit der Scheidung fortzufahren. Wird in der Mediationssitzung eine Regelung getroffen, ist diese nicht rechtlich bindend. Die Eltern können aber beim County Gouvernor beantragen, die Regelung zu billigen und somit rechtskräftig werden zu lassen.[68]

Das Kind wird in dieser obligatorischen einstündigen Mediationssitzung in den allerseltensten Fällen beteiligt. Eine Kindeswohlüberprüfung kann daher nur anhand von allgemeinen Kindeswohlkriterien sowie nach den elterlichen Ausführungen über das Kind erfolgen. Dies widerspricht aber dem Children Act, gemäß dem das Kindeswohl immer im Einzelfall zu bestimmen ist (Ot.prp.nr.29, 2002-2003:28).[69] Die Mediationspflicht wurde zwar eingeführt, um dem Kindeswohl dienliche Lösungen zu ermöglichen, allerdings ohne die Einbeziehung des Kindes. Weder gibt es Regelungen, nach denen die Mediatoren sicherstellen müssen, dass die Wünsche und Bedürfnisse des Kindes berücksichtigt werden, noch Regelungen, nach denen die Eltern sicherstellen müssen, dass dem Kind die Gelegenheit gegeben wurde, seine Meinung einzubringen.[70] Im Einzelfall entscheidet der Mediator mit den Eltern, ob das Kind Gelegenheit bekommen soll, seine Meinung zu äußern oder nicht.[71]

---

67 *James u.a.*, International Journal of Children's Rights, 2010, 313 (323).

68 *James u.a.*, International Journal of Children's Rights, 2010, 313 (323, Fn. 6).

69 *James u.a.*, International Journal of Children's Rights, 2010, 313 (326).

70 *James u.a.*, International Journal of Children's Rights, 2010, 313 (329).

71 *James u.a.*, International Journal of Children's Rights, 2010, 313 (327).

Teil 8: Anforderungen an Verfahren in Kindschaftssachen

A. Beteiligung des Kindes in konventionskonformer Weise

Art. 12 UN-KRK verpflichtet die Vertragsstaaten, sicherzustellen, dass das Kind seine Meinung in seine Person berührenden Angelegenheiten äußern kann, und dass diese Meinung auch angemessen berücksichtigt wird. Dies gilt gerichtlich wie außergerichtlich, bei richterlicher Entscheidung sowie bei Verfahren zur Erzielung elterlichen Einvernehmens. Stellt der Staat dies nicht sicher und unterbleibt eine alters- und reifeangemessene Einbeziehung des Kindes im Einvernehmensverfahren bei das Kind betreffenden Angelegenheiten, wie insbesondere der elterlichen Sorge sowie des Umgangsrechts, liegt ein Verstoß gegen Art. 12 UN-KRK vor.

Während die Einbeziehungs- und Anhörungsnormen im deutschen Recht grundsätzlich konventionsgerecht sind (insb. §§ 159 Abs. 1 und 2, 156 Abs. 2 FamFG, §§ 8, 17 Abs. 2, 18 Abs. 3 SGB VIII), ist dies hinsichtlich der gerichtlichen und außergerichtlichen Praxis nicht immer der Fall. Häufig wird von einer Anhörung und Beteiligung des Kindes abgesehen, insbesondere wenn die Eltern eine Einigung erzielen. Aber die auf ein elterliches Einvernehmen zielenden Regelungen müssen in völkerrechtskonformer Weise angewendet werden und dürfen die Beteiligungsrechte des Kindes nicht marginalisieren.[1]

Auch ist die paternalistische Einstellung, das Kind bei Mediationen nur indirekt einzubeziehen, die direkte Einbeziehung des Kindes von der Zustimmung der Eltern abhängig zu machen und das Verfahren stark eltern- und erwachsenenzentriert durchzuführen, konventionswidrig.[2] Gerade wenn das Gericht auf die außergerichtlichen Vermittlungsmöglichkeiten hinweist und damit das Verfahren dorthin auslagert, muss der Staat sicherstellen, dass das Kind nicht schlechter steht, als wenn vor Gericht verhandelt worden wäre. Hinsichtlich der Mediation ist es daher besonders problematisch, dass ein Beteiligungsrecht des Kindes im Mediationsverfahren im Mediationsgesetz nicht verankert wurde.

Dem Kind muss der Zugang zu Partizipationsmöglichkeiten verschafft und seine Position gestärkt werden, um seine Rechte wahrnehmen zu können.[3] Ansonsten laufen sämtliche Rechte des Kindes ins Leere. Der UN-Ausschuss für

---

1 Vgl. *Salgo*, FPR 2010, 456 (457).

2 Vgl. *Salgo*, FPR 2010, 456 (457).

3 *BMFSFJ*, Perspektiven für ein kindergerechtes Deutschland, S. 52.

die Rechte des Kindes fordert, dass alle Verfahren, in denen Kinder gehört und einbezogen werden, folgende Kriterien erfüllen:[4]

- Transparenz und Information: Kinder müssen umfassende, zugängliche und altersgemäße Informationen über ihr Recht, gehört zu werden, erhalten, sowie die Rahmenbedingungen erfahren, innerhalb derer die Beteiligung erfolgt, wie z.B. wo die Anhörung stattfindet, welchen Grund und welchen Umfang sie hat und welche Möglichkeiten sie bietet.
- Freiwilligkeit: Kinder dürfen nie gezwungen werden, ihre Meinung gegen ihren Willen kundzutun. Sie sollten darüber informiert werden, dass sie zu jeder Zeit die Einbeziehung beenden können.
- Respekt: Die Meinungen der Kinder müssen mit Respekt behandelt werden.
- Relevanz: Die Fragen, zu denen die Kinder ihre Meinung äußern sollen, müssen ihr Leben berühren, also für sie selbst relevant sein. Den Kindern muss auch die Möglichkeit gegeben werden, Punkte anzusprechen, die sie als wichtig und relevant empfinden.
- Kinderfreundlichkeit: Die Umgebung und die Arbeitsmethoden müssen den Fähigkeiten und dem Entwicklungsstand des Kindes entsprechen. Es muss eine angemessene Zeit zur Vorbereitung erhalten, damit es das notwendige Vertrauen aufbauen und die Möglichkeit nutzen kann, seine Perspektive einzubringen. Es muss beachtet werden, dass Kinder je nach Alter und Reife unterschiedliche Arten der Unterstützung benötigen. Die Form der Einbeziehung muss dementsprechend gestaltet werden.
- Alle Kinder: Die Einbeziehung muss alle Kinder einschließen, unabhängig von Geschlecht und Herkunft.
- Qualifikation: Die am Verfahren beteiligten Erwachsenen müssen speziell für die Arbeit mit den Kindern ausgebildet sein. Im Rahmen der Ausbildung könnten auch Kinder als Trainer für die Erwachsenen eingesetzt werden, um auf diese Weise Methoden zur effektiven Einbeziehung der Kinder zu entwickeln.[5]
- Vermeidung von Gefahren („safe and sensitive to risk"): In bestimmten Situationen kann die Meinungsäußerung der Kinder Gefahren für sie bergen. Die Erwachsenen tragen die Verantwortung, mit höchster Vorsicht das Risiko zu minimieren, damit die Kinder infolge ihrer Partizipation keiner Gewalt oder anderen negativen Konsequenzen ausgesetzt werden. Die Kinder müssen wissen, dass sie ein Recht haben, beschützt zu werden und wo sie Hilfe und Schutz bekommen, falls sie sie benötigen.

4 *Committee on the Rights of the Child (UN)*, CRC/C/GC/12, Abs. 134.
5 *Committee on the Rights of the Child (UN)*, CRC/C/GC/12, Abs. 134 (g).

- Nachprüfungen: Nachbereitungen und Evaluationen sind essentiell. Die Kinder müssen darüber informiert werden, wie ihre Meinungen interpretiert und einbezogen worden sind. Wenn nötig, muss ihnen die Gelegenheit gegeben werden, das Ergebnis anzufechten. Kinder sollen möglichst in die Nachbereitungen einbezogen werden, damit sowohl ihre Einbeziehung als auch die angemessene Berücksichtigung ihrer Bedürfnisse evaluiert werden können.

Auch effektive Beschwerdemechanismen müssen den Kindern zur Verfügung stehen. Aufgrund der strukturellen Unterlegenheit der Kinder sind sie weit mehr als Erwachsene auf den leichten Zugang zu solchen Beschwerdemöglichkeiten hinsichtlich aller Aspekte ihrer Lebensbedingungen angewiesen; wichtig ist dabei, dass sie auch ohne Zustimmung der jeweils für sie Verantwortlichen diese Beschwerdeverfahren in Gang bringen können.[6]

All diese Kriterien sind in Kindschaftsverfahren zu beachten, sowohl vor dem Gericht als auch bei außergerichtlichen Beratungen und Vermittlungen. Gerichtliche bzw. außergerichtliche Verfahren können nur dann dem Kindeswohl dienen, wenn das Kind auch persönlich, seinem Alter und seiner Reife angemessen, beteiligt wird und seine Perspektive angemessen berücksichtigt wird. Dies erfordert eine besondere und entsprechende Fortbildung aller am Verfahren beteiligten Professionen.

B. Informationen für Eltern und Kinder

Neben der Implementierung der Rechte des Kindes im nationalen Recht muss ein Bewusstsein in der Gesellschaft für die Rechte des Kindes sowie auch für die wissenschaftlich erwiesene Sinn- und Zweckmäßigkeit der Einbeziehung der Meinung des Kindes in seine Person betreffende Angelegenheiten geschaffen werden.

Soll auf ein Einvernehmen der Eltern hingewirkt werden, sollten die Eltern über die Möglichkeiten und den Gewinn, der durch die Beteiligung des Kindes an seine Person betreffenden Regelungen erzielt werden kann, sowie über die Rechte des Kindes informiert werden. Der UN-Ausschuss für die Rechte des Kindes führt hierzu aus, dass Programme entwickelt werden sollen, um den Eltern folgende Punkte zu vermitteln:[7]

---

6 *Salgo*, Kind-Prax 1999, 179 (180).

7 *Committee on the Rights of the Child (UN)*, CRC/C/GC/12, Abs. 94.

- Die auf gegenseitigem Respekt basierende Eltern-Kind-Beziehung;
- Die Einbindung der Kinder in die Entscheidungsfindungsprozesse;
- Die Umsetzung der angemessenen Berücksichtigung der Meinung jedes Familienmitgliedes;
- Das Verständnis und der Respekt gegenüber den sich entwickelnden Fähigkeiten des Kindes;
- Wege zur Konfliktlösung innerhalb der Familie.

Aber auch Kinder benötigen und wünschen sich altersgerechte und leicht zugängliche Informationen.[8] Es genügt nicht, Rechte des Kindes gesetzlich zu verankern und Beratungen für Kinder anzubieten, wenn diese Rechte und Leistungen den Kindern nicht bekannt gemacht werden. Ihnen muss ein System zur Unterstützung bei der Wahrnehmung ihrer Rechte zur Verfügung gestellt werden. Kinder müssen wissen, dass sie nicht nur das Recht haben, gehört zu werden, sondern dass sie auch eigene Beratungsansprüche haben. Sie müssen wissen, dass sie ein eigenes Recht und nicht die Pflicht auf Umgang haben (§ 1684 Abs. 1 BGB), dass sie ein Recht auf gewaltfreie Erziehung (§ 1631 Abs. 2 BGB) und ein Recht auf Beratung bei Ausübung des Umgangsrechts (§ 17 Abs. 3 SGB VIII) haben. Auch über mögliche Beschwerdeverfahren müssen Kinder frühzeitig informiert werden.[9] Die Kinder müssen verstehen, was diese Rechte bedeuten und welche Möglichkeiten sie ihnen bieten. Den Kindern muss daher der Zugang zu Informationen und zu helfenden Personen und Organisationen erleichtert werden, damit sie vertraulich und sicher Bericht erstatten können, z.B. über das Internet, telefonische Hotlines und bestimmte Orte, wo sie Unterstützung finden.[10]

Diese Informationen müssen die Kinder direkt erreichen. In der Studie von Johnston wurden den Eltern für ihr Kind bestimmte Broschüren mitgegeben, aber nur 16% der Eltern gaben ihren Kindern tatsächlich die für sie vorgesehenen Broschüren.[11] Begründet wurde die Nichtweiterleitung der Broschüren z.B. damit, dass sie die Kinder schützen wollten, weil sie zu jung seien oder weil es der falsche Zeitpunkt sei.

Zur Information und Unterstützung von Kindern bei der Wahrnehmung ihrer Rechte bedarf es des Auf- und Ausbaus eines entsprechenden Systems sowie der Informierung der betroffenen Kinder über dieses System.[12] Lyon, Surrey und

---

8 Vgl. *Kostka*, S. 491.
9 *Salgo*, Kind-Prax 1999, 179 (180).
10 *Committee on the Rights of the Child (UN)*, CRC/C/GC/12, Abs. 120.
11 *Johnston*, JAmt 2002, 378 ff.; *Kostka*, FamPra.ch 2009, 634 (635) m.w.N.
12 *Salgo*, Kind-Prax 1999, 179 (182).

Timms schlagen das folgende System zur Unterstützung von Kindern und Jugendlichen vor, das sie als Pyramide zeichnen:[13]

Auf der untersten Stufe und somit für alle betroffenen Kinder soll ein Informationssystem aufgebaut werden. Mit Hilfe von Broschüren, Videos, Fernsehspots, Comics, Computerprogrammen, Internetinfos, Plakaten etc. sollen Kinder über ihre Rechte und Unterstützungsmöglichkeiten für die jeweilige Lebenssituation informiert werden. Die Informationen müssen kindgerecht, für verschiedene Altersgruppen gestaltet sein.[14] Es muss sichergestellt sein, dass die Kinder die Informationen erhalten. Ein Zugang zu den Informationen kann jedenfalls dort erfolgen, wo Kinder sich gewöhnlich aufhalten, insbesondere im Kindergarten, in der Schule, im Sportverein, in Freizeitstätten, an öffentlichen Orten und Verkehrsmitteln etc.

Auf der nächsten Stufe muss ein auf diese Fragen spezialisiertes Beratungsangebot (z.B. im Internet, bei telefonischen Hotlines[15], bei Rechtsberatungsstellen etc.) vor Ort aufgebaut werden, zu dem Kinder leicht Zugang finden, und auf das bereits in den unter 1. genannten Informationen hingewiesen wird.

Auf der Spitze der Pyramide sollen spezialisierte Interessenvertreter stehen, die für gerichtliche und behördliche Verfahren bereitgestellt werden.

Der Ausschuss für die Rechte des Kindes verweist in seinem Kommentar zu Art. 12 UN-KRK auf die Empfehlungen des Secretary Generals der Vereinten Nationen und der weltweiten Studie zur Gewalt gegen Kinder (Study on Violence against Children).[16] Die Studie fordert zur Unterstützung von Organisationen und Initiativen auch zur Bekämpfung von Gewalt auf und zur Förderung der Einbindung der Kinder in die Ausarbeitung, Gründung und Auswertung von Anti-Gewalt-Programmen und Maßnahmen.[17] Bei der Erarbeitung von Verfahren und Methoden zum eigenen Schutz kann Kindern eine Schlüsselrolle zukommen, indem sie ihren Bedürfnissen und Wünschen, ihren Vorstellungen von Hil-

---

13 *Lyon/Surrey/Timms*, S. 215; *Salgo*, Kind-Prax 1999, 179 (182).

14 Beispiele für kindgerechte Informationen über die Rechte der Kinder: *Broschüre der EU*, http://ec.europa.eu/justice/policies/children/docs/child_version_de.pdf (zuletzt abgerufen am 15.07.2012); Internetseite des BMFSFJ für Kinder, http://kinderministerium.de/index.html (zuletzt abgerufen am 15.07.2012); *Kinderbeauftragte der Landeshauptstadt München*, Richtig wichtig! Kinder haben Rechte, http://www.muenchen.de/rathaus/Stadtverwaltung/Sozialreferat/Jugendamt/Kinderbeauftragte/Kinderrechte.html (zuletzt abgerufen am 15.07.2012).

15 *Committee on the Rights of the Child (UN)*, CRC/C/GC/12, Abs. 120.

16 http://www.unicef.org/violencestudy/reports/SG_violencestudy_en.pdf (zuletzt abgerufen am 15.07.2012).

17 *Committee on the Rights of the Child (UN)*, CRC/C/GC/12, Abs. 121.

fe, Unterstützung und Schutz adäquat Ausdruck verleihen und so einen wertvollen Beitrag zur Entwicklung von kindgerechtem Informationsmaterial leisten.

C. Rolle des Richters bei dem Hinwirken auf ein Einvernehmen

Die Vermittlungsfunktion des Gerichts ist nicht als eine Doppelrolle des Richters zu missverstehen, in der er einerseits Mediator, andererseits – hilfsweise – justizielles Entscheidungsorgan ist.[18] Der Familienrichter soll vielmehr verpflichtet werden, Informationen über kindgerechte Lösungen sowie externe Hilfsmöglichkeiten zu erteilen, die Eltern zu verantwortungsvollem Handeln autoritativ zu ermahnen und sich als Einigungshelfer anzubieten[19]. Er gibt dabei aber nie seine autoritäre Entscheidungsgewalt ab und diese darf auch nicht in eine zweitrangige Position rücken.

Der Richter muss die konkrete Konfliktsituation und das Konfliktniveau fachgerecht einschätzen können, um dann eine Entscheidung über das im Einzelfall angemessene Vorgehen zu treffen: Handelt es sich um den Regelfall, wo zunächst auf ein Einvernehmen hinzuwirken ist, oder muss er gleich ein förmliches Gerichtsverfahren durchführen.[20] Dabei muss das Gericht auch entscheiden, ob es die konfliktmindernden Verhandlungen selbst führen will, oder diese Arbeit an fachlich qualifizierte Stellen weiterreicht.[21]

Gliedert das Gericht den Einigungsprozess aus dem Gerichtsverfahren aus, indem es die Familie zur Beratung an das Jugendamt oder eine andere Beratungsstelle übermittelt oder einen Sachverständigen bestellt und ihn beauftragt, auf ein Einvernehmen der Beteiligten hinzuwirken (§ 163 Abs. 2 FamFG), stellt sich die Frage, welche Rolle das Gericht bei dem Einigungsprozess spielt. Das Familiengericht muss in den „outgesourceten" Einigungsprozess eingebunden bleiben, indem es zumindest regelmäßig über den Stand der Bemühungen unterrichtet wird und bei Bedarf an ihnen mitwirkt.[22] Eine solche Unterrichtung ist in der Regel nach drei Monaten angemessen (vgl. § 155 Abs. 4 FamFG[23]) und sollte beinhalten, ob Fortschritte in den Einigungsbemühungen zu verbuchen sind,

---

18 Staudinger/*Coester*, § 1671 BGB Rn. 273.

19 Staudinger/*Coester*, § 1671 BGB Rn. 273.

20 MünchKommFamFG/*Schumann*, § 156 FamFG Rn. 12; *Maier*, in: Lipp/Schumann/Veit, S. 105 (108).

21 MünchKommFamFG/*Schumann*, § 156 FamFG Rn. 12.

22 MünchKommFamFG/*Schumann*, § 156 FamFG Rn. 9.

23 Eingefügt durch das Gesetz zur Förderung der Mediation und anderer Verfahren der außergerichtlichen Konfliktbeilegung, BT-Drucksache 17/8058, S. 12.

auch wenn noch keine Einigung getroffen werden konnte. Sind die Einigungsbemühungen ohne Erfolg, ist mit den Beteiligten zu entscheiden, ob das Gerichtsverfahren fortgeführt werden soll.

Ferner muss das Gericht sicherstellen, dass die Anhörungs- und Beteiligungsrechte des Kindes durch die Auslagerung in eine außergerichtliche Vermittlung nicht beschnitten werden. Diese Pflicht ergibt sich aus Art. 6 Abs. 2 S. 2 GG sowie aus Art. 12 Abs. 2 UN-KRK. Der Ausschuss der UN für die Rechte des Kindes hat erklärt, dass Art. 12 UN-KRK auch dann gilt, wenn im Rahmen des Gerichts- oder Verwaltungsverfahrens alternative Konfliktlösungsverfahren wie Mediation oder Schlichtung durchgeführt werden.[24] Hinzu kommt, dass, wenn in der außergerichtlichen Beratung oder Mediation eine Einigung über den Umgang getroffen und diese dem Gericht nach § 156 Abs. 2 FamFG zur Billigung vorgelegt wird, die Billigung voraussetzt, dass auch das Kind in die Entscheidungsfindung einbezogen wurde und mit der Regelung einverstanden ist. Ohne die Kenntnis des Kindeswillens kann der Richter auch nicht überprüfen, ob das Einvernehmen dem Kindeswohl widerspricht (§ 156 Abs. 2 S. 2 FamFG). Ist nicht nachvollziehbar, ob das Kind angemessen beteiligt wurde, muss das Gericht vor der Billigung grundsätzlich das Kind zu der vereinbarten Regelung hören. Wird das Kind aber zu einer bereits von den Eltern vereinbarten Umgangsregelung gehört, ist es de facto in der Position, zu dieser nur noch Ja oder Nein sagen zu können, so dass ihm die Entscheidungsverantwortung übertragen wird. Das Kind soll aber von dieser gerade freigehalten werden. Würde die Anhörung des Kindes außerdem ergeben, dass es der Regelung nicht zustimmt oder die Regelung gar dem Kindeswohl widerspricht, müssten die Regelungen erneut verhandelt werden.

Um dies zu vermeiden, sollte das Kind bereits am Einvernehmensverfahren beteiligt werden. Der Richter sollte daher bei Anordnung einer Beratung oder einem Hinweis auf eine Mediation auch hierauf hinweisen. Damit für das Gericht die angemessene Beteiligung des Kindes im außergerichtlichen Verfahren sowie das Einverständnis des Kindes mit der getroffenen Regelung ersichtlich werden, sollte dem Gericht eine entsprechende Erklärung vorgelegt werden müssen. Ist nicht sichergestellt, dass das Kind an der Erarbeitung der Regelungen beteiligt und seine Meinung berücksichtigt wurde, sollte das Gericht die Billigung des außergerichtlich getroffenen Einvernehmens zunächst aussetzen, das Kind zu der vereinbarten Regelung anhören und erst dann die Vereinbarung billigen oder ggf. die erneute Verhandlung der Umgangsregelungen veranlassen bzw. nach Maßgabe des § 1697a BGB entscheiden.

---

24 *Committee on the Rights of the Child (UN)*, CRC/C/GC/12, Abs. 32.

Der Richter hat sicherzustellen, dass das Kind durch die Auslagerung des Verfahrens an eine außergerichtliche Beratungs- oder Vermittlungsstelle nicht benachteiligt und seine Rechte nicht untergraben werden, und dass seine Stellung nicht schwächer wird, als wenn vor Gericht weiterverhandelt worden wäre.

D. Koordination der verschiedenen Institutionen

Konflikte in Kindschaftssachen weisen meist vielfältige Dimensionen auf. Die Konfliktebenen erfassen sowohl die persönlich-psychische Sphäre, die finanziellen und juristischen Belange als auch die Beziehungsebene sowohl der Eltern als auch zwischen Eltern und Kindern.[25] Interdisziplinäre Kooperationen sind für sie besonders bedeutungsvoll, weil der Blick aller Mitwirkenden für den Komplex geschärft wird.[26] Für die umfassende Bewältigung der Problematik und der vielfältigen Dimensionen ist die Kooperation von Familienberatern, Psychologen, Anwälten, Sozialarbeitern und Therapeuten der unterschiedlichsten Ansätze nach Maßgabe des Einzelfalles sehr sinnvoll.

Das Verhältnis zwischen Familiengericht, Jugendamt, Rechtsanwälten, Verfahrensbeistand, Sachverständigem und Beratungsstelle ist aber kaum gesetzlich geregelt. Wirken alle professionell Beteiligten auf ein Einvernehmen hin, besteht die Gefahr, dass ihre originären Aufgaben von den Einvernehmensbemühungen überlagert werden. Das Gericht hat originär die Aufgabe, den Sachverhalt zu ermitteln und eine am Kindeswohl orientierte Entscheidung zu treffen. Dabei kann es ggf. in die Elternrechte eingreifen sowie Zwang ausüben. Aufgabe der Kinder- und Jugendhilfe ist es, jungen Menschen und Familien Angebote und Hilfen anzubieten, wie z.B. zur Förderung der Erziehung, aber auch andere Aufgaben, wie die Inobhutnahme von Kindern oder die Mitwirkung am familiengerichtlichen Verfahren (§ 2 SGB VIII). Ein Rechtsanwalt muss zuvörderst die Interessen seines Mandanten im Blick haben und diesen vertreten. Die Tätigkeit des Verfahrensbeistandes als „Anwalt des Kindes" ist wiederum primär auf den Willen und das Interesse des Kindes gerichtet. Ursprüngliche Aufgabe des Sachverständigen ist es, dem Gericht eine am Kindeswohl ausgerichtete Stellungnahme zum Sachverhalt bzw. der gestellten Beweisfrage vorzulegen.

Je mehr Personen am Verfahren beteiligt sind, desto größer ist aber das Eskalationspotential des familiären Konfliktes, wenn unterschiedliche Interventionen und Meinungen an die Familie herangetragen werden, ohne dass das Vorgehen mit den anderen ebenfalls involvierten Professionen kollegial abgestimmt

25 *Breidenbach*, S. 260.

26 Vgl. *Kreyssig*, in: Kavemann/Kreyssig, S. 225 (227); zur Kooperation nach § 8a SGB VIII im Kinderschutz s. *Discher/Schimke*, ZKJ 2011, 12 ff.

wird.[27] Es genügt daher nicht, allen professionell am Verfahren Beteiligten den Auftrag zu erteilen, auf ein Einvernehmen der Eltern hinzuwirken, wenn die Aufgaben und Kompetenzen der jeweiligen Professionen nicht klar gesetzlich definiert sind.[28] Ohne Koordination und Bündelung der Aufgaben ist den Eltern die Zusammenarbeit mit allen Instituten und Personen kaum zuzumuten.[29]

Im Gerichtsverfahren sollte das Gericht daher die Rolle des Koordinators der Einvernehmensbemühungen übernehmen.[30] Für interprofessionelle Kooperationen ist wichtig, dass die unterschiedlichen Akteure die Handlungsaufträge und Arbeitsweisen gegenseitig kennen und einschätzen können, und die beruflichen Zuständigkeiten klar umrissen sind. Keiner sollte über die eigenen Zuständigkeiten hinweg Handlungsaufträge und Verantwortung anderer übernehmen oder eigene Aufgabenbereiche an andere übertragen.[31] Die Abstimmung gemeinsamer Vorgehensweisen und die Entwicklung fachlicher Standards reduziert im Einzelfall Handlungsunsicherheit und Aktionismus.[32] Bei den Eltern und Kindern darf nicht der Eindruck entstehen, ihre individuellen Bedürfnisse fänden keinen Vertreter, und dass sich alle Professionen gegen sie vereint haben.

Ferner ist die Frage der Weitergabe von Informationen und Erfahrungen zu beachten, da ein Austausch ohne ausdrückliche Einwilligung der Betroffenen aus datenschutzrechtlichen Gründen in der Regel nicht zulässig ist.[33]

E. Anforderungen an die Aus- und Fortbildung der am Verfahren beteiligten Experten

Für die sinnvolle Zusammenarbeit der Beteiligten im Einzelfall ist erforderlich, dass die Angehörigen aller beteiligten Professionen hinreichend fortgebildet sind – zunächst auf dem eigenen Gebiet, aber auch interdisziplinär –, um die Arbeitsweisen und möglichen Instrumentarien der jeweils anderen Professionen zu kennen und einschätzen zu können.[34] Juristen müssen jedenfalls Grundkenntnisse der Psychologie, der innerfamiliären psychologischen Zusammenhänge und der Entwicklungspsychologie haben, um zu erkennen, wann entsprechende interdisziplinäre Unterstützung und Hilfe zu Rate gezogen werden sollten, aber

27 *Salzgeber*, FamRZ 2010, 851 (852).
28 Vgl. MünchKommFamFG/*Schumann*, § 163 FamFG Rn. 10.
29 MünchKommFamFG/*Schumann*, § 163 FamFG Rn. 10.
30 *Stötzel*, FPR 2010, 425 (425).
31 *Deutsches Jugendinstitut*, S. 51.
32 *Deutsches Jugendinstitut*, S. 51.
33 Vgl. *Deutsches Jugendinstitut*, S. 49.
34 Vgl. auch *Bergmann*, ZKJ 2011, 297 (299).

auch wo deren Grenzen sind. Ebenso müssen auch die Angehörigen der psychosozialen Berufe jedenfalls Grundkenntnisse der rechtlichen Fragestellungen haben.

Neben der Kooperation im Einzelfall ist auch die fallübergreifende Zusammenarbeit der Professionen im Rahmen von Kooperationsarbeitskreisen sinnvoll, um Standards der Kooperation und des beiderseitigen Vorgehens zu entwickeln.[35]

Bereits im Jahr 1980[36] betonte das Bundesverfassungsgericht, dass das Ergebnis und der Erfolg einer persönlichen Anhörung des Kindes entscheidend davon abhängen, in welchem Maße die das Kind anhörende Person die Fähigkeit zur Einfühlung in die besondere psychologische Situation des Kindes besitzt und ob es ihr gelingt, mit dem Kind ins Gespräch zu kommen.[37] Auch Lempp u.a. hoben 1987 infolge ihrer Untersuchungsergebnisse zur Kindesanhörung die dringende Notwendigkeit berufsvorbereitender, aber auch berufsbegleitender Aus- und Weiterbildung der Familienrichter hervor.[38] Im Gesetzgebungsverfahren zum § 50b FGG forderte der Rechtsausschuss, dass die an Familien- und Vormundschaftsgerichten tätigen Richter durch Aus- und Weiterbildung mit den Grundzügen der Pädagogik und der Psychologie vertraut gemacht und dadurch befähigt werden sollten, in größerem Umfang als bisher die betroffenen Kinder und Jugendlichen selbst zu hören.[39]

Die im Jahre 2010, also knapp 30 Jahre später, veröffentliche Studie von Karle u.a. zeigte allerdings, dass Kinder noch immer bei weitem nicht in allen erforderlichen Fällen angehört werden. Wissens- und Erfahrungsdefizite der Richter hinsichtlich der Kindesanhörung waren ausschlaggebend hierfür. Viele allgemein vorherrschende Argumente und Vorbehalte gegen die Anhörung, wie das Kind sei zu jung, zu unreif, kaum fähig, sich eine eigene Meinung zu bilden, oder dass die Eltern sich bereits geeinigt haben, wurden häufiger von in Kindesanhörung nicht fortgebildeten und/oder unerfahrenen Richtern vertreten als von fortgebildeten und/oder erfahrenen Richtern.[40] Einige Richter gaben sogar an, von einer Kindesanhörung abzusehen, weil sie ihre eigene Ausbildung als hierfür nicht genügend einschätzen.[41] Fortgebildete und erfahrene Richter waren weit mehr in der Lage, die Kindesanhörung gewinnbringend zu nutzen und sie

---

35 *Bergmann*, ZKJ 2011, 297 (299).
36 BVerfG FamRZ 1981, 124.
37 BVerfG FamRZ 1981, 124 (126).
38 *Lempp u.a.*, S. 108.
39 BT-Drucksache 8/2788, S. 42.
40 *Karle u.a.*, S. 76.
41 *Karle u.a.*, S. 59.

für das Kind möglichst wenig belastend durchzuführen.[42] Dies ist umso bedeutender, als dass eine nicht gewinnbringende Anhörung für das Kind viel belastender ist, da es nachträglich unter Umständen aller Aufregung, Nervosität und Anspannung zum Trotz die Anhörung für sinnlos hält, sich nicht verstanden und ernst genommen fühlt. Fortgebildete Richter geben auch deutlich weniger Sachverständigengutachten in Auftrag (7,9% in „bis zur Hälfte aller Verfahren" im Gegensatz zu 14% in „bis zur Hälfte aller Verfahren").[43]

Bezeichnend ist, dass fortgebildete Richter mit dem Fortbildungsangebot in der Regel zufrieden waren, während insbesondere die Richter das Fortbildungsangebot kritisierten, die bis dato an keiner Fortbildung teilgenommen hatten.[44] Fortgebildete Richter halten auch eine generelle Verpflichtung zur Kindesanhörung häufiger für sinnvoll als nicht fortgebildete Richter (72,3% gegenüber 63,7%).[45] Es zeigt sich, dass Richter von den Fortbildungsveranstaltungen stärker profitieren, als sie im Vorfeld annehmen.[46] Die Teilnahme an Fortbildungen kann die das Kind anhörende Person sensibilisieren, die Anhörungssituation flexibler zu gestalten, d.h. auf die Belange des Kindes mehr einzugehen.[47]

Aufgrund der sowohl rechtlichen wie humanwissenschaftlichen Erfordernisse an die Einbeziehung des Kindes bei seine Person betreffenden Angelegenheiten müssen alle am Verfahren beteiligten Experten im Umgang mit Kindern geschult sein. Dies erfordert Kenntnisse der Gesprächsführung und auch der Entwicklungspsychologie, um die Äußerungen und das Verhalten des Kindes angemessen einschätzen und in dem familiären Kontext verstehen zu können.

Fortbildungen zur Kindesanhörung werden meist von Psychologen gehalten (52,5%) und Themen der Fortbildungen sind Befragungstechniken, Kommunikationspsychologie, praktische Beispiele, Entwicklungspsychologie sowie Rollenspiele.[48] Eine das Kind anhörende Person muss lernen, eine Anhörungssituation zu schaffen, die eher einer Gesprächssituation gleicht, in der sich das Kind nicht unter Druck gesetzt, eingeschüchtert und nicht ernst genommen fühlt, sondern sich frei zu äußern traut.

Die Fort- und Weiterbildungen sollen nicht nur zur Informationsvermittlung dienen, sondern auch als Anregung zur Einrichtung von Gesprächskreisen, Selbsterfahrungsgruppen und/oder Supervisionen, wo Richter und Mediatoren möglichst mit Psychologen zusammen die grundsätzlichen Probleme in solchen

42 *Karle u.a.*, S. 108.
43 *Karle u.a.*, S. 77.
44 *Karle u.a.*, S. 74.
45 *Karle u.a.*, S. 76.
46 *Karle u.a.*, S. 77.
47 *Lempp u.a.*, S. 13.
48 *Karle u.a.*, S. 75.

Verfahren besprechen können.[49] Kindschaftsverfahren können auch für die am Verfahren beteiligten Experten belastend sein und Gespräche über Erfahrungen und Meinungsaustausch mit Kollegen sowie fachliche Supervision können auch ihrer Entlastung dienen.[50]

Art. 12 UN-KRK statuiert die Pflicht der Vertragsstaaten, sicherzustellen, dass dem Kind in seine Person betreffenden Verfahren ermöglicht wird, seine Meinung zu äußern. Die am Verfahren professionell Beteiligten müssen dies umsetzen (können). Dass Kinder ihre Rechte in sie betreffenden Verfahren wahrnehmen können, darf nicht daran scheitern, dass die am Verfahren professionell Beteiligten hierzu nicht die erforderlichen Kompetenzen besitzen. Es genügt nicht, die Anhörungs- und Beteiligungsrechte des Kindes im Gesetz festzuschreiben, ohne entsprechende Ausbildung der Fachkräfte, entsprechende Zeitressourcen und räumliche Gestaltungen.[51] Die Anhörungen, sowohl der beiden Elternteile als auch des Kindes, können zwar durchaus zeitaufwändig sein. Sie bringen jedoch Ergebnisse und Einsichten, die zur Erarbeitung nachhaltigerer Regelungen essentiell sein können und somit langfristig zu Arbeitsersparnis führen und auch für den Richter sowie die anderen am Verfahren beteiligten Personen intensive Eindrücke bieten und somit auch Erfahrungen fördern.[52] Je ausgebildeter und erfahrener die am Verfahren beteiligten Experten sind, desto besser können sie auf die Gegebenheiten des Einzelfalles eingehen und das Kind gewinnbringend einbeziehen. Regelmäßige Fort- und Weiterbildungen, insbesondere auch hinsichtlich der Beteiligung des Kindes, sowie auch Supervisionen sind daher für alle am Verfahren beteiligten Professionen zwingend notwendig.

Das am 26.07.2012 in Kraft getretene Mediationsgesetz enthält in § 5 einige Regelungen hinsichtlich der Aus- und Fortbildung des Mediators. In Absatz 1 werden allgemeine Anforderungen an die Kenntnisse eines Mediators normiert. Der Mediator hat hiernach in eigener Verantwortung sicherzustellen, dass er „über theoretische Kenntnisse und praktische Erfahrungen verfügt, um die Parteien in sachkundiger Weise durch die Mediation führen zu können“. In § 5 Abs. 1 S. 2 MediationsG werden allgemeine Anforderungen an die geeignete Ausbildung von Mediatoren aufgelistet. Spezifische Anforderungen an die Ausbildung von Familienmediatoren, insbesondere hinsichtlich der Beteiligung des Kindes, fehlen. Nach § 6 MediationsG ist das Bundesministerium der Justiz ermächtigt, durch Rechtsverordnung nähere Bestimmungen über die Ausbildung zum zertifizierten Mediator (§ 5 Abs. 2 MediationsG) zu erlassen. In einer solchen Ver-

---

49 *Lempp u.a.*, S. 108.

50 *Lempp u.a.*, S. 108.

51 *Salgo*, Kind-Prax 1999, 179 (180).

52 Vgl. *Klußmann/Stötzel*, S. 87.

ordnung sollten Anforderungen an die Kenntnisse des Familienmediators zur Beteiligung des Kindes verankert werden.[53]

53 Näheres hierzu s. oben Teil 6.A.II.3.d.

Teil 9: Zusammenfassung

Thema der vorliegenden Untersuchung ist, ob und inwieweit das Kind in auf Einvernehmen hinwirkenden gerichtlichen und außergerichtlichen Verfahren in Kindschaftssachen persönlich einbezogen werden sollte, oder ob es genügt, an die Eltern zu appellieren, im Interesse des Kindes zu handeln. Der Fokus liegt dabei auf Verfahren infolge der Trennung oder Scheidung der Eltern, wenn Regelungen über die elterliche Sorge und den Umgang getroffen werden.

Nach der Klärung einiger für diese Untersuchung relevanten Begriffe in Teil 1 widmet sich Teil 2 dem ersten großen Aspekt der Untersuchung, und zwar welche Rechtsgrundlagen für die Anhörung und Beteiligung des Kindes bei seine Person betreffenden Angelegenheiten bestehen. Es zeigte sich, dass Anhörungs- und Beteiligungsrechte des Kindes auf völkerrechtlicher wie nationaler Ebene sowohl im Gerichtsverfahren als auch im Verfahren beim Jugendamt und auch innerhalb der Familie bereits fest verankert sind.

Art. 12 Abs. 1 UN-KRK verpflichtet die Vertragsstaaten, sicherzustellen, dass dem Kind, das fähig ist, sich eine eigene Meinung zu bilden, das Recht zusteht, diese Meinung in allen das Kind berührenden Angelegenheiten zu äußern, und dass diese Meinung angemessen und entsprechend seinem Alter und seiner Reife berücksichtigt wird. Art. 12 Abs. 2 UN-KRK spezifiziert dieses Recht für Gerichts- und Verwaltungsverfahren. Auf europäischer Ebene sind die Anhörung des Kindes in Art. 3 EÜAK und die Pflicht des Staates zur Gewährung dieses Rechts in Art. 6 b EÜAK verankert. Auf bundesrechtlicher Ebene ergibt sich das Anhörungsrecht des Kindes in Gerichtsverfahren aus dem Anspruch auf rechtliches Gehör aus Art. 103 Abs. 1 GG, das einfachgesetzlich in § 159 FamFG ausgestaltet ist. Ein 14-jähriges Kind ist hiernach zwingend anzuhören (§ 159 Abs. 1 FamFG), ein jüngeres Kind dann, wenn die Neigungen, Bindungen und der Wille des Kindes für die Entscheidung von Bedeutung sind (§ 159 Abs. 2 FamFG). Das BVerfG hat klargestellt, dass Kindern als Träger des Persönlichkeitsrechts und der Menschenwürde (Art. 2 Abs. 1 i.V.m. Art. 1 Abs. 1 GG) die Möglichkeit eingeräumt werden muss, in Sorgerechtsverfahren dem Gericht ihre persönlichen Beziehungen zu den übrigen Familienmitgliedern erkennbar zu machen.[1] Daher sind auch die unter 14-jährigen Kinder grundsätzlich anzuhören, da ihre Neigungen, Bindungen und ihr Wille bei der Entscheidung berücksichtigt werden müssen. Für außergerichtliche Beratungs- und Vermittlungsverfahren durch öffentliche und freie Träger der Kinder- und Jugendhilfe regelt § 17 Abs. 2 SGB VIII, dass das Kind an der Entwicklung eines einvernehmlichen Konzepts für die Wahrnehmung der elterlichen Sorge angemessen

[1] BVerfGE 55, 171 (182) = BVerfG, NJW 1981, 217 = FamRZ 1981, 126.

zu beteiligen ist. Nach § 1626 Abs. 2 S. 2 BGB sind ferner die Eltern innerfamiliär verpflichtet, Fragen der elterlichen Sorge mit dem Kind zu besprechen und nach seinem Entwicklungsstand mit ihm Einvernehmen anzustreben.

Trotz dieser gesetzlichen Regelungen sowie der höchstrichterlichen Rechtsprechung zeigen Studien, dass eine Kindesanhörung selbst vor einer gerichtlichen Entscheidung oft unterbleibt. In außergerichtlichen Vermittlungsverfahren wie der Mediation sowie bei den meisten interdisziplinären Modellen in Kindschaftsverfahren nach dem Vorbild der Cochemer Praxis ist die Beteiligung des Kindes oft nicht einmal vorgesehen. Es wird davon ausgegangen, dass die Eltern ohnehin am besten wüssten, was im Interesse ihres Kindes sei, das Kind also nicht mehr persönlich gehört werden müsse. Eine Einigung der Eltern über die das Kind betreffenden Angelegenheiten ist sogar einer der meistgenannten Gründe, von der Anhörung und Beteiligung des Kindes abzusehen. Weitere Gründe, dem Kind sein Anhörungs- und Beteiligungsrecht nicht zu gewähren, sind, dass das Kind zu jung, zu unreif, zu manipulierbar und nicht fähig sei, sich eine eigene, von den Eltern unbeeinflusste Meinung zu bilden, und dass es zu belastend für das Kind sei, sich zu den Umgangs- und Sorgerechtsfragen zu äußern.

Da diese Argumente weniger rechtlich begründet sind, sondern sich auf vermeintlich mangelnde Fähigkeiten des Kindes beziehen, war in Teil 3 eine Prüfung dieser Vorbehalte aus humanwissenschaftlicher Sicht erforderlich. Die Auswertung der Erkenntnisse zeigte, dass diese Vorbehalte durchaus zu widerlegen sind.

Zunächst ist klarzustellen, dass Zweck der Anhörung des Kindes und der Einbeziehung seiner Äußerungen in die Entscheidungsfindung nicht ist, dass das Kind irgendwelche Entscheidungen selbst treffen soll. Es geht nicht darum, dass es sagen soll, wo es wohnen will und ob und wie der Umgang mit dem getrennt lebenden Elternteil geregelt werden soll. Es soll vielmehr dem Status des Kindes als Individuum mit Menschenrechten, mit eigenen Sichtweisen und Gefühlen Rechnung getragen werden.[2] Es geht darum, die Interessen des Kindes in Erfahrung zu bringen und seine Bedürfnisse zu berücksichtigen, also das individuelle Kind in seiner spezifischen Situation zu verstehen und ihm das Gefühl zu geben, dass es wahrgenommen und dass nicht über seinen Kopf hinweg über sein Leben entschieden wird. Die Entscheidungsverantwortung muss indes immer bei den Erwachsenen, dem Richter oder den Eltern, verbleiben. Auch Art. 12 UN-KRK räumt dem Kind nicht das Recht zur gänzlichen Selbstbestimmung ein,

2 *Salgo*, Kind-Prax 1999, 179 (179).

vielmehr soll sichergestellt werden, dass es in die Entscheidungsprozesse einbezogen wird.[3]

Nicht nur nennt das Gesetz keine Mindestaltersgrenze für die Beteiligung des Kindes (s. Art. 12 UN-KRK, Art. 103 Abs. 1 GG, § 159 Abs. 2 FamFG), auch humanwissenschaftliche Studien zeigen, dass die Beteiligung des Kindes bereits ab dem jüngsten Alter erfolgen kann. Entscheidend sind die Kompetenzen der das Kind anhörenden Person: Diese muss sich auf das Alter und die Reife des Kindes einstellen können und ihm ermöglichen, seine Meinung zu äußern, sowie das Kind in seinem Lebenszusammenhang verstehen. Kinder haben bereits einen eigenen Willen sowie Neigungen und Bindungen, bevor sie fähig sind, diese zu artikulieren. Es darf nicht Aufgabe des Kindes sein, vorab zu beweisen, dass es fähig und reif ist, sich eine eigene Meinung zu bilden und diese zu äußern.[4] Schließlich steht dem Kind das Recht zu, seine Meinung zu äußern, nicht die Pflicht, Erwachsene von seiner Fähigkeit, sich eine Meinung zu bilden, zu überzeugen.[5] Das Alter und die Reife des Kindes dürfen nicht entscheidend sein für die Frage, *ob* das Kind angehört wird, sie müssen aber dafür entscheidend sein, w*ie* es angehört wird.

Was auch immer das Kind äußert, kann Aufschluss über seine Interessen und Bedürfnisse sowie seine Situation in der Familie und somit wertvolle Hinweise für die zu treffenden Regelungen geben. Hat ein junges Kind realitätsferne Meinungen, wie z.B. die Eltern wieder zusammenbringen zu wollen, spricht dies nicht zwingend für die Unreife des Kindes, sondern kann ein Zeichen dafür sein, dass es den Kontakt zu beiden Eltern aufrechterhalten will. Ändert das Kind seine Meinung, spricht dies nicht gleich für die Unzuverlässigkeit des Kindes, sondern kann Grund zur Annahme geben, dass die getroffenen Regelungen nicht (mehr) den Bedürfnissen des Kindes entsprechen und geändert werden sollten. Lehnt das Kind einen Elternteil ab, zeugt dies nicht zwingend von der Beeinflussung des anderen Elternteils, sondern kann auch Selbstschutz und der Versuch des Kindes sein, seinen Loyalitätskonflikt zwischen den Eltern zu lösen – insbesondere wenn diese sehr zerstritten sind. Die Ablehnung kann sich auch aus eigenen, schlechten Erfahrungen mit diesem Elternteil begründen. Eine Umgangsverweigerung kann also durchaus vom wahren Willen des Kindes getragen und sein Wille höchst vernünftig sein.[6] Kinder sind weit weniger manipulierbar, als gemeinhin angenommen wird. Aber auch dann, wenn das Kind von einem Elternteil beeinflusst wurde, kann es von dieser Meinung selbst auch überzeugt

3 *Salgo*, Kind-Prax 1999, 179 (179).

4 *Committee on the Rights of the Child (UN)*, CRC/C/GC/12, Abs.20.

5 *Archard/Skivenes*, International Journal of Children's Rights 2009, 1 (20).

6 *Klußmann/Stötzel*, S. 195.

sein. Manipulationen hingegen können auch dafür sprechen, dass starke Konflikte zwischen den Eltern bestehen, die es dem Kind erschweren können, zu beiden Elternteilen Kontakt zu haben. In diesen Fällen kann vielmehr die Bestellung eines Verfahrensbeistandes erforderlich sein, als die Disqualifikation der Äußerung des Kindes und die Bestimmung von Regelungen entgegen seinem Willen.

Die Äußerungen des Kindes dürfen im kindschaftsrechtlichen Verfahren nie ohne Resonanz bleiben.[7] Dies gilt insbesondere auch dann, wenn aus Kindeswohlgründen erwogen wird, gegen den Willen des Kindes zu entscheiden. Auch in diesem Fall wird es in der Regel erforderlich sein, dem Kind Hilfe und Unterstützung zu bieten, damit es die Entscheidung verkraften und verstehen kann. Werden Umgangsregelungen beschlossen, die nicht dem Willen des Kindes entsprechen und die die Interessen und Bedürfnisse des individuellen Kindes nicht berücksichtigen, kann der Umgang in der Regel seinen Zweck – die langfristige Aufrechterhaltung des Kontaktes des Kindes mit dem umgangsberechtigten Elternteil – nicht erfüllen. Oft brechen die Kinder, sobald sie sich stark genug dazu fühlen, den Kontakt zu diesem Elternteil ab und dies hält bis ins Erwachsenenalter an.[8]

Weigert sich das Kind, sich zu äußern, muss dies zwar grundsätzlich respektiert werden, da es nicht zu einer Äußerung gezwungen werden darf. Es ist aber empfehlenswert herauszufinden, warum es sich nicht äußern will, da der Grund für die Weigerung z.B. auch Angst vor einem oder vor beiden Elternteilen oder Unsicherheit über die Folgen seiner Äußerungen sein kann. Auch in diesen Fällen benötigt das Kind eher Informationen, Hilfe und Unterstützung ggf. durch einen Verfahrensbeistand, anstatt dass es mit seinen Ängsten alleine gelassen wird.

Schließlich sind die Belastungen, denen das Kind aufgrund der Anhörung ausgesetzt ist, weit weniger gravierend als gemeinhin angenommen, vorausgesetzt, die Anhörung findet auf kindgerechte Weise statt. Die Belastung durch die Anhörung ist zwar kurz vor dieser hoch – wie auch bei jedem Erwachsenen –, sinkt aber in der Regel bereits unmittelbar nach der Anhörung schnell wieder ab. Ein lege artis durchgeführtes Gespräch mit dem Kind kann auch gerade zu seiner Entlastung dienen, wenn es sieht, dass es ernst genommen wird und ihm auch erforderliche Informationen und Antworten gegeben werden. Es ist weniger die Anhörungssituation als solche als die Trennung der Eltern und deren Folgen, die das Kind belasten. Vor dem Konflikt der Eltern kann das Kind ohnehin nicht bewahrt werden, da es mit diesem bereits im Alltag in Berührung

7 Handbuch-Verfahrensbeistandschaft/*Zitelmann*, Rn. 478.

8 *Wallerstein/Blakeslee/Lewis* (2002), S. 318.

kommt, insbesondere wenn es mit beiden Elternteilen Kontakt haben soll. Die unterlassene Anhörung und Beteiligung des Kindes bei der Entscheidungsfindung ändert hieran nichts, außer dass seine Rechte verletzt werden, es mit seinen Sorgen und Ängsten alleine gelassen wird und seine Bedürfnisse und Interessen bei der Entscheidungsfindung nicht berücksichtigt werden.

Weitere Erkenntnisse zeigen, dass bei gerichtlichen wie außergerichtlichen Vermittlungen gerade mit der Beteiligung des Kindes die Entscheidungsfindung der Eltern bereichert, bessere Ergebnisse erzielt und auch die innerfamiliären Beziehungen verbessert werden können. Wird das Kind nicht persönlich beteiligt, können Projektionen und Annahmen der Eltern hinsichtlich des Kindes ungeprüft beibehalten werden und die vereinbarten Regelungen sind eher solche, von denen die Eltern denken, dass sie gut für das Kind sind. Kennen die Eltern hingegen die tatsächliche Meinung des Kindes, streiten sie weniger darum, wer das Kind besser kennt und wer besser weiß, was das Kind will, und sie können sich mit den tatsächlichen Belangen des Kindes auseinandersetzen. Die Kenntnis der Perspektive der jeweils anderen Familienmitglieder kann das Verständnis für einander erhöhen. Auf die Eltern wirkt es oft aufrüttelnd, wenn ihnen die Bedürfnisse und Interessen des Kindes sowie auch die Auswirkungen der Trennung auf das Kind vermittelt werden. Dies kann sie motivieren, von ihrem gegenseitigen Streit Abstand zu nehmen und sich mehr auch auf das Kind und sein Wohl zu konzentrieren. Oft sind sie eher bereit, Kompromisse einzugehen, wenn sie wissen, dass das Kind mit der Regelung einverstanden ist. Die Kenntnis der Perspektive des Kindes kann auch helfen, den Regelungen die notwendige Flexibilität zu geben, die sie benötigt, um nachhaltig zu sein und sich auf Veränderungen, die sich bereits durch das zunehmende Alter und die sich ändernden Interessen des Kindes ergeben, reagieren zu können. Die Kenntnis der Perspektive des Kindes kann den Eltern auch die Sicherheit geben, die richtige Regelung gefunden zu haben. Werden schließlich Regelungen getroffen, in denen sich alle Familienmitglieder – also auch das Kind – hinreichend repräsentiert sehen, kann dies zu einer Verbesserung der innerfamiliären Beziehungen, jedenfalls zur Verminderung von Konflikten führen.

Die persönliche Beteiligung des Kindes ist auch um des Kindes willen wichtig. Die Trennung der Eltern ist für das Kind meist ein einschneidendes Erlebnis und mit vielen Änderungen in seinem Leben verbunden. Wird ihm Gelegenheit gegeben, sich zu äußern, seine Bedürfnisse und Interessen mitzuteilen, können ihm auch die erforderliche Unterstützung und Antworten auf seine Fragen gegeben werden. Von seinen Eltern erhält das Kind oft kaum Informationen und Erklärungen, da es diesen schwer fällt, mit dem Kind über die Trennung und seine Folgen zu sprechen. Durch die persönliche Beteiligung kann dem Kind vermittelt werden, dass es als Persönlichkeit wahrgenommen wird, seine Bedürfnisse und Interessen ernst genommen werden und nicht über seinen Kopf hinweg über sein Leben entschieden wird.

Zweiter Aspekt dieser Untersuchung waren die allgemeinen Möglichkeiten und Grenzen von Vermittlungsverfahren bzw. Einvernehmen (Teil 4).

Für viele Familien kann eine Vermittlung respektive Mediation eine gute Alternative gegenüber dem streitigen Gerichtsverfahren darstellen und dazu beitragen, dass tragfähige und nachhaltige Regelungen getroffen werden. Dies setzt aber voraus, dass die Konfliktparteien sich hinsichtlich der Trennung an sich einig sind, sie ferner willens und in der Lage sind, miteinander zu verhandeln und zudem bereit sind, Kompromisse einzugehen.

Die Verpflichtung der Beteiligten zur Teilnahme an einem Informationsgespräch über außergerichtliche Konfliktbeilegungsmöglichkeiten kann sinnvoll sein, damit sie sich überhaupt mit diesen Optionen auseinandersetzen. In der Vermittlung ist indes von einem Druck auf eine Einigung hin Abstand zu nehmen. Die Durchführung einer Vermittlung und der Abschluss einer Einigung stehen nicht automatisch für bestehende Kooperationsbereitschaft der Beteiligten sowie für die Nachhaltigkeit der getroffenen Regelungen, sie dienen auch nicht per se dem Kindeswohl. Auch eine Mediation vermag nicht ohne Weiteres das Konfliktniveau zu senken und für eine Verbesserung der Kooperation und der Kommunikation der Beteiligten zu sorgen. Eine Vermittlung ist eine kurzzeit- und regelungsorientierte Intervention, bei der nur begrenzt die psychologische Bearbeitung von Beziehungs- und Paarkonflikten erfolgen kann.[9]

Insbesondere bei Familien mit hohem Konfliktniveau oder mit Gewalthintergrund kann es für die Beteiligten überfordernd bis unzumutbar sein, gemeinsam zu verhandeln. In diesen Fällen können strukturierte, beraterische Interventionen mit Einzelsitzungen zielführender und gerichtliche Entscheidungen erforderlich sein, um den Belangen und auch dem Schutz der Beteiligten gerecht zu werden.

Die Fragen, ob eine Mediation grundsätzlich besser oder schlechter als das herkömmliche Gerichtsverfahren ist, in welchem Verfahren die Zufriedenheit der Beteiligten grundsätzlich höher ist und in welchem Verfahren grundsätzlich nachhaltigere Regelungen getroffen werden, können nicht allgemein beantwortet werden. Die Auswertung verschiedener Studien zeigt, dass es sowohl Beteiligte gibt, die mit dem Gerichtsverfahren unzufrieden sind, sich dort benachteiligt fühlen und das Verfahren als zu streitig und zu unpersönlich empfinden als auch Beteiligte, die mit einer Mediation unzufrieden sind, die Sitzungen als zu spannungsgeladen und unerfreulich empfinden und sich dort benachteiligt und übergangen fühlen. Die Frage der Zufriedenheit hängt sicherlich auch damit zusam-

9 *Proksch* (1998b), S. 103.

men, dass Sorgerechts- und Umgangsfragen grundsätzlich emotional derart belastend sein können, dass die Beteiligten jede Intervention als unbefriedigend empfinden. Letztlich wird sich im Maß der Zufriedenheit eines jeden Beteiligten auch widerspiegeln, inwieweit das Ergebnis seinen vorher bestehenden Wünschen entspricht.

Ein auf ein Einvernehmen zielendes Verfahren kann für viele Familien eine weiterbringende Unterstützung und Hilfe auf dem Weg zu einer Vereinbarung nachhaltiger Regelungen bieten, sofern eine gewisse Kooperations- und Kommunikationsbereitschaft zwischen ihnen besteht. Es ist aber nicht zwingend die beste Lösung für jeden Beteiligten und jede Familie. Letztlich muss entscheidend sein, dass, welche Intervention auch immer gewählt und durchgeführt wird, diese jedenfalls nicht zur Verletzung von Rechten eines Beteiligten führt und auch die Voraussetzungen dafür setzen muss, Regelungen zu finden, die im Einzelfall bestmöglich den Interessen aller Familienmitglieder gerecht werden.

Dem Kind stehen Anhörungs- und Beteiligungsrechte zu, sowohl im Gerichtsverfahren als auch in außergerichtlichen Beratungen und Vermittlungen, da in Sorgerechts- und Umgangssachen seine Rechte betroffen sind und die Regelungen unmittelbare Auswirkungen auf sein Leben haben. Ferner zeigen humanwissenschaftliche Erkenntnisse, dass mit der persönlichen Beteiligung des Kindes und der Berücksichtigung seiner Perspektive bei der Entscheidungsfindung bessere Ergebnisse erzielt werden können, als nur mit der indirekten, paternalistischen Einbeziehung der Kindes über die Eltern und deren Annahmen über das Kind. Die Konsequenz muss daher sein, das Kind grundsätzlich bei der Entscheidungsfindung persönlich zu beteiligen. Sämtliche auf ein Einvernehmen der Eltern zielende Normen und Ansätze müssen in völkerrechts- sowie verfassungsrechtskonformer Weise ausgelegt werden und in den Verfahren muss sichergestellt sein, dass die Rechte des Kindes gewahrt werden – daneben sollten in der Praxis auch die genannten humanwissenschaftlichen Erkenntnisse zur Beteiligung des Kindes motivieren.

In Teil 5 erfolgt eine Auseinandersetzung mit den auf ein Einvernehmen hinwirkenden Verfahren nach dem FamFG. Grundnorm für das Hinwirken auf ein Einvernehmen im Kindschaftsverfahren ist § 156 FamFG, wonach das Gericht jedenfalls in Verfahren wegen der elterlichen Sorge und des Umgangsrechts grundsätzlich auf ein Einvernehmen der Beteiligten hinwirken soll, sofern dies dem Kindeswohl nicht widerspricht. In Verfahren wegen Kindeswohlgefährdung ist nicht auf ein Einvernehmen hinzuwirken (§ 157 FamFG); hier geht es vielmehr um die Förderung der Akzeptanz seitens der Eltern gegenüber den z.B. vom Jugendamt angebotenen Hilfsmaßnahmen zur Abwendung einer Kindeswohlgefährdung. Auch im Rahmen der Bemühungen um ein Einvernehmen hat das Gericht das Kind nach § 159 Abs. 1 bzw. Abs. 2 FamFG zu hören, um ihm seinen Anspruch auf rechtliches Gehör zu gewähren, aber auch um eine umfassende Sachverhaltsermittlung (§ 26 FamFG) sicherzustellen.

Bei einer elterlichen Einigung über die Übertragung der gesamten oder teilweisen elterlichen Sorge auf einen Elternteil steht dem 14-jährigen Kind nach § 1671 Abs. 2 Nr. 1 BGB ein Widerspruchsrecht zu, daher ist ein 14-jähriges Kind zu dieser Einigung der Eltern zu hören, damit es ggf. sein Widerspruchsrecht ausüben kann. In allen anderen Fällen steht dem Kind im Sorgerechtsverfahren kein Widerspruchs- oder Zustimmungsrecht bei einer elterlichen Einigung über die elterliche Sorge zu, aber durchaus sein Anhörungsrecht im Verfahren nach § 159 Abs. 1 bzw. Abs. 2 FamFG.

Erzielen „die Beteiligten" ein Einvernehmen über das Umgangsrecht, ist dieses nach § 156 Abs. 2 FamFG gerichtlich zu billigen, sofern die Regelung dem Kindeswohl nicht widerspricht. Laut der Gesetzesbegründung setzt dies auch die Zustimmung des Kindes zur vereinbarten Regelung voraus[10], da es in Umgangsverfahren Verfahrensbeteiligter ist (§ 7 Abs. 2 Nr. 1 FamFG i.V.m. § 1684 Abs. 1 BGB). Dem Kind ist aber nicht nur ein Ja oder Nein zur vereinbarten Regelung abzugewinnen – zumal das Kind von einer Entscheidungsverantwortung freigehalten werden soll –, sondern es ist nach den Anforderungen des § 159 FamFG zu hören, um ihm rechtliches Gehör zu gewähren und dem Gericht die Einschätzung zu ermöglichen, ob die Regelung dem Kindeswohl nicht widerspricht.

In Teil 6 geht es um die Beteiligung des Kindes in außergerichtlichen Vermittlungsverfahren, insbesondere der Mediation. Für außergerichtliche Mediationen gibt es bislang keine gesetzlichen Regelungen zu Einbeziehung des Kindes und in der Praxis werden die Kinder meistens nicht persönlich beteiligt. Auch im Mediationsgesetz sucht man vergeblich nach einem Beteiligungsrecht des Kindes. Dies ist insbesondere in den Fällen problematisch, in denen ein Verfahren vor Gericht bereits angestrengt wurde, das Kind dort ein Anhörungsrecht hätte, das Verfahren aber in eine Mediation ausgelagert wird und dort dem Kind keine Gelegenheit zur Meinungsäußerung und Beteiligung an der Entscheidungsfindung gegeben wird. Die Stellung des Kindes verschlechtert sich dann, sobald die Eltern eine Mediation beginnen. Der Ausschuss für die Rechte des Kindes hat aber zu Art. 12 UN-KRK erklärt, dass diese Norm auch dann gilt, wenn im Rahmen des Gerichts- oder Verwaltungsverfahrens alternative Konfliktlösungsverfahren wie Mediation oder Schlichtung durchgeführt werden.[11] Der Staat ist somit verpflichtet, sicherzustellen, dass das Kind auch in einer seine Person berührenden Mediation die Gelegenheit erhält, seine Meinung zu äu-

10 BT-Drucksache 16/6308, S. 237.

11 *Committee on the Rights of the Child (UN)*, CRC/C/GC/12, Abs. 32.

ßern, und dass diese Meinung angemessen berücksichtigt wird. Da das Beteiligungsrecht des Kindes im Mediationsgesetz nicht verankert wurde, verstößt der Staat gegen seine Verpflichtung aus Art. 12 Abs. 1 UN-KRK. Konventionswidrig ist im Übrigen auch die Gesetzesbegründung zum Mediationsgesetz, in der erklärt wird, der Mediator sei anders als ein Richter nicht vornehmlich dem Kindeswohl, sondern den Parteien verpflichtet[12] (vgl. Art. 3 UN-KRK).

Es wird gemeinhin davon ausgegangen, dass das Kind davon profitiere, wenn die Eltern eine Mediation durchführen. Solange das Kind aber nicht selbst an der Mediation beteiligt wird und es keine Gelegenheit bekommt, seine Meinung in die Entscheidungsfindung einzubringen, macht es für das Kind keinen Unterschied, ob die ihn betreffenden Regelungen durch einen Richter oder seine Eltern getroffen werden. In einer child-focused Mediation, also ohne direkte Beteiligung des Kindes, ist kaum bestimmbar, worauf der Fokus in den Verhandlungen gelegt werden soll. Erhält das Kind selbst nie die Gelegenheit, seine Meinung zu äußern, kann nur auf Mutmaßungen der Eltern und der beteiligten Experten sowie auf allgemeine Kindeswohlkriterien hinsichtlich der Belange des Kindes abgestellt werden, die aber die individuellen Interessen des jeweiligen Kindes weit verfehlen können. Viele die Mediation favorisierende Studien beinhalten keine Befragung der betroffenen Kinder. Nur die Eltern und Mediatoren beurteilen aus ihrer Sicht die vermeintlichen Vorteile der Mediation für das Kind. Insbesondere die Studien von Parkinson und Cashmore sowie von McIntosh haben aber gezeigt, dass Kinder durchaus selbst in die Entscheidungsfindungen einbezogen werden wollen, wenn sie auch meist nicht selbst Entscheidungen treffen wollen. Child-inclusive Mediationen haben in der Studie von McIntosh auch weit bessere Ergebnisse erzielen können, hinsichtlich der Nachhaltigkeit der Vereinbarungen sowie auch der Verbesserung der innerfamiliären Verhältnisse.

Die Einbeziehung des Kindes in die Mediation kann mit verschiedenen Methoden erfolgen. Es kann der Mediator, der Co-Mediator oder ein Dritter mit dem Kind sprechen. Dem Gespräch mit dem Kind muss eine Sitzung mit den Eltern vorausgehen, damit zunächst deren Interessen, Bedürfnisse und Möglichkeiten erörtert werden. Das Kind sollte danach in einem Einzelgespräch Gelegenheit bekommen, sich zu äußern, da auf diese Weise besser gewährleistet werden kann, dass es frei seine Meinung äußern kann. Wichtig ist, dass das Kind bereits in einem frühen Stadium der Mediation angehört wird, damit seine Perspektive bei der Entscheidungsfindung berücksichtigt wird. Familiensitzungen sollten nur mit Zustimmung aller Beteiligten durchgeführt werden.

---

12 BT-Drucksache 17/5335, S. 17.

Die Beteiligung des Kindes bei einer Mediation sollte nicht von der Zustimmung der Eltern abhängig gemacht werden, so wie auch die Kindesanhörung im Gerichtsverfahren nach § 159 FamFG keiner elterlichen Zustimmung bedarf. Hinzu kommt, dass die Eltern nach § 1626 Abs. 2 S. 2 BGB ohnehin verpflichtet sind, Fragen der elterlichen Sorge mit dem Kind zu besprechen und Einvernehmen mit ihm anzustreben – auch wenn diese Pflicht unterhalb der Kindeswohlgrenze keiner äußeren Kontrolle unterliegt, insbesondere auch nicht durch einen Mediator. Da aber mit Einbeziehung des Kindes in der Regel bessere Ergebnisse erzielt werden können und auch nur mit Einbeziehung des Kindes solche Umgangsregelungen getroffen werden können, die das Gericht nach § 156 Abs. 2 FamFG billigen kann, ist davon auszugehen, dass eine Mediation lege artis nur mit persönlicher Beteiligung des Kindes durchgeführt werden kann.

Die gesetzliche Grundlage für die Anhörung und Beteiligung von Kindern ist grundsätzlich hinreichend gelegt – sieht man vom Mediationsgesetz ab, in dem ein Beteiligungsrecht des Kindes völlig fehlt. Das Kind hat ein Anhörungsrecht im Gerichtsverfahren (§ 159 FamFG), seine Zustimmung ist bei Einvernehmen über den Umgang erforderlich (§ 156 Abs. 2 S. 1 FamFG) und auch die Eltern sind nach § 1626 Abs. 2 BGB verpflichtet, bei Fragen der elterlichen Sorge Einvernehmen mit dem Kind anzustreben. Ferner stehen dem Kind eigene Beratungsansprüche nach dem SGB VIII sowie Beteiligungsrechte, bei Erarbeitung einvernehmlicher Regelungen bei der Jugendhilfe (§§ 17 Abs. 2, 18 Abs. 3 SGB VIII) zu. Nach Art. 12 UN-KRK ist der Staat verpflichtet, die Anhörung und angemessene Beteiligung des Kindes bei allen seine Person berührenden Angelegenheiten sicherzustellen. Diese im Laufe der Jahrzehnte errungenen Rechte des Kindes dürfen nicht in dem Moment in den Hintergrund treten, in dem die Eltern sich einigen. Hinzu kommt, dass humanwissenschaftliche Erkenntnisse bestätigen, dass gerade mit der Beteiligung des Kindes oft bessere Ergebnisse erzielt werden können. Daher sollte nicht der vermeintlich einfachere, schnellere Weg gewählt und das Kind nicht beteiligt werden, wenn die Eltern zu einer Einigung bereit sind. Im Gegenteil: Gerade im Bestreben, alles Erforderliche dafür zu tun, dass die Beteiligten eine nachhaltige, den Interessen *aller* Familienmitglieder am besten entsprechende Lösung erarbeiten können, sollten die am Verfahren professionell Beteiligten darauf hinwirken, dass das Kind möglichst immer in einer seinem Alter und seiner Reife entsprechenden Art und Weise an der Entscheidungsfindung beteiligt wird.

Erste Voraussetzung hierfür ist, dass die am Verfahren professionell Beteiligten über entsprechende Ausbildung und Erfahrung hinsichtlich der Arbeit mit der gesamten Familie, insbesondere auch hinsichtlich der Gesprächsführung mit dem Kind und der Interpretation der Äußerungen des Kindes verfügen. Insbesondere die Studie von Karle hat gezeigt, dass selbst Richter, die von Gesetzes wegen zur Kindesanhörung verpflichtet sind und von dieser nur aus schwerwiegenden Gründen absehen dürfen (§ 159 Abs. 3 S. 1 FamFG), mit Gründen, wie dass das Kind zu jung, zu unreif und zu belastet sei, oder dass eine elterliche Einigung die Kindesanhörung entbehrlich mache, von der Kindesanhörung absehen. In der Studie fiel auf, dass in der Kindesanhörung nicht fortgebildete und unerfahrene Richter diese Gründe gegen die Kindesanhörung öfter äußerten als die entsprechend fortgebildeten und erfahrenen Richter. Je sicherer sich also die Experten im Umgang mit Kindern fühlen, je besser sie wissen, wie sie das Kind in den Entscheidungsfindungsprozess einbinden können, desto mehr nutzen sie dies auch als Möglichkeit, um den Eltern bzw. der Familie zu helfen, zu einer bestmöglichen Regelung zu gelangen. Daher ist zwingend zu fordern, dass alle mit Kindern arbeitenden Experten – insbesondere Richter und Mediatoren – regelmäßig an Fort- und Weiterbildungen zur Kindesanhörung und Entwicklungspsychologie teilnehmen.

Erforderlich ist auch, ein Informationssystem auf- und auszubauen, um sowohl die Experten als auch die Eltern über die Rechte des Kindes und den Gewinn, der durch die angemessene Beteiligung des betroffenen Kindes bei es betreffenden Entscheidungen erzielt werden kann, zu informieren und sie hierfür zu sensibilisieren. Aber insbesondere auch den Kindern muss kindgerechtes und leicht zugängliches Informationsmaterial zur Verfügung gestellt werden, um sie über ihre Rechte sowie Beratungs- und Unterstützungsmöglichkeiten zu informieren. Dabei muss sichergestellt werden, dass diese Informationen die Kinder direkt – also unabhängig von den Eltern – erreichen. Auch der Zugang der Kinder zu helfenden Personen und Organisationen muss erleichtert werden, damit sie wissen, wie und wo sie vertraulich und sicher Bericht erstatten und sich beraten lassen können, z.B. über das Internet, telefonische Hotlines und bestimmte Orte, wo sie Unterstützung finden.

Die Frage sollte nicht sein, wie Kinder vor der Einbeziehung geschützt, sondern wie sie vor einer Nichteinbeziehung geschützt und bei der Einbeziehung beschützt werden.[13] Die Belastungen der Kinder liegen nicht vornehmlich in der Teilnahme an einer Intervention, sondern vielmehr darin, mit ihren Sorgen alleine gelassen zu werden, abwarten zu müssen, bis andere Entscheidungen über ihr Leben getroffen haben, denen sie sich dann fügen sollen. Wurden sie am Entscheidungsfindungsprozess nicht beteiligt, macht es für sie keinen Unterschied, ob die Entscheidung von den Eltern mit oder ohne Mediator oder von einem Richter getroffen wurde.

13 Parkinson/Cashmore, S. 22.

Letzten Endes geht es doch darum, Regelungen zu finden, die den Interessen und Bedürfnissen aller Familienmitglieder gerecht werden und mit denen alle Familienmitglieder leben können. So ein Entscheidungsfindungsprozess muss das Kind miteinschließen. Das Kind muss sagen können: „Ich kann mich erinnern, mich auf eure Regeln geeinigt zu haben."

Literaturverzeichnis

AMMON, Martina/SCHÄDER, Susan/HARTMAN-HILTER, Birgit: Vom Cochemer Modell zur Cooperativen Praxis. Das logische Fortschreiben eines Erfolgsmodelles, in: MÜLLER-MAGDEBURG 2009, S. 125-133.

AMTHOR, Hilke/PROKSCH, Roland/SIEVERING, Ulrich O. (Hrsg.): Kindschaftsrecht 2000 und Mediation, Frankfurt 1993.

Arbeitskreis Trennung-Scheidung Cochem-Zell (Hrsg.): Entwurf einer Handreichung zur Organisation von Arbeitskreisen Trennung und Scheidung, Cochem, ohne Datum, http://www.ak-cochem.de/images/stories/dokumente/handlungsschritte_portrait.pdf (zuletzt abgerufen am 15.07.2012).

ARCHARD, David/SKIVENES, Marit: Balancing a Child's Best Interests and a Child's Views, International Journal of Children's Rights 2009, 1-21.

AXFORD, Nick/BERRY, Vashti/LITTLE, Michael/MORPETH, Louise (Hrsg.): Forty years of research, policy and practice in children's services: a festschrift for Roger Bullock, West Sussex, England 2005.

BALLOFF, Rainer: Kinder vor dem Familiengericht, München, Basel 2004.

BALLOFF, Rainer: Kindeswille, Kindeswohl, lösungsorientiertes Vorgehen in der Familiengerichtsbarkeit – welchen Stellenwert hat das Kind im Cochemer Modell?, in: MÜLLER-MAGDEBURG 2009, S. 147-152.

BALLOFF, Rainer/WAGNER, Wiebke: Einvernehmenorientiertes Vorgehen in der Sachverständigentätigkeit nach dem FamFG, FPR 2010, 38-43.

BALLOFF, Rainer/WALTER, Eginhard: Konzeptionelle Gedanken zur Trennungs- und Scheidungsintervention, FuR 1991, 63-69

BARONE, Anne-Marie: Familienmediation und die „gute Scheidung“: Die Ideologie der untrennbaren Familie, STREIT 2006, 3-8.

BARTON, Stephan: Verfolgen – Vermitteln – Verklagen?, in: BARTON 2004, S. 11-30.

BARTON, Stephan (Hrsg.): Beziehungsgewalt und Verfahren, Baden-Baden 2004.

BASTARD, Benoit/CARDIA-VONÈCHE, Laura: Die unaufhaltsame Verbreitung der Familien-Mediation, Familiendynamik 1992, 319-346.

BASTINE, Reiner/LINK, Gabriele/LÖRCH, Bernd: Scheidungsmediation: Möglichkeiten und Grenzen, Familiendynamik 1992, 379-394.

BASTINE, Reiner/LINK, Gabriele/LÖRCH, Bernhard: Bedeutung, Evaluation, Indikation und Rahmenbedingungen von Scheidungsmediation. Eine Übersicht, in: DUSS-von WERTH/MÄHLER/MÄHLER 1995, S. 186-204.

BASTINE, Reiner/WEINMANN-LUTZ, Birgit/WETZEL, Antje: Unterstützung von Familien in Scheidung durch Familien-Mediation. Abschlussbericht, Sozialministerium Baden-Württemberg (Hrsg.), Stuttgart 1999.

BASTINE, Reiner/RÖMER-WOLF, Birgit/DECKER, Frauke/HAID-LOH, Achim/MAYER, Stefan/NORMANN-KOSSAK, Katrin: Evaluation der Arbeitsgemeinschaft für Familien-Mediation (BAFM e.V.) – Evaluation der Familienmediation in der Institutionellen Beratung. Zusammenfassung, Schlussfolgerungen, Ausblick, 2005, www.bafm-mediation.de/wp-content/uploads/image/images/pdfzusamfass-7seiten-maerz0.pdf (zuletzt abgerufen am 15.07.2012) (zitiert: *Bastine u.a.*, Evaluation der Familienmediation).

BAUERS, Bärbel: Psychische Folgen von Trennung und Scheidung für Kinder, in: MENNE/SCHILLING/WEBER 1997, S. 39-62.

BAUMEISTER, Wilhelm/FEHMEL, Hans-Werner/GRIESCHE, Gerhard/HOCHGRÄBER, Gerhard/KAYSER, August/WICK, Hartmut: Familiengerichtsbarkeit. Kommentar, Berlin 1992 (zitiert: Baumeister/*Bearbeiter*).

BERGMANN, Margarethe: Das gesetzliche Netzwerk im Familienverfahren, FPR 2011, 297-299.

BERGMANN, Margarethe: Die familiengerichtliche Beratungsauflage nach § 156 FamFG, ZKJ 2010, 56-59.

BERGMANN, Margarethe/GUTDEUTSCH, Werner: Zur Anordnung der Kindesanhörung im Scheidungsverfahren ohne Sorgerechtsantrag, FamRZ 1999, 422-426.

BERNHARDT, Hanspeter: Die Stimme des Kindes in der Trennungs- und Scheidungsberatung und in der Familien-Mediation, FPR 2005, 95-98.

BERNHARDT, Hanspeter: Unterlagen des Seminars "Die Stimme des Kindes: Das themenzentrierte Kinder-Interview in Scheidungsberatung und Scheidungsmediation", Januar 2011, München.

BERNHARDT, Hanspeter/WINOGRAD, Bianca: Interdisziplinäre Co-Mediation: Zur Zusammenarbeit von Rechtsanwälten und Psychologen in der Trennungs- und Scheidungsmediation, in: *HAFT/SCHLIEFFEN,* 2009, S. 877-908.

BESSON, Samantha/BOURKE-MARTIGNONI, Joanna: Children's Convention, in: FORSYTHE 2009.

BLANKENBURG, Erhard/GOTTWALD, Walther/STREMPEL, Dieter (Hrsg.): Alternativen in der Ziviljustiz: Berichte, Analysen, Perspektiven, Köln 1982.

BORK, Reinhard/JACOBY, Florian/SCHWAB, Dieter (Hrsg.): FamFG Kommentar zum Gesetz über das Verfahren in Familiensachen und in den Angelegenheiten der freiwilligen Gerichtsbarkeit, Bielefeld 2009 (zitiert: Bork/Jacoby/Schwab/*Bearbeiter*).

BREIDENBACH, Stephan: Mediation. Struktur, Chancen und Risiken von Vermittlung im Konflikt, Köln 1995.

BRONING, Sonja: Kinder im Blick. Theoretische und empirische Grundlagen eines Gruppenangebotes für Familien in konfliktbelasteten Trennungssituationen, Münster 2009.

BRUCH, Carol S.: And How Are the Children? The Effects of Ideology and Mediation on Child Custody Law and Children's Well-Being in the United States, International Journal of Law and the Family 1988, 106-126.

BUCHNER, Ulrike/APPELT, Gisela/ALT-SANISCH, Barbara: Effektivität von Trennungs- und Scheidungsberatung, Paar- und Familientherapie sowie Mediation, FPR 2008, 160-163.

Bundesarbeitsgemeinschaft Verfahrensbeistandschaft/Interessenvertretung für Kinder und Jugendliche e.V.: Standards für Verfahrensbeistände, ehemals VerfahrenspflegerInnen; Fassung vom 17.02.2001, s. SALGO/ZENZ/FEGERT/BAUER/WEBER/ZITELMANN 2010, Rn. 1512-1518.

Bundesarbeitsgemeinschaft für Familien-Mediation (BAFM e.V.): Stellungnahme der Bundes-Arbeitsgemeinschaft für Familien-Mediation e.V. (BAFM) zu dem Referentenentwurf des Bundesministeriums der Justiz bezüglich eines Gesetzes zur Förderung der Mediation und anderer Verfahren der außergerichtlichen Konfliktbeilegung vom 01.10.2010, Berlin, www.bafm-mediation.de/wp-content/uploads/image/images/bafm-stellungnahme-zum-e-medg-11010.pdf (zuletzt abgerufen am 15.07.2012).

Bundeskonferenz für Erziehungsberatung e.V.: Stellungnahme zum Entwurf eines Mediationsgesetzes, ZKJ 2011, 28-29

Bundesministerium für Familie, Senioren, Frauen und Jugend (BMFSFJ): Sorge- und Umgangsrecht bei häuslicher Gewalt: Aktuelle rechtliche Entwicklungen und wissenschaftliche Erkenntnisse und Empfehlungen, erstellt von der Bund-Länder-Arbeitsgruppe „Häusliche Gewalt", Nr. 90/2002, Berlin/Hannover Dezember 2001.

Bundesministerium für Familie, Senioren, Frauen und Jugend (BMFSFJ): Perspektiven für ein kindergerechtes Deutschland. Abschlussbericht des Nationalen Aktionsplans „Für ein kindergerechtes Deutschland 2005-2010", Berlin 2010.

BUTLER-SLOSS, Elizabeth: Report of the Inquiry into Child Abuse in Cleveland 1987, London 1988.

CANE, Peter/CONAGHAN, Joanne (Hrsg.): The New Oxford Companion to Law, Oxford 2008.

CARL, Eberhard/ESCHWEILER, Peter: Kindesanhörung – Chancen und Risiken, NJW 2005, 1681-1686.

COESTER, Michael: Aufgabe des Staates: Funktionen und Grenzen des Familienrechts in Bezug auf das Kindeswohl, in: HÖFLING 2009, S. 11-24.

COESTER, Michael: Neue Aspekte zur gemeinsamen elterlichen Verantwortung nach Trennung und Scheidung, FuR 1991, 70-74.

COESTER, Michael: Die Bedeutung des Kinder- und Jugendhilfegesetzes (KJHG) für das Familienrecht, FamRZ 1991, 253-263.

COESTER, Michael: Kinderschutz – Übersicht zu den typischen Gefährdungslagen und aktuellen Probleme, FPR 2009, 549-557.

COESTER, Michael: Verfahren in Kindschaftssachen, in: LIPP/SCHUMANN/VEIT 2009, S. 39-64.

COESTER, Michael: Gütliche Einigung und Mediation in Mediation in familienrechtlichen Konflikten, Kind-Prax 2003, 79-84 (Teil 1), 119-123 (Teil 2).

COESTER, Michael: Das Kindeswohl als Rechtsbegriff, Frankfurt 1983.

Committee on the Rights of the Child (United Nations): Convention on the Rights of the Child, General Comment No. 12 (2009), The right of the child to be heard, CRC/C/GC/12, Fifty-first session, Geneva, 25 May-12 June 2009, http://www2.ohchr.org/english/bodies/crc/comments.htm (zuletzt abgerufen am 15.07.2012).

Committee on the Rights of the Child (United Nations): Convention on the Rights of the Child, General Comment No. 7 (2005), Implementing child rights in early childhood, CRC/C/GC/7/Rev.1, Fortieth Session, Geneva, 12-30 September 2005.

CONEN, Marie-Luise: Zwangsberatung – um Eltern zum Blick auf ihr Kind zu zwingen, in: MÜLLER-MAGDEBURG 2009, S. 201-206.

COOGLER: Structured Mediation in divorce settlement. A handbook for marital mediators, Toronto 1982.

Council of Europe: European Convention on the Exercise of Children's Rights (Europäisches Übereinkommen über die Ausübung von Kinderrechten), Übersetzung in BT-Drucksache 14/5438, S. 28-34 (zitiert: Council of Europe, ECECR/ER).

Council of Europe: Family Mediation in Europe, 4th European Conference on Family Law, Strasbourg, 1-2 October 1998, Bonn 2000.

CREMER, Hendrik: Zur Rolle Deutschlands bei der Schaffung eines Individualbeschwerdeverfahrens zur UN-Kinderrechtskonvention. Hintergrundpapier im Auftrag der Kindernothilfe, 2009, http://www.kindernothilfe.de, Buttons: „Themen", „Kinderrechte", „Individualbeschwerde", „Hintergrundpapier von Dr. Hendrik Cremer" (zuletzt abgerufen am 15.07.2012).

Deutsche Standards zum begleiteten Umgang – Empfehlungen für die Praxis, erarbeitet im Auftrag des Bundesministeriums für Familie, Senioren, Frauen und Jugend durch das Staatsinstitut für Frühpädagogik, München 2008.

Deutscher Familiengerichtstag e.V. (Hrsg.): Sechzehnter Deutscher Familiengerichtstag vom 14. bis 17. September 2005 in Brühl, Brühler Schriften zum Familienrecht, Band 14, Bielefeld 2006.

Deutsches Institut für Menschenrechte: Die Menschenrechte von Kindern und Jugendlichen stärken: Dokumentation eines Fachgesprächs über die Umsetzung der Kinderrechtskonvention in Deutschland, Berlin 2006.

Deutsches Jugendinstitut (DJI): Arbeit mit hochkonflikthaften Trennungs- und Scheidungsfamilien: Eine Handreichung für die Praxis, *DIETRICH, Peter S./FICHTNER, Jörg/HALATCHEVA, Maya/SANDNER, Eva*, Rostock 2010.

DIEZ, Hannelore/KRABBE, Heiner/THOMSEN, C. Sabine: Familien-Mediation und Kinder – Grundlagen Methodik Techniken, Köln 2009.

DISCHER, Britta/SCHIMKE, Hans-Jürgen: Die Rolle der insoweit erfahrenen Fachkraft nach § 8a Abs. 2 SGB VIII in einem kooperativen Kinderschutz, ZKJ 2011, 12-16.

DÖLLING, Dieter/DUTTGE, Gunnar/RÖSSNER, Dieter (Hrsg.): Gesamtes Strafrecht, Handkommentar, Baden-Baden 2008 (zitiert: Dölling/Duttge/*Bearbeiter*).

DORSCH, Gabriele: Die Konvention der Vereinten Nationen über die Rechte des Kindes, Berlin 1994.

DRAPKIN, Robin/BIENENFELD, Florence: The Power of Including Children in Custody Mediation, Journal of Divorce, New York, 1985, Volume 8, Nos. ¾, 63-95.

DUDEN Deutsches Universalwörterbuch, 6. Aufl., Mannheim 2007.

DUSS-von WERTH, Josef: Mediation und Macht, ZKM 2000, 4.

DUSS-von WERTH, Josef: Mediation bei Trennung und Scheidung, in: WIRSCHING/SCHEIB 2002.

DUSS-von WERTH, Josef/MÄHLER, Gisela/MÄHLER, Hans-Georg (Hrsg.): Mediation: Die andere Scheidung – Ein interdisziplinärer Überblick, Stuttgart 1995.

ECKEBRECHT, Marc/GROßE-BOYMANN, Tamara/GUTJAHR, Jens/PAUL, Viola/SCHAEL, Wolfgang/von SWIEYKOWSKI-TRZASKA, Werra Katharina/WEIDEMANN, Ines: Verfahrenshandbuch Familiensachen, 2. Aufl., München 2010 (zitiert: Eckebrecht/*Bearbeiter)*.

EISELE, Jörg: Strafrecht und Strafprozess, in: HAFT/SCHLIEFFEN 2009, S. 718-814.

EISENBERG, Ulrich: Jugendgerichtsgesetz. Kommentar, 15. Aufl., München 2012.

ELSEN, Susanne/WEBER, Klaus (Hrsg.): Aktiv für Kinderrechte. 20 Jahre UN-Kinderrechtskonvention, München 2010.

EPPING, Volker: Grundrechte, Hannover 2004.

ERIKSSON, Maria: Sichtbares oder unsichtbares Kind? Professionelle Ansätze in der Arbeit mit Kindern gewalttätiger Väter in Schweden, in: KAVEMANN/KREYSSIG 2006, S. 72-87.

FEGERT, Jörg M./ZIEGENHAIN, Ute (Hrsg.): Hilfen für Alleinerziehende, Weinheim 2003.

FEGERT, Jörg M./ZIEGENHAIN, Ute/GOLDBECK, Lutz (Hrsg.): Traumatisierte Kinder und Jugendliche in Deutschland, Weinheim 2010.

FICHTNER, Jörg: Hilfen bei Hochkonflikthaftigkeit? Forschungsergebnisse zu Merkmalen und möglichen Interventionen in belasteten Nachtrennungsfamilien, ZKJ 2012, 46-54.

FICHTNER, Jörg: Konzeptionen und Erfahrungen zur Intervention bei hoch konflikthaften Trennungs- und Scheidungsprozessen. Exemplarische Praxisprojekte, Deutsches Jugendinstitut, München 2006.

FICHTNER, Jörg/SALZGEBER, Joseph: Konzepte zur Herstellung von Einvernehmen: Intervention statt Diagnostik?, FPR 2009, 348-351.

FICHTNER, Jörg/SALZGEBER, Joseph: Gibt es den goldenen Mittelweg?, Das Wechselmodell aus Sachverständigensicht, FPR 2006, 278-284.

FIDLER, Barbara Jo/BALA, Nicholas: Children resisting postseparation contact with a parent: concepts, controversies, and conundrums, Family Court Review 2010, Volume 48, issue 1, 10-47.

FILLER, Ewald: Erfahrungen mit dem österreichischen Zivilrechtsmediationsgesetz, in: GREGER/UNBERATH 2008, S. 65-88.

FLEKKØY, Målfrid Grude/KAUFMAN, Natalie Hevener: The Participation Rights of the Child. Rights and Responsibilities in Family and Society, London Bristol 1997.

FLEKKØY, Målfried Grude: Children's Participation and Monitoring Children's Rights, in: VERHELLEN 1996, S. 57-66.

FORSYTHE, David P. (Hrsg.): Encyclopedia of Human Rights, Oxford 2009.

FREEMAN, Michael: Book Review: Parkinson/Cashmore, The Voice of A Child in Family Law Disputes, International Journal of Children's Rights 18 (2010), 665-672.

FRITZ, Bernd: Das Modell von der Mosel, FAZ vom 23.12.2004, 10, http://www.ak-cochem.de, Buttons „Veröffentlichungen", „Pressespiegel", „Modell von der Mosel" (Stand 21.10.2010).

FTHENAKIS, Wassilios E.: Kindliche Reaktionen auf Trennung und Scheidung, Familiendynamik 1995, 127-154.

FÜCHSLE-VOIGT, Traudl: Kindeswohl zwischen Elternprämie und Wertetraining, in: MÜLLER-MAGDEBURG 2009, S. 167-172.

FÜCHSLE-VOIGT, Traudl: Verordnete Kooperation im Familienkonflikt als Prozess der Einstellungsänderung: Theoretische Überlegungen und praktische Umsetzung, FPR 2004, 600-602.

FURSTENBERG, Frank F./CHERLIN, Andrew J.: Geteilte Familien, Stuttgart 1993.

GAMMER, Carol: Die Stimme des Kindes in der Familientherapie, Heidelberg 2007.

GARTENHOF, Martina/HARTMAN-HILTER, Birgit/LOEBEL, Anke/NORMANN, Katrin/SALZGEBER, Joseph/SCHMID, Jürgen/WEBER von KOSLOWSKI, Beate: Das Münchener Modell in der Praxis. Kriterienkataloge für Mitwirkende am Verfahren in Kindschaftssachen, ZKJ 2011, 285-291.

GLÄßER, Ulla: Mediation und Beziehungsgewalt. Möglichkeiten, Bedingungen und Grenzen des Einsatzes von Familienmediation bei Gewalt in Paarbeziehungen, Baden-Baden 2008.

GLENEWINKEL, Werner: Mediation als außergerichtliches Konfliktlösungsmodell. Am Beispiel der Trennungs- und Scheidungsmediation in der Bundesrepublik Deutschland, Stuttgart 1999.

GOLANN, Dwight/FOLBERG, Jay: Mediation. The Roles of Advocate and Neutral, New York 2006 (zitiert: Golann/Folberg/*Bearbeiter*).

GOLDSTEIN, Joseph/FREUD, Anna/SOLNIT, Albert J.: Jenseits des Kindeswohls, Frankfurt 1974.

GÖTSCHE, Frank: Die neue Verfahrenskostenhilfe nach dem FamFG, FamRZ 2009, 383-388.

GÖTZ, Isabelle: Verfahren bei Kindeswohlgefährdung, in: LIPP/SCHUMANN/VEIT 2009, S. 215-228.

GREGER, Reinhard: Mediation und Justiz, in: GREGER/UNBERATH 2008, S. 89-98.

GREGER, Reinhard: Die einigungsorientierte Begutachtung aus verfahrensrechtlicher Sicht, FPR 2010, 443-446.

GREGER, Reinhard: Mediation in Kindschaftssachen – Kosten, Akzeptanz, Nachhaltigkeit, FPR 2011, 115-120.

GREGER, Reinhard: Mediation und Gerichtsverfahren in Sorge- und Umgangsrechtskonflikten, Pilotstudie zum Vergleich von Kosten und Folgekosten im Auftrag des Bundesministeriums der Justiz, Januar 2010, http://reinhard-greger.de/ikv3.pdf (zuletzt abgerufen am 15.07.2012).

GREGER, Reinhard/UNBERATH, Hannes (Hrsg.): Die Zukunft der Mediation in Deutschland, München 2008.

GRILLO, Trina: Mediation als Alternative? – Risiken des Mediationsverfahrens für Frauen, STREIT 2004, 91-103 (Teil 1), 140-148 (Teil 2).

GRUBER, Wolfgang/SALZGEBER, Joseph: Mediation als Intervention im Rahmen der familienpsychologischen Sachverständigentätigkeit, ZKJ 2011, 404-409.

GÜTHOFF, Friedhelm: Den Kindern ihre Rechte – strukturelle Ansätze einer Partizipation von Kindern und Jugendlichen, in: GÜTHOFF/SÜNKER 2001, S. 201-207.

GÜTHOFF, Friedhelm/SÜNKER, Heinz (Hrsg.): Handbuch Kinderrechte. Partizipation, Kinderpolitik, Kinderkultur, Fulda 2001.

HAFT, Fritjof: Verhandlung und Mediation, in: HAFT/SCHLIEFFEN 2009, S. 69-79.

HAFT, Fritjof/SCHLIEFFEN, Katharina von (Hrsg.): Handbuch Mediation, 2. Aufl., 2009.

Handbuch-Verfahrensbeistandschaft: s. SALGO/ZENZ/FEGERT/BAUER/WEBER/ZITELMANN 2010.

HANNEMANN, Anika/STÖTZEL, Manuela: Die Verfahrenspflegschaft im deutschen Rechtssystem, ZKJ 2009, 58-67.

HARTWIG, Luise: Auftrag und Handlungsmöglichkeiten der Jugendhilfe bei häuslicher Gewalt, in: KAVEMANN/KREYSSIG 2006, S. 167-176.

HEILMANN, Stefan: Kindliches Zeitempfinden und Verfahrensrecht, Neuwied 1998.

HEITER, Norbert: Verfahrensfähigkeit des Kindes in personenbezogenen Verfahren nach dem FamFG, FamRZ 2009, 85-89.

HEHN, Marcus: Entwicklungen und Stand der Mediation, ein historischer Überblick, in: HAFT/SCHLIEFFEN 2009, S. 175-196.

HELLBERND, Hildegard/BRZANK, Petra: Häusliche Gewalt im Kontext von Schwangerschaft und Geburt: Interventions- und Präventionsmöglichkeiten für Gesundheitsfachkräfte, in: KAVEMANN/KREYSSIG 2006, S. 88-102.

HOBE, Stephan: Einführung in das Völkerrecht, Tübingen 2008.

HOFER, Manfred/WILD, Elke/NOACK, Peter (Hrsg.): Lehrbuch Familienbeziehungen, Göttingen 2002 (zitiert: Hofer/Wild/*Bearbeiter*).

HOFER, Sibylle/KLIPPEL, Diethelm/WALTER, Ute (Hrsg.): Perspektiven des Familienrechts. Festschrift für Dieter Schwab, Bielefeld 2005.

HÖFLING, Siegfried (Hrsg.): Interventions for the Best Interest of the Child in Family Law Procedures (Interventionen zum Kindeswohl). Studies and

Comments 8, München 2009, http://www.hss.de/uploads/tx_ddcevents browser/suc8-kindeswohl.pdf (zuletzt abgerufen am 15.07.2012).
HOPT, Klaus J./STEFFEK, Felix (Hrsg.): Mediation. Rechtstatsachen, Rechtsvergleich, Regelungen, Tübingen 2008 (zitiert: Hopt/Steffek/*Bearbeiter*).
HÖSL, Gattus: Mediation – die erfolgreiche Konfliktlösung. Grundlagen und praktische Anwendung, München 2008.
JAMES, Adrian L./HAUGEN, Gry Mette D./ RANTALAIHO, Minna/MARPLES, Rebecca: The Voice of the Child in Family Mediation: Norway and England, International Journal of Children's Rights 2010 (18), 313-333 (zitiert: *James u.a.*, International Journal of Children's Rights 2010).
JANSEN, Paul: FGG. Gesetz über die Angelegenheiten der freiwilligen Gerichtsbarkeit. Großkommentar, Zweiter Band, §§ 35-70n FGG, 3. Aufl., hrsg. v. Schuckmann/Sonnenfeld 2005 (zitiert: Jansen-FGG/*Bearbeiter*).
JARASS, Hans D./PIEROTH, Bodo: Grundgesetz für die Bundesrepublik Deutschland. Kommentar, 11. Aufl., München 2011.
JEROUSCHEK, Günter: Vom Richten zum Mediieren? Zum Verhältnis von Psychoanalyse, Richten und Mediation, in: GREGER/UNBERATH 2008, S. 173-188.
JOHANNSEN, Kurt/HENRICH, Dieter (Hrsg.): Familienrecht. Scheidung, Unterhalt, Verfahren. Kommentar, München 2010 (zitiert: Johannsen/Henrich/*Bearbeiter*).
JOHNSTON, Janet R.: Modelle fachübergreifender Zusammenarbeit mit dem Familiengericht in hochkonflikthaften Scheidungsfamilien, Das JAmt 2002, 378-386.
JOHNSTON, Janet R./CAMPBELL, Linda E. G.: Impasses of Divorce. The Dynamics and Resolution of Family Conflict, New York 1988.
KÄHLER, Harro: Soziale Arbeit in Zwangskontexten. Wie unerwünschte Hilfe erfolgreich sein kann, München 2005.
KALTENBORN, Karl-Franz: Children's and Young People's Experiences in Various Residential Arrangements: A Longitudinal Study to Evaluate Criteria for Custody and Residence Decision Making, British Journal of Social Work (2001) 31, 81-117.
KARLE, Michael/GATHMANN, Sandra/KLOSINSKI, Gunther: Zur Praxis der Kindesanhörung in Deutschland. Ein Abschlussbericht, ZKJ 2010, 432-434.
KARLE, Michael/GATHMANN, Sandra/KLOSINSKI, Gunther: Rechtstatsächliche Untersuchung zur Praxis der Kindesanhörung nach § 50b FGG: Abschlussbericht, Köln 2010 (zitiert: *Karle u.a.*).
KATZENSTEIN, Henriette: Schutz für Kinder – Möglichkeiten zur Hilfe und ihre Grenzen, Das JAmt 2009, 9-14.

KAVEMANN, Barbara: Häusliche Gewalt gegen die Mutter und die Situation der Töchter und Söhne – Ergebnisse neuerer deutscher Untersuchungen, in: KAVEMANN/KREYSSIG 2006, S. 13-35.

KAVEMANN, Barbara/KREYSSIG, Ulrike (Hrsg.): Handbuch Kinder und häusliche Gewalt, Wiesbaden 2006.

KEIDEL, Theodor: Kommentar zum Gesetz über das Verfahren in Familiensachen und die Angelegenheiten der freiwilligen Gerichtsbarkeit, bearb. v. Engelhardt/Sternal *u.a.*, 17. Aufl., München 2011 (zitiert: Keidel/ *Bearbeiter*).

KERNER, Hans-Jürgen: Mediation beim Täter-Opfer-Ausgleich, in: HAFT/ SCHLIEFFEN 2009, S. 815-836.

KEUTER, Wolfgang: Verfahrenskostenhilfe in Kindschaftssachen des § 151 Nr. 1 bis 3 FamFG ohne vorherige Einschaltung des Jugendamtes?, FamRZ 2009, 1891-1893.

KEY, Ellen: Das Jahrhundert des Kindes. Studien von Ellen Key, 14. Aufl., Berlin 1908.

KILGER, Hartmut: Mediation im Sozialrecht, in: HAFT/SCHLIEFFEN 2009, S. 715-727.

Kinderrechtekommission des Deutschen Familiengerichtstages (KIRK): Stellungnahme zum Referentenentwurf eines Mediationsgesetzes vom 4.8.2010, http://www.dfgt.de/resources/SN-Kiko-Mediations_G_2010.pdf (zuletzt abgerufen am 15.07.2012).

KLUßMANN, Rudolf W./STÖTZEL, Berthold: Das Kind im Rechtsstreit der Erwachsenen. Wegweiser für Eltern und Richter, Jugendämter und Gutachter, 2. Aufl., München 1995.

KOHNE, Marie-Luise: Der Wille des Kindes in sorge- und umgangsrechtlichen Entscheidungen des Familiengerichts: Ein ewig ungelöstes Problem?, JAmt 2009, 167-169.

Kölner Fachkreis Familie: Das Cochemer Modell – die Lösung aller streitigen Trennungs- und Scheidungsfälle?, KindPrax 2005, 202-206 = FF 2006, 215-219.

KORCZAK, Janusz: Von der Grammatik und andere pädagogische Texte, hrsg. v. Beiner/Lax-Höfer, Heinsberg 1991.

KORCZAK, Janusz: Wie man ein Kind lieben soll, hrsg. v. Heimpel/Roos, 9. Aufl., Göttingen 1989.

KORCZAK, Janusz: Das Recht des Kindes auf Achtung / Fröhliche Pädagogik, hrsg. v. Beiner, Friedhelm, Gütersloh 2009.

KOSTKA, Kerima: Im Interesse des Kindes? Elterntrennung und Sorgerechtsmodelle in Deutschland, Großbritannien und den USA, Frankfurt a. M. 2004.

KOSTKA, Kerima: Vermittlungsverfahren und Kindeswohl, FamPra.ch 2009, 634-659.

KOSTKA, Kerima: Elterliche Sorge und Umgang bei Trennung und Scheidung – unter besonderer Berücksichtigung der Perspektive des Kindes, FPR 2005, 89-95.

KRAPPMANN, Lothar: Aus dem Protokoll zum Fachgespräch: Ein Individualbeschwerdeverfahren für das UN-Übereinkommen über die Rechte des Kindes!?, Deutsches Institut für Menschenrechte, 05.03.2009, http://www.institut-fuer-menschenrechte.de/fileadmin/user_upload/PDF-Dateien/Pakte_Konventionen/CRC/crc__individualbeschwerde_dimr2009_de.pdf (zuletzt abgerufen am 15.07.2012).

KREY, Mari: Der Elternkurs „Kinder im Blick" als Bewältigungshilfe für Familien in Trennung. Eine Evaluationsstudie, Berlin 2010.

KREYSSIG, Ulrike: Interinstitutionelle Kooperation – mühsam, aber erfolgreich, in: KAVEMANN/KREYSSIG 2006, S. 225-242.

KRIEGEL, Katharina: Mediationspflicht? Über die Notwendigkeit einer Begleitung von Eltern bei Trennung und Scheidung, Jena 2006.

LANDUA, Kerstin: Das aktive Jugendamt im familiengerichtlichen Verfahren: in verschiedenen Rollen gemeinsam zum Ziel…, ZKJ 2010, 26-27.

LEMPP, Reinhart/BRAUNBEHRENS, Vera v./EICHNER, Ernst/RÖCKER, Doris: Die Anhörung des Kindes gemäß § 50 FGG, Köln 1987 (zitiert: *Lempp u.a.*).

Lexikon der Psychologie: Lexikon-Institut Bertelsmann (Hrsg.), Gütersloh 1995.

LIPP, Volker/SCHUMANN, Eva/VEIT, Barbara (Hrsg.): Reform des familiengerichtlichen Verfahrens, 1. Familienrechtliches Forum Göttingen, Göttinger Juristische Schriften, Bd. 6, Göttingen 2009.

LÖHNIG, Martin/HEIß, Georg: Die Neuregelung des einstweiligen Rechtsschutzes nach dem FamFG – die einstweilige Anordnung nach §§ 49 ff. FamFG, FamRZ 2009, 1101-1105.

LOSSEN, Helga/VERGHO, Claudius: Zwischenbericht zum Modellprojekt „Familienberatung bei Trennung und Scheidung im Familiengericht Regensburg, FamRZ 1995, 781-783.

LOSSEN, Helga/VERGHO, Claudius: Familienberatung bei Trennung und Scheidung am AmtsG – Übergang des sechsjährigen Modellprojekts in die Regelförderung – zugleich Ausblick auf die Beratungserfordernisse nach dem Kindschaftsrechtsreformgesetz, FamRZ 1998, 1218-1221.

LOSSEN, Helga/VERGHO, Claudius: „Familienberatung bei Trennung und Scheidung" – Modellprojekt im Familiengericht Regensburg, FamRZ 1993, 768.

LUTHIN, Horst: Aus der Praxis zum Sorgerechtsgesetz, FamRZ 1981, 111-116.

LUXBURG, Harro von: Trennung und Scheidung einvernehmlich gestalten, Köln 2010.

LYON, Christina/SURREY, Edward/TIMMS, Judith E.: Effective Support Services for Children and Young People when Parental Relationships Break Down – A Child Centered Approach, University of Liverpool, 1998.

MACCOBY, Eleanor E./MNOOKIN, Robert H.: Die Schwierigkeiten der Sorgerechtsregelung, FamRZ 1995, 1-16.

MACCOBY, Eleanor E./MNOOKIN, Robert H.: Dividing the Child. Social and Legal Dilemmas of Custody, Cambridge 1992.

MÄHLER, Hans-Georg/MÄHLER, Gisela: Familienmediation in: HAFT/SCHLIEFFEN 2009, S. 457-494.

MÄHLER, Hans-Georg/MÄHLER, Gisela: Mediation in der Praxis, in: DUSS-von WERTH/MÄHLER/MÄHLER 1995, S. 129-143.

MAIER, Joachim: Einvernehmliche Konfliktlösungsverfahren und Vermittlungsverfahren – Anmerkungen aus richterlicher Sicht, in: LIPP/SCHUMANN/VEIT 2009, S. 105-111.

Mainzer Arbeitskreis Scheidungs- und Trennungsberatung: Stellungnahme zu dem vom „Arbeitskreis Trennung und Scheidung Cochem Zell" vertretenen Konzept der Kooperation zwischen den an einem Verfahren zur Regelung der elterlichen Sorge beteiligten Professionen, Mainz 2003, http://www.kindergefuehle.at/fileadmin/pdf/Stellungnahme_zum_Cochemer_Konzept.pdf (zuletzt abgerufen am 15.07.2012).

MANGOLDT, Hermann von/KLEIN, Friedrich/STARCK, Christian: Kommentar zum Grundgesetz, Band 3: Artikel 83 bis 146, 5. Aufl., hrsg. v. STARCK, Christian, München 2005 (zitiert: Mangoldt/Klein/Starck/*Bearbeiter*).

MANGOLDT, Hermann von/KLEIN, Friedrich/STARCK, Christian: Kommentar zum Grundgesetz, Band 1: Präambel, Artikel 1 bis 19, 6. Aufl., hrsg. v. STARCK, Christian, München 2010 (zitiert: Mangoldt/Klein/Starck/*Bearbeiter*).

MARTINY, Dieter: Umgangs- und Sorgerechtsregelung im Elternstreit. In- und ausländische Lösungen, ZKJ 2010, 351-359.

MARX, Ansgar: Obligatorische Sorgerechtsmediation? Überlegungen nach kritischer Analyse des kalifornischen Modells, ZKJ 2010, 300-305.

MATTHIESSEN, Stephanie: Gemeinsame elterliche Sorge in scheidungssoziologischer Perspektive, Frankfurt 2004.

MAUNZ, Theodor/DÜRIG, Günter: Grundgesetz. Kommentar. Band VI, Art. 86-106a, 58. Lieferung, hrsg. v. Herzog/Herdegen/Scholz/Klein, München 2010 (zitiert: Maunz/Dürig/*Bearbeiter*).

MAUNZ, Theodor/DÜRIG, Günter: Grundgesetz. Kommentar. Band II, Art. 6-15, 58. Lieferung, hrsg. v. Herzog/Herdegen/Scholz/Klein, München 2010 (zitiert: Maunz/Dürig/*Bearbeiter*).

MAYWALD, Jörg: Die Beteiligung des Kindes an der Einigung der Eltern, FPR 2010, 460-463.

MAYWALD, Jörg: Die Umsetzung der Kinderrechte als Leitbild in der Arbeit mit Kindern und Jugendlichen, in: Sozialpädagogisches Institut im SOS-Kinderdorf e.V., 2008, S. 48-73.

MCINTOSH, Jennifer: Child inclusion as a principle and as evidence-based practice: Applications to family law services and related sectors, Australian Family Relationships Clearinghouse (AFRC) 2007, Issue No. 1, http://www.aifs.gov.au/afrc/pubs/issues/issues1.html (zuletzt abgerufen am 15.07.2012).

MCINTOSH, Jennifer E./LONG, Caroline M.: Child Beyond Dispute. A Prospective Study of Outcomes from Child Focused and Child Inclusive Post-Separation Family Dispute Resolution. Final Report, Family Transitions Pty Ltd/LaTrobe University, October 2006.

MCINTOSH, Jennifer E./LONG, Caroline M./WELLS, Yvonne D.: Child Beyond Dispute. A four year follow up study of outcome from Child Focused and Child Inclusive post-separation family dispute resolution, Family Transitions, Victoria, Australia/LaTrobe University, April 2009.

MCINTOSH, Jennifer E./WELLS, Yvonne D./SMYTH, Bruce M./LONG, Caroline M.: Child-focused and Child-inclusive divorce mediation: comparative outcomes from a prospective study of postseparation adjustment, Family Court Review 2008, 105-124.

MENNE, Klaus/SCHILLING, Herbert/WEBER, Matthias (Hrsg.): Kinder im Scheidungskonflikt. Beratung von Kindern und Eltern bei der Trennung Scheidung, Weinheim 1997.

MENNE, Martin: Der Verfahrensbeistand im neuen FamFG, ZKJ 2009, 68-74.

MEYER-GOßNER, Lutz: Strafprozessordnung, 52. Aufl., München 2009 (zitiert: Meyer-Goßner/*Bearbeiter*).

Ministry of Justice (UK): Family Justice Review. Interim Report, March 2011.

MONTADA, Leo: Besondere Möglichkeiten der Konfliktbeilegung durch Mediation: psychologische Aspekte, in: GREGER/UNBERATH 2008, S. 5-26.

MONTADA, Leo/KALS, Elisabeth: Mediation – ein Lehrbuch auf psychologischer Grundlage, Weinheim 2007.

MÜLLER, Katja: Aufgaben der Polizei bei Vernachlässigung, Misshandlung oder sexuellem Missbrauch von Kindern und Jugendlichen, FPR 2009, 561-564.

MÜLLER-MAGDEBURG, Cornelia: Verändertes Denken – zum Wohle der Kinder, Festschrift für Jürgen Rudolph, Baden-Baden 2009.

MÜLLER-MAGDEBURG, Cornelia: Das familiengerichtliche Verfahren als Einladung zu einer Flussfahrt, in: MÜLLER-MAGDEBURG 2009, S. 86-93.

MÜLLER-MAGDEBURG, Cornelia: Netzwerkarbeit am Beispiel Berlin, Vortrag bei der 8. Landeskonferenz Trennung und Scheidung, Cochem 9.06.2008, http://www.ak-cochem.de/images/stories/dokumente/vortrag-mueller-magdeburg.pdf (Stand: 31.07.2011).

Münchener Kommentar zum Bürgerlichen Gesetzbuch: Band 8, Familienrecht II, §§ 1589-1921, SGB VIII, hrsg. v. Säcker/Rixecker, 5. Aufl., München 2008 (zitiert: MünchKommBGB/*Bearbeiter*).

Münchener Kommentar zur Zivilprozessordnung: Band 1, §§ 1-510c, hrsg. v. Rauscher/Wax/Wenzel, 3. Aufl., München 2008 (zitiert: MünchKomm ZPO/*Bearbeiter*).

Münchener Kommentar zur Zivilprozessordnung mit Gerichtsverfassungsgesetz und Nebengesetzen: Band 4, Gesetz über das Verfahren in Familiensachen und in den Angelegenheiten der freiwilligen Gerichtsbarkeit (FamFG), hrsg. v. Rauscher, 3. Aufl., München 2010 (zitiert: MünchKommFamFG/ *Bearbeiter*).

MÜNDER, Johannes/HANNEMANN, Anika/BINDER-KÖGEL, Gabriele: Der Anwalt des Kindes. Innovation durch Recht, Berlin 2010.

MUNRO, Eileen: Ein systemischer Ansatz zur Untersuchung von Todesfällen aufgrund von Kindeswohlgefährdung, Das JAmt 2009, 106-114.

MURCH, Mervyn/HOOPER, Douglas: Research into the Family Justice System. Retrospect and Prospect, in: AXFORD/BERRY/LITTLE/MORPETH 2005, S. 135-147.

MUSIELAK, Hans-Joachim (Hrsg.): Kommentar zur Zivilgerichtsordnung, 9. Aufl., München 2012 (zitiert: Musielak/*Bearbeiter*, ZPO).

MUSIELAK, Hans-Joachim/BORTH, Helmut: Familiengerichtliches Verfahren. 1. und 2. Buch. Kommentar, 3. Aufl., München 2012.

Niedersächsisches Justizministerium und Konsens e.V.: Projekt Gerichtsnahe Mediation in Niedersachsen – Abschlussbericht Gerichtsnahe Mediation in Niedersachsen, Hannover 2005, http://mediation-in-niedersachsen.de/ Abschlussbericht.pdf (zuletzt abgerufen am 15.07.2012).

NOTHHAFFT, Susanne: Partizipation durch Mediation. Wege zur Konfliktlösung in der Zivilgesellschaft, München 2002.

NOTHHAFFT, Susanne: Stellungnahme zum Entwurf eines Gesetzes zur Reform des Verfahrens in Familiensachen und in den Angelegenheiten der freiwilligen Gerichtsbarkeit (FGG-Reformgesetz – FGG-RG) am 08.02.08 (zitiert: *Nothhafft*, Stellungnahme zum FGG-Reformgesetz).

NOWOTNY, Elke: Kinder und Eltern in der Krise – Wie kommt ein Kontakt zu Stande?, FPR 2009, 557-560.

OBERLOSKAMP, Helga/LEWE, Jörg: Risikoeinschätzung bei möglicher Kindeswohlgefährdung, FPR 2009, 553-557.

OEHLERKING, Jürgen: Die Mediation im Visier der nationalen Gesetzgebung, in: GREGER/UNBERATH 2008, S. 55-64.

OFFERMANN-BURCKART, Susanne: Die Rolle des Anwalts in einem auf Einvernehmen ausgerichteten Verfahren, FPR 2010, 431-436.

PALANDT: Kommentar zum Bürgerlichen Gesetzbuch, 70. Aufl., München 2011 (zitiert: Palandt/*Bearbeiter*).

PARKINSON, Lisa: Family Mediation. Appropriate Dispute Resolution in a new family justice system, 2. Aufl., Bristol 2011.

PARKINSON, Patrick/CASHMORE, Judy: The Voice of a Child in Family Law Disputes, Oxford New York 2009.

PAUL, Christoph C.: Die Familien-Mediation in Deutschland, in: GREGER/ UNBERATH 2008, S. 153-162.

PAUL, Christoph C.: Ausbildung und Kosten der Mediation. Konzepte und Kosten, auch im internationalen Vergleich, FPR 2004, 176-182.

PEARSON, Jessica/THOENNES, Nancy: Mediation in Custody Disputes, Behavioral Sciences & the Law 1986, 203-216.

PESCHEL-GUTZEIT, Lore Maria: Zur Geschichte der Kinderrechte, FPR 2008, 471-476.

PFENNIG, Michael: Die Cochemer Praxis (Cochemer „Modell"). Was steckt dahinter?, Beitrag vom 05.07.2007 auf http://www.ak-cochem.de, Buttons „Veröffentlichungen", „Pressespiegel" (Stand: 31.07.2011).

PIEROTH, Bodo/SCHLINK, Bernhard: Grundrechte Staatsrecht II, 25. Aufl., Heidelberg 2009.

PROKSCH, Roland: Rechtstatsächliche Untersuchung zur Reform des Kindschaftsrechts, Köln 2002.

PROKSCH, Roland: Praxiserfahrungen mit Vermittlung (Mediation) in streitigen Sorge- und Umgangsrechtsverfahren, in: DUSS-von WERTH/ MÄHLER/MÄHLER 1995, S. 144-165.

PROKSCH, Roland: Praxiserprobung von Vermittlung (Mediation) in streitigen Familiensachen, Köln 1998.

PROKSCH, Roland: Mediation vernetzt – Instrument zur Förderung von Einvernehmlichkeit in streitigen Kindschaftssachen nach dem neuen Familienverfahrensgesetz (FamFG), in: MÜLLER-MAGDEBURG 2009, S. 207-228.

PROKSCH, Roland: Vermittlung (Mediation) – die Umsetzung des Perspektivenwechsels in der Jugendhilfe durch kooperative Konsensualverfahren, in: AMTHOR/PROKSCH/SIEVERING 1993, S. 141-164.

PROKSCH, Roland: Scheidungsfolgenvermittlung (Divorce Mediation) – ein Instrument integrierter familiengerichtlicher Hilfe, FamRZ 1989, 916-924.

PROKSCH, Roland: Mediation – Vermittlung in familiären Konflikten. Einführung von Mediation in die Kinder- und Jugendhilfe, Nürnberg 1998 (zitiert: Proksch (1998a)).

PROKSCH, Roland: Kooperative Vermittlung (Mediation) in streitigen Familiensachen, Praxiseinführung und Evaluation von kooperativer Vermittlung zur Förderung einvernehmlicher Sorge- und Umgangsregelungen und zur Entlastung der Familiengerichtsbarkeit, 1998 (zitiert: Proksch (1998b))

PRÜTTING, Hanns/HELMS, Tobias (Hrsg.): FamFG Kommentar, Köln 2009 (zitiert: Prütting/Helms/*Bearbeiter*).

PRYOR, Jan: Children's Perspectives on Law Procedures, in: HÖFLING 2009, S. 63-68.

RABAA, Volker: Kindeswohl im Elternkonflikt. Wege zur Konfliktlösung in der Familienkrise, Stuttgart 1985.

RABE, Heike: Die Verfahrenspflegschaft zwischen fortschreitender Umsetzung und Novellierung, ZKJ 2007, 437-444.

RABE, Heike: Rechtlicher Schutz für Kinder vor häuslicher Gewalt, in: KAVEMANN/KREYSSIG 2006, S. 125-146.

RAKETE-DOMBEK, Ingeborg: Einvernehmliche Lösungen und Vermittlungsverfahren – Anmerkungen aus anwaltlicher Sicht, in: LIPP/SCHUMANN/VEIT 2009, S. 93-104.

RAUSCHER, Thomas: Die Beteiligung des Kindes am Umgangsvergleich, FamRZ 2010, 28.

REINKEN, Werner: Hinwirken auf ein Einvernehmen der Beteiligten. Aufgaben und Handlungsmöglichkeiten des Gerichts nach dem FamFG, FPR 2010, 428-430.

RIPKE, Lis: Recht und Gerechtigkeit in der Mediation, in: HAFT/ SCHLIEFFEN 2009, S. 161-174.

RÖHL, Klaus F.: Rechtspolitische und ideologische Hintergründe der Diskussion über Alternativen zur Justiz, in: BLANKENBURG/GOTTWALD/STREMPEL 1982, S. 15-27.

ROHMANN, Josef: Hinwirken auf die Herstellung des Einvernehmens durch den Sachverständigen – wie geht das?, FPR 2010, 446-450.

ROHMANN, Josef A./KARLE, Michael: Die Anhörung des Kindes aus kinderpsychologischer und kinderpsychiatrischer Sicht. Anmerkungen zum Beschluss des Bundesgerichtshofes vom 28.04.2010, ZKJ 2010, 434-436.

ROTTHAUS, Wilhelm: Wer hat R(r)echt? Konflikte im Kontext der Familie. Kinderrechte als Ausdruck der Beziehung des Erwachsenen zum Kind, ZKJ 2010, 59-63.

RUDOLPH, Jürgen: „Cochemer Praxis" – Handlungsmodell zur interdisziplinären Zusammenarbeit im Familienkonflikt. Interview mit Jürgen Rudolph am 29.06.2005, Forum Familienrecht 2005, 167-171.

RUDOLPH, Jürgen: „Kinderschutz" im Netzwerk, FPR 2009, 574-579.

RUPP, Marina: Rechtstatsächliche Untersuchung zum Gewaltschutzgesetz. Begleitforschung zum Gesetz zur Verbesserung des zivilgerichtlichen Schutzes bei Gewalttaten und Nachstellungen sowie zur Erleichterung der Überlassung der Ehewohnung bei Trennung, Köln 2005.

SALGO, Ludwig: Ergänzungspfleger oder Verfahrensbeistand – zum Stand der Diskussion, FPR 2011, 314-319.

SALGO, Ludwig: 10 Jahre Verfahrenspflegschaft – eine Bilanz, ZKJ 2009, 49-57.

SALGO, Ludwig: Der Anwalt des Kindes, Frankfurt a. M. 1996.

SALGO, Ludwig: 10 Jahre UN-Übereinkommen über die Rechte des Kindes – Auswirkungen am Beispiel von Art. 12, Kind-Prax 1999, 179-183.

SALGO, Ludwig: Häusliche Gewalt und Umgang, in: FEGERT/ZIEGENHAIN 2003, S. 108-124.

SALGO, Ludwig: Stellungnahme für die Öffentliche Anhörung des Rechtsausschusses des Deutschen Bundestages zum FGG-RG – BT-Drucksache 16/6308 am 13.02.2008, 11.02.2008 (zitiert: *Salgo*, Stellungnahme zum FGG-Reformgesetz).

SALGO, Ludwig: Stellungnahme zum Gesetzesentwurf der Bundesregierung: Entwurf eines Gesetzes zur Stärkung eines aktiven Schutzes von Kindern und Jugendlichen (Bundeskinderschutzgesetz – BKiSchG) (BT-Drucksache 17/6256 v. 22.06.2011), 26. September 2011, Deutscher Bundestag Ausschuss für Familie, Senioren, Frauen u. Jugend, Ausschussdrucksache 17(13)116j (zitiert: *Salgo*, Stellungnahme zum BKiSchG).

SALGO, Ludwig: Wie man aus einer ungünstigen Situation eine das Wohl des Kindes gefährdende machen kann, FPR 2008, 401-406.

SALGO, Ludwig: Mitwirkung am Zustandekommen einer einvernehmlichen Regelung. Aufgaben und Pflichten des Verfahrensbeistands, FPR 2010, 456-460.

SALGO, Ludwig: Häusliche Gewalt, Traumatisierung und Umgangsfragen, in: FEGERT/ZIEGENHAIN/GOLDBECK 2010, S. 121-139.

SALGO, Ludwig: Neue Perspektiven bei der Verfahrenspflegschaft für Kinder und Jugendliche – § 166 FamFG-E, FPR 2006, 12-17.

SALGO, Ludwig/ZENZ, Gisela/FEGERT, Jörg/BAUER, Axel/WEBER, Corina/ ZITELMANN, Maud (Hrsg.): Verfahrensbeistandschaft. Ein Handbuch für die Praxis, Köln 2010 (zitiert: Handbuch-Verfahrensbeistandschaft/ *Bearbeiter*).

SALZGEBER, Joseph: Familienpsychologisches Gutachten, 5. Aufl., München 2011.

SALZGEBER, Joseph: Bericht vom AfCC-Kongress vom 02.06.2010 bis 05.06.2010 in Denver/USA, ZKJ 2010, 399-401.

SALZGEBER, Joseph: Der lösungsorientierte Sachverständige und die Hochkonfliktfamilien – Was steht dem Herstellen von Einvernehmen noch im Weg?, FamRZ 2010, 851-857.

SALZGEBER, Joseph: Interventionen zum Kindeswohl – Juristische Aspekte, in: HÖFLING, 2009, S. 9-10.

SALZGEBER, Joseph: Von konventionell bis Cochemer Modell: Das breite Wirkungsspektrum richtig verstandener Begutachtung, in: MÜLLER-MAGDEBURG 2009, S. 173-183.

SALZGEBER, Joseph: Der Sachverständige als Hersteller des Einvernehmens, endlich der Garant für das Kindeswohl?, FamRZ 2008, 656-660.

SATZGER, Helmut/SCHMITT, Bertram/WIDMAIER, Gunter (Hrsg.): Strafgesetzbuch, Kommentar, Köln 2009 (zitiert: Satzger/Schmitt/*Bearbeiter*).

SCHAEL, Wolfgang: Minderjährige und ihre formelle Beteiligung in Verfahren über Kindschaftssachen nach dem FamFG, FamRZ 2009, 265-269.

SCHLÜNDER, Rolf: Die Vollstreckung nach dem FamFG, FamRZ 2009, 1636-1642.

SCHMIDT, Dieter Ph.: Mediation – Eine bessere Chance für Kinder?, in: AMTHOR/PROKSCH/SIEVERING 1993, S. 109-139.

SCHMIDT-BLEIBTREU, Bruno/KLEIN, Franz: GG Kommentar zum Grundgesetz, hrsg. v. Hofmann/Hopfauf, 12. Aufl., Köln, 2011 (zitiert: Schmidt-Bleibtreu/Klein/*Bearbeiter*).

SCHRAMM-GRÜBER, Dagmar/BREINLINGER, Roland: Mediation im Vorfeld familiengerichtlicher Entscheidungen zu Umgangs- und Sorgerechtsregelungen. Ein Werkstattbericht aus dem Modellprojekt für Mediation des Hessischen Ministeriums der Justiz in der Stadt Frankfurt, in: DUSS-von WERTH/MÄHLER/MÄHLER 1995, S. 166-185.

SCHREIBER, Alexander: Obligatorische Beratung und Mediation – Ein Verfahrensmodell für die außergerichtliche Streitbeilegung im Rahmen des § 15a EGZPO, Berlin 2007.

SCHWEPPE, Katja/BUSSIAN Jörg: Die Kindesanhörung aus familienrichterlicher Sicht. Zugleich ein Diskussionsbeitrag zu den Beschlüssen des Arbeitskreises 23 auf dem 19. Deutschen Familiengerichtstag ZKJ 2012, 13-20.

SCHWAB, Dieter: Familienrecht, 13. Aufl., München 2009.

SENF, Wolfgang/BRODA, Michael (Hrsg.): Praxis der Psychotherapie, Stuttgart 2005 (zitiert: Senf/Broda/*Bearbeiter*).

SICKENDIED, Ursel/ENGEL, Frank/NESTMANN, Frank: Beratung. Eine Einführung in sozialpädagogische und psychosoziale Beratungsansätze, Weinheim 2008.

SONNENBERGER, Rainer: Elterliche Sorge: Konfliktlösung durch Kooperationsmanager. Wie kann mangelnde elterliche Kooperation überbrückt und hergestellt werden?, ZKJ 2010, 401-404.

Sozialpädagogisches Institut im SOS-Kinderdorf e.V. (Hrsg.): Kinderschutz, Kinderrechte, Beteiligung. Dokumentation zur Fachtagung „Kinderschutz, Kinderrechte, Beteiligung – für das Wohlbefinden von Kindern sorgen" 15. bis 16. November 2007 in Berlin, München 2008.

SPANGENBERG, Ernst: Mediationskostenhilfe ein Verfassungsgebot?, FamRZ 2009, 834-835.

Staudinger: Kommentar zum Bürgerlichen Gesetzbuch mit Einführungsgesetz und Nebengesetzen, Buch 4, Familienrecht §§ 1684-1717 (Elterliche Sorge 3 – Umgangsrecht), Berlin 2006 (zitiert: Staudinger/*Bearbeiter*).

Staudinger: Kommentar zum Bürgerlichen Gesetzbuch mit Einführungsgesetz und Nebengesetzen, Buch 4, Familienrecht §§ 1638-1683 (Elterliche Sorge 2 – Vermögensschutz, Kindesschutz, Sorgerechtswechsel), Berlin 2009 (zitiert: Staudinger/*Bearbeiter*).

Staudinger: Kommentar zum Bürgerlichen Gesetzbuch mit Einführungsgesetz und Nebengesetzen, Buch 4, Familienrecht §§ 1626-1631; Anhang zu § 1631: RKEG; §§ 1631a-1633 (Elterliche Sorge 1 - Inhaberschaft und Inhalt, Berlin 2007 (zitiert: Staudinger/*Bearbeiter*).

STEINDORFF-CLASSEN, Caroline: Kinder haben Rechte – 20 Jahre UN-Kinderrechtskonvention, in: ELSEN/WEBER 2010, S. 11-30.

STÖßER, Eberhard: Das neue Verfahren in Kindschaftssachen, FamRZ 2009, 656-665.

STÖTZEL, Manuela: Möglichkeiten der Interventionen der professionellen Verfahrensbeteiligten, FPR 2010, 425-428.

STÖTZEL, Manuela/SÖHNEN, Rüdiger: Verfahrensbeistand und Ergänzungspfleger im FamFG, 18. Deutscher Familiengerichtstag 16.-19. September 2009.

STÖTZEL, Manuela/PRENZLOW, Reinhard: Die Kindesanhörung im familiengerichtlichen Verfahren, ZKJ 2011, 200-204.

THEISEN, Bernhard: Neue Anforderungen an die Behandlung von Sorge- und Umgangsverfahren, in: MÜLLER-MAGDEBURG 2009, S. 134-143.

THOMAS, Heinz/PUTZO, Hans: Zivilprozessordnung, Kommentar, 32. Aufl., München 2011 (zitiert: Thomas/Putzo/*Bearbeiter*).

THÖNE-JÄPEL, Dagmar: Eure Scheidung – und was ist mit uns? Erfahrungen und Wünsche von Kindern und Jugendlichen, in: MENNE/SCHILLING/WEBER Weinheim 1997, S. 139-149.

TÖGEL, Rainer: Marktsituation und Nachfrage, in: GREGER/UNBERATH 2008, S. 31-38.

TRENCZEK, Thomas: Einvernehmliche Regelungen in Familiensachen – Neue Anforderungen durch das FamFG, FPR 2009, 337-339.

TRENCZEK, Thomas/PETZOLD, Frauke: Beratung und Vermittlung in hoch eskalierten Sorge- und Umgangskonflikten – Konzeption und Praxis der Waage Hannover, ZKJ 2011, 409-414.

TSCHÖPE-SCHEFFLER, Sigrid/KAMINSKI, Winfried (Hrsg.): Janusz Korczak und die Kinderrechte – gestern, heute, morgen, Eitorf 2002 (*zitiert*: Tschöpe-Scheffler/Kaminski/*Bearbeiter*).

United Nations: Eine kindergerechte Welt. Abschlussdokument der Sondergeneralversammlung der Vereinten Nationen zu Kindern, New York 2002, http://www.un.org/Depts/german/gv-sondert/gv27_ss/as2719_rev1.pdf (zuletzt abgerufen am 15.07.2012).

United Nations Children's Fund (UNICEF): Geschichte der Kinderrechte – Kinder haben Rechte, Schweizerisches Komitee für UNICEF, Zürich 2003, http://assets.unicef.ch/downloads/kinderrechte_geschichte_dt.pdf (zuletzt abgerufen am 15.07.2012).

United Nations Children's Fund (UNICEF): Implementation Handbook for the Convention on the Rights of the Child, Schweiz 2007.

United Nations General Assembly: Report of the independent expert for the United Nations study on violence against children, A/61/299, 29. August 2006 (zitiert: *United Nations General Assembly,* Report: Violence against children).

VEIT, Barbara: Die Gemeinsame Sorge wider Willen, in: HOFER/KLIPPEL/WALTER 2005, S. 947-963.

VEIT, Barbara: Verfahrensbeistand und Umgangspfleger nach dem FamFG – wahre Interessenvertreter des Kindes?, in: LIPP/SCHUMANN/VEIT 2009, S. 195-206.

VERGHO, Claudius: Die Vorbereitung auf einen begleiteten Umgang – Ein Praxismodell unter besonderer Berücksichtigung des Umgangs im Kontext familiärer Gewalt, FPR 2007, 296-301.
VERHELLEN, Eugeen (Hrsg.): Monitoring Childrens's Rights, The Hague, Netherlands 1996.
VEERMAN, Philip E.: The Rights of the Child and the Changing Image of Childhood, Dordrecht, Netherlands 1992.
VITZTHUM, Wolfgang (Hrsg.): Völkerrecht, 4. Aufl., Berlin 2008 (zitiert: Vitzthum/*Bearbeiter*).
VOGEL, Harald: Das Hinwirken auf Einvernehmen in strittigen Kindschaftssachen, FamRZ 2010, 1870-1874.
VOGEL, Uwe: Informationen für Kinder. Niederschwelliges Informationsangebot für Kinder, die von Trennung und Scheidung ihrer Eltern betroffen sind, Kind-Prax 2003, 124-126.
VOLKMANN, Judith: Mediation im Zivilprozess, Frankfurt a. M. 2006.
von MÜNCH, Ingo/KUNIG, Philip: Grundgesetz-Kommentar, Band 3, Art. 70 bis Art. 146 und Gesamtregister, 4./5. Aufl., München 2003 (zitiert: vonMünch/Kunig/*Bearbeiter*).
von MÜNCH, Ingo/KUNIG, Philip: Grundgesetz-Kommentar, Band 1, Präambel Art. 1 bis Art. 19, 5. Aufl., München 2000 (zitiert: vonMünch/Kunig/*Bearbeiter).*
VOSBERG, Sybille/ROCKSTROH, Katerina: Gerichtsnahe Mediation, FPR 2007, 1-2.
WAGNER, Wiebke: Hinwirken auf Einvernehmen zwischen den Eltern im Rahmen einer psychologischen Begutachtung, in: MÜLLER-MAGDEBURG 2009, S. 191-197.
WALKER, Janet: Determining the Best Interests of the Child in Family Law Procedures: The Needs of Families, in: HÖFLING 2009, S. 69-86.
WALKER, Janet: Introduction to family mediation in Europe and its special characteristics and advantages, in: Council of Europe, Bonn (2000), S. 21-38.
WALLERSTEIN, Judy/LEWIS, Julia: Langzeitwirkungen der elterlichen Ehescheidung auf Kinder, FamRZ 2001, 65-72.
WALLERSTEIN, Judy/LEWIS, Julia M./BLAKESLEE, Sandra: The Unexpected Legacy of Divorce, New York 2000 (deutsch: Scheidungsfolgen – Die Kinder tragen die Last. Eine Langzeitstudie über 25 Jahre, Münster 2002).
WALPER, Sabine: Das Umgangsrecht im Spiegel psychologischer Forschung, in: Deutscher Familiengerichtstag e.V., 2006, S. 100-130.
WALPER, Sabine: Trennung und Scheidung – Folgen für die Kinder im Spiegel deutscher Forschung, in: HÖFLING 2009, S. 29-56.

WALTER, Eginhard: Hinwirken auf Einvernehmen – Welche Zusatzqualifikationen braucht das Gericht?, FPR 2009, 23-27.

WARSHAK, Richard A.: Family Bridges: Using Insights from Social Science to Reconnect Parents and Alienated Children, Family Court Review 2010, Vol. 48 No. 1, 48-80.

WEILER, Eva/SCHLICKUM, Gunter: Praxisbuch Mediation. Falldokumentation und Methodik zur Konfliktlösung, München 2008.

WELLENHOFER, Marina: Familienrecht, 2. Aufl., München 2011.

WERNER-SCHNEIDER, Cornelia: Wer zahlt den Preis für den Gang zum Mediator? Kritische Anmerkungen zum „Mediation"-Modell, STREIT 1991, 16-18.

WIESNER, Reinhard (Hrsg.): SGB VIII Kinder- und Jugendhilfe. Kommentar, München 2011 (zitiert: Wiesner/*Bearbeiter*).

WIRSCHING, Michael/SCHEIB, Peter (Hrsg.): Paar- und Familientherapie, Heidelberg 2002.

ZIMMERMANN, Walter: Die Kostenentscheidung im FamFG, FamRZ 2009, 377-382.

ZITELMANN, Maud: Kindeswohl und Kindeswille im Spannungsfeld von Recht und Pädagogik, Münster 2001.

Studien zum deutschen und internationalen Familien- und Erbrecht

Herausgegeben von Martin Lipp, Christoph Benicke, Marina Wellenhofer und Bettina Heiderhoff

Band 1 Jessica Kriewald: Statusrelevante Erklärungen des Familienrechts. 2009.

Band 2 Martin Gilbert: Unmoralische Angebote, Grundrechtskitsch und die kalte Hand des Erblassers. 2009.

Band 3 Anja Vellmer: Religiöse Kindererziehung und religiös begründete Konflikte in der Familie. Eine rechtsübergreifende Darstellung familiärer religiöser Konflikte und der staatlichen Instrumentarien zu ihrer Lösung. 2010.

Band 4 Uta Heidenreich: Auskunfts- und Wertermittlungsansprüche des Pflichtteilsberechtigten. 2010.

Band 5 Ulla Möhn: Vertrauensschutz im intertemporalen Scheidungsunterhaltsrecht. Zugleich eine Analyse des § 36 Nr. 1 EGZPO. 2010.

Band 6 Gabriele Metternich: Verfügungsverhalten von Erblassern. Eine empirische Untersuchung als Beitrag zur Rechtstatsachenforschung und Reformdiskussion auf dem Gebiet des Erbrechts. 2010.

Band 7 Patrick Schroer: Europäischer Erbschein. Mit rechtsvergleichender Darstellung. 2010.

Band 8 Isabella Toscano: Ehescheidungen mit grenzüberschreitendem Bezug. Von divergierenden nationalen Scheidungsvoraussetzungen zu einem einheitlichen europäischen Scheidungsrecht? 2011.

Band 9 Ulrich Kühle: Die gerichtliche Überprüfung von Erb- und Pflichtteilsverzichtsverträgen im Spiegel ehevertraglicher Inhaltskontrolle. 2011.

Band 10 Gregor Blüm: Härtefälle im Recht des Versorgungsausgleichs. Eine legitimationszentrierte Untersuchung der Rechtsprechung zur Generalklausel des § 1587c Nr. 1 BGB a. F. unter Berücksichtigung der Neuerungen in der Härtefallregelung des § 27 VersAusglG. 2011.

Band 11 Linda Schlegel: Die Bedeutung des vorehelichen Zusammenlebens im Scheidungsfolgenrecht. 2011.

Band 12 Tobias Breitling: Rechtsfolgen von sittenwidrigen Bedingungen in Verfügungen von Todes wegen. Erblasserwille und objektives Recht. 2012.

Band 13 Anja Sommer: Das Verhältnis von Familiengericht und Jugendamt. Kooperation zum Wohle des Kindes? 2012.

Band 14 Pia Maria Schulze: Das deutsche Kindschafts- und Abstammungsrecht und die Rechtsprechung des EGMR. 2012.

Band 15 Sebastian Schaufert: Das Verbot der Doppelverwertung von Vermögenspositionen bei Unterhalt und Zugewinn. 2012.

Band 16 Natalie Ivanits: Die Stellung des Kindes in auf Einvernehmen zielenden gerichtlichen und außergerichtlichen Verfahren in Kindschaftssachen. 2012.

www.peterlang.de

www.ingramcontent.com/pod-product-compliance
Ingram Content Group UK Ltd.
Pitfield, Milton Keynes, MK11 3LW, UK
UKHW021925290926
8980IPUK00016B/1457

9 783631 623862